공기업

합격을 위한 [barcode sticker: KB164495] 혜택 5종

본 교재 인강
20% 할인쿠폰

C34486E33D0A4000

기초 법학 강의
20% 할인쿠폰

9DEC86E4K4A40000

해커스잡 사이트(ejob.Hackers.com) 접속 후 로그인 ▶ 사이트 메인 우측 상단 [나의 정보] 클릭 ▶ [나의 쿠폰 - 쿠폰/수강권 등록]에 위 쿠폰번호 입력 후 강의 결제 시 쿠폰 적용

* 쿠폰 유효기간 : 2026년 12월 31일까지(ID당 1회에 한해 등록 및 사용 가능)
* 본 교재 인강 외 이벤트 강의 및 프로모션 강의에는 적용 불가, 쿠폰 중복 할인 불가합니다.

NCS 온라인 모의고사
응시권

0F5B86E5K45K0000

해커스잡 사이드(ejob.Hackers.com) 접속 후 로그인 ▶
사이트 메인 우측 상단 [나의 정보] 클릭 ▶
[나의 쿠폰 - 쿠폰/수강권 등록]에 위 쿠폰번호 입력 ▶
[마이클래스 - 모의고사]에서 응시 가능

* 쿠폰 유효기간: 2026년 12월 31일까지(ID당 1회에 한해 등록 가능)
* 쿠폰 등록 시점 직후부터 30일 이내 PC에서 응시 가능합니다.

시험장까지 가져가는 법학 핵심이론/OX 정리노트
(PDF)

T486D35429AGDFAR

해커스잡 사이트(ejob.Hackers.com) 접속 후 로그인 ▶
사이트 메인 중앙 [교재정보 - 교재 무료자료] 클릭 ▶
교재 확인 후 이용하길 원하는 무료자료의 [다운로드] 버튼 클릭 ▶
위 쿠폰번호 입력 후 다운로드

* 쿠폰 유효기간: 2026년 12월 31일까지

* 이 외 쿠폰 관련 문의는 해커스 고객센터(02-537-5000)로 연락 바랍니다.

FREE

무료 바로 채점 및 성적 분석 서비스

해커스잡 사이트(ejob.Hackers.com) 접속 후 로그인 ▶
사이트 메인 상단 [교재정보 - 교재 채점 서비스] 클릭 ▶
교재 확인 후 [채점하기] 버튼 클릭

* 사용 기간: 2026년 12월 31일까지 사용 가능(ID당 1회에 한해 이용 가능)

▲ 바로 이용

해커스공기업

쉽게 끝내는

기본서

송민

학력

- 한국외국어대학교 법학과 (학사)
- 한국외국어대학교 일반대학원 (석사)
- 한국외국어대학교 일반대학원 (박사)

경력

- (전) 한국외국어대학교 글로벌법률상담소 상담위원
- (전) 한국외국어대학교 민법 강의
- (전) 한국방송통신대학교 민법 강의
- (전) 웅지세무대학교 학생상담센터장
- 웅지세무대학교 NCS 지원센터 위원
- 경기 빅데이터 전문인력 양성사업 성과발표회 심사위원
- 한국광해관리공단 면접위원

공기업 법학 전공 시험 합격 비법, 해커스가 알려드립니다.

"비전공자한테는 어렵지 않을까요?"
"많은 양의 법학 공부는 어떻게 해야 하나요?"

많은 학습자들이 공기업 법학 전공 시험의 학습방법을 몰라 위와 같은 질문을 합니다.
방대한 양과 어려운 내용 때문에 어떻게 학습해야 할지 갈피를 잡지 못하고
막연한 두려움을 갖는 학습자들을 보며 해커스는 고민했습니다.
해커스는 공기업 법학 전공 시험 합격자들의 학습방법과 최신 출제 경향을
면밀히 분석하여 단기 완성 비법을 이 책에 모두 담았습니다.

『해커스공기업 쉽게 끝내는 법학 기본서』
전공 시험 합격 비법

1. 시험에 항상 출제되는 주요 이론을 체계적으로 학습한다.
2. 다양한 출제예상문제를 통해 실전 감각을 키운다.
3. 최신 출제 경향과 난이도를 반영한 기출동형모의고사로 마무리한다.
4. 시험 직전까지 '시험장까지 가져가는 법학 핵심이론/OX 정리노트 (PDF)'로 핵심 내용을 최종 점검한다.

이 책을 통해 공기업 법학 전공 시험을 준비하는 수험생들 모두 합격의 기쁨을 누리시기 바랍니다.

목차

해커스공기업 쉽게 끝내는 법학 기본서

취업강의 1위, **해커스잡**
ejob.Hackers.com

PART 1 이론 & 출제예상문제

제1장 법의 기초이론

제2장 헌법

제3장 행정법

제4장 민법

제5장 상법

제6장 형법

제7장 민사소송법

제8장 형사소송법

제9장 사회법

PART 2 기출동형모의고사

[온라인 제공]
시험장까지 가져가는
법학 핵심이론/OX 정리노트(PDF)
핵심이론 정리 + O/X 문제

공기업 법학 전공 시험 합격 비법

1 시험에 항상 출제되는 주요 이론을 체계적으로 학습한다!

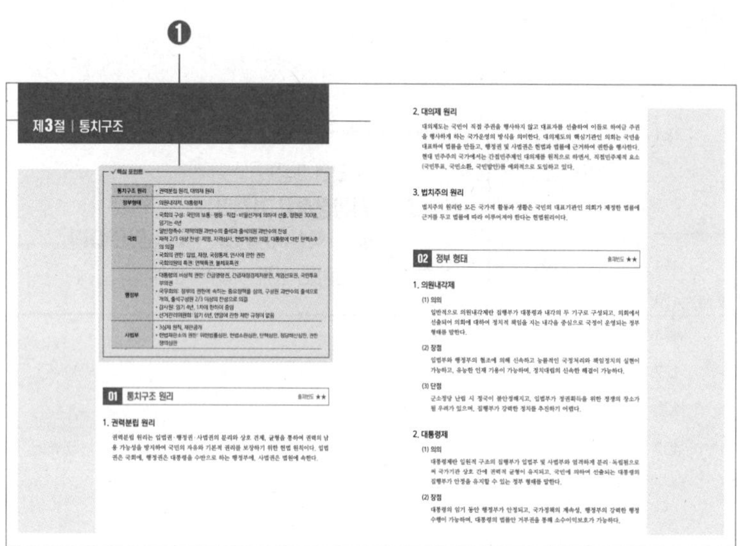
제3절 | 통치구조

01 통치구조 원리

1. 권력분립 원리

2. 대의제 원리

3. 법치주의 원리

02 정부 형태

1. 의원내각제

2. 대통령제

❶ 핵심 포인트

앞으로 공부할 내용이 무엇인지 한눈에 파악할 수 있도록 표로 정리하였으며, 이론 학습 전후로 읽고 넘어가면 자연스레 포인트를 익힐 수 있다.

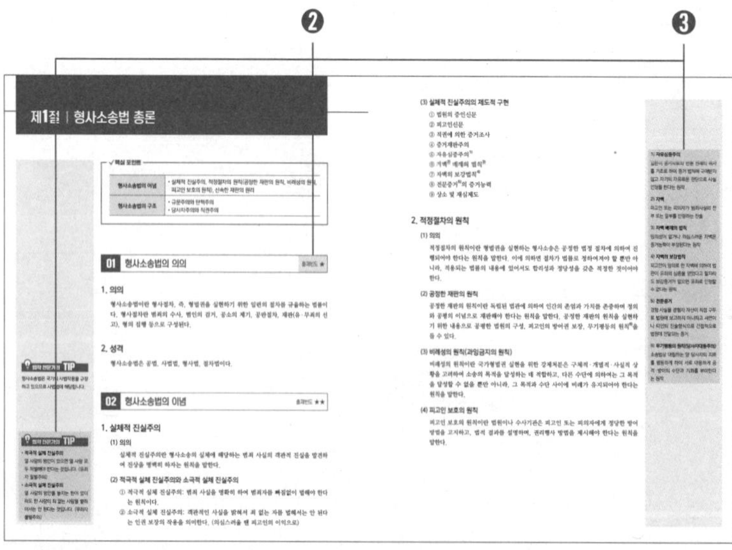
제1절 | 형사소송법 총론

01 형사소송법의 의의

1. 의의

2. 성격

02 형사소송법의 이념

1. 실체적 진실주의

2. 적정절차의 원칙

❷ 출제빈도 표시

출제빈도를 ★~★★★로 표시하여 방대한 양의 법학 중 어느 부분을 더 중점적으로 공부할지에 대한 전략을 세울 수 있다.

❸ 법학 전문가의 Tip & 용어 설명

법학 전문가인 저자 선생님이 제안하는 이론 이해에 도움이 되는 Tip으로 이론을 재미있고 풍부하게 배울 수 있다. 또한, 생소한 전문 용어의 뜻도 함께 수록하여 처음 보는 용어도 누구나 쉽게 이해할 수 있다.

2 시험문제 미리보기와 다양한 출제예상문제로 실전 감각을 키운다!

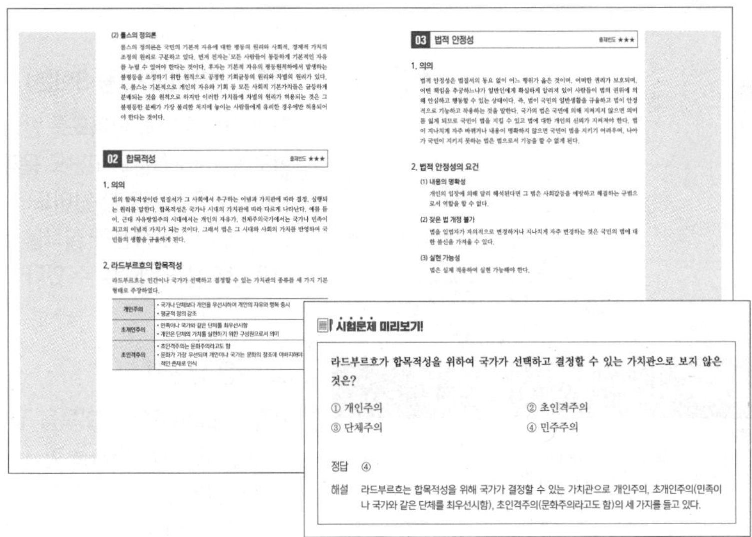

03 법적 안정성

1. 의의

2. 법적 안정성의 요건

02 합목적성

1. 의의

2. 라드부르흐의 합목적성

시험문제 미리보기!

라드부르흐가 합목적성을 위하여 국가가 선택하고 결정할 수 있는 가치관으로 보지 않은 것은?

① 개인주의 ② 초인격주의
③ 단체주의 ④ 민주주의

정답 ④

해설 라드부르흐는 합목적성을 위해 국가가 결정할 수 있는 가치관으로 개인주의, 초개인주의(민족이나 국가와 같은 단체를 최우선시함), 초인격주의(문화주의라고도 함)의 세 가지를 들고 있다.

시험문제 미리보기!

핵심 이론에 대한 대표문제로 이론이 실전에 어떻게 적용되는지 바로 확인하고 이론을 정확히 이해하였는지 점검할 수 있다.

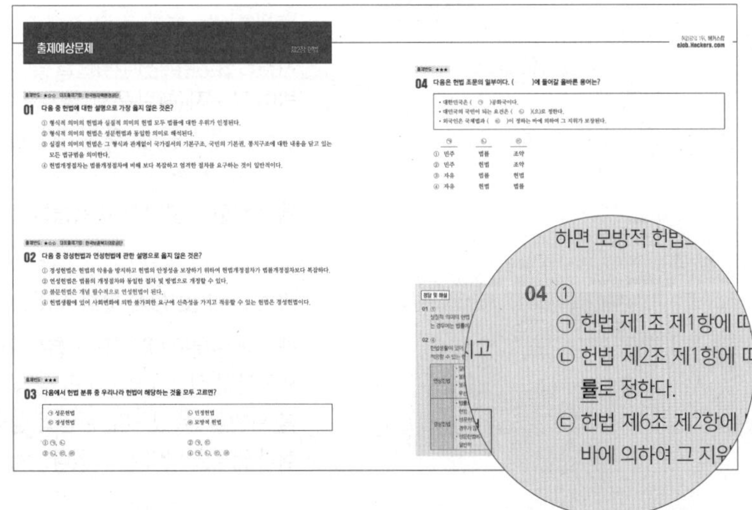

출제예상문제

01 다음 중 헌법에 대한 설명으로 가장 옳지 않은 것은?

02 다음 중 경성헌법과 연성헌법에 관한 설명으로 옳지 않은 것은?

03 다음에서 헌법 분류 중 우리나라 헌법이 해당하는 것을 모두 고르면?

04 다음은 헌법 조문의 일부이다. ( )에 들어갈 올바른 용어는?

출제예상문제

공기업 법학 전공 시험에 출제될 가능성이 큰 다양한 유형과 난이도의 문제를 풀어보며 실전 감각을 키울 수 있다. 정답에 대한 상세한 해설뿐 아니라 오답에 대한 해설도 꼼꼼히 수록하여 모든 문제를 내 것으로 만들 수 있으며, 출제빈도와 대표출제기업을 분석하여 기업별 출제 경향도 확인할 수 있다.

3 최신 출제 경향과 난이도를 반영한 **기출동형모의고사로 마무리**한다!

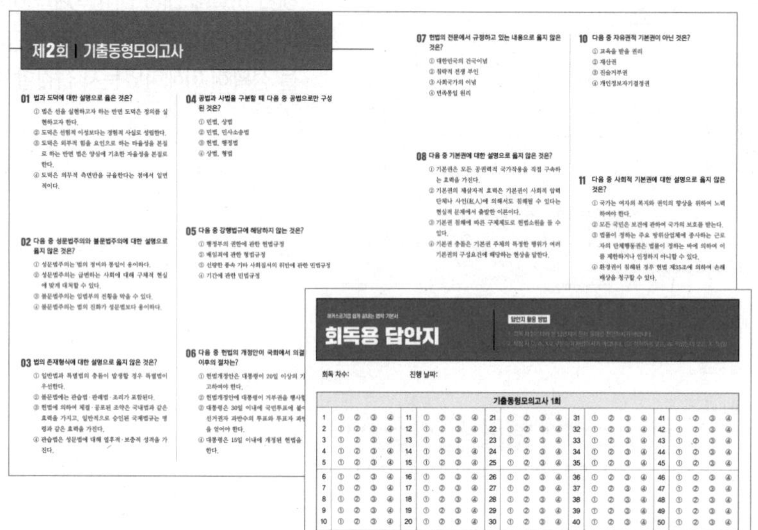

기출동형모의고사(총 3회분)

최신 출제 경향과 난이도를 반영한 기출동형모의고사 2회분과 고난도 문제로 구성된 1회분을 통해 다양한 난이도의 문제로 실전을 대비하며 자신의 실력을 점검해보고 실전 감각을 극대화할 수 있다.

3회독용 답안지

기출동형모의고사에 회독용 답안지를 활용하여 실전 대비 연습을 할 수 있으며, 정확하게 맞은 문제[O], 찍었는데 맞은 문제[△], 틀린 문제[X]의 개수도 체크하여 회독 회차가 늘어감에 따라 본인의 실력 향상 여부도 확인할 수 있다.

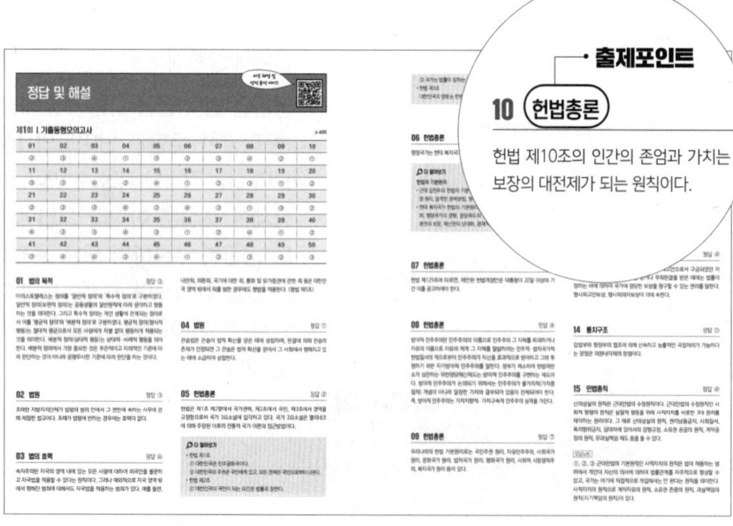

출제포인트 활용 방법

기출동형모의고사 3회분을 풀어보며 다시 봐야 할 문제(틀린 문제, 풀지 못한 문제, 헷갈리는 문제 등)는 각 문제에 관련된 출제포인트를 p.4~5의 목차에서 찾아 보다 쉽게 취약한 부분에 대한 복습을 할 수 있다.

바로 채점 및 성적 분석 서비스

해설에 수록된 QR코드를 통해 기출동형모의고사의 정답을 입력하면 성적 분석 결과를 확인할 수 있으며, 본인의 성적 위치와 취약 영역을 파악할 수 있다.

4 시험 직전까지 PDF 자료집으로 핵심 내용을 최종 점검하여 법학을 정복한다!

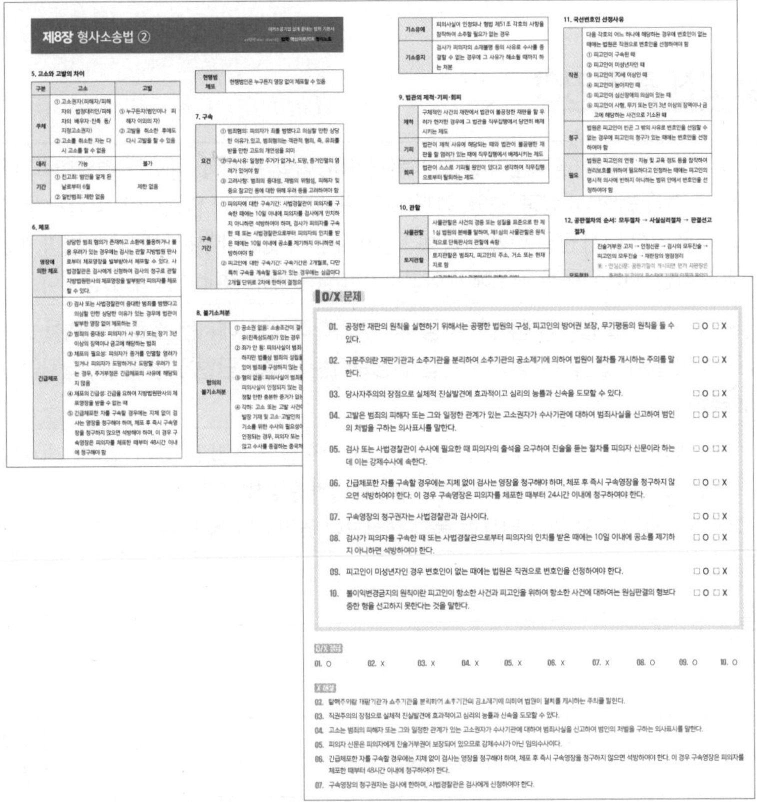

O/X 문제

01. 공정한 재판의 원칙을 실현하기 위해서는 공평한 법원의 구성, 피고인의 방어권 보장, 무기평등의 원칙을 들 수 있다. □ O □ X
02. 규문주의란 재판기관과 소추기관을 분리하여 소추기관의 공소제기에 의하여 법원이 절차를 개시하는 주의를 말한다. □ O □ X
03. 당사자주의의 장점으로 실체적 진실발견에 효과적이고 심리의 능률과 신속을 도모할 수 있다. □ O □ X
04. 고발은 범죄의 피해자 또는 그와 일정한 관계가 있는 고소권자가 수사기관에 대하여 범죄사실을 신고하여 범인의 처벌을 구하는 의사표시를 말한다. □ O □ X
05. 검사 또는 사법경찰관이 수사에 필요한 때 피의자의 출석을 요구하여 진술을 듣는 절차를 피의자 신문이라 하는데 이는 강제수사에 속한다. □ O □ X
06. 긴급체포한 자를 구속할 경우에는 지체 없이 검사는 영장을 청구해야 하며, 체포 후 즉시 구속영장을 청구하지 않으면 석방하여야 한다. 이 경우 구속영장은 피의자를 체포한 때부터 24시간 이내에 청구하여야 한다. □ O □ X
07. 구속영장의 청구권자는 사법경찰관과 검사이다. □ O □ X
08. 검사가 피의자를 구속한 때 또는 사법경찰관으로부터 피의자의 인치를 받은 때에는 10일 이내에 공소를 제기하지 아니하면 석방하여야 한다. □ O □ X
09. 피고인이 미성년자인 경우 변호인이 없는 때에는 법원은 직권으로 변호인을 선정하여야 한다. □ O □ X
10. 불이익변경금지의 원칙이란 피고인이 항소한 사건과 피고인을 위하여 항소한 사건에 대하여는 원심판결의 형보다 중한 형을 선고하지 못한다는 것을 말한다. □ O □ X

01. O 02. X 03. X 04. X 05. X 06. X 07. X 08. O 09. O 10. O

시험장까지 가져가는 법학 핵심이론/OX 정리노트(PDF)

해커스잡 사이트(ejob.Hackers.com)에서 제공하는 '시험장까지 가져가는 법학 핵심이론/OX 정리노트(PDF)'의 핵심 이론과 O/X 문제로 시험 직전까지 시험에 자주 출제되는 내용을 최종 점검할 수 있다.

공기업 법학 전공 시험 안내

공기업 법학 전공 시험이란?

대다수의 공기업·공사공단 채용 시 직무능력평가를 치르며 직무능력평가를 전공 시험으로 대체하는 기업이 있습니다. 전공 시험은 대체로 법학, 행정학, 경제학, 경영학 등으로 구성되며, 기업마다 단일 전공으로 시험을 보는 경우와 통합 전공으로 여러 전공에 대해 시험을 보는 경우가 있습니다. 그중 '법학'은 공기업 사무직 계열에서 요구되는 지식분야이기 때문에 대다수가 직무수행능력평가/전공으로 포함시키고 있습니다.

공기업 법학 전공 시험별 특징 및 최신 출제 경향

통합 전공 시험	**통합** 전공	통합 전공 시험은 '법정분야'와 '상경분야'를 같이 응시하며, 법학, 행정학, 경제학, 경영학 4과목을 모두 평가하거나 3과목 중심(법학 or 행정, 경영, 경제)으로 평가하는 경우가 많습니다. 따라서 통합 전공 시험은 법정 통합 전공 시험 내지 단일 전공 시험보다 출제 수준이 낮고 대부분의 문제는 법학 개념과 관련되어 출제됩니다. 다만 여러 과목을 공부해야 하므로 학습량은 매우 많다고 볼 수 있습니다.
	법정 통합 전공	법정 통합 전공 시험은 주로 법학과 행정학을 동시에 평가하며, 법학에서는 주로 행정법을 보는 경우가 많습니다. 두 과목의 출제 비중은 비슷하며, 통합 전공보다는 어렵고 단일 전공보다는 쉽지만 난도는 높게 출제될 가능성이 있습니다.
단일 전공 시험		단일 전공 시험은 헌법, 민법, 형법, 행정법, 상법, 민사소송법, 형사소송법, 사회법(노동법 등)에서 골고루 출제되지만, 헌법, 민법, 형법에서 주로 많이 출제되고 있습니다. 기업의 특성에 따라 헌법과 행정법, 민법과 민사소송법, 민법과 상법, 형법과 형사소송법 등으로 묶어서 출제되기도 합니다. 난도는 통합 전공보다 높기 때문에 세부적인 학습이 필요합니다.

공기업 법학 전공 시험 활용 기업

통합 전공 시험 시행 기업

기업	직무/직렬	시험 정보	법학 출제 문항 수
건강보험심사평가원	행정직	법학, 행정학, 경영학, 경제학 등 통합전공지식 등	8문항 내외
국민연금공단	사무직	법, 행정, 경영, 경제, 국민연금법 등 사회보장론 관련 지식	10문항 내외
근로복지공단	행정직(일반)	법학, 행정학, 경영학, 경제학, 사회복지학	6문항 내외
한국가스기술공사	사무분야	법학, 행정학, 경영학, 경제학, 회계학 개론 수준	10문항 내외
한국수력원자력	사무	법학, 행정학, 경제학, 경영학(회계학 포함)	5문항 내외
한국중부발전	사무	법, 행정, 경영, 경제, 회계 등	10문항 내외
한전KDN	사무	법학/행정학, 경영/경제	13문항 내외

*2023년 상반기~2024년 하반기에 시행된 기업의 채용정보를 기준으로 하였으며, 기업별 채용정보는 변경될 수 있으므로 상세한 내용은 기업별 채용공고를 반드시 확인하시기 바랍니다.

법정 통합 전공 시험 시행 기업

기업	직무/직렬	시험 정보	법학 출제 문항 수
국가철도공단	사무직	법정/경영 중 택 1	15문항 내외
공무원연금공단	사무	행정/법학·경영/경제 중 응시과목 선택	20문항 내외
서울시설공단	법정	행정법, 행정학 혼용	25문항 내외
중소벤처기업진흥공단	행정	행정, 법학	20문항 내외
한국남부발전	사무	법정분야(법학, 행정학)/상경분야 중 택 1	50문항 내외
한국도로공사	행정(법정)	헌법, 행정법, 행정학원론, 정책학	20문항 내외
한국보훈복지의료공단	법·행정	법학, 행정학	30문항 내외
한국환경공단	사무(법정)	행정법, 행정학 통합	20문항 내외

*2023년 상반기~2024년 하반기에 시행된 기업의 채용정보를 기준으로 하였으며, 기업별 채용정보는 변경될 수 있으므로 상세한 내용은 기업별 채용공고를 반드시 확인하시기 바랍니다.

단일 전공 시험 시행 기업

기업	직무/직렬	시험 정보	법학 출제 문항 수
금융감독원	종합직원(법학)	법학/경영학/경제학/IT/통계학/금융공학/소비자학 중 지원분야 과목 응시	10문항 내외
도로교통공단	일반행정	법학/행정학/경영학/회계학 중 택 1	50문항 내외
서울수택도시공사	경영지원	법학/행정학/경영학/경제학/회계학 중 택 1	50문항 내외
소상공인시장진흥공단	행정사무	법학/경영학/경제학/행정학 중 택 1	40문항 내외
인천교통공사	사무	법학개론/행정학원론/경영학원론/경제학원론/통계학개론/전산학개론/전자일반 중 택 1	40문항 내외
주택도시보증공사	관리직	법(민법, 상법, 민사소송법)	80문항 내외
한국공항공사	행정(법률)	법학(민법, 상법)	50문항 내외
한국관광공사	일반	법학, 경영학, 경제학 중 택 1	40문항 내외
한국수자원공사	행정	법학/경영/경제/행정 중 택 1	40문항 내외

*2023년 상반기~2024년 하반기에 시행된 기업의 채용정보를 기준으로 하였으며, 기업별 채용정보는 변경될 수 있으므로 상세한 내용은 기업별 채용공고를 반드시 확인하시기 바랍니다.

공기업 법학 전공 시험을 대비하는 학습자의 질문 BEST 5

공기업 법학 전공 시험을 준비하는 학습자들이 가장 궁금해하는 질문 BEST 5와 이에 대한 법학 전문가의 답변입니다.
학습 시 참고하여 공기업 법학 전공 시험에 효율적으로 대비하세요.

법학 전공 시험은 어떻게 공부해야 효과적일까요?
양이 많아 대비하기가 막막해요.

이론과 문제를 여러 번 회독하여 반복적인 학습을 통해 정확한 암기를 하는 것이 중요합니다.
법학은 이론을 정확히 암기하는 것이 가장 중요합니다. 또한, 양이 많기 때문에 한 번에 다 외우려고 하는 것보다는 전체적인 흐름을 보며 한 번 이해하고, 중요한 이론을 중심으로 두 번 암기하는 등 반복적인 학습을 통해 충분히 암기하시는 것이 필요합니다. 다만, 통합 전공을 대비하거나 시간이 부족하다면 출제빈도가 높은 부분을 중점적으로 학습하는 것도 전공 시험 합격의 큰 전략이 될 수 있습니다.

공기업 법학을 전공으로 하는 공기업은 어디가 있을까요?

2023년 상반기~2024년 하반기 기준으로 건강보험심사평가원, 국민연금공단, 근로복지공단, 한국가스기술공사, 한국수력원자력, 국가철도공단, 한국남부발전, 한국도로공사, 한국보훈복지의료공단, 한국환경공단, 금융감독원, 도로교통공단, 서울주택도시공사, 인천교통공사, 한국공항공사, 한국수자원공사 외 8개 등의 기업에서 법학 전공 시험을 시행하고 있습니다.
다만, 기업마다 통합 전공/법정 통합 전공/단일 전공 여부와 출제 문항 수가 다르니 p.10~11의 [공기업 법학 전공 시험 안내] 정보와 기업의 채용공고를 꼭 확인하시고, 원하시는 기업의 난이도, 과목, 문항 수에 맞게 전략을 수립하여 준비하시기 바랍니다.

법 분야에 대해 무지한 비전공자도 충분히 독학할 수 있을까요?
이론을 훑어보니 걱정이 앞서네요.

비전공자도 충분히 독학할 수 있으니 중간에 포기하지 않고, 끝까지 노력하는 것이 중요합니다.

비전공자의 경우 처음에는 이론 학습이 버겁거나, 이론 학습 후 바로 문제를 풀기 어려울 수 있습니다. 이때는 해커스잡(ejob.Hackers.com) 사이트에서 제공하는 동영상강의의 도움을 받으며 꾸준히 복습하고, 처음 공부 시에는 해설과 문제를 함께 읽으며 내용을 이해한 후 다시 문제를 풀어보는 방법을 추천합니다. 회독 차수를 늘려가며 같은 이론과 문제를 반복 학습하다 보면 본인도 모르게 어느새 유형별 문제 풀이법을 터득할 것입니다.

법학 전공 시험 단기 합격을 위해서는 얼마나 공부해야 할까요?

본인의 실력 및 학습 성향에 맞는 회독별 학습플랜에 따라 대체적으로 약 30일 정도 공부하면 충분합니다.

보통 전공 시험의 경우 1년이나 그 이상을 잡고 학습하는 수험생이 많으나, 본인의 실력 및 학습 성향, 원하는 대비 기간에 맞는 회독별 학습플랜에 따라 반복 학습하면, 더욱 짧은 기간에 공기업 법학 전공 시험에 대비하여 합격을 기대할 수 있습니다.

법학 전공 시험을 법원행시 수준으로 준비해야 한다는 사람들이 있는데,
전공 시험의 난이도가 어떻게 되나요?

전공에 따라 난이도가 상이하기 때문에 기업에 맞는 학습이 필요합니다.

기업마다 출제 난이도는 다르지만, 보통 통합 전공 시험은 판례까지는 나오지 않는 쉬운 난이도이며, 법정 통합 전공 시험과 단일 전공 시험은 어려우면 변호사 시험, 사법고시 수준으로 나올 수도 있어 꼼꼼한 학습이 필요합니다. 본 교재는 공기업 기출문제를 바탕으로 한 다양한 난이도와 유형의 문제를 수록하여, 대부분의 기업에서 시행하고 있는 통합 전공 시험은 물론, 난도가 높고 지엽적인 문제가 출제되는 단일 전공 시험까지 모두 대비할 수 있습니다.

공기업 법학 합격을 위한 회독별 학습플랜

자신에게 맞는 학습플랜을 선택하여 본 교재를 학습하세요.
해커스잡 사이트(ejob.Hackers.com)에서 제공하는 '시험장까지 가져가는 법학 핵심이론/OX 정리노트(PDF)'는 복습 혹은 시험 직전 단기 공부 시 이용하시길 바라며, 더 효과적인 학습을 원한다면 같은 사이트에서 제공하는 동영상강의를 함께 수강해보세요.

3회독 학습플랜

법학 비전공자 또는 법학에 입문하시는 분에게 추천해요.

3회독 학습이 목표이며, 법학 기본기가 부족하여 이론을 집중적으로 학습해야 하는 분은 이론을 정독하며 반복 학습 후 출제예상문제를 풀며 정리한다면 30일 안에 시험 준비를 마칠 수 있어요.

1일 □	2일 □	3일 □	4일 □	5일 □
[1회 차] PART 1 학습				
제1장 학습	제2장 학습	제3장 학습	제4장 학습	제5장 학습
6일 □	**7일 □**	**8일 □**	**9일 □**	**10일 □**
				[1회 차] PART 2 학습
제6장 학습	제7장 학습	제8장 학습	제9장 학습	기출동형모의고사 1회
11일 □	**12일 □**	**13일 □**	**14일 □**	**15일 □**
		[2회 차] PART 1 학습		
기출동형모의고사 2회	기출동형모의고사 3회	제1장 학습	제2장 학습	제3장 학습
16일 □	**17일 □**	**18일 □**	**19일 □**	**20일 □**
제4장 학습	제5장 학습	제6장 학습	제7장 학습	제8장 학습
21일 □	**22일 □**	**23일 □**	**24일 □**	**25일 □**
	[2회 차] PART 2 학습		[3회 차] PART 1 학습	
제9장 학습	· 기출동형모의고사 1회 · 기출동형모의고사 2회	기출동형모의고사 3회	· 제1장 학습 · 제2장 학습	· 제3장 학습 · 제4장 학습
26일 □	**27일 □**	**28일 □**	**29일 □**	**30일 □**
			[3회 차] PART 2 학습	
· 제5장 학습 · 제6장 학습	· 제7장 학습 · 제8장 학습 · 제9장 학습	전체 복습	· 기출동형모의고사 1회 · 기출동형모의고사 2회 · 기출동형모의고사 3회	전체 복습

2회독 학습플랜

법학 기본기가 있는 분에게 추천해요.

2회독 학습이 목표이며, 법학 기본기가 어느 정도는 있고 취약한 부분 위주로 학습해야 하는 분은 문제 풀이 후 취약한 부분을 파악하여 관련 이론을 반복 학습한다면 20일 안에 시험 준비를 마칠 수 있어요.

1일 □	2일 □	3일 □	4일 □	5일 □
[1회 차] PART 1 학습				
제1장 학습	제2장 학습	제3장 학습	제4장 학습	제5장 학습
6일 □	**7일 □**	**8일 □**	**9일 □**	**10일 □**
				[1회 차] PART 2 학습
제6장 학습	제7장 학습	제8장 학습	제9장 학습	기출동형모의고사 1회
11일 □	**12일 □**	**13일 □**	**14일 □**	**15일 □**
		[2회 차] PART 1 학습		
기출동형모의고사 2회	기출동형모의고사 3회	· 제1장 학습 · 제2장 학습	· 제3장 학습 · 제4장 학습	· 제5장 학습 · 제6장 학습
16일 □	**17일 □**	**18일 □**	**19일 □**	**20일 □**
		[2회 차] PART 2 학습		
· 제7장 학습 · 제8장 학습 · 제9장 학습	전체 복습	· 기출동형모의고사 1회 · 기출동형모의고사 2회	기출동형모의고사 3회	전체 복습

1회독 학습플랜

법학 전공자 또는 이론에 자신 있는 분에게 추천해요.

1회독 학습이 목표이며, 법학 기본기가 충분하여 문제 풀이 능력을 단기간에 집중적으로 향상시켜야 하는 분은 이론을 간단히 학습 후 문제 풀이에 집중한다면 10일 안에 시험 준비를 마칠 수 있어요.

1일 □	2일 □	3일 □	4일 □	5일 □
PART 1 학습				
· 제1장 학습 · 제2장 학습	· 제3장 학습 · 제4장 학습	· 제5장 학습 · 제6장 학습	· 제7장 학습 · 제8장 학습 · 제9장 학습	전체 복습
6일 □	**7일 □**	**8일 □**	**9일 □**	**10일 □**
PART 2 학습			**전체 문제 복습**	
· 기출동형모의고사 1회 · 기출동형모의고사 2회	기출동형모의고사 3회	전체 복습	출제예상문제 전체 복습	기출동형모의고사 전체 복습

해커스공기업 쉽게 끝내는 법학 기본서

PART 1

이론 & 출제예상문제

제1장 법의 기초이론

학습목표

1. 법의 개념 및 일반론을 알 수 있다.
2. 법의 목적에 대해 알 수 있다.
3. 법의 계통에 대해 알 수 있다.
4. 법원에 대해 알 수 있다.
5. 법의 분류에 대해 알 수 있다.
6. 법의 효력에 대해 알 수 있다.
7. 법의 해석과 적용에 대해 알 수 있다.
8. 권리와 의무에 대해 알 수 있다.

출제비중

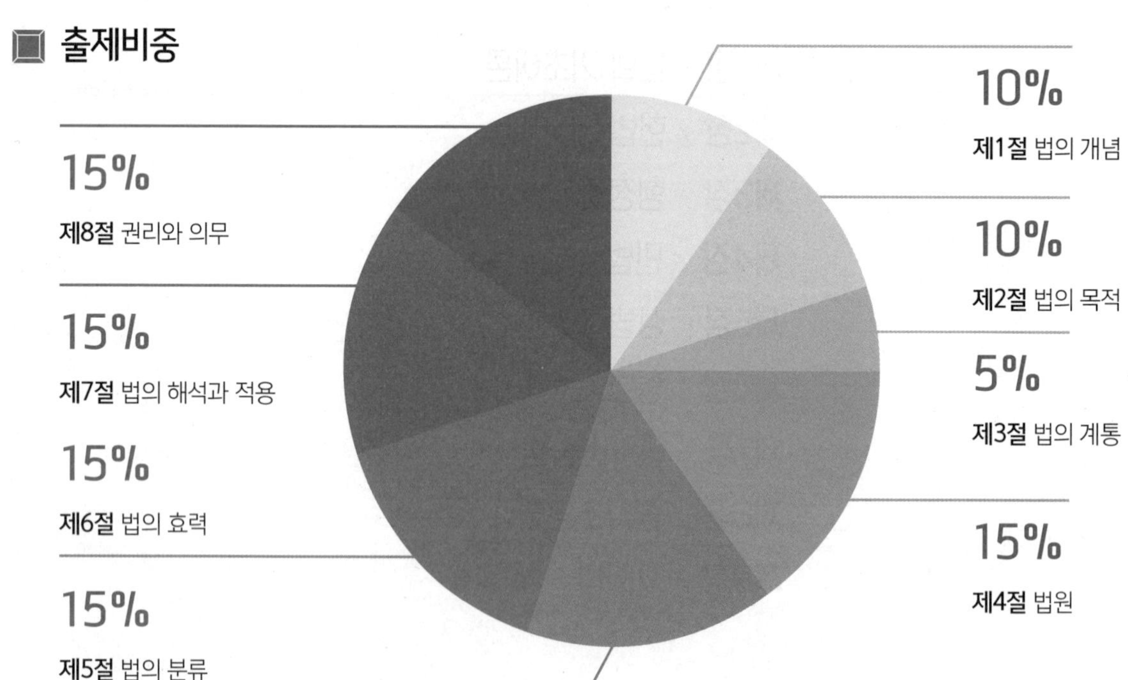

출제포인트 & 출제기업

구분	출제포인트	출제빈도	출제기업
제1절 법의 개념	**01** 개념	★★★	경기신용보증재단 대한무역투자진흥공사 대한법률구조공단 한국가스기술공사 한국공항공사 한국도로공사 한국보훈복지의료공단 한국자산관리공사 한국중부발전
	02 법의 역할과 기능	★★	
	03 법과 도덕과의 관계	★★	
제2절 법의 목적	**01** 정의	★★★	
	02 합목적성	★★★	
	03 법적 안정성	★★★	
제3절 법의 계통	**01** 대륙법계	★★	
	02 영미법계	★★	
제4절 법원	**01** 의의	★	
	02 성문법	★★★	
	03 불문법	★★★	
제5절 법의 분류	**01** 실정법과 자연법	★	
	02 국내법과 국제법	★	
	03 공법과 사법	★★	
	04 사회법	★	
	05 일반법과 특별법	★	
	06 실체법과 절차법	★★	
	07 강행법규와 임의법규	★	
제6절 법의 효력	**01** 법 효력의 개념	★	
	02 법의 실질적 효력	★	
	03 법의 형식적 효력	★★	
제7절 법의 해석과 적용	**01** 법의 해석	★★	
	02 법의 적용	★★	
제8절 권리와 의무	**01** 법률관계와 호의관계	★	
	02 권리	★★★	
	03 의무	★	

제1절 | 법의 개념

✓핵심 포인트

사회규범	• 당위/Sollen법칙, 법뿐만 아니라 윤리/도덕/종교/관습도 포함
법의 역할과 기능	• 보장적 기능, 통제적 기능, 분쟁해결적 기능
법과 도덕과의 관계	• 법은 객관적, 도덕은 주관적 • 법은 강제성과 타율성, 도덕은 비강제성과 자율성 • 법은 양면성, 도덕은 일면성

01 개념

출제빈도 ★★★

1. 의의

법은 자연법칙이 아닌 사회규범이며 강제규범이다. 즉, 법은 다양한 의미로 정의될 수 있지만 가장 일반적이고 보편적인 개념은 '강제력을 가지고 있는 사회규범'이다.

2. 사회규범

사회규범은 사회의 유지를 위해 사회구성원 모두가 지켜야 할 기본적인 원칙과 질서를 의미한다. 법은 인간이 살아가는 사회를 유지하기 위해 구성원 모두가 반드시 지켜야 할 것을 정하는 사회규범이다. 즉, 사회규범은 "살인을 하지 말라.", "타인의 물건을 훔치지 말라." 등의 당위/Sollen법칙이다. 또한, 사회규범에는 법만 있는 것이 아니고 윤리, 도덕, 종교, 관습도 포함된다.

3. 강제규범

법은 강제력을 본질적 요소로 하는 규범으로 법을 준수하지 않는 자에 대한 제재의 형태로 나타난다.

4. 당위규범

법은 사람이 옳고 그름에 따라 하여야 할 것(작위)과 해서는 안 될 것(부작위)을 명하는 당위규범으로 사회구성원이 지켜야 할 행위준칙으로 정하고 있다.

법학 전문가의 TIP

법의 개념 정의

- **소크라테스**: 법을 정의라고 하면서 법은 개인적인 이해관계에서 나오는 것이 아니라 인간의 본성에서 나온다고 하였습니다.
- **몽테스키외**: 법은 사물이 갖는 본성의 필연적 관계이며 세계를 지배하는 인간의 이성이라고 하였습니다.
- **예링**: 법은 이익을 향한 목적의식의 산물이며, 목적은 법의 창조자라고 하였습니다.
- **옐리네크**: 법은 도덕의 최소한이라고 하였습니다.
- **라렌츠**: 법은 공동체의 살아있는 의지라고 하였습니다.

자연법칙

"겨울이 가면 봄이 온다"라는 자연법칙은 필연적인 법칙성을 가집니다. 자연법칙은 존재/Sein법칙, 인과법칙, 필연법칙입니다.

02 법의 역할과 기능

출제빈도 ★★

1. 보장적 기능

법은 사회구성원인 개인의 권리를 보호하는 기능을 하고 있다. 예를 들어, 타인의 행위로 인해 억울하게 자신의 권리를 침해당하는 경우 이를 구제하기 위해 형사처벌이나 손해배상책임 등을 규정하고 있는 것이 법의 보장적 기능이다. 즉, 법은 개인의 권리보호를 가장 중요한 기본원칙의 하나로 보고 있으며, 구체적인 법률을 통해 이를 실현하고 있다.

2. 통제적 기능

법은 개인의 권리라고 하여도 다른 사람들과의 조화를 위해 일정 부분 통제를 하는 통제적 기능이 있다. 법의 통제적 기능은 개인뿐만 아니라 국가에 대해서도 적용되며, 특히 국가권력의 남용에 대한 통제와 개인의 권리구제는 개인의 기본권보장과 직접 관련되는 문제이다. 따라서 법의 통제적 기능은 개인의 권리를 제한하는 결과를 가져올 수 있으므로 반드시 법적 근거가 필요하며, 질서유지와 공공복리를 위해 최소한의 범위 내에서 이루어져야 한다.

3. 분쟁해결적 기능

다수의 구성원이 함께 살아가는 사회에서 구성원의 갈등이 발생하는 것은 필연적인 현상이다. 법은 사회 갈등을 원만하게 해결하고, 이를 통해 사회의 안정적 유지를 위한 분쟁해결적 기능을 담당하고 있다. 현대사회의 법은 개인 간에 발생하였거나 또는 발생 가능한 분쟁에 대해 기본적인 원칙을 정하고 있으며 나아가 분쟁을 사전에 예방하고, 또 분쟁이 발생된 경우 이를 해결하는 기준으로 활용된다.

03 법과 도덕과의 관계

출제빈도 ★★

1. 의의

법은 강제력이 부과된다는 점에서 모든 도덕을 법으로 정할 수는 없으므로 도덕 중에 반드시 지켜져야 할 최소한을 법으로 정하게 된다.

2. 법과 도덕의 비교

구분	법	도덕
목적	정의의 실현	선의 실현
규율대상	객관적인 외면	주관적인 내면
강제성	국가권력에 의한 강제성·타율성 (외부적 강제력)	개인의 양심에 의한 비강제성·자율성 (선에 대한 의지)
권리와 의무	양면성(권리·의무 모두 규율)	일면성(의무만 규율)

시험문제 미리보기!

다음 중 사회규범에 대한 설명으로 옳지 않은 것은?

① 사회규범은 사회의 유지를 위해 사회구성원 모두가 지켜야 할 기본적인 원칙과 질서를 의미한다.
② 사회규범은 법만을 의미하며 윤리, 도덕, 종교, 관습은 포함되지 않는다.
③ 사회가 복잡·다원화되면서 법은 국가가 주체가 되는 영역이 되었다.
④ 법실증주의자들은 자연법론자들과 달리 법과 도덕을 구별한다.

정답 ②

해설 사회규범에는 법만 있는 것이 아니고 윤리, 도덕, 종교, 관습도 포함된다.
- 자연법론: 사회나 인간의 자연적 성질로부터 유래한 자연법이 존재하며 자연법은 실정법의 정당성의 근거가 된다는 견해이다. 자연법 사상은 법률의 합법성뿐만 아니라 타당성과 정당성을 중요시한다. 따라서 도덕에 합치되지 않은 법은 법이 아니라는 견해로 법과 도덕을 구분하지 않는다.
- 법실증주의: 법의 이론이나 해석·적용에 있어서 어떠한 정치적·사회적·윤리적 요소도 고려하지 않고, 오직 법 자체만을 형식 논리적으로 파악하려는 입장이다. 따라서 실정법을 초월하는 자연법(自然法)의 존재를 인정하지 않는다는 점에서 자연법 사상에 대립된다. 적법한 절차에 의해 제정된 법을 법으로 인식하는 입장으로 도덕과 무관한 법이 존재할 수 있다는 견해로서 법과 도덕을 구분하는 이원론의 입장이다.

제2절 | 법의 목적

✓ 핵심 포인트

정의론	• 아리스토텔레스의 정의론: 평균적 정의와 배분적 정의 • 롤스의 정의론: 공정한 기회균등의 원리와 차별의 원리
합목적성	• 합목적성은 국가나 시대의 가치관에 따라 다르게 나타남 • 라드부르흐의 합목적성: 개인주의, 초개인주의, 초인격주의
법적 안정성의 요건	• 내용의 명확성, 잦은 법 개정 불가, 실현 가능성

01 정의

출제빈도 ★★★

1. 의의

법은 정의 이념을 통하여 법으로서의 가치를 가지며 정당한 것으로 성립되게 된다. 무엇이 정의인가의 문제는 그 시대적 상황과 개인이 처한 환경 등에 따라 다양하게 나타난다.

2. 정의론

(1) 아리스토텔레스의 정의론

아리스토텔레스는 정의를 '일반적 정의'와 '특수적 정의'로 구분하였다. 일반적 정의(보편적 정의)는 공동생활의 일반원칙에 따라 생각하고 행동하는 것을 의미한다. 그리고 특수적 정의는 개인 생활에 관계되는 정의로서 이를 '평균적 정의'와 '배분적 정의'로 구분하였다. 평균적 정의(형식적 평등)는 절대적 평균으로서 모든 사람에게 차별 없이 평등하게 적용되는 것을 의미한다. 배분적 정의(상대적 평등)는 상대적·비례적 평등을 의미한다. 배분적 정의에서 가장 중요한 것은 주관적이고 자의적인 기준에 따라 판단하는 것이 아니라 공평무사한 기준에 따라 판단을 하는 것이다.

법학 전문가의 TIP

평균적 정의
예를 들어, 자격을 갖춘 모든 사람에게 주어지는 투표권이나 선거권을 말합니다.

배분적 정의
예를 들어, 업무성과나 능력에 따라 주어지는 성과금을 말합니다.

(2) 롤스의 정의론

롤스의 정의론은 국민의 기본적 자유에 대한 평등의 원리와 사회적, 경제적 가치의 조정의 원리로 구분하고 있다. 먼저 전자는 모든 사람들이 동등하게 기본적인 자유를 누릴 수 있어야 한다는 것이다. 후자는 기본적 자유의 평등원칙하에서 발생하는 불평등을 조정하기 위한 원칙으로 공정한 기회균등의 원리와 차별의 원리가 있다. 즉, 롤스는 기본적으로 개인의 자유와 기회 등 모든 사회적 기본가치들은 균등하게 분배되는 것을 원칙으로 하지만 이러한 가치들에 차별의 원리가 허용되는 것은 그 불평등한 분배가 가장 불리한 처지에 놓이는 사람들에게 유리한 경우에만 허용되어야 한다는 것이다.

02 합목적성

출제빈도 ★★★

1. 의의

법의 합목적성이란 법질서가 그 사회에서 추구하는 이념과 가치관에 따라 결정, 실행되는 원리를 말한다. 합목적성은 국가나 시대의 가치관에 따라 다르게 나타난다. 예를 들어, 근대 자유방임주의 시대에서는 개인의 자유가, 전체주의국가에서는 국가나 민족이 최고의 이념적 가치가 되는 것이다. 그래서 법은 그 시대와 사회의 가치를 반영하며 국민들의 생활을 규율하게 된다.

2. 라드부르흐의 합목적성

라드부르흐는 인간이나 국가가 선택하고 결정할 수 있는 가치관의 종류를 세 가지 기본형태로 주장하였다.

구분	내용
개인주의	• 국가나 단체보다 개인을 우선시하여 개인의 자유와 행복 중시 • 평균적 정의 강조
초개인주의	• 민족이나 국가와 같은 단체를 최우선시함 • 개인은 단체의 가치를 실현하기 위한 구성원으로서 의미
초인격주의	• 초인격주의는 문화주의라고도 함 • 문화가 가장 우선되며 개인이나 국가는 문화의 창조에 이바지해야 하는 부차적인 존재로 인식

03 법적 안정성

출제빈도 ★★★

1. 의의

법적 안정성은 법질서의 동요 없이 어느 행위가 옳은 것이며, 어떠한 권리가 보호되며, 어떤 책임을 추궁하느냐가 일반인에게 확실하게 알려져 있어 사람들이 법의 권위에 의해 안심하고 행동할 수 있는 상태이다. 즉, 법이 국민의 일반생활을 규율하고 법이 안정적으로 기능하고 작용하는 것을 말한다. 국가의 법은 국민에 의해 지켜지지 않으면 의미를 잃게 되므로 국민이 법을 지킬 수 있고 법에 대한 개인의 신뢰가 지켜져야 한다. 법이 지나치게 자주 바뀌거나 내용이 명확하지 않으면 국민이 법을 지키기 어려우며, 나아가 국민이 지키지 못하는 법은 법으로서 기능을 할 수 없게 된다.

2. 법적 안정성의 요건

(1) 내용의 명확성

개인의 입장에 의해 달리 해석된다면 그 법은 사회갈등을 예방하고 해결하는 규범으로서 역할을 할 수 없다.

(2) 잦은 법 개정 불가

법을 입법자가 자의적으로 변경하거나 지나치게 자주 변경하는 것은 국민의 법에 대한 불신을 가져올 수 있다.

(3) 실현 가능성

법은 실제 적용하여 실현 가능해야 한다.

시험문제 미리보기!

라드부르흐가 합목적성을 위하여 국가가 선택하고 결정할 수 있는 가치관으로 보지 않은 것은?

① 개인주의 ② 초인격주의
③ 단체주의 ④ 민주주의

정답 ④

해설 라드부르흐는 합목적성을 위해 국가가 결정할 수 있는 가치관으로 개인주의, 초개인주의(민족이나 국가와 같은 단체를 최우선시함), 초인격주의(문화주의라고도 함)의 세 가지를 들고 있다.

시험문제 미리보기!

법원(法源)에 관한 설명으로 옳지 않은 것은?

① 관습법은 반복된 관행과 사회구성원의 법적 확신을 얻어 규범화된 것이다.
② 조리는 사물의 이치나 본성을 의미하는 불문법이다.
③ 규칙은 지방의회에서 제정하는 법규이다.
④ 명령은 국회의 의결을 거치지 않고 행정기관에 의해 제정된 성문법이다.

정답 ③

해설 지방자치법 제29조(규칙) **지방자치단체의 장**은 법령 또는 조례의 범위에서 그 권한에 속하는 사무에 관하여 규칙을 제정할 수 있다.

제3절 | 법의 계통

✓ 핵심 포인트

대륙법계	로마법계와 게르만법계를 근간
영미법계	판례에 의해 형성된 보통법을 근간

01 대륙법계

출제빈도 ★★

대륙법계는 로마법계와 게르만법계를 근간으로 하여 독일, 프랑스를 중심으로 발달한 법문화이다. 대륙법계는 정의·도덕 관념과 깊은 관계가 있고, 법학자에 의해 이론적으로 형성되었으며, 주로 성문법주의가 특징이다.

02 영미법계

출제빈도 ★★

영미법계는 주로 판례에 의해 형성된 보통법을 근간으로 하고, 법관들의 법 실무에서 개인 간의 분쟁 해결을 통한 판결에 의해 형성되어 왔으며, 주로 불문법주의에 의해 발달하여 왔다.

제4절 | 법원

✓ 핵심 포인트

성문법	• 일정한 입법 절차와 형식에 의해 권한이 있는 기관이 제정·공포한 법 • 헌법·법률·명령·규칙·조례·조약
불문법(관습법)	• 일정한 형식과 절차에 따라 성문화되지 않은 법 • 관습법·판례법·조리 • 관습법의 성립요건: 관행, 법적 확신, 사회상규에 반하지 않음 • 관습법의 효력: 열후적·보충적 성격

01 의의

출제빈도 ★

법원이란 법규범의 원천인 법의 존재형식을 의미한다. 법원은 법을 인식할 수 있는 존재 형태가 문자로 이루어진 제정법인 성문법과 비(非) 제정법인 불문법으로 구분된다.

02 성문법

출제빈도 ★★★

1. 의의

성문법은 규범적 의사를 문장에 의하여 표현하고 법전의 형식을 갖춘 법으로, 문장으로 표현되어 있으며 일정한 입법 절차와 형식에 의해 권한이 있는 기관이 제정·공포한 법을 말한다. 이러한 성문법에는 헌법·법률·명령·규칙·조례·조약이 있다.

2. 헌법

헌법은 국민의 기본권과 국가의 이념 및 통치조직, 그리고 그 작용에 관한 국가의 최상위의 근본규범이다. 헌법은 국민의 기본권과 국가의 통치 권력의 상호관계를 규율하고 있고, 권력 통제를 위한 기능을 하며, 국가권력을 상호 견제 및 균형을 이루게 하여 국민의 기본권을 최대한 보장하기 위한 내용을 담고 있다.

판례(헌재 1989. 9. 8. 88헌가6)

헌법은 국민적 합의에 의해 제정된 국민생활의 최고 도덕규범이며 정치생활의 가치규범으로서 정치와 사회질서의 지침을 제공하고 있기 때문에 민주사회에서는 헌법의 규범을 준수하고 그 권위를 보존하는 것을 기본으로 한다.

3. 법률

(1) 의의

법률이란 넓은 의미로 법(law)의 일반을 의미하며, 좁은 의미에서의 법률이란 입법기관인 국회에서 의결되어 대통령이 서명·공포하여 제정된 성문법을 말한다. 법원으로서 법률은 이러한 좁은 의미에서의 법률을 말한다.

예 민법, 형법, 민사소송법, 형사소송법, 행정법 등

(2) 제정 절차

법률의 제정은 법률안의 제출, 의결, 공포라는 3단계를 거친다. 법률안 제출은 국회의원과 정부가 제출할 수 있고, 국회에서 법률안이 국회 재적의원 과반수의 출석과 출석의원 과반수의 찬성으로 의결되며(헌법 제49조, 제52조), 의결된 법률안은 정부에 이송되어 15일 이내에 대통령이 이를 공포하며, 법률에 특별한 규정이 없는 한 공포한 날로부터 20일이 경과하면 효력이 발생한다(헌법 제53조).

4. 명령

법률의 내용이 구체적이지 못할 경우 내용을 구체화하기 위하여 행정기관이 법률에 의하여 제정하는 위임입법을 명령이라 한다.

5. 규칙

규칙은 헌법에 의하여 행정부 이외의 독립적인 국가기관이 내부규율과 사무처리에 관한 자율권을 행사하기 위하여 제정한 법규이다.

6. 조례

지방자치단체가 법령의 범위 안에서 그 권한에 속하는 사무에 관해 제정한 법규이다. 조례가 법령에 반하는 경우에는 효력이 없다.

7. 조약

조약이란 법의 주체(국가와 국제기구) 간의 권리·의무를 발생하게 하는 서면형식으로 체결되는 국제적 합의이다.

법학 전문가의 TIP

명령은 그것을 제정하는 주체에 따라 대통령령, 총리령, 부령(행정 각부 장관이 발하는 명령)으로 나누어지고, 법률의 효력을 기준으로 하여 비상명령, 긴급명령, 집행명령, 위임명령으로 나누어집니다. 또한, 법적 근거를 기준으로 하여 법률이 위임한 사항을 처리하기 위하여 만든 '위임명령'과 법규의 집행을 위하여 만든 '집행명령'으로 나누어집니다.

법학 전문가의 TIP

불문법은 성문법의 보충적 효력을 갖고 있으며 법원으로서의 존재가치를 인정받고 있습니다. 불문법은 변화하는 사회현실에 적응하기 위해 필요한 법원입니다.

03 불문법

출제빈도 ★★★

1. 의의

불문법이란 성문법과는 달리 일정한 형식과 절차에 따라 성문화되지 않은 법을 말한다. 성문법과 함께 중요한 법원이 되고 있으며, 이에는 관습법·판례법·조리가 포함된다.

2. 관습법

(1) 의의

일상생활에서 사회의 관행에 의해 반복적으로 행해지는 생활규범이 사회적·경제적으로 일반인에 의해 법적 확신을 가지게 됨으로써 성립한 규범이다.

(2) 성립요건

① 오랫동안 반복하여 계속되는 일관된 관행이 존재해야 한다.
② 관행이 권리·의무라는 법적 확신이 있어야 한다. 이러한 법적 확신은 주관적·심리적 요소이기 때문에 입증하기 곤란하나 현실적으로 분쟁이 발생하였을 때 재판기관의 판결을 통해 확인된다.
③ 관습은 선량한 풍속 기타 사회질서에 반하지 않아야 한다.
④ 관습은 헌법을 비롯한 강행법규에 위반되지 않아야 한다.

(3) 효력

① 보충적 효력: 민법 제1조에서 "민사에 관하여 법률에 규정이 없으면 관습법에 의하고 관습법이 없으면 조리에 의한다."고 규정하고 있다.
② 변경적 효력: 관습법에 대해 성문법을 변경하는 효력까지도 인정된다는 견해이다. 변경적 효력설을 지지하는 견해에 의하면, 상법 제1조 후단에서 "...상관습법이 없으면 민법의 규정에 의한다."라는 규정이 상거래 관습법이 민법에 우선하여 적용됨으로써 민법에 대한 개폐효력이 인정된다는 것이다.

(4) 판례

관습법이란 사회의 거듭된 관행으로 생성한 사회생활규범이 사회의 법적 확신과 인식에 의하여 법적 규범으로 승인·강행되기에 이른 것을 말하고, 그러한 관습법은 법원(法源)으로서 법령에 저촉되지 아니하는 한 법칙으로서의 효력이 있는 것이고, 또 사회의 거듭된 관행으로 생성한 어떤 사회생활규범이 법적 규범으로 승인되기에 이르렀다고 하기 위하여는 헌법을 최상위 규범으로 하는 전체 법질서에 반하지 아니하는 것으로서 정당성과 합리성이 있다고 인정될 수 있는 것이어야 하고, 그렇지 아니한 사회생활규범은 비록 그것이 사회의 거듭된 관행으로 생성된 것이라고 할지라도 이를 법적 규범으로 삼아 관습법으로서의 효력을 인정할 수 없다.
(대법원 2005. 7. 21. 선고 2002다1178 전원합의체 판결)

(5) 관습법과 사실인 관습의 관계

구분	관습법	사실인 관습
의의	• 사회의 거듭된 관행으로 생성한 생활규범이 사회의 법적 확신과 인식에 의하여 법적 규범으로 승인·강행되기에 이른 것	• 사회의 관행에 의하여 발생한 사회생활규범인 점에서 관습법과 같으나 사회의 법적 확신이나 인식에 의하여 법적 규범으로서 승인된 정도에 이르지 않은 것
성립요건 및 효력	• 관행 + 법적 확신(통설·판례) • 법원으로서 법령에 저촉되지 아니하는 한 법칙으로서 효력이 있음	• 관행 + 법적 확신(요하지 않음) • 법령으로서의 효력이 없는 단순한 관행으로서 법률행위 당사자의 의사를 보충함에 그침
입증책임	• 원칙은 직권조사사항, 그러나 법원이 알 수 없는 경우 당사자가 주장·증명할 필요가 있음	• 당사자의 주장·증명, 그러나 사실인 관습은 경험칙이므로 법원의 직권에 의하여 판단이 가능
적용범위	• 민사	• 법률행위

3. 판례법

판례법은 법원의 판결을 통하여 형성된 법이론이나 법원칙인 판례의 형태로 존재하는 성문화되지 않은 법규범을 의미한다. 어떤 사건에 대해 법관이 판결을 내린 이후에 그와 비슷한 사안에 대해 판결을 하게 되는 경우, 특별한 사정이 없는 한 선행 판결에 따라 동일한 취지의 판결을 내리는 것이 일반적이다.

4. 조리

조리란 사물의 이치 내지 사물의 본성을 의미한다. 일반 다수인이 건전한 상식으로서 인정하는 공동생활의 원리이며, 사물의 본질적 법칙으로 정의, 형평, 공서양속, 경험칙, 신의성실의 원칙 등으로 표현되기도 한다.

시험문제 미리보기!

법원에 대한 설명으로 가장 옳지 않은 것은?

① 관습법은 성문법에 대해 보충적 효력을 가진다는 것이 일반적인 입장이다.
② 우리나라에서 판례의 법원성을 부정하는 것이 일반적이다.
③ 법적 안정성을 유지하기 위해서는 관습법보다는 성문법이 유리하다.
④ 조리는 성문법에 해당한다.

정답 ④

해설 조리는 불문법에 해당한다.

제5절 | 법의 분류

✓핵심 포인트

실정법과 자연법	• 실정법: 구체적이고 실질적인 효력 • 자연법: 보편타당성, 영구불변성, 인식가능성
공법과 사법	• 공법: 헌법, 형법, 행정법, 민사소송법, 형사소송법 • 사법: 민법, 상법
실체법과 절차법	• 실체법: 형법, 민법, 상법 • 절차법: 형사소송법, 민사소송법

01 실정법과 자연법

출제빈도 ★

1. 실정법

실정법이란 특정한 시대와 사회에서 구체적이고 실질적인 효력을 가지고 있는 법규범을 말한다. 실정법의 존재 형태는 성문법뿐만 아니라 관습법, 판례법, 조리와 같은 불문법도 포함된다. 실정법은 이를 위반하였을 경우 국가의 힘인 공권력에 의해 제재를 받게 된다.

2. 자연법

자연법 사상은 그리스·로마 시대 때부터 오랫동안 논의가 되어 왔으며, 법학 분야 외의 신학과 철학 분야에서도 정당성과 관련하여 논의되었다. 자연법은 실정법을 초월하여 영구불변적으로 존재하는 법으로 정의되며 시·공간을 초월하여 보편적으로 타당한 법이다. 자연법의 특성은 일반적으로 보편타당성, 영구불변성, 인식가능성 등이 있다.

02 국내법과 국제법

출제빈도 ★

1. 국내법

한 국가에 의하여 형성되고 그 국가의 주권이 미치는 범위 내에서만 시행되는 법이다. 국가와 국민 또는 국민 상호 간의 권리와 의무 관계를 규정하는 법을 말한다.

2. 국제법

주로 국가 간의 관계에 적용되는 국제사회의 법을 말한다. 오늘날의 국제법은 국가뿐만 아니라 국제기구 또는 개인에게까지 영향을 미친다. 국제법은 다수 국가 간의 명시적 또는 묵시적 합의에 의하여 만들어지며 조약과 같은 성문법, 일반적으로 승인된 국제법규, 국제관습법과 같은 불문법의 형식으로도 존재한다.

03 공법과 사법

출제빈도 ★★

공법은 헌법, 형법, 행정법, 민사소송법, 형사소송법 등이고, 사법은 민법, 상법 등이다.

04 사회법

출제빈도 ★

1. 등장 배경

자본주의의 발달로 부익부 빈익빈의 현상이 심화되고 사회적 갈등이 증폭하자 경제적 약자를 보호하고 노사 간의 대립을 완화하기 위하여 국가가 개인이나 기업의 경제활동 영역에 개입하기 시작하면서 종래의 공법이나 사법 어디에도 속하지 않고 새로운 법 영역을 형성하게 되었다. 이와 같이 사회법은 경제적 약자의 이익을 보호하고 나아가 적극적으로 경제적 약자를 지원하고 복지를 증진시키는 것을 목적으로 하는 법이다. 대표적인 사회법으로 노동법, 사회보장법, 경제법을 들 수 있다.

2. 노동법

노동법은 근로자의 인간다운 생활을 보장하고 근로자와 사용자 사이의 실질적인 평등을 도모하기 위해서 취업과 근로조건 및 노사관계를 규율하는 법규범을 말한다. 대표적인 노동법으로는 근로기준법, 노동조합 및 노동관계조정법, 최저임금법, 임금채권보장법 등이 있다.

3. 사회보장법

사회보장법은 국가가 국민의 생존권을 확인하고 사회적 위험으로부터 국민의 생활을 보장하기 위한 국가의 정책을 실현하기 위한 법이다. 국민건강보험법, 국민연금법, 산업재해보상보험법, 고용보험법 등 4대 사회보험법을 시행하고 있다.

4. 경제법

경제법은 자본주의 경제체제에서 발생하는 모순과 폐해를 국민 경제 전체의 입장에서 정책적으로 규제하거나 조정하기 위한 목적으로 만들어진 법규범이다. 대표적인 경제법은 소비자기본법, 독점규제법, 공정거래에 관한 법률, 약관의 규제에 관한 법, 할부거래에 관한 법, 방문판매 등에 관한 법, 제조물책임법 등이다.

05 일반법과 특별법

출제빈도 ★

1. 의의

일반법과 특별법은 법의 효력 범위를 기준으로 구분한다. 일반법은 법의 효력이 미치는 범위가 제한 없이 일반적·보편적으로 적용되는 법이고 특별법은 특정한 사람, 사항 또는 장소에 국한해서 적용되는 법이다.

2. 일반법과 특별법 비교

구분	일반법	특별법
인적 범위	모든 일반인	제한된 범위의 특정한 사람
장소적 범위	모든 지역	특정한 지역
규율 범위	보편적 전체 규율	특정한 사항만 규율

06 실체법과 절차법

출제빈도 ★★

1. 실체법

실체법은 권리·의무의 종류·내용·성질·발생·변경·효과·소멸 등의 사항을 규정하는 법이다. 예를 들어, 형법·민법·상법 등이 있다.

2. 절차법

절차법은 실체법의 내용, 즉, 권리·의무를 실현하는 절차에 관한 법으로, 권리·의무의 행사·이행·보전·강제 등의 절차를 규정하는 법이다. 형사소송법·민사소송법 등은 대표적인 절차법이다.

07 강행법규와 임의법규

출제빈도 ★

법을 당사자의 의사로 그 적용을 배제 또는 변경할 수 있느냐의 여부에 따라 강행법규와 임의법규로 나누어진다. 강행법규는 당사자의 의사와 관계없이 강제적으로 적용되는 법으로서 주로 공법 규정이고, 임의법규는 당사자의 의사로 그 적용을 배제하거나 변경할 수 있는 법으로서 주로 사법 분야이다. 일반적으로 사회질서, 공공질서, 공공복리 등은 강행법규이고, 개인 상호 간의 권리·의무관계는 임의법규이다.

시험문제 미리보기!

법은 그 성질에 따라 공법과 사법으로 구별할 수 있는데, 그 성질상 사법에 해당하는 것은?

① 형법　　② 상법
③ 행정법　　④ 민사소송법

정답 ②

해설 공법은 헌법, 형법, 행정법, 민사소송법, 형사소송법 등이고, 사법은 민법, 상법 등이다.

제6절 | 법의 효력

✓핵심 포인트

법의 실질적 효력	타당성, 실효성
법의 형식적 효력	법률불소급의 원칙

01 법 효력의 개념 출제빈도 ★

법의 효력이란 행위규범으로서 법의 내용을 실현하는 강제력을 의미하며, 강제규범으로 법이 사회를 구속하는 힘을 말한다.

02 법의 실질적 효력 출제빈도 ★

법이 효력을 발생하기 위해서는 법이 규범으로서 타당성과 실효성을 동시에 갖추어야 하는데 이를 법의 실질적 효력이라고 한다.

1. 타당성

법의 내용을 실현하려는 법 효력의 근거를 법의 타당성이라 한다. 법의 타당성이란 법이 구속력을 가질 수 있는 정당한 권능을 의미한다. 법은 규범으로서 그 내용만으로 효력을 발생하는 것이 아니라 규범으로서 타당성을 가지고 있어야 한다. 즉, 법 규정의 내용이 정당성·합리성·합목적성을 가지고 있는 것을 말한다.

2. 실효성

법이 강제규범으로서 효력을 지니고 실제로 실현되는 것을 법의 실효성이라 하며, 법이 현실로 지켜져 실현되는 강제력을 말한다. 다시 말해, 법이 단지 제정만 되고 실제로 법이 규정한 대로 시행되지 않는다면 이 법을 효력이 있는 법이라고 생각하지 않을 것이다.

03 법의 형식적 효력

출제빈도 ★★

1. 시간적 효력

(1) 법의 시행과 폐지

① 법의 시행: 법률은 제정과 동시에 효력이 발생하는 것이 아니라 시행하는 날로부터 효력이 발생한다. 그런데 제정된 법은 시행에 앞서 공포하여 일정 기간 동안 그 내용을 국민에게 알리고 그 후 일정한 기일이 지난 다음 시행한다. 우리나라에서 법률은 특별한 규정이 없는 한 대통령이 공포한 날로부터 20일을 경과함으로써 그 효력이 발생한다. (헌법 제53조 제7항)

② 법의 폐지: 법의 폐지란 법의 효력이 소멸되는 것을 말한다. 어느 법률이 법률에 그 시행기간이 정하여진 경우에 그 기간의 만료로 해당 법은 그 효력이 소멸하는데, 이러한 법을 한시법이라 한다.

(2) 법률불소급의 원칙

① 원칙: 법률불소급의 원칙이란 법의 효력은 시행 이후인 시행기간 중에 발생한 사항에 대하여서만 적용되고 그 시행 이전에 발생한 사항에 대하여는 적용되지 않는다는 원칙을 말한다. 만일 소급효를 인정하게 된다면 행위 당시에는 적법하였던 것이 신법에 의하여 부적법한 것으로 되어 법적 안정성과 예견 가능성을 크게 해할 우려가 있다.

② 법률불소급의 원칙은 형법에서 가장 중요한 의미를 가지게 되어 형법 제1조 제1항에서는 "범죄의 성립과 처벌은 행위 시의 법률에 따른다."고 규정하고 있으며 다만 제2항에서 "범죄 후 법률이 변경되어 그 행위가 범죄를 구성하지 아니하게 되거나 형이 구법(舊法)보다 가벼워진 경우에는 신법(新法)에 따른다."고 규정하여 예외규정을 두고 있다.

(3) 경과법

법령의 제정 또는 개정이 있을 때 구법 시 발생한 사안에는 구법을 적용하고, 신법의 시행 이후에 발생한 사안에 대해서는 신법을 적용하는 것이 일반적인 원칙이다. 그러나 어떤 사안이 구법과 신법이 제정된 이후에도 계속된 경우 구법을 적용할 것인지 아니면 신법을 적용할 것인지 문제가 발생하게 되는데 이 문제를 해결하기 위한 법이 경과법이다. 보통 경과법의 경우 별도의 법률을 제정하기보다 신법의 부칙에 경과규정을 둔다.

2. 장소적 효력

한 국가의 법은 원칙적으로 그 국가의 전체 영역에 걸쳐 적용된다. 한 국가의 모든 영역은 그 국가의 주권이 절대적으로 미치는 범위로서 영토·영수(영해·내수)·영공을 포함하며, 영토 내에 있는 외국인을 포함하여 모든 사람과 물건에 적용되고 장소에 관한 특별법의 경우로서 일정한 지역에만 적용되는 경우가 있는데, 예를 들어 지방자치단체가 제정하는 자치법규(조례와 규칙)는 해당 지방자치단체의 관할지역에 대해서만 적용되는 것이다.

3. 인적 효력

① 속지주의란 자국의 영역 내에 있는 모든 사람에 대하여 외국인을 불문하고 자국법을 적용할 수 있다는 원칙이다. 그러나 예외적으로 자국 영역 밖에서 행해진 범죄에 대해서도 자국법을 적용하는 범죄가 있다. 예를 들어, 내란죄, 외란죄, 국기에 대한 죄, 통화 및 유가증권에 관한 죄 등은 대한민국 영역 밖에서 죄를 범한 경우에도 형법을 적용한다. (형법 제5조)

② 속인주의란 그 나라의 국적을 가진 자는 국내에 있는 자는 물론이고 외국에 있는 자에게도 국적국 법을 적용한다는 것이다. 그러나 예외적으로 국가 정책상 특수한 신분을 가진 자에게 국내법의 적용을 배제하는 경우가 있다. 대표적인 예로 대통령과 국회의원의 특권으로 대통령에게는 '내란 또는 외환의 죄를 범한 경우를 제외하고는 재직 중 형사상의 소추를 받지 아니할' 특권을 부여하고 있고(헌법 제84조), 국회의원에게는 회기 중 불체포 특권과(헌법 제44조 제1항), 직무상 발언, 표결의 면책특권을 부여하고 있다(헌법 제45조).

③ 상호 영토를 존중한다는 의미에서 속지주의가 우선적으로 적용되고 속인주의가 보충적으로 적용된다.

시험문제 미리보기!

대한민국 국적을 가진 자라면 국내에 있는 자는 물론이고 외국에 있는 자에게도 대한민국 법을 적용한다는 원칙은 무엇인가?

① 속인주의 ② 속지주의
③ 보호주의 ④ 상호주의

정답 ①

해설 속인주의란 그 나라의 국적을 가진 자는 국내에 있는 자는 물론이고 외국에 있는 자에게도 국적국 법을 적용한다는 것이다. 그러나 예외적으로 국가 정책상 특수한 신분을 가진 자에게 국내법의 적용을 배제하는 경우가 있다. 대표적인 예로 대통령과 국회의원의 특권으로 대통령에게는 '내란 또는 외환의 죄를 범한 경우를 제외하고는 재직 중 형사상의 소추를 받지 아니할' 특권을 부여하고 있고(헌법 제84조), 국회의원에게는 회기 중 불체포 특권과(헌법 제44조 제1항), 직무상 발언, 표결의 면책특권을 부여하고 있다(헌법 제45조).

제7절 | 법의 해석과 적용

✓핵심 포인트

논리해석의 종류	확장, 축소, 반대, 물론, 유추해석
유권해석의 종류	입법, 행정, 사법해석

01 법의 해석 출제빈도 ★★

1. 의의

법의 해석이란 입법기술상 추상적 내지 일반적으로 불완전하게 규정되어 있는 법규범의 의미와 내용을 명확히 하는 것을 말한다. 즉, 개별적인 사안에 대해 추상적인 법규범을 구체적으로 적용하기 위하여 법규의 의미·내용을 체계적으로 이해하고 법의 목적에 따라 규범의 개념을 명확히 하는 것을 말한다.

2. 법 해석의 방법

(1) 문리해석

법문을 구성하고 있는 용어나 문장을 기초로 하여 그 문자가 가지는 의미에 따라 법규 전체의 의미를 해석하는 것이다. 가장 기본적이고 우선하는 법 해석의 방법이다.

(2) 논리해석

① 개념: 법 전체에 비추어 법조문의 입법 취지와 상황을 고려하여 논리적으로 추론하여 해석하는 것을 말한다.

② 논리해석의 종류

- 확장해석: 법문의 자구를 본래의 의미보다 확장하여 해석하는 것을 말한다.
- 축소해석: 법령의 용어가 가지는 뜻이 너무 넓기 때문에 그 문구의 의미를 축소시켜 해석하는 것을 말한다.
- 반대해석: 법조문에서 일정한 사실에서는 일정한 효과가 생긴다고 규정하였을 때 법령에 명시된 규정 이외의 경우에는 그와 반대로 된다고 해석하는 것을 말한다.
- 물론해석: 법령에 일정한 사항을 규정한 입법 취지로 보아 당해 법률에 규정되어 있지 않더라도 성질상 당연히 포함되는 것으로 해석하는 것을 말한다.
- 유추해석: 어떤 특정한 사항에 관하여 법에 규정이 없는 경우, 그와 유사한 사항을 규정한 법규를 적용할 수 있도록 해석하는 것을 말한다.

법학 전문가의 TIP

확장해석
예를 들어, 형법 제366조의 재물손괴죄에서 보통 손괴란 물건의 물리적 형태를 파괴하는 것을 의미하지만, 법원에서는 이것을 확장해석하여 영업상 손님의 음식용에 제공하는 식기에 방뇨한 것을 식기의 손괴에 해당한다고 판시하였습니다.

축소해석
예를 들어, "제차통행금지"라는 푯말이 붙어 있는 경우에 자전차도 통행이 금지되어야 하지만 그 법의 취지로 보아 자전차는 통행해도 무방하다는 식으로 해석하는 경우입니다.

반대해석
예를 들어, "차마운행금지"라는 말이 붙어 있는 경우에 그 문장에는 차마만 나와 있으므로 사람은 통행해도 무방하다고 해석하는 경우입니다.

물론해석
예를 들어, 공사 중인 다리에 "마차(車)통행금지"라는 푯말이 붙어 있는 경우에 트럭은 마차보다 중량이 더 무거우므로 트럭의 통행도 물론 금지한다는 뜻으로 해석하는 경우입니다.

유추해석
예를 들어, "권리능력 없는 사단"에 대한 법률관계는 민법상 규정이 없으므로 사단법인에 관한 규정을 유추적용한다고 해석하는 경우입니다.

(3) 유권해석

① 개념: 권한을 가진 국가기관에 의한 해석으로 법규범의 의미가 확정되고 설명되는 해석을 말한다.

② 유권해석의 종류

- 입법해석: 법률이 지정하는 권한에 의하여 법률로 법률의 의미를 해석하는 것을 말한다.
- 행정해석: 행정기관이 법 또는 정책을 집행하는 과정에서 내리는 해석을 말한다.
- 사법해석: 문제된 사안에서 법원의 판결의 형식에 의하여 해석하는 것을 말한다.

법학 전문가의 TIP

입법해석
예를 들어, 민법 제98조에서 "본법에서 물건이라 함은 유체물 및 전기 기타 관리할 수 있는 자연력을 말한다."고 해석하는 경우입니다.

02 법의 적용

출제빈도 ★★

1. 의의

법의 적용이란 일반적으로 추상적·관념적인 법의 내용을 구체적이고 현실적인 사실에 대하여 법의 해석을 통해 적용시키는 과정이다.

2. 사실의 확정

사회에서 발생하는 구체적 사실들 중에서 법적으로 판단해 볼 때 가치가 있는 사실만을 확정하는 법적 인식 작용을 사실의 확정이라고 한다.

(1) 입증

입증이란 법적 분쟁이 발생한 경우 객관적 자료와 증거에 의해 사실의 존부 및 내용을 확정하는 것을 말한다. 증거에 대한 입증책임은 원칙적으로 사실의 존부를 주장하는 측에게 있다.

(2) 추정

추정이란 어떤 사실이 아직 명확하지 않은 경우 우선 사실대로 확정하여 법률효과를 발생시키는 것을 말한다. 그러나 반증을 통해 추정을 번복시킬 수 있다.

(3) 간주

간주란 불확실한 사실에 대해 법에 의하여 일정한 사실관계를 확정하는 것으로서 의제라고도 한다. 간주 용어는 '~간주한다.' 또는 '~으로 본다.'라고 표현되는 것이 일반적이다. 추정과 달리 반증에 의해 그 법률효과가 소멸하지 않고 취소를 위한 법적 절차가 필요하다.

법학 전문가의 TIP

추정
예를 들어, 민법 제30조에서 "2인 이상이 동일한 위난으로 사망한 경우에는 동시에 사망한 것으로 추정한다."는 규정입니다.

간주
예를 들어, 민법 제28조에서 "실종선고를 받은 자는 전조의 기간이 만료한 때에 사망한 것으로 본다."는 규정입니다.

3. 법 적용의 원칙

(1) 상위법 우선의 원칙

상위법 우선의 원칙이란 상위 법규는 하위 법규에 대해 우위에 있으며 하위 법규는 상위 법규를 위배할 수 없고 위배된 하위 법규는 효력이 발생하지 않는다는 원칙이다. 헌법이 법률보다 우위에 있으므로 법률은 헌법에 위배되어 제정될 수 없으며, 위배된 법률은 헌법재판소에서 위헌법률심판을 받게 된다.

(2) 특별법 우선의 원칙

특별법 우선의 원칙이란 특별법이 일반법보다 우선적으로 적용되어야 한다는 원칙으로 특별법의 입법목적이 특수한 사항을 규율하는 데 있기 때문에 특수한 상황이 발생하였을 경우 특별법이 우선적으로 적용된다는 것이다.

(3) 신법 우선의 원칙

신법 우선의 원칙이란 법이 새로 제정되거나 개정되어 법의 내용이 구법과 신법 간 충돌할 경우 신법이 구법에 우선적으로 적용된다는 것이다.

법학 전문가의 TIP

특별법 우선의 원칙
예를 들어, 민법의 특별법으로 주택임대차보호법, 상가건물임대차보호법이 먼저 적용되며, 민법상 사용자 책임(제756조)과 국가배상법이 충돌할 경우 국가배상법이 우선 적용됩니다.

시험문제 미리보기!

법의 해석 방법 중 논리해석이 아닌 것은?

① 확장해석　　② 문리해석
③ 물론해석　　④ 유추해석

정답 ②

해설 문리해석은 법문을 구성하고 있는 용어나 문장을 기초로 하여 그 문자가 가지는 의미에 따라 법규 전체의 의미를 해석하는 것으로, 가장 기본적이고 우선하는 법 해석의 방법이다. 논리해석의 종류로는 법문의 자구를 본래의 의미보다 확장하여 말하는 확장해석, 법령의 용어가 가지는 뜻이 너무 넓기 때문에 그 문구의 의미를 축소시켜 해석하는 축소해석, 법조문에서 일정한 사실에서는 일정한 효과가 생긴다고 규정하였을 때 법령에 명시된 규정 이외의 경우에는 그와 반대로 된다고 해석하는 반대해석, 법령에 일정한 사항을 규정한 입법 취지로 보아 당해 법률에 규정되어 있지 않더라도 성질상 당연히 포함되는 것으로 해석하는 물론해석, 어떤 특정한 사항에 관하여 법에 규정이 없는 경우 그와 유사한 사항을 규정한 법규를 적용할 수 있도록 해석하는 유추해석이 있다.

제8절 | 권리와 의무

✓핵심 포인트

권리와 유사한 개념	• 권한, 권능, 권원, 반사적 이익
권리의 분류	• 내용에 의한 분류: 재산권, 가족권, 인격권, 사원권 • 작용에 의한 분류: 지배권, 청구권, 형성권, 항변권

01 법률관계와 호의관계 출제빈도 ★

1. 법률관계

사람의 생활관계 가운데 법에 의하여 규율되는 생활관계를 법률관계라고 한다. 예를 들어 부동산 매매계약을 체결할 경우 매도인은 부동산 매매대금을 받을 권리와 부동산 인도 의무를 부담하며, 매수인은 부동산을 인도받을 권리와 매매대금을 지급해야 할 의무를 갖게 된다.

2. 호의관계

호의관계란 법적으로 구속받으려는 의사 없이 행하여진 생활관계로서 법적 구속력이 발생하지 않으므로 상대방에게 급부청구권이 발생하지 않으며 채무불이행을 이유로 손해배상청구도 할 수 없다. 대표적인 예로 이웃이 외출 시 아이들을 돌봐주는 행위, 자기 차에 아는 사람을 무료로 태워준 경우(이른바 호의동승) 등이다. 호의관계가 인정되는 경우 당사자 간에 채권·채무관계가 존재하지 않으므로 채무불이행책임이 인정되지 않지만 운전자의 과실로 손해가 발생한 경우 불법행위에 기한 손해배상청구권이 인정될 수 있다.

02 권리 출제빈도 ★★★

1. 의의

권리란 권리주체가 일정한 이익을 향유할 수 있도록 법이 인정하는 힘을 말한다.

2. 구별개념

(1) 권한

권한이란 타인을 위하여 그에게 일정한 법률효과를 발생하게 하는 행위를 할 수 있는 법률상의 지위나 자격을 말한다. 예를 들어, 대리인의 대리권, 이사의 대표권을 말한다.

(2) 권능

권능이란 권리의 내용을 이루는 개개의 법률상의 힘을 말한다. 예를 들어, 소유권이라는 권리의 내용으로 사용권·수익권·처분권을 말한다.

(3) 권원

권원이란 일정한 법률상 또는 사실상의 행위를 정당화하는 법률상의 원인 내지 근거를 말한다. 예를 들어, 甲의 토지에 무단으로 乙이 건물 등을 지은 경우, 이는 甲의 소유권을 침해하는 것이므로 甲은 그 건물 등의 철거를 청구할 수 있는데(제214조), 그 철거를 당하지 않기 위해서는 乙은 그 토지를 사용할 권원(지상권·임차권)이 있어야 한다.

(4) 반사적 이익

반사적 이익이란 법이 일정한 사람에게 일정한 행위를 명하거나 금지함에 따라 다른 사람이 반사적 효과로서 이익을 받게 되는 것을 말한다. 예를 들어, 민법상 불법원인급여에 해당하는 경우 급여자는 급여의 반환을 청구할 수 없으므로(제746조), 그 결과 수익자가 급여된 재산의 소유권을 취득하는 것은 반사적 이익에 불과하다.

시험문제 미리보기!

권리와 구별되는 개념에 관한 설명으로 옳은 것을 모두 고르면?

㉠ 권원은 권리의 내용을 이루는 개개의 법률상 작용을 말한다.
㉡ 권능은 일정한 법률상 또는 사실상의 행위를 하는 것을 정당화하는 법률상의 원인이다.
㉢ 권한은 타인을 위하여 그자에게 일정한 법률효과를 발생하게 하는 행위를 할 수 있는 법률상 자격이다.
㉣ 반사적 이익은 법에 의해 보호되는 이익으로서 그것이 침해된 자도 법률상 구제를 받을 수 있음이 원칙이다.

① ㉠, ㉡　② ㉠, ㉢
③ ㉡, ㉣　④ ㉢, ㉣

정답 ④

해설 ㉠ 권능은 권리의 내용을 이루는 개개의 법률상 작용을 말한다.
㉡ 권원은 일정한 법률상 또는 사실상의 행위를 하는 것을 정당화하는 법률상의 원인이다.

3. 권리의 분류

(1) 내용에 의한 분류

① 재산권: 경제적 가치가 있는 이익을 누리는 것을 내용으로 하는 권리이다.

- 물권: 권리자가 물건을 직접 지배하여 이익을 얻는 배타적 권리로서, 점유권·소유권, 용익물권인 지상권·지역권·전세권, 담보물권인 유치권·질권·저당권이 있다.
- 채권: 특정인(채권자)이 다른 특정인(채무자)에게 일정한 급부를 요구할 수 있는 권리로서, 계약, 사무관리, 부당이득, 불법행위 등이 채권의 발생 원인 이다.
- 지식재산권: 발명·저작 등의 정신적 창조물을 독점적으로 이용하는 권리로서, 특허권·실용신안권·디자인권·상표권·저작권 등이 이에 속한다.

② 가족권: 가족공동체의 일정한 신분관계에 의한 권리(친권·부양청구권, 상속권 등)로서, 이에는 친족권과 상속권 두 가지가 있다.

③ 인격권: 인격적 이익을 내용으로 하는 권리로서 생명·신체·명예·정조·성명·초상, 사생활에 관한 권리이다. 판례도 인격권에 기초하여 현재의 침해행위의 배제 또는 장래의 침해행위의 예방을 위하여 침해행위의 금지를 청구할 수 있다고 판시한다.

④ 사원권: 단체의 구성원이 사원의 지위에서 사단에 대하여 가지는 권리·의무를 총칭하여 사원권이라고 부른다. 사원권에는 자익권(이익배당청구권, 잔여재산분배청구권)과 공익권(결의권, 사원총회소집청구권, 소수사원권 등)이 있다.

(2) 작용(효력)에 의한 분류

① 지배권: 타인의 행위를 필요로 하지 않고 일정한 객체를 직접 지배할 수 있는 권리(사용, 수익, 처분권)이다.

② 청구권: 특정인이 다른 특정인에 대하여 일정한 행위(작위·부작위)를 요구할 수 있는 권리이다. 대표적인 청구권으로 채권(부당이득반환청구권·손해배상청구권 등)을 들 수 있고, 채권 외에 소유물반환청구권(민법 제213조), 상속회복청구권(민법 제999조) 등도 이에 속한다.

③ 형성권: 권리자의 일방적인 의사표시에 의하여 법률관계를 발생·변경·소멸시키는 권리이다. 취소권, 추인권, 해제권, 해지권 등을 들 수 있다.

④ 항변권: 상대방의 권리행사에 대해 그 작용을 저지할 수 있는 권리를 말한다. 청구권의 행사를 일시적으로 저지할 수 있을 뿐인 연기적 항변권(민법 제536조의 동시이행항변권, 민법 제437조의 보증인의 최고검색의 항변권)과 그것을 영구히 저지할 수 있는 영구적 항변권(민법 제1028조의 상속인의 한정승인의 항변권)이 있다.

(3) 기타의 분류

① 절대권과 상대권: 절대권은 특정의 상대방이 없고 누구에 대해서도 주장할 수 있는 권리(물권이나 인격권)이고, 상대권은 특정인에 대해서만 주장할 수 있는 권리(채권 등의 청구권)이다.

② 일신전속권과 비전속권: 일신전속권은 권리의 성질상 타인에게 양도, 상속할 수 없는 귀속상의 일신전속권(부양청구권, 가족권, 인격권 등)과 권리자 자신이 직접 행사하지 않으면 의미가 없으므로 타인이 권리자를 대위하여 행사할 수 없는

행사상의 일신전속권(가족권, 위자료청구권)이 있다. 한편 비전속권은 양도성과 상속성이 있는 권리로 대부분의 재산권이 이에 속한다.

③ 주된 권리와 종된 권리: 하나의 권리가 다른 권리에 의존하는 권리를 종된 권리라 하고, 그 전제가 되는 권리가 주된 권리이다. 예를 들어, 원본채권은 주된 권리이고, 이자채권은 종된 권리이다. 종된 권리는 주된 권리에 의존하므로, 주된 권리가 이전되면 종된 권리도 이전되며, 주된 권리가 시효로 소멸하면 종된 권리도 소멸한다. (민법 제183조)

03 의무

출제빈도 ★

1. 의의

의무란 의무자의 의사와 관계없이 일정한 행위를 하여야 할(작위의무) 또는 하지 않아야 할(부작위의무) 법률상의 구속을 말한다.

2. 책무(간접의무)

책무란 상대방에게 적극적인 권리를 인정하는 것은 아니지만 의무자가 이를 이행하지 않은 경우 일정한 불이익이 발생하는 것을 말한다. 그러나 이를 이행하지 않아도 상대방에게 강제이행이나 손해배상청구권이 발생하지 않는다. 예를 들어, 청약자의 통지의무, 증여자의 하자고지의무 등을 들 수 있다.

시험문제 미리보기!

권리자의 일방적인 의사표시에 의하여 법률관계를 발생·변경·소멸시키는 권리로서 취소권, 추인권, 해제권, 해지권 등을 들 수 있는데, 이러한 권리를 무엇이라고 하는가?

① 형성권 ② 지배권

③ 자연권 ④ 청구권

정답 ①

해설 형성권이란 권리자의 일방적인 의사표시에 의하여 법률관계를 발생·변경·소멸시키는 권리로서, 취소권, 추인권, 해제권, 해지권 등을 들 수 있다.

출제빈도: ★★☆ 대표출제기업: 한국가스기술공사

01 다음 중 사회규범으로서의 법학의 특징인 것은?

① 목적법칙
② Sein법칙
③ 인과법칙
④ 존재법칙

출제빈도: ★★☆ 대표출제기업: 한국공항공사

02 법의 본질에 대한 설명으로 옳지 않은 것은?

① 법은 사회의 구성원들이 사회생활을 영위함에 있어 필요한 생활 준칙이다.
② 법은 실효성을 확보하기 위해 사회규범에 위반하는 행위에 대해 제재가 가해지는 강제규범이다.
③ 법은 자연법칙과 달리 존재법칙을 바탕으로 한다.
④ 법은 개인의 권리를 제한하는 결과를 가져올 수 있으므로 반드시 법적 근거가 필요하다.

출제빈도: ★☆☆ 대표출제기업: 한국자산관리공사

03 법과 도덕의 차이점에 대한 설명으로 옳은 것은?

① 법은 인간행위의 주관적 내면을 규율하는 데 반해 도덕은 인간행위의 객관적 외면을 규율한다.
② 법은 자율성을 본질로 하는 것에 반해 도덕은 타율성을 본질로 한다.
③ 법은 항상 권리와 의무라는 양면성을 갖는 것에 반해 도덕은 일면성을 갖는다.
④ 법은 인간의 내적 행위를, 도덕은 인간의 외적 행위를 규율대상으로 한다.

출제빈도: ★☆☆ 대표출제기업: 한국보훈복지의료공단

04 법과 다른 사회규범에 대한 설명으로 옳지 않은 것은?

① 법과 도덕은 형식적인 측면에서 차이가 있더라도 내용적인 측면에서 서로 중첩되는 부분이 있다.
② 한 사회질서 내에서 법과 도덕은 한편으로는 상호조화의 관계에 그리고 다른 한편으로는 긴장과 대립의 관계에 있다고 할 수 있다.
③ 법은 만들어지는 것인 데 반해 관습은 자연발생적으로 생성되는 것이라는 점에서 차이가 있지만 구별이 쉽지 않다.
④ 법과 관습은 강제 가능성이 있는 사회규범이라는 점에서 공통점이 있다.

출제빈도: ★★★

05 법과 도덕의 차이점에 관한 설명으로 옳은 것은?

① 법은 강제성이 없지만 도덕은 강제성이 있다.
② 법은 자율성을 갖지만 도덕은 타율성을 갖는다.
③ 법은 외면성을 갖지만 도덕은 내면성을 갖는다.
④ 법은 일면성을 갖지만 도덕은 양면성을 갖는다.

정답 및 해설

01 ①
• 사회규범의 특징: 당위/Sollen법칙, 자유법칙, 목적법칙
• 자연법칙의 특징: 존재/Sein법칙, 인과법칙, 필연법칙

02 ③
법은 있는 그대로의 사실을 바탕으로 하는 자연법칙(존재법칙)과 달리 작위와 부작위를 명하는 당위규범이다.

03 ③
법은 권리와 의무라는 양면성을 갖는 것에 반해 도덕은 의무라는 일면성을 갖는다.

오답노트
① 법은 인간행위의 객관적 외면을 규율하는 데 반해 도덕은 인간행위의 주관적 내면을 규율한다.
② 법은 외부적인 힘을 요인으로 하는 타율성을 본질로 하는 것에 반해 도덕은 양심에 기초를 둔 자율성을 본질로 한다.
④ 규율대상의 측면에서 법은 외면적 행위를, 도덕은 내면적 행위를 중시한다.

04 ④
관습과 법원으로서의 관습법은 구별할 필요성이 있다. 관습은 강제성이 부여되지 않지만 관습법은 강제성이 부여된다.

05 ③
법은 외면성을 갖지만 도덕은 내면성을 갖는다.

오답노트
① 법은 강제성이 있지만 도덕은 강제성이 없다.
② 법은 타율성을 갖지만 도덕은 자율성을 갖는다.
④ 법은 양면성을 갖지만 도덕은 일면성을 갖는다.

출제예상문제

출제빈도: ★★☆ 대표출제기업: 한국보훈복지의료공단

06 다음의 정의를 주장한 사람은 누구인가?

> 그는 정의를 '일반적 정의'와 '특수적 정의'로 구분하였다. 일반적 정의(보편적 정의)는 공동생활의 일반원칙에 따라 생각하고 행동하는 것을 의미한다. 그리고 특수적 정의는 개인 생활에 관계되는 정의로서 이를 '평균적 정의'와 '배분적 정의'로 구분하였다. 평균적 정의(형식적 평등)는 절대적 평균으로서 모든 사람에게 차별 없이 평등하게 적용되는 것을 의미하며, 배분적 정의(상대적 평등)는 상대적 · 비례적 평등을 의미한다.

① 아리스토텔레스
② 플라톤
③ 예링
④ 한스 켈젠

출제빈도: ★★☆ 대표출제기업: 경기신용보증재단

07 다음 중 영미법계의 특징에 해당하지 않는 것은 무엇인가?

① 법의 형성이 이원적이다.
② 불문법주의를 택하고 있다.
③ 판례가 가장 중요한 법원에 해당한다.
④ 로마법의 영향을 크게 받았다.

출제빈도: ★★★

08 다음 중 대륙법계의 특징의 설명으로 옳지 않은 것은?

① 대륙법계는 일반적 · 추상적 규범으로 체계화되어 있다.
② 대표적인 대륙법계 국가로는 독일과 프랑스가 있다.
③ 대륙법계는 성문법주의를 취하고 있다.
④ 제정법보다 판례법이 우위에 있다.

출제빈도: ★★★

09 법원(法源)에 관한 설명으로 옳지 않은 것은?

① 제정법의 경우 그 효력은 상위법이 하위법에 우선한다.
② 상사에 관하여 상법에 규정이 없으면 상관습법에 의하고 상관습법이 없으면 민법의 규정에 의한다.
③ 일반적으로 승인된 국제법규는 국회의 비준을 거치지 않았더라도 국내법과 같은 효력이 인정된다.
④ 헌법재판소는 관습헌법을 부정한다.

출제빈도: ★★★

10 다음 중 국회가 제정한 법률과 같은 지위의 효력이 있는 것을 모두 고르면?

> ㉠ 대통령의 긴급명령
> ㉡ 조례
> ㉢ 시행령
> ㉣ 국회가 비준한 조약

① ㉠, ㉢　　② ㉠, ㉣
③ ㉡, ㉢　　④ ㉡, ㉣

정답 및 해설

06 ①
아리스토텔레스는 정의를 서로 다른 두 가지 형태인 '일반적 정의'와 '특수적 정의'로 구분하였다. 일반적 정의(보편적 정의)는 모든 사람에게 동일하게 부과되는 공동생활의 일반원칙을 의미한다. 그리고 특수적 정의는 개인 생활에 관계되는 정의로서 이를 '평균적 정의'와 '배분적 정의'로 구분하였다. 평균적 정의(형식적 평등)는 절대적 평균으로서 모든 사람에게 차별 없이 평등하게 적용되는 것을 의미하고, 배분적 정의(상대적 평등)는 상대적·비례적 평등을 의미한다. 배분적 정의에서 가장 중요한 것은 주관적이고 자의적인 기준에 따라 판단하는 것이 아니라 공평무사한 기준에 따라 판단을 하는 것이다.

07 ④
- 영미법계: 영미법계는 주로 판례에 의해 형성된 보통법을 근간으로 하고, 법관들의 법 실무에서 개인 간의 분쟁 해결을 통한 판결에 의해 형성되어 왔으며, 주로 불문법주의에 의해 발달하여 왔다.
- 대륙법계: 대륙법계는 로마법계와 게르만법계를 근간으로 하여 독일, 프랑스를 중심으로 발달한 법문화이다. 정의·도덕관념과 깊은 관계가 있고, 법학자에 의해 이론적으로 형성되었으며, 주로 성문법주의가 특징이다.

08 ④
제정법보다 판례법의 우위는 영미법계의 특징이다.

09 ④
우리나라는 성문헌법을 가진 나라로서 기본적으로 우리 헌법전(憲法典)이 헌법의 법원(法源)이 된다. 그러나 성문헌법이라고 하여도 그 속에 모든 헌법사항을 빠짐없이 완전히 규율하는 것은 불가능하고 또한 헌법은 국가의 기본법으로서 간결성과 함축성을 추구하기 때문에 형식적 헌법전에는 기재되지 아니한 사항이라도 이를 불문헌법(不文憲法) 내지 관습헌법으로 인정할 소지가 있다. 특히 헌법제정 당시 자명(自明)하거나 전제(前提)된 사항 및 보편적 헌법 원리와 같은 것은 반드시 명문의 규정을 두지 아니하는 경우도 있다. 그렇다고 해서 헌법사항에 관하여 형성되는 관행 내지 관례가 전부 관습헌법이 되는 것은 아니고 강제력이 있는 헌법 규범으로서 인정되려면 엄격한 요건들이 충족되어야만 하며, **이러한 요건이 충족된 관습만이 관습헌법으로서 성문의 헌법과 동일한 법적 효력을 가진다**(헌재 2004. 10. 21. 2004헌마554).

10 ②
㉠ 헌법 제76조 제2항에 따르면, 대통령은 국가의 안위에 관계되는 중대한 교전상태에 있어서 국가를 보위하기 위하여 긴급한 조치가 필요하고 국회의 집회가 불가능한 때에 한하여 **법률의 효력을 가지는 명령을 발할 수 있다**.
㉣ 헌법 제6조 제1항에 따르면, 헌법에 의하여 체결·공포된 조약과 일반적으로 승인된 국제법규는 **국내법과 같은 효력을 가진다**.

출제예상문제

출제빈도: ★★☆ 대표출제기업: 한국보훈복지의료공단

11 **각종 법의 형태에 대한 설명으로 옳지 않은 것은?**

① 성문법은 헌법을 비롯하여 법률, 명령, 규칙, 조례, 조약 등이 있다.
② 대통령은 국회에서 통과된 법률에 대한 거부권을 행사함과 동시에 법률안에 대해 수정 요구를 할 수 있다.
③ 국회가 아닌 다른 국가기관이 제정한 법규로는 명령 또는 조례를 예로 들 수 있다.
④ 대륙법계에 속하는 국가는 일반적으로 판례의 법원성을 인정하지 않는다.

출제빈도: ★★☆ 대표출제기업: 한국도로공사

12 **다음에서 설명하는 것은 무엇인가?**

국회의 의결을 거치지 않고 행정기관에 의하여 제정되는 성문법으로 법률보다 하위에 있다.

① 행정규칙 ② 조례
③ 명령 ④ 자치법규

출제빈도: ★★☆

13 **관습법에 대한 설명으로 옳지 않은 것은?**

① 민법은 관습법의 변경적 효력을 인정한다.
② 상법에서는 민법보다 상관습법을 우선 적용한다.
③ 형법에서 죄형법정주의에 의해 관습형법은 인정되지 않는다.
④ 헌법재판소는 관습헌법을 인정한다.

출제빈도: ★★☆

14 **불문법의 법원성에 관한 설명으로 옳지 않은 것은?**

① 관습법은 공법보다 사법의 영역에서 중요한 법원이다.
② 성문법주의 국가에서는 일반적으로 판례를 독립한 법원으로 인정하지 않는다.
③ 관습법은 공서양속, 사회통념, 정의 등으로 표현되기도 한다.
④ 분묘기지권은 우리나라에서 인정하고 있는 관습법이다.

출제빈도: ★★☆ 대표출제기업: 한국보훈복지의료공단

15 관습법(慣習法)에 대한 설명으로 잘못된 것은?

① 관습법이 성립하기 위해서는 두 가지 요건인 반복된 관행과 법적 확신이 있어야 한다.
② 관습이 공공의 질서와 선량한 풍속인 공서양속에 반하지 않아야 한다.
③ 관습법이 법적 규범으로 인정되기 위해서는 헌법을 최상위 규범으로 하는 전체 법질서에 반하지 아니하는 것으로서 정당성과 합리성이 있어야 한다.
④ 원칙적으로 관습법은 다른 성문법에 비해 대등 내지 우월한 효력이 있다.

정답 및 해설

11 ②
헌법 제53조 제3항에 따르면, 대통령은 법률안의 일부에 대하여 또는 법률안을 수정하여 재의를 요구할 수 없다.

12 ③
명령은 국회의 의결을 거치지 않고 행정기관에 의하여 제정되는 성문법으로 법률보다 하위에 있다. 명령의 예로는 대통령령(시행령), 총리령, 부령 등이 있다.

13 ①
민법은 관습법의 열후적·보충적 효력을 인정한다.

오답노트
② 상법 제1조(상사적용법규)에 따르면, 상사에 관하여 본법에 규정이 없으면 상관습법에 의하고 상관습법이 없으면 민법의 규정에 의한다.

14 ③
공서양속, 사회통념, 성의 등으로 표현되는 것은 조리이다.

15 ④
관습법이란 사회의 거듭된 관행으로 생성한 사회생활규범이 사회의 법적 확신과 인식에 의하여 법적 규범으로 승인·강행되기에 이른 것을 말하고, 그러한 관습법은 법원(法源)으로서 법령에 저촉되지 아니하는 한 법칙으로서의 효력이 있는 것이고, 또 사회의 거듭된 관행으로 생성한 어떤 사회생활규범이 법적 규범으로 승인되기에 이르렀다고 하기 위하여는 헌법을 최상위 규범으로 하는 전체 법질서에 반하지 아니하는 것으로서 정당성과 합리성이 있다고 인정될 수 있는 것이어야 하고, 그렇지 아니한 사회생활규범은 비록 그것이 사회의 거듭된 관행으로 생성된 것이라고 할지라도 이를 법적 규범으로 삼아 관습법으로서의 효력을 인정할 수 없다.
(대법원 2005. 7. 21. 선고 2002다1178 전원합의체 판결)

출제예상문제

출제빈도: ★☆☆ 대표출제기업: 한국중부발전

16 다음 <보기> 중 사회법에 해당하는 것을 모두 고르면?

<보기>

ㄱ. 민법
ㄴ. 노동법
ㄷ. 산업재해보상법
ㄹ. 경제법
ㅁ. 행정법
ㅂ. 상법

① ㄱ, ㄴ, ㄷ
② ㄴ, ㄷ, ㄹ
③ ㄱ, ㄴ, ㅁ, ㅂ
④ ㄷ, ㄹ, ㅁ, ㅂ

출제빈도: ★★★ 대표출제기업: 한국중부발전

17 일반법과 특별법에 관한 설명으로 옳지 않은 것을 모두 고르면?

<보기>

ㄱ. 일반법과 특별법의 분류는 법의 효력이 미치는 범위를 기준으로 하여 분류하는 방식이다.
ㄴ. 주택임대차보호법은 민법에 대한 특별법에 해당한다.
ㄷ. 헌법은 민법의 특별법에 해당한다.
ㄹ. 대통령령에 특별한 규정이 있다면 대통령령은 법률에 우선한다.

① ㄱ, ㄴ
② ㄱ, ㄷ
③ ㄴ, ㄹ
④ ㄷ, ㄹ

출제빈도: ★☆☆ 대표출제기업: 대한무역투자진흥공사

18 다음 중 특별법에 관한 설명으로 옳지 않은 것은?

① 법률을 적용함에 있어 특별법은 일반법보다 우위에 있다.
② 상법은 사법인 점에서 민법과 동일하지만 기업생활관계를 다룬다는 점에서 민법의 특별법이다.
③ 상가건물임대차보호법은 민법의 특별법이다.
④ 헌법은 모든 법 중에서 최고규범이므로 민법의 특별법에 해당한다고 볼 수 있다.

출제빈도: ★☆☆ 대표출제기업: 경기신용보증재단

19 다음 중 실체법에 해당하는 것은 모두 몇 개인가?

<보기>

• 상법
• 부동산등기법
• 형사소송법
• 행정소송법

① 1개
② 2개
③ 3개
④ 4개

출제빈도: ★☆☆ 대표출제기업: 한국보훈복지의료공단

20 다음 중 공법 및 실체법에 해당하는 법은 무엇인가?

① 형법
② 행정심판법
③ 형사소송법
④ 민법

출제빈도: ★☆☆ 대표출제기업: 한국가스기술공사

21 다음 중 절차법에 해당하지 않는 것은?

① 가사소송법
② 형법
③ 민사소송법
④ 행정심판법

정답 및 해설

16 ②
대표적인 사회법으로 노동법, 사회보장법(산업재해보상법 등), 경제법을 들 수 있다.

17 ④
ㄷ. 헌법은 민법의 특별법에 해당하는 것이 아니라 민법의 상위법이다.
ㄹ. 대통령령에 특별한 규정이 있다 하더라도 명령은 법률보다 하위에 있으므로 대통령령은 법률에 우선할 수 없다.

18 ④
헌법은 최고규범으로 모든 법의 상위법이지만 헌법이 민법의 특별법인 것은 아니다.

19 ①
실체법은 권리·의무의 종류·내용·성질·발생·변경·효과·소멸 등의 사항을 규정하는 법으로, 형법, 민법, 상법 등이 있다. 절차법은 권리·의무의 행사·이행·보전·강제 등의 절차를 구하는 법으로, 형사소송법, 민사소송법, 부동산등기법, 행정소송법, 행정심판법 등이 있다.

20 ①
형법은 공법/실체법에 해당한다.

오답노트
② 행정심판법: 공법/절차법
③ 형사소송법: 공법/절차법
④ 민법: 사법/실체법

21 ②
형법은 공법/실체법이다. 헌법, 민법, 형법, 상법 등은 실체법에 해당하고, 각종 소송법, 심판법, 쟁송법, 집행법 등은 절차법에 해당한다.

출제예상문제

출제빈도: ★★★

22 **법의 분류에 관한 설명으로 옳은 것은?**

① 형사소송법은 공법이며 절차법이다.
② 민법은 사법이며 절차법이다.
③ 상법은 민법의 특별법이다.
④ 행정소송법은 공법이며 실체법이다.

출제빈도: ★★★

23 **다음 중 법의 분류와 체계에 관한 설명으로 옳지 않은 것은?**

① 권리의무의 발생·변경·소멸 등을 규정한 법은 실체법이다.
② 상법은 기업의 생활관계를 다룬다는 점에서 민법의 특별법이다.
③ 민사소송법은 사법이다.
④ 일반법과 특별법이 충돌하는 경우 특별법이 우선한다.

출제빈도: ★★★

24 **다음 중 법의 구조에 관한 설명으로 옳지 않은 것을 모두 고르면?**

> ㉠ 「형법」과 「군형법」과의 관계는 일반법과 특별법 관계이다.
> ㉡ 실정법은 성문법만 의미하며, 불문법은 포함되지 않는다.
> ㉢ 「형법」상 존속살해죄는 살인죄의 특별규정이다.
> ㉣ 강행법규는 당사자의 의사로 그 적용을 배제하거나 변경할 수 있는 법이다.

① ㉠, ㉡ ② ㉠, ㉢
③ ㉡, ㉣ ④ ㉢, ㉣

출제빈도: ★★☆

25 **법의 분류에 관한 설명으로 옳은 것은?**

① 당사자가 법의 규정과 다른 의사표시를 한 경우 그 법의 규정을 배제할 수 있는 법규는 강행법규이다.
② 절차법은 권리나 의무의 발생·변경·소멸 등을 규정하는 법이다.
③ 국가의 조직과 기능 및 공익작용을 규율하는 행정법은 공법이다.
④ 대한민국 국민에게 적용되는 헌법은 특별법이다.

출제빈도: ★★☆

26 법체계에 관한 설명으로 옳지 않은 것은?

① 일반적으로 승인된 국제법규는 국내법과 동일한 효력이 있다.
② 대통령의 긴급 명령과 긴급 재정·경제상 처분 명령은 법률과 동일한 효력이 있다.
③ 민법이 사법이므로 민사소송법도 사법에 속한다.
④ 민법과 상법, 형법은 실체법이다.

출제빈도: ★★★

27 대한민국 영역 내에서 국적을 묻지 않고 그 영토 내에 있는 모든 사람에게 적용된다는 주의를 무엇이라고 하는가?

① 속지주의
② 보호주의
③ 세계주의
④ 속인주의

정답 및 해설

22 ①
오답노트
② 민법은 사법이며 실체법이다.
③ 민법은 상법에 대한 특별법이다.
④ 형법은 공법이며 실체법이다.

23 ③
민사소송법은 공법이다.

24 ③
㉡ 실정법은 성문법뿐만 아니라 불문법도 포함이 된다.
㉣ 강행법규는 당사자의 의사로 그 적용을 배제하거나 변경할 수 없는 법이다.

25 ③
국가의 조직과 기능 및 공익작용을 규율하는 행정법은 공법이다.
오답노트
① 당사자가 법의 규정과 다른 의사표시를 한 경우 그 법의 규정을 배제할 수 있는 법규는 임의법규이다.
② 실체법은 권리나 의무의 발생·변경·소멸 등을 규정하는 법이다.
④ 대한민국 국민에게 적용되는 헌법은 특별법이 아니라 국가 통치 작용의 기본원리 및 국민의 기본권을 보장하는 근본규범이며, 최상위법이다.

26 ③
민법은 사법이지만 민사소송법은 절차법으로서 공법에 속한다.

27 ①
자국 영토 내에서 발생한 범죄에 대해 자국의 법률을 적용하는 것을 속지주의라 한다.

출제예상문제

출제빈도: ★★★

28 **법의 효력에 관한 설명으로 옳지 않은 것은?**

① 형법은 대한민국 영역 내에서 죄를 범한 외국인에게도 적용한다.
② 외국의 영공에 있는 우리나라의 비행기 안에서 외국인이 죄를 범한 경우 우리나라 형법이 적용되지 않는다.
③ 행정법령의 경우, 새로운 법령 등은 법령 등에 특별한 규정이 있는 경우를 제외하고는 그 법령 등의 효력 발생 전에 완성된 사실관계에 대해서는 적용되지 아니한다.
④ 경과법은 해당 법령의 부칙에서 규정하는 것이 일반적이지만 독립된 시행법으로 제정되는 경우도 있다.

출제빈도: ★★★

29 **다음 사례에서 甲의 행위에 대하여 우리 형법을 적용할 수 있는 근거는?**

> 한국인 甲은 일본을 여행하던 중 도쿄에서 일본인 乙과 시비 끝에 乙을 살해하였다.

① 속지주의　　② 속인주의
③ 기국주의　　④ 보호주의

출제빈도: ★☆☆ 대표출제기업: 한국가스기술공사

30 **법의 해석기술에 관한 다음 설명 중 가장 옳지 않은 것은?**

① 역사해석이란 법 제정 시 입법자의 의도를 당시의 입법 자료를 통하여 명백히 하려는 해석을 의미한다.
② 목적론적 해석이란 법의 근본취지 내지 입법목적을 탐구하여 법을 해석하는 방법이다.
③ 확장해석이란 법규의 문장의 의미를 보다 확장하여 이해하는 해석방법이다.
④ 물론해석이란 법문의 표현이 잘못되었을 때 이를 다른 의미로 변경하여 해석하는 것을 말한다.

출제빈도: ★★☆ 대표출제기업: 경기신용보증재단

31 **다음에서 설명하고 있는 해석방법은 무엇인가?**

> 법규에서 일정한 사항으로 규정하고 있을 때, 그 성질상 당연히 포함되는 것으로 해석하는 것

① 사법해석　　② 확장해석
③ 물론해석　　④ 유추해석

출제빈도: ★★★

32 다음 중 법의 해석방법에서 물론해석에 해당되는 것은 무엇인가?

① 민법 제184조의 "소멸시효의 이익은 미리 포기하지 못한다."는 규정의 경우, 시효완성 후에는 포기가 가능하다고 해석하는 것

② 인도에 '자전거 통행금지'라는 안내판이 있는 경우, 오토바이도 통행하지 못한다고 해석하는 것

③ 민법 제752조의 "타인의 생명을 해한 자는 피해자의 직계존속, 직계비속 및 배우자에 대하여는 재산상의 손해 없는 경우에도 손해배상의 책임이 있다."는 규정에서 '배우자'의 개념이 법률상 배우자뿐만 아니라 사실상 배우자를 포함한다고 해석하는 것

④ 민법 제809조에 '미성년자가 혼인을 할 때에는 부모의 동의를 얻어야 한다.'는 규정의 경우, 성년자가 혼인을 할 때에는 부모의 동의를 필요로 하지 않는다고 해석하는 것

정답 및 해설

28 ②
기국주의에 의해 우리나라 형법이 적용된다.

오답노트
① 속지주의의 내용이다.
③ 행정기본법 제14조(법 적용의 기준) 제1항에 따르면, 새로운 법령 등은 법령 등에 특별한 규정이 있는 경우를 제외하고는 그 법령 등의 효력 발생 전에 완성되거나 종결된 사실관계 또는 법률관계에 대해서는 적용되지 아니한다.
⇨ 이는 소급효금지의 원칙에 관한 내용이다.
④ 경과법이란 법령의 제정·개정·폐지의 경우, 구법(舊法)에서 신법(新法)으로의 이행 과정을 원활하게 하기 위하여 정한 법규를 의미한다.

29 ②
속인주의는 대한민국 국민의 범죄에 대해 대한민국의 형법을 적용하는 것이다. 따라서 한국인 甲의 행위에 대해 우리 형법을 적용하여 살인죄로 처벌할 수 있다.

30 ④
법문의 표현이 잘못되었을 때 이를 다른 의미로 변경하여 해석하는 것은 보정해석 내지 변경해석이라고 한다.

31 ③
물론해석에 대한 설명으로 예를 들어, 민법 제396조의 과실상계 규정에서 과실상계보다 중한 귀책사유인 고의도 당연히 포함되는 것으로 해석하는 것을 말한다.

32 ②

오답노트
①, ④ 반대해석
③ 확장해석

출제예상문제

출제빈도: ★★★

33 **다음 중 법의 해석에 관한 설명으로 옳은 것은?**

① "밤 10시 이후 미성년자는 통행을 금지한다."는 규정이 있는 경우 성년자는 통행 가능하다고 해석하는 것은 확장해석이다.

② 법령에서 그 법령의 해석에 관한 방침을 명확하게 제시하기 위해 법률 자체에 법의 해석규정을 두는 것은 사법해석이다.

③ 과실책임을 물을 때 그보다 중한 고의책임은 당연히 포함되는 것으로 해석하는 경우 물론해석에 해당한다.

④ 생명침해로 인한 위자료를 청구할 수 있는 배우자에 사실혼관계의 배우자가 포함된다고 해석하는 것은 유추해석이다.

출제빈도: ★★★

34 **다음 중 미성년자에 대하여 술 판매 금지 규정이 있는 경우에 성년자에게 술 판매가 허용된다고 하는 해석은 무엇인가?**

① 물론해석　　② 반대해석
③ 유추해석　　④ 보정해석

출제빈도: ★★☆　대표출제기업: 한국도로공사

35 **다음 중 실정법 해석상의 일반원칙을 설명한 것으로 가장 옳지 않은 것은?**

① 사법의 해석은 법원의 판결을 형식으로 행하는 해석으로 당사자 간의 이익형량과 공평성이 유지되도록 해석하여야 한다.

② 사회법은 당사자 사이의 형식적 불평등을 보완하기 위한 법이므로 사회법의 해석은 이들 사이의 형식적 법적 평등이 보장되는 방향으로 해석해야 한다.

③ 헌법의 해석은 1차적으로 법문의 문리해석에서 출발하되, 그것으로 헌법 규범의 의미 내용이 명확하지 않을 경우 논리적·체계적 해석을 한다.

④ 헌법상 보호되는 법익들은 헌법해석을 통하여 모두 실현될 수 있도록 상호 조정 내지 실제적 조화가 이루어지도록 해야 한다.

출제빈도: ★★☆ 대표출제기업: 경기신용보증재단, 대한법률구조공단

36 다음의 민법 조항이 사용하고 있는 사실 확정의 방법은 무엇인가?

- 제28조(실종선고의 효과)
  실종선고를 받은 자는 전조의 기간이 만료한 때에 사망한 것으로 본다.
- 제19조(거소)
  주소를 알 수 없으면 거소를 주소로 본다.
- 제20조(거소)
  국내에 주소없는 자에 대하여는 국내에 있는 거소를 주소로 본다.

① 유추 ② 추정
③ 준용 ④ 간주

정답 및 해설

33 ③

오답노트

① 밤 10시 이후 미성년자에 대해 통행금지 규정이 있는 경우 성년자는 통행 가능하다고 해석하는 것은 반대해석이다.
② 법률 자체에 법의 해석규정을 두는 것은 입법해석이다.
④ 생명침해로 인한 위자료를 청구할 수 있는 배우자에 사실혼관계의 배우자가 포함된다고 해석하는 것은 확장해석이다.

34 ②

반대해석은 법문이 규정하는 요건과 반대가 되는 요건이 존재하는 경우 그 반대 요건에 대해 법문과 반대의 법적 판단을 하는 해석방법이다.

35 ②

사회법은 당사자 사이의 실질적 불평등을 보완하기 위한 법이므로 사회법의 해석은 이들 사이의 실질적 법적 평등이 보장되는 방향으로 해석해야 한다.

36 ④

간주란 불확실한 사실에 대해 법에 의하여 일정한 사실관계를 확정하는 것으로서 의제라고도 하며, 간주 용어는 '~간주한다.' 또는 '~으로 본다.'라고 표현되는 것이 일반적이다. 간주는 추정과 달리 반증에 의해 그 법률효과가 소멸하지 않고 취소를 위한 법적 절차가 필요하다.

출제예상문제

출제빈도: ★☆☆

37 **다음에서 설명하는 법의 해석방법은 무엇인가?**

"본법에서 물건이라 함은 유체물 및 전기 기타 관리할 수 있는 자연력을 말한다."라는 민법 제98조(물건의 정의) 규정과 같이 당해 법률에 해석 규정을 두어 법의 해석을 시도하는 방법

① 사법해석　　② 입법해석
③ 행정해석　　④ 유추해석

출제빈도: ★★☆

38 **다음 괄호 안에 들어갈 용어로 옳은 것은?**

사실의 확정과 관련된 용어인 (　　)은/는 어떠한 사실이 명백하지 않은 경우에 그 사실의 존부(存否)를 일단 가정하고 법률효과를 발생시키는 것을 말한다.

① 간주　　② 준용
③ 추정　　④ 입증

출제빈도: ★★☆

39 **권리와 구별되는 개념에 대한 설명으로 옳은 것은?**

① 의사무능력자는 권능의 주체가 될 수 있다.
② 법 규정에 의하여 인정되는 반사적 이익은 권리가 될 수 있다.
③ 권한은 그 작용에 따라 지배권, 청구권, 형성권, 항변권으로 분류된다.
④ 권한은 일정한 법률적 또는 사실적 행위를 정당화시키는 법률상의 원인을 말한다.

출제빈도: ★★★

40 **권리와 의무에 관한 설명으로 옳은 것은?**

① 권리는 자연인만이 행사할 수 있다.
② 사권(私權)을 권리의 작용에 따라 분류할 경우 취소권은 청구권에 해당한다.
③ 소유권은 사용, 수익, 처분권능으로 구성된다.
④ 권리와 의무는 상호대응이 원칙이므로 권리 없이 의무만 있는 경우는 없다.

출제빈도: ★★★

41 권리와 의무에 관한 설명으로 옳은 것을 모두 고르면?

㉠ 개인의 권리가 침해되는 경우 자력구제는 항상 허용된다.
㉡ 모든 채권자는 채권의 행사 여부와 관계없이 동일한 순위로 채무자에게 변제받을 수 있다.
㉢ 권리는 권리의 객체가 될 수 있다.
㉣ 법률관계에서 권리와 의무는 동시에 존재하므로 의무만 있고 이에 대응하는 권리가 없는 경우는 없다.

① ㉠, ㉢
② ㉠, ㉣
③ ㉡, ㉢
④ ㉡, ㉣

정답 및 해설

37 ②
입법해석이란 법률이 지정하는 권한에 의하여 법률로 법률의 의미를 해석하는 것을 말한다.

38 ③
추정이란 어떤 사실이 아직 명확하지 않은 경우 우선 사실대로 확정하여 법률효과를 발생시키는 것을 말한다. 그러나 반증을 통해 추정을 번복시킬 수 있다.

39 ①
의사무능력자는 권능의 주체가 될 수 있다.

오답노트
② 반사적 이익이란 법이 일정한 사람에게 일정한 행위를 명하거나 금지함에 따라 다른 사람이 반사적 효과로서 이익을 받게 되는 것을 말한다. 즉, 반사적 효과로서 얻은 이익일 뿐 권리가 될 수 없다.
③ 권리의 작용에 따라 지배권, 청구권, 형성권, 항변권으로 분류된다.
④ 일정한 법률적 또는 사실적 행위를 정당화시키는 법률상의 원인은 권원이다.

40 ③

오답노트
① 권리는 자연인뿐만 아니라 법인도 권리의 주체가 될 수 있다.
② 사권(私權)을 권리의 작용에 따라 분류할 경우 취소권은 형성권에 해당한다.
④ 권리와 의무는 상호대응이 원칙이지만 권리만 있는 경우(취소권, 해제권 등), 의무만 있는 경우(국방의무, 납세의무 등)가 있다.

41 ①
㉠ 근대 법치국가의 권리보호는 국가의 구제가 우선되고, 개인의 자력구제는 부득이한 경우에 한하여 예외적으로 인정된다.
㉢ 권리의 객체란 권리의 대상을 의미하므로 권리가 다른 권리의 객체가 될 수 있다. 예를 들어 "민법 제345조에서 질권은 재산권을 그 목적으로 할 수 있다."는 규정이다.

오답노트
㉡ 물권과 달리 채권은 채권자 평등의 원칙에 의해 채권 성립 선후에 의한 우선순위의 차이가 없다. 다만, 채권을 먼저 행사한 경우 선행주의에 의해 그 이익을 보유할 수는 있다.
㉣ 권리와 의무는 서로 대응하는 것이 원칙이다. 다만 의무만 있고 이에 대응하는 권리가 없는 경우의 예로 민법 제755조의 책임무능력자에 대한 감독의무를 들 수 있다. 반대로 권리만 있고 의무가 없는 경우로 취소권, 추인권, 해제권을 들 수 있다.

출제예상문제

출제빈도: ★★★

42 **의무에 관한 설명으로 옳지 않은 것은?**

① 건축허가, 영업허가 등 행정허가를 신청한 경우, 행정청이 상당한 기간 내에 이를 허가하거나 거부해야 할 법률상 의무가 있음에도 이를 하지 않은 경우 이는 부작위의무 위반이다.
② 계약상 의무에는 부수적 의무 및 보호의무는 포함되지 않는다.
③ 의무불이행에 대해 손해배상이나 강제집행을 할 수 없는 의무를 책무라 한다.
④ 납세의무와 국방의무는 공법상 의무이다.

출제빈도: ★★☆

43 **다음 중 지배권이 아닌 것은?**

① 손해배상청구권
② 소유권
③ 지적재산권
④ 저당권

출제빈도: ★★☆

44 **권리와 의무에 대한 설명으로 옳은 것은?**

① 권리와 의무는 사법(私法)관계에서만 표리관계를 이룬다.
② 계약해제권은 청구권으로서 이에 대응하는 의무가 있다.
③ 항변권은 청구권자의 이행청구에 대하여 이를 거절하는 형식으로 행사된다.
④ 자연인은 권리와 의무의 주체가 되지만 법인은 권리의 주체만 인정된다.

출제빈도: ★★☆

45 **법의 적용에 대한 설명으로 옳은 것은?**

① 법의 적용은 법원의 재판에 한정된다.
② 사실의 인정을 위하여 증인 또는 증거를 내세우는 것을 입증 내지 증명이라고 한다.
③ 추정된 사실은 반증을 통하여 이를 번복시킬 수 없다.
④ 간주된 사실과 다른 주장을 하는 자는 반증을 들어 간주의 효과를 번복시킬 수 있다.

출제빈도: ★★★

46 법의 적용에 관한 설명으로 옳지 않은 것은?

① 법의 적용이란 구체적인 사건 발생 시 실정법의 규정을 해당 사건에 적용할 것인지를 판단하는 것을 말한다.
② 법의 적용은 구체적 사안에 대해 상위개념을 대전제로 하고, 추상적인 법규범은 하위개념의 소전제로 하여 결론을 도출하는 것이다.
③ 법의 적용을 위해 먼저 해야 할 일은 법이 적용되어야 할 구체적 사실의 확정이다.
④ 법의 적용은 재판 또는 행정행위에 의해 실현된다고 할 수 있다.

정답 및 해설

42 ②
계약상 의무에는 급부의무(주된 급부의무와 종된 급부의무)와 부수적 주의의무 및 보호의무로 구분된다. 따라서 계약상 의무에는 부수적 의무 및 보호의무는 포함된다.

43 ①
지배권이란 타인의 행위를 필요로 하지 않고 일정한 객체를 직접 지배할 수 있는 권리(사용, 수익, 처분권)이다.

44 ③
항변권은 청구권자의 이행청구에 대하여 이를 거절하는 형식으로 행사된다.

오답노트
① 권리와 의무는 사법(私法)관계에서만 표리관계를 이루는 것이 아니라 공법관계에서도 표리관계를 이룰 수 있다. 예를 들어 재산권은 사권이지만 공공복리에 적합하게 행사되어야 한다.
② 계약해제권은 형성권으로서 일방적 의사표시에 의하여 법률효과가 발생하므로 이에 대응하는 의무가 없다.
④ 자연인과 법인 둘 다 권리와 의무의 주체가 된다.

45 ②
사실의 인정을 위하여 증인 또는 증거를 내세우는 것을 입증 내지 증명이라고 한다.

오답노트
① 법의 적용은 법원의 재판뿐만 아니라 행정행위 등에서도 나타날 수 있다.
③ 간주된 사실은 반증을 통하여 이를 번복시킬 수 없다.
④ 추정된 사실과 다른 주장을 하는 자는 반증을 들어 추정의 효과를 번복시킬 수 있다.

46 ②
법의 적용은 추상적인 법규범을 상위개념의 대전제로 하고, 구체적 사안을 하위개념의 소전제로 하여 결론을 도출하는 것이다.

제2장 헌법

학습목표

1. 헌법의 개념 및 기능을 알 수 있다.
2. 헌법의 제정 및 개정을 알 수 있다.
3. 헌법을 수호하는 제도를 알 수 있다.
4. 헌법의 기본원리 및 기본제도를 알 수 있다.
5. 기본권 총론에 대해 알 수 있다.
6. 기본권 각론에 대해 알 수 있다.
7. 통치구조의 원리를 알 수 있다.
8. 정부형태(대통령제와 의원내각제)를 알 수 있다.
9. 국회에 대해 알 수 있다.
10. 행정부에 대해 알 수 있다.
11. 사법부에 대해 알 수 있다.
12. 헌법재판소에 대해 알 수 있다.

출제비중

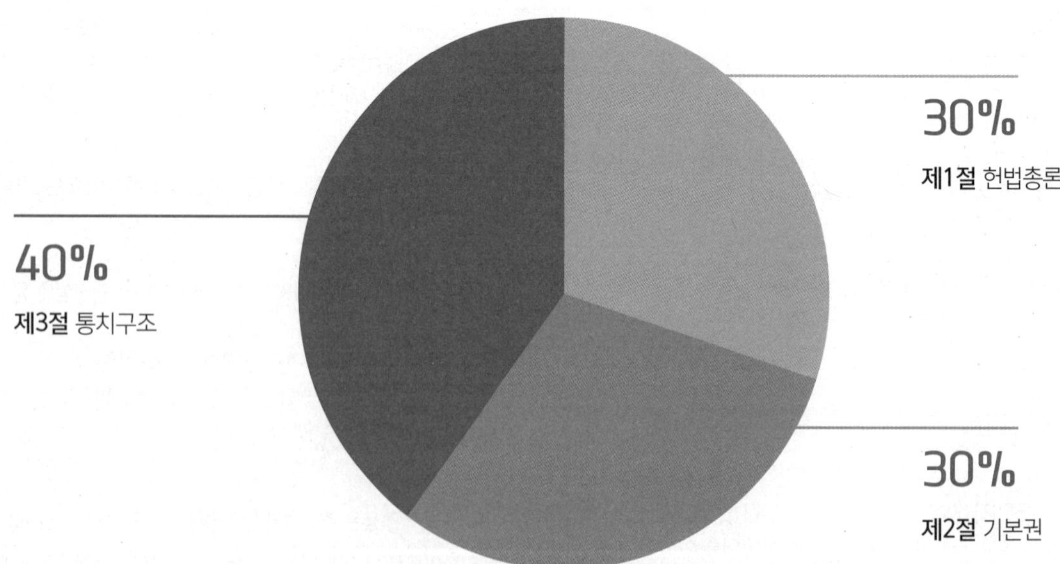

출제포인트 & 출제기업

구분	출제포인트	출제빈도	출제기업
제1절 헌법총론	**01** 헌법의 의의	★★	경기신용보증재단 국민체육진흥공단 근로복지공단 금융감독원 대구신용보증재단 대한석탄공사 부산신용보증재단 서울주택도시공사 예금보험공사 한국가스기술공사 한국광해광업공단 한국무역보험공사 한국보훈복지의료공단 한국산업인력공단 한국석유공사 한국원자력환경공단 한국자산관리공사 한국전력공사 한국중부발전 한전KDN
	02 헌법의 제정과 개정	★★★	
	03 헌법의 수호	★★	
	04 헌법전문	★	
	05 대한민국의 구성요소	★	
	06 헌법의 기본원리	★★	
	07 헌법의 기본제도	★★	
제2절 기본권	**01** 기본권 총론	★★	
	02 기본권 각론	★★	
제3절 통치구조	**01** 통치구조 원리	★★	
	02 정부 형태	★★	
	03 국회	★★	
	04 행정부	★★	
	05 사법부	★★	

제1절 | 헌법총론

✓핵심 포인트

헌법의 규범적 특성	• 최고규범성, 조직규범성, 권력제한규범성, 생활규범성, 자기보장규범성
헌법개정 절차	• 제안: 대통령/국회 재적의원 과반수 • 공고: 20일 이상 공고 • 국회의결: 60일/국회 재적의원 3분의 2 이상 찬성 • 국민투표: 30일/국회의원 선거권자 과반수의 투표와 투표자 과반수의 찬성 • 공포: 대통령 즉시 공포
헌법의 수호	• 평상적: 위헌법률심판제도, 탄핵제도, 위헌정당해산제도, 권력분립제도 • 비상적: 국가긴급권, 저항권
헌법전문	• 헌법의 인간상, 3.1운동과 4.19민주이념, 국민주권주의, 자유민주주의 기본질서 확립, 사회국가의 이념, 문화국가의 이념, 국제평화주의와 민족통일 원리, 기타 자손의 안전과 자유와 행복, 기본권 존중
대한민국의 구성요소	• 주권, 국민, 영역(영토, 영해, 영공)
헌법의 기본원리	• 국민주권, 자유민주주의, 사회국가, 문화국가, 법치국가, 평화국가
헌법의 기본제도	• 정당제도, 선거제도, 공무원제도, 지방자치제도

01 헌법의 의의

출제빈도 ★★

1. 헌법의 정의

헌법이란 국가적 공동체의 존재 형태와 기본적 가치 질서에 관한 국민적 합의를 법규범적인 논리체계로 정립한 국가의 기본법이다.

2. 헌법의 특성

(1) 헌법의 사실적 특성

헌법은 정치적 투쟁이나 타협의 과정을 통하여 성립되기 때문에 정치성이 강하다. 또한, 헌법은 특유의 일정한 이념이나 가치 질서를 구현하려고 하는 법규범이며, 역사적인 정치·경제 등의 상황과 밀접한 관련이 있다.

(2) 헌법의 규범적 특성

헌법의 규범적 특성은 최고규범성, 조직규범성, 권력제한규범성, 생활규범성, 자기보장규범성으로 구분된다.

3. 역사적 발전과정에 의한 헌법 개념

(1) 고유한 의미의 헌법

국가 최고기관의 조직·구성과 권한행사방법, 권력기관의 상호관계를 규정한 국가의 근본조직법으로서 헌법을 말한다. 국가가 존재하는 한 어떠한 형태로든 존재하는 헌법이다.

(2) 근대 입헌주의 헌법

개인의 자유와 권리의 보장 그리고 권력분립에 의하여 국가권력의 남용을 억제하는 것을 내용으로 하는 헌법을 말한다.

(3) 현대 입헌주의 헌법

모든 국민의 인간다운 생활을 보장하는 것이 국가의 책무인 동시에 그에 대한 요구가 국민의 권리로서 인정되는 복지국가의 이념을 바탕으로 하는 헌법을 말한다.

(4) 근대 입헌주의 헌법과 현대 입헌주의 헌법 비교

구분	근대 입헌주의 헌법	현대 입헌주의 헌법
국민주권	형식적 국민주권(대의제/제한선거)	실질적 국민주권(보통선거)
국민	국민은 추상적·관념적 존재이며 주권의 행사 주체가 아님	국민은 추상적·관념적 존재가 아니라 유권적 시민의 총체
국가관	• 소극국가 • 야경국가	• 적극국가 • 행정국가
경제체계	• 자유시장경제질서 • 시장에 최소한 개입	• 사회시장경제질서 • 혼합경제
법치주의	형식적 법치주의(법률우위)	실질적 법치주의(헌법 우위/위헌법률심판)
평등권	형식적 평등(기회의 평등)	실질적 평등(결과의 평등)
권력분립	국가기관 중심의 엄격한 권력분립	권력통합현상(행정부의 역할 강화)
선거권	제한선거	보통선거
헌법재판	부정	인정

최고규범성
헌법은 한 나라의 법체계에서 최고의 단계에 위치하며 최상의 효력을 갖는 법입니다.

조직규범성
헌법은 국가권력을 조직하고, 이들 기관에 권한을 부여하는 수권규범입니다.

생활규범성
헌법은 국민의 생활 속에 존재하면서 국민의 일상생활에 의해 실현되고 발전되는 규범입니다.

자기보장규범성
헌법은 자기 이외에 외부 법규범을 가지고 있지 아니하므로 국가권력이 그 효력을 부정하거나 침해할 수 없도록 하는 장치를 스스로 마련하고 있습니다.

4. 헌법의 분류

(1) 존재 형식에 의한 분류

성문헌법	• 성문 형태로 존재하는 헌법 • 대부분의 성문헌법은 일반 법률보다 개정이 곤란한 경성헌법
불문헌법	• 성문화되어 있지 않은 헌법(영국) • 불문헌법은 개념 필수적으로 연성헌법 • 불문헌법은 특별한 헌법개정 절차가 존재하지 않음

(2) 개정 난이도에 의한 분류

연성헌법	• 일반 법률과 동일한 절차와 방법으로 개정할 수 있는 헌법 • 불문헌법은 개념 필수적으로 연성헌법 • 불문헌법은 헌법전의 형태가 아니므로 헌법에 특별한 우선적 효력이 인정되지 않음
경성헌법	• 법률보다 엄격한 절차와 방법에 의해서만 개정할 수 있는 헌법 • 성문헌법은 일반 법률보다 개정이 곤란한 경성헌법인 경우가 많음 • 성문헌법에서는 법률에 대한 위헌심사권이 인정되는 것이 일반적

불문헌법 판례

서울이 우리나라의 수도인 점은 불문의 관습헌법이므로 헌법개정 절차에 의하여 새로운 수도 설정의 헌법조항을 신설함으로써 실효되지 아니하는 한 헌법으로서의 효력을 가진다. 따라서 헌법개정의 절차를 거치지 아니한 채 수도를 충청권의 일부지역으로 이전하는 것을 내용으로 한 이 사건 법률을 제정하는 것은 헌법개정사항을 헌법보다 하위의 일반 법률에 의하여 개정하는 것이 된다.

(헌재 2004. 10. 21. 2004헌마554)

시험문제 미리보기!

다음 중 헌법의 특성에 대한 설명으로 옳지 않은 것은?

① 헌법은 그 사회가 가지는 역사성으로 인해 보편적이지 않고 지배 상황에 따라 달라진다.

② 헌법의 기본원리는 공동체 질서의 안정화를 위해 개방성을 지녀서는 안 된다.

③ 헌법의 최고규범성을 우리 헌법전문에 명문으로 규정하고 있다.

④ 헌법은 정치성, 이념성, 생활규범성, 자기보장규범성을 지닌다.

정답 ③

해설 헌법은 최고규범성을 가지나 헌법전에 명문으로 규정되어 있지는 않다. 헌법의 사실적 특성은 정치적 투쟁이나 타협의 과정을 통하여 성립되기 때문에 정치성이 강하다. 헌법은 특유의 일정한 이념이나 가치질서를 구현하려고 하는 법규범이며, 역사적인 정치·경제 등의 상황과 밀접한 관련이 있다. 또한, 헌법의 규범적 특성은 최고규범성, 조직규범성, 권력제한규범성, 생활규범성, 자기보장규범성으로 구분된다.

02 헌법의 제정과 개정

출제빈도 ★★★

1. 헌법의 제정

(1) 의의

사회적 공동체는 헌법의 제정을 통해 정치적 공동체인 국가적 공동체로 탄생한다. 실질적 의미에서 헌법의 제정이라 함은 정치적 공동체의 형태와 기본적 가치질서에 관한 국민적 합의를 법규범체계로 정립하는 것을 말하며, 형식적 의미에서 헌법의 제정이란 헌법제정권자가 헌법사항을 성문의 헌법으로 법전화하는 것을 말한다.

(2) 헌법제정권력

헌법제정권력이란 헌법을 시원적으로 창조하는 힘을 말하며, 정치적 통일체에 있어서 국민적 합의를 규범체계화하는 정치적 권력인 동시에 헌법에 정당성을 부여하는 권위이다.

(3) 헌법제정권력의 본질

① 사실성과 규범성
② 창조성
③ 시원성과 자율성
④ 단일불가분성과 불가양성
⑤ 항구성

2. 헌법의 개정

(1) 의의

헌법의 개정이란 헌법에 규정된 개정절차에 따라 기존의 헌법과 기본적 동일성을 유지하면서 헌법의 특정조항을 의식적으로 수정 또는 삭제하거나 새로운 조항을 추가함으로써 헌법의 형식이나 내용에 변경을 가하는 행위를 말한다.

(2) 헌법개정 절차

구분	내용
제안	• 대통령이 국무회의 심의를 거쳐 헌법개정안 제안 • 국회 재적의원 과반수
공고	• 헌법개정안이 발의되면 대통령이 20일 이상 공고
국회의결	• 공고된 날로부터 60일 이내에 국회 재적의원 3분의 2 이상의 찬성을 얻어야 함 • 표결은 기명투표/수정의결 불가
국민투표	• 국회 의결 후 30일 이내에 국민투표에 붙여 국회의원 선거권자 과반수의 투표와 투표자 과반수의 찬성을 얻어서 확정
공포	• 대통령은 즉시 이를 공포하여야 함

(3) 헌법개정 제한

대통령의 임기연장 또는 중임변경을 위한 헌법개정은 그 헌법개정 제안 당시의 대통령에 대하여는 효력이 없다.

시험문제 미리보기!

다음 중 헌법개정에 관한 내용으로 옳지 않은 것은?

① 대통령의 임기연장을 위한 헌법개정은 그 헌법개정 제안 당시의 대통령에 대하여는 효력이 없다.

② 제안된 헌법개정안은 대통령이 30일 이상의 기간 내에 이를 공고하여야 한다.

③ 국회는 헌법개정안이 공고된 날로부터 60일 이내에 의결하여야 한다.

④ 헌법개정안은 국회가 의결한 후 30일 이내에 국민투표에 붙여 국회의원 선거권자 과반수의 투표와 투표자 과반수의 찬성을 얻어야 한다.

정답 ②

해설 헌법 제129조에 따르면, 제안된 헌법개정안은 대통령이 20일 이상의 기간 내에 이를 공고하여야 한다.

오답노트

① 헌법 제128조 제2항에 따르면, 대통령의 임기연장 또는 중임변경을 위한 헌법개정은 그 헌법개정 제안 당시의 대통령에 대하여는 효력이 없다.

③ 헌법 제130조 제1항에 따르면, 국회는 헌법개정안이 공고된 날로부터 60일 이내에 의결하여야 하며, 국회의 의결은 재적의원 3분의 2 이상의 찬성을 얻어야 한다.

④ 헌법 제130조 제2항에 따르면, 헌법개정안은 국회가 의결한 후 30일 이내에 국민투표에 붙여 국회의원 선거권자 과반수의 투표와 투표자 과반수의 찬성을 얻어야 한다.

03 헌법의 수호

출제빈도 ★★

1. 헌법의 수호

(1) 의의

헌법의 수호란 헌법의 핵심적 내용이나 규범력이 헌법에 대한 침해로 인하여 변질되거나 훼손되지 아니하도록 헌법에 대한 침해행위를 사전에 예방 내지 사후에 배제하는 것을 말한다.

평상적 헌법수호	위헌법률심판제도/탄핵제도/위헌정당해산제도/권력분립제도
비상적 헌법수호	국가긴급권/저항권

(2) 평상적 헌법수호제도

사전예방적 헌법수호제도	사후교정적 헌법수호제도
• 헌법의 최고규범성 선언 • 헌법의 준수의무 선서 • 국가권력분립 • 헌법개정의 어려움 • 공무원의 정치적 중립성 보장 • 방어적 민주주의 채택	• 위헌법률심판제도 • 위헌정당해산제도 • 탄핵제도 • 헌법소원심판제도 • 공무원책임제도 • 정부각료 해임건의제도

2. 국가긴급권

국가긴급권이란 전쟁·내란·경제공황 등과 같이 국가의 존립과 안전을 위태롭게 하는 비상사태가 발생한 경우 국가원수가 헌법에 규정된 통상적인 절차와 제한을 무시하고, 국가의 존립을 확보하기 위하여 필요한 긴급적 조치를 강구할 수 있는 비상적 권한을 말한다.

3. 저항권

저항권이란 헌법적 가치질서(민주적·법치국가적 기본 질서 또는 기본권 보장체계)를 위협하거나 침해하는 공권력에 대하여 더 이상의 다른 구제수단이 없는 경우, 주권자로서의 국민이 예외적이고 최후의 수단으로 공권력에 저항할 수 있는 권리 내지 헌법수호를 말한다.

4. 방어적 민주주의

방어적 민주주의란 민주주의의 이름으로 민주주의 그 자체를 파괴하거나 자유의 이름으로 자유의 체계 그 자체를 말살하려는 민주적·법치국가적 헌법질서의 적으로부터 민주주의가 자신을 효과적으로 방어하고 그와 투쟁하기 위한 자기방어적 민주주의를 말한다. 정부가 제소하여 헌법재판소가 심판하는 위헌정당해산제도는 방어적 민주주의를 구현하는 제도이다.

시험문제 미리보기!

다음에서 설명하는 헌법수호는 무엇인가?

> 헌법적 가치질서(민주적·법치국가적 기본 질서 또는 기본권 보장체계)를 위협하거나 침해하는 공권력에 대하여 더 이상의 다른 구제수단이 없는 경우, 주권자로서의 국민이 예외적이고 최후의 수단으로 공권력에 저항할 수 있는 권리 내지 헌법수호

① 저항권
② 탄핵제도
③ 위헌정당해산제도
④ 국가긴급권

정답 ①

해설 저항권에 대한 설명이다.

오답노트

② 탄핵제도: 일반적인 사법 절차나 징계 절차에 따라 소추하거나 징계하기가 곤란한 집행부의 고위공무원이나 법관 등 신분이 보장된 공무원이 직무상 중대한 비위를 범한 경우에 의회가 이들을 소추하여 처벌하거나 파면하는 제도

③ 위헌정당해산제도: 정당의 목적이나 활동이 민주적 기본질서에 위배될 때 정부가 헌법재판소에 그 해산을 제소하여, 정당이 헌법재판소의 심판에 의하여 해산되는 것

④ 국가긴급권: 전쟁·내란·경제공황 등과 같이 국가의 존립과 안전을 위태롭게 하는 비상사태가 발생한 경우 국가원수가 헌법에 규정된 통상적인 절차와 제한을 무시하고, 국가의 존립을 확보하기 위하여 필요한 긴급적 조치를 강구할 수 있는 비상적 권한

04 헌법전문

출제빈도 ★

1. 의의

헌법전문이란 헌법의 본문 앞에 위치한 문장으로 헌법이 제정된 유래 또는 헌법이 채택하고 있는 기본 원리와 기본 가치 등을 정하고 있는 헌법의 서문에 해당하는 성문헌법의 구성부분을 말한다.

2. 헌법전문의 규범적 효력

헌법은 그 전문에 "정치, 경제, 사회, 문화의 모든 영역에 있어서 각인의 기회를 균등히 하고"로 규정하고, 제11조 제1항에 "모든 국민은 법 앞에 평등하다."고 규정하여 기회균등 또는 평등의 원칙을 선언하고 있는바, 평등의 원칙은 국민의 기본권 보장에 관한 우리 헌법의 최고원리로서 국가가 입법을 하거나 법을 해석 및 집행함에 있어 따라야 할 기준인 동시에, 국가에 대하여 합리적 이유 없이 불평등한 대우를 하지 말 것과, 평등한 대우를 요구할 수 있는 모든 국민의 권리로서, 국민의 기본권 중의 기본권인 것이다.
(헌재 1989. 1. 25. 88헌가7)

3. 헌법전문

> **전문**
>
> 유구한 역사와 전통에 빛나는 우리 대한국민은 3·1운동으로 건립된 대한민국임시정부의 법통과 불의에 항거한 4·19민주이념을 계승하고, 조국의 민주개혁과 평화적 통일의 사명에 입각하여 정의·인도와 동포애로써 민족의 단결을 공고히 하고, 모든 사회적 폐습과 불의를 타파하며, 자율과 조화를 바탕으로 자유민주적 기본질서를 더욱 확고히 하여 정치·경제·사회·문화의 모든 영역에 있어서 각인의 기회를 균등히 하고, 능력을 최고도로 발휘하게 하며, 자유와 권리에 따르는 책임과 의무를 완수하게 하여, 안으로는 국민생활의 균등한 향상을 기하고 밖으로는 항구적인 세계평화와 인류공영에 이바지함으로써 우리들과 우리들의 자손의 안전과 자유와 행복을 영원히 확보할 것을 다짐하면서 1948년 7월 12일에 제정되고 8차에 걸쳐 개정된 헌법을 이제 국회의 의결을 거쳐 국민투표에 의하여 개정한다.

4. 헌법전문의 내용

헌법전문에 규정된 사항	헌법전문에 규정되지 않은 사항
• 헌법의 인간상(대한국민) • 대한민국의 건국이념(3.1운동과 4.19민주이념) • 국민주권주의 • 자유민주주의 기본질서 확립 • 사회국가의 이념 • 문화국가의 이념 • 국제평화주의와 민족통일 원리 • 기타 자손의 안전과 자유와 행복 • 기본권 존중	• 권력분립의 원리 • 민주공화국, 국가형태(제1조) • 자유민주적 기본질서에 입각한 평화적 통일정책(제4조) • 국제평화의 유지에 노력, 침략적 전쟁 부인(제5조) • 전통문화계승발전, 민족문화창달의무(제9조) • 개인의 자유와 창의의 존중(제119조 제1항)

시험문제 미리보기!

다음 중 헌법전문에 명문으로 규정되지 않은 것은?

① 권력분립의 원리
② 조국의 민주개혁과 평화적 통일
③ 모든 사회적 폐습과 불의의 타파
④ 자유와 권리에 따르는 책임과 의무

정답 ①

해설 헌법전문의 내용은 다음과 같다. 유구한 역사와 전통에 빛나는 우리 대한국민은 3·1운동으로 건립된 대한민국임시정부의 법통과 불의에 항거한 4·19민주이념을 계승하고, ② 조국의 민주개혁과 평화적 통일의 사명에 입각하여 정의·인도와 동포애로써 민족의 단결을 공고히 하고, ③ 모든 사회적 폐습과 불의를 타파하며, 자율과 조화를 바탕으로 자유민주적 기본질서를 더욱 확고히 하여 정치·경제·사회·문화의 모든 영역에 있어서 각인의 기회를 균등히 하고, 능력을 최고도로 발휘하게 하며, ④ 자유와 권리에 따르는 책임과 의무를 완수하게 하여, 안으로는 국민생활의 균등한 향상을 기하고 밖으로는 항구적인 세계평화와 인류공영에 이바지함으로써 우리들과 우리들의 자손의 안전과 자유와 행복을 영원히 확보할 것을 다짐하면서 1948년 7월 12일에 제정되고 8차에 걸쳐 개정된 헌법을 이제 국회의 의결을 거쳐 국민투표에 의하여 개정한다.

05 대한민국의 구성요소

출제빈도 ★

1. 주권

주권은 국가의사를 최종적으로 결정하는 국내적 최고의 권력이자, 국외적으로는 독립된 권력을 의미한다. 우리 헌법 제1조 제2항에서 "대한민국의 주권은 국민에게 있고, 모든 권력은 국민으로부터 나온다."는 규정을 통해 주권이 국민에게 있음을 규정하고 있다.

2. 국민

국민은 국가에 소속하는 개개의 자연인을 말하며, 이들 개개인은 전체로서 국민을 구성한다. 국민은 국가적 공동체를 전제로 한 개념으로 국가의 구성원, 즉, 국적을 가진 개개인의 집합을 의미한다.

3. 영역

국가는 일정한 범위의 공간을 그 존립의 기초로 하는데 이 공간이 영역이다. 영역은 국가의 법이 적용되는 공간적 범위를 의미하면서 국가적 지배의 물적 대상을 의미하기도 한다. 영역은 영토·영해·영공으로 구성된다.

06 헌법의 기본원리

출제빈도 ★★

1. 의의

헌법의 기본원리는 헌법의 이념적 기초인 동시에 헌법을 지배하는 지도원리로서 입법이나 정책결정의 방향을 제시하며 공무원을 비롯한 모든 국민·국가기관이 헌법을 존중하고 수호하도록 하는 지침이 되며, 구체적 기본권을 도출하는 근거로 될 수는 없으나 기본권의 해석 및 기본권제한입법의 합헌성 심사에 있어 해석기준의 하나로서 작용한다. (헌재 1996. 4. 25. 92헌바47)

2. 국민주권원리

국민주권원리는 국가적 의사를 최종적으로 결정할 수 있는 주권을 국민이 보유한다는 것과 모든 국가권력의 정당성의 근거가 국민에게 있다는 것을 내용으로 하는 민주국가적 헌법 원리를 말한다.

3. 자유민주주의

자유민주주의는 자유주의와 민주주의가 결합된 정치원리이다. 자유주의는 국가권력의 간섭을 배제하고 개인의 자유와 자율을 옹호하고 존중할 것을 요구하는 사상을 말한다. 민주주의는 국민에 의한 지배 또는 국가권력이 국민에게 귀속되는 것을 내용적 특징으로 하는 정치원리이다.

4. 사회국가원리

사회국가원리는 모든 국민에게 그 생활의 기본적 수요를 충족시킴으로써 건강하고 문화적인 생활을 영위할 수 있도록 하는 것이 국가의 책임이면서, 그것에 대한 요구가 국민의 권리로서 인정되어 있는 국가원리를 말한다.

5. 문화국가원리

문화국가원리는 국가로부터 문화 활동의 자유가 보장되고 국가에 의하여 문화가 공급되어야 하는 국가, 즉, 문화에 대한 국가적 보호·지원·조정 등이 이루어져야 하는 국가원리를 말한다.

6. 법치국가원리

법치국가원리는 모든 국가적 활동과 국가공동체적 생활은 국민의 대표기관인 의회가 제정한 법률에 근거를 두고 법률에 따라 이루어져야 한다는 헌법 원리를 말한다.

7. 평화국가원리

평화국가란 국제협조와 국제평화의 지향을 이념적 기반으로 하는 국가를 말한다.

시험문제 미리보기!

다음 중 대한민국 헌법의 기본원리에 해당하지 않는 것은?

① 국민주권원리　② 문화국가원리
③ 사회국가원리　④ 권력융합주의

정답 ④

해설 대한민국 헌법의 기본원리에는 국민주권원리, 자유민주주의, 사회국가원리, 문화국가원리, 법치국가원리, 평화국가원리가 있다.

07 헌법의 기본제도

출제빈도 ★★

1. 정당제도

(1) 의의

현대민주국가에 있어서 정당은 분산된 국민의 정치적 의사를 일정한 방향으로 유도하고 결집하여 상향적으로 국가의사결정에 반영하는 매개체 또는 중개자 역할을 담당한다.

(2) 설립

정당의 설립은 자유이며, 복수정당제는 보장된다.

(3) 목적 및 특권

① 정당은 그 목적·조직과 활동이 민주적이어야 하며, 국민의 정치적 의사형성에 참여하는 데 필요한 조직을 가져야 한다.

② 정당은 법률이 정하는 바에 의하여 국가의 보호를 받으며, 국가는 법률이 정하는 바에 의하여 정당운영에 필요한 자금을 보조할 수 있다.

(4) 해산

정당의 해산은 자진해산, 중앙선거관리위원회의 등록 취소에 의한 해산, 헌법재판소의 위헌정당해산심판에 의한 해산 등이 있다. 위헌정당해산심판에 의한 해산은 정당의 목적이나 활동이 민주적 기본질서에 위배될 때에 정부가 헌법재판소에 그 해산을 제소하여, 정당이 헌법재판소의 심판에 의하여 해산되는 것을 말한다.

2. 선거제도

(1) 의의

선거라 함은 국민적 합의에 의한 대의제 민주정치를 구현하기 위하여 주권자인 국민이 그들을 대표할 국가기관을 선임하는 행위를 말한다.

(2) 원칙

보통선거	• 차별을 두지 않고 일정한 연령이 달한 누구에게나 선거권을 주는 것 • 반대개념은 제한선거
평등선거	• 선거권의 가치에 대한 불합리한 차별을 금지하는 것 • 반대개념은 차등선거
직접선거	• 국민이 직접 스스로 대표자를 선출하는 것 • 반대개념은 간접선거
비밀선거	• 투표에 의해 나타나는 선거인의 의사결정이 타인에게 알려지지 않도록 하는 것 • 반대개념은 공개선거
자유선거	• 선거인이 강제나 외부의 간섭도 받지 않고 선거권을 자유롭게 행사할 수 있는 것 • 반대개념은 강제선거

3. 공무원제도

일반적으로 공무원이라 함은 직접 또는 간접으로 국민에 의하여 선출되거나 임용권자에 의하여 임용되어 국가 또는 공공단체와 공법상의 근무 관계를 맺고 공공적 업무를 담당하고 있는 자를 말한다. 공무원은 국민 전체에 대한 봉사자이며, 국민에 대하여 책임을 진다. 공무원의 신분과 정치적 중립성은 법률이 정하는 바에 의하여 보장된다.

4. 지방자치제도

지방자치제도라 함은 지역 중심의 지방자치단체가 독자적인 자치기관을 설치하여 그 지방에 관한 여러 가지 사무를 그들 자신의 책임하에, 자신들이 선출한 기관을 통하여 직접 처리하게 함으로써, 지방자치행정의 민주성과 능률성을 제고하고, 지방의 균형 있는 발전과 아울러 국가의 민주적 발전을 도모하는 제도를 말한다.

시험문제 미리보기!

다음 중 대한민국 헌법 제8조에 대한 설명으로 옳지 않은 것은?

① 정당의 설립은 자유이며, 복수정당제는 보장된다.
② 정당은 그 목적·조직과 활동이 민주적이어야 하며, 국민의 정치적 의사형성에 참여하는 데 필요한 조직인 지구당을 가져야 한다.
③ 정당은 법률이 정하는 바에 의하여 국가의 보호를 받으며, 국가는 법률이 정하는 바에 의하여 정당운영에 필요한 자금을 보조할 수 있다.
④ 정당의 목적이나 활동이 민주적 기본질서에 위배될 때에는 정부는 헌법재판소에 그 해산을 제소할 수 있고, 정당은 헌법재판소의 심판에 의하여 해산된다.

정답 ②

해설 지구당 제도는 폐지되었다.

오답노트

헌법 제8조
① 정당의 설립은 자유이며, 복수정당제는 보장된다.
② 정당은 그 목적·조직과 활동이 민주적이어야 하며, 국민의 정치적 의사형성에 참여하는 데 필요한 조직을 가져야 한다.
③ 정당은 법률이 정하는 바에 의하여 국가의 보호를 받으며, 국가는 법률이 정하는 바에 의하여 정당운영에 필요한 자금을 보조할 수 있다.
④ 정당의 목적이나 활동이 민주적 기본질서에 위배될 때에는 정부는 헌법재판소에 그 해산을 제소할 수 있고, 정당은 헌법재판소의 심판에 의하여 해산된다.

제2절 | 기본권

✓핵심 포인트

기본권의 유형	• 포괄적 기본권, 자유권적 기본권, 경제적 기본권, 정치적 기본권, 청구권적 기본권, 사회적 기본권
기본권의 갈등	• 기본권의 경합: 단일의 기본권 주체 • 기본권의 충돌: 복수의 기본권 주체
기본권의 제한	• 목적의 정당성, 방법의 적정성, 침해의 최소성, 법익의 균형성
포괄적 기본권	• 인간의 존엄과 가치, 행복추구권, 평등권
자유권적 기본권	• 생명권, 신체의 자유(이중처벌금지, 형벌불소급, 연좌제 금지) • 사생활 자유권 • 정신적 자유권
경제적 기본권	• 재산권, 직업선택의 자유
정치적 기본권	• 참정권(선거권, 공무담임권, 국민투표권)
청구권적 기본권	• 청원권, 국가배상청구권, 손실보상청구권, 형사보상청구권, 범죄피해자구조청구권
사회적 기본권	• 인간다운 생활권(생존권), 근로의 권리, 근로 3권, 교육을 받을 권리, 환경권, 쾌적한 주거생활권, 건강권

01 기본권 총론

출제빈도 ★★

1. 의의

기본권이란 헌법에 의하여 보장되는 국민의 기본적 권리이다. 인권은 인권사상을 바탕으로 하여 인간이 인간이기 때문에 당연히 누리는 인간의 생래적·천부적 권리를 의미하지만, 기본권은 헌법이 보장하는 국민의 기본적 권리를 의미하기 때문에 엄밀한 의미에서 인권과 기본권은 동일한 개념이 아니다.

2. 기본권의 유형

포괄적 기본권	• 인간의 존엄과 가치, 행복추구권, 평등권
자유권적 기본권	• 생명권, 신체를 훼손당하지 아니할 권리, 신체의 자유(이중처벌금지, 형벌불소급, 연좌제 금지) • 사생활의 비밀과 자유, 주거의 자유, 거주·이전의 자유, 통신의 자유 등 사생활 자유권 • 양심의 자유, 종교의 자유, 언론·출판의 자유, 집회·결사의 자유, 학문과 예술의 자유 등 정신적 자유권
경제적 기본권	• 재산권, 직업선택의 자유
정치적 기본권	• 참정권(선거권, 공무담임권, 국민투표권)
청구권적 기본권	• 청원권, 국가배상청구권, 손실보상청구권, 형사보상청구권, 범죄피해자구조청구권
사회적 기본권	• 인간다운 생활권(생존권), 근로의 권리, 근로 3권, 교육을 받을 권리, 환경권, 쾌적한 주거생활권, 건강권

3. 기본권의 주체

(1) 자연인

한국의 국적을 가진 대한민국의 국민은 누구나 헌법이 보장하는 기본권의 주체가 될 수 있다. 다만, 기본권의 주체성은 기본권보유능력과 기본권행사능력으로 나누어진다. 기본권보유능력은 헌법상 보장된 기본권을 향유할 수 있는 능력을 말하며, 국민이면 누구나 가지므로 이때의 국민 중에는 미성년자나 심신상실자·수형자 등도 포함된다. 기본권행사능력은 기본권의 주체가 기본권을 구체적으로 행사할 수 있는 능력을 말하며, 선거권·피선거권·투표권 등 특정한 기본권은 그것을 현실적으로 행사하기 위해 일정한 연령요건을 구비하고 결격사유가 없어야 하는 등 기본권행사능력이 요구되는 경우가 있다.

(2) 법인

헌법재판소는 "법인 아닌 사단·재단이라고 하더라도 대표자의 정함이 있고 독립된 사회적 조직체로서 활동하는 때에는 성질상 법인이 누릴 수 있는 기본권을 침해당하게 되면 그의 이름으로 헌법소원심판을 청구할 수 있다. (헌재 1991. 6. 3. 90헌마56)"고 하여 법인의 기본권 주체성을 인정하고 있다.

4. 기본권의 효력

(1) 의의

기본권의 효력이란 기본권의 의미·내용을 실현시킬 수 있는 힘, 즉, 기본권의 구속력을 의미한다.

(2) 기본권의 대국가적 효력

기본권은 모든 공권력적 국가작용을 직접 구속하는 효력을 가진다. 국가작용 중 권력작용은 그것이 국가기관에 의한 것이든 지방자치단체에 의한 것이든 그 모두가 기본권에 기속된다.

(3) 기본권의 제3자적 효력

자본주의의 고도화에 의해 국가와 유사한 기능을 하는 사회적 세력들(기업, 정당, 이익단체 등)이 등장하여 이들에 의하여 일반 국민의 자유와 권리가 침해당할 가능성이 증대하였다. 즉, 기본권의 제3자적 효력은 기본권이 사회적 압력단체나 사인(私人)에 의해서도 침해될 수 있다는 현실적 문제에서 출발한 이론이다.

(4) 기본권의 갈등

① 기본권의 경합: 단일의 기본권 주체가 국가에 대해 동시에 여러 기본권의 적용을 주장하는 경우를 말한다. 일반적으로 기본권 경합의 문제는 하나의 기본권 주체에서 발생하며, 동일한 기본권 주체의 행위는 특정한 행위가 여러 기본권의 구성요건에 해당하는 현상을 말한다. 예를 들어, 수감자에게 집필을 금지하는 것은 표현의 자유와 직업수행의 자유, 행복추구권이 침해받고 있다고 주장할 수 있다.

② 기본권의 충돌: 기본권의 충돌이라 함은 복수의 기본권 주체가 서로 충돌하는 권익을 실현하기 위하여 국가에 대해 각기 대립되는 기본권의 적용을 주장하는 경우를 말한다. 실질적으로는 사인 상호 간에 이해관계가 충돌하는 경우라 하더라도 기본권 주체는 상대방 기본권 주체를 상대하지 않고 직접 국가권력을 상대로 기본권의 구제수단을 청구하므로 기본권 충돌문제는 궁극적으로 기본권의 대국가적 효력의 문제로 평가된다. 예를 들어, 언론기관이 특정인의 과거의 범죄사건을 보도함으로써 언론기관의 보도의 자유(제21조)와 범인의 인격권(제10조)이 충돌하는 경우, 합리적인 이유 없이 사원채용에서 특정인을 자의적으로 배제함으로써 고용자 측의 계약의 자유(제10조)와 피고용자 측의 평등권(제11조)이 충돌하는 경우 등이 있다.

5. 기본권의 제한

(1) 의의

기본권의 제한이란 기본권 규정에 의하여 보장된 결정이나 활동의 자유 또는 특정 행위나 영역에 대한 보호를 사항적으로 축소시킴으로써 기본권으로부터 이끌어낼 수 있는 개인의 법적 지위를 전적으로 또는 특정한 경우에 감소시키는 공권력의 행위를 말한다. 그러나 기본권을 제한하는 경우에도 개인의 기본권 제한은 최소한으로 하면서 국가의 목적을 달성하여야 한다.

(2) 헌법유보에 의한 기본권 제한

헌법에서 직접 모든 기본권의 행사에 대한 한계를 규정하는 방식인 일반적 헌법유보와 헌법의 개별규정에서 직접 특정 기본권의 한계를 규정하는 방식인 개별적 헌법유보가 있다.

일반적 헌법유보
우리 헌법에는 없습니다.

개별적 헌법유보
언론·출판은 타인의 명예나 권리 또는 공중도덕이나 사회윤리를 침해하여서는 아니 된다. 언론·출판이 타인의 명예나 권리를 침해한 때에는 피해자는 이에 대한 피해의 배상을 청구할 수 있다. (헌법 제21조 제4항)

(3) 법률유보에 의한 기본권 제한

국민의 모든 자유와 권리를 법률에 의해 제한할 수 있다고 규정하는 방식인 일반적 법률유보와 헌법의 개별조문에서 특정 기본권을 법률에 의해 제한할 수 있음을 규정하는 방식인 개별적 법률유보가 있다.

(4) 과잉금지의 원칙

우리 헌법 제37조 제2항에서 "국민의 모든 자유와 권리는 국가안전보장·질서유지 또는 공공복리를 위하여 필요한 경우에 한하여 법률로써 제한할 수 있으며, 제한하는 경우에도 자유와 권리의 본질적인 내용을 침해할 수 없다."고 규정하고 있는데 여기서 '필요한 경우에 한하여'는 과잉금지원칙을 의미하며, 목적의 정당성, 방법의 적정성, 침해의 최소성, 법익의 균형성으로 나뉜다.

시험문제 미리보기!

헌법 제37조 제2항에서 "국민의 모든 자유와 권리는 국가안전보장·질서유지 또는 공공복리를 위하여 필요한 경우에 한하여 법률로써 제한할 수 있으며, …"로 규정하고 있는데 여기서 '필요한 경우에 한하여'는 과잉금지원칙을 의미한다. 다음 중 과잉금지원칙의 요소가 아닌 것은?

① 목적의 정당성 ② 법문의 명확성
③ 방법의 적정성 ④ 피해의 최소성

정답 ②

해설 과잉입법금지의 원칙이라 함은 국가가 국민의 기본권을 제한하는 내용의 입법활동을 함에 있어서 준수하여야 할 기본원칙 내지 입법활동의 한계를 의미하는 것으로서, 국민의 기본권을 제한하려는 입법의 목적이 헌법 및 법률의 체제상 그 정당성이 인정되어야 하고(목적의 정당성), 그 목적의 달성을 위하여 그 방법이 효과적이고 적절하여야 하며(방법의 적정성), 입법권자가 선택한 기본권 제한의 조치가 입법목적달성을 위하여 설사 적절하다 할지라도 보다 완화된 형태나 방법을 모색함으로써 기본권의 제한은 필요한 최소한도에 그치도록 하여야 하며(피해의 최소성), 그 입법에 의하여 보호하려는 공익과 침해되는 사익을 비교 형량할 때 보호되는 공익이 더 커야한다(법익의 균형성)는 법치국가의 원리에서 당연히 파생되는 헌법상의 기본원리의 하나인 비례의 원칙을 말하는 것이다. (헌재 1992. 12. 24. 92헌가8)

법학 전문가의 TIP

일반적 법률유보

국민의 모든 자유와 권리는 국가안전보장·질서유지 또는 공공복리를 위하여 필요한 경우에 한하여 법률로써 제한할 수 있으며, 제한하는 경우에도 자유와 권리의 본질적인 내용을 침해할 수 없다. (헌법 제37조 제2항)

개별적 법률유보

- 모든 국민은 신체의 자유를 가진다. 누구든지 법률에 의하지 아니하고는 체포·구속·압수·수색 또는 심문을 받지 아니하며, 법률과 적법한 절차에 의하지 아니하고는 처벌·보안처분 또는 강제노역을 받지 아니한다. (헌법 제12조 제1항)
- 모든 국민은 법률이 정하는 바에 의하여 납세의 의무를 진다. (헌법 제38조)

02 기본권 각론

출제빈도 ★★

1. 포괄적 기본권

(1) 인간의 존엄과 가치

① 의의: 인간의 존엄이란 인간의 본질로 간주되고 있는 인격의 내용을 말하고, 인간의 가치란 이러한 인간에 대한 총체적인 평가를 의미한다. 헌법 제10조에서 "모든 국민은 인간으로서의 존엄과 가치를 가지며, 행복을 추구할 권리를 가진다. 국가는 개인이 가지는 불가침의 기본적 인권을 확인하고 이를 보장할 의무를 진다."라고 규정하고 있다. 또한 인간의 존엄과 가치는 최고규범성을 가지므로 기본권 규정의 해석기준이고 기본권 제한의 한계로서 기능하며 최고의 헌법적 원리로 기능한다.

② 도출되는 개별 기본권: 인격권, 초상권, 명예권, 성명권 등 일반적인 인격권

③ 판례: 이 사건 계구사용행위는 기본권 제한을 최소화하면서도 도주, 자살 또는 자해의 방지 등과 같은 목적을 달성할 수 있음에도 불구하고 헌법 제37조 제2항에 정해진 기본권 제한의 한계를 넘어 필요 이상으로 장기간, 그리고 과도하게 청구인의 신체거동의 자유를 제한하고 최소한의 인간적인 생활을 불가능하도록 하여 청구인의 신체의 자유를 침해하고, 나아가 인간의 존엄성을 침해한 것으로 판단된다. (헌재 2003. 12. 18. 2001헌마163)

(2) 행복추구권

① 의의: 헌법 제10조의 행복추구권은 국민이 행복을 추구하기 위하여 필요한 급부를 국가에 적극적으로 요구할 수 있는 것을 내용으로 하는 것이 아니라, 국민이 행복을 추구하기 위한 활동을 국가권력의 간섭없이 자유롭게 할 수 있다는 포괄적인 의미의 자유권으로서의 성격을 가진다(헌재 1995. 7. 21. 93헌가14). 또한 행복추구권은 독자적 권리성을 갖는 포괄적 권리다. 우리 헌재도 "행복추구권은 그의 구체적인 표현으로서 일반적인 행동자유권과 개성의 자유로운 발현권을 포함하기 때문에 기부금품의 모집행위는 행복추구권에 의하여 보호된다. 계약의 자유도 헌법상의 행복추구권에 포함된 일반적인 행동자유권으로부터 파생하므로, 계약의 자유 또한 행복추구권에 의하여 보호된다. (헌재 1998. 5. 28. 96헌가5)" 고 판시하고 있다.

② 도출되는 개별 기본권: 일반적 행동자유권, 소비자의 자기결정권, 계약자유권, 성적 자기결정권, 휴식권, 수면권, 일조권 등

(3) 평등권

① 의의: 평등권은 국가가 부당한 차별을 할 경우에 부당한 차별의 금지를 요구할 수 있는 권리로서 형식적 평등뿐만 아니라 실질적 평등을 보장하는 권리이다. 국민의 기본권 보장의 최고원리로 입법과 법의 해석 및 집행의 기준이 되고, 헌법개정에 의해서도 폐지될 수 없는 헌법개정의 한계사유이다.

법학 전문가의 TIP

평등권(헌법 제11조)

① 모든 국민은 법 앞에 평등하다. 누구든지 성별·종교 또는 사회적 신분에 의하여 정치적·경제적·사회적·문화적 생활의 모든 영역에 있어서 차별을 받지 아니한다.

② 사회적 특수계급의 제도는 인정되지 아니하며, 어떠한 형태로도 이를 창설할 수 없다.

③ 훈장 등의 영전은 이를 받은 자에게만 효력이 있고, 어떠한 특권도 이에 따르지 아니한다.

② 내용

- 법 앞에서의 평등: 국회에서 제정된 형식적 의미의 법률뿐만 아니라 헌법, 명령, 규칙 등을 포함하는 모든 법규범을 의미한다.
- 성별·종교 또는 사회적 신분에 의하여 정치적·경제적·사회적·문화적 생활의 모든 영역에 있어서 차별을 금지한다.

③ 판례: 헌법 제11조 제1항에 "모든 국민은 법 앞에 평등하다."고 규정하여 기회균등 또는 평등의 원칙을 선언하고 있는바, 평등의 원칙은 국민의 기본권 보장에 관한 우리 헌법의 최고원리로서 국가가 입법을 하거나 법을 해석 및 집행함에 있어 따라야 할 기준인 동시에, 국가에 대하여 합리적 이유 없이 불평등한 대우를 하지 말 것과, 평등한 대우를 요구할 수 있는 모든 국민의 권리로서, 국민의 기본권 중의 기본권인 것이다. (헌재 1989. 1. 25. 88헌가7)

2. 자유권적 기본권

(1) 신체의 자유

① 의의: 헌법 제12조 제1항은 "모든 국민은 신체의 자유를 가진다."고 하여 신체의 자유를 보장하고 있다. 신체의 자유란 불법적인 체포·구속·압수·수색·심문·처벌·보안처분·강제노역으로부터의 자유를 말한다.

② 신체의 자유에 대한 실체적 보장: 죄형법정주의, 이중처벌금지, 연좌제 금지

③ 신체의 자유에 대한 절차적 보장: 적법절차의 원칙, 영장주의, 체포구속적부심사제도, 인신보호제도, 구속 이유 등 고지제도

④ 형사피의자와 형사피고인의 인권보장: 무죄추정의 원칙, 구속 이유 등을 고지받을 권리, 체포구속적부심사청구권(수사기관에 의한 피의자의 체포나 구속이 적법한지 여부와 그 계속의 필요 여부를 법원이 심사하여 부적법·부당한 경우에는 피의자를 석방하는 제도), 진술거부권, 고문받지 아니할 권리, 자백의 증거능력 제한, 변호인의 조력을 받을 권리, 신속한 공개재판을 받을 권리

(2) 직업의 자유

① 의의: 직업의 자유란 직업을 선택하고 수행함에 있어서 간섭을 받지 않을 자유를 말한다.

② 내용: 직업결정의 자유, 직업수행의 자유, 자유경쟁의 자유, 영업의 자유, 전직의 자유

(3) 주거의 자유

① 의의: 주거의 자유는 모든 공권력이나 타인에 의해 주거의 안전과 평온이 침해받지 않을 자유를 말한다. 주거에는 주택이나 아파트는 물론이고 사무실, 호텔, 강의실, 차량, 선박 등이 해당된다. 누구나 출입할 수 있는 영업장소인 상점, 음식점 등은 영업시간에는 주거라고 보기 어렵다.

② 내용: 주거의 불가침, 영장제도

법학 전문가의 TIP

신체의 자유(헌법 제12조)

① 모든 국민은 신체의 자유를 가진다. 누구든지 법률에 의하지 아니하고는 체포·구속·압수·수색 또는 심문을 받지 아니하며, 법률과 적법한 절차에 의하지 아니하고는 처벌·보안처분 또는 강제노역을 받지 아니한다.
② 모든 국민은 고문을 받지 아니하며, 형사상 자기에게 불리한 진술을 강요당하지 아니한다.
③ 체포·구속·압수 또는 수색을 할 때에는 적법한 절차에 따라 검사의 신청에 의하여 법관이 발부한 영장을 제시하여야 한다. 다만, 현행범인인 경우와 장기 3년 이상의 형에 해당하는 죄를 범하고 도피 또는 증거인멸의 염려가 있을 때에는 사후에 영장을 청구할 수 있다.
④ 누구든지 체포 또는 구속을 당한 때에는 즉시 변호인의 조력을 받을 권리를 가진다. 다만, 형사피고인이 스스로 변호인을 구할 수 없을 때에는 법률이 정하는 바에 의하여 국가가 변호인을 붙인다.
⑤ 누구든지 체포 또는 구속의 이유와 변호인의 조력을 받을 권리가 있음을 고지받지 아니하고는 체포 또는 구속을 당하지 아니한다. 체포 또는 구속을 당한 자의 가족 등 법률이 정하는 자에게는 그 이유와 일시·장소가 지체 없이 통지되어야 한다.
⑥ 누구든지 체포 또는 구속을 당한 때에는 적부의 심사를 법원에 청구할 권리를 가진다.
⑦ 피고인의 자백이 고문·폭행·협박·구속의 부당한 장기화 또는 기망 기타의 방법에 의하여 자의로 진술된 것이 아니라고 인정될 때 또는 정식재판에 있어서 피고인의 자백이 그에게 불리한 유일한 증거일 때에는 이를 유죄의 증거로 삼거나 이를 이유로 처벌할 수 없다.

직업의 자유(헌법 제15조)

모든 국민은 직업선택의 자유를 가진다.

주거의 자유(헌법 제16조)

모든 국민은 주거의 자유를 침해받지 아니한다. 주거에 대한 압수나 수색을 할 때에는 검사의 신청에 의하여 법관이 발부한 영장을 제시하여야 한다.

거주·이전의 자유(헌법 제14조)
모든 국민은 거주·이전의 자유를 가진다.

사생활의 비밀과 자유(헌법 제17조)
모든 국민은 사생활의 비밀과 자유를 침해받지 아니한다.

통신의 자유(헌법 제18조)
모든 국민은 통신의 비밀을 침해받지 아니한다.

양심의 자유(헌법 제19조)
모든 국민은 양심의 자유를 가진다.

종교의 자유(헌법 제20조)
① 모든 국민은 종교의 자유를 가진다.
② 국교는 인정되지 아니하며, 종교와 정치는 분리된다.

학문·예술의 자유(헌법 제22조)
① 모든 국민은 학문과 예술의 자유를 가진다.
② 저작자·발명가·과학기술자와 예술가의 권리는 법률로써 보호한다.

(4) 거주·이전의 자유

① 의의: 거주·이전의 자유는 거주지를 정하거나 거주지를 변경하여 이동하는 데 간섭을 받지 아니할 자유와 거주지를 변경할 것을 강요받지 아니할 자유를 말한다.

② 내용: 국내 거주·이전의 자유, 국외 거주·이전의 자유, 국적이탈의 자유

(5) 사생활의 비밀과 자유

① 의의: 사생활의 비밀과 자유는 개인의 사적 영역이 공개되지 않고, 사적 영역을 형성함에 있어 방해받지 않으며, 형성된 사적 영역이 침해받지 않을 권리를 말한다.

② 내용: 사생활의 비밀과 자유에는 사생활의 비밀과 자유뿐만 아니라 개인정보자기결정권도 포함된다. 개인정보자기결정권이란 개인정보에 대한 조사·수집·처리·보관·공개·활용 등에 관해 해당 개인정보의 주체가 스스로 결정할 권리이다.

(6) 통신의 자유

① 의의: 통신자유는 통신비밀의 불가침과 통신의 자유를 내용으로 한다.

② 내용: 통신비밀의 불가침은 통신의 내용이 통신인의 의사에 반하여 다른 사람들에게 공개되지 않을 권리를 말하는 것으로, 통신의 열람 금지, 청취와 녹음의 금지, 누설 금지, 공개 금지 등을 포함한다.

(7) 양심의 자유

① 의의: 양심의 자유는 양심형성의 자유와 양심적 결정의 자유를 포함하는 내심적 자유와 양심적 결정을 외부로 표현하고 실현할 수 있는 양심실현의 자유를 포함한다. 양심형성의 자유와 양심적 결정의 자유는 제한할 수 없는 절대적 자유이고, 양심실현의 자유는 제한될 수 있는 상대적 자유이다.

② 내용: 병역의 종류를 현역, 예비역, 보충역, 병역준비역, 전시근로역의 다섯 가지로 한정해 규정하고 양심적 병역거부자에 대한 대체복무제를 규정하지 않은 병역법 조항은 과잉금지원칙을 위반해 양심적 병역거부자의 양심의 자유를 침해하여 위헌이다.(헌법불합치)(헌재 2018.6.28. 2011헌바379·2015헌가5)

※ 현역입영 또는 소집통지서를 받은 사람이 정당한 사유 없이 3일이 지나도 입영하지 않거나 소집에 응하지 않은 경우를 처벌하는 병역법 조항은 합헌

(8) 종교의 자유

① 의의: 종교의 자유는 신앙의 자유와 종교행위의 자유를 그 내용으로 한다.

② 내용: 신앙의 자유에는 종교를 선택하고 믿을 자유, 종교를 가지지 아니할 자유, 개종의 자유가 포함되고, 종교행위의 자유에는 종교결사의 자유, 종교집회의 자유, 선교의 자유, 종교교육의 자유가 포함된다.

(9) 학문·예술의 자유

① 의의: 학문의 자유는 학문을 연구하고 학문적 결사·집회를 할 자유를 의미하고, 예술의 자유는 미를 추구할 자유를 의미한다.

② 내용: 학문의 자유와 함께 대학의 자치가 헌법상 보장되고 있는데, 대학자치에는 교수자치회의 보장, 교과과정 편성의 자율, 교육의 내용·방법의 자율, 학생선발의 자율 등이 포함된다. 예술의 자유에는 예술창작의 자유, 예술적 집회·결사의 자유, 예술표현의 자유 등이 포함된다.

(10) 언론·출판의 자유

① 의의: 언론·출판의 자유는 언론·출판을 자유로이 할 수 있는 권리이다. 언론의 자유는 말·글·화상을 통한 의사 표현과 전달 매체를 통한 의견과 사상 표현의 자유를 의미하며, 출판의 자유란 책을 발행하고 배포하는 자유를 말한다.

② 내용: 알 권리, Access권, 언론기관의 자유

(11) 집회·결사의 자유

① 의의: 집회의 자유는 방해받지 않고 집회를 개최할 수 있는 자유이고, 결사의 자유는 단체를 구성하고 활동하는 데 방해를 받지 않을 자유이다.

② 내용: 집회 개최의 자유, 집회에서의 토론의 자유 등

(12) 재산권

① 의의: 재산권은 재산의 사용·수익·처분에 간섭을 받지 않을 권리이며, 사적 유용성 및 그에 대한 처분권을 포함하는 모든 재산가치 있는 권리를 말한다. 헌법상 재산권은 경제적 가치가 있는 모든 공법상·사법상의 권리를 의미한다.

② 내용: 사적 재산권 보장, 구체적 재산권 보장(사용, 수익, 처분권리보장), 소급입법에 의한 재산권 박탈 금지

3. 사회적 기본권

(1) 인간다운 생활을 할 권리

① 의의: 인간다운 생활을 할 권리는 인간으로서의 가치와 인격을 유지하고 인간의 존엄성이 보장되는 수준의 육체적 건강과 정신적 생활을 영위할 수 있도록 물질적·정신적 급부를 국가에 대하여 요구할 수 있는 권리이다.

② 내용: 사회보장을 받을 권리, 생활보호를 받을 권리, 기초생활을 보장받을 권리, 재해예방과 그 위험으로부터 보호를 받을 권리

법학 전문가의 TIP

언론·출판의 자유(헌법 제21조)
① 모든 국민은 언론·출판의 자유와 집회·결사의 자유를 가진다.
② 언론·출판에 대한 허가나 검열과 집회·결사에 대한 허가는 인정되지 아니한다.
③ 통신·방송의 시설기준과 신문의 기능을 보장하기 위하여 필요한 사항은 법률로 정한다.
④ 언론·출판은 타인의 명예나 권리 또는 공중도덕이나 사회윤리를 침해하여서는 아니 된다. 언론·출판이 타인의 명예나 권리를 침해한 때에는 피해자는 이에 대한 피해의 배상을 청구할 수 있다.

재산권(헌법 제23조)
① 모든 국민의 재산권은 보장된다. 그 내용과 한계는 법률로 정한다.
② 재산권의 행사는 공공복리에 적합하도록 하여야 한다.
③ 공공필요에 의한 재산권의 수용·사용 또는 제한 및 그에 대한 보상은 법률로써 하되, 정당한 보상을 지급하여야 한다.

인간다운 생활을 할 권리(헌법 제34조)
① 모든 국민은 인간다운 생활을 할 권리를 가진다.
② 국가는 사회보장·사회복지의 증진에 노력할 의무를 진다.
③ 국가는 여자의 복지와 권익의 향상을 위하여 노력하여야 한다.
④ 국가는 노인과 청소년의 복지향상을 위한 정책을 실시할 의무를 진다.
⑤ 신체장애자 및 질병·노령 기타의 사유로 생활능력이 없는 국민은 법률이 정하는 바에 의하여 국가의 보호를 받는다.
⑥ 국가는 재해를 예방하고 그 위험으로부터 국민을 보호하기 위하여 노력하여야 한다.

(2) 교육을 받을 권리

① 의의: 교육을 받을 권리란 교육을 받는 것을 국가로부터 방해받지 아니함은 물론 교육을 받을 수 있도록 적극적으로 배려해 줄 것을 국가에게 요구할 수 있는 권리를 말한다.

② 내용: 능력에 따라 교육을 받을 권리, 균등하게 교육을 받을 권리, 의무교육을 무상으로 받을 권리

(3) 근로의 권리

① 의의: 근로의 권리란 근로의 기회를 제공받고 보장받을 권리를 말한다. 근로의 권리 보장은 생활의 기본적인 수요를 충족시킬 수 있는 생활수단을 확보해 주며, 나아가 인격의 자유로운 발현과 인간의 존엄성을 보장해 주는 의의를 지닌다.

② 내용: 근로기회제공청구권, 해고의 자유의 제한, 임금의 보장, 적정임금 및 최저임금의 보장, 국가의 고용증진 의무, 연소자의 근로에 대한 특별한 보호

(4) 근로 3권

① 의의: 단결권, 단체교섭권, 단체행동권을 포함하는 근로 3권은 근로조건의 개선과 복지증진 등 근로자의 경제적·사회적 지위를 향상시키기 위하여 사용자와 대등한 지위에서 단결하고 교섭하며 단체로 행동할 수 있게 하는 권리이다.

② 내용

- 단결권: 근로자가 근로조건 향상을 위하여 자주적인 단체를 결성하는 권리
- 단체교섭권: 근로자가 근로조건 향상을 위하여 근로자 단체, 즉, 노동조합이 그 대표자 또는 조합이 위임하는 자를 통하여 사용자와 근로조건에 관한 교섭을 하고 단체협약을 체결할 수 있는 권리
- 단체행동권: 노동쟁의가 발생한 경우 쟁의행위를 할 수 있는 쟁의권

법학 전문가의 TIP

교육을 받을 권리(헌법 제31조)

① 모든 국민은 능력에 따라 균등하게 교육을 받을 권리를 가진다.
② 모든 국민은 그 보호하는 자녀에게 적어도 초등교육과 법률이 정하는 교육을 받게 할 의무를 진다.
③ 의무교육은 무상으로 한다.
④ 교육의 자주성·전문성·정치적 중립성 및 대학의 자율성은 법률이 정하는 바에 의하여 보장된다.
⑤ 국가는 평생교육을 진흥하여야 한다.
⑥ 학교교육 및 평생교육을 포함한 교육제도와 그 운영, 교육재정 및 교원의 지위에 관한 기본적인 사항은 법률로 정한다.

근로의 권리(헌법 제32조)

① 모든 국민은 근로의 권리를 가진다. 국가는 사회적·경제적 방법으로 근로자의 고용의 증진과 적정임금의 보장에 노력하여야 하며, 법률이 정하는 바에 의하여 최저임금제를 시행하여야 한다.
② 모든 국민은 근로의 의무를 진다. 국가는 근로의 의무의 내용과 조건을 민주주의원칙에 따라 법률로 정한다.
③ 근로조건의 기준은 인간의 존엄성을 보장하도록 법률로 정한다.
④ 여자의 근로는 특별한 보호를 받으며, 고용·임금 및 근로조건에 있어서 부당한 차별을 받지 아니한다.
⑤ 연소자의 근로는 특별한 보호를 받는다.
⑥ 국가유공자·상이군경 및 전몰군경의 유가족은 법률이 정하는 바에 의하여 우선적으로 근로의 기회를 부여받는다.

근로 3권(헌법 제33조)

① 근로자는 근로조건의 향상을 위하여 자주적인 단결권·단체교섭권 및 단체행동권을 가진다.
② 공무원인 근로자는 법률이 정하는 자에 한하여 단결권·단체교섭권 및 단체행동권을 가진다.
③ 법률이 정하는 주요방위산업체에 종사하는 근로자의 단체행동권은 법률이 정하는 바에 의하여 이를 제한하거나 인정하지 아니할 수 있다.

(5) 환경권

① 의의: 환경권은 건강하고 쾌적한 환경에서 생활할 권리이다. 환경권의 보호 대상이 되는 환경에는 자연환경뿐만 아니라 공적 환경과 같은 생활환경도 포함된다.

② 내용: 국가의 환경침해에 대한 방어권, 공해배제청구권, 생활환경조성청구권

(6) 혼인과 가족생활 · 모성보호

혼인과 가족생활은 개인의 존엄과 양성의 평등을 기초로 성립되고 유지되어야 하며 국가는 이를 보장한다. 또한, 국가는 모성의 보호를 위해 노력하여야 한다.

4. 청구권적 기본권

(1) 의의

청구권적 기본권이란 국민이 국가에 대하여 일정한 행위를 적극적으로 청구할 수 있는 주관적 공권을 말한다. 다른 기본권은 실체적 권리인 데 비하여 청구권적 기본권은 절차적 권리로서 기본권 보장을 위한 기본권이라고도 한다.

(2) 청원권

① 의의: 청원권이란 국민이 국가기관에 대하여 문서로 자기의 의견이나 희망을 진술할 수 있는 권리를 말한다.

② 내용: 청원은 반드시 문서로 제기해야 하며, 국가는 수리하고 청원에 대하여 심사할 의무를 진다.

(3) 재판청구권

① 의의: 재판청구권은 독립이 보장된 법원에서 헌법과 법이 정한 법관에 의하여 법률에 따라 공정하고 신속한 재판을 받을 권리이다.

② 내용: 신속한 재판을 받을 권리, 헌법과 법률이 정한 법관에 의한 재판을 받을 권리, 법률에 의한 재판을 받을 권리, 공개재판을 받을 권리, 군사재판을 받지 않을 권리, 무죄추정의 권리, 형사피해자의 재판절차 진술권

법학 전문가의 TIP

환경권(헌법 제35조)

① 모든 국민은 건강하고 쾌적한 환경에서 생활할 권리를 가지며, 국가와 국민은 환경보전을 위하여 노력하여야 한다.
② 환경권의 내용과 행사에 관하여는 법률로 정한다.
③ 국가는 주택개발정책 등을 통하여 모든 국민이 쾌적한 주거생활을 할 수 있도록 노력하여야 한다.

혼인과 가족생활 · 모성보호(헌법 제36조)

① 혼인과 가족생활은 개인의 존엄과 양성의 평등을 기초로 성립되고 유지되어야 하며, 국가는 이를 보장한다.
② 국가는 모성의 보호를 위하여 노력하여야 한다.
③ 모든 국민은 보건에 관하여 국가의 보호를 받는다.

청원권(헌법 제26조)

① 모든 국민은 법률이 정하는 바에 의하여 국가기관에 문서로 청원할 권리를 가진다.
② 국가는 청원에 대하여 심사할 의무를 진다.

재판청구권(헌법 제27조)

① 모든 국민은 헌법과 법률이 정한 법관에 의하여 법률에 의한 재판을 받을 권리를 가진다.
② 군인 또는 군무원이 아닌 국민은 대한민국의 영역 안에서는 중대한 군사상 기밀 · 초병 · 초소 · 유독음식물공급 · 포로 · 군용물에 관한 죄중 법률이 정한 경우와 비상계엄이 선포된 경우를 제외하고는 군사법원의 재판을 받지 아니한다.
③ 모든 국민은 신속한 재판을 받을 권리를 가진다. 형사피고인은 상당한 이유가 없는 한 지체 없이 공개재판을 받을 권리를 가진다.
④ 형사피고인은 유죄의 판결이 확정될 때까지는 무죄로 추정된다.
⑤ 형사피해자는 법률이 정하는 바에 의하여 당해 사건의 재판절차에서 진술할 수 있다.

(4) 국가배상청구권

① 의의: 국가배상청구권이란 공무원의 직무상 불법행위로 인한 손해에 대한 배상을 국민이 국가 또는 공공단체에 청구할 수 있는 권리이다.

② 내용: 공무원의 직무상 불법행위로 인한 손해배상청구권, 공공시설 하자로 인한 손해배상청구권

(5) 형사보상청구권

① 의의: 형사보상청구권이란 형사피의자 또는 형사피고인으로서 구금되었던 자가 법률이 정하는 불기소처분을 받거나 무죄판결을 받은 때에 법률이 정하는 바에 의하여 국가에 정당한 보상을 청구할 수 있는 권리를 말한다.

② 내용: 형사피고인보상, 형사피의자보상

(6) 범죄피해자구조청구권

① 의의: 범죄피해자구조청구권이란 타인의 범죄행위로 인하여 생명·신체에 대한 피해를 받은 국민이 법률이 정하는 바에 의하여 국가로부터 구조를 받을 수 있는 권리이다.

② 내용: 유족구조금, 장해구조금

> **법학 전문가의 TIP**
>
> **국가배상청구권(헌법 제29조)**
> ① 공무원의 직무상 불법행위로 손해를 받은 국민은 법률이 정하는 바에 의하여 국가 또는 공공단체에 정당한 배상을 청구할 수 있다. 이 경우 공무원 자신의 책임은 면제되지 아니한다.
> ② 군인·군무원·경찰공무원 기타 법률이 정하는 자가 전투·훈련 등 직무집행과 관련하여 받은 손해에 대하여는 법률이 정하는 보상 외에 국가 또는 공공단체에 공무원의 직무상 불법행위로 인한 배상은 청구할 수 없다.
>
> **형사보상청구권(헌법 제28조)**
> 형사피의자 또는 형사피고인으로서 구금되었던 자가 법률이 정하는 불기소처분을 받거나 무죄판결을 받은 때에는 법률이 정하는 바에 의하여 국가에 정당한 보상을 청구할 수 있다.
>
> **범죄피해자구조청구권(헌법 제30조)**
> 타인의 범죄행위로 인하여 생명·신체에 대한 피해를 받은 국민은 법률이 정하는 바에 의하여 국가로부터 구조를 받을 수 있다.

5. 정치적 기본권

(1) 참정권

참정권이란 국민이 국가의 정책 결정에 직접 참여하거나, 선거 또는 투표에 참여하거나, 공무원으로 선임될 수 있는 권리이다.

(2) 선거권

① 의의: 선거권이란 공직자를 선출하기 위한 행위에 참여할 수 있는 권리이다.

② 내용: 대통령 선거권, 국회의원 선거권, 지방자치단체의 장 선거권, 지방의회의 장 선거권

(3) 공무담임권

① 의의: 공무담임권이란 입법부, 집행부, 사법부는 물론 지방자치단체 등 국가, 공공단체의 구성원으로서 그 직무를 담당할 수 있는 권리를 말한다.

② 내용: 피선거권, 공직 취임권

> **법학 전문가의 TIP**
>
> **공무담임권(헌법 제25조)**
> 모든 국민은 법률이 정하는 바에 의하여 공무담임권을 가진다.

(4) 국민투표권

① 의의: 국민투표권은 특정한 국정 사안에 대하여 국민이 직접 그 정책 결정에 참가함으로써 주권을 직접 행사할 수 있는 권리이다.

② 내용: 국가 안위에 관한 중요정책, 헌법개정에서의 국민투표제도

6. 기본의무

(1) 고전적 의무

납세의 의무, 국방의 의무

(2) 현대적 의무

교육을 받게 할 의무, 근로의 의무, 재산권 행사의 공공복리 적합 의무, 환경보전의 의무

시험문제 미리보기!

다음 중 헌법상 청구권적 기본권에 속하지 않는 것은?

① 형사보상청구권 ② 범죄피해자구조청구권
③ 국가배상청구권 ④ 재산권

정답 ④

해설 청구권적 기본권에는 청원권, 재판청구권, 국가배상청구권, 형사보상청구권, 범죄피해자구조청구권이 있다.

제3절 | 통치구조

✓핵심 포인트

통치구조 원리	• 권력분립 원리, 대의제 원리
정부형태	• 의원내각제, 대통령제
국회	• 국회의 구성: 국민의 보통·평등·직접·비밀선거에 의하여 선출, 정원은 300명, 임기는 4년 • 일반정족수: 재적의원 과반수의 출석과 출석의원 과반수의 찬성 • 재적 2/3 이상 찬성: 제명, 자격심사, 헌법개정안 의결, 대통령에 대한 탄핵소추의 의결 • 국회의 권한: 입법, 재정, 국정통제, 인사에 관한 권한 • 국회의원의 특권: 면책특권, 불체포특권
행정부	• 대통령의 비상적 권한: 긴급명령권, 긴급재정경제처분권, 계엄선포권, 국민투표부의권 • 국무회의: 정부의 권한에 속하는 중요정책을 심의, 구성원 과반수의 출석으로 개의, 출석구성원 2/3 이상의 찬성으로 의결 • 감사원: 임기 4년, 1차에 한하여 중임 • 선거관리위원회: 임기 6년, 연임에 관한 제한 규정이 없음
사법부	• 3심제 원칙, 재판공개 • 헌법재판소의 권한: 위헌법률심판, 헌법소원심판, 탄핵심판, 정당해산심판, 권한쟁의심판

01 통치구조 원리

출제빈도 ★★

1. 권력분립 원리

권력분립 원리는 입법권·행정권·사법권의 분리와 상호 견제, 균형을 통하여 권력의 남용 가능성을 방지하여 국민의 자유와 기본적 권리를 보장하기 위한 헌법 원칙이다. 입법권은 국회에, 행정권은 대통령을 수반으로 하는 행정부에, 사법권은 법원에 속한다.

2. 대의제 원리

대의제도는 국민이 직접 주권을 행사하지 않고 대표자를 선출하여 이들로 하여금 주권을 행사하게 하는 국가운영의 방식을 의미한다. 대의제도의 핵심기관인 의회는 국민을 대표하여 법률을 만들고, 행정권 및 사법권은 헌법과 법률에 근거하여 권한을 행사한다. 현대 민주주의 국가에서는 간접민주제인 대의제를 원칙으로 하면서, 직접민주제적 요소(국민투표, 국민소환, 국민발안)를 예외적으로 도입하고 있다.

3. 법치주의 원리

법치주의 원리란 모든 국가적 활동과 생활은 국민의 대표기관인 의회가 제정한 법률에 근거를 두고 법률에 따라 이루어져야 한다는 헌법 원리이다.

02 정부 형태

출제빈도 ★★

1. 의원내각제

(1) 의의

일반적으로 의원내각제란 집행부가 대통령과 내각의 두 기구로 구성되고, 의회에서 선출되어 의회에 대하여 정치적 책임을 지는 내각을 중심으로 국정이 운영되는 정부 형태를 말한다.

(2) 장점

입법부와 행정부의 협조에 의해 신속하고 능률적인 국정처리와 책임정치의 실현이 가능하고, 유능한 인재 기용이 가능하며, 정치대립의 신속한 해결이 가능하다.

(3) 단점

군소정당 난립 시 정국이 불안정해지고, 입법부가 정권획득을 위한 정쟁의 장소가 될 우려가 있으며, 집행부가 강력한 정치를 추진하기 어렵다.

2. 대통령제

(1) 의의

대통령제란 일원적 구조의 집행부가 입법부 및 사법부와 엄격하게 분리·독립됨으로써 국가기관 상호 간에 권력적 균형이 유지되고, 국민에 의하여 선출되는 대통령의 집행부가 안정을 유지할 수 있는 정부 형태를 말한다.

(2) 장점

대통령의 임기 동안 행정부가 안정되고, 국가정책의 계속성, 행정부의 강력한 행정수행이 가능하며, 대통령의 법률안 거부권을 통해 소수이익보호가 가능하다.

(3) 단점

대통령의 독재화가 우려되고, 엄격한 권력분립으로 국정의 통일적 수행이 곤란하며, 행정부와 입법부의 충돌 시 해결이 곤란하다.

3. 대통령제와 의원내각제 비교

대통령제	의원내각제
• 민주적 정당성의 이원화 • 집행부의 일원적 구조 • 입법권과 집행권의 상호견제, 균형, 독립 • 대통령의 임기제와 직선제 • 대통령의 법률안 거부권 • 대통령의 국회에 대한 정치적 무책임성 • 국정감사, 조사권 • 탄핵소추권 • 의원과 장관 겸직금지	• 민주적 정당성의 일원화 • 집행부의 이원적 구조 • 내각의 성립과 존속이 의회에 의존 • 내각 불신임권과 의회해산권에 의한 균형 • 정부의 법률안 제출권 • 국무총리제 • 정부위원의 국회 출석 발언권

03 국회

출제빈도 ★★

1. 국회의 구성

국회는 국민의 보통·평등·직접·비밀선거에 의하여 선출된 국회의원으로 구성되며, 국회의원의 수는 법률로 정하되, 200인 이상으로 한다. 국회의원의 정원은 300명이고 임기는 4년이다.

2. 국회의 운영

(1) 정기회

국회가 매년 1회 정기적으로 집회하는 것을 말한다. 우리 국회는 매년 9월 1일에 정기회를 집회해서 최장 100일 동안 활동한다. 정기회에서는 예산안을 심의·확정하고, 법률안 또는 그 외 의안을 심의·의결한다.

(2) 임시회

국회의 임시회는 대통령 또는 국회 재적의원 4분의 1 이상의 요구에 의하여 집회된다. 대통령이 임시회의 집회를 요구할 때에는 기간과 집회 요구의 이유를 명시하여야 하며, 임시회의 회기는 30일을 초과할 수 없다.

3. 국회의 의사 절차

(1) 의사공개의 원칙

의사공개의 원칙은 국회의 의안 심의과정을 일반인에게 공개하는 것을 말한다. 다만, 출석의원 과반수의 찬성이 있거나 의장이 국가의 안전보장을 위하여 필요하다고 인정할 때에는 공개하지 아니할 수 있다.

(2) 회기계속의 원칙

회기계속의 원칙은 회기 중에 의결되지 못한 의안도 폐기되지 아니하고 다음 회기에서 계속 심의할 수 있다는 원칙을 말한다. 다만, 국회의원의 임기가 만료된 때에는 회기가 계속되지 않도록 하였다.

(3) 일사부재의 원칙

일사부재의 원칙은 의회에서 일단 부결된 의안은 동일 회기 중에 다시 발의하거나 심의하지 못한다는 원칙을 말한다. 일사부재의 원칙은 소수파의 의사방해를 배제하고 의사능률을 도모하기 위한 제도이다.

일사부재리의 원칙
어떤 사건에 대하여 일단 판결이 내려지고 그것이 확정되면 그 사건에 대해 다시 소송으로 재판하지 않는다는 원칙을 말합니다.

(4) 발언·표결 자유의 원칙

(5) 다수결의 원칙

4. 의결 정족수

(1) 일반 정족수

국회는 헌법 또는 법률에 특별한 규정이 없는 한 재적의원 과반수의 출석과 출석의원 과반수의 찬성으로 의결하며, 가부동수인 때에는 부결된 것으로 본다.

(2) 특별 정족수

구분	내용	
재적 1/5 이상	• 본회의·위원회 의사정족수	
재적 1/4 이상	• 임시회 소집요구 • 국정조사 발의	
재적 1/3 이상	• 해임 건의 발의 • 일반 탄핵소추 발의	
재적 과반수	• 의장·부의장 선출 • 계엄해제 요구 • 일반 탄핵소추 의결	• 해임 건의 • 헌법개정안 발의 • 대통령에 대한 탄핵소추 발의
재적 과반수, 출석 과반수	• 특별한 규정이 없는 일반적 결의	
재적 과반수, 출석 2/3 이상	• 법률안 재의결	
재적 2/3 이상	• 제명 • 헌법개정안 의결	• 자격심사 • 대통령에 대한 탄핵소추 의결

5. 국회의 권한

(1) 입법에 관한 권한

① 법률안 제출권, 법률안 심의·의결권, 헌법개정 발의·의결권, 조약체결·비준에 대한 동의권, 국회규칙제정권

② 법률 제정 절차

제출	• 국회의원 10인 이상 발의 • 정부(대통령)
심의	• 해당 상임위원회 • 법률안 수정 동의는 의원 30인 이상
본회의 의결	• 재적의원 과반수 출석과 출석의원 과반수 찬성 • 법률안 재의결은 재적의원 과반수 출석과 출석의원 2/3 이상 찬성
정부에 이송	• 대통령이 서명하고 국무총리와 함께 국무위원이 부서하면 법률로써 성립·확정
공포	• 15일 이내에 대통령이 공포 • 재의결된 법률안은 즉시 공포
대통령의 법률안 거부권 행사	• 15일 이내에 국회에 환부 • 환부거부권만 인정되고 수정/일부 거부 불인정

(2) 재정에 관한 권한

예산심의·확정권, 결산심사권, 긴급재정경제처분·명령에 대한 승인권, 예비비지출에 대한 승인권, 국채모집동의권, 예산 외 국가의 부담이 될 계약체결에 대한 동의권, 재정적 부담을 지우는 조약체결·비준에 대한 동의권

(3) 국정통제에 관한 권한

탄핵소추권, 국정감사·조사권, 긴급명령 등에 대한 승인권, 계엄해제요구권, 국방·외교정책에 대한 동의권, 일반사면에 대한 동의권, 국무총리·국무위원에 대한 해임건의권, 국무총리·국무위원 등의 국회 출석요구 및 질문권

(4) 인사에 관한 권한

대통령 선출권, 임명동의권(국무총리, 대법원장, 대법관, 헌법재판소장, 감사원장), 헌법재판소의 재판관 3인과 중앙선거관리위원회의 위원 3인은 국회에서 직접 선출

대통령 선출권(헌법 제67조)

① 대통령은 국민의 보통·평등·직접·비밀선거에 의하여 선출한다.

② 제1항의 선거에 있어서 최고득표자가 2인 이상인 때에는 국회의 재적의원 과반수가 출석한 공개회의에서 다수표를 얻은 자를 당선자로 한다.

6. 국회의원의 지위 · 특권 · 의무

(1) 지위

국회의원은 국민의 대표자로서의 지위를 가지고 있다.

(2) 특권

① 불체포특권: 국회의원은 현행범인인 경우를 제외하고는 회기 중 국회의 동의 없이 체포 또는 구금되지 아니한다. 국회의원이 회기 전에 체포 또는 구금된 때에는 현행범인이 아닌 한 국회의 요구가 있으면 회기 중 석방된다.

② 면책특권: 국회의원은 국회에서 직무상 행한 발언과 표결에 관하여 국회 외에서 책임을 지지 아니한다.

(3) 의무

청렴의무, 국가이익을 우선하여 양심에 따라 직무를 행할 의무, 겸직을 하지 아니할 의무가 있다.

시험문제 미리보기!

다음은 헌법상 국회에 대한 설명으로 괄호 안에 들어갈 말로 가장 알맞은 것은?

> 제47조
> ① 국회의 정기회는 법률이 정하는 바에 의하여 매년 (가) 집회되며, 국회의 임시회는 대통령 또는 국회 재적의원 4분의 1 이상의 요구에 의하여 집회된다.
> ② 정기회의 회기는 (나)을, 임시회의 회기는 (다)을 초과할 수 없다.

	(가)	(나)	(다)
①	1회	30일	100일
②	1회	100일	30일
③	2회	100일	30일
④	2회	30일	100일

정답 ②

해설 헌법 제47조에 따르면,
① 국회의 정기회는 법률이 정하는 바에 의하여 매년 '1회' 집회되며, 국회의 임시회는 대통령 또는 국회 재적의원 4분의 1 이상의 요구에 의하여 집회된다.
② 정기회의 회기는 '100일'을, 임시회의 회기는 '30일'을 초과할 수 없다.

04 행정부

출제빈도 ★★

1. 대통령

(1) 대통령의 지위

구분		근거
국민의 대표기관으로서의 지위		• 대통령의 직선제 조항 • 임기 중 탄핵 결정에 의하지 아니하고는 퇴임하지 아니한다는 조항
국가원수로서의 지위	대외적으로 국가를 대표할 지위	• 외국에 대한 국가 대표 • 조약 체결 · 비준권, 외교사절을 신임 · 접수 또는 파견하는 등의 외교에 관한 권한 • 영전수여권
	국가와 헌법의 수호자로서의 지위	• 긴급명령권과 긴급재정경제처분 명령권(헌법 제76조) • 위헌정당해산제소권(헌법 제8조 제4항) • 계엄선포권(헌법 제77조) • 국가안전보장회의 주재권(헌법 제91조 제2항)
	국정의 통합 · 조정자로서의 지위	• 헌법개정안 제안권(헌법 제128조 제1항) • 국가 안위에 관한 중요정책의 국민투표부의권(헌법 제72조) • 국회 임시회 집회 요구권(헌법 제47조 제1항) • 국회 출석 · 발언 · 의견표시권(헌법 제81조) • 법률안 제출권(헌법 제52조) • 사면 · 감형 · 복권에 관한 권한(헌법 제79조)
	헌법기관 구성권자로서의 지위	• 국회의 동의를 얻어 대법원장과 대법관의 임명, 헌법재판소장 및 감사원장과 감사위원의 임명권(헌법 제98조 제2항 등) • 중앙선거관리위원 3인 임명권(헌법 제114조 제2항)
행정부수반으로서의 지위	집행에 관한 최고책임자로서의 지위	• 법률안 거부권(헌법 제53조 제2항) • 행정입법권(헌법 제95조, 제75조) • 공무원 지휘 및 감시 · 감독권
	집행부 조직권자로서의 지위	• 국무총리와 국무위원 임명권(헌법 제86조 제1항, 제87조 제1항) • 공무원 임면권(헌법 제78조)
	국무회의 의장으로서의 지위	• 국무회의의 의장으로서 심의에 참여할 권한(헌법 제88조)

(2) 대통령의 권한

① 행정에 관한 권한: 국가의 대표 및 외교 권한, 법률의 집행권, 최고결정권과 최고 지휘권, 국군통수권, 영전수여권, 재정권
② 입법에 관한 권한: 법률안 제출권과 법률안 거부권, 행정입법에 대한 권한
③ 사법에 관한 권한: 위헌정당해산제소권, 사면권
④ 헌법기관 구성에 관한 권한: 헌법재판소 구성권, 대법원 구성권, 감사원 구성권, 중앙선거관리위원회 구성권
⑤ 비상적 권한: 긴급명령권, 긴급재정경제처분권, 계엄선포권, 국민투표부의권

(3) 대통령의 특권

① 의의: 헌법 제84조에서 "대통령은 내란 또는 외환의 죄를 범한 경우를 제외하고는 재직 중 형사상의 소추를 받지 아니한다."고 규정하고 있다.
② 원칙: 형사상 소추 금지(공소 제기, 체포·구속·수색·검증)
③ 예외: 소추 가능
- 내란죄, 외환죄
- 퇴직 후
- 민사상 책임
- 탄핵결정

④ 대통령 재직 중에는 공소시효 진행이 당연히 정지된다.

2. 행정부

(1) 국무총리

국무총리는 국회의 동의를 얻어 대통령이 임명한다. 국무총리는 대통령 유고 시의 제1순위 권한 대행자, 행정각부를 통할하는 대통령의 보좌기관으로서의 지위를 지닌다. 국무총리는 행정입법으로서 총리령을 발할 수 있고, 국무위원 제청권, 행정부에 대한 지휘·감독권, 부서권, 국정심의권 등이 있다.

국무총리제도는 의원내각제 요소입니다.

(2) 국무회의

① 지위: 헌법상 필수기관이고 최고정책심의기관이다.
② 구성: 국무회의는 대통령·국무총리와 15인 이상 30인 이하의 국무위원으로 구성한다. 대통령은 국무회의의 의장이 되고, 국무총리는 부의장이 된다.
③ 심의·의결: 국무회의는 정부의 권한에 속하는 중요정책을 심의한다. 구성원 과반수의 출석으로 개의하고, 출석구성원 2/3 이상의 찬성으로 의결한다.

④ 심의사항
- 국정의 기본계획과 정부의 일반정책
- 선전·강화 기타 중요한 대외정책
- 헌법개정안·국민투표안·조약안·법률안 및 대통령안
- 예산안·결산·국유재산처분의 기본계획, 국가의 부담이 될 계약 기타 재정에 관한 중요사항
- 대통령의 긴급명령·긴급재정경제처분 및 명령 또는 계엄과 그 해제
- 군사에 관한 중요사항
- 국회의 임시회 집회의 요구
- 영전수여
- 사면·감형과 복권
- 행정각부 간의 권한의 획정
- 정부안의 권한의 위임 또는 배정에 관한 기본계획
- 국정처리상황의 평가·분석
- 행정각부의 중요한 정책의 수립과 조정
- 정당해산의 제소
- 정부에 제출 또는 회부된 정부의 정책에 관계되는 청원의 심사
- 검찰총장·합동참모의장·각군참모총장·국립대학교총장·대사 기타 법률이 정한 공무원과 국영기업체관리자의 임명
- 기타 대통령·국무총리 또는 국무위원이 제출한 사항

(3) 행정각부

① 임명: 국무위원 중에서 국무총리 제청에 의해 대통령이 임명한다.

② 권한: 행정각부의 장은 국무위원의 지위와 행정각부장관의 지위를 지닌다. 행정각부의 장은 국무위원으로서 국무회의에 참여하여 국정을 심의한다.

(4) 감사원

① 임명: 감사원장은 국회의 동의를 얻어 대통령이 임명하고, 감사위원은 감사원장의 제청으로 대통령이 임명한다.

② 구성: 감사원은 원장을 포함한 5인 이상 11인 이하의 감사위원으로 구성한다.

③ 임기: 임기는 4년으로 하며, 1차에 한하여 중임할 수 있다.

④ 지위: 헌법상 필수기관, 합의제 기관

⑤ 권한: 국가의 세입·세출의 결산, 국가 및 법률이 정한 단체의 회계검사와 행정기관 및 공무원의 직무에 관한 감찰

(5) 선거관리위원회

① 임명 및 구성: 선거관리위원회는 9인의 위원으로 구성된다. 3인은 대통령이 임명하고, 3인은 국회에서 선출하며, 3인은 대법원장이 지명한다. 위원장은 위원 중에서 호선된다.

② 임기: 위원의 임기는 6년이며, 연임에 관한 제한 규정이 없다.

③ 권한: 선거관리위원회는 선거·국민투표의 관리와 정당에 관한 사무를 처리한다.

시험문제 미리보기!

다음 중 헌법상 대통령의 권한에 대한 설명으로 옳지 않은 것은?

① 대통령은 헌법과 법률이 정하는 바에 의하여 공무원을 임면한다.

② 대통령은 법률이 정하는 바에 의하여 훈장 기타의 영전을 수여한다.

③ 대통령이 특별사면을 명하려면 국회의 동의를 얻어야 한다.

④ 대통령은 국회에 출석하여 발언하거나 서한으로 의견을 표시할 수 있다.

정답 ③

해설 헌법 제79조에 따르면, 대통령은 법률이 정하는 바에 의하여 사면·감형 또는 복권을 명할 수 있으며, 일반사면을 명하려면 국회의 동의를 얻어야 한다.

오답노트

① 헌법 제78조에 따르면, 대통령은 헌법과 법률이 정하는 바에 의하여 공무원을 임면한다.

② 헌법 제80조에 따르면, 대통령은 법률이 정하는 바에 의하여 훈장 기타의 영전을 수여한다.

④ 헌법 제81조에 따르면, 대통령은 국회에 출석하여 발언하거나 서한으로 의견을 표시할 수 있다.

05 사법부

출제빈도 ★★

1. 법원의 헌법상 지위

(1) 법원의 지위

① 사법기관: 헌법 제101조 제1항에서는 "사법권은 법관으로 구성된 법원에 속한다."고 하여 원칙적으로 사법권은 법원의 권한으로 표명하고 있다.

② 중립적 권력: 헌법 제103조에서 "법관은 헌법과 법률에 의하여 그 양심에 따라 독립하여 심판한다."고 하여 사법권의 독립과 정치적 중립성을 강조하고 있다.

③ 헌법 수호기관으로서의 지위: 현행 헌법의 경우 헌법 수호기능과 법치국가적 질서의 보장은 주로 헌법재판소가 담당하고 있다. 법원은 명령·규칙심사, 헌법재판소에 위헌법률심판제청권 행사, 선거소송을 통해 헌법 수호기능을 수행한다.

④ 기본권 보장기관으로서의 지위: 법원은 기본권을 보호하고 관철하는 일차적인 주체이다. 모든 국가권력이 헌법의 구속을 받듯이 사법부도 헌법의 일부인 기본권의 구속을 받고, 따라서 법원은 그의 재판작용에서 기본권을 존중하고 준수해야 한다. (헌재 1997. 12. 24. 96헌마172)

(2) 법원의 독립

① 의의: 사법권을 행사하는 법관이 누구의 간섭이나 지시도 받지 않고 오로지 헌법과 법률 및 양심에 따라 독립하여 심판하는 것을 말한다.

② 법원의 독립: 헌법 제101조 제1항에서 "사법권은 법관으로 구성된 법원에 속한다."고 규정하여 사법권이 행정부나 국회로부터 독립된 기관임을 명시하고 있다.

③ 법관의 독립: 법관의 신분상 독립은 재판을 담당하는 법관의 자격·임기·신분을 보장하는 것을 말한다. 법관의 신분상 독립을 보장하기 위한 제도에는 법관자격 법정주의, 법관인사위원회제도, 임기제와 정년제, 부당한 파면·퇴직·징계로부터의 신분보장 등이 있다. 법관의 직무상 독립은 법관이 재판을 함에 있어서 누구의 지시나 명령에도 구속받지 않는다는 것을 말한다. 법관의 직무상 독립을 보장하기 위한 제도에는 법관의 제척·기피·회피제도, 법관의 양형결정권 보장, 계속 중인 재판에 대한 국정감사·조사금지 등이 있다.

임기제와 정년제(헌법 제105조)

① 대법원장의 임기는 6년으로 하며, 중임할 수 없다.

② 대법관의 임기는 6년으로 하며, 법률이 정하는 바에 의하여 연임할 수 있다.

③ 대법원장과 대법관이 아닌 법관의 임기는 10년으로 하며, 법률이 정하는 바에 의하여 연임할 수 있다.

④ 법관의 정년은 법률로 정한다.

(3) 사법의 절차와 운영

① 3심제 원칙
- 합의부관할사건: 지방법원 합의부 ⇨ 고등법원 ⇨ 대법원
- 단독판사관할사건: 지방법원 단독부 ⇨ 지방법원 합의부 ⇨ 대법원
- 예외(2심제): 특허소송, 선거소송

② 재판의 공개제도: 재판의 심리와 판결은 공개한다. 다만, 심리는 국가의 안전보장 또는 안녕질서를 방해하거나 선량한 풍속을 해할 염려가 있을 때에는 법원의 결정으로 공개하지 아니할 수 있다.

2. 헌법재판소

(1) 구성

헌법재판소는 법관의 자격을 가진 9인의 재판관으로 구성되며, 재판관은 대통령이 임명한다. 이 중 3인은 국회에서 선출하는 자를, 3인은 대법원장이 지명하는 자를 임명한다. 헌법재판소장은 대통령이 국회의 동의를 얻어 재판관 중에서 임명한다. 헌법재판소 재판관의 임기는 6년으로 하며, 법률이 정하는 바에 의하여 연임할 수 있다. 헌법재판소 재판관은 정당에 가입하거나 정치에 관여할 수 없으며, 탄핵 또는 금고 이상의 형의 선고에 의하지 아니하고는 파면되지 아니한다.

(2) 위헌법률심판 - 헌가

① 의의: 위헌법률심판이란 어떠한 법률 규정이 헌법 규범에 위반되는지를 심사하고 위헌으로 판단되는 경우 그 효력을 상실하게 하거나 그 적용을 거부하는 제도를 말한다. 위헌법률심판은 헌법에 위반되는 법률 규정들을 소거시킴으로써 헌법에 대한 침해로부터 헌법을 보호하는 기능을 하고, 기본권 보장의 기능을 수행하게 된다.

② 요건: 위헌법률심판은 법률이 헌법에 위반되는지 여부가 재판의 전제가 된 경우에, 당해 사건을 심리하는 법원의 제청에 의해 헌법재판소가 그 법률의 위헌 여부를 심판하는 구체적 규범통제제도이다. 따라서 헌법재판소가 법률 또는 법률조항에 대한 위헌 여부의 심판을 하기 위해서는 재판의 전제성과 법원의 제청이라는 요건이 구비되어야 한다.

③ 대상: 위헌법률심판에서 심판의 대상이 되는 법률은 형식적 의미의 법률은 물론이고 그와 동일한 효력을 가지는 법규범까지 모두 포함한다. 따라서 긴급명령과 긴급재정경제명령, 조약도 위헌법률심판의 대상에 포함된다.

④ 결정: 헌법재판소가 법률에 대한 위헌결정(한정합헌결정[1], 한정위헌결정[2], 헌법불합치결정[3], 단순위헌결정)을 하기 위해서는 9인의 재판관 중 6인 이상의 찬성이 있어야 한다.

(3) 헌법소원심판

① 의의 및 종류: 헌법소원이란 공권력의 행사 또는 불행사로 말미암아 헌법상 보장된 기본권을 직접 그리고 현실적으로 침해당한 자가 헌법재판기관에 당해 공권력의 위헌 여부의 심사를 청구하여 기본권을 구제받는 제도를 말한다.

- 권리구제형 헌법소원: 헌법상 기본권이 침해된 자가 청구하는 헌법소원
- 위헌심사형 헌법소원: 법원에 신청한 위헌법률심판제청권이 기각된 경우 법률의 위헌 여부를 직접 다투기 위해 청구하는 헌법소원

② 요건

- 권리구제형 헌법소원: 공권력의 행사 또는 불행사가 존재할 것(공권력의 존재), 공권력의 행사 또는 불행사로 말미암아 헌법상 보장된 자신의 기본권이 직접적이고 현실적으로 침해되었을 것(자기관련성, 직접성, 현재성), 다른 법률에 구제절차가 있는 경우에는 그 절차를 모두 마친 후일 것(보충성의 원칙), 권리보호의 필요성이 있을 것(권리보호의 이익) 등이다.
- 위헌심사형 헌법소원: 문제된 법률의 위헌 여부가 재판의 전제가 되어야 하고(재판의 전제성), 법원이 청구인의 위헌제청신청을 기각한 경우(제청신청의 기각)여야 한다.

③ 청구기간: 권리구제형 헌법소원의 심판은 그 사유가 있음을 안 날부터 90일 이내에, 그 사유가 있는 날부터 1년 이내에 청구하여야 한다. 다만, 다른 법률에 따른 구제절차를 거친 헌법소원의 심판은 그 최종결정을 통지받은 날부터 30일 이내에 청구하여야 한다. 위헌심사형 헌법소원의 심판은 위헌 여부 심판의 제청신청을 기각하는 결정을 통지받은 날부터 30일 이내에 청구하여야 한다.

(4) 탄핵심판

① 대상: 탄핵소추 대상자는 대통령·국무총리·국무위원·행정각부의 장·헌법재판소 재판관·법관·중앙선거관리위원회 위원·감사원장·감사위원 기타 법률이 정한 공무원이다.

② 사유: 탄핵소추의 사유는 '직무집행에 있어서 헌법이나 법률에 위배된 때'이다.

③ 결정: 국회의 탄핵소추는 재적의원 1/3 이상의 발의와 재적의원 과반수의 찬성으로 한다. 대통령 탄핵의 경우 발의에는 재적의원 과반수의 찬성, 의결에는 재적의원 2/3 이상의 찬성이 있어야 한다. 탄핵결정은 공직자를 공직으로부터 파면함에 그치나, 탄핵의 결정으로 민사상의 책임이나 형사상의 책임이 면제되는 것은 아니다.

(5) 정당해산심판

정부는 정당의 목적이나 활동이 민주적 기본질서에 위배될 때에는 국무회의의 심의를 거쳐 헌법재판소에 해산을 제소할 수 있다. 헌법재판소는 9인의 재판관 중 6인 이상의 찬성으로써 정당의 해산을 명하는 결정을 할 수 있다.

1) 한정합헌결정
해석 여하에 의해 위헌이 되는 부분을 포함하고 있는 법령의 의미를 헌법의 정신에 합치하도록 한정적으로 해석하여 위헌판단을 회피하는 것

2) 한정위헌결정
불확정개념이나 다의적인 해석의 가능성이 있는 조문에 대하여 그 해석들 중 위헌해석을 택하여 그 해석하에 위헌이라고 선언하는 결정형식

3) 헌법불합치결정
헌법재판소법 제47조 제1항의 위헌결정의 일종으로 심판대상이 된 법률조항이 실질적으로 위헌이지만 그 법률에 대해 단순위헌결정을 선고하지 아니하고 헌법에 합치되지 아니한다는 선언에 그침으로써, 헌법재판소법 제47조 제2항 본문의 효력상실로 제한적으로 적용하는 변형위헌결정의 주문형식

(6) 권한쟁의심판

기관 간에 권한의 존부나 범위에 관하여 다툼이 있는 경우, 국가기관이나 지방자치단체는 헌법재판소에 권한쟁의심판을 청구할 수 있다. 권한쟁의의 결정은 재판관 7인 이상이 참석하고, 참석재판관 중 과반수의 찬성으로써 한다.

시험문제 미리보기!

다음 중 헌법상 대법원장 및 법관에 대한 설명으로 옳지 않은 것은?

① 대법원장의 임기는 6년으로 하며, 중임할 수 있다.

② 대법관의 임기는 6년으로 하며, 법률이 정하는 바에 의하여 연임할 수 있다.

③ 대법원장과 대법관이 아닌 법관의 임기는 10년으로 하며, 법률이 정하는 바에 의하여 연임할 수 있다.

④ 법관은 탄핵 또는 금고 이상의 형의 선고에 의하지 아니하고는 파면되지 아니하며, 징계처분에 의하지 아니하고는 정직·감봉 기타 불리한 처분을 받지 아니한다.

정답 ①

해설 헌법 제105조 제1항에 따르면, 대법원장의 임기는 6년으로 하며, 중임할 수 없다.

오답노트

② 헌법 제105조 제2항에 따르면, 대법관의 임기는 6년으로 하며, 법률이 정하는 바에 의하여 연임할 수 있다.

③ 헌법 제105조 제3항에 따르면, 대법원장과 대법관이 아닌 법관의 임기는 10년으로 하며, 법률이 정하는 바에 의하여 연임할 수 있다.

④ 헌법 제106조 제1항에 따르면, 법관은 탄핵 또는 금고 이상의 형의 선고에 의하지 아니하고는 파면되지 아니하며, 징계처분에 의하지 아니하고는 정직·감봉 기타 불리한 처분을 받지 아니한다.

출제예상문제

출제빈도: ★☆☆ 대표출제기업: 한국원자력환경공단

01 **다음 중 헌법에 대한 설명으로 가장 옳지 않은 것은?**

① 형식적 의미의 헌법과 실질적 의미의 헌법 모두 법률에 대한 우위가 인정된다.
② 형식적 의미의 헌법은 성문헌법과 동일한 의미로 해석된다.
③ 실질적 의미의 헌법은 그 형식과 관계없이 국가질서의 기본구조, 국민의 기본권, 통치구조에 대한 내용을 담고 있는 모든 법규범을 의미한다.
④ 헌법개정절차는 법률개정절차에 비해 보다 복잡하고 엄격한 절차를 요구하는 것이 일반적이다.

출제빈도: ★☆☆ 대표출제기업: 한국보훈복지의료공단

02 **다음 중 경성헌법과 연성헌법에 관한 설명으로 옳지 않은 것은?**

① 경성헌법은 헌법의 악용을 방지하고 헌법의 안정성을 보장하기 위하여 헌법개정절차가 법률개정절차보다 복잡하다.
② 연성헌법은 법률의 개정절차와 동일한 절차 및 방법으로 개정할 수 있다.
③ 불문헌법은 개념 필수적으로 연성헌법이 된다.
④ 헌법생활에 있어 사회변화에 의한 불가피한 요구에 신축성을 가지고 적응할 수 있는 헌법은 경성헌법이다.

출제빈도: ★★★

03 **다음에서 헌법 분류 중 우리나라 헌법이 해당하는 것을 모두 고르면?**

㉠ 성문헌법	㉡ 민정헌법
㉢ 경성헌법	㉣ 모방적 헌법

① ㉠, ㉡　　② ㉠, ㉢
③ ㉡, ㉢, ㉣　　④ ㉠, ㉡, ㉢, ㉣

출제빈도: ★★★

04 다음은 헌법 조문의 일부이다. (   )에 들어갈 올바른 용어는?

- 대한민국은 (㉠)공화국이다.
- 대민국의 국민이 되는 요건은 (㉡)(으)로 정한다.
- 외국인은 국제법과 (㉢)이 정하는 바에 의하여 그 지위가 보장된다.

	㉠	㉡	㉢
①	민주	법률	조약
②	민주	헌법	조약
③	자유	법률	헌법
④	자유	헌법	법률

정답 및 해설

01 ①
실질적 의미의 헌법 중 공직선거법 등과 같이 법률의 형태로 존재하는 경우에는 법률에 대한 우위가 인정되지 않는다.

02 ④
헌법생활에 있어 사회변화에 의한 불가피한 요구에 신축성을 가지고 적응할 수 있는 헌법은 연성헌법이다.

연성헌법	• 일반 법률과 동일한 절차와 방법으로 개정할 수 있는 헌법 • 불문헌법은 개념 필수적으로 연성헌법 • 불문헌법은 헌법전의 형태가 아니므로 헌법에 특별한 우선적 효력이 인정되지 않음
경성헌법	• 법률보다 엄격한 절차와 방법에 의해서만 개정할 수 있는 헌법 • 성문헌법은 일반 법률보다 개정이 곤란한 경성헌법인 경우가 많음 • 성문헌법에서는 법률에 대한 위헌심사권이 인정되는 것이 일반적

03 ④
우리나라의 헌법은 존재형식에 의하면 성문헌법, 제정주체에 의하면 민정헌법, 개정절차의 난이도에 의하면 경성헌법, 독자성 여부에 의하면 모방적 헌법으로 분류된다.

04 ①
㉠ 헌법 제1조 제1항에 따르면, 대한민국은 **민주**공화국이다.
㉡ 헌법 제2조 제1항에 따르면, 대한민국의 국민이 되는 요건은 **법률**로 정한다.
㉢ 헌법 제6조 제2항에 따르면, 외국인은 국제법과 **조약**이 정하는 바에 의하여 그 지위가 보장된다.

출제예상문제

출제빈도: ★★☆ 대표출제기업: 한국원자력환경공단

05 다음이 나타내는 헌법의 특성은?

- 헌법은 자기 이외에 외부 법규범을 가지고 있지 아니하므로 국가권력이 그 효력을 부정하거나 침해할 수 없도록 하는 장치를 스스로 마련하고 있다.
- 헌법의 대부분의 경우 바로 국가권력 자체를 구속하려는 규정들이기 때문에 국가권력이 스스로 지켜지는 경우 강제하기 어렵다.

① 최고규범성 ② 개방성
③ 생활규범성 ④ 자기보장성

출제빈도: ★☆☆ 대표출제기업: 한국보훈복지의료공단

06 다음 중 헌법의 제정에 관한 설명으로 옳지 않은 것은?

① 실질적 의미에서의 헌법의 제정이란 정치적 공동체인 국가의 법적 기본질서를 마련하는 법 창조행위이다.
② 국민주권원리에 의해 헌법제정권력의 주체는 국민뿐이다.
③ 대한민국의 건국 헌법은 우리 국민들이 헌법제정권력을 직접 행사하여 제정하였다.
④ 형식적 의미에서의 헌법의 제정이란 헌법제정권자가 헌법사항을 성문의 헌법으로 법전화하는 것을 말한다.

출제빈도: ★★★ 대표출제기업: 경기신용보증재단

07 다음의 (ㄱ)~(ㄷ) 안에 들어갈 말로 적절한 것은?

- 국회는 헌법개정안이 공고된 날로부터 (ㄱ) 이내에 의결하여야 하며, 국회의 의결은 (ㄴ)의 찬성을 얻어야 한다.
- 헌법개정안은 국회가 의결한 후 (ㄷ) 이내에 국민투표에 붙여 국회의원 선거권자 과반수의 투표와 투표자 과반수의 찬성을 얻어야 한다.

	(ㄱ)	(ㄴ)	(ㄷ)
①	60일	재적의원 3분의 2 이상	30일
②	60일	재적의원 3분의 2 이상	20일
③	30일	출석의원 3분의 2 이상	30일
④	30일	출석의원 3분의 2 이상	20일

출제빈도: ★★★ 대표출제기업: 한국가스기술공사

08 다음 중 헌법개정의 절차에 대한 설명으로 옳지 않은 것을 모두 고르면?

<보기>

(가) 헌법개정은 국회 재적의원 과반수 또는 대통령의 발의로 제안된다.
(나) 헌법개정안은 대통령이 30일 이상의 기간 이를 공고하여야 한다.
(다) 국회는 헌법개정안이 공고된 날로부터 60일 이내에 의결하여야 하며, 국회의 의결은 재적의원 과반수 이상의 찬성을 얻어야 한다.
(라) 헌법개정안은 국회가 의결한 후 30일 이내에 국민투표에 붙여 국회의원 선거권자 과반수의 투표와 투표자 과반수의 찬성을 얻어야 한다.

① (가), (나) ② (나), (다)
③ (나), (라) ④ (가), (라)

정답 및 해설

05 ④
자기보장성에 관한 내용이다.

오답노트
① 최고규범성: 헌법은 한 나라의 법체계에서 최고의 단계에 위치하며 최상의 효력을 갖는 법이다.
② 개방성: 헌법의 기본과제, 그리고 헌법의 우위라는 기본적인 특성으로부터 도출되는 것이 추상성 내지 개방성이다. 모든 생활영역에서 세세한 부분까지 규정하는 것은 가능하지 않으므로 헌법은 세부적인 내용을 개방해 놓은 상태에서 법률에 맡기는 경우가 많다.
③ 생활규범성: 헌법은 국민의 생활 속에 존재하면서 국민의 일상생활에 의해 실현되고 발전되는 규범이다.

06 ③
국민주권원리에 의해 헌법제정권력의 주체는 국민뿐이고 국민은 누구에게도 이를 양도하거나 위임할 수 없다. 다만, 국민은 헌법제정권력의 행사를 제삼자에게 위임할 수는 있는데, 대한민국의 건국 헌법은 국민이 직접 행사하여 제정한 것이 아니라 주권 행사를 제헌 국회에 위임하여 제정되었다.

07 ①
헌법 제130조에 따르면,
- 국회는 헌법개정안이 공고된 날로부터 '60일' 이내에 의결하여야 하며, 국회의 의결은 '재적의원 3분의 2 이상'의 찬성을 얻어야 한다.
- 헌법개정안은 국회가 의결한 후 '30일' 이내에 국민투표에 붙여 국회의원 선거권자 과반수의 투표와 투표자 과반수의 찬성을 얻어야 한다.

08 ②
(나) 헌법 제129조에 따르면, 제안된 헌법개정안은 대통령이 20일 이상의 기간 이를 공고하여야 한다.
(다) 헌법 제130조 제1항에 따르면, 국회는 헌법개정안이 공고된 날로부터 60일 이내에 의결하여야 하며, 국회의 의결은 재적의원 3분의 2 이상의 찬성을 얻어야 한다.

오답노트
(가) 헌법 제128조 제1항에 따르면, 헌법개정은 국회 재적의원 과반수 또는 대통령의 발의로 제안된다.
(라) 헌법 제130조 제2항에 따르면, 헌법개정안은 국회가 의결한 후 30일 이내에 국민투표에 붙여 국회의원 선거권자 과반수의 투표와 투표자 과반수의 찬성을 얻어야 한다.

출제예상문제

출제빈도: ★★★ 대표출제기업: 한전KDN

09 대통령이 며칠 이상의 기간을 두고 제안된 헌법개정안을 공고하여야 하는가?

① 10일
② 15일
③ 20일
④ 30일

출제빈도: ★★★ 대표출제기업: 한국가스기술공사

10 다음은 헌법개정에 관한 내용으로, (가)~(다) 안에 들어갈 내용으로 가장 적절한 것은?

국회는 헌법개정안이 (가)로부터 (나) 이내에 의결하여야 하며, 국회의 의결은 (다) 이상의 찬성을 얻어야 한다.

	(가)	(나)	(다)
①	제안된 날	20일	과반수
②	제안된 날	60일	과반수
③	공고된 날	60일	재적의원 3분의 2
④	공고된 날	30일	재적의원 3분의 2

출제빈도: ★★★ 대표출제기업: 한국원자력환경공단

11 다음 중 대한민국의 헌법개정절차에 관한 설명으로 가장 옳지 않은 것은?

① 대통령뿐만 아니라 국회도 헌법개정안을 제안할 수 있다.
② 제안된 헌법개정안은 대통령이 20일 이상의 기간 이를 공고하여야 한다.
③ 국회는 헌법개정안이 공고된 날로부터 60일 이내에 의결하여야 한다.
④ 헌법개정안은 국회가 의결한 후 30일 이내에 국민투표에 붙여 국회의원 선거권자 3분의 2 이상 투표의 찬성을 얻어야 한다.

출제빈도: ★★★ 대표출제기업: 한국가스기술공사

12 다음 <보기>에서 헌법상 헌법개정에 관한 설명으로 옳은 것은 모두 몇 개인가?

<보기>

- 헌법개정은 국회 재적의원 3분의 2 또는 정부의 발의로 제안된다.
- 헌법개정안이 확정되면 대통령은 즉시 공포하여야 한다.
- 국회는 헌법개정안이 공고된 날로부터 60일 이내에 의결하여야 하며, 국회의 의결은 출석의원 과반수의 찬성을 얻어야 한다.
- 임기연장을 위한 헌법개정을 가능하나 제안 당시의 대통령에 대해서는 임기연장의 효력이 없다.

① 1개
② 2개
③ 3개
④ 4개

출제빈도: ★★★ 대표출제기업: 한국산업인력공단

13 다음 중 헌법개정 절차에 관한 설명으로 옳은 것은?

① 헌법개정은 정부 또는 국회 재적의원 과반수의 발의로 제안된다.
② 국회는 헌법개정안이 공고된 날로부터 30일 이내에 의결하여야 한다.
③ 헌법개정안은 국회가 의결한 후 국민투표에서 국회의원 선거권자 3분의 2 이상의 찬성을 얻어야 한다.
④ 헌법개정안이 국민투표에 의해 찬성을 얻은 때에는 헌법개정은 확정되며, 대통령은 즉시 이를 공포하여야 한다.

정답 및 해설

09 ③
헌법 제129조에 따르면, 제안된 헌법개정안은 대통령이 20일 이상의 기간 이를 공고하여야 한다.

10 ③
헌법 제130조 제1항에 따르면, 국회는 헌법개정안이 '공고된 날'로부터 '60일' 이내에 의결하여야 하며, 국회의 의결은 '재적의원 3분의 2' 이상의 찬성을 얻어야 한다.

11 ④
헌법 제130조 제2항에 따르면, 헌법개정안은 국회가 의결한 후 30일 이내에 국민투표에 붙여 국회의원 선거권자 과반수의 투표와 투표자 과반수의 찬성을 얻어야 한다.

오답노트
① 헌법 제128조 제1항에 따르면, 헌법개정은 국회 재적의원 과반수 또는 대통령의 발의로 제안된다.
② 헌법 제129조에 따르면, 제안된 헌법개정안은 대통령이 20일 이상의 기간 이를 공고하여야 한다.
③ 헌법 제130조 제1항에 따르면, 국회는 헌법개정안이 공고된 날로부터 60일 이내에 의결하여야 하며, 국회의 의결은 재적의원 3분의 2 이상의 찬성을 얻어야 한다.

12 ②
• 헌법 제130조 제3항에 따르면, 헌법개정안이 제2항의 찬성을 얻은 때에는 헌법개정은 확정되며, 대통령은 즉시 이를 공포하여야 한다.
• 헌법 제128조 제2항에 따르면, 대통령의 임기연장 또는 중임변경을 위한 헌법개정은 그 헌법개정 제안 당시의 대통령에 대하여는 효력이 없다.

오답노트
• 헌법 제128조 제1항에 따르면, 헌법개정은 국회 재적의원 과반수 또는 대통령의 발의로 제안된다.
• 헌법 제130조 제1항에 따르면, 국회는 헌법개정안이 공고된 날로부터 60일 이내에 의결하여야 하며, 국회의 의결은 재적의원 3분의 2 이상의 찬성을 얻어야 한다.

13 ④
헌법 제130조 제3항에 따르면, 헌법개정안이 제2항의 찬성을 얻은 때에는 헌법개정은 확정되며, 대통령은 즉시 이를 공포하여야 한다.

오답노트
① 헌법 제128조 제1항에 따르면, 헌법개정은 국회 재적의원 과반수 또는 대통령의 발의로 제안된다.
② 헌법 제130조 제1항에 따르면, 국회는 헌법개정안이 공고된 날로부터 60일 이내에 의결하여야 하며, 국회의 의결은 재적의원 3분의 2 이상의 찬성을 얻어야 한다.
③ 헌법 제130조 제2항에 따르면, 헌법개정안은 국회가 의결한 후 30일 이내에 국민투표에 붙여 국회의원 선거권자 과반수의 투표와 투표자 과반수의 찬성을 얻어야 한다.

출제예상문제

출제빈도: ★★☆ 대표출제기업: 대구신용보증재단

14 다음에서 설명하는 대통령의 권한은?

> 대통령은 국가의 안위에 관계되는 중대한 교전상태에 있어서 국가를 보위하기 위하여 긴급한 조치가 필요하고 국회의 집회가 불가능한 때에 한하여 법률의 효력을 가지는 명령을 발할 수 있다.

① 국가긴급권
② 계엄선포권
③ 국가긴급조치권
④ 긴급재정경제명령권

출제빈도: ★☆☆ 대표출제기업: 경기신용보증재단

15 다음 중 평상시적 헌법수호제도에 해당하지 않는 것은?

① 위헌법률심판제도
② 위헌정당해산제도
③ 탄핵심판제도
④ 저항권

출제빈도: ★★☆ 대표출제기업: 부산신용보증재단

16 다음은 대한민국 헌법전문이다. (가)~(라)에 들어갈 말로 옳은 것은?

> 전문
>
> 유구한 역사와 전통에 빛나는 우리 대한국민은 (가)으로 건립된 대한민국임시정부의 법통과 불의에 항거한 (나)을 계승하고, 조국의 민주개혁과 평화적 통일의 사명에 입각하여 정의·인도와 동포애로써 민족의 단결을 공고히 하고, 모든 사회적 폐습과 불의를 타파하며, 자율과 조화를 바탕으로 (다)를 더욱 확고히 하여 정치·경제·사회·문화의 모든 영역에 있어서 각인의 기회를 균등히 하고, 능력을 최고도로 발휘하게 하며, 자유와 권리에 따르는 책임과 의무를 완수하게 하여, 안으로는 국민생활의 균등한 향상을 기하고 밖으로는 항구적인 (라)에 이바지함으로써 우리들과 우리들의 자손의 안전과 자유와 행복을 영원히 확보할 것을 다짐하면서 1948년 7월 12일에 제정되고 8차에 걸쳐 개정된 헌법을 이제 국회의 의결을 거쳐 국민투표에 의하여 개정한다.

	(가)	(나)	(다)	(라)
①	3·1운동	4·19민주이념	자유민주적 기본질서	세계평화와 인류공영
②	3·1운동	4·19민주이념	사회민주적 기본질서	세계평화와 인류공영
③	3·1운동	국민주권이념	자유민주적 기본질서	국제평화유지
④	3·1운동	국민주권이념	사회민주적 기본질서	국제평화유지

출제빈도: ★★☆ 대표출제기업: 한국석유공사

17 우리나라 헌법의 전문(前文)에서 규정하고 있는 내용으로 옳지 않은 것은?

① 국민주권주의
② 문화국가의 이념
③ 권력의 분립
④ 항구적인 세계평화와 인류공영에 이바지

정답 및 해설

14 ①

국가긴급권에 대한 설명이다.

오답노트

② 계엄선포권: 대통령이 전시·사변 또는 이에 준하는 국가비상사태에 있어서 병력으로써 군사상의 필요에 응하거나 공공의 안녕질서를 유지할 필요가 있을 때에 법률이 정하는 바에 의하여 계엄을 선포할 수 있는 권한
③ 국가긴급조치권: 1972년 개헌된 유신 헌법으로 제4공화국에 근거한 국가긴급권의 일종으로, 대통령이 내릴 수 있는 특별조치
④ 긴급재정경제명령권: 대통령이 내우·외환·천재·지변 또는 중대한 재정·경제상의 위기에 있어서 국가의 안전보장 또는 공공의 안녕질서를 유지하기 위하여 긴급한 조치가 필요하고 국회의 집회를 기다릴 여유가 없을 때에 한하여 최소한으로 필요한 재정·경제상의 처분을 하거나 이에 관하여 법률의 효력을 가지는 명령을 발할 수 있는 권한

15 ④

저항권은 비상시적 헌법수호제도에 해당한다.

평상적 헌법수호	위헌법률심판제도/탄핵제도/위헌정당해산제도/권력분립제도
비상적 헌법수호	국가긴급권/저항권

16 ①

(가)는 3·1운동, (나)는 4·19민주이념, (다)는 자유민주적 기본질서, (라)는 세계평화와 인류공영이다.

17 ③

권력의 분립은 헌법전문에서 규정하고 있지 않다.

헌법전문에 규정된 사항	헌법전문에 규정되지 않은 사항
• 헌법의 인간상(대한국민) • 대한민국의 건국이념 (3.1운동과 4.19민주이념) • 국민주권주의 • 자유민주주의 기본질서 확립 • 사회국가의 이념 • 문화국가의 이념 • 국제평화주의와 민족통일 원리 • 기타 자손의 안전과 자유와 행복 • 기본권 존중	• 권력분립의 원리 • 민주공화국, 국가형태(제1조) • 자유민주적 기본실서에 입각한 평화적 통일정책(제4조) • 국제평화의 유지에 노력, 침략적 전쟁 부인(제5조) • 전통문화계승발전, 민족문화창달의무(제9조) • 개인의 자유와 창의의 존중 (제119조 제1항)

출제예상문제

출제빈도: ★★☆ 대표출제기업: 한국중부발전

18 **다음 중 대한민국 헌법전문의 내용에 해당하는 것은?**

① 공무원의 신분과 정치적 중립성 보장
② 민족문화의 창달
③ 항구적인 세계평화와 인류공영에 이바지
④ 정당설립자유와 복수정당제도

출제빈도: ★★☆ 대표출제기업: 한국보훈복지의료공단

19 **다음 <보기>에서 대한민국에 관한 설명으로 옳지 않은 것을 모두 고르면?**

<보기>

(가) 대한민국의 영토는 한반도와 그 부속도서로 한다.
(나) 정당의 설립은 자유이며, 복수정당제는 보장된다.
(다) 정당의 목적이나 활동이 민주적 기본질서에 위배될 때에는 정부는 대법원에 그 해산을 제소할 수 있고, 정당은 대법원의 심판에 의하여 해산된다.
(라) 법률에 의하여 체결·공포된 조약과 일반적으로 승인된 국제법규는 국내법과 같은 효력을 가진다.

① (가), (나)
② (가), (라)
③ (나), (다)
④ (다), (라)

출제빈도: ★☆☆ 대표출제기업: 한국보훈복지의료공단

20 **다음 중 국가의 영역에 관한 설명으로 옳지 않은 것은?**

① 북한은 조국의 평화적 통일을 위한 대화와 협력의 동반자임과 동시에 반국가단체의 성격을 가지고 있다.
② 영해라 함은 영토에 접속한 일정한 범위의 해역을 의미한다.
③ 국가의 영역이란 공간적 존립기반을 말하며 영토, 영해, 영공으로 구성된다.
④ 헌법에는 영토, 영해, 영공에 대한 명문의 규정이 있다.

출제빈도: ★☆☆ 대표출제기업: 한국가스기술공사

21 **대한민국 국민과 관련된 내용으로 가장 적절하지 않은 것은?**

① 국가는 법률이 정하는 바에 의하여 재외국민을 보호할 의무를 진다.
② 헌법과 국적법에 의해 복수국적은 어떠한 경우에도 인정되지 않는다.
③ 국적법은 원칙적으로 속인주의로 부모양계혈통주의를 취하며, 예외적으로 속지주의인 출생지주의를 취하고 있다.
④ 대한민국 국민의 국적취득과 상실 등은 국적법에서 규정하고 있다.

출제빈도: ★★★ 대표출제기업: 한국자산관리공사

22 우리 헌법이 채택하고 있는 제도 중 국민주권의 원리를 실현하고자 하는 것으로서 상대적으로 가장 거리가 먼 것은?

① 정당제도 ② 권력분립
③ 지방자치제도 ④ 직업공무원제도

정답 및 해설

18 ③
항구적인 세계평화와 인류공영에 이바지가 헌법전문에 규정된 사항이다.

오답노트
① 헌법 제7조 제2항에 따르면, 공무원의 신분과 정치적 중립성은 법률이 정하는 바에 의하여 보장된다.
② 헌법 제9조에 따르면, 국가는 전통문화의 계승·발전과 민족문화의 창달에 노력하여야 한다.
④ 헌법 제8조 제1항에 따르면, 정당의 설립은 자유이며, 복수정당제는 보장된다.

19 ④
(다) 헌법 제8조 제4항에 따르면, 정당의 목적이나 활동이 민주적 기본질서에 위배될 때에는 정부는 헌법재판소에 그 해산을 제소할 수 있고, 정당은 헌법재판소의 심판에 의하여 해산된다.
(라) 헌법 제6조 제1항에 따르면, 헌법에 의하여 체결·공포된 조약과 일반적으로 승인된 국제법규는 국내법과 같은 효력을 가진다.

오답노트
(가) 헌법 제3조에 따르면, 대한민국의 영토는 한반도와 그 부속도서로 한다.
(나) 헌법 제8조 제1항에 따르면, 정당의 설립은 자유이며, 복수정당제는 보장된다.

20 ④
헌법 제3조에 따르면, 대한민국의 영토는 한반도와 그 부속도서로 한다. 따라서 헌법에 영토에 관한 규정은 있지만 영해, 영공에 관한 규정은 없다.

21 ②
복수국적은 원칙적으로 금지되지만 예외적으로 허용된다. 국적법 제11조의2(복수국적자의 법적 지위 등)에 따르면, 출생이나 그 밖에 이 법에 따라 대한민국 국적과 외국 국적을 함께 가지게 된 사람으로서 대통령령으로 정하는 사람[이하 "복수국적자"(複數國籍者)라 한다]은 대한민국의 법령 적용에서 대한민국 국민으로만 처우하고, 복수국적자가 관계 법령에 따라 외국 국적을 보유한 상태에서 직무를 수행할 수 없는 분야에 종사하려는 경우에는 외국 국적을 포기하여야 한다. 또한, 중앙행정기관의 장이 복수국적자를 외국인과 동일하게 처우하는 내용으로 법령을 제정 또는 개정하려는 경우에는 미리 법무부 장관과 협의하여야 한다.

22 ②
국민주권의 원리라 함은 국가적 의사를 최종적으로 결정할 수 있는 주권을 국민이 보유한다는 것과 모든 국가권력 정당성의 근거가 국민에게 있다는 것을 내용으로 하는 민주국가적 헌법원리를 말한다. 권력분립제도는 국가권력에 대한 상호 견제와 균형을 통하여 국가권력의 자의적인 행사와 남용을 방지하기 위한 제도로 국민주권주의와 상대적으로 거리가 멀다.

오답노트
③ 지방자치제도는 국민주권주의와 자유민주주의 이념 구현에 이바지함을 목적으로 하는 제도이다. (헌재 1998. 4. 30. 96헌바62)
④ 직업공무원제도는 국민주권원리에 바탕을 둔 민주적이고 법치주의적인 공직제도이다. (헌재 1989. 12. 18. 89헌마32)

출제예상문제

출제빈도: ★★☆ 대표출제기업: 한국무역보험공사

23 다음 중 법치주의의 구현내용이 아닌 것은?

① 국가배상 청구권
② 포괄적 위임입법
③ 국가권력 분립
④ 기본권 제한과 관련한 헌법 제37조 제2항

출제빈도: ★★☆ 대표출제기업: 한국중부발전

24 다음 중 헌법의 특징으로 옳은 것은?

① 재산권의 절대적 보장
② 국제평화주의
③ 형식적 법치주의
④ 제한선거제도

출제빈도: ★★★ 대표출제기업: 한국원자력환경공단

25 다음 중 대한민국 헌법의 기본원리에 관한 설명으로 가장 옳지 않은 것은? (단, 다툼이 있는 경우 판례에 의함)

① 다수결의 정당성은 민주주의의 기본이념인 자유와 평등 및 공개적이고 합리적인 토론으로부터 나온다.
② 헌법상 실질적 국민주권을 구현하기 위한 제도로 정당제도, 지방자치제도, 직업공무원제도 등을 들 수 있다.
③ 부진정소급입법은 개인의 신뢰 보호와 법적 안정성을 내용으로 하는 법치국가원리에 의하여 헌법적으로 허용되지 않는 것이 원칙이다.
④ 소급효금지의 원칙은 국민에게 유리한 내용의 시혜적 소급입법에 대해서는 적용되지 않는다.

출제빈도: ★☆☆ 대표출제기업: 한국보훈복지의료공단

26 다음 중 정당과 관련한 헌법상의 규정으로 옳지 않은 것은?

① 정당 설립 시 정당 설립 요건을 갖추어 중앙선거관리위원회의 허가를 받아야 한다.
② 정당은 그 목적·조직과 활동이 민주적이어야 하며, 국민의 정치적 의사형성에 참여하는 데 필요한 조직을 가져야 한다.
③ 정당은 법률이 정하는 바에 의하여 국가의 보호를 받으며, 국가는 법률이 정하는 바에 의하여 정당운영에 필요한 자금을 보조할 수 있다.
④ 정당의 목적이나 활동이 민주적 기본질서에 위배될 때에는 헌법재판소의 심판에 의하여 해산될 수 있다.

출제빈도: ★★☆ 대표출제기업: 한국보훈복지의료공단

27 헌법상 국회의원 선거의 원칙이 아닌 것은?

① 비밀선거 ② 자유선거
③ 보통선거 ④ 평등선거

정답 및 해설

23 ②

헌법 제75조에 따르면, 대통령은 법률에서 구체적으로 범위를 정하여 위임받은 사항과 법률을 집행하기 위하여 필요한 사항에 관하여 대통령령을 발할 수 있다. 즉, 위임입법은 구체적이고 개별적으로 한정된 사항에 대해 행해져야 한다. (헌재 1994. 7. 29. 93헌가12)

오답노트

①, ③, ④ 법치주의의 가장 중요한 내용은 국민의 자유와 권리의 보장에 있으며, 여기에는 각종의 기본권 규정, 권력분립제도, 위헌심사제도, 국가배상 청구권/손실보상 청구권/형사보상 청구권 등 효과적인 권리구제제도, 형벌불소급과 일사부재리 내지 이중처벌의 금지 규정, 기본권 제한과 관련한 헌법 제37조 제2항과 국가긴급권의 발동에 있어서 과잉금지의 원칙이 있다.

24 ②

헌법 제5조 제1항에 따르면, 대한민국은 국제평화의 유지에 노력하고 침략적 전쟁을 부인한다.

오답노트

① 재산권의 절대적 보장: 재산권의 행사는 공공복리에 의한 제한을 받는다.
③ 형식적 법치주의: 실질적 법치주의이다.
④ 제한선거제도: 보통선거제도이다.

25 ③

기존의 법에 의하여 형성되어 이미 굳어진 개인의 법적 지위를 사후입법을 통하여 박탈하는 것 등을 내용으로 하는 진정소급입법은 개인의 신뢰 보호와 법적 안정성을 내용으로 하는 법치국가원리에 의하여 헌법적으로 허용되지 않는 것이 원칙이지만, 특단의 사정이 있는 경우, 즉, 기존의 법을 변경하여야 할 공익적 필요는 심히 중대한 반면에 그 법적 지위에 대한 개인의 신뢰를 보호하여야 할 필요가 상대적으로 정당화될 수 없는 경우에는 예외적으로 허용될 수 있다.
(헌재 1996. 2. 16. 96헌가2)

26 ①

헌법 제8조 제1항에 따르면, 정당의 설립은 자유이며, 복수정당제는 보장된다.

오답노트

② 헌법 제8조 제2항에 따르면, 정당은 그 목적 · 조직과 활동이 민주적이어야 하며, 국민의 정치적 의사형성에 참여하는 데 필요한 조직을 가져야 한다.
③ 헌법 제8조 제3항에 따르면, 정당은 법률이 정하는 바에 의하여 국가의 보호를 받으며, 국가는 법률이 정하는 바에 의하여 정당운영에 필요한 자금을 보조할 수 있다.
④ 헌법 제8조 제4항에 따르면, 정당의 목적이나 활동이 민주적 기본질서에 위배될 때에는 정부는 헌법재판소에 그 해산을 제소할 수 있고, 정당은 헌법재판소의 심판에 의하여 해산된다.

27 ②

헌법 제41조 제1항에 따르면, 국회는 국민의 보통 · 평등 · 직접 · 비밀선거에 의하여 선출된 국회의원으로 구성한다.

출제예상문제

출제빈도: ★★☆ 대표출제기업: 한국보훈복지의료공단

28 현행 헌법상 규정되어 있지 아니한 것은?

① 훈장 등의 영전의 효력

② 변호인의 조력을 받을 권리

③ 체포·구속적부심사청구권

④ 보석제도

출제빈도: ★★☆ 대표출제기업: 경기신용보증재단

29 헌법상 기본권 주체로서 법인에 관한 설명으로 가장 적절하지 않은 것은?

① 법인도 영업의 자유, 언론·출판의 자유의 주체가 될 수 있다.

② 법인에도 행복추구권은 인정된다.

③ 헌법재판소는 기본권의 성질상 누릴 수 있는 기본권은 당연히 법인도 기본권에 대해서는 주체가 될 수 있다고 본다.

④ 공법인은 기본권의 주체가 될 수 없는 것이 원칙이다.

출제빈도: ★★★ 대표출제기업: 한국중부발전

30 다음 중 헌법상 기본권의 경합과 충돌에 대한 설명으로 가장 잘못된 것은? (견해가 대립하면 판례에 의함)

① 기본권의 경합은 하나의 기본권 주체가 국가에 대하여 하나의 동일한 사건에서 둘 또는 그 이상의 기본권을 동시에 주장하는 경우이다.

② 기본권의 충돌은 상이한 기본권 주체가 상충하는 권익을 실현하기 위해 국가에 대하여 하나의 동일한 사건에서 각기 대립되는 기본권의 효력을 주장하는 경우이다.

③ 행복추구권은 다른 기본권에 대한 보충적 기본권으로서의 성격을 지니므로 개별 기본권이 경합하는 경우에는 행복추구권 침해 여부를 독자적으로 판단할 필요가 없다.

④ 기본권의 충돌은 기본권을 국가에 대한 방어권만으로 인식하는 경우에 생긴다.

출제빈도: ★★☆ 대표출제기업: 한국보훈복지의료공단

31 다음 중 헌법상 국민의 자유와 권리에 관한 설명으로 옳지 않은 것은?

① 과잉금지원칙이란 국민의 기본권을 제한함에 있어 국가작용의 한계를 명시한 것으로 목적의 정당성·수단의 적합성·침해의 최소성·법익의 균형성 등을 의미한다.

② 국민의 자유와 권리는 국가안전보장·질서유지를 위하여 필요한 경우에 한하여 법률로써 제한하는 경우 자유와 권리의 본질적인 내용을 침해할 수 있다.

③ 모든 국민은 인간다운 생활을 할 권리를 가진다.

④ 형사피의자로서 구금되었던 자가 법률이 정하는 불기소처분을 받은 때에는 법률이 정하는 바에 의하여 국가에 정당한 보상을 청구할 수 있다.

정답 및 해설

28 ④
보석제도는 형사소송법상 제도이다.

오답노트
① 헌법 제11조 제3항에 따르면, 훈장 등의 영전은 이를 받은 자에게만 효력이 있고, 어떠한 특권도 이에 따르지 아니한다.
② 헌법 제12조 제4항에 따르면, 누구든지 체포 또는 구속을 당한 때에는 즉시 변호인의 조력을 받을 권리를 가진다.
③ 헌법 제12조 제6항에 따르면, 누구든지 체포 또는 구속을 당한 때에는 적부의 심사를 법원에 청구할 권리를 가진다.

29 ②
헌법 제10조의 인간으로서의 존엄과 가치, 행복을 추구할 권리는 그 성질상 자연인에게 인정되는 기본권이라고 할 것이어서, 법인인 청구인들에게는 적용되지 않는다고 할 것이다.
(헌재 2006. 12. 28. 2004헌바67)

30 ④
기본권의 충돌은 기본권의 대사인적 효력 문제이다. 즉, 기본권을 국가에 대한 방어권만으로 인식하는 경우에 기본권의 충돌문제는 발생하지 않는다.

31 ②
헌법 제37조 제2항에 따르면, 국민의 모든 자유와 권리는 국가안전보장·질서유지 또는 공공복리를 위하여 필요한 경우에 한하여 법률로써 제한할 수 있으며, 제한하는 경우에도 자유와 권리의 본질적인 내용을 침해할 수 없다.

오답노트
① 과잉금지원칙이란 국민의 기본권을 제한함에 있어 국가작용의 한계를 명시한 것으로서 기본권을 제한하는 경우 그 제한은 최소한의 범위 내에서만 허용되며, 보호하려는 공익과 제한되는 기본권 사이에 합리적인 비례관계가 성립되어야 한다(비례의 원칙). 과잉금지원칙의 내용으로는 목적의 정당성·수단의 적합성·침해의 최소성·법익의 균형성 등이 있다.
③ 헌법 제34조 제1항에 따르면, 모든 국민은 인간다운 생활을 할 권리를 가진다.
④ 헌법 제28조에 따르면, 형사피의자 또는 형사피고인으로서 구금되었던 자가 법률이 정하는 불기소처분을 받거나 무죄판결을 받은 때에는 법률이 정하는 바에 의하여 국가에 정당한 보상을 청구할 수 있다.

출제예상문제

출제빈도: ★★★

32 다음 중 헌법에서 명문으로 규정되어 있는 기본권이 아닌 것은?

① 청원권　　② 알 권리
③ 단결권　　④ 행복추구권

출제빈도: ★★☆ 대표출제기업: 한국전력공사

33 다음 중 인간의 존엄과 가치와 행복추구권에 대한 설명으로 옳지 않은 것은?

① 헌법 제10조에 규정된 개인의 인격권·행복추구권에는 개인의 자기운명결정권이 전제되는 것이고, 이 자기운명결정권에는 성행위 여부 및 그 상대방을 결정할 수 있는 성적 자기결정권 또한 포함되어 있다.
② 헌법재판소는 행복추구권을 독자적인 기본권으로 인정하고 있다.
③ 좌석 안전띠를 매지 않을 자유는 헌법 제10조의 행복추구권에서 나오는 일반적 행동자유권의 보호영역에 속하지 않는다.
④ 계약의 자유도 헌법상의 행복추구권에 포함된 일반적인 행동자유권으로부터 파생하므로, 계약의 자유 또한 행복추구권에 의하여 보호된다.

출제빈도: ★★☆ 대표출제기업: 한국보훈복지의료공단

34 다음 중 헌법상 신체의 자유에 관한 설명으로 옳지 않은 것은?

① 누구든지 법률에 의하지 아니하고는 체포·구속·압수·수색 또는 심문을 받지 아니하며, 법률과 적법한 절차에 의하지 아니하고는 처벌·보안처분 또는 강제노역을 받지 아니한다.
② 모든 국민은 고문을 받지 아니하며, 형사상 자기에게 불리한 진술을 강요당하지 아니한다.
③ 누구든지 체포 또는 구속을 당한 때에는 즉시 변호인의 조력을 받을 권리를 가지며 체포·구속 적부의 심사를 검찰에 청구할 권리를 가진다.
④ 형사피고인이 스스로 변호인을 구할 수 없을 때에는 법률이 정하는 바에 의하여 국가가 변호인을 붙인다.

출제빈도: ★★★ 대표출제기업: 근로복지공단

35 다음 중 헌법상 신체의 자유에 대한 내용으로 옳지 않은 것은?

① 영장주의제도 ② 적법절차주의
③ 체포구속적부심사제도 ④ 형사보상청구권

정답 및 해설

32 ②
알 권리에 대한 명문의 규정은 없지만 판례는 인정하고 있다.

33 ③
좌석 안전띠를 매지 않을 자유는 헌법 제10조의 행복추구권에서 나오는 일반적 행동자유권의 보호영역에 속한다.
(헌재 2003. 10. 30. 2002헌마518)

오답노트
① 헌법 제10조에 규정된 개인의 인격권·행복추구권에는 개인의 자기운명결정권이 전제되는 것이고, 이 자기운명결정권에는 성행위 여부 및 그 상대방을 결정할 수 있는 성적 자기결정권 또한 포함되어 있다. (헌재 1990. 9. 10. 89헌마82)
② 헌법 제3조가 모집행위의 허가 여부를 행정청의 재량에 위임하는 것은 기본권인 행복추구권의 본질에 반하고, 모집목적의 제한을 통하여 모집행위를 원칙적으로 금지하는 것은 행복추구권을 과도하게 침해하므로 법 제3조는 위헌적인 규정이다.
(헌재 1998. 5. 28. 96헌가5)
④ 계약의 자유도 헌법상의 행복추구권에 포함된 일반적인 행동자유권으로부터 파생하므로, 계약의 자유 또한 행복추구권에 의하여 보호된다. (헌재 1998. 5. 28. 96헌가5)

34 ③
헌법 제12조 제6항에 따르면, 누구든지 체포 또는 구속을 당한 때에는 적부의 심사를 법원에 청구할 권리를 가진다.

오답노트
① 헌법 제12조 제1항에 따르면, 모든 국민은 신체의 자유를 가진다. 누구든지 법률에 의하지 아니하고는 체포·구속·압수·수색 또는 심문을 받지 아니하며, 법률과 적법한 절차에 의하지 아니하고는 처벌·보안처분 또는 강제노역을 받지 아니한다.
② 헌법 제12조 제2항에 따르면, 모든 국민은 고문을 받지 아니하며, 형사상 자기에게 불리한 진술을 강요당하지 아니한다.
④ 헌법 제12조 제4항에 따르면, 누구든지 체포 또는 구속을 당한 때에는 즉시 변호인의 조력을 받을 권리를 가진다. 다만, 형사피고인이 스스로 변호인을 구할 수 없을 때에는 법률이 정하는 바에 의하여 국가가 변호인을 붙인다.

35 ④
형사보상청구권이란 형사피의자 또는 형사피고인으로서 구금되었던 자가 법률이 정하는 불기소처분을 받거나 무죄판결을 받은 때에는 법률이 정하는 바에 의하여 국가에 정당한 보상을 청구할 수 있는 권리로, 형사보상청구권은 청구권적 기본권이다.

출제예상문제

출제빈도: ★★★ 대표출제기업: 한국보훈복지의료공단

36 다음 중 신체의 자유에 대한 기본권의 설명으로 옳지 않은 것을 모두 고르면?

<보기>

(가) 누구든지 죄를 범하고 도피 또는 증거인멸의 염려가 있을 때에는 사후에 영장을 청구할 수 있다.
(나) 정식재판에 있어서 피고인의 자백이 그에게 불리한 유일한 증거이지만 명백한 경우에는 이를 유죄의 증거로 삼거나 이를 이유로 처벌할 수 있다.
(다) 체포·구속·압수 또는 수색을 할 때에는 적법한 절차에 따라 검사의 신청에 의하여 법관이 발부한 영장을 제시하여야 한다.
(라) 누구든지 체포 또는 구속의 이유와 변호인의 조력을 받을 권리가 있음을 고지받지 아니하고는 체포 또는 구속을 당하지 아니한다.

① (가), (나)
② (가), (라)
③ (나), (다)
④ (다), (라)

출제빈도: ★★☆ 대표출제기업: 한국중부발전

37 다음 중 헌법상 기본권에 관한 설명으로 가장 옳지 않은 것은?

① 모든 국민은 소급입법에 의하여 참정권의 제한을 받거나 재산권을 박탈당하지 아니한다.
② 모든 국민은 어느 경우에나 균등하게 교육을 받을 권리를 가진다.
③ 모든 국민은 통신의 비밀을 침해받지 아니한다.
④ 모든 국민은 법률이 정하는 바에 의하여 공무담임권을 가진다.

출제빈도: ★★★

38 헌법상 기본권에 관한 규정 내용으로 옳지 않은 것을 모두 고르면?

㉠ 모든 국민은 법률이 정하는 바에 의하여 국가기관에 문서로 청원할 권리를 가진다.
㉡ 모든 국민은 소급입법에 의하여 참정권의 제한을 받거나 재산권을 박탈당하지 아니한다.
㉢ 공공필요에 의한 재산권의 수용·사용 또는 제한은 법률로써 하되, 상당한 보상을 지급하여야 한다.
㉣ 모든 국민은 신속한 재판을 받을 권리를 가진다. 형사피고인은 정당한 이유가 없는 한 지체없이 공개재판을 받을 권리를 가진다.

① ㉠, ㉡
② ㉠, ㉢
③ ㉡, ㉣
④ ㉢, ㉣

출제빈도: ★★☆ 대표출제기업: 한국원자력환경공단

39 다음의 내용과 가장 관련이 있는 기본권은?

> 국민이 국가에 대하여 일정한 행위를 적극적으로 청구할 수 있는 권리로서 다른 기본권은 실체적 권리인 데 비하여 이것은 절차적 권리로서 기본권 보장을 위한 기본권이라고도 한다.

① 일반적 행동자유권
② 교육을 받을 권리
③ 청원권
④ 행복추구권

정답 및 해설

36 ①

(가) 헌법 제12조 제3항에 따르면, 체포·구속·압수 또는 수색을 할 때에는 적법한 절차에 따라 검사의 신청에 의하여 법관이 발부한 영장을 제시하여야 한다. 다만, 현행범인인 경우와 장기 3년 이상의 형에 해당하는 죄를 범하고 도피 또는 증거인멸의 염려가 있을 때에는 사후에 영장을 청구할 수 있다.

(나) 헌법 제12조 제7항에 따르면, 피고인의 자백이 고문·폭행·협박·구속의 부당한 장기화 또는 기망 기타의 방법에 의하여 자의로 진술된 것이 아니라고 인정될 때 또는 정식재판에 있어서 피고인의 자백이 그에게 불리한 유일한 증거일 때에는 이를 유죄의 증거로 삼거나 이를 이유로 처벌할 수 없다.

오답노트

(다) 헌법 제12조 제3항에 따르면, 체포·구속·압수 또는 수색을 할 때에는 적법한 절차에 따라 검사의 신청에 의하여 법관이 발부한 영장을 제시하여야 한다. 다만, 현행범인인 경우와 장기 3년 이상의 형에 해당하는 죄를 범하고 도피 또는 증거인멸의 염려가 있을 때에는 사후에 영장을 청구할 수 있다.

(라) 헌법 제12조 제5항에 따르면, 누구든지 체포 또는 구속의 이유와 변호인의 조력을 받을 권리가 있음을 고지받지 아니하고는 체포 또는 구속을 당하지 아니한다. 체포 또는 구속을 당한 자의 가족 등 법률이 정하는 자에게는 그 이유와 일시·장소가 지체 없이 통지되어야 한다.

37 ②

헌법 제31조 제1항에 따르면, 모든 국민은 능력에 따라 균등하게 교육을 받을 권리를 가진다.

오답노트

① 헌법 제13조 제2항에 따르면, 모든 국민은 소급입법에 의하여 참정권의 제한을 받거나 재산권을 박탈당하지 아니한다.

③ 헌법 제18조에 따르면, 모든 국민은 통신의 비밀을 침해받지 아니한다.

④ 헌법 제25조에 따르면, 모든 국민은 법률이 정하는 바에 의하여 공무담임권을 가진다.

38 ④

ⓒ 헌법 제23조 제3항에 따르면, 공공필요에 의한 재산권의 수용·사용 또는 제한 및 그에 대한 보상은 법률로써 하되, **정당한 보상**을 지급하여야 한다.

ⓔ 헌법 제27조 제3항에 따르면, 모든 국민은 신속한 재판을 받을 권리를 가진다. 형사피고인은 **상당한 이유가 없는 한** 지체없이 공개재판을 받을 권리를 가진다.

39 ③

청구권적 기본권에 해당하는 내용이다. 청구권적 기본권이란 국민이 국가에 대하여 일정한 행위를 적극적으로 청구할 수 있는 주관적 공권을 말한다. 다른 기본권은 실체적 권리인 데 비하여 청구권적 기본권은 절차적 권리로서 기본권 보장을 위한 기본권이라고도 한다. 청구권적 기본권에는 청원권, 재판청구권, 국가배상청구권, 형사보상청구권, 범죄피해자구조청구권 등이 있다.

오답노트

①, ④ 일반적 행동자유권, 행복추구권은 자유권적 기본권에 해당한다.

② 교육을 받을 권리는 사회권적 기본권에 해당한다.

출제예상문제

출제빈도: ★★☆ 대표출제기업: 대한석탄공사

40 다음 중 표현의 자유에 대한 설명으로 옳지 않은 것은?

① 언론·출판에 대한 허가나 검열과 집회·결사에 대한 허가는 인정되지 아니한다.
② 정보에의 접근·수집·처리의 자유 즉, "알 권리"는 표현의 자유에 포함된다.
③ 언론·출판 자유의 주체는 언론기관이다.
④ 언론·출판이 타인의 명예나 권리를 침해한 때에는 피해자가 이에 대한 피해의 배상을 청구할 수 있다.

출제빈도: ★★★ 대표출제기업: 국민체육진흥공단

41 다음 <보기>에서 헌법상 재산권의 보장과 제한에 관한 설명으로 옳지 않은 것을 모두 고르면?

<보기>

(가) 모든 국민의 재산권은 보장되나 그 내용과 한계는 법률로 정한다.
(나) 공공 필요에 의한 재산권의 수용·사용 또는 제한은 법률로 하여야 한다.
(다) 재산권의 행사는 공공 필요에 적합하도록 하여야 한다.
(라) 공공 필요에 의한 재산권의 침해에 대한 보상은 법률로써 하되, 상당한 보상을 지급하여야 한다.

① (가), (나)
② (가), (라)
③ (나), (다)
④ (다), (라)

출제빈도: ★★☆ 대표출제기업: 한국원자력환경공단

42 다음 중 교육과 관련된 대한민국 헌법의 규정으로 가장 옳지 않은 것은?

① 모든 국민은 그 보호하는 자녀에게 적어도 중등교육과 법률이 정하는 교육을 받게 할 의무를 진다.
② 교육의 자주성·전문성·정치적 중립성 및 대학의 자율성은 법률이 정하는 바에 의하여 보장된다.
③ 국가는 평생교육을 진흥하여야 한다.
④ 학교교육 및 평생교육을 포함한 교육제도와 그 운영, 교육재정 및 교원의 지위에 관한 기본적인 사항은 법률로 정한다.

출제빈도: ★★☆ 대표출제기업: 한국가스기술공사

43 다음 중 청구권적 기본권에 해당하는 것은?

① 양심의 자유
② 인간다운 생활을 할 권리
③ 재판청구권
④ 언론·출판의 자유

출제빈도: ★★☆ 대표출제기업: 한국보훈복지의료공단

44 다음 중 사회적 기본권에 속하는 것은?

① 인간다운 생활을 할 권리
② 참정권
③ 신체의 자유
④ 학문과 예술의 자유

정답 및 해설

40 ③

언론·출판 자유의 주체는 모든 국민이다.

오답노트

① 헌법 제21조 제2항에 따르면, 언론·출판에 대한 허가나 검열과 집회·결사에 대한 허가는 인정되지 아니한다.

② 정보에의 접근·수집·처리의 자유 즉, "알 권리"는 표현의 자유에 당연히 포함된다. (헌재 1989. 9. 4. 88헌마22)

④ 헌법 제21조 제4항에 따르면, 언론·출판은 타인의 명예나 권리 또는 공중도덕이나 사회윤리를 침해하여서는 아니 된다. 언론·출판이 타인의 명예나 권리를 침해한 때에는 피해자는 이에 대한 피해의 배상을 청구할 수 있다.

41 ④

(다) 헌법 제23조 제2항에 따르면, 재산권의 행사는 공공복리에 적합하도록 하여야 한다.

(라) 헌법 제23조 제3항에 따르면, 공공 필요에 의한 재산권의 수용·사용 또는 제한 및 그에 대한 보상은 법률로써 하되, 정당한 보상을 지급하여야 한다.

오답노트

(가) 헌법 제23조 제1항에 따르면, 모든 국민의 재산권은 보장된다. 그 내용과 한계는 법률로 정한다.

(나) 헌법 제23조 제3항에 따르면, 공공 필요에 의한 재산권의 수용·사용 또는 제한 및 그에 대한 보상은 법률로써 하되, 정당한 보상을 지급하여야 한다.

42 ①

헌법 제31조 제2항에 따르면, 모든 국민은 그 보호하는 자녀에게 적어도 초등교육과 법률이 정하는 교육을 받게 할 의무를 진다.

오답노트

② 헌법 제31조 제4항에 따르면, 교육의 자주성·전문성·정치적 중립성 및 대학의 자율성은 법률이 정하는 바에 의하여 보장된다.

③ 헌법 제31조 제5항에 따르면, 국가는 평생교육을 진흥하여야 한다.

④ 헌법 제31조 제6항에 따르면, 학교교육 및 평생교육을 포함한 교육제도와 그 운영, 교육재정 및 교원의 지위에 관한 기본적인 사항은 법률로 정한다.

43 ③

청구권적 기본권이란 국민이 국가에 대하여 일정한 행위를 적극적으로 청구할 수 있는 주관적 공권을 말한다. 다른 기본권은 실체적 권리인 데 비하여 청구권적 기본권은 절차적 권리로서 기본권 보장을 위한 기본권이라고도 한다. 청구권적 기본권에는 청원권, 재판청구권, 국가배상청구권, 형사보상청구권, 범죄피해자구조청구권 등이 있다.

오답노트

①, ④ 양심의 자유, 언론·출판의 자유는 자유권적 기본권에 해당한다.

② 인간다운 생활을 할 권리는 사회권적 기본권에 해당한다.

44 ①

사회적 기본권에는 인간다운 생활을 할 권리, 교육을 받을 권리, 근로의 권리, 근로 3권, 환경권, 혼인과 가족생활·모성보호가 있다.

오답노트

② 참정권은 청구권적 기본권에 속한다.

③ 신체의 자유는 자유권적 기본권에 속한다.

④ 학문과 예술의 자유는 자유권적 기본권에 속한다.

출제예상문제

출제빈도: ★★☆ 대표출제기업: 한국보훈복지의료공단

45 다음 <보기>에서 헌법상 근로의 권리에 관한 설명으로 옳지 않은 것을 모두 고르면?

<보기>

(가) 국가는 법률이 정하는 바에 의하여 최저임금제를 시행하여야 한다.
(나) 근로자는 정치적 목적을 위하여 자주적인 단결권·단체교섭권 및 단체행동권을 가진다.
(다) 국가는 근로의 의무의 내용과 조건을 민주주의 원칙에 따라 법률로 정한다.
(라) 국가유공자·상이군경 및 전몰군경의 유가족은 법률이 정하는 바에 의하여 특별한 보호를 받는다.

① (가), (다)
② (가), (라)
③ (나), (다)
④ (나), (라)

출제빈도: ★★★

46 다음은 헌법 제37조 규정이다. ( )에 들어갈 내용이 바르게 연결된 것은?

① 국민의 자유와 권리는 (㉠)에 열거되지 아니한 이유로 경시되지 아니한다.
② 국민의 모든 자유와 권리는 국가안전보장·질서유지 또는 공공복리를 위하여 필요한 경우에 한하여 (㉡)(으)로써 제한할 수 있으며, 제한하는 경우에도 자유와 권리의 본질적인 내용을 침해할 수 없다.

	㉠	㉡
①	헌법	헌법
②	헌법	법률
③	법률	대통령령
④	법률	부령

출제빈도: ★★★

47 다음 중 헌법에 규정되어 있는 의무가 아닌 것은?

① 타인의 권리에 대한 존중 의무
② 교육을 받게 할 의무
③ 재산권 행사의 공공복리 적합 의무
④ 환경보전의 의무

출제빈도: ★★★

48 국민의 근로와 관련된 헌법의 규정으로 옳은 것은?

① 연소자는 우선적으로 근로의 기회를 부여받는다.
② 국가는 법률이 정하는 바에 의하여 최저임금제를 시행할 수 있다.
③ 국가는 사회적·경제적 방법으로 근로자의 고용의 증진과 상당한 임금의 보장에 노력하여야 한다.
④ 법률이 정하는 주요방위산업체에 종사하는 근로자의 단체행동권은 법률이 정하는 바에 의하여 이를 제한하거나 인정하지 아니할 수 있다.

정답 및 해설

45 ④

(나) 노동 3권은 정치적 목적을 위한 권리가 아니다. 헌법 제33조 제1항에 따르면, 근로자는 근로조건의 향상을 위하여 자주적인 단결권·단체교섭권 및 단체행동권을 가진다.

(라) 헌법 제32조 제6항에 따르면, 국가유공자·상이군경 및 전몰군경의 유가족은 법률이 정하는 바에 의하여 우선적으로 근로의 기회를 부여받는다.

오답노트

(가) 헌법 제32조 제1항에 따르면, 모든 국민은 근로의 권리를 가진다. 국가는 사회적·경제적 방법으로 근로자의 고용의 증진과 적정임금의 보장에 노력하여야 하며, 법률이 정하는 바에 의하여 최저임금제를 시행하여야 한다.

(다) 헌법 제32조 제2항에 따르면, 모든 국민은 근로의 의무를 진다. 국가는 근로의 의무의 내용과 조건을 민주주의 원칙에 따라 법률로 정한다.

46 ②

헌법 제37조에 따르면,

- 국민의 자유와 권리는 **헌법**에 열거되지 아니한 이유로 경시되지 아니한다.
- 국민의 모든 자유와 권리는 국가안전보장·질서유지 또는 공공복리를 위하여 필요한 경우에 한하여 **법률**로써 제한할 수 있으며, 제한하는 경우에도 자유와 권리의 본질적인 내용을 침해할 수 없다.

47 ①

타인의 권리에 대한 존중 의무는 헌법에 규정되어 있지 않다. 다만 헌법 제21조 제4항에서 "언론·출판은 타인의 명예나 권리 또는 공중도덕이나 사회윤리를 침해하여서는 아니된다."는 규정은 있다.

48 ④

오답노트

① 헌법 제32조 제5항에 따르면, 연소자의 근로는 특별한 보호를 받는다.
⇨ 연소자의 근로는 특별한 보호를 받지만, 우선적으로 근로의 기회를 부여받는 것은 아니다.

②, ③ 헌법 제32조 제1항에 따르면, 모든 국민은 근로의 권리를 가진다. 국가는 사회적·경제적 방법으로 근로자의 고용의 증진과 **적정임금의 보장**에 노력하여야 하며, 법률이 정하는 바에 의하여 **최저임금제를 시행**하여야 한다.

출제예상문제

출제빈도: ★★★

49 **헌법상 국민의 권리·의무에 관한 설명으로 옳은 것은?**

① 의무교육은 무상으로 한다.
② 여자의 근로는 법률이 정하는 바에 의하여 우선적으로 근로의 기회를 부여받는다.
③ 모든 국민은 균등하게 교육을 받을 권리를 가진다.
④ 국가는 근로의 의무의 내용과 조건을 자유주의 원칙에 따라 법률로 정한다.

출제빈도: ★★☆ 대표출제기업: 한국보훈복지의료공단

50 **다음 중 헌법상 국민의 권리와 의무에 대한 내용으로 옳지 않은 것은?**

① 사회적 특수계급의 제도는 법률에 의하여 창설할 수 있다.
② 누구든지 체포 또는 구속을 당한 때에는 즉시 변호인의 조력을 받을 권리를 가진다.
③ 체포·구속·압수 또는 수색을 할 때에는 적법한 절차에 따라 검사의 신청에 의하여 법관이 발부한 영장을 제시하여야 한다.
④ 훈장 등의 영전은 이를 받은 자에게만 효력이 있다.

출제빈도: ★★☆ 대표출제기업: 한국가스기술공사

51 **다음 <보기>에서 헌법상 기관과 그에 대한 임기의 연결이 잘못된 것은 모두 몇 개인가?**

<보기>

• 헌법재판소장 – 6년	• 대통령 – 5년
• 감사위원 – 4년	• 중앙선거관리위원회 위원 – 5년

① 1개　　② 2개
③ 3개　　④ 4개

출제빈도: ★★☆ 대표출제기업: 한국원자력환경공단

52 **다음 중 대통령제와 비교할 때 의원내각제가 가지는 특징으로 볼 수 있는 것을 고르면?**

① 법률안 거부권을 통해 의회의 횡포를 견제할 수 있다.
② 책임정치를 구현할 수 있다.
③ 행정부의 강력한 행정수행이 가능하다.
④ 행정부와 입법부가 충돌할 경우에 해결이 곤란하다.

출제빈도: ★★☆ 대표출제기업: 한국가스기술공사

53 다음 중 대통령제 요소에 해당하는 것은?

① 대통령의 법률안 거부권
② 집행부의 이원적 구조
③ 민주적 정당성의 일원화
④ 정부위원 국회출석 발언권

정답 및 해설

49 ①

오답노트

② 제32조 제4항에 따르면, 여자의 근로는 **특별한 보호**를 받으며, 고용·임금 및 근로조건에 있어서 부당한 차별을 받지 아니한다.
③ 제31조 제1항에 따르면, 모든 국민은 **능력에 따라** 균등하게 교육을 받을 권리를 가진다.
④ 제32조 제2항에 따르면, 모든 국민은 근로의 의무를 진다. 국가는 근로의 의무의 내용과 조건을 **민주주의원칙에 따라 법률로 정한다**.

50 ①

헌법 제11조 제2항에 따르면, 사회적 특수계급의 제도는 인정되지 아니하며, 어떠한 형태로도 이를 창설할 수 없다.

오답노트

② 헌법 제12조 제4항에 따르면, 누구든지 체포 또는 구속을 당한 때에는 즉시 변호인의 조력을 받을 권리를 가진다. 다만, 형사피고인이 스스로 변호인을 구할 수 없을 때에는 법률이 정하는 바에 의하여 국가가 변호인을 붙인다.
③ 헌법 제12조 제3항에 따르면, 체포·구속·압수 또는 수색을 할 때에는 적법한 절차에 따라 검사의 신청에 의하여 법관이 발부한 영장을 제시하여야 한다. 다만, 현행범인인 경우와 장기 3년 이상의 형에 해당하는 죄를 범하고 도피 또는 증거인멸의 염려가 있을 때에는 사후에 영장을 청구할 수 있다.
④ 헌법 제11조 제3항에 따르면, 훈장 등의 영전은 이를 받은 자에게만 효력이 있고, 어떠한 특권도 이에 따르지 아니한다.

51 ①

중앙선거관리위원회 위원의 임기는 6년이다. 헌법 제114조 제3항에 따르면, 위원의 임기는 6년으로 한다.

오답노트

- 헌법재판소장: 헌법 제112조 제1항에 따르면, 헌법재판소 재판관의 임기는 6년으로 하며, 법률이 정하는 바에 의하여 연임할 수 있다.
- 대통령: 헌법 제70조에 따르면, 대통령의 임기는 5년으로 하며, 중임할 수 없다.
- 감사위원: 헌법 제98조 제3항에 따르면, 감사위원은 원장의 제청으로 대통령이 임명하고, 그 임기는 4년으로 하며, 1차에 한하여 중임할 수 있다.

52 ②

의원내각제는 책임정치를 구현할 수 있다.

오답노트

①, ③, ④는 대통령제 특징이다.

대통령제	의원내각제
• 민주적 정당성의 이원화 • 집행부의 일원적 구조 • 입법권과 집행권의 상호견제, 균형, 독립 • 대통령의 임기제와 직선제 • 대통령의 법률안 거부권 • 대통령의 국회에 대한 정치적 무책임성 • 국정감사, 조사권 • 탄핵소추권 • 의원과 장관 겸직금지	• 민주적 정당성의 일원화 • 집행부의 이원적 구조 • 내각의 성립과 존속이 의회에 의존 • 내각 불신임권과 의회해산권에 의한 균형 • 정부의 법률안 제출권 • 국무총리제 • 정부위원 국회 출석 발언권

53 ①

대통령제 요소로는 대통령의 법률안 거부권, 대통령의 국회에 대한 정치적 무책임성, 국정감사·조사권 등이 있다.

오답노트

②, ③, ④는 의원내각제 요소이다.

출제예상문제

출제빈도: ★★☆ 대표출제기업: 서울주택도시공사

54 **현행 헌법은 대통령제를 취하고 있지만, 엄밀히 말하면 의원내각제적 요소도 포함하고 있다. 다음 중 의원내각제적 요소로 볼 수 있는 것은?**

① 민주적 정당성의 이원화　　② 대통령의 임기제와 직선제

③ 대통령의 법률안 거부권　　④ 정부의 법률안 제출권

출제빈도: ★★☆ 대표출제기업: 한국보훈복지의료공단

55 **다음 중 헌법상 국회에 관한 설명으로 옳지 않은 것은?**

① 국회는 국민의 보통·평등·직접·비밀선거에 의하여 선출된 국회의원으로 구성한다.

② 국회의원의 수는 법률로 정하되, 300인 이상으로 한다.

③ 국회의원은 법률이 정하는 직을 겸할 수 없다.

④ 국회의원이 회기 전에 체포 또는 구금된 때에는 현행범인이 아닌 한 국회의 요구가 있으면 회기 중 석방된다.

출제빈도: ★★★ 대표출제기업: 한국원자력환경공단

56 **다음 <보기>에서 국회에 관한 설명으로 옳지 않은 것을 모두 고르면?**

<보기>

(가) 국회의원 수를 200인 미만으로 하기 위해서는 법률의 개정이 필요하다.

(나) 국회는 헌법 또는 법률에 특별한 규정이 없는 한 재적의원 과반수의 출석과 출석의원 과반수의 찬성으로 의결하며, 가부동수인 때에는 국회의장이 결정권을 가진다.

(다) 국회의원은 현행범인인 경우를 제외하고는 회기 중 국회의 동의 없이 체포 또는 구금되지 아니한다.

(라) 국회의원이 회기 전에 체포 또는 구금된 때에는 현행범인이 아닌 한 국회의 요구가 있으면 회기 중 석방된다.

① (가), (나)　　② (가), (라)

③ (나), (다)　　④ (다), (라)

출제빈도: ★★☆ 대표출제기업: 한국보훈복지의료공단

57 다음 중 국회에 관한 설명으로 옳지 않은 것은?

① 국회는 국민의 보통·평등·직접·비밀선거에 의하여 선출된 국회의원으로 구성한다.
② 국회의원은 국회에서 직무상 행한 발언과 표결에 관하여 국회 외에서 책임을 지지 아니한다.
③ 출석의원 과반수의 찬성이 있거나 의장이 국가의 안전보장을 위하여 필요하다고 인정할 때에는 국회의 회의를 공개하지 아니할 수 있다.
④ 국회의원은 현행범인인 경우에도 회기 중 국회의 동의 없이 체포 또는 구금되지 아니한다.

정답 및 해설

54 ④

정부의 법률안 제출권이 의원내각제적 요소이다.

대통령제	의원내각제
• 민주적 정당성의 이원화 • 집행부의 일원적 구조 • 입법권과 집행권의 상호견제, 균형, 독립 • 대통령의 임기제와 직선제 • 대통령의 법률안 거부권 • 대통령의 국회에 대한 정치적 무책임성 • 국정감사, 조사권 • 탄핵소추권 • 의원과 장관 겸직금지	• 민주적 정당성의 일원화 • 집행부의 이원적 구조 • 내각의 성립과 존속이 의회에 의존 • 내각 불신임권과 의회해산권에 의한 균형 • 정부의 법률안 제출권 • 국무총리제 • 정부위원 국회 출석 발언권

55 ②

헌법 제41조 제2항에 따르면, 국회의원의 수는 법률로 정하되, 200인 이상으로 한다.

오답노트
① 헌법 제41조 제1항에 따르면, 국회는 국민의 보통·평등·직접·비밀선거에 의하여 선출된 국회의원으로 구성한다.
③ 헌법 제43조에 따르면, 국회의원은 법률이 정하는 직을 겸할 수 없다.
④ 헌법 제44조 제2항에 따르면, 국회의원이 회기 전에 체포 또는 구금된 때에는 현행범인이 아닌 한 국회의 요구가 있으면 회기 중 석방된다.

56 ①

(가) 헌법 제41조 제2항에 따르면, 국회의원의 수는 법률로 정하되, 200인 이상으로 한다.
(나) 헌법 제49조에 따르면, 국회는 헌법 또는 법률에 특별한 규정이 없는 한 재적의원 과반수의 출석과 출석의원 과반수의 찬성으로 의결한다. 가부동수인 때에는 부결된 것으로 본다.

오답노트
(다) 헌법 제44조 제1항에 따르면, 국회의원은 현행범인인 경우를 제외하고는 회기 중 국회의 동의 없이 체포 또는 구금되지 아니한다.
(라) 헌법 제44조 제2항에 따르면, 국회의원이 회기 전에 체포 또는 구금된 때에는 현행범인이 아닌 한 국회의 요구가 있으면 회기 중 석방된다.

57 ④

헌법 제44조 제1항에 따르면, 국회의원은 현행범인인 경우를 제외하고는 회기 중 국회의 동의 없이 체포 또는 구금되지 아니한다.

오답노트
① 헌법 제41조 제1항에 따르면, 국회는 국민의 보통·평등·직접·비밀선거에 의하여 선출된 국회의원으로 구성한다.
② 헌법 제45조에 따르면, 국회의원은 국회에서 직무상 행한 발언과 표결에 관하여 국회 외에서 책임을 지지 아니한다.
③ 헌법 제50조 제1항에 따르면, 국회의 회의는 공개한다. 다만, 출석의원 과반수의 찬성이 있거나 의장이 국가의 안전보장을 위하여 필요하다고 인정할 때에는 공개하지 아니할 수 있다.

출제예상문제

출제빈도: ★★★ 대표출제기업: 한국보훈복지의료공단

58 다음 <보기>에서 국회 재적의원 3분의 2 이상의 찬성을 필요로 하는 사안은 모두 몇 개인가?

<보기>

- 헌법개정안에 대한 의결
- 대통령 탄핵소추에 대한 의결
- 계엄해제 요구
- 국회의원 제명
- 국무총리 또는 국무위원의 해임 건의

① 1개
② 2개
③ 3개
④ 4개

출제빈도: ★★☆ 대표출제기업: 한국보훈복지의료공단

59 다음 중 헌법상 대통령의 탄핵소추에 관한 설명으로 옳지 않은 것은?

① 대통령이 그 직무집행에 있어서 헌법이나 법률을 위배한 때에는 국회는 탄핵의 소추를 의결할 수 있다.
② 대통령의 탄핵소추는 국회 재적의원 3분의 1 이상의 발의가 있어야 하며, 그 의결은 국회 재적의원 과반수의 찬성이 있어야 한다.
③ 탄핵소추의 의결을 받은 자는 탄핵심판이 있을 때까지 그 권한행사가 정지된다.
④ 탄핵결정은 공직으로부터 파면함에 그치지만, 이에 의하여 민사상이나 형사상의 책임이 면제되는 것은 아니다.

출제빈도: ★★★ 대표출제기업: 예금보험공사

60 다음 중 국회의 권한에 속하지 않는 것은?

① 대통령의 일반사면에 대한 동의권
② 헌법재판소 재판관에 대한 탄핵소추권
③ 국무위원에 대한 출석·답변 요구권
④ 감사원장 및 감사위원 임명에 대한 동의권

출제빈도: ★★★

61 다음 중 국회의 권한에 해당하지 않는 것은?

① 대통령의 특별사면에 대한 동의권
② 국회의원 징계권
③ 국무위원에 대한 해임건의권
④ 헌법재판소 재판관 3인의 선출권

정답 및 해설

58 ③

- 헌법개정안에 대한 의결: 헌법 제130조 제1항에 따르면, 국회는 헌법개정안이 공고된 날로부터 60일 이내에 의결하여야 하며, 국회의 의결은 재적의원 3분의 2 이상의 찬성을 얻어야 한다.
- 대통령 탄핵소추에 대한 의결: 헌법 제65조 제2항에 따르면, 제1항의 탄핵소추는 국회 재적의원 3분의 1 이상의 발의가 있어야 하며, 그 의결은 국회 재적의원 과반수의 찬성이 있어야 한다. 다만, 대통령에 대한 탄핵소추는 국회 재적의원 과반수의 발의와 국회 재적의원 3분의 2 이상의 찬성이 있어야 한다.
- 국회의원 제명: 헌법 제64조 제3항에 따르면, 의원을 제명하려면 국회 재적의원 3분의 2 이상의 찬성이 있어야 한다.

오답노트
- 계엄해제 요구: 헌법 제77조 제5항에 따르면, 국회가 재적의원 과반수의 찬성으로 계엄의 해제를 요구한 때에는 대통령은 이를 해제하여야 한다.
- 국무총리 또는 국무위원의 해임 건의: 헌법 제63조에 따르면, 국회는 국무총리 또는 국무위원의 해임을 대통령에게 건의할 수 있으며, 이러한 해임건의는 국회 재적의원 3분의 1 이상의 발의에 의하여 국회 재적의원 과반수의 찬성이 있어야 한다.

59 ②

헌법 제65조 제2항에 따르면, 제1항의 탄핵소추는 국회 재적의원 3분의 1 이상의 발의가 있어야 하며, 그 의결은 국회 재적의원 과반수의 찬성이 있어야 한다. 다만, 대통령에 대한 탄핵소추는 국회 재적의원 과반수의 발의와 국회 재적의원 3분의 2 이상의 찬성이 있어야 한다.

오답노트
① 헌법 제65조 제1항에 따르면, 대통령·국무총리·국무위원·행정각부의 장·헌법재판소 재판관·법관·중앙선거관리위원회 위원·감사원장·감사위원 기타 법률이 정한 공무원이 그 직무집행에 있어서 헌법이나 법률을 위배한 때에는 국회는 탄핵의 소추를 의결할 수 있다.
③ 헌법 제65조 제3항에 따르면, 탄핵소추의 의결을 받은 자는 탄핵심판이 있을 때까지 그 권한행사가 정지된다.
④ 헌법 제65조 제4항에 따르면, 탄핵결정은 공직으로부터 파면함에 그친다. 그러나, 이에 의하여 민사상이나 형사상의 책임이 면제되지는 아니한다.

60 ④

감사위원은 국회의 동의를 필요로 하지 않는다.

오답노트
① 헌법 제79조 제2항에 따르면, 일반사면을 명하려면 국회의 동의를 얻어야 한다.
② 헌법 제65조 제1항에 따르면, 대통령·국무총리·국무위원·행정각부의 장·헌법재판소 재판관·법관·중앙선거관리위원회 위원·감사원장·감사위원 기타 법률이 정한 공무원이 그 직무집행에 있어서 헌법이나 법률을 위배한 때에는 국회는 탄핵의 소추를 의결할 수 있다.
③ 헌법 제62조 제2항에 따르면, 국회나 그 위원회의 요구가 있을 때에는 국무총리·국무위원 또는 정부위원은 출석·답변하여야 하며, 국무총리 또는 국무위원이 출석요구를 받은 때에는 국무위원 또는 정부위원으로 하여금 출석·답변하게 할 수 있다.

61 ①

헌법 제79조 제2항에 따르면, 일반사면을 명하려면 국회의 동의를 얻어야 한다.

⇨ 특별사면은 대통령 고유의 권한이다.

출제예상문제

출제빈도: ★☆☆ 대표출제기업: 한국산업인력공단

62 **다음 중 국회의원의 불체포특권에 대한 설명으로 옳지 않은 것은?**

① 불체포특권은 집행부의 불법한 억압으로부터 국회의 자주적 활동을 보장함과 동시에 국민대표기관으로서의 활동을 보호해 준다는 데 그 제도적 의의가 있다.

② 불체포특권은 국회의 의결에 의하여 제한할 수 없는 국회의원의 특권이다.

③ 석방요구는 재적의원 4분의 1 이상의 요구로 발의하여 재적의원 과반수의 출석과 출석의원 과반수의 찬성으로 의결한다.

④ 국회의원의 불체포특권은 회기 중에 한하여 체포를 일시적으로 유예받는 특권에 지나지 않는다.

출제빈도: ★★☆

63 **다음 중 대통령 및 정부에 대한 헌법 조문의 내용으로 옳지 않은 것을 모두 고르면?**

<보기>

(가) 대통령은 국민의 보통·평등·직접·비밀선거에 의하여 선출한다.
(나) 대통령선거에 있어서 최고득표자가 2인 이상인 때에는 국회 재적의원 과반수의 표를 얻은 자를 당선자로 한다.
(다) 대통령후보자가 1인일 때에는 그 득표수가 선거권자 총수의 3분의 1 이상이 아니면 대통령으로 당선될 수 없다.
(라) 국무위원은 국회의 동의를 얻어 대통령이 임명한다.

① (가), (나)
② (가), (다)
③ (나), (라)
④ (다), (라)

출제빈도: ★★☆ 대표출제기업: 한국중부발전

64 **다음은 대한민국 헌법상 대통령에 관한 내용이다. (가)~(다)에 들어갈 내용으로 바르게 연결된 것은?**

<보기>

- 대통령 선거에 있어서 최고득표자가 2인 이상인 때에는 국회의 (가)가 출석한 공개회의에서 다수표를 얻은 자를 당선자로 한다.
- 대통령후보자가 1인일 때에는 그 득표수가 (나)이 아니면 대통령으로 당선될 수 없다.
- 대통령의 임기는 (다)으로 하며, 중임할 수 없다.

	(가)	(나)	(다)
①	재적의원 과반수	선거권자 총수의 2분의 1 이상	5년
②	재적의원 과반수	선거권자 총수의 3분의 1 이상	5년
③	출석의원 과반수	선거권자 총수의 3분의 1 이상	4년
④	출석의원 과반수	선거권자 총수의 2분의 1 이상	4년

출제빈도: ★★☆ 대표출제기업: 한국중부발전

65 다음 중 헌법상 대통령에 대한 설명으로 옳지 않은 것을 모두 고르면?

<보기>

(가) 대통령의 임기는 5년으로 하며, 중임할 수 있다.
(나) 대통령은 법률이 정하는 바에 의하여 사면·감형 또는 복권을 명할 수 있다.
(다) 대통령으로 선거될 수 있는 자는 국회의원의 피선거권이 있고 선거일 현재 40세에 달하여야 한다.
(라) 대통령은 필요하다고 인정할 때 교육에 관한 중요정책을 국민투표에 붙일 수 있다.

① (가), (나)　② (가), (라)
③ (나), (다)　④ (다), (라)

정답 및 해설

62 ②
국회에서 해당 의원에 대해 체포동의안을 의결하면 해당 의원을 체포할 수 있다.

오답노트
③ 국회법 제28조(석방 요구의 절차)에 따르면, 의원이 체포 또는 구금된 의원의 석방 요구를 발의할 때에는 재적의원 4분의 1 이상의 연서(連書)로 그 이유를 첨부한 요구서를 의장에게 제출하여야 한다. 또한, 제49조에 따르면, 국회는 헌법 또는 법률에 특별한 규정이 없는 한 재적의원 과반수의 출석과 출석의원 과반수의 찬성으로 의결한다. 가부동수인 때에는 부결된 것으로 본다.
④ 헌법 제44조 제1항에 따르면, 국회의원은 현행범인인 경우를 제외하고는 회기 중 국회의 동의 없이 체포 또는 구금되지 아니한다.

63 ③
(나) 헌법 제67조 제2항에 따르면, 제1항의 선거에 있어서 최고득표자가 2인 이상인 때에는 국회의 재적의원 과반수가 출석한 공개회의에서 다수표를 얻은 자를 당선자로 한다.
(라) 헌법 제87조 제1항에 따르면, 국무위원은 국무총리의 제청으로 대통령이 임명한다.

오답노트
(가) 헌법 제67조 제1항에 따르면, 대통령은 국민의 보통·평등·직접·비밀선거에 의하여 선출한다.
(다) 헌법 제67조 제3항에 따르면, 대통령후보자가 1인일 때에는 그 득표수가 선거권자 총수의 3분의 1 이상이 아니면 대통령으로 당선될 수 없다.

64 ②
- 헌법 제67조 제2항에 따르면, 제1항(대통령)의 선거에 있어서 최고득표자가 2인 이상인 때에는 국회의 '재적의원 과반수'가 출석한 공개회의에서 다수표를 얻은 자를 당선자로 한다.
- 헌법 제67조 제3항에 따르면, 대통령후보자가 1인일 때에는 그 득표수가 '선거권자 총수의 3분의 1 이상'이 아니면 대통령으로 당선될 수 없다.
- 헌법 제70조에 따르면, 대통령의 임기는 '5년'으로 하며, 중임할 수 없다.

65 ②
(가) 헌법 제70조에 따르면, 대통령의 임기는 5년으로 하며, 중임할 수 없다.
(라) 헌법 제72조에 따르면, 대통령은 필요하다고 인정할 때에는 외교·국방·통일 기타 국가 안위에 관한 중요정책을 국민투표에 붙일 수 있다.

오답노트
(나) 헌법 제79조 제1항에 따르면, 대통령은 법률이 정하는 바에 의하여 사면·감형 또는 복권을 명할 수 있다.
(다) 헌법 제67조 제4항에 따르면, 대통령으로 선거될 수 있는 자는 국회의원의 피선거권이 있고 선거일 현재 40세에 달하여야 한다.

출제예상문제

출제빈도: ★★☆ 대표출제기업: 한국원자력환경공단

66 다음은 대통령에 관한 대한민국 헌법 규정이다. (가)~(다)에 들어갈 내용으로 바르게 연결된 것은?

> • 대통령의 임기가 만료되는 때에는 임기만료 (가) 내지 (나) 전에 후임자를 선거한다.
> • 대통령이 궐위된 때 또는 대통령 당선자가 사망하거나 판결 기타의 사유로 그 자격을 상실한 때에는 (다) 이내에 후임자를 선거한다.

	(가)	(나)	(다)
①	60일	50일	60일
②	60일	50일	50일
③	70일	40일	60일
④	70일	40일	50일

출제빈도: ★★☆ 대표출제기업: 한국원자력환경공단

67 다음 <보기>에서 헌법상 대통령에 대한 설명으로 옳지 않은 것을 모두 고르면?

<보기>

> (가) 대통령의 임기는 5년이다.
> (나) 대통령은 1차에 한하여 연임할 수 있다.
> (다) 대통령의 임기가 만료되는 때에는 임기만료 70일 내지 40일 전에 후임자를 선거한다.
> (라) 대통령이 궐위된 때 또는 대통령 당선자가 사망하거나 판결 기타의 사유로 그 자격을 상실한 때에는 30일 이내에 후임자를 선거한다.

① (가), (나)
② (가), (다)
③ (나), (다)
④ (나), (라)

출제빈도: ★★☆ 대표출제기업: 한국보훈복지의료공단

68 다음 중 대통령의 법률안 거부권에 대한 설명으로 옳지 않은 것은?

① 법률안 거부권은 국회를 통과한 법률안에 대한 형식적 심사권만 인정한다.
② 법률안에 이의가 있을 때에는 대통령은 이의서를 붙여 국회로 환부한다.
③ 대통령은 법률안을 수정하여 재의를 요구할 수 없다.
④ 대통령의 재의가 요구된 법률에 대해 재적의원 과반수의 출석과 출석의원 3분의 2 이상의 찬성으로 전과 같은 의결을 하면 그 법률안은 법률로서 확정된다.

출제빈도: ★★☆ 대표출제기업: 한국광해광업공단

69 다음 <보기>에서 헌법상 대통령의 권한이 아닌 것을 모두 고르면?

<보기>

(가) 국민투표부의권
(나) 영전수여권
(다) 예산심의 및 확정권
(라) 부서권

① (가), (나)　　② (가), (다)
③ (나), (라)　　④ (다), (라)

정답 및 해설

66 ③
헌법 제68조에 따르면, 대통령의 임기가 만료되는 때에는 임기만료 '70일' 내지 '40일' 전에 후임자를 선거하며, 대통령이 궐위된 때 또는 대통령 당선자가 사망하거나 판결 기타의 사유로 그 자격을 상실한 때에는 '60일' 이내에 후임자를 선거한다.

67 ④
(나) 헌법 제70조에 따르면, 대통령의 임기는 5년으로 하며, 중임할 수 없다.
(라) 헌법 제68조 제2항에 따르면, 대통령이 궐위된 때 또는 대통령 당선자가 사망하거나 판결 기타의 사유로 그 자격을 상실한 때에는 60일 이내에 후임자를 선거한다.

오답노트
(가) 헌법 제70조에 따르면, 대통령의 임기는 5년으로 하며, 중임할 수 없다.
(다) 헌법 제68조 제1항에 따르면, 대통령의 임기가 만료되는 때에는 임기만료 70일 내지 40일 전에 후임자를 선거한다.

68 ①
법률안 거부권은 국회를 통과한 법률안에 대한 형식적 심사권뿐만 아니라 실질적 심사권도 인정된다.

오답노트
② 헌법 제53조 제2항에 따르면, 법률안에 이의가 있을 때에는 대통령은 제1항의 기간 내에 이의서를 붙여 국회로 환부하고, 그 재의를 요구할 수 있다. 국회의 폐회 중에도 또한 같다.
③ 헌법 제53조 제3항에 따르면, 대통령은 법률안의 일부에 대하여 또는 법률안을 수정하여 재의를 요구할 수 없다.
④ 헌법 제53조 제4항에 따르면, 재의의 요구가 있을 때에는 국회는 재의에 붙이고, 재적의원 과반수의 출석과 출석의원 3분의 2 이상의 찬성으로 전과 같은 의결을 하면 그 법률안은 법률로서 확정된다.

69 ④
(다) 예산심의 및 확정권: 예산은 국가의 세입·세출의 계획을 1회계연도로 하고 국회의 의결로써 성립하는 법규범이다.
(라) 부서권: 국가원수의 서명에 부가해 국무총리, 장관이 서명하는 것을 말한다. 관계 장관의 책임 소재를 밝히는 동시에 국가원수의 독단을 방지하는 효과가 있다. 우리나라 헌법은 대통령의 국법상 행위는 문서로써 하며, 이 문서에는 국무총리와 관계 국무위원이 부서하게 되어 있다.

출제예상문제

출제빈도: ★★☆ 대표출제기업: 한국보훈복지의료공단

70 다음에서 대통령의 권한 중 국회의 동의를 받아야 하는 것을 모두 고르면?

<보기>

(가) 계엄선포권
(나) 일반사면권
(다) 긴급재정·경제명령권
(라) 국가나 국민에게 중대한 재정적 부담을 지우는 조약

① (가), (다)
② (가), (라)
③ (나), (다)
④ (나), (라)

출제빈도: ★★☆ 대표출제기업: 한국보훈복지의료공단

71 다음 중 국회의 동의를 받아 임명할 수 있는 직이 아닌 것을 모두 고르면?

<보기>

(가) 헌법재판관
(나) 중앙선거관리위원장
(다) 대법관
(라) 국무총리

① (가), (나)
② (가), (다)
③ (나), (라)
④ (다), (라)

출제빈도: ★☆☆ 대표출제기업: 한국보훈복지의료공단

72 다음 중 헌법상 국무총리와 국무회의에 관한 설명으로 옳지 않은 것을 모두 고르면?

<보기>

(가) 국무총리는 국회의 동의를 얻어 대통령이 임명한다.
(나) 국무총리는 국무위원의 해임을 대통령에게 건의할 수 있다.
(다) 국무총리는 국무회의의 의장이 된다.
(라) 군인은 현역을 면한 후가 아니면 국무위원으로 임명될 수 없지만 국방부 장관은 예외이다.

① (가), (나)
② (가), (다)
③ (나), (라)
④ (다), (라)

출제빈도: ★★☆ 대표출제기업: 한전KDN

73 다음 중 국무회의의 심의사항이 아닌 것은?

① 감사위원 임명
② 헌법개정안
③ 사면·감형과 복권
④ 정당해산의 제소

정답 및 해설

70 ④

(나) 헌법 제79조 제2항에 따르면, 일반사면을 명하려면 국회의 동의를 얻어야 한다.

(라) 헌법 제60조 제1항에 따르면, 국회는 상호원조 또는 안전보장에 관한 조약, 중요한 국제조직에 관한 조약, 우호통상 항해조약, 주권의 제약에 관한 조약, 강화조약, 국가나 국민에게 중대한 재정적 부담을 지우는 조약 또는 입법사항에 관한 조약의 체결·비준에 대한 동의권을 가진다.

오답노트

(가) 헌법 제77조에 따르면, 계엄을 선포한 때에는 대통령은 지체없이 국회에 통고하여야 하며, 국회가 재적의원 과반수의 찬성으로 계엄의 해제를 요구한 때에는 대통령은 이를 해제하여야 한다.

(다) 헌법 제76조에 따르면, 대통령은 내우·외환·천재·지변 또는 중대한 재정·경제상의 위기에 있어서 국가의 안전보장 또는 공공의 안녕질서를 유지하기 위하여 긴급한 조치가 필요하고 국회의 집회를 기다릴 여유가 없을 때에 한하여 최소한으로 필요한 재정·경제상의 처분을 하거나 이에 관하여 법률의 효력을 가지는 명령을 발할 수 있으며, 대통령이 이와 같은 처분 또는 명령을 한 때에는 지체없이 국회에 보고하여 그 승인을 얻어야 한다.

71 ①

(가) 헌법재판관은 행정부가 3인, 입법부가 3인, 사법부가 3인을 구성한다.

(나) 헌법 제114조 제2항에 따르면, 중앙선거관리위원회는 대통령이 임명하는 3인, 국회에서 선출하는 3인과 대법원장이 지명하는 3인의 위원으로 구성한다. 위원장은 위원 중에서 호선한다.

오답노트

(다) 헌법 제104조 제2항에 따르면, 대법관은 대법원장의 제청으로 국회의 동의를 얻어 대통령이 임명한다.

(라) 헌법 제86조 제1항에 따르면, 국무총리는 국회의 동의를 얻어 대통령이 임명한다.

72 ④

(다) 헌법 제88조 제3항에 따르면, 대통령은 국무회의의 의장이 되고, 국무총리는 부의장이 된다.

(라) 헌법 제87조 제4항에 따르면, 군인은 현역을 면한 후가 아니면 국무위원으로 임명될 수 없다.

오답노트

(가) 헌법 제86조 제1항에 따르면, 국무총리는 국회의 동의를 얻어 대통령이 임명한다.

(나) 헌법 제87조 제3항에 따르면, 국무총리는 국무위원의 해임을 대통령에게 건의할 수 있다.

73 ①

감사위원 임명은 국무회의의 심의사항이 아니다. 헌법 제89조에 따르면, 다음 사항은 국무회의의 심의를 거쳐야 한다.

1. 국정의 기본계획과 정부의 일반정책
2. 선전·강화 기타 중요한 대외정책
3. 헌법개정안·국민투표안·조약안·법률안 및 대통령령안
4. 예산안·결산·국유재산처분의 기본계획·국가의 부담이 될 계약 기타 재정에 관한 중요사항
5. 대통령의 긴급명령·긴급재정경제처분 및 명령 또는 계엄과 그 해제
6. 군사에 관한 중요사항
7. 국회의 임시회 집회의 요구
8. 영전수여
9. 사면·감형과 복권
10. 행정각부 간의 권한의 획정
11. 정부안의 권한의 위임 또는 배정에 관한 기본계획
12. 국정처리상황의 평가·분석
13. 행정각부의 중요한 정책의 수립과 조정
14. 정당해산의 제소
15. 정부에 제출 또는 회부된 정부의 정책에 관계되는 청원의 심사
16. 검찰총장·합동참모의장·각군참모총장·국립대학교총장·대사 기타 법률이 정한 공무원과 국영기업체관리자의 임명
17. 기타 대통령·국무총리 또는 국무위원이 제출한 사항

출제예상문제

출제빈도: ★☆☆ 대표출제기업: 한국보훈복지의료공단

74 **다음 중 행정부에 관한 설명으로 옳은 것은?**

① 현역 군인은 국방부 장관을 제외하고는 현역을 면한 후가 아니면 국무위원으로 임명될 수 없다.
② 국무총리는 국무회의의 의장이 된다.
③ 행정각부의 장은 국무위원 중에서 국무총리의 제청으로 대통령이 임명한다.
④ 국무회의는 대통령·국무총리와 20인 이상 30인 이하의 국무위원으로 구성한다.

출제빈도: ★★☆ 대표출제기업: 금융감독원

75 **다음 중 현행 헌법상의 사법제도에 관한 설명으로 옳은 것은?**

① 원칙적인 3심제의 실시를 헌법에 명문으로 규정하고 있다.
② 대법원장과 대법관이 아닌 법관은 국회의 동의를 얻어 대통령이 임명한다.
③ 대법관은 대법원장의 제청으로 국회의 동의를 얻어 대통령이 임명한다.
④ 위헌법률심판제청권은 법원과 소송의 당사자만이 행사할 수 있다.

출제빈도: ★★☆ 대표출제기업: 한국중부발전

76 **다음은 헌법상 법관에 대한 설명이다. (가)~(다)에 들어갈 내용으로 바르게 연결된 것은?**

- 대법원장의 임기는 (가)으로 하며, 중임할 수 없다.
- 대법관의 임기는 (나)으로 하며, 법률이 정하는 바에 의하여 연임할 수 있다.
- 대법원장과 대법관이 아닌 법관의 임기는 (다)으로 하며, 법률이 정하는 바에 의하여 연임할 수 있다.

	(가)	(나)	(나)
①	4년	4년	6년
②	5년	5년	10년
③	6년	5년	6년
④	6년	6년	10년

출제빈도: ★★★

77 헌법상 법원 및 법관에 관한 규정의 내용으로 옳지 않은 것은?

① 법률의 위헌 여부는 헌법재판소가 이를 최종적으로 심사할 권한을 가진다.
② 명령·규칙이 헌법에 위반되는 여부가 재판의 전제가 된 경우에는 대법원은 이를 최종적으로 심사할 권한을 가진다.
③ 대법원장과 대법관이 아닌 법관은 국회의 동의를 얻어 대통령이 임명한다.
④ 법관은 탄핵 또는 금고 이상의 형의 선고에 의하지 아니하고는 파면되지 아니한다.

정답 및 해설

74 ③
헌법 제94조에 따르면, 행정각부의 장은 국무위원 중에서 국무총리의 제청으로 대통령이 임명한다.

오답노트
① 헌법 제87조 제4항에 따르면, 군인은 현역을 면한 후가 아니면 국무위원으로 임명될 수 없다.
② 헌법 제88조 제3항에 따르면, 대통령은 국무회의의 의장이 되고, 국무총리는 부의장이 된다.
④ 헌법 제88조 제2항에 따르면, 국무회의는 대통령·국무총리와 15인 이상 30인 이하의 국무위원으로 구성한다.

75 ③
헌법 제104조 제2항에 따르면, 대법관은 대법원장의 제청으로 국회의 동의를 얻어 대통령이 임명한다.

오답노트
① 3심제는 법원조직법에서 규정하고 있으며, 헌법에서는 심급제도의 근거규정만을 두고 있다.
② 헌법 제104조에 따르면, 대법원장은 국회의 동의를 얻어 대통령이 임명하며, 대법원장과 대법관이 아닌 법관은 대법관회의의 동의를 얻어 대법원장이 임명한다.
④ 헌법 제107조 제1항에 따르면, 법률이 헌법에 위반되는 여부가 재판의 전제가 된 경우에는 법원은 헌법재판소에 제청하여 그 심판에 의하여 재판한다.

76 ④
헌법 제105조에 따르면,
- 대법원장의 임기는 '6년'으로 하며, 중임할 수 없다.
- 대법관의 임기는 '6년'으로 하며, 법률이 정하는 바에 의하여 연임할 수 있다.
- 대법원장과 대법관이 아닌 법관의 임기는 '10년'으로 하며, 법률이 정하는 바에 의하여 연임할 수 있다.

77 ③
제104조에 따르면,
- 대법원장은 국회의 동의를 얻어 대통령이 임명한다.
- 대법관은 대법원장의 제청으로 국회의 동의를 얻어 대통령이 임명한다.
- 대법원장과 대법관이 아닌 법관은 **대법관회의의 동의를 얻어 대법원장이 임명**한다.

출제예상문제

출제빈도: ★★☆ 대표출제기업: 한국보훈복지의료공단

78 **다음 중 대법원장의 권한에 속하는 것을 모두 고르면?**

<보기>

(가) 대법관의 임명제청권
(나) 헌법재판소 재판관 3인의 지명권
(다) 중앙선거관리위원회 위원 3인의 지명권
(라) 판사를 대법관회의의 동의를 얻어 임명할 권한과 독자적인 보직권

① (가)
② (가), (나)
③ (가), (나), (다)
④ (가), (나), (다), (라)

출제빈도: ★★★

79 **헌법상 헌법재판소와 법원에 관한 설명으로 옳지 않은 것은?**

① 대법원에 부를 둘 수 있다.
② 대법관은 법률이 정하는 바에 의하여 연임할 수 있다.
③ 군사법원의 상고심은 헌법재판소에서 관할한다.
④ 헌법재판소 재판관의 임기는 6년으로 하며, 법률이 정하는 바에 의하여 연임할 수 있다.

출제빈도: ★★☆ 대표출제기업: 부산신용보증재단

80 **다음의 (가)~(다) 안에 들어갈 숫자가 바르게 연결된 것은?**

- 헌법재판소는 법관의 자격을 가진 (가)인의 재판관으로 구성하며, 재판관은 대통령이 임명한다.
- 헌법재판소 재판관의 임기는 (나)년으로 하며, 법률이 정하는 바에 의하여 연임할 수 있다.
- 헌법재판소에서 법률의 위헌결정, 탄핵의 결정, 정당해산의 결정 또는 헌법소원에 관한 인용결정을 할 때에는 재판관 (다)인 이상의 찬성이 있어야 한다.

	(가)	(나)	(다)
①	15	4	5
②	15	6	5
③	9	6	6
④	9	4	6

출제빈도: ★★☆ 대표출제기업: 국민체육진흥공단

81 다음 중 헌법재판소에 대한 설명으로 가장 옳지 않은 것은?

① 헌법재판소는 법관의 자격을 가진 9인의 재판관으로 구성하며, 재판관은 대통령이 임명한다.
② 헌법재판소 재판관 중 3인은 국회에서 선출하는 자를, 3인은 대법원장이 지명하는 자를 임명한다.
③ 헌법재판소에서 법률의 위헌결정, 탄핵의 결정, 정당해산의 결정 또는 헌법소원에 관한 인용결정을 할 때에는 재판관 과반수의 찬성이 있어야 한다.
④ 헌법재판소 재판관의 임기는 6년으로 하며, 법률이 정하는 바에 의하여 연임할 수 있다.

정답 및 해설

78 ④
대법원장의 권한에는 모든 법원의 대표권, 대법관의 임명제청권, 헌법재판소 재판관 3인의 지명권, 중앙선거관리위원회 위원 3인의 지명권, 판사를 대법관회의의 동의를 얻어 임명할 권한과 독자적인 보직권, 판사의 직무대리를 명할 권한, 법관 이외의 법원공무원 임명권과 사법행정사무총괄권 및 관계공무원의 지휘·감독권, 법원업무에 관련된 법률의 제정 또는 개정에 관한 의견을 국회에 제출할 권한 등이 있다.

79 ③
헌법 제110조 제2항에 따르면, 군사법원의 상고심은 **대법원에서 관할**한다.

80 ③
- 헌법 제111조 제2항에 따르면, 헌법재판소는 법관의 자격을 가진 '9'인의 재판관으로 구성하며, 재판관은 대통령이 임명한다.
- 헌법 제112조 제1항에 따르면, 헌법재판소 재판관의 임기는 '6'년으로 하며, 법률이 정하는 바에 의하여 연임할 수 있다.
- 헌법 제113조 제1항에 따르면, 헌법재판소에서 법률의 위헌결정, 탄핵의 결정, 정당해산의 결정 또는 헌법소원에 관한 인용결정을 할 때에는 재판관 '6'인 이상의 찬성이 있어야 한다.

81 ③
헌법 제113조 제1항에 따르면, 헌법재판소에서 법률의 위헌결정, 탄핵의 결정, 정당해산의 결정 또는 헌법소원에 관한 인용결정을 할 때에는 재판관 6인 이상의 찬성이 있어야 한다.

오답노트
① 헌법 제111조 제2항에 따르면, 헌법재판소는 법관의 자격을 가진 9인의 재판관으로 구성하며, 재판관은 대통령이 임명한다.
② 헌법 제111조 제3항에 따르면, 제2항의 재판관 중 3인은 국회에서 선출하는 자를, 3인은 대법원장이 지명하는 자를 임명한다.
④ 헌법 제112조 제1항에 따르면, 헌법재판소 재판관의 임기는 6년으로 하며, 법률이 정하는 바에 의하여 연임할 수 있다.

출제예상문제

출제빈도: ★★☆ 대표출제기업: 한국원자력환경공단

82 다음의 헌법재판 중 대한민국 헌법재판소가 관장하지 않는 것은?

① 헌법소원에 관한 심판
② 위헌법률심판
③ 탄핵의 심판
④ 선거소송심판

출제빈도: ★★☆ 대표출제기업: 경기신용보증재단

83 다음 헌법재판소의 심판 사항 중 재판관 6인 이상의 찬성이 필요하지 않은 것은 모두 몇 개인가?

<보기>

• 법률의 위헌결정
• 탄핵의 결정
• 정당해산의 결정
• 권한쟁의심판 인용결정
• 헌법소원에 관한 인용결정

① 1개
② 2개
③ 3개
④ 4개

출제빈도: ★★☆ 대표출제기업: 한국가스기술공사

84 다음 중 헌법재판소의 관장사항에 해당하지 않는 것은 무엇인가?

① 위헌법률 심판
② 헌법소원
③ 권한쟁의 심판
④ 합헌인 법률을 적용한 법원의 재판

출제빈도: ★★★ 대표출제기업: 한국전력공사

85 다음 중 헌법소원제도에 관한 설명으로 옳지 않은 것은?

① 헌법소원 심판을 제기하기 위해서는 공권력의 행사 또는 불행사가 존재해야 하며, 공권력의 행사에는 작위에 의한 침해뿐만 아니라 불행사, 부작위에 의한 기본권의 침해의 경우도 포함된다.
② 헌법소원 심판을 제기하기 위해서는 공권력의 행사 또는 불행사로 말미암아 헌법상 보장된 자신의 기본권이 직접적이고 현실적으로 침해되어야 한다.
③ 헌법소원은 신속하고 적절한 권리구제를 위하여, 다른 구제절차가 있더라도 제기할 수 있다.
④ 헌법소원 심판의 인용결정을 하기 위해서는 재판관 6인 이상의 찬성을 필요로 한다.

출제빈도: ★★☆ 대표출제기업: 대구신용보증재단

86 헌법상 헌법재판소의 관장사항이 아닌 것은?

① 헌법소원 심판
② 국민투표 무효의 소송
③ 권한쟁의 심판
④ 탄핵 심판

정답 및 해설

82 ④
선거소송심판은 헌법재판소가 관장하지 않는다. 헌법 제111조 제1항에 따르면, 헌법재판소는 다음 사항을 관장한다.
1. 법원의 제청에 의한 법률의 위헌여부 심판
2. 탄핵의 심판
3. 정당의 해산 심판
4. 국가기관 상호 간, 국가기관과 지방자치단체 간 및 지방자치단체 상호 간의 권한쟁의에 관한 심판
5. 법률이 정하는 헌법소원에 관한 심판

83 ①
권한쟁의심판 인용결정은 재판관 6인 이상의 찬성이 필요하지 않다.
오답노트
헌법 제113조 제1항에 따르면, 헌법재판소에서 법률의 위헌결정, 탄핵의 결정, 정당해산의 결정 또는 헌법소원에 관한 인용결정을 할 때에는 재판관 6인 이상의 찬성이 있어야 한다.

84 ④
법원의 재판은 원칙적으로 헌법재판소의 심판대상이 아니다. 단, 예외적으로 헌법재판소가 위헌 결정한 법률을 적용한 법원의 재판에 대해서는 헌법재판소가 심판할 수 있다.
오답노트
①, ②, ③ 헌법 제111조 제1항에 따르면, 헌법재판소는 다음 사항을 관장한다.
1. 법원의 제청에 의한 법률의 위헌여부 심판
2. 탄핵의 심판
3. 정당의 해산 심판
4. 국가기관 상호 간, 국가기관과 지방자치단체 간 및 지방자치단체 상호 간의 권한쟁의에 관한 심판
5. 법률이 정하는 헌법소원에 관한 심판

85 ③
권리구제형 헌법소원의 조건은 공권력의 행사 또는 불행사가 존재할 것(공권력의 존재), 공권력의 행사 또는 불행사로 말미암아 헌법상 보장된 자신의 기본권이 직접적이고 현실적으로 침해되었을 것(자기관련성, 직접성, 현재성), 다른 법률에 구제절차가 있는 경우에는 그 절차를 모두 마친 후일 것(보충성의 원칙), 권리보호의 필요성이 있을 것(권리보호의 이익) 등이다.

86 ②
국민투표법 제92조(국민투표 무효의 소송)에 따르면, 국민투표의 효력에 관하여 이의가 있는 투표인은 투표인 10만 인 이상의 찬성을 얻어 중앙선거관리위원회 위원장을 피고로 하여 투표일로부터 20일 이내에 대법원에 제소할 수 있다.
오답노트
①, ③, ④ 헌법 제111조 제1항에 따르면, 헌법재판소는 다음 사항을 관장한다.
1. 법원의 제청에 의한 법률의 위헌여부 심판
2. 탄핵의 심판
3. 정당의 해산 심판
4. 국가기관 상호 간, 국가기관과 지방자치단체 간 및 지방자치단체 상호 간의 권한쟁의에 관한 심판
5. 법률이 정하는 헌법소원에 관한 심판

제 3 장 행정법

학습목표

1. 행정기본법의 목적 및 정의를 알 수 있다.
2. 법치행정의 원칙, 평등의 원칙, 비례의 원칙, 성실의무 및 권한남용금지의 원칙, 신뢰보호원칙, 부당결부금지의 원칙을 알 수 있다.
3. 행정법관계의 의의 및 종류를 알 수 있다.
4. 행정주체와 개인적 공권에 대해 알 수 있다.
5. 행정입법, 처분, 행정행위, 부관에 대해 알 수 있다.
6. 행정상 강제집행과 행정벌에 대해 알 수 있다.
7. 행정상 손해배상과 손실보상에 대해 알 수 있다.
8. 행정심판과 행정소송에 대해 알 수 있다.

출제비중

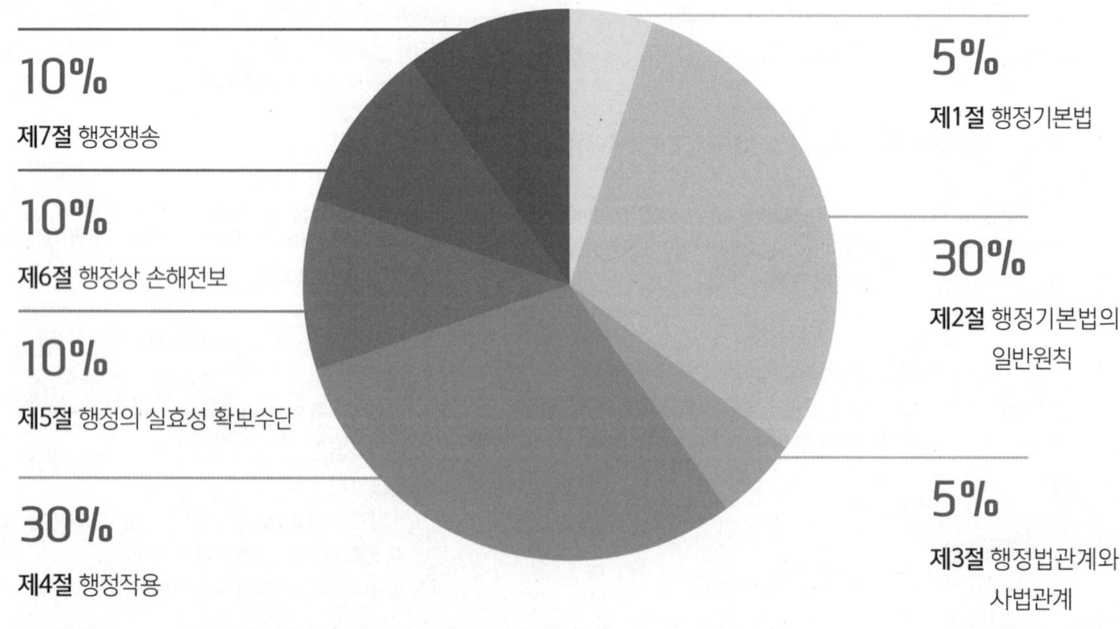

출제포인트 & 출제기업

구분	출제포인트	출제빈도	출제기업
제1절 행정기본법	01 행정기본법의 목적 및 정의	★	경기신용보증재단 국토안전관리원 대구도시공사 대구도시철도공사 대한무역투자진흥공사 부산환경공단 서울교통공사 한국광해광업공단 한국남동발전 한국남부발전 한국농어촌공사 한국보훈복지의료공단 한국원자력환경공단 한국중부발전 한전KPS
제2절 행정기본법의 일반원칙	01 법치행정의 원칙	★★★	
	02 평등의 원칙	★★★	
	03 비례의 원칙	★★★	
	04 성실의무 및 권한남용금지의 원칙	★★	
	05 신뢰보호의 원칙	★★★	
	06 부당결부금지의 원칙	★★★	
제3절 행정법관계와 사법관계	01 행정법관계의 의의 및 종류	★	
	02 행정주체	★	
제4절 행정작용	01 행정입법	★★★	
	02 처분의 적용 기준	★	
	03 처분의 효력	★	
	04 행정행위의 의의와 종류	★★	
	05 행정행위의 내용	★★	
	06 행정행위의 하자	★★	
	07 부관	★★	
제5절 행정의 실효성 확보수단	01 행정상 강제집행	★★	
	02 행정벌	★	
제6절 행정상 손해전보	01 행정상 손해배상	★★	
	02 행정상 손실보상	★★	
제7절 행정쟁송	01 행정쟁송의 의의	★	
	02 행정심판	★★	
	03 행정소송	★★★	

제1절 | 행정기본법

✓핵심 포인트

행정기본법	• '행정의 원칙과 기본사항'은 행정기본법이 모든 행정영역에 적용되는 행정의 기본법임을 의미 • 법령: 법령과 자치법규를 의미 • 처분: 행정청이 구체적 사실에 관하여 행하는 법 집행으로서 공권력의 행사 또는 그 거부와 그 밖에 이에 준하는 행정작용 • 제재처분: 법령 등에 따른 의무를 위반하거나 이행하지 아니하였음을 이유로 당사자에게 의무를 부과하거나 권익을 제한하는 처분

01 행정기본법의 목적 및 정의

출제빈도 ★

1. 행정의 목적

(1) 행정기본법의 제1조의 의의

행정기본법 제1조는 "이 법은 행정의 원칙과 기본사항을 규정하여 행정의 민주성과 적법성을 확보하고 적정성과 효율성을 향상시킴으로써 국민의 권익 보호에 이바지함을 목적으로 한다."고 규정하고 있는바 행정기본법이 행정에 관한 기본법, 행정에 관한 일반법임을 나타내고 있다.

(2) 행정

① 의의: 행정기본법은 행정에 관한 기본법이지, 입법이나 사법에 관한 기본법이 아니다. 행정기본법은 '행정의 원칙과 기본사항'이라 규정하고 있으므로 이는 행정기본법이 모든 행정영역에 적용되는 행정의 기본법임을 의미한다.

② 실질적 의미의 행정: 행정은 어떠한 성질을 가지는 국가작용인가를 기준으로 하여 입법 및 사법과 비교하여 정의내린 것이다.

③ 형식적 의미의 행정: 행정기관이 하는 모든 활동을 의미한다.

④ 조직적 의미의 행정: 국가행정조직을 말한다.

(3) 행정의 민주성과 적법성 확보

① 행정의 민주성 확보: 행정의 민주성 확보는 헌법상 민주국가원리로부터 도출된다. 헌법상 민주국가원리는 행정기관과 공무원 관련 사항의 법정화, 행정결정과정에 주민 참여의 보장, 국민이 행정에 참여하고 행정에 책임을 물을 수 있어야 한다는 점 등을 내용으로 한다. 따라서 민주성에 반하는 행정작용은 위법 또는 부당한 행정작용이 될 수 있다.

법학 전문가의 TIP

모든 행정영역

예를 들어, 행정기본법은 식품행정·보건행정·건축행정·도로교통행정·도로행정·경찰행정·소방행정·사회행정·환경행정·군사행정 등 그 어떠한 행정에도 적용됩니다. 다만 행정기본법이나 개별 법률에서 행정기본법의 적용을 배제하는 규정을 둔 경우에는 그렇지 않습니다.
(행정기본법 제5조 참조)

헌법상 민주국가원리

헌법 제1조
② 대한민국의 주권은 국민에게 있고, 모든 권력은 국민으로부터 나온다.

② 행정의 적법성 확보: 행정의 영역에서의 법치주의의 반영이 법치행정이다. 이에 대한 근거로는 행정기본법 제1조는 "행정의 원칙과 기본사항을 규정하여 행정의 …… 적법성을 확보하고"라고 규정하여 헌법상 요구를 행정의 영역에서 확보함을 목적으로 하는 법률임을 명시적으로 언급하고 있다. 따라서 행정의 적법성에 반하는 행정작용은 위법한 행정작용이다.

(4) 행정의 적정성과 효율성의 향상

① 행정의 적정성 향상: 행정기본법에 행정의 적정과 적정한 행정을 위한 구체적 실현방법에 대한 명문의 규정은 없다. 다만, 행정기관은 행정기본법과 개별 법률을 바탕으로 바른 행정으로 나아가야 한다. 적정성에 반하는 행정작용은 위법하거나 부당한 행정작용이 될 수 있다.

② 행정의 효율성 향상: 행정기본법에 행정의 효율성을 정의하는 규정과 구체적 실현방법에 대한 명문의 규정은 없다. 다만, 행정기관은 행정기본법과 개별 법률을 바탕으로 효율성 있는 행정으로 나아가야 한다.

(5) 국민의 권익보호

① 공공의 복지 또는 공익 실현: 행정청이 채택하는 행정의 행위형식의 종류를 불문하고 공익의 보장은 행정의 목표이자 기능이다.

② 기본권의 보장: 공공의 복지 또는 공익의 실현을 위한 행정법은 인자의 존엄과 가치에 중점을 두고 구성되어야 한다.

③ 국민의 권익보호: 행정기본법은 국민의 권익보호를 목적으로 하며, 행정법령의 해석 및 적용에 있어 기본권 보장을 최우선으로 하여야 한다. 따라서 헌법과 법률에 근거함이 없이 국민의 권익을 제한하는 행정작용은 위법하다.

2. 정의

(1) 법령 등

법령 등이란 법령과 자치법규를 의미한다.

① 법령: 법률 및 대통령령·총리령·부령, 국회규칙·대법원규칙·헌법재판소규칙·중앙선거관리위원회규칙 및 감사원규칙과 이를 위임 받아 중앙행징기관의 장이 정한 훈령·예규 및 고시 등 행정규칙을 의미한다.

② 자치법규: 지방자치단체의 조례 및 규칙을 의미한다.

(2) 행정청

행정청이란 행정에 관한 의사를 결정하여 표시하는 국가 또는 지방자치단체의 기관, 그 밖에 법령 등에 따라 행정에 관한 의사를 결정하여 표시하는 권한을 가지고 있거나 그 권한을 위임 또는 위탁받은 공공단체 또는 그 기관이나 사인(私人)을 의미한다.

(3) 당사자

① 의의: 당사자를 처분의 상대방으로 정의하고 있다.

② 제삼자와 국민: 제3자란 상대방을 제외한 모든 국민을 뜻하는 것이 아니라 법률상 이해관계 있는 국민을 의미한다.

행정의 행위형식
예를 들어, 행정입법, 행정계획, 행정처분, 공법상 계약 등이 있습니다.

대통령령
대통령령이란 헌법 제75조에 근거하여 대통령이 발하는 입법형식을 의미합니다.
① 위임명령: 대통령이 헌법 제75조 전단에 근거하여 상위법령에서 위임받은 사항을 정하는 명령을 의미하며, 대통령이 위임명령의 발령을 위해서는 반드시 법률의 위임이 필요합니다.
② 집행명령: 대통령이 헌법 제75조 후단에 근거하여 대통령이 법률의 집행에 필요한 사항을 정하는 명령을 의미하며, 단, 집행명령에는 권리·의무를 규정할 수 없습니다.

공공단체
예를 들어, 관할 행정청의 감독 아래 도시 및 주거환경정비법상의 주택재건축사업을 시행하는 공법인인 주택재건축정비사업조합이 그 목적 범위 내에서 법령이 정하는 바에 따라 일정한 행정작용을 하는 경우(대법원 2009. 10. 15. 선고 2008다93001 판결), 주택재건축정비사업조합은 기능상 의미의 행정청에 해당합니다.

사인(私人)
사인이란 자연인과 사법상 법인을 말합니다. 예를 들어, 기장이나 기장으로부터 권한을 위임받은 승무원이 항공보안법 제22조(기장 등의 권한)가 정하는 권한을 행사하는 경우나 선장이 선원법 제23조(위험물 등에 대한 조치)가 정하는 권한을 행사하는 경우, 기장이나 선장은 기능상 의미의 행정청에 해당합니다.

(4) 처분

① 의의: 행정청이 구체적 사실에 관하여 행하는 법 집행으로서 공권력의 행사 또는 그 거부와 그 밖에 이에 준하는 행정작용을 말한다.

② 행정청의 행위

- 구체적 사실에 대한 행위: 처분은 구체적 사실에 대한 행위이다. 구체적 사실 여부는 관련자가 개별적(특정적)인가 일반적(불특정적)인가와 규율대상이 구체적(1회적)인가 추상적(무제한적)인가에 따라 판단하는 것이 일반적이다. 개별적인 것과 일반적인 것의 구별은 숫자가 아니다. 그것은 처분의 발령시점에 수명자의 범위가 객관적으로 확정되는가의 여부 또는 수명자의 범위가 폐쇄적인지 아니면 개방적인지의 여부에 따라 정한다. 한편, 구체적이란 1회적인 것을 의미하고, 추상적이란 무제한적인 것을 말한다.
- 공권력의 행사: 공법에 근거하여 행정청이 우월한 지위에서 일방적으로 행하는 일체의 행정작용을 의미한다.
- 공권력의 행사의 거부: 행정청이 구체적 사실에 관하여 행하는 법 집행으로서 공권력의 행사를 거부하는 것을 의미한다.

공권력의 행사를 거부하는 경우
예를 들어, 건축허가 신청에 대하여 허가를 배척하는 행위, 즉 허가를 내줄 수 없다는 의사표시 등을 말합니다.

의무 부과
예를 들어, 과징금 부과 등을 말합니다.

권익 제한
예를 들어, 식품판매업 허가 취소·정지, 운전면허 취소·정지 등을 말합니다.

(5) 제재처분

① 의의: 법령 등에 따른 의무를 위반하거나 이행하지 아니하였음을 이유로 당사자에게 의무를 부과하거나 권익을 제한하는 처분을 말한다.

② 제재처분에서 제외되는 침익적 작용(행정상 강제): 행정기본법 제2조 제5호는 행정기본법 제30조 제1항이 규정하는 행정상 강제(행정대집행, 이행강제금의 부과, 직접강제, 강제징수, 즉시강제)가 의무를 부과하거나 권익을 제한하는 것을 내용으로 함에도 제재처분에서 배제하고 있다. 따라서 행정기본법상 행정상 강제와 제재처분은 별개의 제도이다.

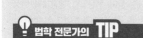

시험문제 미리보기!

행정법에 대한 설명으로 가장 옳지 않은 것은?

① 행정법은 통일된 법전이 없다.
② 민법·상법과 달리 행정법은 헌법과 더불어 대표적인 공법에 해당된다.
③ 행정기본법 제1조는 행정에 관한 기본법, 행정에 관한 일반법임을 나타내고 있다.
④ 행정법은 불문법의 법원성이 인정된다.

정답 ①

해설 행정기본법은 2021. 3. 23.에 제정 및 시행되었다. 그동안에는 각각 해당 개별 법률에서 구체적으로 규율하고 있었지만 행정기본법이 제정됨으로써 통일된 법전이 구성되었다.

오답노트

④ 행정절차법 제4조에 관한 설명으로, 행정절차법 제4조 제2항은 "행정청은 법령 등의 해석 또는 행정청의 관행이 일반적으로 국민들에게 받아들여졌을 때에는 공익 또는 제3자의 정당한 이익을 현저히 해칠 우려가 있는 경우를 제외하고는 새로운 해석 또는 관행에 따라 소급하여 불리하게 처리하여서는 아니 된다."고 행정청의 관행에 대해 명문으로 인정하고 있다.

제2절 | 행정기본법의 일반원칙

✓ 핵심 포인트

법치행정의 원칙	• 법률우위의 원칙, 법률유보의 원칙
평등의 원칙	• 자의금지의 원칙, 자기구속의 원칙
비례의 원칙(과잉금지원칙)	• 적합성의 원칙, 필요성의 원칙, 상당성의 원칙
성실의무 및 권한남용금지의 원칙	• 성실의무의 내용 • 권리남용금지의 원칙
신뢰보호의 원칙	• 신뢰보호의 원칙, 실권의 원칙
부당결부금지의 원칙	• 행정권의 행사와 반대급부 사이의 실질적 관련성

01 법치행정의 원칙(제8조)

출제빈도 ★★★

1. 법률우위의 원칙의 의의

행정기본법 제8조에서 1문에서 "행정작용은 법률에 위반되어서는 아니 된다."고 규정하여 법률우위의 원칙을 성문화하였다.

2. 법률우위의 원칙의 내용

(1) 적용범위

행정기본법 제8조는 행정작용의 범위에 제한을 두고 있지 않으므로 법률우위의 원칙은 행정의 모든 영역에 예외 없이 적용된다. 법률우위의 원칙은 공법형식의 국가작용뿐만 아니라 사법형식의 국가작용에도 적용된다.

(2) 법률의 범위

법률우위라고 하는 경우의 법률은 헌법, 형식적 의미의 법률, 법규명령과 행정법의 일반원칙 등 불문법을 포함한 모든 법 규범을 의미한다. 그러나 행정규칙은 행정부 내부적 규율에 불과한 것이어서 이를 위반하였다고 곧바로 위법이 되는 것은 아니므로 여기의 법률범위에 포함되기는 어렵다.

법학 전문가의 TIP

법치행정이란 행정은 법률의 근거하에 법률의 기속을 받으면서 행해져야 하고, 만약 이를 위반한 행정작용으로 인해 개인에게 피해가 발생하면 그 피해는 구제되어야 한다는 원칙을 말합니다. 법치행정의 목적은 행정의 자의로부터 개인을 보호하고 행정작용의 예견가능성을 보장하는 데 있습니다.

법학 전문가의 TIP

행정기본법 제36조
(처분에 대한 이의신청)
① 행정청의 처분(「행정심판법」 제3조에 따라 같은 법에 따른 행정심판의 대상이 되는 처분을 말한다. 이하 이 조에서 같다)에 이의가 있는 당사자는 처분을 받은 날부터 30일 이내에 해당 행정청에 이의신청을 할 수 있다.

행정기본법 제37조(처분의 재심사)
① 당사자는 처분(제재처분 및 행정상 강제는 제외한다. 이하 이 조에서 같다)이 행정심판, 행정소송 및 그 밖의 쟁송을 통하여 다툴 수 없게 된 경우(법원의 확정판결이 있는 경우는 제외한다)라도 다음 각 호의 어느 하나에 해당하는 경우에는 해당 처분을 한 행정청에 처분을 취소·철회하거나 변경하여 줄 것을 신청할 수 있다.
1. 처분의 근거가 된 사실관계 또는 법률관계가 추후에 당사자에게 유리하게 바뀐 경우
2. 당사자에게 유리한 결정을 가져다 주었을 새로운 증거가 있는 경우
3. 「민사소송법」 제451조에 따른 재심사유에 준하는 사유가 발생한 경우 등 대통령령으로 정하는 경우

법학 전문가의 TIP

헌법 제37조 제2항
국민의 모든 자유와 권리는 국가안전보장·질서유지 또는 공공복리를 위하여 필요한 경우에 한하여 법률로써 제한할 수 있으며, 제한하는 경우에도 자유와 권리의 본질적인 내용을 침해할 수 없다.

(3) 위반의 효과

① 무효와 취소: 법률우위의 원칙에 반하는 행정작용은 위법한 행정작용이 된다. 헌법과 법률 등 상위법에 반하는 행정입법(대통령령·총리령·부령 등)은 원칙적으로 무효이다. 법령에 반하는 행정행위는 판례의 견해에 의하면 하자의 중대성과 명백성 여하에 따라 하자가 중대하고 명백하면 무효, 중대하지만 명백하지 않거나 명백하지만 중대하지 않으면 취소의 대상이 된다.

② 이의신청과 처분의 재심사: 법률우위의 원칙에 반하는 처분의 당사자는 이의신청 또는 처분의 재심사를 신청할 수 있다.

③ 행정심판과 행정소송: 법률우위의 원칙에 반하는 처분의 당사자나 이해관계 있는 제삼자는 행정심판 또는 행정소송을 제기할 수도 있다.

④ 손해배상청구: 법률우위의 원칙에 반하는 행정작용으로 손해를 입은 자는 국가배상법이 정하는 바에 따라 국가나 지방자치단체를 상대로 손해배상을 청구할 수 있다.

3. 법률유보의 원칙

(1) 의의

행정기본법 제8조 제2문에서 "국민의 권리를 제한하거나 의무를 부과하는 경우와 그 밖에 국민생활에 중요한 영향을 미치는 경우에는 법률에 근거하여야 한다."고 규정하여 법률유보의 원칙을 성문화하였다.

(2) 내용

① 국민의 권리를 제한하거나 의무를 부과하는 경우: 헌법 제37조 제2항은 국민의 권리와 자유의 제한은 법률로써 할 수 있음을 선언하고 있다. 행정기본법 제8조 제2문이 "국민의 권리를 제한하거나(영업정지처분·운전면허정지처분 등) 의무를 부과하는 경우(철거명령·과태료부과처분 등)"를 법률유보원칙의 적용대상으로 규정한 것은 헌법 제37조 제2항을 구체화한 것이다.

② 국민 생활에 중요한 영향을 미치는 경우: 법률유보원칙은 단순히 행정작용이 법률에 근거를 두기만 하면 충분한 것이 아니라, 국가공동체와 그 구성원에게 기본적이고도 중요한 의미를 갖는 영역은 국민의 대표자인 입법자 스스로 그 본질적 사항에 대하여 결정하여야 한다는 요구로 이해되고 있다. 입법자가 형식적 법률로 스스로 규율하여야 하는 사항이 어떤 것인가는 구체적인 사례에서 다양한 요소들을 고려하여 개별적으로 결정할 수밖에 없다. (헌재 2018. 4. 26. 2015헌가13)
⇨ 기본적인 규범 영역에서 모든 중요한 결정은 적어도 입법자 스스로가 법률로 정하여야 한다는 것이다.

(3) 위반의 효과

법률우위의 원칙의 내용과 같다.

시험문제 미리보기!

다음 설명에 해당하는 행정의 법 원칙은 무엇인가?

- 행정은 법률의 근거하에 법률의 기속을 받으면서 행해져야 하고, 만약 이를 위반한 행정작용으로 인해 개인에게 피해가 발생하면 그 피해는 구제되어야 한다는 원칙을 말한다.
- 행정작용은 법률에 위반되어서는 아니 되며, 국민의 권리를 제한하거나 의무를 부과하는 경우 또는 국민생활에 중요한 영향을 미치는 경우에는 법률에 근거하여야 한다.

① 평등의 원칙 ② 부당결부금지의 원칙
③ 권리남용금지의 원칙 ④ 법치행정의 원칙

정답 ④

해설 법치행정이란 행정은 법률의 근거하에 법률의 기속을 받으면서 행해져야 하고, 만약 이를 위반한 행정작용으로 인해 개인에게 피해가 발생하면 그 피해는 구제되어야 한다는 원칙을 말한다. 법치행정의 목적은 행정의 자의로부터 개인을 보호하고 행정작용의 예견가능성을 보장하는 데 있다.

오답노트

① 평등의 원칙은 행정작용에 있어 특별한 사정이 없는 한 행정객체인 국민에게 공평한 처우를 해야 한다는 것이다.
② 부당결부금지의 원칙이란 행정기관이 행정조치를 취할 때 그것과 실질적 관련이 없는 상대방의 급부를 결부시켜서는 안 된다는 원칙을 말한다.
③ 권리남용금지의 원칙이란 행정청은 행정권한을 남용하거나 그 권한의 범위를 넘어서는 아니 되는 것을 말한다(행정기본법 제11조 제2항).

02 평등의 원칙(제9조) 출제빈도 ★★★

1. 평등의 원칙의 의의

행정기본법 제9조에서 "행정청은 합리적 이유 없이 국민을 차별하여서는 아니 된다."고 규정하고 있다. 즉 평등의 원칙은 행정작용에 있어 특별한 사정이 없는 한 행정객체인 국민에게 공평한 처우를 해야 한다는 것이다.

2. 평등의 원칙의 내용

(1) 적용범위

평등의 원칙은 침익적 행정[1)]과 수익적 행정[2)], 질서행정과 급부행정 등 모든 행정에 적용된다. 평등의 원칙에 반하는 행정작용은 사법적 통제의 대상이 될 수 있다.

1) 침익적 행정
자유 또는 권익을 제한·침해하거나 새로운 의무·부담을 과하는 행정작용(과세행정, 징집행정)

2) 수익적 행정
제한되었던 자유를 회복시켜주거나 새로운 권리·이익을 부여하는 행정작용(허가, 특허 등)

(2) 합리적 이유가 있는 차별

① 상대적 평등

- 헌법상 평등원칙은 본질적으로 같은 것을 자의적으로 다르게 취급함을 금지하는 것으로서, 일체의 차별적 대우를 부정하는 절대적 평등을 뜻하는 것이 아니라 입법을 하고 법을 적용할 때에 합리적인 근거가 없는 차별을 하여서는 아니 된다는 상대적 평등을 뜻하므로, 합리적 근거가 있는 차별 또는 불평등은 평등의 원칙에 반하지 아니한다. (대법원 2018. 10. 25. 선고 2018두44302 판결)
- 평등의 원칙은 입법자에게 본질적으로 같은 것을 자의적으로 다르게, 본질적으로 다른 것을 자의적으로 같게 취급하는 것을 금하고 있다. 그러므로 비교의 대상을 이루는 두 개의 사실관계 사이에 서로 상이한 취급을 정당화할 수 있을 정도의 차이가 없음에도 불구하고 두 사실관계를 서로 다르게 취급한다면, 입법자는 이로써 평등권을 침해하게 된다. (헌재 2020. 12. 23. 2018헌바222)

② 합리적 차별 기준

- 자의금지의 원칙: 본질적으로 같은 것을 자의적으로 다르게, 본질적으로 다른 것을 자의적으로 같게 취급하는 것을 말한다.
- 형평: 행정작용의 개시와 진행 과정뿐만 아니라 행정작용의 결과가 공정하여 행정법 질서가 균형이 잡힌 상태에 있는 것을 의미한다.
- 합리성: 행정청이 도입하는 행정작용의 내용·절차는 그 행정작용이 의도하는 목적에 비추어 이성적이어야 한다는 것을 의미한다.

결정기준

예를 들어, A 식당의 식품위생법 위반 사건과 B 식당의 식품위생법 위반 사건이 동일한 사안일 경우 만약 A 식당에 2개월의 영업정지 처분을 하였다면 B 식당에게도 2개월의 영업정지 처분을 하여야 한다는 것입니다.

(3) 행정의 자기구속의 원칙

① 의의: 행정의 자기구속의 원칙이란 행정청은 동일한 사안에 대해 제3자에게 한 것과 동일한 결정을 상대방에게 하도록 구속을 받는다는 의미이다. 즉, 행정청은 스스로 정하여 시행하고 있는 결정기준을 합리적 이유 없이 이탈할 수 없다는 원칙이다.

② 적용범위: 행정의 자기구속은 수익적 행위에서 평등의 보장을 위해 발전된 것이지만 침익적 행위의 경우에도 적용된다. 특히 재량행위의 영역에서 특별한 의미를 갖는다.

③ 적용요건: 행정의 자기구속의 원칙이 적용되기 위해서는 재량행위의 영역일 것, 동종의 사안일 것, 동일한 행정청일 것, 선례가 존재할 것 등의 요건이 필요하다.

선례가 존재할 것

재량권 행사의 준칙인 행정규칙이 그 정한 바에 따라 되풀이 시행되어 행정관행이 이루어지게 되면 평등의 원칙이나 신뢰보호의 원칙에 따라 행정기관은 그 상대방에 대한 관계에서 그 규칙에 따라야 할 자기구속을 받게 되므로, 이러한 경우에는 특별한 사정이 없는 한 그를 위반하는 처분은 평등의 원칙이나 신뢰보호의 원칙에 위배되어 재량권을 일탈·남용한 위법한 처분이 된다. (대법원 2009. 12. 24. 선고 2009두7967 판결)

03 비례의 원칙(제10조)

출제빈도 ★★★

1. 비례의 원칙(과잉금지원칙)의 의의

비례의 원칙이란 행정의 목적과 그 목적을 실현하기 위한 수단의 관계에서 그 수단은 목적을 실현하는 데에 적합하고 최소 침해를 가져오는 것을 의미하며, 또한 그 수단의 도입으로 발생하는 침해가 행정이 의도하는 공익을 능가해서는 안 된다는 원칙을 의미한다.

2. 비례의 원칙의 내용

(1) 적용범위

비례의 원칙은 침익적 행정과 수익적 행위, 질서행정과 급부행정 등 모든 행정에 적용된다.

(2) 내용

① 적합성의 원칙: 행정기관이 취한 조치 또는 수단은 그가 의도하는 목적을 달성하는 데에 적합해야 한다는 것을 의미한다.
② 필요성의 원칙: 행정기관이 행정조치를 취함에 있어 여러 적합한 수단 중에서도 당사자의 권리나 자유에 대한 침해가 가장 적은 수단을 선택해야 함을 의미한다.
③ 상당성의 원칙: 행정작용으로 인한 국민의 이익 침해가 그 행정작용이 의도하는 공익보다 크지 아니하여야 한다는 것을 의미한다.

(3) 위반의 효과

① 무효와 취소: 비례의 원칙은 헌법상의 법치국가원리에서 나온 법의 일반원칙 내지 헌법원칙이기 때문에 이 원칙을 위반한 행정작용은 위헌·위법한 것이 된다. 즉 비례의 원칙에 반하는 행정입법은 무효가 된다. 다만 비례의 원칙에 반하는 행정행위는 하자의 중대성과 명백성 여하에 따라 하자가 중대하고 명백하면 무효, 중대하지만 명백하지 않은 경우 또는 명백하지만 중대하지 않은 경우에는 취소의 대상이 된다.
② 손해배상청구: 비례의 원칙에 반하는 행정작용으로 손해를 입은 자는 국가배상법에 의해 국가 또는 지방자치단체에게 손해배상청구를 할 수 있다.
③ 이의신청과 처분의 재심사: 비례의 원칙에 반하는 처분의 당사자는 행정기본법 제36조가 정하는 바에 의해 이의신청 또는 행정기본법 제37조가 정하는 바에 의해 처분의 재심사를 신청할 수 있다.
④ 행정심판과 행정소송: 비례의 원칙에 반하는 처분의 당사자나 이해관계 있는 제3자는 행정심판과 행정소송을 제기할 수 있다.

법학 전문가의 TIP

필요성의 원칙
예를 들어, 영업에 의한 위험을 예방하기 위해 영업시간의 제한 등과 같은 부관을 붙여 영업제한이 가능한 경우 영업금지의 수단을 사용해서는 안 된다는 것입니다.

상당성의 원칙
예를 들어, 건축법에 위반된 건축물이라 하더라도 공익을 침해하지 않는 한 철거해서는 안 된다는 것입니다.

제36조(처분에 대한 이의신청)
① 행정청의 처분(「행정심판법」 제3조에 따라 같은 법에 따른 행정심판의 대상이 되는 처분을 말한다. 이하 이 조에서 같다)에 이의가 있는 당사자는 처분을 받은 날부터 30일 이내에 해당 행정청에 이의신청을 할 수 있다.

제37조(처분의 재심사)
① 당사자는 처분(제재처분 및 행정상 강제는 제외한다. 이하 이 조에서 같다)이 행정심판, 행정소송 및 그 밖의 쟁송을 통하여 다툴 수 없게 된 경우(법원의 확정판결이 있는 경우는 제외한다)라도 다음 각 호의 어느 하나에 해당하는 경우에는 해당 처분을 한 행정청에 처분을 취소·철회하거나 변경하여 줄 것을 신청할 수 있다.
1. 처분의 근거가 된 사실관계 또는 법률관계가 추후에 당사자에게 유리하게 바뀐 경우
2. 당사자에게 유리한 결정을 가져다주었을 새로운 증거가 있는 경우
3. 「민사소송법」 제451조에 따른 재심사유에 준하는 사유가 발생한 경우 등 대통령령으로 정하는 경우

04 성실의무 및 권한남용금지의 원칙(제11조)

출제빈도 ★★

1. 성실의무의 원칙

(1) 성실의무의 원칙의 의의

행정기본법 제11조 제1항은 "행정청은 법령 등에 따른 의무를 성실히 수행하여야 한다."고 규정하고 있다.

(2) 적용범위

성실의무의 원칙은 침익적 행정과 수익적 행위, 질서행정과 급부행정 등 모든 행정에 적용된다.

(3) 내용

학설상 성실의무의 내용으로 모순행위금지 원칙, 법규남용금지 원칙, 행정청의 사인보호의무, 실효의 법리, 행정청의 불성실로 인한 사인의 법적 지위 약화 금지 등이 있다.

2. 권리남용금지의 원칙

(1) 권리남용금지의 원칙의 의의

행정기본법 제11조 제2항은 "행정청은 행정권한을 남용하거나 그 권한의 범위를 넘어서는 아니 된다."고 규정하고 있다.

(2) 적용범위

권리남용금지의 원칙은 침익적 행정과 수익적 행위, 질서행정과 급부행정 등 모든 행정에 적용된다.

(3) 행정권한

행정권한이란 행정청이 국가나 지방자치단체를 위하여 그리고 국가나 지방자치단체의 행위로써 유효하게 사무를 처리할 수 있는 능력 또는 사무의 범위를 의미한다.

(4) 내용

① 행정권한 남용의 금지: 행정권한의 남용이란 행정권한이 법령상 주어진 권한의 범위 내에서 행사되었으나 잘못된 방향으로 권한행사가 이루어지는 경우를 말한다.

② 행정권한 일탈의 금지: 행정권한의 일탈이란 법령상 주어진 권한의 범위를 벗어난 행정권한 행사를 말한다.

③ 행정권한 불행사의 금지: 행정권의 불행사는 합리적인 이유 없이 행정권을 행사하지 않았다는 의미에서 행정권한의 남용으로 볼 수 있다.

법학 전문가의 TIP

행정청의 사인 보호의무
예를 들어, 특별한 부담이 없이도 가능한 경우라면, 행정청은 사인에게 권리의 내용과 행사가능성을 가르쳐 줄 의무를 부담합니다.

실효의 법리
상당한 기간의 경과, 권리의 불행사, 권리의 불행사에 대한 상대방의 신뢰 등을 요건으로 합니다.

행정청의 불성실로 인한 사인의 법적 지위 약화 금지
예를 들어, 특별한 이유 없이 허가를 지연시킴으로 인하여 사인(신청인)이 불이익을 받는 것을 금지하여야 합니다.

05 신뢰보호의 원칙(제12조)

출제빈도 ★★★

1. 신뢰보호의 원칙의 의의

(1) 의의

행정기본법 제12조 제1항에서 "행정청은 공익 또는 제삼자의 이익을 현저히 해칠 우려가 있는 경우를 제외하고는 행정에 대한 국민의 정당하고 합리적인 신뢰를 보호하여야 한다."고 규정하여 신뢰보호원칙을 규정하고 있다. 즉 행정기관의 어떤 행위가 존속될 것이라는 것을 일반사인이 정당하게 신뢰한 경우 그러한 정당한 권리는 신뢰되어야 한다는 원칙을 의미한다.

(2) 적용범위

신뢰보호원칙은 침익적 행정과 수익적 행위, 질서행정과 급부행정 등 모든 행정에 적용된다.

(3) 내용(요건)

① 소극적 요건: 공익 또는 제삼자의 이익을 현저히 해칠 우려가 없는 경우에는 신뢰보호원칙이 적용될 수 있다.

② 적극적 요건: 행정에 대한 국민의 정당하고 합리적인 신뢰를 보호하기 위해서는 행정청의 선행조치, 보호할만한 사인의 신뢰, 사인의 처리, 인과관계, 선행조치에 반하는 행정청의 조치, 개인의 이익침해가 있어야 한다.

(4) 위반의 효과

신뢰보호의 원칙에 반하는 행정작용은 위헌·위법한 것이 되므로 행정작용이 행정행위인 경우에는 무효 또는 취소할 수 있는 행위가 되며 행정입법이나 공법상 계약은 무효가 된다. 또한 신뢰보호원칙에 반하는 행정작용에 대해서는 국가배상법이 정하는 바에 따라 손해배상을 청구할 수도 있다.

2. 실권의 원칙

(1) 실권의 원칙의 의의

행정기본법 제12조 제2항에서 "행정청은 권한 행사의 기회가 있음에도 불구하고 장기간 권한을 행사하지 아니하여 국민이 그 권한이 행사되지 아니할 것으로 믿을 만한 정당한 사유가 있는 경우에는 그 권한을 행사해서는 아니 된다. 다만, 공익 또는 제3자의 이익을 현저히 해칠 우려가 있는 경우는 예외로 한다."고 규정하여 실권의 원칙을 규정하고 있다.

(2) 내용(요건)

실권의 원칙이 적용되기 위해서는 권한행사의 기회, 장기간의 불행사, 권한의 불행사에 대한 국민의 신뢰, 공익 등을 해칠 우려가 없을 것 등의 요건이 필요하다.

법학 전문가의 TIP

일반적으로 행정상의 법률관계에 있어서 행정청의 행위에 대하여 신뢰보호의 원칙이 적용되기 위해서는, 첫째 행정청이 개인에 대하여 신뢰의 대상이 되는 공적인 견해표명을 하여야 하고, 둘째 행정청의 견해표명이 정당하다고 신뢰한 데에 대하여 그 개인에게 귀책사유가 없어야 하며, 셋째 그 개인이 그 견해표명을 신뢰하고 이에 상응하는 어떠한 행위를 하였어야 하고, 넷째 행정청이 위 견해표명에 반하는 처분을 함으로써 그 견해표명을 신뢰한 개인의 이익이 침해되는 결과가 초래되어야 하며, 마지막으로 위 견해표명에 따른 행정처분을 할 경우 이로 인하여 공익 또는 제3자의 정당한 이익을 현저히 해할 우려가 있는 경우가 아니어야 한다. (대법원 2006. 2. 24. 선고 2004두13592 판결)

06 부당결부금지의 원칙(제13조)

출제빈도 ★★★

법학 전문가의 TIP

부당결부금지의 원칙

예를 들어, 주택사업계획승인을 하면서 주택사업과는 아무런 관련이 없는 토지를 기부채납하도록 하는 부관을 붙인 경우 그 부관은 부당결부금지원칙에 위반되어 위법합니다.

1. 부당결부금지의 원칙의 의의

(1) 부당결부금지의 원칙의 의의

행정기본법 제13조에서 "행정청은 행정작용을 할 때 상대방에게 해당 행정작용과 실질적인 관련이 없는 의무를 부과해서는 아니 된다."고 규정하여 부당결부금지의 원칙을 규정하고 있다. 즉, 부당결부금지의 원칙이란 행정기관이 행정조치를 취할 때 그것과 실질적 관련이 없는 상대방의 급부를 결부시켜서는 안 된다는 원칙을 말한다.

(2) 적용범위

부당결부금지의 원칙은 침익적 행정과 수익적 행위, 질서행정과 급부행정 등 모든 행정에 적용된다.

2. 내용

행정권의 행사와 그에 결부된 반대급부 사이의 목적과 원인에서 실질적 관련성이 있어야 하며 실질적 관련성이 없는 경우에 해당 행정권 행사는 부당결부금지의 원칙에 반한다. 보다 구체적으로 말하면 행정권 행사가 반대급부의 원인이 되어야 하고, 반대급부가 행정권 행사의 목적과 실질적 관련이 있어야 한다.

시험문제 미리보기!

비례의 원칙 중 행정기관이 취한 조치 또는 수단은 그가 의도하는 목적을 달성하는 데 맞게끔 사용해야 한다는 원칙을 무엇이라고 하는가?

① 합목적성의 원칙 ② 적합성의 원칙
③ 필요성의 원칙 ④ 상당성의 원칙

정답 ②

해설 비례의 원칙에는 적합성의 원칙, 필요성의 원칙, 상당성의 원칙이 있으며, 적합성의 원칙이란 행정기관이 취한 조치 또는 수단은 그가 의도하는 목적을 달성하는 데에 적합해야 한다는 것을 의미한다.

오답노트

① 합목적성의 원칙: 행정 목적의 정당성을 의미한다.
③ 필요성의 원칙: 행정기관이 행정조치를 취함에 있어 여러 적합한 수단 중에서도 당사자의 권리나 자유에 대한 침해가 가장 적은 수단을 선택해야 함을 의미한다.
④ 상당성의 원칙: 행정작용으로 인한 국민의 이익 침해가 그 행정작용이 의도하는 공익보다 크지 아니하여야 한다는 것을 의미한다.

제3절 | 행정법관계와 사법관계

✓핵심 포인트

행정주체	• 개인적 공권: 개인이 자신의 이익을 추구하기 위하여 행정주체에게 특정한 작위, 부작위, 수인을 요구할 수 있는 공법상의 힘 • 무하자재량행사청구권: 행정청에 재량이 있는 경우, 행정청에 대하여 재량권을 하자 없이 행사해 줄 것을 요구할 수 있는 권리 • 행정개입청구권: 개인이 자기의 이익을 위하여 타인에 대해 일정한 행위를 발동하여 줄 것을 행정청에 청구하는 권리

01 행정법관계의 의의 및 종류

출제빈도 ★

1. 행정법관계의 의의

행정법관계란 행정상 법률관계[1] 중 공법이 적용되는 법률관계를 말한다.

2. 행정법관계의 종류

(1) 공법관계

① 권력관계: 공권력 주체로서의 행정주체가 우월적인 지위에서 국민에 대하여 일방적인 조치(법률행위 또는 사실행위)를 취하는 관계를 말한다. 권력관계의 예로는 권력적 법률행위인 행정행위(운전면허 취소 및 정지처분 등)와 권력적 사실행위인 행정강제(주차 위반차량의 견인·보관조치 등)가 있다.

② 관리관계: 행정주체가 사인과 대등한 관계에서 공행정을 수행함에 있어 국민과 맺는 관계를 말한다. 관리관계의 예로는 공법상 계약관계(공무원채용계약, 민자유치계약, 국가연구비지급계약 등) 등을 들 수 있다.

(2) 사법관계

① 국고관계: 행정주체가 일반 사인과 같은 지위에서(사법상의 재산권의 주체로서) 사법상의 행위를 함에 있어 사인과 맺는 관계를 말한다. 그 예로는 행정청의 물품구매계약, 청사·도로·교량 등의 건설도급계약 등을 들 수 있다.

② 행정사법관계: 행정주체가 사법형식에 따라 공행정을 수행함에 있어 국민과 맺는 법률관계를 말한다.

1) 행정상 법률관계
행정활동을 기초로 맺어진 권리·의무관계

02 행정주체

출제빈도 ★

1. 의의

행정주체란 행정을 행하는 법 주체를 말한다. 행정주체에는 국가, 지방자치단체, 공공조합, 영조물법인, 공법상 재단, 공무수탁사인이 있다.

2. 행정주체의 종류

(1) 공공조합

공공조합이란 법정의 자격을 가진 조합원으로 구성된 공법상의 사단법인이다.

예 농지개량조합, 토지구획정리조합, 상공회의소, 의료보험조합, 재개발조합, 재건축조합 등

(2) 영조물법인

영조물법인이란 행정법상의 영조물에 독립된 법인격이 부여된 것을 말한다. 영조물이란 특정한 국가목적에 제공된 인적·물적 종합시설을 말한다.

예 국립도서관, 국공립학교, 한국은행 등

(3) 공법상 재단

공법상 재단이란 국가나 지방자치단체가 공공 목적을 위하여 출연한 재산을 관리하기 위하여 설립된 공법상의 재단법인을 말한다.

예 한국연구재단

(4) 공무수탁사인

공무수탁사인이란 공행정사무를 위탁(협의의 위탁)받아 자신의 이름으로 처리하는 권한을 갖고 있는 행정주체인 사인을 말한다.

예 선장이 일정한 경찰사무를 행하는 경우, 민간철도회사 직원이 철도경찰업무를 수행하는 경우, 사인이 사업시행자로서 토지수용, 이주대책 수립을 하는 경우 등

3. 개인적 공권

(1) 개인적 공권의 의의

개인적 공권이란 개인이 자신의 이익을 추구하기 위하여 행정주체에게 특정한 작위, 부작위, 수인을 요구할 수 있는 공법상의 힘을 말한다.

(2) 개인적 공권의 성립요건

① 강행법규의 존재: 개인적 공권이 성립하기 위해 이에 대응하는 행정주체의 의무가 존재해야 한다.

② 강행법규의 사익보호성: 강행법규가 공익의 실현뿐만 아니라 개인의 이익실현도 목적으로 하고 있어야 한다.

③ 소구가능성: 강행법규에 의해 보호되고 있는 사익을 소송을 통하여 관철시킬 수 있는 법률상의 힘이 있어야 한다.

(3) 공권과 반사적 이익의 구별

① 반사적 이익의 의의: 반사적 이익이란 공법이 공익을 위하여 행정주체나 그 객체에게 어떠한 작위 또는 부작위의 의무를 부과 또는 행정주체가 공공시설을 운영함으로써 결과적으로 개인이 반사적으로 받게 되는 이익을 말한다.

② 구별실익: 반사적 이익은 법에 의해 직접 보호되는 이익이 아니므로 그 이익이 침해되더라도 재판을 통해 구제되지 않는다. 즉 그 이익의 침해를 감수하여야 한다. 반대로 공권이 침해된 자는 재판을 통하여 권리의 구제를 청구할 수 있다.

(4) 개인적 공권의 확대

① 무하자재량행사청구권: 행정청에 재량이 있는 경우, 행정청에 대하여 재량권을 하자 없이 행사해 줄 것을 요구할 수 있는 권리를 말한다. 즉, 재량행위의 영역에서 행정청에 재량권의 법적 한계를 준수하여 처분해 줄 것을 청구할 수 있는 권리이다.

② 행정개입청구권: 개인이 자기의 이익을 위하여 타인에 대해 일정한 행위를 발동하여 줄 것을 행정청에 청구하는 권리를 말한다. 예를 들어, 이웃 주민이 위반건축물을 건축하여 자기의 권리를 침해하는 경우 이웃 주민에 대한 위반건축물의 철거명령을 발동해 줄 것을 행정청에 요구하는 것을 말한다.

법학 전문가의 TIP

반사적 이익

예를 들어, 의료법에서 의사에게 환자 진료의무를 부과함으로써 일반인이 반사적으로 진료를 받게 되는 이익을 말합니다.

시험문제 미리보기!

다음 중 행정의 주체와 가장 거리가 먼 것은?

① 행정안전부장관 ② 공공조합
③ 공법상 재단 ④ 공무수탁사인

정답 ①

해설 행정안전부장관은 국가의 의사를 결정할 수 있는 권한을 가진 행정청이지 행정주체는 아니다. 행정주체란 행정을 행하는 법 주체를 말한다. 행정주체에는 국가, 지방자치단체, 공공조합, 영조물법인, 공법상 재단, 공무수탁사인이 있다.

오답노트

② 공공조합이란 법정의 자격을 가진 조합원으로 구성된 공법상의 사단법인이다.
③ 공법상 재단이란 국가나 지방자치단체가 공공 목적을 위하여 출연한 재산을 관리하기 위하여 설립된 공법상의 재단법인을 말한다.
④ 공무수탁사인이란 공행정사무를 위탁(협의의 위탁)받아 자신의 이름으로 처리하는 권한을 갖고 있는 행정주체인 사인을 말한다.

제4절 | 행정작용

✓핵심 포인트

행정입법	• 법규명령, 행정규칙
처분의 적용 기준	• 불소급의 원칙, 처분 당시의 법령 적용
처분의 효력	• 구속력, 공정력, 구성요건적 효력, 불가쟁력, 불가변력, 자력집행력, 제재력
기속행위와 재량행위	• 기속행위: 행정권의 행사요건과 효과가 법에 일의적으로 규정되어 있어서 행정청에게 판단의 여지가 전혀 인정되지 않고 행정청은 법에 정해진 행위를 하여야 하는 의무 • 재량행위: 행위의 요건이나 효과의 선택에 관하여 법이 행정권에게 판단의 여지 또는 재량권을 인정한 경우에 행해지는 행정청의 행정행위
행정행위의 내용	• 명령적 행정행위, 형성적 행정행위, 준법률적 행정행위
행정행위의 하자	• 행정행위가 유효하게 성립하기 위해 필요한 요건을 완전히 갖추지 못한 경우 • 무효인 행정행위, 취소할 수 있는 행정행위
부관의 종류	• 조건, 기한, 부담, 철회권의 유보

01 행정입법

출제빈도 ★★★

1. 법규명령

(1) 의의

법규명령이란 행정권이 정립하는 일반적·추상적 규정으로 법규로서의 성질을 가지는 것을 말한다. 법규명령은 국가기관은 물론 일반적으로 국민에 대하여 직접 구속력을 갖는 법규범의 성격이 있다.

종속명령

종속명령은 위임명령과 집행명령으로 구분됩니다. 위임명령이란 법률 또는 상위명령의 위임에 따라 제정되는 명령으로서 새로운 법규사항을 정할 수 있습니다. 집행명령이란 상위법령의 집행을 위하여 필요한 사항(신고서양식 등)을 법령의 위임(근거) 없이 직권으로 발하는 명령으로서 새로운 법규사항을 정할 수 없습니다.

(2) 종류

① 법률과의 관계에 따른 분류: 헌법적 효력을 가지는 계엄조치, 법률과 같은 효력을 갖는 긴급명령 및 긴급재정·경제명령, 법률보다 하위의 효력을 갖는 종속명령이 있다.

② 제정권자에 따른 분류: 대통령이 제정하는 명령을 대통령령, 총리가 발하는 명령을 총리령, 행정각부의 장이 발하는 명령을 부령이라고 한다. 실제 입법에 있어서 대통령령에는 통상 시행령이라는 이름을 붙이고 총리령과 부령에는 시행규칙이라는 이름을 붙인다.

(3) 행정입법부작위

행정입법부작위란 행정권에 법규명령을 제정·개정할 법적의무가 있음에도 합리적인 이유 없이 행정청이 입법을 지체하여 법규명령을 제정 또는 개정하지 않는 것을 말한다.

(4) 법규명령의 적법성

① 법률유보의 원칙: 법률 또는 상위법령의 근거가 필요하다.
② 법률우위의 원칙: 법규명령의 내용이 수권의 범위 내에 있어야 한다.
③ 포괄적 위임금지의 원칙: 법률에서 위임명령에 규정할 사항을 위임함에 있어 구체적으로 범위를 정하여 위임하여야 한다.

2. 행정규칙

(1) 의의

행정규칙이란 행정조직 내부에서 행정의 사무처리기준으로서 제정하는 일반적·추상적 규범을 말한다. 행정기관이 발하는 일반적·추상적 규율이라는 점에서 법규명령과 같으나, 법률의 수권 없이 상급행정기관이 자신의 직무권한을 근거로 발하며, 원칙적으로 행정조직 내부에서만 구속력을 갖는다는 점에서 법규명령과 구별된다.

(2) 종류

① 내용에 따른 구분: 조직규칙, 근무규칙, 재량준칙[1], 규범해석 규칙, 규범구체화 행정규칙
② 형식에 따른 구분: 광의의 훈령(훈령[2], 지시[3], 예규[4], 일일명령[5]), 고시(행정규칙적, 일반처분적, 법규명령적)

(3) 행정규칙의 법규성

판례는 원칙적으로 행정규칙의 법규성은 물론 대외적 구속력을 부인하는 입장이나, 상위법령과 결합하여 위 법령에 내용을 보충하는 성격을 가지는 법령 보충적 행정규칙의 경우 성질상 법규성을 인정한다.

02 처분의 적용 기준

출제빈도 ★

1. 불소급의 원칙

(1) 의의

행정기본법 제14조 제1항에서 "새로운 법령 등은 법령 등에 특별한 규정이 있는 경우를 제외하고는 그 법령 등의 효력 발생 전에 완성되거나 종결된 사실관계 또는 법률관계에 대해서는 적용되지 아니한다."고 규정하여 불소급의 원칙을 규정하고 있다.

법학 전문가의 TIP

행정입법부작위
입법부가 법률로써 행정부에게 특정한 사항을 위임했음에도 불구하고 행정부가 정당한 이유 없이 이를 이행하지 않는다면 권력분립의 원칙과 법치국가 내지 법치행정의 원칙에 위배되는 것으로서 위법함과 동시에 위헌적인 것이 된다. (대법원 2007. 11. 29. 선고 2006다3561 판결)
예 법률이 제정된 때부터 20년 이상이 경과했음에도 불구하고 치과전문의 관련된 시행규칙을 제정하지 않은 것 ⇨ 헌법 위반

조직규칙
행정조직 내부적 구성 및 권한 배분 내지 사무처리 절차를 하는 행정규칙을 말합니다. 예를 들어, 전결권을 정하는 직무대리 규정이 있습니다.

근무규칙
예를 들어, 서울시장이 소속 공무원에 대해 상습침수지역을 설정하여 정기적인 점검 명령을 하는 것 등이 있습니다.

1) 재량준칙
재량권 행사의 기준을 제시하는 행정규칙

2) 훈령
상급기관이 하급기관에 대하여 장기간에 걸쳐 그 권한의 행사를 지시하기 위하여 발하는 명령

3) 지시
상급기관이 직권 또는 하급기관의 문의에 따라 개별적·구체적으로 발하는 명령

4) 예규
법규문서 이외의 문서로서 반복적 행정사무의 기준을 제시하는 것

5) 일일명령
당직·출장·시간외근무 등 일일업무에 관한 명령

(2) 적용범위

① 원칙: 진정소급 금지
② 예외: 특별한 규정이 있는 경우 진정소급 적용 인정

2. 신청에 따른 처분에 대한 법 적용의 기준

(1) 의의

행정기본법 제14조 제2항에서 "당사자의 신청에 따른 처분은 법령 등에 특별한 규정이 있거나 처분 당시의 법령 등을 적용하기 곤란한 특별한 사정이 있는 경우를 제외하고는 처분 당시의 법령 등에 따른다."고 규정하고 있다.

(2) 적용범위

① 원칙: 처분 당시의 법령 등 적용
② 예외: 법령 등에 특별한 규정이 있거나 처분 당시의 법령 등을 적용하기 곤란한 특별한 사정이 있는 경우에 적용

법학 전문가의 TIP

처분 당시의 법령 등 적용
행정행위는 처분 당시에 시행 중인 법령과 허가기준에 의하여 하는 것이 원칙이고, 인·허가신청 후 처분 전에 관계 법령이 개정시행된 경우 신법령 부칙에 그 시행 전에 이미 허가신청이 있는 때에는 종전의 규정에 의한다는 취지의 경과규정을 두지 아니한 이상 당연히 허가신청 당시의 법령에 의하여 허가 여부를 판단하여야 하는 것은 아니며, 소관 행정청이 허가신청을 수리하고도 정당한 이유 없이 처리를 늦추어 그사이에 법령 및 허가기준이 변경된 것이 아닌 한 변경된 법령 및 허가기준에 따라서 한 불허가처분은 위법하다고 할 수 없다. (대법원 2005. 7. 29. 선고 2003두3550 판결)

위반 행위 시 법령 등 적용
예를 들어, 1월 2일에 음주운전을 하였는데, 1월 15일에 관련 법령 등의 개정으로 제재처분이 강화되었고, 운전면허권자가 1월 20일에 처분을 하려고 하면, 면허권자는 1월 2일에 유효한 법령 등을 따라야 합니다.

3. 법 위반행위의 성립과 제재처분에 대한 법 적용의 기준

(1) 의의

행정기본법 제14조 제3항에서 "법령 등을 위반한 행위의 성립과 이에 대한 제재처분은 법령 등에 특별한 규정이 있는 경우를 제외하고는 법령 등을 위반한 행위 당시의 법령 등에 따른다."고 규정하고 있다.

(2) 적용범위

① 원칙: 위반 행위 시 법령 등 적용
② 예외: 특별한 규정이 있는 경우(특별법 우선의 원칙)

4. 제재완화 법령 등의 개정 시 법 적용의 기준

(1) 의의

행정기본법 제14조 제3항 단서에서 "다만, 법령 등을 위반한 행위 후 법령 등의 변경에 의하여 그 행위가 법령 등을 위반한 행위에 해당하지 아니하거나 제재처분 기준이 가벼워진 경우로서 해당 법령 등에 특별한 규정이 없는 경우에는 변경된 법령 등을 적용한다."고 규정하고 있다.

(2) 적용범위

① 원칙: 개정 법령 등의 적용
② 예외: 특별한 규정이 있는 경우(특별법 우선의 원칙)

법학 전문가의 TIP

개정 법령 등의 적용
예를 들어, 1월 2일에 식품위생법 위반행위(A 행위)를, 1월 15일에 관련 식품위생법의 개정으로 위반행위(A 행위)에 대한 제재처분이 영업허가취소에서 영업정지 3개월로 완화되고, 허가권자가 1월 20일에 처분을 하려고 하면, 허가권자는 영업정지 3개월로 하여야 합니다.

03 처분의 효력

출제빈도 ★

1. 처분의 효력의 의의

행정기본법 제15조에서 "처분은 권한이 있는 기관이 취소 또는 철회하거나 기간의 경과 등으로 소멸되기 전까지는 유효한 것으로 통용된다. 다만, 무효인 처분은 처음부터 그 효력이 발생하지 아니한다."고 규정하고 있다.

2. 처분 효력의 종류

(1) 구속력

구속력은 처분을 받은 자는 허가받은 내용대로 영업을 하여야 하는 구속을 받는 힘을 말한다. 즉, 허가받은 장소에서 허가받은 종류의 영업만 하여야 한다.

(2) 공정력

공정력이란 당연무효의 처분이 아닌 한, 권한을 가진 기관(처분청)에 의하여 취소될 때까지 처분의 상대방이나 제삼자는 처분의 그 효력을 구속받게 되는바, 여기서 처분은 상대방이나 제삼자를 구속하는 힘이다.

(3) 구성요건적 효력

구성요건적 효력이란 특정한 처분의 존재와 그 규율 내용은 그 행위와 관련 있는 행정기관이나 법원의 다른 결정의 구성요건·요소로서 그 행정기관을 구속하는 힘이다.

(4) 존속력

① 불가쟁력: 하자 있는 행정행위라 할지라도 그에 대한 불복기간(행정불복제기기간 또는 출소기간)이 경과하거나 쟁송절차가 종료된 경우에는 더 이상 그 행정행위의 효력을 다툴 수 없게 하는 효력을 말한다.

② 불가변력: 행정행위의 성질상 인정되는 것으로 행정청이 해당 행정행위를 취소 또는 변경할 수 없게 하는 힘을 말한다.

(5) 강제력

① 자력집행력: 행정법상의 의무를 이행하지 아니할 경우 행정청이 직접 실력을 행사하여 자력으로 그 의무의 이행을 실현시킬 수 있는 힘을 말한다.

② 제재력: 행정행위의 상대방이 행정행위에 의해 부과된 의무를 위반하는 경우에 그에 대한 제재로서 행정벌이 과해지는 경우를 말한다.

공정력
행정행위의 공정력을 인정하는 이유는 법적 안정성 때문입니다. 만약 행정행위의 적법성에 의구심이 드는 경우 누구나 그 효력을 부인할 수 있다고 한다면 능률적인 수행이 불가능할 뿐만 아니라 행정법 관계의 법적 안정을 도모하기 어렵습니다. 또한 그 행정행위를 신뢰한 자의 지위도 불안하게 됩니다.

행정기관을 구속하는 힘
예를 들어, 법무부 장관이 甲에게 귀화 허가를 해준 경우 동 귀화는 무효가 아닌 한 모든 국가기관을 구속하므로 각 부 장관은 甲을 국민으로 보고 공무원으로 임명하여야 합니다.

04 행정행위의 의의와 종류

출제빈도 ★★

1. 행정행위의 의의

행정행위란 행정청이 구체적인 사실에 대한 법집행으로서 행하는 외부에 대하여 직접적·구체적인 법률효과를 발생시키는 권력적 단독행위인 공법행위를 말한다.

2. 기속행위와 재량행위

(1) 기속행위

기속행위란 행정권의 행사요건과 효과가 법에 일의적으로 규정되어 있어서 행정청에게 판단의 여지가 전혀 인정되지 않고 행정청은 법에 정해진 행위를 하여야 하는 의무를 의미한다.

(2) 재량행위

① 재량행위의 의의: 재량행위란 행위의 요건이나 효과의 선택에 관하여 법이 행정권에게 판단의 여지 또는 재량권을 인정한 경우에 행해지는 행정청의 행정행위를 의미한다.

② 재량권의 행사: 행정기본법 제21조에서 "행정청은 재량이 있는 처분을 할 때에는 관련 이익을 정당하게 형량하여야 하며, 그 재량권의 범위를 넘어서는 아니 된다."고 규정하고 있다. 즉, 행정권은 재량권을 행사함에 있어 구체적 사정을 고려하여 합목적적인 처분을 행하고 개개인에 대하여 구체적인 타당성이 있는 처분을 내려야 한다.

③ 재량권의 한계: 재량권의 한계란 재량권의 일탈 내지 남용을 말한다. 재량권을 남용하여 발급한 재량처분은 위법하다. 이러한 처분은 처분의 이의신청(제36조)이나 재심사(제37조)의 대상이 될 수 있고, 나아가 행정심판절차와 행정소송으로 다툴 수 있다.

> **법학 전문가의 TIP**
>
> **재량권의 한계**
> 예를 들어, 명확한 법규정 위반, 사실오인, 평등원칙 위반, 자기구속원칙 위반, 비례원칙 위반, 절차 위반, 재량권 불행사 또는 해태 등이 있습니다.

(3) 기속행위와 재량행위의 심사방식

① 기속행위: 기속행위의 경우 기속행위를 심사함에 있어서는 법원이 독자적인 결론을 도출한 후 행정청의 판단과 법원의 판단이 다른 경우에 행정청의 행위를 위법한 것으로 판단할 수 있다. (대체판단방식)

② 재량행위: 재량행위의 경우에는 공익과 관련하여 행정청에 결정의 융통성이 있으므로 법원이 독자적 결론을 도출함이 없이 행정청의 행위에 재량권의 일탈·남용이 있는지를 심사하는 방식으로 위법성을 판단하게 된다.

3. 수익적 · 침익적 · 복효적 행정행위

(1) 수익적 행정행위

수익적 행정행위란 행위의 상대방에게 이익을 부여하는 행정행위를 말한다.

예 허가, 특허, 면제, 인가, 부담적행위의 취소 등

(2) 침익적 행정행위

침익적 행정행위란 행정행위의 상대방의 권익을 침해 또는 권익을 제한, 의무를 부과하는 행정행위를 말한다.

예 하명, 수익적 행정행위의 취소·철회 등

> **법학 전문가의 TIP**
>
> **복효적 행정행위**
> 일방에게 건축 허가 또는 영업허가를 부여한 결과 인접주민 또는 동종업자가 그 허가의 취소를 구하는 경우입니다.

(3) 복효적 행정행위

복효적 행정행위란 하나의 행정행위가 이익과 불이익을 동시에 발생시키는 행정행위를 말한다.

05 행정행위의 내용

출제빈도 ★★

1. 법률행위적 행정행위

(1) 명령적 행정행위

① 하명: 작위·부작위·급부·수인 등의 의무를 명하는 행정행위로, 개인의 권리를 제한하거나 의무를 부과하는 침익적 행위이므로 법령의 근거를 요한다.

② 허가: 질서유지·위험예방 등을 위해 법률로써 개인의 자유를 일반적·잠정적으로 제한한 후 행정상 일정한 요건이 구비된 경우에 그 제한을 해제하여 본래의 자유를 회복시켜 주는 행정행위를 말한다. 허가는 원칙적으로 법령에 특별한 규정이 없는 한 기속행위로 본다. 다만, 공익상 필요가 인정되어 허가 여부에 대해 이익형량이 요구되는 경우 재량행위로 볼 수 있다.

③ 면제: 법령에 의하여 상대방에게 부여된 작위의무나 급부의무·수인의무를 일정한 경우에 해제하는 행정행위를 의미한다.

(2) 형성적 행정행위

① 특허: 특허란 특정인에게 새로운 권리나 포괄적 법률관계를 설정해주는 행위를 의미한다. 특정인을 상대로 하는 행위이므로 반드시 신청이 필요하다.

② 인가: 인가란 행정청이 다른 법률행위를 보충하여 그 법률상의 효력을 완성시키는 보충적 행정행위이다.

③ 대리: 공법상 대리란 체납처분 절차상 압류재산공매 처분과 같이 행정주체가 제3자를 대신하여 행위를 한 후, 그 효과를 직접 제3자에게 귀속하게 하는 법적 효과를 발생하는 행정행위이다.

2. 준법률적 행정행위

(1) 확인

확인이란 특정한 사실 또는 법률관계의 존재 여부 또는 정당성 여부에 대해 의문이나 다툼이 있는 경우 행정청이 공적인 권위로서 행하는 판단의 표시행위이다.

예 친일반민족행위자재산조사위원회의 친일재산 국가귀속결정 등

(2) 공증

공증이란 일정한 사실이나 법률관계의 존재 여부를 공적으로 증명하는 행정행위이다.

예 토지대장에의 등재, 부동산등기법상 등기 등

(3) 통지

통지란 특정인 또는 불특정 다수인에게 일정한 사실을 알리는 행정행위이다.

예 국가공무원법상 공무원에게 발하는 정년퇴직발령, 구 토지수용법상 사업인정의 고시 등

(4) 수리

수리란 타인의 행위를 유효한 행위로서 받아들이는 행정행위이다.

예 행정심판청구서의 수리, 주민등록 전입신고 수리 등

하명
예를 들어, 북한산 등산로 이용 금지 등이 있습니다.

허가
예를 들어, 북한산 등산로 이용 금지 해제가 있습니다.

면제
예를 들어, 징집면제, 조세면제 등이 있습니다.

특허
예를 들어, 공유수면매립면허, 도로점용 허가, 개인택시운송사업면허, 귀화허가, 자동차운수사업면허, 광업허가 등이 있습니다.

인가
예를 들어, 민법상 재단법인의 정관변경의 허가, 토지거래허가 등이 있습니다.

공법상 대리
예를 들어, A가 조세를 체납으로 국가가 A의 재산에 대해 공매를 붙이는 행위, 행려병자나 사자(死者)의 유류품 처분 및 정리, 토지수용위원회의 수용재결을 말합니다.

06 행정행위의 하자

출제빈도 ★★

1. 행정행위의 하자의 의의 및 유형

(1) 의의

행정행위의 하자란 행정행위가 유효하게 성립하기 위해 필요한 요건을 완전히 갖추지 못한 경우를 의미하는 것으로 이러한 행정행위의 하자에는 적법요건을 완전하게 구비하지 못한 위법한 행정행위와 적법요건을 구비하였으나 합목적적이지 못한 재량행사로 인한 부당한 행정행위로 구성된다.

(2) 유형

① 주체상 하자: 행정행위는 정당한 권한을 가진 행정기관이 그의 권한 내에서 정상적인 의사에 기하여 행하여져야 하므로 권한 없는 자의 행위는 원칙적으로 무효이다.

㉠ 정당한 기관 구성원이 아닌 자의 행위: 공무원 아닌 자의 행위, 결격사유가 있는 자가 합의체 구성원으로 참여하여 비로소 의결정족수를 구성한 회의에서 결정한 행위

공무원 아닌 자의 행위
예를 들어, 정년퇴직 또는 면직으로 공무원의 신분을 상실한 공무원의 행위가 있습니다.

㉡ 무권한자의 행위: 시장이 가지는 유기장 영업허가를 동장이 허가한 경우

② 절차상 하자: 행정행위가 행해지기 전에 거쳐야 하는 절차 중 하나를 거치지 않았거나 거쳤으나 절차상 하자가 있는 경우를 말한다.

㉠ 환경영향평가를 실시하여야 할 사업에 대해 환경영향평가를 거치지 않고 승인처분을 한 경우 이는 통상 중대한 하자이므로 원칙상 당연무효이다.

㉡ 과세예고 통지 후 과세 전 적부심사청구나 그에 대한 결정이 있기 전에 과세처분을 하는 것으로 이는 절차상 하자의 중대 명백하여 무효이다.

③ 형식에 관한 하자: 법령상 문서, 그 밖의 형식이 요구되는 경우에 이에 따르지 않은 해당 행정행위는 형식의 하자가 있는 행위가 된다. 따라서 법령상 문서로 하도록 되어 있는 행정행위를 그와 같이 하지 않은 경우 해당 행정행위는 무효가 된다. 예를 들어 독촉장에 의하지 않은 납세의 독촉행위를 들 수 있다.

④ 내용에 관한 하자: 행정행위가 효력을 발하기 위해서는 행정행위의 내용이 법에 위반하지 않고 공익에 적합하여야 하며 실현불가능한 것이 아니어야 한다.

2. 행정행위의 무효와 취소

(1) 무효인 행정행위

무효인 행정행위란 행정행위의 외형은 갖추고 있으나 행정행위의 효력이 처음부터 발생하지 않는 행정행위를 의미한다. 행정행위의 일부에 무효사유인 하자가 있는 경우 무효 부분이 본질적이거나 불가분적인 경우에는 행정행위 전부가 무효가 되고, 무효 부분이 본질적이지 않고 가분적인 경우 무효 부분만이 무효가 된다.

(2) 취소할 수 있는 행정행위

취소할 수 있는 행정행위란 행정행위에 하자가 있음에도 불구하고 권한 있는 기관이 취소하기 전까지는 유효한 행위로 통용되는 행정행위를 말한다.

07 부관(제17조)

출제빈도 ★★

1. 부관의 개념

행정행위의 부관이란 행정청이 주된 행정행위에 부가한 종된 규율을 말한다. 행정행위의 부관은 학문상 개념이며 실정법에서는 오히려 '조건'으로 표시되고 있다. 부관은 주된 행정행위에 부가된 종된 규율로서 부종성을 가지므로 명문의 규정이나 명문의 약정이 없는 한 주된 행정행위가 효력을 상실하면 부관도 효력을 상실한다.

2. 부관의 종류

(1) 조건

조건이란 행정행위 효력의 발생 또는 소멸을 장래의 불확실한 사실에 의존시키는 부관을 말한다. 조건이 성취되어야 행정행위가 비로소 효력을 발생하는 조건을 정지조건이라 하고(조건부 학교설립인가 등), 행정행위가 일단 효력을 발생하고 조건이 성취되면 효력을 상실하는 조건을 해제조건이라 한다(일정한 기간 내에 공사에 착수할 것을 조건으로 하는 공유수면매립면허 등).

(2) 기한

기한이란 처분의 효력 발생·소멸을 장래에 그 발생 여부가 불확실한 사실, 즉 장래의 특정 시점에 종속시키는 부관을 말한다. 당해 사실의 발생으로 효과가 발생하는 경우('2025년 1월 1일부로 허가한다.' 등)의 기한을 시기, 효과가 소멸하는 경우('2025년 1월 1일까지 허가한다.' 등)의 기한을 종기라 한다.

(3) 부담

부담이란 수익적 처분에 부가된 부관으로 상대방에게 작위·부작위·수인·급부의무를 명하는 것을 말한다.

예 도로점용 허가 시 도로점용료납부명령을 하는 경우 등

(4) 철회권의 유보

철회권의 유보란 일정 요건하에 처분을 철회하여 처분의 효력을 소멸하게 할 수 있음을 정하는 부관을 말한다.

철회권의 유보

예를 들면, 인근에 주택이 많이 들어서는 경우에 학교환경위생정화구역 내에서 甲의 유흥주점에 대한 금지해제조치를 취소한다는 조건을 붙여 유흥주점허가를 내준 경우 등이 있습니다.

시험문제 미리보기!

다음 중 행정입법에 관한 설명으로 옳지 않은 것은?

① 법규명령은 국가기관은 물론 일반적으로 국민에 대하여 직접 구속력을 갖는다.

② 행정입법부작위란 행정권에 법규명령을 제정·개정할 법적의무가 있음에도 합리적인 이유 없이 행정청이 입법을 지체하여 법규명령을 제정 또는 개정하지 않는 것을 말한다.

③ 법규명령은 행정주체와 국민 간의 관계를 규율하지만, 행정규칙은 원칙적으로 행정조직 내부에서만 구속력을 갖는다.

④ 행정규칙은 법규로 인정받으므로 법률유보의 원칙, 법률우위의 원칙, 포괄적 위임금지의 원칙 등이 적용된다.

정답 ④

해설 법규명령은 법규로 인정받으므로 법률유보의 원칙, 법률우위의 원칙, 포괄적 위임금지의 원칙 등이 적용되지만 행정규칙은 일반적으로 법규로 보지 않는다.

제5절 | 행정의 실효성 확보수단

✓핵심 포인트

행정상 강제집행의 수단	행정대집행, 이행강제금, 직접강제, 강제징수, 즉시강제
행정벌	행정형벌, 행정질서벌, 과징금

01 행정상 강제집행

출제빈도 ★★

1. 행정상 강제집행의 의의

행정상 강제집행이란 행정법상 개별·구체적인 의무의 불이행이 있는 경우 행정주체가 의무자의 신체 또는 재산에 실력을 가하여 의무를 이행시키거나 또는 이행이 있었던 것과 동일한 상태를 실현하는 행정작용을 말한다.

2. 행정상 강제집행의 수단

(1) 행정대집행(행정기본법 제30조 제1항 1호)

① 행정대집행 의의: 행정대집행이란 대체적 작위의무(다른 사람이 대신하여 이행할 수 있는 작위의무)의 불이행이 있는 경우에 해당 행정청이 스스로 의무자가 행할 행위를 하거나 제삼자로 하여금 이를 행하게 하고 그 비용을 의무자로부터 징수하는 것을 말한다.

② 요건: 법률에 의하여 직접명령되었거나 또는 법률에 의거한 행정청의 명령에 의한 행위로서 타인이 대신하여 행할 수 있는 행위를 의무자가 이행하지 아니하는 경우 다른 수단으로써 그 이행을 확보하기 곤란하고 또한 그 불이행을 방치함이 심히 공익을 해할 것으로 인정될 때에는 대집행을 할 수 있다. (행정대집행법 제2조)

(2) 이행강제금(행정기본법 제30조 제1항 2호)

이행강제금이란 행정법상 의무의 불이행 시 그 의무를 강제하기 위하여 일정기한까지 이행하지 않으면 일정한 금액을 부과한다는 뜻을 미리 계고하여 의무자에게 심리적 압박을 가함으로써 장래를 향하여 의무이행을 간접적으로 강제하는 것을 의미한다.

대체적 작위의무
예를 들면 건물철거, 물건의 파기 등이 있습니다.

(3) 직접강제(행정기본법 제30조 제1항 3호)

직접강제란 행정법상의 의무 불이행이 있는 경우 행정기관이 직접 의무자의 신체·재산에 실력을 가하여 의무자가 스스로 의무를 이행한 것과 같은 상태를 실현하는 것을 말한다.

(4) 강제징수(행정기본법 제30조 제1항 4호)

강제징수란 의무자가 행정상 의무 중 금전급부의무를 이행하지 아니하는 경우 행정청이 의무자의 재산에 실력을 행사하여 그 행정상 의무가 실현된 것과 같은 상태를 실현하는 것을 말한다.

(5) 즉시강제(행정기본법 제30조 제1항 5호)

즉시강제란 현재의 급박한 행정상의 장해를 제거하기 위한 경우로서 다음 각 목(가. 행정청이 미리 행정상 의무 이행을 명할 시간적 여유가 없는 경우, 나. 그 성질상 행정상 의무의 이행을 명하는 것만으로는 행정목적 달성이 곤란한 경우)의 어느 하나에 해당하는 경우에 행정청이 곧바로 국민의 신체 또는 재산에 실력을 행사하여 행정목적을 달성하는 것을 말한다.

02 행정벌

출제빈도 ★

1. 행정형벌

행정형벌이란 행정법규의 위반에 대하여 과하여지는 형벌을 의미하며, 일반적으로 직접적으로 행정목적을 침해하는 행위에 대하여 과하여진다.

2. 행정질서벌(과태료)

행정질서벌은 행정법규 위반에 대하여 과태료가 과하여지는 행정벌이다. 신고의무 위반과 같이 행정목적을 간접적으로 침해하는 행위에 대하여 과하여지며, 질서위반행위규제법은 법률에 따르지 아니하고는 어떤 행위도 질서위반행위로 과태료가 부과되지 아니한다.

3. 과징금

과징금이란 행정법규의 위반이나 행정법상의 의무 위반으로 경제상의 이익을 얻게 되는 경우, 그 위반으로 인한 경제적 이익을 박탈하기 위하여 그 이익에 따라 행정기관이 과하는 행정상 제재금을 말한다.

법학 전문가의 TIP

형법 제41조(형의 종류)

형의 종류는 다음과 같다.

1. 사형
2. 징역
3. 금고
4. 자격상실
5. 자격정지
6. 벌금
7. 구류
8. 과료
9. 몰수

행정목적을 간접적으로 침해

예를 들면, 신고, 등록, 서류비치 등의 의무를 위반한 경우 등이 있습니다.

시험문제 미리보기!

다음이 설명하는 행정상 강제집행의 수단은 무엇인가?

> 대체적 작위의무(다른 사람이 대신하여 이행할 수 있는 작위의무)의 불이행이 있는 경우에 해당 행정청이 스스로 의무자가 행할 행위를 하거나 제삼자로 하여금 이를 행하게 하고 그 비용을 의무자로부터 징수하는 것

① 대집행　　② 강제징수
③ 이행강제금　　④ 직접강제

정답 ①

해설 대집행에 대한 설명이다.

오답노트

② 강제징수는 의무자가 행정상 의무 중 금전급부의무를 이행하지 아니하는 경우 행정청이 의무자의 재산에 실력을 행사하여 그 행정상 의무가 실현된 것과 같은 상태를 실현하는 것이다.

③ 이행강제금은 행정법상 의무의 불이행 시 그 의무를 강제하기 위하여 일정기한까지 이행하지 않으면 일정한 금액을 부과한다는 뜻을 미리 계고하여 의무자에게 심리적 압박을 가함으로써 장래를 향하여 의무이행을 간접적으로 강제하는 것이다.

④ 직접강제는 행정법상의 의무 불이행이 있는 경우 행정기관이 직접 의무자의 신체·재산에 실력을 가하여 의무자가 스스로 의무를 이행한 것과 같은 상태를 실현하는 것이다.

제6절 | 행정상 손해전보

✓핵심 포인트

행정상 손해배상	• 행정권의 행사로 우연히 발생한 손해에 대한 국가 등의 배상책임 • 요건: 공무원이 직무를 집행(직무 관련성)하면서 타인에게 손해를 가하였을 것, 가해행위는 고의 또는 과실로 인한 행위일 것, 그로 인한 손해가 발생하였고 공무원의 가해행위와 손해 사이에 인과관계가 있을 것
행정상 손실보상	• 적법한 공권력 행사로 인하여 국민이 직접 특별한 손실을 입은 경우에 국가나 지방자치단체 또는 공익사업의 주체가 그 손실을 보상해주는 것 • 요건: 공공의 필요, 공행정작용에 의한 재산권 침해, 적법한 침해, 특별한 희생

헌법 제29조
① 공무원의 직무상 불법행위로 손해를 받은 국민은 법률이 정하는 바에 의하여 국가 또는 공공단체에 정당한 배상을 청구할 수 있다. 이 경우 공무원 자신의 책임은 면제되지 아니한다.
② 군인·군무원·경찰공무원 기타 법률이 정하는 자가 전투·훈련등 직무집행과 관련하여 받은 손해에 대하여는 법률이 정하는 보상외에 국가 또는 공공단체에 공무원의 직무상 불법행위로 인한 배상은 청구할 수 없다.

국가배상법 제2조(배상책임)
① 국가나 지방자치단체는 공무원 또는 공무를 위탁받은 사인(이하 "공무원"이라 한다)이 직무를 집행하면서 고의 또는 과실로 법령을 위반하여 타인에게 손해를 입히거나, 「자동차손해배상 보장법」에 따라 손해배상의 책임이 있을 때에는 이 법에 따라 그 손해를 배상하여야 한다. 다만, 군인·군무원·경찰공무원 또는 예비군대원이 전투·훈련 등 직무 집행과 관련하여 전사(戰死)·순직(殉職)하거나 공상(公傷)을 입은 경우에 본인이나 그 유족이 다른 법령에 따라 재해보상금·유족연금·상이연금 등의 보상을 지급받을 수 있을 때에는 이 법 및 「민법」에 따른 손해배상을 청구할 수 없다.
② 제1항 본문의 경우에 공무원에게 고의 또는 중대한 과실이 있으면 국가나 지방자치단체는 그 공무원에게 구상(求償)할 수 있다.

01 행정상 손해배상

출제빈도 ★★

1. 행정상 손해배상의 의의 및 특징

(1) 의의

행정상 손해배상이란 행정권의 행사로 우연히 발생한 손해에 대한 국가 등의 배상책임을 말한다. 행정상 손해배상은 공무원의 위법한 직무행위에 대한 손해배상(과실책임)과 영조물의 설치·관리상의 하자에 대한 손해배상(무과실책임)으로 구분할 수 있다.

(2) 특징

① 사후적 권리구제제도
② 실체적 권리구제제도
③ 금전적 권리구제제도
④ 개인의 권리침해 구제제도

2. 국가의 과실책임(국가배상법 제2조)

(1) 요건

① 공무원이 직무를 집행(직무 관련성)하면서 타인에게 손해를 가하였을 것
② 가해행위는 고의 또는 과실로 인한 행위일 것
③ 그로 인한 손해가 발생하였고 공무원의 가해행위와 손해 사이에 인과관계가 있을 것

(2) 효과

공무원이 직무수행 중 불법행위로 타인에게 손해를 입힌 경우에 국가 등이 국가배상책임을 부담하는 외에 공무원 개인도 고의 또는 중과실이 있는 경우에는 불법행위로 인한 손해배상책임을 진다고 할 것이지만, 공무원에게 경과실뿐인 경우에는 공무원 개인은 손해배상책임을 부담하지 아니한다.
(대법원 1996. 2. 15. 선고 95다38677 전원합의체 판결)

3. 영조물의 설치·관리상의 하자에 대한 손해배상

공공의 영조물의 설치 또는 관리의 하자로 인하여 타인에게 손해가 발생한 것을 말한다.

법학 전문가의 TIP

국가배상법 제5조
(공공시설 등의 하자로 인한 책임)
① 도로·하천, 그 밖의 공공의 영조물(營造物)의 설치나 관리에 하자(瑕疵)가 있기 때문에 타인에게 손해를 발생하게 하였을 때에는 국가나 지방자치단체는 그 손해를 배상하여야 한다. 이 경우 제2조제1항 단서, 제3조 및 제3조의2를 준용한다.
② 제1항을 적용할 때 손해의 원인에 대하여 책임을 질 자가 따로 있으면 국가나 지방자치단체는 그 자에게 구상할 수 있다.

02 행정상 손실보상 출제빈도 ★★

1. 행정상 손실보상의 의의

행정상 손실보상이란 적법한 공권력 행사로 인하여 국민이 직접 특별한 손실을 입은 경우에 국가나 지방자치단체 또는 공익사업의 주체가 그 손실을 보상해주는 것을 의미한다.

2. 행정상 손실보상의 요건

(1) 공공의 필요

공공필요란 일정한 공익사업을 시행하거나 공공복리를 달성하기 위해 재산권의 제한이 불가피한 경우를 말한다. 공공필요는 개인의 재산권 침해를 정당화하는 중요한 공익으로 이해되어야 하므로 단순히 국가의 재정적 수요를 충족시키기 위한 공용침해는 허용되지 않는다.

법학 전문가의 TIP

헌법 제23조
① 모든 국민의 재산권은 보장된다. 그 내용과 한계는 법률로 정한다.
② 재산권의 행사는 공공복리에 적합하도록 하여야 한다.
③ 공공필요에 의한 재산권의 수용·사용 또는 제한 및 그에 대한 보상은 법률로써 하되, 정당한 보상을 지급하여야 한다.

(2) 공행정작용에 의한 재산권 침해

① 재산권: 여기서 재산권이란 소유권뿐만 아니라 법에 의하여 보호되는 일체의 재산적 가치가 있는 권리를 의미한다.
② 공행정작용에 의한 침해: 공행정작용이란 법적 행위(토지수용 등)뿐만 아니라 사실행위(도로공사 등)를 포함한다. 침해란 재산권의 가치를 감소시키는 일체의 작용으로 헌법 제23조 제3항은 재산권 침해의 형태로서 재산권의 사용·수용·제한을 규정하고 있다.

(3) 적법한 침해

재산권의 침해는 법률에 근거한 적법한 침해로 행해져야 한다.

(4) 특별한 희생

재산권의 침해를 통하여 개인에게 사회적 제약의 범위를 넘는 특별한 희생이 발생되어야 한다. 그 손해가 재산권에 내재하는 사회적 제약에 불과한 경우 재산권자는 수인하여야 한다.

법학 전문가의 TIP

사회적 제약
개발제한구역 지정으로 인하여 토지를 종래의 목적으로도 사용할 수 없거나 또는 더 이상 법적으로 허용된 토지이용의 방법이 없기 때문에 실질적으로 토지의 사용·수익의 길이 없는 경우에는 토지소유자가 수인해야 하는 사회적 제약의 한계를 넘는 것으로 보아야 한다.
(헌재 1998. 12. 24. 89헌마214)

시험문제 미리보기!

손해배상과 손실보상에 대한 설명으로 옳지 않은 것은?

① 손해배상은 위법한 행정작용으로 발생한 손해전보라면, 손실보상은 적법한 행정작용으로 발생한 결과에 대한 보상이다.
② 손해배상은 개인주의·도의적 책임이념을 바탕으로 발전하였고, 손실보상은 헌법상 재산권 보장의 법리를 토대로 단체주의·공평부담의 이념을 근거로 발전하였다.
③ 위험책임으로 인하여 손해배상과 손실보상의 명확한 구분이 어렵고 비슷해져 가기 때문에 그 차이가 점차 해소되고 있다.
④ 손해배상과 손실보상은 재산적 피해에 대해서만 구제된다.

정답 ④

해설 손해배상은 사법분야의 불법행위이론을 토대로 하므로 생명·신체·재산의 침해 모두를 대상으로 하지만 손실보상은 재산상의 특별한 손해에 대해서만 보상한다.

제7절 | 행정쟁송

✓핵심 포인트

행정심판	• 행정청의 위법·부당한 처분 또는 부작위에 대한 불복에 대하여 행정기관이 심판하는 행정심판법상의 행정쟁송절자 • 취소심판 • 의무이행심판 • 심판절차
항고소송	• 행정청의 처분 등이나 부작위에 대하여 제기하는 소송
취소소송	• 제소기간: 90일/1년 • 판결의 종류: 각하판결, 기각판결, 인용판결, 사정판결 • 취소소송 판결의 효력: 불가변력, 불가쟁력, 기판력, 기속력, 형성력

01 행정쟁송의 의의 출제빈도 ★

행정쟁송이란 행정법관계에 있어서의 법적 분쟁을 당사자의 청구에 따라 심리·판정하는 심판절차를 말한다.

02 행정심판 출제빈도 ★★

1. 의의

행정심판이란 행정청의 위법·부당한 처분 또는 부작위에 대한 불복에 대하여 행정기관이 심판하는 행정심판법상의 행정쟁송절차를 말한다.

2. 종류

(1) 취소심판

행정청의 위법 또는 부당한 공권력의 행사나 거부, 그 밖에 이에 준하는 행정작용으로 권익을 침해당한 자가 그 취소 또는 변경을 구하는 행정심판이다.

(2) 무효등확인심판

행정청의 처분의 효력 유무 또는 존재 여부를 확인하는 행정심판을 말한다.

(3) 의무이행심판

당사자의 신청에 대한 행정청의 위법 또는 부당한 거부처분이나 부작위에 대하여 일정한 처분을 하도록 하는 행정심판을 말한다.

3. 행정심판의 대상

행정심판법 제3조에서 "행정청의 처분 또는 부작위에 대하여는 다른 법률에 특별한 규정이 있는 경우 외에는 이 법에 따라 행정심판을 청구할 수 있다."고 규정하여 모든 처분과 부작위에 대하여 행정심판을 제기할 수 있는 개괄주의를 취하고 있다.

4. 행정심판의 당사자 및 관계인

(1) 행정심판의 당사자

① 청구인과 청구인적격: 청구인이란 행정심판을 제기하는 자를 의미한다. 청구인적격이란 행정심판을 청구할 자격이 있는 자를 말하며, 청구인적격이 없는 자가 제기한 행정심판은 부적법 각하된다. 행정심판의 청구인은 행정심판을 제기할 법률상 이익이 있는 자이다.

② 피청구인: 피청구인이란 심판청구의 상대방을 의미한다. 행정심판은 처분을 한 행정청(의무이행심판의 경우에는 청구인의 신청을 받은 행정청)을 피청구인으로 하여 청구하여야 한다.

(2) 행정심판의 관계인

① 대리인: 청구인과 피청구인은 대리인을 선임하여 당해 심판청구에 관한 행위를 할 수 있다. 청구인이 경제적 능력으로 인해 대리인을 선임할 수 없는 경우에는 위원회에 국선 대리인을 선임하여 줄 것을 신청할 수 있다.

② 참가인: 행정심판의 결과에 이해관계가 있는 제삼자나 행정청은 해당 심판청구에 대한 위원회나 소위원회의 의결이 있기 전까지 그 사건에 대하여 심판참가를 할 수 있다.

5. 행정심판기관(행정심판위원회)

행정심판위원회란 행정심판청구를 수리하여 재결할 권한을 가지는 합의제 행정청을 말한다.

(1) 일반행정심판위원회

일반행정심판위원회에는 독립기관 등 소속 행정심판위원회, 중앙행정심판위원회, 시·도행정심판위원회, 직근 상급행정기관 소속 행정심판위원회가 있다.

(2) 특별행정심판위원회

개별법에 따라 설치되어 특별행정심판을 담당하는 특별행정심판위원회로는 소청심사위원회, 조세심판원, 중앙토지수용위원회 등이 있다.

6. 심판절차

각급 행정청에는 행정심판위원회를 두어 행정심판청구사건을 수리하여 심의·재결하여야 하고, 당사자는 원칙적으로 처분이 있음을 알게 된 날로부터 90일 이내, 처분이 있었던 날로부터 180일 이내에 위 행정심판위원회에 서면으로 행정심판을 청구하여야 한다.

7. 행정심판의 재결

(1) 의의

재결이란 행정심판청구사건에 대하여 행정심판위원회가 법적 판단을 하는 행위를 말한다.

(2) 재결의 종류

① 각하재결: 심판청구의 재기 요건을 갖추지 않은 부적법한 심판청구에 대하여 본안의 심리를 거절하는 내용의 재결을 말한다.
② 기각재결: 본안심리의 결과 행정심판의 청구가 이유 없다고 인정하여 원처분을 시인하는 재결을 말한다.
③ 인용재결: 본안심리의 결과 심판청구가 이유가 있다고 판단하여 청구인의 청구취지를 받아들이는 재결을 말한다. 인용재결에는 취소재결, 변경재결 및 변경명령재결, 무효확인 등 확인재결, 의무이행재결이 있다.

(3) 재결의 효력

① 불가쟁력: 재결에 대해 다시 심판청구를 하지 못한다. 다만 재결 자체의 고유한 위법이 있는 경우 행정소송을 제기할 수 있다.
② 불가변력: 일단 재결이 행하여지면 설령 그것이 위법·부당하게 생각된다고 하더라도 행정심판위원회 스스로 이를 취소 또는 변경하는 것이 허용되지 않는다.
③ 형성력: 재결의 내용에 따라 새로운 법률관계의 발생이나 종래의 법률관계의 변경, 소멸을 가져오는 효력을 말한다.
④ 기속력: 처분청 및 관계 행정청이 재결의 취지에 따르도록 처분청 및 관계 행정청을 구속하는 효력을 말한다.

취소재결, 변경재결 및 변경명령재결
위원회는 취소심판의 청구가 이유가 있다고 인정하면 재결로써 스스로 처분을 취소 또는 다른 처분으로 변경하거나 처분청에게 처분을 다른 처분으로 변경할 것을 명한다(행정심판법 제43조 제3항).

무효확인 등 확인재결
위원회는 무효 등 확인심판의 청구가 이유가 있다고 인정하면 처분의 효력 유무 또는 처분의 존재 여부를 확인한다(행정심판법 제43조 제4항).

의무이행재결
위원회는 의무이행심판의 청구가 이유가 있다고 인정하면 지체 없이 신청에 따른 처분을 하거나 처분을 할 것을 피청구인에게 명한다(행정심판법 제43조 제5항).

03 행정소송

출제빈도 ★★★

1. 행정소송의 의의

행정소송이란 행정청의 공권력 행사에 대한 불복 및 기타 행정법상의 법률관계에 대한 다툼을 법원의 정식절차에 의해 해결하는 것을 말한다.

2. 항고소송

(1) 항고소송의 의의

항고소송은 행정청의 처분 등이나 부작위에 대하여 제기하는 소송, 즉 행정청의 적극적 또는 소극적인 공권력 행사에 의하여 발생한 행정법상의 위법한 법 상태를 제거하여 권리나 이익을 보호할 목적으로 하는 소송을 의미한다.

(2) 취소소송

① 의의: 취소소송은 항고소송의 가장 대표적인 형태로 행정청의 위법한 처분 등을 취소 또는 변경하는 소송이다.

② 요건

- 당사자: 취소소송의 당사자는 행정청의 위법한 처분 등으로 권익이 침해되었음을 이유로 처분의 취소를 주장하는 자이고, 피고는 다른 법률에 특별한 규정이 없는 한 그 처분 등을 행한 행정청이다. 취소소송의 원고적격이란 처분 등의 취소를 구할 수 있는 자격으로 처분 등의 취소를 구할 법률상 이익이 있는 자가 제기할 수 있다.
- 소송물(취소소송의 대상): 취소소송의 대상은 행정청이 행하는 구체적 사실에 관한 법집행으로서의 공권력의 행사[1] 또는 그 거부와 그 밖에 이에 준하는 행정작용 및 행정심판에 대한 재결[2]을 말한다.
- 제소기간: 취소소송을 제기할 수 있는 기간은 처분 등이 있음을 안 날로부터 90일 이내, 처분 등이 있은 날로부터 1년 내이다.
- 소의 이익: 판결의 실효성 확보와 소송경제를 위해 본안판단을 해야 하는 구체적 실익이 있을 것을 요하는 것으로 행정처분의 기간이 만료된 경우 원칙적으로는 이익이 부정된다.

③ 판결의 종류

- 각하판결: 소의 요건 불비로 본안심리를 거절하는 판결이다. 예를 들어 당사자적격이 없는 경우, 제소기간이 경과된 경우, 행정심판의 전치가 요구됨에도 불구하고 행정심판을 거치지 않은 경우, 소송의 목적인 처분이 소멸된 경우 등을 들 수 있다.
- 기각판결: 원고의 주장이 이유 없음을 이유로 주장을 배척하는 판결이다. 즉, 행정청의 처분이 적법하다고 판단하여 원고의 청구를 배척하는 판결을 말한다.
- 인용판결: 원고의 주장이 이유 있음을 이유로 취소 또는 변경을 인정하는 판결이다.
- 사정판결: 소의 이유가 인정되나 공익을 현저히 반할 위험이 있어 원고의 청구를 기각하는 판결이다.

구분	기속력	기판력
각하판결	X	X
기각판결	X	O
인용판결	O	O

법학 전문가의 TIP

법률상 이익

행정처분에 대한 취소소송에서의 원고적격이 있는지 여부는 당해 처분의 상대방인지 여부에 따라 결정되는 것이 아니라 그 취소를 구할 법률상의 이익이 있는지 여부에 따라 결정되는 것이고, 여기서 말하는 법률상 이익이라 함은 당해 처분의 근거 법률에 의하여 보호되는 직접적이고 구체적인 이익이 있는 경우를 가리키며, 간접적이거나 사실적·경제적 이해관계를 가지는 데 불과한 경우는 포함되지 아니한다. (대법원 2001. 9. 28. 선고 99두8565 판결)

1) 공권력의 행사

행정청이 우월적 지위에서 국민의 권리나 의무에 관계되는 사항에 관하여 직접 효력을 미치는 행위

2) 재결

행정심판의 재결이란 행정심판청구에 대한 심리를 거쳐 재결청이 내리는 결정

법학 전문가의 TIP

행정심판의 전치가 요구됨에도 불구하고 행정심판을 거치지 않은 경우

필요적 전치주의

① 공무원에 대한 징계 기타 불이익 처분
② 국세 또는 관세법상의 처분
③ 운전면허처분취소 등, 도로교통법에 의한 각종 처분 등

④ 판결의 효력

- 불가변력: 판결이 일단 선고되면 선고법원 자신도 스스로 판결을 철회하거나 변경하는 것이 허용되지 않는다.
- 불가쟁력: 당사자가 소송을 포기하는 경우, 모든 심급을 거친 경우, 혹은 상소 제기 기간의 경과 등으로 인해 판결에 불복하는 자가 더 이상 판결을 다툴 수 없게 되는 경우의 구속력을 말한다.
- 기판력: 소송물에 관하여 법원이 행한 판단 내용이 확정되면 이후 동일사항이 소송상 문제된 경우에 당사자는 그에 반하는 주장을 하여 다투는 것이 허용되지 않으며 법원도 일사부재리의 원칙에 의해 그와 모순되는 판단을 해서는 안 되는 구속력을 말한다.
- 기속력: 처분 등을 취소하는 확정판결이 그 사건에 관하여 당사자인 행정청과 그 밖의 관계행정을 기속하는 효력을 말한다.
- 형성력: 판결의 취지에 따라 법률관계의 발생·변경·소멸을 가져오는 효력을 말한다.

(3) 무효등확인소송

무효등확인소송은 행정청의 처분 등의 효력유무 또는 존재 여부를 확인하는 소송을 말한다. 여기에는 처분 등의 무효확인소송, 유효확인소송, 존재확인소송, 부존재확인소송 및 실효확인소송이 포함된다. 무효등확인소송에는 취소소송과 달리 행정심판전치주의, 제소기간, 사정판결, 간접강제 등의 규정이 적용되지 않는다.

(4) 부작위위법확인소송

행정청이 당사자의 신청에 대하여 상당한 기간 내에 일정한 처분을 하여야 할 법률상 의무가 있음에도 불구하고 이를 하지 않는 경우 이러한 행정청의 부작위가 위법하다는 것을 확인하는 소송을 말한다.

3. 당사자소송

(1) 의의

당사자소송은 행정청의 처분 등을 원인으로 하는 법률관계에 관한 소송 또는 그 밖의 공법상의 법률관계에 관한 소송으로서 그 법률관계의 한쪽 당사자를 피고로 하는 소송을 말한다.

(2) 다른 소송과의 비교

① 민사소송과의 구별: 민사소송과 당사자소송은 대등한 당사자 사이의 소송이라는 점에서 외관상 큰 차이가 없다. 그러나 관할이라든가 취소소송과 관련된 규정의 준용여부 등에서 양자의 구별 실익이 존재한다. 당사자소송과 민사소송의 구별방법에 대하여 판례는 소송물의 차이를 전제로 하여 소송물이 공법상의 권리면 당사자소송이고 사법상의 권리면 민사소송이라고 한다.

② 항고소송과의 구별: 항고소송은 공행정 주체가 우월한 지위에서 갖는 공권력의 행사·불행사와 관련된 분쟁의 해결을 위한 소송인 데 반해, 당사자소송은 대등한 당사자 간에 다투어지는 공법상의 법률관계를 소송의 대상으로 한다는 점에서 양자는 구별된다.

(3) 당사자소송의 종류

① 실질적 당사자소송: 공법상의 법률관계에 관한 소송으로 그 법률관계의 한쪽 당사자를 피고로 하는 소송을 말한다.

② 형식적 당사자소송: 실질적으로는 행정청의 처분 등을 다투는 것이나 형식적으로는 처분을 대상으로 하지 않고 또한 처분청을 피고로 하지도 않고, 그 대신 처분 등으로 인해 형성된 법률관계를 다투기 위해 관련 법률관계의 일방 당사자를 피고로 하여 제기하는 당사자소송을 말한다.

4. 민중소송

(1) 의의

민중소송이란 국가 또는 공공단체의 기관이 법률에 위반되는 행위를 한 때에 직접 자기의 법률상 이익과 관계없이 그 시정을 구하기 위하여 제기하는 소송을 말한다.

(2) 종류

① 공직선거법상 선거·당선소송: 대통령, 국회의원, 지방의회의원, 지방자치단체장의 선거·당선에 관한 소송이 있다.

② 국민투표법상 국민투표에 관한 소송: 국민투표의 효력에 관하여 이의가 있는 투표인은 투표인 10만인 이상의 찬성을 얻어 중앙선거관리위원회 위원장을 피고로 하여 투표일로부터 20일 이내에 대법원에 제소할 수 있다. (국민투표법 제92조)

③ 주민투표법상의 주민투표에 관한 소송(주민투표법 제25조)

④ 지방자치법상 주민소송(지방자치법 제17조)

> **법학 전문가의 TIP**
>
> **공직선거법 제222조(선거소송) 제1항**
> 대통령선거 및 국회의원선거에 있어서 선거의 효력에 관하여 이의가 있는 선거인·정당(候補者를 추천한 政黨에 한한다) 또는 후보자는 선거일부터 30일 이내에 당해 선거구선거관리위원회위원장을 피고로 하여 대법원에 소를 제기할 수 있다.

5. 기관소송

(1) 의의

기관소송이란 국가 또는 공공단체의 기관 상호 간에 있어서 권한의 존부 또는 그 행사에 대한 다툼이 있을 때 제기하는 소송을 의미한다.

(2) 종류

① 지방자치법상 기관소송: 지방자치단체의 장은 재의결된 사항이 법령에 위반된다고 인정되면 대법원에 소(訴)를 제기할 수 있다. (지방자치법 제120조 제3항)

② 지방교육자치에 관한 법률상의 기관소송: 교육감은 교육·학예에 관한 시·도의회의 의결에 대해 재의를 요구하고 이에 따라 재의결된 사항이 법령에 위반된다고 판단될 때에는 재의결된 날부터 20일 이내에 대법원에 제소할 수 있다. (지방교육자치에 관한 법률 제28조)

시험문제 미리보기!

다음에서 설명하는 행정법상의 제도는 무엇인가?

원고의 청구가 이유 있다고 인정하는 경우에도 처분 등을 취소하는 것이 현저히 공공복리에 적합하지 아니하다고 인정하는 때에는 법원은 원고의 청구를 기각할 수 있다. 이 경우 법원은 그 판결의 주문에서 그 처분 등이 위법함을 명시하여야 한다.

① 각하판결 ② 인용판결
③ 사정판결 ④ 기각판결

정답 ③

해설 행정소송법 제28조(사정판결)에 관한 설명이다. 행정소송법 제28조 제1항에는 "원고의 청구가 이유 있다고 인정하는 경우에도 처분 등을 취소하는 것이 현저히 공공복리에 적합하지 아니하다고 인정하는 때에는 법원은 원고의 청구를 기각할 수 있다. 이 경우 법원은 그 판결의 주문에서 그 처분 등이 위법함을 명시하여야 한다."고 적혀있다.

출제예상문제

출제빈도: ★☆☆ 대표출제기업: 한국보훈복지의료공단

01 행정법의 특수성에 대한 설명으로 가장 옳지 않은 것은?

① 행정주체의 행위는 사익보다는 공익이 우선되어야 한다.
② 행정법은 다수인을 규율대상으로 하며, 그들 상호 간에 법적 평등을 보장하여야 한다.
③ 행정법은 공공복리나 구체적 합목적성의 실현을 위해 다른 법률과 달리 재량의 여지를 많이 인정한다.
④ 행정법은 명령규정보다는 효력규정을 원칙으로 한다.

출제빈도: ★★☆ 대표출제기업: 한국농어촌공사

02 행정법의 법원에 대한 설명으로 가장 옳지 않은 것은?

① 행정법의 법원이란 법의 존재 형식 또는 인식근거를 의미한다.
② 불문법계 국가에도 법원이 존재한다.
③ 성문법원에 헌법, 법률, 조약 및 국제법규, 명령, 자치법규를 들 수 있다.
④ 현대행정은 법 기술의 발달로 행정의 모든 대상을 성문법으로 규율하는 것이 가능하다.

출제빈도: ★★☆ 대표출제기업: 한국농어촌공사

03 헌법과 행정법과의 관계에 대한 설명으로 가장 옳지 않은 것은?

① 헌법과 행정법은 공법이며 특히 행정법은 행정에 관한 모든 법을 의미하는 것은 아니고 행정에 관한 공법을 의미한다.
② 큰 정치적 변화가 있을 경우 헌법과 행정법은 동시에 변경된다.
③ 헌법은 국가의 최고규범으로 헌법 내용 중 행정조직과 행정작용 및 행정구제에 관한 규정, 특히 기본권에 관한 규정은 행정법의 법원 중 가장 기본적 법원이 된다.
④ 헌법의 규정과 정신은 행정법의 해석에 항상 지침과 기준이 된다.

출제빈도: ★★☆ 대표출제기업: 대구도시철도공사

04 행정법의 법원에 대한 설명으로 다음 빈칸에 들어갈 내용으로 가장 알맞은 것은?

행정법의 법원으로서 지방자치단체가 법령의 범위 안에서 제정하는 자치에 관한 규정으로 지방의회가 제정하는 것을 (　　　)라/이라 한다.

① 행정규칙　　② 조례
③ 조리　　④ 법규명령

출제빈도: ★★★ 대표출제기업: 부산환경공단

05 다음 중 법치행정의 원리에 대한 설명으로 옳지 않은 것은?

① 법률우위의 원칙이란 모든 행정 작용은 제정된 법률에 위배되어서는 안 된다는 원칙을 말한다.
② 법률유보의 원칙이란 행정권의 발동에는 법률의 근거가 있어야 한다는 것으로 여기서 법률은 형식적 의미의 법률을 의미하며 불문법원은 포함되지 않는다.
③ 법률우위의 원칙에서의 법률은 헌법, 형식적 의미의 법률을 의미하므로 법규명령과 행정법의 일반원칙 등 불문법은 포함되지 않는다.
④ 법률우위의 원칙은 행정의 모든 영역에 제한 없이 적용되지만, 법률유보의 원칙이 적용되는 분야에 대해서는 견해의 대립이 있다.

정답 및 해설

01 ④
행정법은 효력규정보다는 명령규정을 원칙으로 하고 있다.

02 ④
행정법은 성문법주의가 원칙이지만 불문법도 중요한 보충적 법원이 된다. 즉, 현대행정의 규율대상은 매우 복잡하므로 모든 대상을 성문법으로 규율하는 것은 법 기술상 불가능하다. 따라서 이와 관련하여 행정법의 일반원칙이 매우 중요한 기능을 하게 된다.

03 ②
큰 정치적 변화에 의해 헌법 개정이 이루어지더라도 수단적·기술적 성격이 강한 행정법은 헌법에 비하여 정치적 성격이 약하므로 유지되는 경우가 많다.

04 ②
조례에 관한 설명이다. 자치법규는 지방자치단체가 법령의 범위 안에서 제정하는 자치에 관한 규정을 말한다. 자치법규에는 지방의회가 제정하는 조례와 지방자치단체의 장이 정하는 규칙이 있으며, 국가 법질서의 통일을 위해 조례와 규칙은 헌법·법률과 명령에 위반될 수 없다. 한편, 광역지방자치단체의 조례나 규칙은 기초지방자치단체의 조례 및 규칙보다 우월하고, 동일 지방자치단체 조례 및 규칙 상호 간에 있어서는 조례가 규칙보다 우월하다.

05 ③
법률우위라고 하는 경우의 법률은 헌법, 형식적 의미의 법률, 법규명령과 행정법의 일반원칙 등 불문법을 포함한 모든 법 규범을 의미한다. 그러나 행정규칙은 행정부 내부적 규율에 불과한 것이어서 이를 위반하였다고 곧바로 위법이 되는 것은 아니므로 여기의 법률범위에 포함되기는 어렵다.

출제예상문제

출제빈도: ★★★

06 다음에서 설명하는 것은 어떤 원칙에 위배되는가?

> 행정청이 법률의 근거가 없음에도 불구하고 상대방에게 영업취소 처분을 한 경우

① 과잉금지의 원칙
② 신뢰보호의 원칙
③ 법률우위의 원칙
④ 법률유보의 원칙

출제빈도: ★★★

07 다음 (　　)에 들어갈 것으로 옳은 것은?

> 행정은 법률의 근거하에 법률의 기속을 받으면서 행해져야 하고, 만약 이를 위반한 행정작용으로 인해 개인에게 피해가 발생하면 그 피해는 구제되어야 한다는 원칙을 (　　)(이)라고 한다.

① 비례의 원칙
② 부당결부금지의 원칙
③ 법치행정의 원칙
④ 신뢰보호의 원칙

출제빈도: ★★☆ 대표출제기업: 부산환경공단

08 다음 <보기>에서 신뢰보호원칙이 적용되기 위한 요건에 대한 설명으로 옳은 것을 모두 고르면?

<보기>

(가) 행정청이 국민에게 신뢰를 주는 선행행위가 있어야 하는데 판례는 선행조치를 공적견해표명에 한정하고 있다.
(나) 선행조치에 관한 관계인의 신뢰가 보호가치가 있어야 한다.
(다) 상대방인 국민이 행정기관의 선행조치에 대한 신뢰에 입각하여 투자계획을 세우는 등 어떠한 조치를 취하여야 한다.
(라) 행정청이 공적견해표명에 반하는 처분을 함으로써 그 견해표명을 신뢰한 개인의 이익이 침해되지 않아야 한다.

① (가), (나)
② (나), (다)
③ (가), (나), (다)
④ (가), (다), (라)

출제빈도: ★★★ 대표출제기업: 부산환경공단

09 다음 중 과잉금지의 원칙에 대한 설명으로 옳지 않은 것은?

① 과잉금지의 원칙은 국민의 기본권을 제한하는 경우 그 제한은 최소한의 범위 내에서만 허용되며, 보호하려는 공익과 제한되는 기본권 사이에는 합리적인 비례관계가 성립되어야 한다는 것을 말한다.
② 행정기관이 취한 조치 또는 수단은 그가 의도하는 목적을 달성하는 데에 적합해야 한다.
③ 입법자가 선택한 기본권 제한의 조치가 입법목적 달성을 위하여 설사 적절하다 할지라도 보다 완화된 형태나 방법을 모색함으로써 기본권의 제한은 필요한 최소한도에 그쳐야 한다.
④ 입법에 의하여 보호하려는 공익과 침해되는 사익을 비교 형량할 때 침해되는 사익이 보호되는 공익보다 크거나 동일해야 한다.

정답 및 해설

06 ④
법률유보의 원칙은 "국민의 권리를 제한하거나 의무를 부과하는 경우와 그 밖에 국민생활에 중요한 영향을 미치는 경우에는 법률에 근거하여야 한다."는 것을 의미한다.

07 ③
법치행정이란 행정은 법률의 근거하에 법률의 기속을 받으면서 행해져야 하고, 만약 이를 위반한 행정작용으로 인해 개인에게 피해가 발생하면 그 피해는 구제되어야 한다는 원칙을 말한다.

08 ③
(가) 행정청이 국민에게 신뢰를 주는 선행행위가 있어야 하는데 판례는 선행조치를 공적견해표명에 한정하고 있다.
(나) 선행조치에 관한 관계인의 신뢰가 보호가치가 있어야 한다.
(다) 상대방인 국민이 행정기관의 선행조치에 대한 신뢰에 입각하여 투자계획을 세우는 등 어떠한 조치를 취하여야 한다.

오답노트
(라) 행정기관이 상대방의 신뢰에 반하는 행정권의 행사를 하였고 이로 인하여 상대방의 권익침해가 있어야 한다. 나아가 판례는 공적견해표명에 따른 처분을 할 경우 이로 인하여 공익 또는 제삼자의 정당한 이익을 현저히 해할 우려가 있는 경우가 아니어야 한다는 것을 신뢰보호원칙이 적용되기 위한 소극적 요건으로 보고 있다.

09 ④
과잉금지의 원칙이라 함은 국민의 기본권을 제한함에 있어서 국가작용의 한계를 명시한 것으로서 목적의 정당성·방법의 적정성·피해의 최소성·법익의 균형성 등을 의미하며 그 어느 하나에라도 저촉이 되면 위헌이 된다는 헌법상의 원칙을 말한다(헌재 1997. 3. 27. 95헌가17). 입법에 의하여 보호하려는 공익과 침해되는 사익을 비교 형량할 때 보호되는 공익이 더 커야 한다(법익의 균형성).

출제예상문제

출제빈도: ★★☆ 대표출제기업: 서울교통공사

10 **다음에서 설명하는 행정법의 기본원칙은 무엇인가?**

> 행정청은 동일한 사안에 대해 제삼자에게 한 것과 동일한 결정을 상대방에게 하도록 구속을 받는다는 의미이다. 즉, 행정청은 스스로 정하여 시행하고 있는 결정기준을 합리적 이유 없이 이탈할 수 없다는 원칙이다.

① 신뢰보호의 원칙 ② 평등의 원칙
③ 부당결부금지의 원칙 ④ 자기구속의 원칙

출제빈도: ★★★ 대표출제기업: 한국원자력환경공단

11 **다음 중 행정법상 비례의 원칙에 대한 설명으로 가장 옳지 않은 것은?**

① 비례의 원칙은 헌법에 근거를 둔 원칙이다.
② 비례의 원칙은 행정의 침익적 행정과 수익적 행위, 질서행정과 급부행정 등 모든 행정에 적용된다.
③ 비례의 원칙은 경찰권의 한계를 설정해주는 법원칙에서 발전되었다.
④ 비례의 원칙은 위반하여도 위헌·위법한 것은 아니다.

출제빈도: ★★☆ 대표출제기업: 경기신용보증재단

12 **다음 중 행정법상 신뢰보호원칙에 대한 설명으로 옳지 않은 것은?**

① 신뢰보호원칙에 대한 근거로 판례는 법적 안정설을 취하고 있다.
② 신뢰보호원칙의 요건 중 하나인 행정청의 공적표명이 있었는지 여부는 반드시 행정조직상의 형식적인 권한분장에 구애될 것은 아니고 담당자의 조직상의 지위와 임무, 당해 언동을 하게 된 구체적인 경위 및 그에 대한 납세자의 신뢰가능성에 비추어 실질에 의하여 판단하여야 하는 것이다.
③ 사인이 신뢰보호원칙에 위반되는 공무원의 행위로 인하여 피해를 입었더라도, 국가배상법에 의한 손해배상을 청구할 수 없다.
④ 폐기물처리업에 대하여 사전에 관할 관청으로부터 적정통보를 받고 막대한 비용을 들여 허가요건을 갖춘 다음 허가신청을 하였음에도 다수 청소업자의 난립으로 안정적이고 효율적인 청소업무의 수행에 지장이 있다는 이유로 한 불허가처분은 신뢰보호원칙에 반한다.

출제빈도: ★★★

13 다음에서 설명하는 행정법상 기본원칙은 무엇인가?

행정청은 행정작용을 할 때 상대방에게 해당 행정작용과 실질적인 관련이 없는 의무를 부과해서는 아니 된다.

① 권한남용금지의 원칙　　② 자기구속의 원칙
③ 신뢰보호의 원칙　　④ 부당결부금지의 원칙

정답 및 해설

10 ④
행정청은 동일한 사안에 대해 제삼자에게 한 것과 동일한 결정을 상대방에게 하도록 구속을 받는다는 의미로, 행정청은 스스로 정하여 시행하고 있는 결정기준을 합리적 이유 없이 이탈할 수 없다는 원칙은 자기구속의 원칙이다.

오답노트
① 신뢰보호의 원칙: 행정기관의 어떤 행위가 존속될 것이라는 것을 일반사인이 정당하게 신뢰한 경우 그러한 정당한 권리는 신뢰되어야 한다는 원칙
② 평등의 원칙: 행정작용에 있어 특별한 사정이 없는 한 행정객체인 국민에게 공평하게 대우를 해야 한다는 원칙
③ 부당결부금지의 원칙: 행정기관이 행정조치를 취할 때 그것과 실질적 관련이 없는 상대방의 급부를 결부시켜서는 안 된다는 원칙

11 ④
비례의 원칙이란 행정의 목적과 그 목적을 실현하기 위한 수단의 관계에서 그 수단은 목적을 실현하는 데에 적합하고 또한 최소 침해를 가져오는 것을 의미하며, 그 수단의 도입으로 발생하는 침해가 행정이 의도하는 공익을 능가해서는 안 된다는 원칙을 의미한다. 비례의 원칙을 위반한 행정작용은 위헌·위법한 것이 되므로 그 행정행위는 위법한 것으로 항고소송의 대상이 되며 국가의 손해배상책임을 발생시키기도 한다.

12 ③
신뢰보호원칙에 반하는 행정작용은 위헌·위법한 것이 되므로 행정작용이 행정행위인 경우에는 무효 또는 취소할 수 있는 행위가 되며 행정입법이나 공법상 계약은 무효가 된다. 또한 신뢰보호원칙에 반하는 행정작용에 대해서는 국가배상법이 정하는 바에 따라 손해배상을 청구할 수도 있다.

오답노트
① 국민이 종전의 법률관계나 제도가 장래에도 지속될 것이라는 합리적인 신뢰를 바탕으로 이에 적응하여 법적 지위를 형성하여 온 경우 국가 등은 법치국가의 원칙에 의한 법적 안정성을 위하여 권리의무에 관련된 법규·제도의 개폐에 있어서 국민의 기대와 신뢰를 보호하지 않으면 안 된다.
(헌재 2014. 4. 24. 2010헌마747)
② 과세관청의 공적 견해표명이 있었는지의 여부를 판단하는 데 있어 반드시 행정조직상의 형식적인 권한분장에 구애될 것은 아니고 담당자의 조직상의 지위와 임무, 당해 언동을 하게 된 구체적인 경위 및 그에 대한 납세자의 신뢰가능성에 비추어 실질에 의하여 판단하여야 하는 것이다.
(대법원 1996. 1. 23. 선고 95누13746 판결)
④ 폐기물처리업에 대하여 사전에 관할 관청으로부터 적정통보를 받고 막대한 비용을 들여 허가요건을 갖춘 다음 허가신청을 하였음에도 다수 청소업자의 난립으로 안정적이고 효율적인 청소업무의 수행에 지장이 있다는 이유로 한 불허가처분은 신뢰보호의 원칙 및 비례의 원칙에 반하는 것으로서 재량권을 남용한 위법한 처분이다. (대법원 1998. 5. 8. 선고 98두4061 판결)

13 ④
행정기본법 제13조에서 "행정청은 행정작용을 할 때 상대방에게 해당 행정작용과 실질적인 관련이 없는 의무를 부과해서는 아니 된다."고 규정하여 부당결부금지의 원칙을 규정하고 있다. 즉, 부당결부금지의 원칙이란 행정기관이 행정조치를 취할 때 그것과 실질적 관련이 없는 상대방의 급부를 결부시켜서는 안 된다는 원칙을 말한다.

출제예상문제

출제빈도: ★★★

14 **다음의 판례에서 설명하는 행정법의 일반원칙은 무엇인가?**

> 원고가 운전한 오토바이는 이륜자동차로서 제2종 소형면허를 가진 사람만이 운전할 수 있는 것이고, 원고는 제1종 대형면허나 보통면허를 가지고서도 이를 운전할 수 없는 것이어서, 결국 원고는 이 사건 오토바이를 제2종 소형면허만 가지고 운전한 것이 되고, 이와 같은 이륜자동차의 운전은 제1종 대형면허나 보통면허와는 아무런 관련이 없는 것이므로, 이와 같은 경우에는 이륜자동차를 음주운전한 사유만 가지고서는 제1종 대형면허나 보통면허의 취소나 정지하는 처분은 위법하다.

① 비례의 원칙
② 신뢰보호의 원칙
③ 자기구속의 원칙
④ 부당결부금지의 원칙

출제빈도: ★★☆ 대표출제기업: 한국중부발전

15 **다음 중 행정의 자기구속의 원칙에 대한 설명으로 가장 옳지 않은 것은?**

① 행정의 자기구속의 원칙은 재량행위에 있어 행정의 탄력적 운영을 저해할 우려가 있다.
② 행정의 자기구속의 원칙은 국회 입법원칙에 충실하다.
③ 판례는 평등원칙이나 신뢰보호원칙을 근거로 행정의 자기구속의 원칙을 인정한다.
④ 행정의 자기구속의 원칙은 국민의 권익을 보호하는 측면이 있다.

출제빈도: ★★☆ 대표출제기업: 부산환경공단

16 **다음은 개인적 공권인 무하자재량행사청구권에 대한 설명이다. 빈칸에 들어갈 말로 가장 옳은 것은?**

> 무하자재량행사청구권이란 행정청에 재량이 있는 경우, 행정청에 대하여 재량권을 하자 없이 행사해 줄 것을 요구할 수 있는 권리를 말한다. 무하자재량행사청구권은 개인적 공권의 일종으로, 공권성립의 일반적인 요건인 (   )과 (   )을 충족해야 한다.

① 강행법규성, 공익보호성
② 강행법규성, 사익보호성
③ 임의법규성, 공익보호성
④ 임의법규성, 사익보호성

출제빈도: ★★☆ 대표출제기업: 대구도시철도공사

17 다음 <보기>에서 행정규칙의 내용에 따른 구분과 형식에 따른 구분이 바르게 연결된 것은?

<보기>

- 훈령
- 근무규칙
- 지시
- 재량준칙

	내용에 따른 구분	형식에 따른 구분
①	훈령, 지시	근무규칙, 재량준칙
②	근무규칙, 지시	재량준칙, 훈령
③	재량준칙, 훈령	근무규칙, 지시
④	근무규칙, 재량준칙	훈령, 지시

정답 및 해설

14 ④
부당결부금지의 원칙이다. 이륜자동차의 운전은 제1종 대형면허나 보통면허와는 아무런 관련(실질적 관련성)이 없음에도 불구하고 제1종 대형면허나 보통면허를 취소한 처분은 부당결부금지 원칙에 반한다. 판례에 따르면, 원고가 운전한 오토바이는 이륜자동차로서 제2종 소형면허를 가진 사람만이 운전할 수 있는 것이고, 원고는 제1종 대형면허나 보통면허를 가지고서도 이를 운전할 수 없는 것이어서, 결국 원고는 이 사건 오토바이를 제2종 소형면허만 가지고 운전한 것이 되고, 이와 같은 이륜자동차의 운전은 제1종 대형면허나 보통면허와는 아무런 관련이 없는 것이므로, 이와 같은 경우에는 이륜자동차를 음주운전한 사유만 가지고서는 제1종 대형면허나 보통면허의 취소나 정지를 할 수 없다. (대법원 1992. 9. 22. 선고 91누8289 판결)

15 ②
행정의 자기구속 원칙은 행정청의 재량이 인정되는 영역에서 문제가 되고 행정청이 스스로 이전의 선례구속 원칙이라는 점에서 국회 입법원칙과는 다소 거리가 있다.

오답노트
③ 행정규칙은 일반적으로 행정조직 내부에서만 효력을 가지는 것이고 대외적인 구속력을 갖는 것이 아니다. 다만, 행정규칙이 법령의 규정에 의하여 행정관청에 법령의 구체적 내용을 보충할 권한을 부여한 경우, 또는 재량권 행사의 준칙인 규칙이 그 정한 바에 따라 되풀이 시행되어 행정관행이 이룩되게 되면 평등의 원칙이나 신뢰보호의 원칙에 따라 행정기관은 그 상대방에 대한 관계에서 그 규칙에 따라야 할 자기구속을 당하게 되는 경우에는 대외적인 구속력을 가지게 된다. (헌재 1990. 9. 3. 90헌마13)

16 ②
무하자재량행사청구권은 공권인 이상 공권의 성립요건, 즉, 의무의 존재(강행법규성)와 사익보호성의 요건을 충족하여야 한다.

17 ④
행정규칙의 종류는 내용에 따른 구분과 형식에 따른 구분을 할 수 있다. 내용에 따른 구분에는 조직규칙, 근무규칙, 재량준칙, 규범해석규칙, 규범구체화 행정규칙이 있고, 형식에 따른 구분에는 광의의 훈령(훈령, 지시, 예규, 일일명령), 고시(행정규칙적, 일반처분적, 법규명령적)가 있다.

출제예상문제

출제빈도: ★★☆ 대표출제기업: 국토안전관리원

18 다음에서 설명하는 행정행위의 효력은 무엇인가?

> 하자 있는 행정행위라 할지라도 그에 대한 불복기간(행정불복제기기간 또는 출소기간)이 경과하거나 쟁송절차가 종료된 경우에는 더 이상 그 행정행위의 효력을 다툴 수 없게 하는 효력을 말한다.

① 불가쟁력　　② 불가변력
③ 공정력　　④ 구속력

출제빈도: ★★☆ 대표출제기업: 부산환경공단

19 다음 중 법률유보원칙에 대한 설명으로 옳지 않은 것은?

① 법률유보의 원칙에서 요구되는 법적 근거는 조직규범 외에 작용규범을 의미한다.
② 법률유보의 원칙은 법률에 의한 규율만을 뜻하는 것이 아니라 법률에 근거한 규율을 요청하는 것이므로 기본권 제한의 형식이 반드시 법률의 형식일 필요는 없다.
③ 예산은 일종의 법규범으로 법률과 마찬가지로 국회의 의결을 거쳐 제정되므로 국가기관뿐만 아니라 일반 국민도 구속한다고 본다.
④ 헌법재판소는 기본권 제한의 형식이 반드시 법률의 형식일 필요는 없고 법률에 근거를 두면서 헌법 제75조가 요구하는 위임의 구체성과 명확성을 구비하기만 하면 위임입법에 의하여도 기본권 제한을 할 수 있다.

출제빈도: ★★★

20 다음 중 행정처분의 부관에 해당하지 않는 것은?

① 부담　　② 기한
③ 조건　　④ 의제

출제빈도: ★☆☆ 대표출제기업: 한국원자력환경공단

21 다음의 행정행위 중 그 성질이 특허에 해당되는 것은 모두 몇 개인가?

<보기>

• 공유수면매립면허	• 귀화허가
• 도로점용허가	• 식품위생법상 음식점 영업허가

① 1개 ② 2개 ③ 3개 ④ 4개

정답 및 해설

18 ①

하자 있는 행정행위라 할지라도 그에 대한 불복기간(행정불복제기기간 또는 출소기간)이 경과하거나 쟁송절차가 종료된 경우에는 더 이상 그 행정행위의 효력을 다툴 수 없게 하는 효력은 불가쟁력이다.

오답노트

② 불가변력이란 행정행위의 성질상 인정되는 것으로 행정청이 해당 행정행위를 취소 또는 변경할 수 없게 하는 힘을 말한다.

③ 공정력이란 당연무효의 처분이 아닌 한, 권한을 가진 기관(처분청)에 의하여 취소될 때까지 처분의 상대방이나 제삼자는 처분의 효력을 구속받게 되는바, 여기서 처분은 상대방이나 제삼자를 구속하는 힘이다.

④ 구속력이란 처분을 받은 자는 허가받은 내용대로 영업을 하여야 하는 구속을 받는 힘을 말한다. 즉, 허가받은 장소에서 허가받은 종류의 영업만 하여야 한다.

19 ③

예산은 일종의 법규범이고 법률과 마찬가지로 국회의 의결을 거쳐 제정되지만 법률과 달리 국가기관만을 구속할 뿐 일반 국민을 구속하지 않는다. 국회가 의결한 예산 또는 국회의 예산안 의결은 헌법재판소법 제68조 제1항 소정의 '공권력의 행사'에 해당하지 않고 따라서 헌법소원의 대상이 되지 아니한다.
(헌재 2006. 4. 25. 2006헌마409)

오답노트

① 법률유보의 원칙이란 일정한 행정권의 발동에는 법률의 근거가 있어야 한다는 원칙을 말한다. 행정권의 발동에는 조직법적 근거가 필요하므로 법률유보원칙에서의 법적 근거는 조직규범 외에 작용규범을 의미한다.

②, ④ 법률유보의 원칙은 '법률에 의한' 규율만을 뜻하는 것이 아니라 '법률에 근거한' 규율을 요청하는 것이므로 기본권 제한의 형식이 반드시 법률의 형식일 필요는 없고 법률에 근거를 두면서 헌법 제75조가 요구하는 위임의 구체성과 명확성을 구비하기만 하면 위임입법에 의하여도 기본권 제한을 할 수 있다 할 것이다.
(헌재 2005. 2. 24. 2003헌마289)

20 ④

행정행위의 부관에는 조건, 기한, 부담, 철회권의 유보가 있다.

21 ③

공유수면매립면허, 귀화허가, 도로점용허가는 면허 또는 허가라는 표현을 사용하고 있지만 그 성질은 특허에 해당한다.

오답노트

식품위생법상 음식점 영업허가는 성질상 허가에 해당한다.

출제예상문제

출제빈도: ★★☆ 대표출제기업: 부산환경공단

22 다음 중 기속행위와 재량행위에 대한 설명으로 옳지 않은 것은?

① 기속행위는 행정권의 행사에 잘못이 있는 경우 곧바로 위법행위가 되므로 행정소송의 대상이 되고, 재량행위는 재량권의 한계를 넘지 않는 한 행정소송의 대상이 되지 않는다.

② 기속행위의 경우 그 법규에 대한 원칙적인 기속성으로 인하여 법원이 사실인정과 관련 법규의 해석·적용을 통하여 일정한 결론을 도출한 후 그 결론에 비추어 행정청이 한 판단의 적법 여부를 독자의 입장에서 판정한다.

③ 재량행위의 경우 행정청의 재량에 기한 공익판단의 여지를 감안하여 법원은 독자의 결론을 도출함이 없이 당해 행위에 재량권의 일탈·남용이 있는지 여부만을 심사하게 된다.

④ 재량권의 일탈이란 재량권의 내적 한계를 넘어 재량권이 행사된 경우이고, 재량권의 남용이란 재량권의 외적 한계를 넘어 재량권이 행사된 경우이다.

출제빈도: ★★☆ 대표출제기업: 한국원자력환경공단

23 다음 중 행정입법에 관한 설명으로 가장 옳지 않은 것은? (단, 다툼이 있는 경우 판례에 의함)

① 집행명령은 법률 또는 상위법령의 집행을 위하여 필요한 세부적 사항을 규정하는 명령으로 새로운 법규 사항, 즉, 국민의 권리와 의무에 관한 사항을 규정할 수 없다.

② 위임명령은 법률 또는 상위명령에서 구체적으로 범위를 정하여 위임한 사항을 규정하는 명령을 말한다.

③ 형식은 행정규칙이지만 내용적으로는 법률을 보충하는 법규명령 성격의 행정규칙은 상위법과 결합하여 대외적인 구속력이 있는 법규명령의 효력을 갖는다.

④ 법규명령이 구체성, 즉 처분성을 갖는 경우에는 항고소송의 대상이 될 수 없다.

출제빈도: ★★☆ 대표출제기업: 부산환경공단

24 다음 중 국가행정권에 의한 입법을 법규명령과 행정규칙으로 구분할 때 행정규칙에 해당하는 것은?

① 대통령령

② 긴급명령 및 긴급재정·경제명령

③ 부령

④ 훈령

정답 및 해설

22 ④

재량권의 일탈이란 재량권의 외적 한계를 넘어 재량권이 행사된 경우이고, 재량권의 남용은 외적 한계는 넘지 않았으나 재량권을 부여한 법의 목적, 평등의 원칙, 비례의 원칙 등 내적 한계에 위배되는 재량권 행사이다. 또한, 행정행위가 그 재량성의 유무 및 범위와 관련하여 이른바 기속행위 내지 기속재량행위와 재량행위 내지 자유재량행위로 구분된다고 할 때, 그 구분은 당해 행위의 근거가 된 법규의 체재·형식과 그 문언, 당해 행위가 속하는 행정 분야의 주된 목적과 특성, 당해 행위 자체의 개별적 성질과 유형 등을 모두 고려하여 판단하여야 하고, 이렇게 구분되는 양자에 대한 사법심사는, 전자(기속행위)의 경우 그 법규에 대한 원칙적인 기속성으로 인하여 법원이 사실인정과 관련 법규의 해석·적용을 통하여 일정한 결론을 도출한 후 그 결론에 비추어 행정청이 한 판단의 적법 여부를 독자의 입장에서 판정하는 방식에 의하게 되나, 후자(재량행위)의 경우 행정청의 재량에 기한 공익판단의 여지를 감안하여 법원은 독자의 결론을 도출함이 없이 당해 행위에 재량권의 일탈·남용이 있는지 여부만을 심사하게 되고, 이러한 재량권의 일탈·남용 여부에 대한 심사는 사실오인, 비례·평등의 원칙 위배, 당해 행위의 목적 위반이나 동기의 부정 유무 등을 그 판단 대상으로 한다.
(대법원 2001. 2. 9. 선고 98두17593 판결)

23 ④

행정소송법은 취소소송과 무효 등 확인소송의 대상을 처분 등으로 규정하고 있는데, 일반적·추상적 규범으로서의 법규명령은 "처분 등"의 개념에 포함되지 않으므로 원칙적으로 항고소송의 대상이 될 수 없다. 다만, 법규명령이 구체성을 갖는 경우, 즉 처분적 성질을 가지는 경우(처분법규)에는 항고소송의 대상이 될 수 있으며, 우리 판례도 이를 인정하고 있다.

오답노트

① 집행명령은 법률 또는 상위법령의 집행을 위하여 필요한 세부적·기술적 사항을 규정하는 명령으로, 신고서의 양식과 법령을 시행하기 위한 세칙 등 세부적 사항을 규정할 뿐 새로운 법규 사항(국민의 권리·의무에 관한 사항)을 규정할 수는 없다.
② 위임명령은 원칙적으로 헌법 제175조와 제95조에 따라 법률 또는 상위법령의 개별적인 수권 규정이 있는 경우에만 제정이 가능하며, 구체적 위임 없이 국민의 권리·의무에 관한 사항을 새롭게 규정한 법규명령은 무효이다.
③ 행정규칙의 형식(고시, 훈령 등)으로 규정되어 있지만, 그 실질은 법률의 내용을 구체적으로 정하는 기능을 하고 있는 경우 법규명령으로 볼 수 있다.

24 ④

훈령이 행정규칙에 해당하며, 나머지는 법규명령에 해당한다. 법규명령과 행성규칙의 종류는 나음과 같다.

구분		내용
법규명령	수권의 범위·근거에 따른 분류	• 헌법 대위 명령(비상명령): 계엄조치 • 법률 대위 명령: 긴급명령 및 긴급재정·경제명령 • 법률 종속 명령: 위임명령, 집행명령
	법형식에 의한 분류	• 대통령령, 총리령, 부령(입법 실제에 있어서 통상 대통령령에는 시행령이라는 이름을 붙이고 총리령과 부령에는 시행규칙이라는 이름을 붙임)
행정규칙		• 내용에 따른 구분: 조직규칙, 근무규칙, 재량준칙, 규범해석 규칙, 규범구체화 행정규칙 • 형식에 따른 구분: 광의의 훈령(훈령, 지시, 예규, 일일명령), 고시(행정규칙적, 일반처분적, 법규명령적)

출제예상문제

출제빈도: ★★☆ 대표출제기업: 한국광해광업공단

25 다음에서 설명하는 행정행위는 무엇인가?

> 행정청이 다른 법률행위를 보충하여 그 법률상의 효력을 완성시키는 보충적 행정행위

① 허가　② 특허
③ 인가　④ 하명

출제빈도: ★★☆ 대표출제기업: 한국원자력환경공단

26 다음 중 인가의 특징으로 가장 옳지 않은 것은?

① 인가는 허가와 달리 신청 없이도 행해질 수 있다.
② 인가는 법률행위만을 그 대상으로 한다.
③ 원칙적으로 법령상 근거가 없는 한 수정인가가 금지된다.
④ 인가는 명령적 행위가 아닌 형성적 행위로 분류된다.

출제빈도: ★★☆ 대표출제기업: 한국원자력환경공단

27 다음에서 설명하는 행정행위의 부관을 무엇이라고 하는가?

> • 도로나 하천점용허가를 하면서 일정한 점용료를 납부하도록 하는 것
> • 국가가 공유수면매립준공인가처분을 하면서 매립지 일부를 국가에 귀속시키기로 하는 것
> • 공장건축허가를 하면서 근로자의 정기건강진단의무를 부과하는 것

① 법률효과의 일부 배제　② 부담
③ 조건　④ 기한

출제빈도: ★★☆ 대표출제기업: 대한무역투자진흥공사

28 다음 중 행정행위의 무효에 대한 설명으로 옳지 않은 것은?

① 무효인 행정행위는 행정행위의 외형은 갖추고 있지만 행정행위의 효력이 처음부터 발생하지 않는다.
② 행정행위의 무효에 해당하는 하자가 있는 경우에 선행적으로 권한 있는 행정기관의 취소를 필요로 한다.
③ 무효인 행정행위는 취소소송과 달리 제소기간의 제한을 받지 않는다.
④ 행정행위가 당연무효가 되기 위해서는 그 하자가 중대하고 객관적으로 명백한 것이어야 한다.

정답 및 해설

25 ③
인가란 행정청이 다른 법률행위를 보충하여 그 법률상의 효력을 완성시키는 보충적 행정행위이다. (민법상 재단법인의 정관변경의 허가 등)

26 ①
인가와 허가 모두 신청이 전제되는 행정행위이다.

27 ②
부담이란 수익적 처분에 부가된 부관으로 상대방에게 작위·부작위·수인·급부의무를 명하는 것을 말한다. (도로점용허가 시 도로점용료 납부명령을 하는 경우 등)

28 ②
무효인 행정행위란 행정행위의 외형은 갖추고 있으나 행정행위의 효력이 처음부터 발생하지 않는 행정행위를 의미한다. 따라서 행정행위의 무효에 해당하는 하자가 있는 경우 권한 있는 기관의 취소가 없더라도 누구나 그 효력을 주장할 수 있다.

오답노트
③ 행정심판법 제27조(심판청구의 기간)에 따르면, 행정심판은 처분이 있음을 알게 된 날부터 90일 이내에 청구하여야 하며, 제1항부터 제6항까지의 규정은 무효 등 확인심판청구와 부작위에 대한 의무이행심판청구에는 적용하지 아니한다.
④ 행정행위가 당연무효가 되기 위해서는 그 하자의 법규가 중요한 부분을 위반한 중대한 것으로서 객관적으로 명백한 것이어야 한다. (중대명백설)

출제예상문제

출제빈도: ★★☆ 대표출제기업: 부산환경공단

29 다음 무효와 취소의 구분에 대한 중대명백설에 관한 내용 중 (가), (나)에 들어갈 단어로 가장 옳은 것은?

> 중대명백설은 하자가 법규의 중요한 부분을 위반한 중대한 것으로서 객관적으로 명백하면 (가)인 행정행위이고 중대성과 명백성 중 어느 하나라도 갖추지 못한 경우, 즉 중대하나 명백하지 않은 경우 또는 명백하지만 중대하지 않은 경우, 중대하지도 명백하지도 않은 경우 모두 (나)사유라고 보는 견해이다.

	(가)	(나)
①	무효	취소
②	취소	무효
③	해제	취소
④	무효	해제

출제빈도: ★☆☆ 대표출제기업: 서울교통공사

30 다음 중 인가에 대한 설명으로 옳지 않은 것은?

① 인가는 법률행위를 대상으로 하므로 사실행위에 대해서는 할 수 없다.
② 인가는 언제나 행정행위의 형식으로 이루어진다.
③ 기본행위가 성립하지 않거나 무효인 경우 인가를 받더라도 인가 역시 무효가 된다.
④ 기본행위에 하자가 있는 경우 기본행위를 다투는 것은 별론으로 하고 기본행위의 하자를 이유로 인가처분을 다툴 수 있다.

출제빈도: ★★☆ 대표출제기업: 한전KPS

31 다음은 행정법상 허가의 특징에 관한 내용이다. (가)~(다) 안에 들어갈 내용으로 옳은 것은?

<보기>

- 허가는 상대방에게 금지를 해제하여 본래의 자유를 회복시켜주는 행위이므로 (가) 행위에 속한다.
- 허가받아야 할 일을 허가받지 않고 행한 경우 허가를 받지 않고 한 사법상 행위의 법률상 효력은 (나)함이 원칙이다.
- 허가는 원칙적으로 신청을 요하며 예외적으로 신청 없이 행하여지는 경우는 (다).

	(가)	(나)	(다)
①	명령적	유효	있다
②	명령적	무효	없다
③	권면적	유효	있다
④	권면적	무효	없다

출제빈도: ★★★

32 다음에서 설명하는 행정상 강제 수단은 무엇인가?

> 의무자가 행정상 의무 중 금전급부의무를 이행하지 아니하는 경우 행정청이 의무자의 재산에 실력을 행사하여 그 행정상 의무가 실현된 것과 같은 상태를 실현하는 것

① 강제징수　　② 과징금
③ 이행강제금　　④ 과태료

정답 및 해설

29 ①
무효와 취소의 구별기준으로 중대명백설은 하자가 법규의 중요한 부분을 위반한 중대한 것으로서 또한 객관적으로 명백하면 '무효'인 행정행위이고 중대성과 명백성 중 어느 하나라도 갖추지 못한 경우, 즉 중대하나 명백하지 않은 경우 또는 명백하지만 중대하지 않은 경우, 중대하지도 명백하지도 않은 경우 모두 '취소'사유라고 보는 견해이다.

30 ④
인가는 기본행위인 재단법인의 정관변경에 대한 법률상의 효력을 완성시키는 보충행위로서, 그 기본이 되는 정관변경 결의에 하자가 있을 때에는 그에 대한 인가가 있었다 하여도 기본행위인 정관변경 결의가 유효한 것으로 될 수 없으므로 기본행위인 정관변경 결의가 적법 유효하고 보충행위인 인가처분 자체에만 하자가 있다면 그 인가처분의 무효나 취소를 주장할 수 있지만, 인가처분에 하자가 없다면 기본행위에 하자가 있다 하더라도 따로 그 기본행위의 하자를 다투는 것은 별론으로 하고 기본행위의 무효를 내세워 바로 그에 대한 행정청의 인가처분의 취소 또는 무효확인을 소구할 법률상의 이익이 없다. (대법원 1996. 5. 16. 선고 95누4810 전원합의체 판결)

31 ①
- 허가는 상대방에게 금지를 해제하여 본래의 자유를 회복시켜주는 행위이므로 (명령적) 행위에 속한다.
- 허가받아야 할 일을 허가받지 않고 행한 경우 허가를 받지 않고 한 사법상 행위의 법률상 효력은 (유효)함이 원칙이다.
- 허가는 원칙적으로 신청을 요하며 예외적으로 신청 없이 행하여지는 경우는 (있다).

32 ①
강제징수란 의무자가 행정상 의무 중 금전급부의무를 이행하지 아니하는 경우 행정청이 의무자의 재산에 실력을 행사하여 그 행정상 의무가 실현된 것과 같은 상태를 실현하는 것을 말한다.

출제예상문제

출제빈도: ★★☆ 대표출제기업: 국토안전관리원

33 **행정대집행법상 해가 뜨기 전이나 해가 진 후에는 대집행을 할 수 없지만 예외적으로 행정대집행을 실행할 수 있는 경우를 모두 고르면?**

<보기>

(가) 의무자가 동의한 경우
(나) 해가 지기 전에 대집행을 착수한 경우
(다) 해가 뜬 후부터 해가 지기 전까지 대집행을 하는 경우에는 대집행의 목적 달성이 불가능한 경우
(라) 그 밖에 비상시 또는 위험이 절박한 경우

① (가), (나)
② (가), (나), (다)
③ (나), (다), (라)
④ (가), (나), (다), (라)

출제빈도: ★★☆ 대표출제기업: 한국보훈복지의료공단

34 **다음 중 행정벌의 과벌 절차에 대한 설명으로 옳지 않은 것은?**

① 행정형벌은 형법상의 벌을 과하는 것이므로 원칙적으로 형법총칙이 적용되며, 과벌 절차는 원칙적으로 형사소송절차에 의한다.
② 동일한 행위를 대상으로 하여 형벌을 부과하면서 아울러 행정질서벌로서의 과태료까지 부과한다면 그것은 이중처벌금지 원칙에 반한다.
③ 과태료 부과는 일반적으로 질서위반행위규제법이 적용되므로 과태료 부과에 대해 다투기 위해서는 주무행정관청을 피고로 항고소송을 제기해야 한다.
④ 통고처분은 상대방의 임의의 승복을 그 발효요건으로 하기 때문에 그 자체만으로는 통고이행을 강제하거나 상대방에게 아무런 권리의무를 형성하지 않으므로 행정심판이나 행정소송으로 다툴 수 없다.

출제빈도: ★★☆ 대표출제기업: 국토안전관리원

35 다음 행정구제 중 사후적 구제수단이 아닌 것은?

① 청문절차제도
② 행정상 손실보상제도
③ 행정심판제도
④ 행정상 손해배상제도

정답 및 해설

33 ④

행정대집행법 제4조(대집행의 실행 등) 제1항에 따르면, 행정청은 해가 뜨기 전이나 해가 진 후에는 대집행을 하여서는 아니 된다. 다만, 다음 각호의 어느 하나에 해당하는 경우에는 그러하지 아니한다.

1. 의무자가 동의한 경우
2. 해가 지기 전에 대집행을 착수한 경우
3. 해가 뜬 후부터 해가 지기 전까지 대집행을 하는 경우에는 대집행의 목적 달성이 불가능한 경우
4. 그 밖에 비상시 또는 위험이 절박한 경우

34 ③

과태료 사건은 다른 법령에 특별한 규정이 있는 경우를 제외하고 당사자 주소지의 지방법원 또는 그 지원의 관할로 한다. 즉, 항고소송이 아닌 과태료 재판으로 다룬다.

오답노트

① 행정형벌에 관한 일반법은 없으며, 다만 개별법률에서 일정한 행위에 관해 행정형벌을 과하도록 규정하고 있다. 행정형벌은 형법상의 벌을 과하는 것이므로 원칙적으로 형법총칙이 적용되며, 과벌 절차는 원칙적으로 형사소송절차에 의한다. 다만, 특별한 절차로서 즉결심판절차 또는 통고처분 절차에 의하는 경우도 있다.

② 행정질서벌로서의 과태료는 행정상 의무의 위반에 대하여 국가가 일반통치권에 기하여 과하는 제재로서 형벌(특히 행정형벌)과 목적·기능이 중복되는 면이 없지 않으므로, 동일한 행위를 대상으로 하여 형벌을 부과하면서 아울러 행정질서벌로서의 과태료까지 부과한다면 그것은 이중처벌금지의 기본정신에 배치되어 국가 입법권의 남용으로 인정될 여지가 있음을 부정할 수 없다. (헌재 1994. 6. 30. 92헌바38)

④ 통고처분이란 일정한 행정형벌을 부과해야 할 행정범에 대해 정식재판에 대신하여 절차의 간이·신속을 목적으로 상대방의 동의 하에 행정청이 벌금 또는 과료에 상당하는(벌금 그 자체가 아니라) 금액의 납부 등을 통고하는 준사법적 행위를 말한다. 통고처분은 과벌 절차(행정형벌의 부과절차)의 하나로서 독자적인 행위가 아니라고 보는 설이 통설의 입장이며, 판례 또한 통고처분은 취소소송의 대상이 되는 행정처분이 아니라고 본다. (통고처분은 상대방의 임의의 승복을 그 발효요건으로 하기 때문에 그 자체만으로는 통고이행을 강제하거나 상대방에게 아무런 권리의무를 형성하지 않으므로 행정심판이나 행정소송의 대상으로서의 처분성을 부여할 수 없고, 통고처분에 대하여 이의가 있으면 통고내용을 이행하지 않음으로써 고발되어 형사재판절차에서 통고처분의 위법·부당함을 얼마든지 다툴 수 있기 때문에 관세법 제38조 제3항 제2호가 법관에 의한 재판받을 권리를 침해한다든가 적법절차의 원칙에 저촉된다고 볼 수 없다. (헌재 1998. 5. 28. 96헌바4))

35 ①

- 사전적 구제수단: 행정절차제도(처분절차, 청문, 공청회, 의견제출)
- 사후적 구제수단: 행정상 손해전보(손해배상, 손실보상), 행정쟁송(행정심판, 행정소송)
- 기타(부분적으로는 사전적 구제수단의 성격을 가짐): 청원, 옴부즈맨제도, 민원처리제도

출제예상문제

출제빈도: ★★☆ 대표출제기업: 국토안전관리원

36 **다음 (가)~(라)의 빈칸에 들어갈 행정소송법상 행정소송에 대한 내용이 바르게 연결된 것은?**

> (가) (　　　)이란 행정청의 위법한 처분 등을 취소 또는 변경하는 소송을 말한다.
> (나) (　　　)이란 행정청의 처분 등을 원인으로 하는 법률관계에 관한 소송 그 밖에 공법상의 법률관계에 관한 소송으로서 그 법률관계의 한쪽 당사자를 피고로 하는 소송을 말한다.
> (다) (　　　)이란 국가 또는 공공단체의 기관 상호 간에 있어서의 권한의 존부 또는 그 행사에 관한 다툼이 있을 때에 이에 대하여 제기하는 소송을 말한다.
> (라) (　　　)이란 국가 또는 공공단체의 기관이 법률에 위반되는 행위를 한 때에 직접 자기의 법률상 이익과 관계없이 그 시정을 구하기 위하여 제기하는 소송을 말한다.

	(가)	(나)	(다)	(라)
①	당사자소송	항고소송	민중소송	기관소송
②	항고소송	당사자소송	기관소송	민중소송
③	항고소송	당사자소송	민중소송	기관소송
④	당사자소송	항고소송	기관소송	민중소송

출제빈도: ★★☆ 대표출제기업: 대구도시공사

37 **다음 행정소송법상 취소소송의 제소기간에 대한 설명에서 (가)~(다) 안에 들어갈 내용으로 알맞은 것은?**

> 제20조(제소기간)
> ① 취소소송은 처분 등이 (가)부터 (나) 이내에 제기하여야 한다. 다만, 제18조 제1항 단서에 규정한 경우와 그 밖에 행정심판청구를 할 수 있는 경우 또는 행정청이 행정심판청구를 할 수 있다고 잘못 알린 경우에 행정심판청구가 있은 때의 기간은 재결서의 정본을 송달받은 날부터 기산한다.
> ② 취소소송은 처분 등이 있은 날부터 (다)을 경과하면 이를 제기하지 못한다. 다만, 정당한 사유가 있는 때에는 그러하지 아니하다.

	(가)	(나)	(다)
①	있음을 안 날	90일	1년
②	있음을 안 날	90일	6개월
③	있는 날	60일	1년
④	있는 날	60일	6개월

출제빈도: ★★☆ 대표출제기업: 한국남동발전

38 행정심판법상 심판청구의 제기에 대한 설명으로 옳지 않은 것은?

① 행정심판 청구기간은 불변기간이므로 행정청이 법이 정한 기간보다 장기로 고지한 경우라 하더라도 처분이 있은 날부터 180일 이내에는 제기하여야 한다.
② 당사자는 원칙적으로 처분이 있음을 알게 된 날로부터 90일 이내, 처분이 있었던 날로부터 180일 이내에 행정심판위원회에 서면으로 행정심판을 청구하여야 한다.
③ 청구인과 피청구인은 대리인을 선임하여 당해 심판청구에 관한 행위를 할 수 있다.
④ 행정심판의 결과에 이해관계가 있는 제삼자나 행정청은 해당 심판청구에 대한 위원회나 소위원회의 의결이 있기 전까지 그 사건에 대하여 심판참가를 할 수 있다.

정답 및 해설

36 ②
행정소송법 제3조(행정소송의 종류)에 따르면, 행정소송은 다음의 네 가지로 구분한다.
1. 항고소송: 행정청의 처분 등이나 부작위에 대하여 제기하는 소송
2. 당사자소송: 행정청의 처분 등을 원인으로 하는 법률관계에 관한 소송 그 밖에 공법상의 법률관계에 관한 소송으로서 그 법률관계의 한쪽 당사자를 피고로 하는 소송
3. 민중소송: 국가 또는 공공단체의 기관이 법률에 위반되는 행위를 한 때에 직접 자기의 법률상 이익과 관계없이 그 시정을 구하기 위하여 제기하는 소송
4. 기관소송: 국가 또는 공공단체의 기관 상호 간에 있어서의 권한의 존부 또는 그 행사에 관한 다툼이 있을 때에 이에 대하여 제기하는 소송. 다만, 헌법재판소법 제2조의 규정에 의하여 헌법재판소의 관장사항으로 되는 소송은 제외한다.

37 ①
취소소송은 처분 등이 '있음을 안 날'부터 '90일' 이내에 제기하여야 한다. 다만, 제18조 제1항 단서에 규정한 경우와 그 밖에 행정심판청구를 할 수 있는 경우 또는 행정청이 행정심판청구를 할 수 있다고 잘못 알린 경우에 행정심판청구가 있은 때의 기간은 재결서의 정본을 송달받은 날부터 기산한다.
취소소송은 처분 등이 있은 날부터 '1년'(제1항 단서의 경우는 재결이 있은 날부터 1년)을 경과하면 이를 제기하지 못한다. 다만, 정당한 사유가 있는 때에는 그러하지 아니하다.

38 ①
심판청구기간을 착오로 법정기간(처분이 있음을 안 날로부터 90일)보다 장기로 잘못 고지한 때에는 그 잘못 고지된 기간 내에 심판청구를 할 수 있게 정하고 있다. 행정심판법 제27조(심판청구의 기간)에 따르면, 행정심판은 처분이 있음을 알게 된 날부터 90일 이내에 청구하여야 하며, 처분이 있었던 날부터 180일이 지나면 청구하지 못한다. 다만, 정당한 사유가 있는 경우에는 그러하지 아니한다. 또한 행정청이 심판청구 기간을 규정된 기간보다 긴 기간으로 잘못 알린 경우 그 잘못 알린 기간에 심판청구가 있으면 그 행정심판은 규정된 기간에 청구된 것으로 본다.

제4장 민법

학습목표

1. 민법의 의의, 법률관계와 권리·의무를 알 수 있다.
2. 권리의 주체를 알 수 있다.
3. 의사표시를 알 수 있다.
4. 대리를 알 수 있다.
5. 무효와 취소에 대해 알 수 있다.
6. 조건과 기한에 대해 알 수 있다.
7. 소멸시효에 알 수 있다.
8. 물권법 총론에 대해 알 수 있다.
9. 소유권·점유권에 대해 알 수 있다.
10. 용익물권(지상권·지역권·전세권)에 대해 알 수 있다.
11. 담보물권(유치권·질권·저당권)에 대해 알 수 있다.
12. 채권의 의의와 종류에 대해 알 수 있다.
13. 채무불이행의 종류에 대해 알 수 있다.
14. 책임재산의 보전(채권자대위권·채권자취소권)에 대해 알 수 있다.
15. 다수당사자 채권·채무에 대해 알 수 있다.
16. 채권의 소멸에 대해 알 수 있다.
17. 계약총론에 대해 알 수 있다.
18. 계약각론에 대해 알 수 있다.
19. 친족법에 대해 알 수 있다.
20. 가족법에 대해 알 수 있다.

출제비중

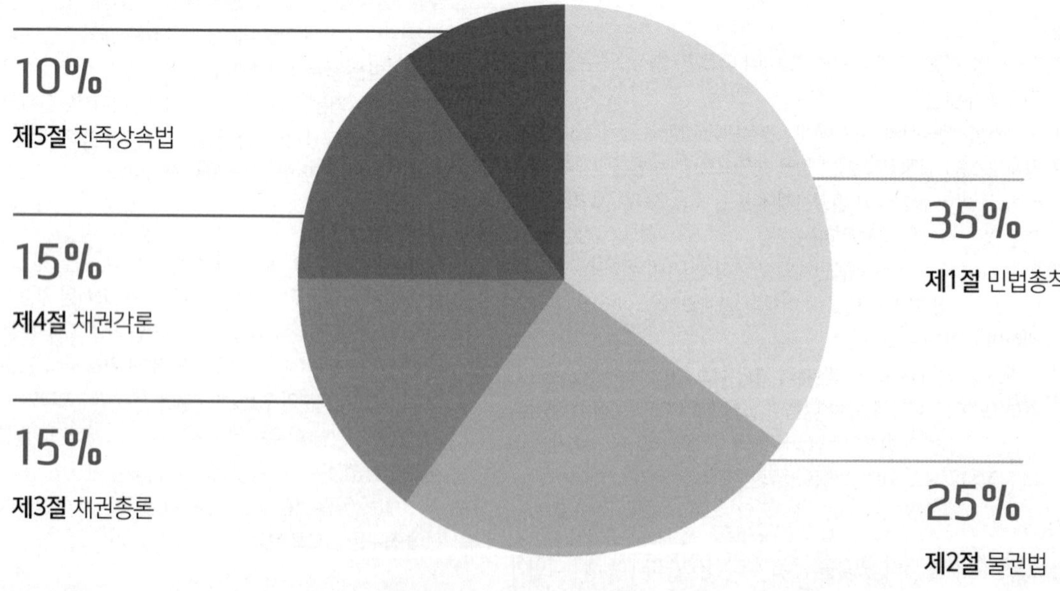

출제포인트 & 출제기업

구분	출제포인트	출제빈도	출제기업
제1절 민법총칙	01 민법의 의의	★★	경기신용보증재단 국민건강보험공단 국민연금공단 국민체육진흥공단 국토안전관리원 근로복지공단 금융감독원 대구도시공사 대구신용보증재단 대한법률구조공단 대한석탄공사 부산신용보증재단 부산환경공단 서울주택도시공사 예금보험공사 한국가스기술공사 한국농어촌공사 한국도로공사 한국무역보험공사 한국보훈복지의료공단 한국산업인력공단 한국소비자원 한국원자력환경공단 한국자산관리공사 한국중부발전 한전KDN 한전KPS
	02 법률관계와 권리·의무	★★	
	03 권리의 주체: 자연인	★★★	
	04 권리의 주체: 법인	★★	
	05 권리의 객체	★	
	06 의사표시	★★★	
	07 대리	★★★	
	08 무효와 취소	★★★	
	09 법률행위의 부관	★	
	10 기간	★	
	11 소멸시효	★★★	
제2절 물권법	01 물권법 총론	★★★	
	02 점유권과 소유권	★★	
	03 용익물권	★★★	
	04 담보물권	★★★	
제3절 채권총론	01 채권법 총론	★	
	02 채무불이행	★★★	
	03 다수당사자 채권관계	★★★	
	04 채권양도와 채무인수	★★★	
	05 채권의 소멸	★★★	
제4절 채권각론	01 계약총론	★★★	
	02 계약각론	★★	
	03 사무관리	★	
	04 부당이득 반환	★★	
	05 불법행위	★★★	
제5절 친족상속법	01 친족법	★★★	
	02 상속법	★★★	

제1절 | 민법총칙

✓핵심 포인트

민법의 의의	근대민법의 기본원리, 근대민법의 수정원칙, 민법의 법원
법률관계와 권리·의무	신의성실의 원칙
권리의 주체: 자연인	태아의 권리능력, 실종선고, 제한능력자, 동시사망과 인정사망
권리의 주체: 법인	법인의 설립요건, 임시이사, 법인의 불법행위책임, 특별대리인, 이사
권리의 객체	종물의 요건
의사표시	진의 아닌 의사표시, 착오, 통정허위표시, 사기·강박에 의한 의사표시
대리	유권대리와 무권대리, 대리권의 소멸, 대리권의 제한, 복대리인, 공동대리, 표현대리
무효와 취소	무효행위의 전환, 취소권의 소멸, 취소권자
법률행위의 부관 (조건과 기한)	정지조건, 기한, 해제조건
소멸시효	제척기간, 소멸시효의 중단사유

01 민법의 의의

출제빈도 ★★

1. 민법의 의의 및 성질

(1) 의의

민법이란 사인(私人)의 재산상 또는 신분상의 권리·의무를 규율하는 법이다.

(2) 성질

① 사법으로서의 민법: 공법과 사법의 구별실익은 지배원리의 면에서 공법관계는 법치주의 원리, 사법관계는 사적자치의 원칙이 적용된다. 권리구제절차에서 공법관계의 권리구제는 행정소송에 의하지만, 사법관계는 민사소송을 통해 분쟁해결을 한다.

② 일반법으로서의 민법: 일반법은 사람·사항·장소 등에 특별한 제한 없이 일반적으로 적용되는 법이고, 특별법은 일정한 사람·사항·장소에 관해서만 적용되는 법(상법 등)으로, 민법은 일반법이다. 일반법과 특별법이 충돌되면 특별법이 먼저 적용되고, 특별법이 규율하지 않는 사항은 일반법이 적용된다(특별법 우선의 원칙).

③ 실체법으로서의 민법: 실체법은 법률관계 자체, 즉, 권리·의무의 내용과 발생, 변경, 소멸 기타 법률관계에 관하여 정하는 법이고, 절차법은 법률관계(권리·의무)를 실현하는 절차를 정하는 법이다. 민법은 실체법에 속하며, 민사에 관한 절차법은 민사소송법·민사집행법·가사소송법을 들 수 있다.

2. 근대민법의 기본원칙

사적자치의 원칙은 법이 허용하는 범위에서 개인이 자신의 의사에 의하여 법률관계를 자주적으로 형성할 수 있고, 국가는 여기에 직접적으로 개입해서는 안 된다는 원칙을 의미한다. 사적자치의 원칙으로 계약자유의 원칙, 소유권 존중의 원칙, 과실책임의 원칙(자기책임의 원칙)이 있다.

3. 근대민법의 수정원칙

사회적 형평의 원칙은 실질적 평등을 위해 사적자치를 비롯한 3대 원리를 제약하는 원리이다. 그 예로 신의성실의 원칙, 권리남용금지, 사회질서, 폭리행위금지, 임대차에 있어서의 강행규정, 소유권 공공의 원칙, 계약공정의 원칙, 무과실책임 제도 등을 들 수 있다.

4. 민법의 법원

(1) 의의

법원이란 법관이 재판을 함에 있어서 적용하여야 할 기준, 즉, 법의 존재 형식 내지 법을 인식하는 근거가 되는 자료를 의미한다. 민법 제1조는 민법의 법원 및 그 적용 순서에 관하여 법률, 관습법 및 조리 순으로 하고 있다.

(2) 관습법

① 의의: 관습법이란 사회의 거듭된 관행으로 생성된 생활규범이 사회의 법적 확신과 인식에 의하여 법적 규범으로 승인·강행되기에 이른 것을 말한다.

② 성립요건: 사회 구성원의 반복된 관행, 사회구성원의 법적 확신, 그 관습이 선량한 풍속 기타 사회질서에 반하지 않아야 한다.

관습법

판례가 인정한 관습법 제도로 ① 분묘기지권, ② 관습법상의 법정지상권, ③ 공시방법으로서의 명인방법, ④ 동산 양도담보 등이 있습니다. 다만 온천권과 관습법상 사도통행권은 관습법으로 인정되지 않습니다.

관습법의 성립요건

사회의 거듭된 관행으로 생성된 사회생활규범이 관습법으로 승인되었다고 하더라도 사회 구성원들이 그러한 관행의 법적 구속력에 대하여 확신을 갖지 않게 되었다거나, 사회를 지배하는 기본적 이념이나 사회질서의 변화로 인하여 그러한 관습법을 적용하여야 할 시점에 있어서의 전체 법질서에 부합하지 않게 되었다면 그러한 관습법은 법적 규범으로서의 효력이 부정될 수밖에 없다. (대법원 2005. 7. 21. 선고 2002다1178 전원합의체 판결)

시험문제 미리보기!

다음 중 근대민법의 기본원칙이 아닌 것은?

① 계약자유의 원칙 ② 공공복리의 원칙
③ 소유권 절대의 원칙 ④ 과실책임의 원칙

정답 ②

해설 근대민법의 기본원칙인 사적자치의 원칙은 법이 허용하는 범위에서 개인이 자신의 의사에 의하여 법률관계를 자주적으로 형성할 수 있고, 국가는 여기에 직접적으로 개입해서는 안 된다는 원칙을 의미한다. 사적자치의 원칙에는 계약자유의 원칙, 소유권 존중의 원칙, 과실책임의 원칙(자기책임의 원칙)이 있으며, 공공복리의 원칙은 근대민법의 수정원칙이다.

02 법률관계와 권리·의무

출제빈도 ★★

1. 법률관계

법에 의하여 규율되는 생활 관계를 법률관계라고 하며, 이것은 법의 힘에 의해 그 내용을 강제적으로 실현할 수 있다는 점에서 강제력이 없는 다른 사회규범과 구별된다. 법률관계는 권리와 의무의 관계로 나타난다.

2. 권리와 의무

권리란 권리주체가 일정한 이익을 향유할 수 있도록 법이 인정하는 힘을 말하고, 의무란 의무자의 의사와 관계없이 일정한 행위를 하여야 할(작위의무) 또는 하지 않아야 할(부작위의무) 법률상의 구속을 말한다.

3. 권리행사의 한계 – 신의성실의 원칙과 권리남용금지의 원칙

① 신의성실의 원칙(이하 신의칙): 법률관계의 당사자는 권리의 행사나 의무의 이행 시 신의에 따라 성실하게 행위하여야 된다는 추상적 규범을 말한다. 신의칙은 기본적·추상적 법규범으로 법규정이 미비한 경우 이를 보완·수정하는 기능을 하고, 사법 모든 분야에서 적용되며, 신의칙에 반하는 것 또는 권리남용은 강행규정에 위배되는 것이므로, 당사자의 주장이 없더라도 법원은 직권으로 판단할 수 있다. 신의칙의 파생원칙으로는 모순행위금지의 원칙[1], 사정변경의 원칙[2], 실효의 원칙[3]이 있다.

② 권리남용금지의 원칙: 권리의 행사가 외관상 적법한 것으로 보이더라도 실질적으로는 정당한 권리행사로 볼 수 없는 경우 이를 허용하지 않는 것을 말한다.

법학 전문가의 TIP

권리와 구별되는 개념

- **권한**: 타인을 위하여 그에게 일정한 법률효과를 발생케 하는 행위를 할 수 있는 법률상의 지위나 자격을 말합니다.
  예) 대리인의 대리권, 이사의 대표권
- **권능**: 권리의 내용을 이루는 개개의 법률상의 힘을 말합니다. 예컨대 소유권이라는 권리의 내용으로 사용권·수익권·처분권을 말합니다.
- **권원**: 일정한 법률상 또는 사실상의 행위를 정당화하는 법률상의 원인 내지 근거를 말합니다. 예컨대 甲의 부동산에 무단으로 乙이 건물 등을 지은 경우, 이는 甲의 소유권을 침해하는 것이므로 甲은 그 건물 등의 철거를 청구할 수 있는데(민법 제214조), 그 철거를 당하지 않기 위해서 乙은 그 토지를 사용할 권원(지상권·임차권)이 있어야 합니다.

1) 모순행위금지의 원칙
어떤 행위를 한 자가 후에 그와 모순되는 권리행사를 함으로써 상대방의 신뢰를 해하는 경우 그 후행행위의 효력이 없다는 원칙

2) 사정변경의 원칙
법률행위 기초가 된 사정이 당사자가 예견할 수 없는 사정으로 현저히 변경된 경우에 사정에 맞게 법률행위의 내용을 수정하거나 그 법률관계를 해소할 수 있다는 원칙(우리 민법은 지료증감청구권(제286조), 차임증가청구권(제628조) 등을 규정하고 있음)

3) 실효의 원칙
권리자가 그 권리행사의 기대가능성이 있었음에도 불구하고 상당한 기간이 경과하도록 권리를 행사하지 아니하여 의무자인 상대방으로서도 이제는 권리자가 권리를 행사하지 아니할 것으로 신뢰할 만한 정당한 기대를 가지게 된 후 새삼스럽게 그 권리를 행사하는 것이 신의칙에 위반하는 것으로 인정될 때에는 그 권리의 행사가 허용되지 않는 것

시험문제 미리보기!

다음 중 신의성실원칙의 파생원칙이 아닌 것은?

① 모순행위금지의 원칙　　② 사정변경의 원칙
③ 실효의 원칙　　④ 사적자치의 원칙

정답 ④

해설 신의칙의 파생원칙에는 모순행위금지의 원칙, 사정변경의 원칙, 실효의 원칙이 있으며, 사적자치의 원칙은 근대민법의 기본원리이다.

03 권리의 주체: 자연인

출제빈도 ★★★

1. 자연인의 능력의 종류

(1) 권리능력

권리의 주체가 될 수 있는 지위 내지 자격, 즉, 어떠한 권리를 가질 수 있고 의무를 부담할 수 있는 추상적인 자격을 권리능력이라 한다. 민법상 권리의 주체로는 자연인과 법인이 있다.

(2) 의사능력

자신의 행위에 대한 의미와 결과를 이해할 수 있는 정신능력을 의사능력이라 한다.

(3) 행위능력

단독으로 유효한 법률행위를 할 수 있는 지위 내지 자격을 행위능력이라 하며, 제한능력자의 행위는 취소할 수 있다.

(4) 책임능력

불법행위책임을 변식할 수 있는 지능이나 인식능력을 책임능력이라 한다. 책임무능력자는 불법행위책임을 부담하지 않는다.

2. 태아의 권리능력

(1) 권리능력의 발생

자연인은 출생한 때부터 권리능력을 취득하며 살아서 출생한 이상 기형아·미숙아 등 관계없이 권리능력을 갖는다. 출생의 시기는 태아가 모체 밖으로 완전히 나오는 때를 기준으로 하는 전부노출설이 통설이다.

(2) 태아의 권리능력

사람은 출생을 해야 권리능력이 인정되므로 원칙적으로 태아에게는 권리능력이 인정되지 않는다. 그러나 우리 민법은 태아를 보호하기 위해 불법행위에 의한 손해배상청구권, 상속, 유증, 부의 태아인지 등의 경우에 권리능력을 인정한다.

(3) 태아의 법적 지위

태아인 동안에는 권리능력을 취득하지 못하지만, 살아서 출생한 경우 그 권리능력 취득의 효과가 문제의 사실이 발생한 시점까지 소급해서 생긴다는 견해와(정지조건설, 판례) 문제의 사실이 생긴 때로부터 태아는 바로 권리능력을 취득하고 다만 사산된 경우에는 소급하여 그 권리능력을 잃는다고 보는 견해(해제조건설, 다수설)가 대립하고 있다.

> **법학 전문가의 TIP**
>
> **정지조건설**
> 이 견해는 거래안전보호에 유리하나 태아 보호에 충실하지 못합니다.
>
> **해제조건설**
> 이 견해는 태아 보호라는 장점이 있는 반면에, 사산된 경우나 쌍생아인 경우에는 제3자에게 불측의 손해를 줄 우려가 있어 법률관계를 안정적으로 처리할 수 없다는 단점이 있습니다.

3. 행위능력

(1) 제한능력자

민법은 제한능력자로 미성년자, 피성년후견인, 피한정후견인, 피특정후견인을 규정하고 있다.

(2) 미성년자

① 의의: 미성년자란 만 19세에 달하지 않은 자를 말한다.

② 능력의 범위: 미성년자가 법률행위를 함에는 법정대리인의 동의를 얻어야 한다. 만약 미성년자가 법정대리인의 동의 없이 법률행위를 한 경우 미성년자나 법정대리인은 이를 취소할 수 있다. 그러나 단순히 권리만을 얻거나 의무만을 면하는 행위, 법정대리인이 범위를 정하여 처분을 허락한 재산의 처분행위, 영업의 허락을 받은 경우에 그 영업에 관한 행위, 대리행위, 유언(17세), 혼인한 미성년자의 행위 등은 미성년자 단독으로 유효한 법률행위가 가능하다.

(3) 피성년후견인

① 의의: 피성년후견인이란 질병, 장애, 노령, 그 밖의 사유로 인한 정신적 제약으로 사무를 처리할 능력이 지속적으로 결여된 사람으로서, 가정법원에 의한 성년후견개시의 심판을 받은 자를 말한다.

② 능력의 범위: 피성년후견인이 행한 법률행위는 원칙적으로 취소할 수 있다. 다만 예외적으로 가정법원이 피성년후견인의 잔존능력을 고려하여 취소할 수 없는 피성년후견인의 법률행위의 범위를 정할 수 있다. 또한 일용품의 구입 등 일상생활에 필요하고 그 대가가 과도하지 아니한 법률행위는 성년후견인이 취소할 수 없다.

(4) 피한정후견인

① 의의: 피한정후견인이란 질병, 장애, 노령, 그 밖의 사유로 인한 정신적 제약으로 사무를 처리할 능력이 부족한 사람으로서, 가정법원에 의한 한정후견개시의 심판을 받은 자를 말한다.

② 능력의 범위: 피한정후견인은 원칙적으로 그 행위능력을 유지하므로, 단독으로 유효한 법률행위를 할 수 있는 것이 원칙이다. 그러나 가정법원은 그 피한정후견인의 잔존능력과 정신능력 등을 고려하여 피한정후견인이 한정후견인의 동의를 받아야 하는 법률행위의 범위를 정할 수 있다(동의유보). 또한 일용품의 구입 등 일상생활에 필요하고 그 대가가 과도하지 아니한 법률행위는 한정후견인이 취소할 수 없다.

(5) 피특정후견인

피특정후견인이란 질병, 장애, 노령, 그 밖의 사유로 인한 정신적 제약으로 일시적 후원 또는 특정한 사무에 관한 후원이 필요한 사람으로서, 가정법원에 의한 특정후견개시의 심판을 받은 자를 말한다.

(6) 제한능력자의 상대방 보호

제한능력자의 법률행위는 취소할 수 있는데, 취소권은 제한능력자 측만 가져 제한능력자와 거래한 상대방은 상당히 불안한 지위에 있으므로 이를 보호할 필요가 있으며, 취소할 수 있는 행위의 추인 여부에 대한 확답촉구권, 철회 및 거절권, 제한능력자의 속임수로 인한 취소권의 상실 등으로 상대방 보호를 한다.

4. 주소

민법은 '생활의 근거가 되는 곳'을 주소(실질주의)로 규정하고 있다. 주소는 동시에 두 곳 이상 있을 수 있으며(복수주의), 주소를 알 수 없으면 거소를 주소로 보고, 국내에 주소 없는 자에 대하여는 국내에 있는 거소를 주소로 본다. 어느 행위에 있어서 가주소를 정한 경우 그 행위에 관하여는 이를 주소로 본다.

5. 부재자

(1) 의의

종래 주소나 거소를 떠나 쉽게 돌아올 가망이 없는 자로서 그의 재산이 관리되지 못하고 방치되어 관리가 필요한 자를 말한다.

(2) 부재자의 재산의 관리

① 부재자가 재산관리인을 정하지 아니한 경우: 법원은 법률상 이해관계인이나 검사의 청구에 의하여 재산관리에 필요한 처분을 명하여야 한다.

② 부재자가 스스로 재산관리인을 둔 경우: 원칙적으로 법원은 간섭하지 않지만 재산관리인의 권한이 본인의 부재중에 소멸한 때는 재산관리인을 두지 않은 경우와 마찬가지로 법원이 필요한 처분을 명해야 한다.

6. 실종선고

(1) 의의

실종선고라 함은 부재자의 생사가 일정기간 분명하지 아니한 경우 일정한 절차에 따라 법원이 그 부재자에 대해 실종선고를 하여 사망한 것으로 간주하는 제도이다.

(2) 요건

부재자의 생사가 불분명해야 하므로 생존한 것이나 사망한 것의 증명이 있는 자는 실종선고를 할 수 없다. 또한 실종기간이 경과해야 하며, 법률상 이해관계인 또는 검사의 청구에 의해 법원의 선고가 있어야 한다.

(3) 효과

실종선고를 받은 자는 실종기간 만료 시에 사망한 것으로 간주되므로 실종기간 만료 시를 사망간주시기로 보고 있다.

(4) 취소

실종자가 생존한 사실, 실종기간이 만료한 시점과 다른 때에 사망한 사실 등 어느 하나가 증명되면 실종선고를 취소하여야 한다. 가정법원의 실종선고의 취소가 있어야 실종선고의 효과가 번복된다.

법학 전문가의 TIP

실종기간

- **보통실종**: 부재자의 생사가 5년간 분명하지 아니한 때에는 법원은 이해관계인이나 검사의 청구에 의하여 실종선고를 하여야 합니다.
- **특별실종**: 전지에 임한 자, 침몰한 선박 중에 있던 자, 추락한 항공기 중에 있던 자 기타 사망의 원인이 될 위난을 당한 자의 생사가 전쟁종지 후 또는 선박의 침몰, 항공기의 추락 기타 위난이 종료한 후 1년간 분명하지 아니한 때에도 법원은 이해관계인이나 검사의 청구에 의하여 실종선고를 하여야 합니다.

사망간주시기

예를 들어, 2014년 1월 1일 선박침몰을 당해 실종선고가 내려진 경우 2015년 1월 1일 24시에 사망한 것으로 됩니다(선박실종으로서 특별실종기간은 1년이므로). 따라서 사망간주시기는 실종기간이 만료한 때로 소급합니다.

7. 동시사망과 인정사망

(1) 동시사망

2인 이상이 동일한 위난으로 사망한 경우 그들 간의 사망 선후에 따라 상속순위나 상속분 등이 현저히 달라질 수 있으므로 사망의 선후(시기)에 관한 입증곤란을 완화하기 위해 동시에 사망한 것으로 추정한다.

(2) 인정사망

인정사망이란 수재, 화재 기타 사변으로 사망한 자가 있는 경우에 이를 조사한 관공서의 사망보고에 의해 가족관계등록부에 사망의 기재를 하게 되는 제도를 말한다.

시험문제 미리보기!

다음 중 태아의 권리능력으로 인정되지 않는 것은?

① 부(父)의 인지청구권 ② 부동산을 증여받을 수 있는 권리
③ 상속을 받을 권리 ④ 불법행위에 의한 손해배상청구권

정답 ②

해설 태아에게 인정되는 권리능력은 불법행위에 의한 손해배상청구권, 상속(대습상속, 유류분), 유증, 인지(부(父)의 인지청구권) 등이다. 증여는 계약이므로 태아에게 인정되지 않는다.

04 권리의 주체: 법인

출제빈도 ★★

1. 법인의 의의

법인이란 일정한 목적을 위하여 결합된 사람의 단체 또는 출연된 재산으로 법에 의해 권리와 의무의 주체가 될 수 있는 자격이 인정되는 것을 말한다. 사단법인은 단체의 구성원과 독립된 법인격이 부여되어 권리와 의무의 주체성이 인정됨으로써, 재단법인의 경우도 마찬가지로 그 재산이 출연자의 개인재산과 별개의 독립한 존재로 존속하게 됨으로써, 단체의 법률관계 처리의 편의와 책임의 분리라는 장점이 있다.

2. 법인의 설립

법인은 법률이 정한 일정한 요건, 즉, 설립행위를 하고 주무관청의 허가를 받아 설립등기를 해야 성립한다. 설립등기를 하지 않는 한 법인은 성립하지 않는다.

(1) 사단법인의 설립요건

① 목적의 비영리성: 학술, 종교, 자선, 기예, 사교 기타 영리 아닌 사업을 목적으로 해야 한다.

② 설립행위(정관작성): 2인 이상의 설립자가 일정한 사항을 기재한 정관을 작성하여 기명날인하여야 한다. 기명날인이 없는 정관은 무효이다.

③ 주무관청의 허가: 법인의 목적으로 하는 사업을 주관하는 주무관청의 허가를 얻어야 한다. 허가여부는 주무관청의 자유재량에 속하며 그 허가여부에 대해 다툴 수 없다.

④ 설립등기: 주된 사무소의 소재지에서 설립등기를 하여야 한다.

(2) 재단법인의 설립요건

① 목적의 비영리성: 목적이 비영리이어야 하며 사단법인과 같다.

② 설립행위(정관작성과 재산의 출연): 재단법인을 설립하기 위해서는 일정한 재산을 출연하고 정관을 작성하고 기명날인하여야 한다.

③ 주무관청의 허가: 주부관청의 허가를 얻어야 한다.

④ 설립등기: 주된 사무소의 소재지에서 설립등기를 하여야 한다.

3. 법인의 능력

(1) 의의

법인도 권리의 주체이므로 자연인과 마찬가지로 권리능력·행위능력·불법행위능력이 인정되며 민법은 법인의 권리능력과 불법행위능력에 관한 규정을 두고 있다.

(2) 법인의 권리능력 제한

① 성질에 의한 제한: 자연인의 특성을 전제로 하는 권리(생명권, 상속권, 친권, 정조권 등)는 법인이 가질 수 없으나, 재산권, 명예권, 성명권, 신용권, 특허권, 정신적 자유권 등은 법인도 가질 수 있다. 특히, 법인은 포괄유증은 받을 수 있으나 상속권은 없다.

② 목적에 의한 제한: 법인은 정관으로 정한 목적의 범위 내에서만 권리능력이 인정된다.

③ 법률에 의한 제한: 법인의 권리능력은 법률에 의해 제한된다. 예를 들어, 해산한 법인인 청산법인은 청산의 목적범위 내에서만 권리가 있고 의무를 부담한다는 규정이다.

(3) 법인의 불법행위책임

① 의의: 법인은 이사 기타 대표자가 그 직무에 관하여 타인에게 가한 손해를 배상할 책임이 있다. 이사 기타 대표자는 이로 인하여 자기의 손해배상책임을 면하지 못한다.

② 성립요건: 대표기관이 불법행위를 해야 하고, 그 불법행위는 직무에 관한 행위이어야 하며, 대표기관 행위 자체가 일반적 불법행위의 성립요건을 갖추어야 한다.

4. 법인의 기관

(1) 의의

법인이 독립한 권리의 주체로서 그 의사를 결정, 집행하며 내부 사무를 처리하기 위해 일정한 조직이 필요한데, 이를 법인의 기관이라고 한다.

(2) 이사

이사는 대외적으로는 법인을 대표하고 대내적으로는 법인의 사무를 집행하는 필요적 상설기관이다. 이사는 법인의 사무에 관하여 각자 법인을 대표하는 것이 원칙이다.

(3) 이사회

이사회란 법인의 사무집행을 결정하기 위해 이사 전원으로 구성된 의결기관이다. 이사가 수인인 경우 정관에 다른 규정이 없으면 법인의 업무집행은 이사의 과반수로써 결정된다.

(4) 임시이사

이사가 없거나 결원이 있는 경우에 이로 인해 손해가 생길 염려가 있는 때에는 법원이 임시이사를 선임하게 되는데, 이러한 임시이사는 정식이사가 선임될 때까지의 일시적 기관이지만 이사와 동일한 권한을 갖는 법인의 대표기관이다.

(5) 특별대리인

법인과 이사의 이익이 상반되는 경우에 법원이 특별대리인을 선임하게 되는데, 이 특별대리인 역시 법인의 대표기관이다.

(6) 감사

법인의 감독기관으로서 감사를 둘 수 있으며, 이는 임의적 기관이다.

(7) 사원총회

사원총회는 사단법인 전 사원으로 구성되는 최고의 의사결정기관으로 정관으로도 폐지할 수 없는 필요적 기관이다. 재단법인에는 사원이 없으므로 사원총회가 있을 수 없다.

법학 전문가의 TIP

법인의 불법행위책임과 다른 책임과의 관계

- **민법 제750조(일반불법행위)와의 관계**: 법인의 불법행위에 관한 책임은 제750조(일반불법행위책임)에 대한 특칙입니다. 따라서 법인의 불법행위가 성립되기 위해서는 대표기관의 행위 자체가 일반 불법행위의 요건(제750조)을 갖추어야 합니다.
- **민법 제756조(사용자책임)와의 관계**: 민법 제35조에 의한 법인의 불법행위가 성립하는 경우 사용자책임은 성립하지 않습니다. 다만 감사 등과 같은 대표기관이 아닌 피용자의 행위에 대해서는 제756조의 사용자책임이 성립합니다.
- **국가배상법 제2조(배상책임)와의 관계**: 공무원이 그 직무를 집행함에 있어 타인에게 손해를 가한 경우에는 국가배상법 제2조가 적용됩니다.

대표기관

대표기관이란 이사(민법 제59조)·임시이사(민법 제63조)·특별대리인(민법 제64조)·청산인(민법 제82조, 제83조)·직무대행자(민법 제52조의2) 등을 말합니다. 따라서 사원총회나 감사의 행위에 대해서는 법인의 불법행위가 성립하지 않습니다.

직무에 관한 행위

'직무관련성'이란 이른바 '외형이론'에 따라 직무 그 자체는 물론 외부에서 객관적으로 볼 때 직무수행이라고 여겨지는 것을 말하며, 목적범위 외의 행위라도 외형이론으로 직무관련성이 인정될 수 있습니다.

5. 법인의 소멸

법인의 소멸이란 법인이 권리능력을 상실하는 것을 의미한다. 해산에 의해 법인의 본래 활동은 정지되고 다음으로 재산을 정리하는 청산의 단계로 들어가며, 청산절차가 종료되고 법인등기부에 청산종결등기를 함으로써 법인은 소멸하게 된다. 그러나 청산종결등기가 경료된 경우에도 청산사무가 종료되었다 할 수 없는 경우에는 청산법인으로 존속한다. (대법원 1980. 4. 8. 선고 79다2036 판결)

시험문제 미리보기!

어떤 법인이 학술, 종교, 자선, 기예, 사교 기타 영리 아닌 사업을 목적으로 설립되었을 때, 이 법인에 대한 설명으로 옳지 않은 것은?

① 사원으로 구성된 사단법인이다.
② 영리 아닌 사업을 목적으로 설립되었으므로 비영리법인이다.
③ 주무관청의 허가를 받아야 하므로 공법인이다.
④ 민법에 의해 설립된 일반법인이다.

정답 ③

해설 주무관청의 허가를 받아야 하지만 사법인이다. 민법 제32조(비영리법인의 설립과 허가)에 따르면, 학술, 종교, 자선, 기예, 사교 기타 영리 아닌 사업을 목적으로 하는 사단 또는 재단은 주무관청의 허가를 얻어 이를 법인으로 할 수 있다. 공법인은 국가의 공권력이 개입되는 법인을 말하며 지방자치단체를 예로 들 수 있다.

05 권리의 객체

출제빈도 ★

1. 의의

권리의 대상이 되는 것을 권리의 객체라고 하며 권리의 목적·내용·종류에 따라 다르다.

2. 물건

(1) 의의

물건이라 함은 유체물 및 전기 기타 관리할 수 있는 자연력을 말한다.

(2) 요건

물건은 유체물 또는 관리할 수 있는 자연력(무체물)일 것, 관리가능성(배타적 지배가능성), 외계의 일부일 것(비인격성), 독립한 물건일 것(독립성)을 요한다.

(3) 종류

① 부동산: 토지 및 그 정착물을 부동산이라 한다. 토지는 일정한 범위의 지표면을 말하며 그 소유권은 정당한 이익이 미치는 범위 내에서 그 지면의 상하에 미친다. 따라서 토석이나 자연석과 같은 것도 토지의 구성 부분이며 지하수도 토지의 일부이다. 토지의 정착물이란 토지에 고정되어 용이하게 이동될 수 없는 물건을 말한다.

② 동산: 부동산 외의 물건을 동산이라 하며, 전기 기타 관리가능한 자연력도 동산이다.

(4) 주물과 종물

① 의의: 각각 독립한 물건이라도 한 물건이 다른 물건의 경제적 효용을 돕는 관계가 있는데, 도움을 받는 주된 물건을 주물이라 하고 도움을 주는 부속된 물건을 종물이라 한다.

② 종물의 요건

- 종물은 주물의 상용에 제공되어지는 물건으로서 경제적 효용을 높이는 관계에 있어야 한다.
- 종물은 주물과는 독립된 물건이어야 한다.
- 주물과 종물은 모두 동일한 소유자에 속해야 한다.

(5) 원물과 과실

① 의의: 물건으로부터 생기는 수익을 과실이라 하고 그 과실을 생기게 하는 물건을 원물이라 한다.

② 종류: 천연과실이라 함은 물건의 용법에 의하여 수취되는 산출물을 말하고 법정과실이란 물건의 사용대가로 받는 금전 기타의 물건을 말한다.

법학 전문가의 TIP

토지의 정착물
예를 들어, 건물·수목·교량·도로의 포장·돌담 등이 있습니다.

주물과 종물
예를 들어, 배와 노, 주택과 따로 있는 창고, 안채와 사랑채, 자물쇠와 열쇠, 시계와 시곗줄, 말과 안장 등의 관계가 있습니다.

시험문제 미리보기!

다음 중 민법상 물건에 대한 설명으로 옳지 않은 것은?

① 물건이라 함은 유체물 및 전기 기타 관리할 수 있는 자연력을 말한다.
② 토지 및 그 정착물은 부동산이고 부동산 이외의 물건은 동산이다.
③ 독립된 부동산으로서 건물이라고 하기 위해서는 최소한 기둥과 지붕, 주벽이 이루어져야 한다.
④ 인체에 부착된 신체의 일부인 의수·의족 등은 물건이다.

정답 ④

해설 인체에 부착된 신체의 일부인 의수·의족 등은 물건이 아니다. 다만 신체의 일부라도 신체에서 분리된 것(모발, 치아, 혈액, 장기 등)은 물건에 해당한다.

06 의사표시

출제빈도 ★★★

1. 의의

의사표시란 일정한 법률효과의 발생을 목적으로 하는 의사를 외부에 표시하는 행위를 말한다. 의사와 표시의 불일치에는 진의 아닌 의사표시, 통정허위표시, 착오에 의한 의사표시가 있고, 하자 있는 의사표시에는 사기·강박에 의한 의사표시가 있다.

2. 진의 아닌 의사표시(민법 제107조)

(1) 의의

진의 아닌 의사표시란 표의자가 표시행위의 객관적 의미가 자신의 진의와는 다르다는 것을 알면서, 즉, 의사와 표시의 불일치를 표의자가 스스로 알면서 하는 의사표시를 말한다.

(2) 요건

① 최소한 사법상의 의사표시는 존재해야 한다.
② 진의와 표시가 일치하지 않아야 한다.
③ 표의자가 진의와 표시가 일치하지 않음을 스스로 알고 있어야 한다.

(3) 효과

① 원칙: 진의 아닌 표시는 원칙적으로 유효하고 표시된 대로 그 효과가 발생한다.
② 예외: 상대방이 표의자의 진의 아님을 알았거나(악의), 이를 알 수 있었을 경우(과실), 그 진의 아닌 의사표시는 무효가 된다.

3. 통정허위표시(민법 제108조)

(1) 의의

허위표시란 표의자가 상대방과 통정하여 하는 허위의 의사표시를 말한다.

(2) 요건

① 사법상의 의사표시가 존재해야 한다.
② 표시와 진의가 일치하지 않아야 한다.
③ 표의자 스스로 표시와 진의가 불일치함을 알고 있어야 한다.
④ 진의와 다른 표시를 함에 있어서 상대방과 통정 내지 통모해야 한다.

(3) 효과

① 당사자 간의 효력: 통정허위표시는 당사자 사이에서는 언제나 무효이다.
② 제3자와의 관계: 허위표시의 무효로 선의의 제3자에게는 대항하지 못한다.

통정허위표시를 하게 된 동기나 목적은 통정허위표시의 요건이 아닙니다.

4. 착오에 의한 의사표시(민법 제109조)

(1) 의의

착오란 의사와 표시가 불일치하고 그 불일치를 표의자 자신이 모르는 것을 말한다.

(2) 유형

① 동기의 착오: 표시에 대응하는 내심의 의사는 존재하지만 내심의 의사를 결정하도록 한 동기가 사실과 일치하지 않는 경우를 말한다.
   예 도로가 난다고 믿고 토지를 높은 가격에 매수한 경우

② 표시상의 착오: 표시행위 자체를 잘못한 경우를 말한다.
   예 100만 원으로 기재할 생각이었는데 잘못하여 100만 엔으로 적은 경우

③ 내용상의 착오: 표시행위 자체에는 착오가 없지만 표의자가 표시행위의 의미를 잘못 이해한 경우이다.
   예 파운드가 달러를 의미한다고 오신하여 100파운드라고 쓰고서 100달러라고 믿는 경우

(3) 요건

① 법률행위 내용의 중요 부분에 착오가 있어야 한다.
② 착오에 표의자의 중대한 과실이 없어야 한다.

(4) 효과

법률행위 내용의 중요 부분에 착오가 있는 경우에는 그 의사표시를 취소할 수 있다. 다만 중요 부분에 착오가 있더라도 표의자에게 중대한 과실이 있는 경우에는 취소할 수 없으며, 착오로 인한 의사표시의 취소는 선의의 제3자에게 대항할 수 없다.

5. 사기·강박에 의한 의사표시(민법 제110조)

(1) 의의

사기나 강박에 의한 의사표시는 의사표시의 형성과정에 상대방의 기망이나 강박이 개입됨으로써 의사표시에 하자가 존재하여 의사표시를 한 자가 취소할 수 있다.

(2) 종류

① 사기에 의한 의사표시: 표의자가 타인(상대방 또는 제3자)의 기망행위로 인하여 말미암아 착오에 빠진 상태에서 행한 의사표시를 말한다.
② 강박에 의한 의사표시: 표의자가 타인(상대방 또는 제3자)의 강박행위로 인하여 공포심에 빠진 상태에서 행한 의사표시를 말한다.

(3) 효과

의사표시의 상대방이 사기·강박을 행한 경우에 표의자는 그 의사표시를 취소할 수 있다.

6. 의사표시의 효력발생

(1) 도달주의의 원칙

상대방이 있는 의사표시는 상대방에게 도달한 때에 그 효력이 생긴다. 의사표시자가 그 통지를 발송한 후 사망하거나 제한능력자가 되어도 의사표시의 효력에 영향을 미치지 아니한다.

(2) 도달주의의 효과

의사표시는 상대방에게 도달한 때에 그 효력이 발생하므로 의사표시의 발송 후 도달 전에는 그 의사표시를 철회할 수 있다.

시험문제 미리보기!

다음 중 의사표시에 대한 설명으로 옳지 않은 것은?

① 의사표시는 표의자가 진의 아님을 알고 한 것이라도 그 효력이 있지만 상대방이 표의자의 진의 아님을 알았거나 이를 알 수 있었을 경우에는 취소할 수 있다.

② 착오에 의한 의사표시를 취소하기 위해서는 법률행위의 내용의 중요 부분에 착오가 있어야 하고 그 착오에 표의자의 중대한 과실이 없어야 한다.

③ 상대방이 있는 의사표시에 관하여 제삼자가 사기나 강박을 행한 경우에는 상대방이 그 사실을 알았거나 알 수 있었을 경우에 한하여 그 의사표시를 취소할 수 있다.

④ 상대방과 통정한 허위의 의사표시는 무효로 한다.

정답 ①

해설 민법 제107조에 따르면, 의사표시는 표의자가 진의 아님을 알고 한 것이라도 그 효력이 있다. 그러나 상대방이 표의자의 진의 아님을 알았거나 이를 알 수 있었을 경우에는 무효로 한다.

07 대리

출제빈도 ★★★

1. 대리제도의 의의 및 기능

대리란 타인(대리인)이 본인의 이름으로 의사표시를 하거나 또는 의사표시를 받음으로써 그 법률효과가 직접 본인에게 발생하도록 하는 제도를 말한다. 대리의 본질적 기능은 사적자치의 확장과 보충이다.

사적자치의 확장은 임의대리에서, 사적자치의 보충은 법정대리에서 나타납니다.

2. 대리의 종류

(1) 임의대리와 법정대리

본인의 의사에 의해 대리권이 주어지는 경우가 임의대리이고, 본인의 의사와 관계없이 법률의 규정에 의하여 일정한 자에게 대리권이 주어지는 경우가 법정대리이다.

(2) 능동대리와 수동대리

본인을 위하여 제삼자(상대방)에 대해 의사표시를 하는 대리가 능동대리이고, 본인을 위하여 제삼자(상대방)의 의사표시를 수령하는 대리가 수동대리이다.

(3) 유권대리와 무권대리

대리인으로 행위하는 자에게 대리권이 있는 경우가 유권대리이고, 대리권이 없는 경우가 무권대리이다. 무권대리는 다시 표현대리와 협의의 무권대리로 나누어진다.

3. 대리권

(1) 의의

대리권이란 타인(대리인)이 본인의 이름으로 의사표시를 하거나 또는 제삼자의 의사표시를 받음으로써 직접 본인에게 법률효과를 발생시키는 법률상의 지위 내지 자격을 말한다.

(2) 대리권의 발생원인

① 법정대리권의 발생원인: 법정대리권은 본인의 의사와 관계없이 법률의 규정에 의해 발생한다. 친권자, 후견인, 법원이 선임한 부재자 재산관리인, 부부 등이다.

② 임의대리권의 발생원인(수권행위): 임의대리권은 본인이 대리인에게 대리권을 수여하는 수권행위에 의하여 발생한다. 수권행위의 방식에는 제한이 없으므로 서면으로 할 수 있고 구두로도 할 수 있고 명시적, 묵시적으로도 할 수 있다.

(3) 대리권의 범위

① 법정대리권의 범위: 법률의 규정에 의하여 정해지며, 친권자, 후견인, 법원이 선임한 부재자 재산관리인 등이 있다.

② 임의대리권의 범위: 수권행위에 의하여 정해지므로 그 범위는 결국 수권행위의 해석을 통해 이루어진다. 권한을 정하지 않은 대리인은 보존행위, 대리의 목적인 물건이나 권리를 성질이 변하지 아니하는 범위에서 이용 또는 개량하는 행위만을 할 수 있다.

(4) 대리권의 제한

① 자기계약·쌍방대리의 금지: 자기계약이란 대리인이 한편으로는 대리인의 자격으로 본인을 대리하고 또 한편으로는 자기 자신의 지위에서 상대방이 되어 혼자서 계약을 체결하는 것을 말한다. 쌍방대리란 동일인이 하나의 법률행위에 있어 당사자 쌍방의 대리인이 되어 대리행위를 하는 것을 말한다.

② 공동대리: 대리인이 수인인 경우 각자 대리가 원칙이다. 그러나 법률이나 수권행위에서 공동으로만 대리하도록 정한 경우에는 그에 따른다. 공동대리에서 공동의 의미는 전원이 공동으로 의사표시해야 하는 것이 아니라 전원일치의 의사결정이 있으면 족하고 그 의사표시의 실행행위는 일부 대리인이 하여도 무방하다고 보는 것(의사결정의 공동)이 통설이다.

법학 전문가의 TIP

자기계약
예를 들어, 甲으로부터 부동산 매각의 대리권을 수여받은 乙이 스스로 그 부동산의 매수인이 되는 경우를 말합니다.

쌍방대리
예를 들어, 乙이 매도인 甲의 대리인으로서 또 한편으로는 매수인 丙의 대리인 자격에서 매매계약을 혼자서 체결하는 경우를 말합니다.

(5) 대리권의 남용

대리인이 외형상으로는 대리권의 범위 내에서 대리행위를 하였으나, 실질적으로는 본인을 위해서가 아니고 자기 또는 제삼자의 이익을 위한 대리행위를 한 경우를 말한다.

(6) 대리권의 소멸

① 임의대리와 법정대리의 공통된 소멸원인: 본인의 사망, 대리인의 사망, 성년후견의 개시 또는 파산

② 임의대리의 특유한 소멸원인: 원인된 법률관계의 종료, 법률관계의 종료 전에 본인이 수권행위를 철회한 경우

4. 대리행위

(1) 현명주의

① 의의: 현명주의란 대리인이 대리행위를 함에 있어서 본인을 위한 것임을 표시하여야 한다는 원칙을 말한다. '본인을 위한 것'은 대리행위의 효과를 본인에게 귀속시키려는 의사(대리의사)를 의미하는 것이지 본인의 이익을 위한다는 뜻은 아니다.

② 방식: 현명의 방식에는 제한이 없으므로 서면이나 구두 등에 의하여 할 수 있다.

③ 현명하지 않은 행위의 법률효과: 대리인이 본인을 위한 것임을 표시하지 않은 경우 대리인이 법률관계의 당사자로 간주되어 대리인 자신이 확정적으로 법률효과를 받는다. 대리인이 본인을 위한 것임을 표시하지 않은 경우라도 상대방이 대리인으로서 한 것임을 알았거나 알 수 있었을 때에는 보통의 대리행위로 취급하여 본인에게 대리행위의 효력이 발생된다.

현명의 방식은 '甲의 대리인 乙'이라고 표시하지만, 반드시 본인을 표시해야 하는 것은 아니고 본인을 알 수 있을 정도면 됩니다.

(2) 대리행위의 하자

대리에서 법률행위를 하는 자는 대리인이므로, 대리행위에서 의사의 흠결(비진의표시·허위표시·착오)이나 의사표시의 하자(사기·강박) 또는 어떤 사정을 알았거나 (악의) 과실로 알지 못한 것(과실)은 대리인을 표준으로 하여 결정한다. 따라서 본인이 사기·강박을 당한 경우에는 취소권이 인정되지 않는다.

(3) 대리인의 하자

대리인은 행위능력자임을 요하지 않으므로 제한능력자인 대리인이 대리행위를 한 경우에도 그 행위를 취소할 수 없다.

5. 대리의 효과

대리인이 그 권한 내에서 본인을 위한 것이라는 의사표시를 하고 대리행위를 한 경우 그 효과는 직접 본인에게 귀속한다.

6. 복대리

(1) 의의

복대리인이란 대리인이 그의 권한 범위의 행위를 하게 하기 위하여 대리인 자신의 이름으로(대리인의 권한으로) 선임한 본인의 대리인이다.

(2) 복대리인의 법적 성질

① 복대리인은 대리인의 대리인이 아니라 본인의 대리인이다.

② 복대리인은 대리인이 본인의 이름으로 선임한 자가 아니라 대리인 자신의 이름으로 선임한 자이다. 따라서 복대리인 선임행위는 대리행위가 아니다.

③ 대리인이 복대리인을 선임한 후에도 대리인의 대리권은 소멸하지 않는다. 즉, 대리인의 대리권은 복대리인의 복대리권과 병존한다.

④ 복대리인은 언제나 임의대리인이다.

⑤ 복대리인은 본인에 대하여 대리인과 동일한 권리의무가 있다.

7. 무권대리

(1) 무권대리의 의의

대리인이 대리권 없이 대리행위를 하거나 또는 대리권이 있더라도 그 범위를 넘은 의사표시를 한 경우에는 원칙적으로 대리의 효과가 발생하지 않는데 이를 무권대리라 한다.

(2) 표현대리

① 의의: 표현대리란 대리인에게 대리권이 없음에도 불구하고 마치 대리권이 있는 것과 같은 외관이 존재하고, 그 외관의 형성에 어느 정도 원인을 제공한 경우, 외관을 신뢰한 자(외관 신뢰) 및 거래의 안전을 보호하기 위해 본인에게 그 무권대리행위에 대해 책임을 지게 하는 제도이다.

② 대리권 수여의 표시에 의한 표현대리: 본인이 대리인에게 실제로 대리권을 수여하지 않았음에도 불구하고 본인이 제3자에게 그 대리인에게 대리권을 수여하였음을 표시함으로써 '성립의 외관'이 존재하는 경우이다.

③ 권한을 넘은 표현대리: 기본대리권을 가지고 있는 대리인이 그 대리권을 벗어난 대리행위를 한 경우 상대방이 대리권이 있다고 믿을 만한 정당한 사유가 있으면 본인에게 대리행위의 효과를 귀속시키는 것이다.

④ 대리권 소멸 후의 표현대리: 과거에 대리권이 존재하였으나 대리행위를 할 당시에는 대리권이 소멸하여 없음에도 불구하고 대리행위를 한 경우이다.

(3) 협의의 무권대리

대리인이 대리권 없이 대리행위를 하였을 때 표현대리라고 볼 만한 특별한 사정이 없는 경우를 제외한 것이 협의의 무권대리이다. 계약에 있어서의 무권대리에서 무권대리행위는 본인에게 그 계약의 효과가 발생하지 않음이 원칙이나, 다만 본인이 그 무권대리행위를 추인하면 계약의 효력이 본인에게 발생한다.

시험문제 미리보기!

다음 〈보기〉에서 대리권의 소멸 사유로 적절한 것을 고르면 모두 몇 개인가?

〈보기〉

- 본인의 사망
- 대리인의 사망
- 대리인의 한정후견 개시
- 대리인의 파산

① 1개 ② 2개
③ 3개 ④ 4개

정답 ③

해설 민법 제127조(대리권의 소멸사유)에 따르면, 대리권은 본인의 사망이나 대리인의 사망, 성년후견의 개시 또는 파산 중 어느 하나에 해당하는 사유가 있으면 소멸된다.

08 무효와 취소

출제빈도 ★★★

1. 무효

(1) 의의

법률행위의 무효란 법률행위가 성립한 때부터 법률상 당연히 그 효력이 발생하지 않는 것으로 확정된 것을 말한다.

(2) 효과

법률행위가 무효이면 그 내용에 따른 법률효과는 발생하지 않고 처음부터 당연히 효력이 없는 소급효를 갖는다.

(3) 무효행위의 전환

무효행위의 전환이란 법률행위가 무효이지만 다른 법률행위로서의 요건을 갖추고 있는 경우에 당사자가 그 무효를 알았더라면 다른 법률행위를 하는 것을 의욕하였으리라고 인정될 때에는 다른 법률행위로서의 효력을 인정하는 것을 말한다.

(4) 무효행위의 추인

무효행위의 추인이란 법률행위의 당사자가 무효임을 알면서 그 법률행위를 유효로 하려는 당사자 의사표시를 말한다. 당사자가 무효임을 알고 추인한 때에는 그때부터 새로운 법률행위가 된다.

법학 전문가의 TIP

무효행위의 전환

- 혼인 외 출생자를 혼인 중의 출생자로 출생신고한 경우에는 인지신고로서의 효력을 인정한다. (대법원 1971. 11. 15. 선고 71다1983 판결)
- 타인의 자를 입양의 의사로 친생자로 출생신고한 경우에는 그 신고는 출생신고로서 무효이지만 입양신고의 효력을 인정한다. (대법원 1977. 7. 26. 선고 77다492 전원합의체 판결)
- 비밀증서에 의한 유언이 방식을 결여하여 무효이더라도 자필증서의 방식을 갖춘 경우에는 자필증서에 의한 유언으로서의 효력을 인정한다. (민법 제1071조)

2. 취소

(1) 의의

법률행위의 취소란 일단 유효하게 성립된 법률행위의 효력을 제한능력 또는 의사표시의 결함(착오·사기·강박) 등을 이유로 특정인(취소권자)의 의사표시에 의해 그 행위 시로 소급하여 무효로 하는 것을 말한다. 취소권은 취소권자의 일방적 의사표시로 당사자 간의 법률관계를 변동시키므로 형성권이다.

(2) 취소권자

취소할 수 있는 법률행위는 제한능력자, 착오로 인하거나 사기·강박에 의하여 의사표시를 한 자, 그의 대리인 또는 승계인만이 취소할 수 있다.

(3) 방법 및 효과

① 방법: 취소권은 형성권이므로 취소권자의 일방적 의사표시에 의하여 행사할 수 있다. 이는 특별한 방식을 요하지 않으며, 반드시 재판상 행사하여야 할 필요도 없고, 명시적일 필요도 없다.

② 효과: 법률행위가 취소되면 취소된 법률행위는 처음부터 무효인 것으로 본다. 그러나 취소한 후라도 무효행위의 추인 요건에 따라 다시 추인하는 것도 가능하다.

3. 무효와 취소의 차이점

(1) 주장권자

무효는 누구라도 주장할 수 있으며, 주장 유무와 관계없이 처음부터 효력이 발생하지 않는다. 취소는 취소권자만이 주장할 수 있고 취소권자가 취소권을 행사하여야 한다.

(2) 시간의 경과에 따른 효력변동 여부

무효는 시간이 경과하여도 무효이며 기간의 제한이 없다. 취소는 일정한 시간이 경과하면 취소권이 소멸하여 확정적으로 유효하게 된다(민법 제146조에 의하면 추인 가능한 날로부터 3년, 법률행위를 한 날로부터 10년).

(3) 추인의 허용 여부

무효는 원칙적으로 추인을 할 수 없으나, 다만 당사자가 그 무효임을 알고 추인한 때에는 새로운 법률행위로 본다. 취소할 수 있는 행위는 추인에 의해 확정적으로 유효가 되며 법정추인제도가 있다.

법정추인사유

1. 전부나 일부의 이행
2. 이행의 청구
3. 경개
4. 담보의 제공
5. 취소할 수 있는 행위로 취득한 권리의 전부나 일부의 양도
6. 강제집행

시험문제 미리보기!

취소권의 소멸기간에 대한 설명으로 옳은 것은?

① 취소권은 취소할 수 있는 날로부터 1년 내에, 법률행위를 한 날로부터 3년 내에 행사하여야 한다.
② 취소권은 추인할 수 있는 날로부터 3년 내에, 법률행위를 한 날로부터 5년 내에 행사하여야 한다.
③ 취소권은 취소할 수 있는 날로부터 3년 내에, 법률행위를 한 날로부터 10년 내에 행사하여야 한다.
④ 취소권은 추인할 수 있는 날로부터 3년 내에, 법률행위를 한 날로부터 10년 내에 행사하여야 한다.

정답 ④

해설 민법 제146조(취소권의 소멸)에 따르면, 취소권은 추인할 수 있는 날로부터 3년 내에, 법률행위를 한 날로부터 10년 내에 행사하여야 한다.

09 법률행위의 부관(조건과 기한)

출제빈도 ★

1. 조건

(1) 의의

조건이란 법률행위 효력의 발생(정지조건) 또는 소멸(해제조건)을 장래의 불확실한 사실에 의존하게 하는 부관이다. 조건은 장래의 사실로서 불확실한 것이어야 하고, 조건은 법률행위 내용의 일부이므로 당사자가 임의로 부가한 것이어야 한다.

(2) 종류

① 정지조건: 법률행위 효력의 발생을 장래의 불확실한 사실에 의존하게 하는 경우를 말한다.
   예 시험에 합격하면 해외여행을 보내주겠다는 약정에서 '시험 합격'이 정지조건
② 해제조건: 법률행위 효력의 소멸을 장래의 불확실한 사실에 의존하게 하는 경우를 말한다.
   예 건축허가를 받지 못할 경우 토지매매계약을 무효로 하기로 한 약정에서 '건축허가를 받지 못하는 것'이 해제조건

(3) 가장조건

가장조건이란 형식적으로는 조건이지만 실질적으로는 조건으로서의 효력이 인정되지 못하는 것을 말한다.

① 법정조건: 법정조건이란 법인설립행위 시 주무관청의 허가나 유언에서 유언자의 사망 또는 수증자의 생존 등과 같이 법률규정에 의해 효력요건으로 규정되어 있는 것을 말한다.
② 불법조건: 선량한 풍속 기타 사회질서에 반하는 조건이 불법조건이다. 불법조건이 붙은 법률행위는 조건뿐만 아니라 법률행위 전체가 무효가 된다.
③ 기성조건: 기성조건이란 조건이 법률행위성립 당시에 이미 성립하고 있는 경우를 말한다. 기성조건이 정지조건이면 조건 없는 법률행위가 되고 해제조건이면 그 법률행위는 무효가 된다.
④ 불능조건: 불능조건이란 조건이 법률행위성립 당시에 이미 성취할 수 없는 경우를 말한다. 불능조건이 해제조건이면 조건 없는 법률행위가 되고 정지조건이면 그 법률행위는 무효가 된다.

> **법학 전문가의 TIP**
>
> **불법조건**
> 부첩관계인 부부생활의 종료를 해제조건으로 하는 증여계약은 그 조건만이 무효인 것이 아니라 증여계약 자체가 무효이다. (대법원 1966. 6. 21. 선고 66다530 판결)

2. 기한

(1) 의의

기한이란 법률행위 효력의 발생이나 소멸을 장래에 발생할 것이 확실한 사실에 의존하게 하는 부관을 말한다. 기한은 장래에 법률행위 효력의 발생이 확정적이라는 점에서 그 발생이 불확정적인 조건과 구별된다.

(2) 종류

① 시기와 종기: 시기란 법률행위 효력의 발생이 장래의 사실에 의존하게 하는 기한(내년 3월 1일부터 임대함)이고, 종기란 법률행위 효력의 소멸이 장래의 사실에 의존하게 하는 기한(올해 12월 31일까지 임대함)이다.
② 확정기한과 불확정기한: 확정기한이란 기한의 내용이 되는 사실의 발생시기가 확정되어 있는 기한을 말하고(임대차 기간을 내년 1월 1일부터 12월 31일까지로 함), 불확정기한이란 기한의 내용이 되는 사실의 발생시기가 확정되어 있지 않은 기한을 말한다(건물의 임대차 종료 시는 임대인 甲의 사망 시로 함).

(3) 기한을 붙일 수 없는 법률행위

조건에 친하지 않은 법률행위는 기한도 붙일 수 없다. 혼인·협의이혼·입양·파양 및 상속의 승인과 포기 등 신분행위에는 시기를 붙일 수 없다. 또한 소급효가 있는 법률행위, 즉, 취소나 상계, 추인 등에도 시기를 붙일 수 없다.

(4) 기한의 이익

기한이 아직 도래하지 않음으로써 당사자가 받는 이익을 기한의 이익이라고 한다.

시험문제 미리보기!

다음 중 조건이 법률행위 당시에 이미 성취할 수 없는 것으로 확정된 경우는 무엇인가?

① 기성조건 ② 불능조건
③ 수의조건 ④ 해제조건

정답 ②

해설 불능조건이 조건이 법률행위성립 당시에 이미 성취할 수 없는 경우를 말한다.

오답노트
① 기성조건이란 조건이 법률행위성립 당시에 이미 성립하고 있는 경우를 말한다.
③ 수의조건이란 조건의 성취 여부가 당사자의 일방적인 의사에만 좌우되는 조건을 말한다.
④ 해제조건이란 법률행위 효력의 소멸을 장래의 불확실한 사실에 의존하게 하는 경우를 말한다.

10 기간

출제빈도 ★

1. 의의

기간이란 어느 시점에서 어느 시점까지의 계속된 시간을 말하며, 기간은 법률사실로서 사건에 속한다.

2. 계산방법

(1) 기간을 시·분·초로 정한 때(자연적 계산법)

기간을 시·분·초로 정한 때의 기산점은 즉시부터이며(민법 제156조), 기간의 만료점은 정하여진 시·분·초가 종료한 때이다.

(2) 기간을 일·주·월·연으로 정한 때(역법적 계산법)

기간을 일·주·월·연으로 정한 때에는 기간의 초일을 산입하지 않는다(초일불산입, 다음날 0시부터 기산함). 다만, 그 기간이 오전 0시부터 시작되는 때의 초일과 연령계산에 있어서의 출생일은 예외적으로 산입한다.

예 1997년 3월 15일에 출생한 자가 성년이 되는 때를 계산할 때에는 그 기산일이 1997년 3월 15일이 되므로, 2016년 3월 14일 24시로 미성년이 만료되고 2016년 3월 15일 0시부터 성년이 됨

시험문제 미리보기!

다음 중 민법상 기간에 대한 내용으로 옳지 않은 것은?

① 기간을 일, 주, 월 또는 연으로 정한 때에는 기간의 초일은 산입하지 아니한다.
② 기간을 시, 분, 초로 정한 때에는 즉시로부터 기산한다.
③ 연령계산에는 출생일을 산입하지 아니한다.
④ 기간의 말일이 토요일 또는 공휴일에 해당한 때에는 기간은 그 익일로 만료한다.

정답 ③

해설 민법 제158조(연령의 기산점)에 따르면, 연령계산에는 출생일을 산입한다.

오답노트

① 민법 제157조(기간의 기산점)에 따르면, 기간을 일, 주, 월 또는 연으로 정한 때에는 기간의 초일은 산입하지 아니한다.
② 민법 제156조(기간의 기산점)에 따르면, 기간을 시, 분, 초로 정한 때에는 즉시로부터 기산한다.
④ 민법 제161조(공휴일 등과 기간의 만료점)에 따르면, 기간의 말일이 토요일 또는 공휴일에 해당한 때에는 기간은 그 익일로 만료한다.

11 소멸시효

출제빈도 ★★★

1. 일반론

(1) 의의

시효란 일정한 사실상태가 일정한 기간 동안 계속된 경우에 그 사실상태가 진실한 권리관계에 합치되는지 여부와 상관없이 그 사실상태를 그대로 존중하여 권리의 취득 또는 소멸을 부여하는 제도를 말한다.

(2) 시효제도의 존재 이유

시효제도의 존재 이유는 법률생활의 안정, 증명 곤란의 구제, 권리 위에 잠자는 자에 대한 제재이다.

2. 제척기간

(1) 의의

제척기간이란 일정한 권리에 관하여 법률이 규정하고 있는 권리의 존속기간을 말하며, 그 기간 내에 권리를 행사하지 않으면 그 권리는 당연히 소멸하게 된다. 제척기간은 그 권리관계를 조속히 확정하는 데 취지가 있다.

(2) 소멸시효와 제척기간의 비교

구분	소멸시효	제척기간
중단제도	• 권리자의 청구나 압류, 채무자의 승인 등 중단제도 있음	• 불인정(권리관계의 조속한 확정)
정지제도	• 정지제도 있음	• 불인정
입증책임	• 소멸시효의 완성을 주장하는 자	• 권리자가 아직 제척기간이 미경과한 사실을 입증
포기제도	• 미리 포기 불가, 소멸시효 완성 후 포기 가능	• 기간 도과로 당연히 권리가 소멸하므로 포기 불가
소송상 주장 여부	• 절대적 소멸설: 변론주의의 원칙상 소멸시효 주장 • 상대적 소멸설: 소송상 원용하여야 참작	• 법원의 직권조사사항
효과 (소급효)	• 권리소멸의 효과가 소급	• 소급효가 인정되지 않고 장래에 향하여 효력이 발생
기간의 단축	• 기간의 단축, 경감 가능	• 기간의 단축, 경감 불가

3. 소멸시효의 요건

(1) 요건

시효로 인하여 권리가 소멸하려면 ① 그 권리가 소멸시효의 대상이 되는 권리이어야 하고, ② 권리자가 권리를 행사할 수 있음에도 불구하고 행사하지 않아야 하며, ③ 그 권리불행사의 상태가 일정기간 계속되어야 한다(소멸시효기간). 이는 소멸시효를 주장하는 자가 입증하여야 한다.

(2) 소멸시효의 기간

구분	권리
20년	채권 및 소유권 이외의 재산권
10년	일반채권, 판결에 의하여 확정된 채권, 파산절차 · 조정 · 재판상 화해 기타와 동일한 효력이 있는 것에 의하여 확정된 채권
3년	이자 · 부양료 · 급료 · 사용료 기타 1년 이내의 기간으로 정한 금전 또는 물건의 지급을 목적으로 한 채권, 의사 · 변호사 · 변리사 · 공증인 · 공인회계사 · 법무사의 직무에 관한 채권, 임금채권
1년	숙박료 · 음식
3년 또는 10년	불법행위로 인한 손해배상채권

4. 소멸시효의 중단

(1) 의의

소멸시효의 중단이란 권리의 불행사라는 사실을 깨뜨리는 사정(권리의 행사로 볼 수 있는 사실)이 발생한 경우 이미 경과한 시효기간의 효력은 소멸되고 중단사유가 종료한 때로부터 다시 소멸시효가 진행되는 제도이다. 소멸시효의 중단사유에는 권리자가 자기의 권리를 주장하는 청구, 압류·가압류·가처분, 승인이 있다(민법 제168조).

(2) 청구

권리자가 자신의 권리를 행사하는 것으로 재판상의 청구, 파산절차 참가, 지급명령, 화해를 위한 소환·임의출석 등이 있다.

(3) 압류·가압류·가처분

압류란 금전채권의 실행을 확보하기 위하여 확정판결 기타 집행권원(채무명의)에 의거하여 채무자의 재산처분을 금지하는 강제집행을 말하고, 가압류와 가처분은 강제집행이 불가능하거나 곤란하게 될 염려가 있는 경우에 강제집행을 보전하기 위해 취해지는 수단이다. 압류·가압류·가처분으로 인한 시효가 중단되는 시기는 그 집행을 신청한 때이다.

(4) 승인

승인이란 시효 완성 전에 시효의 이익을 받을 자가 시효로 인하여 권리를 잃을 자에 대하여 그 권리를 인정한다는 관념의 통지이다.

(5) 중단의 효과

시효가 중단되면 그때까지 경과한 시효기간은 산입하지 아니하고, 중단사유가 종료한 때로부터 시효기간은 다시 새로이 진행한다.

5. 소멸시효의 정지

(1) 의의

소멸시효의 정지란 소멸시효가 완성될 당시 권리자가 시효를 중단시키는 것이 불가능하거나 곤란한 경우에, 그러한 사정이 소멸한 후 일정기간이 경과하는 시점까지 일시적으로 시효완성을 연기하는 것을 말한다.

(2) 종류

① 제한능력자를 위한 정지
② 혼인관계 종료에 의한 정지
③ 상속재산에 관한 권리와 시효정지
④ 천재 기타 사변과 시효정지

6. 소멸시효 완성의 효과

(1) 소급적 효력

소멸시효가 완성하면 그로 인한 권리소멸의 효과는 그 기산일에 소급한다. 따라서 소멸시효로 채무를 면하게 되는 자는 기산일 이후의 이자를 지급할 필요가 없다. 다만, 시효로 소멸하는 채권이 소멸시효의 완성 전에 상계할 수 있었던 것이면 그 채권자는 상계할 수 있다.

(2) 종속된 권리에 대한 소멸시효의 효력

주된 권리의 소멸시효가 완성한 때에는 종속된 권리에 그 효력이 미친다. (민법 제183조)

예 원본채권이 시효로 소멸하면 이자채권은 시효기간이 남아 있다고 하더라도 시효로 소멸함

(3) 시효이익의 포기

시효이익의 포기란 시효이익을 받을 당사자가 시효의 완성으로 인한 법적 이익을 받지 않겠다는 의사표시이다. 소멸시효의 이익은 시효기간이 완성되기 전에는 미리 포기하지 못한다.

시험문제 미리보기!

다음 중 민법에서 규정하고 있는 소멸시효의 중단사유가 아닌 것은?

① 이행의 청구　　② 압류
③ 가처분　　④ 취소권 행사

정답 ④

해설 민법 제168조(소멸시효의 중단사유)에 따르면, 소멸시효는 청구, 압류 또는 가압류, 가처분, 승인과 같은 사유로 인하여 중단된다.

제2절 | 물권법

✓ 핵심 포인트

물권법 총론	• 소유권과 제한물권 • 물권적 청구권 • 물권변동: 동산 - 인도, 부동산 - 등기
점유권과 소유권	• 점유권의 효력 • 점유취득시효, 등기부취득시효, 동산 소유권취득시효
용익물권	• 지상권, 지역권, 전세권
담보물권	• 유치권, 질권, 저당권

01 물권법 총론

출제빈도 ★★★

1. 물권의 의의

(1) 물권의 의의

물권이라 함은 '특정의 물건을 직접 지배하여 이익을 얻는 배타적·지배적 권리'를 말한다. 물권은 법률 또는 관습에 의해서만 인정되고 당사자가 임의로 물권을 창설할 수는 없는데, 이를 물권법정주의라 한다.

(2) 물권과 채권의 비교

물권	채권
• 법률 또는 관습에 의하지 않고 임의로 물권 창설 금지(물권법정주의) • 배타적·지배적 권리 • 강행법규	• 계약자유의 원칙으로 당사자 의사에 의하여 계약 창설 가능 • 배타성이 없음 • 임의법규

2. 물권의 종류

<table>
<tr><th colspan="5">점유권(동산/부동산)</th></tr>
<tr><td rowspan="7">본권</td><td colspan="4">소유권(동산/부동산)</td></tr>
<tr><td rowspan="6">제한물권</td><td rowspan="3">용익물권
(사용가치)</td><td>지상권(토지)</td><td rowspan="3">부동산</td></tr>
<tr><td>지역권(토지)</td></tr>
<tr><td>전세권(토지/건물)</td></tr>
<tr><td rowspan="3">담보물권
(교환가치)</td><td colspan="2">유치권(동산/부동산) – 법정담보물권</td></tr>
<tr><td>질권(동산/권리)</td><td rowspan="2">약정담보물권</td></tr>
<tr><td>저당권(부동산/권리)</td></tr>
</table>

- 본권과 점유권: 본권은 물건을 현재 지배할 수 있느냐와 상관없이 물건을 지배할 수 있는 권리를 말하며, 점유권은 물건을 지배할 수 있는 법률상의 권원이 있느냐를 묻지 않고 물건을 사실상 지배하고 있는 현재의 상태 자체를 보호하는 것을 내용으로 하는 물권을 말한다.
- 소유권과 제한물권: 소유권은 법률의 범위 내에서 소유물을 사용·수익·처분할 수 있는 권리이고, 제한물권은 용익물권과 담보물권을 총칭하는 것으로 사용·수익·처분의 권능 중 한 가지 이상을 제한받는 물권을 말한다.
- 용익물권과 담보물권: 용익물권(지상권/지역권/전세권)은 타인의 물건을 일정한 범위 내에서 사용·수익하는 것을 내용으로 하는 물권이고, 담보물권(유치권/질권/저당권)은 물건의 교환가치를 이용하는 물권이다.

3. 물권의 효력

(1) 우선적 효력

① 물권 상호 간 우선적 효력: 물권 상호 간에는 시간적으로 먼저 성립한 물권이 우선한다.

② 채권에 우선하는 효력: 동일한 물건에 대해 채권과 물권이 경합하는 경우 그 성립 시기 선후를 불문하고 물권이 우선한다. 다만, 주택임대차나 상가임대차에서 소액임차인의 보증금 중 최우선변제권과 임금채권은 물권보다 우선한다.

(2) 물권적 청구권

① 의의: 물권 내용이 어떤 사정으로 방해받고 있거나 방해받을 염려가 있는 경우에, 권리자가 그 방해자에 대하여 그 방해의 제거 또는 예방에 필요한 행위를 청구할 수 있는 권리를 말한다.

② 종류

- 물권적 반환청구권: 타인이 권원 없이 물건의 전부를 점유한 때에 그 반환을 청구할 수 있는 권리이다.
- 물권적 방해제거청구권: 타인이 물건을 전부 점유하는 이외의 방법으로 방해하고 있을 때 그 방해의 제거를 청구할 수 있는 권리이다.
- 물권적 방해예방청구권: 물권의 실현이 현재는 방해받고 있지 않지만 장래에 방해받을 염려가 있는 때에 그 예방에 필요한 행위를 청구할 수 있는 권리이다.

4. 물권의 변동

(1) 의의

물권의 변동은 물권의 발생 · 변경 · 소멸을 말한다.

(2) 동산 물권변동

① 법률행위에 의한 동산물권의 변동: 법률행위에 의해 동산 소유권이 이전되려면 '물권행위'와 공시방법으로서 '인도' 두 가지 요건이 필요하다.

② 법률규정에 의한 동산물권의 변동: 동산의 취득시효, 선의취득, 선점, 유실물습득, 매장물 발견, 동산 간의 부합, 혼화, 가공 등

③ 선의취득: 동산을 점유하고 있는 자를 권리자로 믿고 평온 · 공연 · 선의 · 무과실로 거래한 경우 비록 그 양도인이 무권리자라 하더라도 양수인에게 그 동산에 대한 유효한 권리를 취득하게 하는 제도이다.

(3) 부동산 물권변동

① 법률행위에 의한 부동산물권의 변동: 부동산에 관한 법률행위로 인한 물권의 득실변경은 등기하여야 그 효력이 생긴다. 법률행위가 있더라도 등기가 존재하지 아니하거나 행위가 유효하지 않으면 물권변동은 생기지 않는다.

② 법률규정에 의한 부동산물권의 변동: 상속 · 공용징수 · 판결 · 매매 기타 법률의 규정에 의한 부동산물권의 취득은 등기를 요하지 않지만, 등기를 하지 않으면 이를 처분하지 못한다.

(4) 등기

등기부라는 공적 장부에 일정한 권리관계를 기재하는 것을 등기라고 한다.

시험문제 미리보기!

다음 중 물권적 청구권에 대한 설명으로 가장 옳지 않은 것은?

① 소유자는 그 소유에 속한 물건을 점유한 자에 대하여 반환을 청구할 수 있으나 점유자가 그 물건을 점유할 권리가 있는 때에는 반환을 거부할 수 있다.

② 소유자는 소유권을 방해하는 자에 대하여 방해의 제거를 청구할 수 있고 소유권을 방해할 염려 있는 행위를 하는 자에 대하여 그 예방이나 손해배상의 담보를 청구할 수 있다.

③ 점유자가 점유의 침탈을 당한 경우에 간접점유자는 그 물건을 점유자에게 반환할 것을 청구할 수 있고 점유자가 그 물건의 반환을 받을 수 없거나 이를 원하지 아니하는 때에는 자기에게 반환할 것을 청구할 수 있다.

④ 공사로 인하여 점유의 방해를 받은 경우에는 공사착수 후 3년을 경과하거나 그 공사가 완성한 때에는 방해의 제거를 청구하지 못한다.

정답 ④

해설 민법 제205조(점유의 보유) 제3항에 따르면, 공사로 인하여 점유의 방해를 받은 경우에는 공사착수 후 1년을 경과하거나 그 공사가 완성한 때에는 방해의 제거를 청구하지 못한다.

오답노트

① 민법 제213조(소유물반환청구권)에 따르면, 소유자는 그 소유에 속한 물건을 점유한 자에 대하여 반환을 청구할 수 있다. 그러나 점유자가 그 물건을 점유할 권리가 있는 때에는 반환을 거부할 수 있다.

② 민법 제214조(소유물방해제거, 방해예방청구권)에 따르면, 소유자는 소유권을 방해하는 자에 대하여 방해의 제거를 청구할 수 있고 소유권을 방해할 염려 있는 행위를 하는 자에 대하여 그 예방이나 손해배상의 담보를 청구할 수 있다.

③ 민법 제207조(간접점유의 보호) 제2항에 따르면, 점유자가 점유의 침탈을 당한 경우에 간접점유자는 그 물건을 점유자에게 반환할 것을 청구할 수 있고 점유자가 그 물건의 반환을 받을 수 없거나 이를 원하지 아니하는 때에는 자기에게 반환할 것을 청구할 수 있다.

02 점유권과 소유권

출제빈도 ★★

1. 점유권

(1) 의의

물건을 사실상 지배하고 있는 상태를 점유라 하고 이를 권리로서 인정하는 것을 점유권이라 한다.

(2) 점유권의 효력

점유자가 점유물에 대하여 행사하는 권리는 적법하게 보유한 것으로 추정되고, 선의의 점유자는 점유물의 과실을 취득하며, 선의의 점유자는 점유물의 멸실·훼손에 대한 책임이 경감된다. 또한 점유자가 목적물에 비용을 지출하여 목적물이 보존되거나 그 가격이 증가된 이후에 점유물을 반환하는 경우에는 회복자에 대하여 지출된 비용의 상환을 청구할 수 있다.

2. 소유권

(1) 의의

소유권은 법률의 범위 내에서 소유물을 사용·수익·처분할 수 있는 권리이다. 소유권은 본질적으로 물건을 전면적으로 지배하는 권리이다.

(2) 소유권의 취득

① 취득시효의 의의: 타인의 물건을 일정기간 계속하여 점유하는 자에게 그가 진실한 권리자인가를 묻지 않고 물건에 대한 소유권을 취득하게 하는 제도이다.

법학 전문가의 TIP

점유의 종류

- **자주점유와 타주점유**
  소유의사를 가지고 점유하는 것을 자주점유라 하고 그렇지 않은 점유를 타주점유라 합니다.
- **선의점유와 악의점유**
  본권이 없음에도 불구하고 있다고 오신하는 점유가 선의점유이고, 본권이 없음을 알면서 하는 점유가 악의점유입니다.
- **평온점유와 공연점유**
  평온점유란 점유를 취득하거나 유지하는 데 법률이 허용하지 않는 강박이나 폭력을 쓰지 않는 것을 말하고, 공연점유란 일반인이 인식할 수 있게 하는 점유를 말합니다.

② 부동산 소유권취득시효

- 점유취득시효: 20년간 소유의 의사로 평온, 공연하게 부동산을 점유한 자는 등기함으로써 그 소유권을 취득한다.
- 등기부취득시효: 부동산의 소유자로 등기한 자가 10년간 소유의 의사로 평온, 공연하게 선의이며 과실 없이 그 부동산을 점유한 때에는 소유권을 취득한다.

③ 동산 소유권취득시효: 10년간 소유의 의사로 평온, 공연하게 동산을 점유한 자는 그 소유권을 취득한다.

시험문제 미리보기!

다음 중 민법상 점유권에 대한 설명으로 가장 옳지 않은 것은?

① 점유자가 물건에 대한 사실상의 지배를 상실한 때에는 점유권이 소멸한다.
② 가사상, 영업상 기타 유사한 관계에 의하여 타인의 지시를 받아 물건에 대한 사실상의 지배를 하는 때에는 그 타인만을 점유자로 한다.
③ 전세권의 설정으로 타인으로 하여금 물건을 점유하게 한 자는 직접적인 점유권이 있다.
④ 점유권은 상속인에 이전한다.

정답 ③

해설 민법 제194조(간접점유)에 따르면, 지상권, 전세권, 질권, 사용대차, 임대차, 임치 기타의 관계로 타인으로 하여금 물건을 점유하게 한 자는 간접으로 점유권이 있다.

오답노트

① 민법 제192조(점유권의 취득과 소멸) 제2항에 따르면, 점유자가 물건에 대한 사실상의 지배를 상실한 때에는 점유권이 소멸한다.
② 민법 제195조(점유보조자)에 따르면, 가사상, 영업상 기타 유사한 관계에 의하여 타인의 지시를 받아 물건에 대한 사실상의 지배를 하는 때에는 그 타인만을 점유자로 한다.
④ 민법 제193조(상속으로 인한 점유권의 이전)에 따르면, 점유권은 상속인에 이전한다.

03 용익물권

출제빈도 ★★★

1. 의의

용익물권은 타인의 물건을 일정한 범위 내에서 사용·수익하는 것을 내용으로 하는 권리로서 물건의 교환가치만을 파악하는 담보물권과 더불어 제한물권에 속하는 것이다. 용익물권에는 지상권, 지역권, 전세권의 세 가지가 있다.

2. 지상권

지상권은 타인의 토지에 건물 기타 공작물이나 수목을 소유하기 위하여 그 토지를 사용하는 권리이다.

3. 지역권

지역권이란 어느 토지의 편익을 위하여 타인의 토지를 이용하는 것을 말하는데, 지역권자는 일정한 목적을 위하여 타인의 토지를 자기의 토지의 편익에 이용하는 권리가 있다.

4. 전세권

전세권은 전세금을 지급하고 타인의 부동산을 점유하여 그 용도에 좇아 사용·수익하고, 전세권이 소멸하면 그 부동산과 전세금을 반환하는 권리이다. 전세권에서는 전세금을 지급하는 것이 요소이고, 반드시 등기를 하여야 한다. 등기를 하지 않은 전세권을 '채권적 전세'라 하는데, 이를 임대차라 한다.

시험문제 미리보기!

다음에서 설명하는 물권은 무엇인가?

타인의 토지에 건물 기타의 공작물이나 수목을 소유하기 위하여 그 토지를 사용할 수 있는 물권

① 임차권 ② 지역권
③ 지상권 ④ 전세권

정답 ③

해설 지상권이란 타인의 토지에 건물 기타 공작물이나 수목을 소유하기 위하여 그 토지를 사용하는 권리이다.

오답노트

① 임차권이란 임대차계약에 의하여 임차인이 목적물을 사용·수익할 수 있는 권리이다. 임차권의 성질은 임대인의 사용·수익하게 할 채무에 대응하는 임차인의 사용·수익청구권이라는 채권에 부수하는 일종의 권리이다.
② 지역권이란 어느 토지의 편익을 위하여 타인의 토지를 이용하는 것을 말하는데, 지역권자는 일정한 목적을 위하여 타인의 토지를 자기의 토지의 편익에 이용하는 권리가 있다.
④ 전세권이란 전세금을 지급하고 타인의 부동산을 점유하여 그 용도에 좇아 사용·수익하고, 전세권이 소멸하면 그 부동산과 전세금을 반환하는 권리이다.

04 담보물권

출제빈도 ★★★

1. 의의

담보물권이란 채권자가 책임재산 중 특정한 물건을 가지고 채권의 담보에 충당하여 채무자의 채무불이행이 있게 되면 그 교환가치로부터 다른 채권자보다 우선하여 변제를 받기 위한 권리를 말한다.

2. 유치권

타인의 물건 또는 유가증권을 점유한 자는 그 물건이나 유가증권에 관하여 생긴 채권이 변제기에 있는 경우 변제를 받을 때까지 그 물건 또는 유가증권을 유치함으로써 채권의 변제를 간접적으로 담보하는 물권이다. 유치권자는 채권의 변제를 받기 위하여 유치물을 경매할 수 있지만 법률상 우선변제권은 없으므로 저당권에 기한 경매처럼 우선변제를 위한 경매로 볼 수 없고, 환가를 위한 경매의 성질을 갖는다.

법학 전문가의 TIP

유치권
유치권을 행사하는 경우의 예로는, 타인의 물건을 수선한 자가 그 수선비를 받을 때까지 그 물건의 인도를 거절하는 경우입니다.

3. 질권

채권자가 그 채권의 담보로서 채무자 또는 제삼자로부터 받은 물건 또는 재산권을 점유하고, 채무의 변제가 있을 때까지 유치함으로써 채무의 변제를 간접적으로 하는 동시에 채무의 변제가 없는 때에는 그 목적물로부터 우선변제를 받을 수 있는 권리를 말한다.

4. 저당권

저당권은 채무자 또는 제삼자가 채무의 담보로 제공한 부동산 기타의 목적물을 인도받지 않고 채무의 변제가 없는 경우에 그 목적물로부터 우선변제를 받는 담보물권이다.

시험문제 미리보기!

다음 중 민법상 담보물권에 해당하는 것은?

① 유치권 ② 지역권
③ 지상권 ④ 전세권

정답 ①

해설 담보물권에는 유치권, 질권, 저당권이 있고, 용익물권에는 지상권, 지역권, 전세권이 있다.

제3절 | 채권총론

✓핵심 포인트

채권법 총론	특정물채권, 종류채권
채무불이행	이행불능, 이행지체, 불완전이행, 채권자지체, 채권자대위권, 채권자취소권
다수당사자 채권관계	연대채무, 보증채무
채권양도와 채무인수	채권양도, 면책적 채무인수, 병존적 채무인수
채권의 소멸사유	변제, 상계, 경개, 면제, 혼동

01 채권법 총론

출제빈도 ★

1. 채권의 의의

채권은 채권자가 채무자에 일정한 행위를 요구할 수 있는 권리이며, 내용 면에서는 재산권이고, 효력 면에서는 청구권이다. 채권은 채권자가 채무자에게 일정한 행위를 청구하는 것을 내용으로 하는 권리이므로, 채권의 목적은 '채무자의 행위'이다. 예를 들어, 매매계약에서 채권의 목적은 매도인이 목적물의 권리를 이전하는 행위이며, 매수인이 그 대금을 지급하는 행위이다.

2. 채권의 종류

① 특정물채권: 특정물의 인도를 목적으로 하는 채권을 의미하며, 특정물 인도란 개별적·구체적으로 특정되어 있는 물건의 점유를 이전하는 것을 말한다.
② 종류채권: 채권의 목적을 일정한 종류의 일정한 양으로만 지정한 경우 목적물의 품질은 중등품질로 한다.
③ 금전채권: 금전을 목적으로 하는 채권이다.
④ 이자채권: 이자의 지급을 목적으로 하는 채권이다.

시험문제 미리보기!

다음은 민법상 이자에 대한 설명으로 가장 옳지 않은 것은?

① 이자채권은 이자의 지급을 목적으로 하는 채권이다.

② 일정한 한도를 넘는 이자의 징수는 이자제한법이라는 특별법에 의하여 금지되고 있다.

③ 부동산의 사용대가인 차임은 이자이다.

④ 이자는 종된 채권으로 이자가 발생하기 위해서는 주된 채권인 원본이 있어야 한다.

정답 ③

해설 부동산의 사용대가인 차임은 이자가 아니고 임차인이 임대인에게 지급하는 대가이다.

02 채무불이행

출제빈도 ★★★

1. 채무불이행 종류 및 효과

(1) 이행불능

채권성립 후 채무자에게 책임 있는 사유로 이행할 수 없게 된 경우를 이행불능이라 한다. 이행불능의 요건이 갖추어지면 채권자는 손해배상을 청구할 수 있고, 이때의 손해배상은 이행에 갈음하는 손해배상이다. 계약에 의하여 발생한 채무가 이행불능으로 된 때에는 채권자가 계약을 해제할 수 있다. 만약 이행을 불능하게 하는 사정의 결과로 채무자가 이행의 목적물에 대신하는 이익을 취득한 경우, 그 이익의 이전을 청구하는 권리가 채권자에게 주어질 수 있는데, 이를 대상청구권이라 한다.

(2) 이행지체

이행지체는 채무의 이행기가 도래했고 그 이행이 가능함에도 불구하고 채무자가 책임 있는 사유로 이행을 하지 않고 있는 것을 말한다. 이행지체가 성립하면 채권자는 손해배상을 청구할 수 있고 이것은 원칙적으로 이행지체로 인한 손해배상(지연배상)이다.

불완전이행

예를 들어, 배달된 음식이 상해서 소비자가 배탈이 난 경우, 10개의 물건(도시락)을 인도해야 하나 8개만 인도된 경우를 말합니다.

(3) 불완전이행

불완전이행이란 이행행위가 이루어졌으나 급부의 목적물이나 급부행위가 완전하지 못하여 채무의 완전한 이행이 되지 못한 경우이다. 불완전이행 후 추완방법이 있다면 추완청구권이 발생하고 지연배상도 청구가능하다. 불완전이행으로 확대손해가 발생한 경우 손해배상청구도 가능하다.

(4) 채권자지체

채권자지체란 채무자의 채무이행에 있어서 급부의 수령 또는 채권자의 협력을 필요로 하는 경우, 채무자가 채무의 내용에 좇은 이행의 제공을 하였음에도 채권자가 그것의 수령 기타의 협력을 하지 않거나 할 수 없기 때문에 채무이행이 지연되는 것을 말한다.

2. 책임재산보전

(1) 채권자대위권

채권자대위권은 채권자가 자기의 채권을 보전하기 위하여 채무자에게 속하는 권리를 행사할 수 있는 권리이다. 채권자대위권을 행사하기 위해서는 ① 채권이 존재할 것, ② 채권자가 자기의 채권을 보전할 필요가 있을 것, ③ 채권자의 채권이 이행기에 있을 것, ④ 채무자 스스로 자신의 권리를 행사하지 않을 것 등의 요건이 필요하다. 채권자대위권을 행사하면 그 효과는 직접 채무자에게 귀속한다.

(2) 채권자취소권

채권자취소권은 채권자를 해치는 것을 알면서 행한 채무자의 법률행위, 즉, 사해행위를 취소하고 채무자의 재산을 회복하는 것을 목적으로 하는 채권자의 권리이다. 채권자취소권이 성립하기 위해서는 ① 채권자의 채권(피보전채권)이 존재하고, ② 채무자의 사해행위가 있어야 하며, ③ 채무자와 수익자 또는 전득자에게 사해의 의사가 있어야 한다. 채권자취소권은 제삼자의 이해관계에 큰 영향을 미치기 때문에, 반드시 법원에 소를 제기하는 방법으로 행사하여야 하며, 채권자취소권의 소는 채권자가 취소원인을 안 날로부터 1년, 법률행위 있은 날로부터 5년 내에 제기하여야 한다.

법학 전문가의 TIP

책임재산

채권자의 금전채권은 채무자의 일반재산에 의하여 확보되고, 채무자의 일반재산은 채권에 대한 최후의 보장이라 할 수 있으므로 그 재산을 책임재산이라 합니다.

시험문제 미리보기!

다음 중 채권자취소권에 대한 설명으로 가장 옳은 것은?

① 채권자취소권의 소는 채권자가 취소원인을 안 날로부터 3년, 법률행위 있은 날로부터 5년 내에 제기하여야 한다.
② 채권자가 채권자취소권을 행사하기 위한 피보전채권은 사해행위 이전에 성립하여야 한다.
③ 채권자취소권을 행사하기 위해서는 채무자의 무자력이 요구되지 않는다.
④ 채무자 악의에 대한 입증책임은 채무자 스스로 해야 한다.

정답 ②

해설 채권자취소권을 행사하기 위한 피보전채권은 사해행위 이전에 성립하고 있어야 한다. 사해행위로 인하여 사해행위 이후에 권리를 취득한 채권자를 해친다고 할 수 없으므로 취소채권자의 채권은 사해행위가 있기 이전에 발생하고 있어야 함은 채권자취소권의 성질상 당연한 요건이다. (대법원 1995. 2. 10. 선고 94다2534 판결)

오답노트

① 민법 제406조 제2항에 따르면, 채권자취소권의 소는 채권자가 취소원인을 안 날로부터 1년, 법률행위 있은 날로부터 5년 내에 제기하여야 한다.
③ 채권자취소권을 행사하기 위해서는 채무자의 무자력이 요구된다. 채무자의 재산처분행위가 사해행위가 되기 위해서는 그 행위로 말미암아 채무자의 총재산의 감소가 초래되어 채권의 공동담보에 부족이 생기게 되어야 하는 것, 즉 채무자의 소극재산이 적극재산보다 많아져야 한다. (대법원 2001. 10. 12. 선고 2001다32533 판결)
④ 채무자의 악의는 채권자가 증명해야 한다. 사해행위 취소소송에 있어서 채무자의 악의의 점에 대하여는 그 취소를 주장하는 채권자에게 입증책임이 있으나 수익자 또는 전득자가 악의라는 점에 관하여는 입증책임이 채권자에게 있는 것이 아니고 수익자 또는 전득자 자신에게 선의라는 사실을 입증할 책임이 있다. (대법원 1997. 5. 23. 선고 95다51908 판결)

03 다수당사자 채권관계

출제빈도 ★★★

1. 의의

다수당사자 채권관계란 하나의 급부를 중심으로 채권자나 채무자가 수인인 것을 말한다.

2. 분할채권관계

하나의 가분급부에 대하여 채권자나 채무자가 다수 존재하는 경우에 민법 제408조는 "채권자나 채무자가 수인인 경우에 특별한 의사표시가 없으면 각 채권자 또는 각 채무자는 균등한 비율로 권리가 있고 의무를 부담한다."고 함으로써 분할채권 또는 분할채무로 되는 것을 원칙으로 한다.

3. 불가분채권관계

불가분채권관계란 하나의 불가분급부에 대하여 수인의 채권자 또는 채무자가 각각 채권의 관계를 가지거나 채무를 부담하는 다수당사자 채권관계를 말한다.

4. 연대채무

연대채무는 수인의 채무자가 동일한 내용의 급부에 관하여 각각 독립해서 전부의 급부를 하여야 할 채무를 부담하고, 그 가운데 1인의 채무자가 전부의 급부를 하면 모든 채무자의 채무가 소멸하는 다수당사자의 채무이다.

5. 보증채무

보증채무는 주채무자가 그의 채무를 이행하지 않는 경우에 이를 이행하여야 할 보증인의 채무이고, 다수당사자의 채무이지만 그 작용은 채권을 담보하는 데 있다. 보증채무는 채권자와 보증인 사이에 체결되는 보증계약에 의하여 성립하며, 주채무자는 보증계약의 당사자가 아니다.

시험문제 미리보기!

다음 중 민법상 보증채무에 대한 내용으로 옳은 것은?

① 보증은 장래의 채무에 대하여서는 할 수 없다.
② 보증은 불확정한 다수의 채무에 대해서는 할 수 없다.
③ 보증인은 그 보증채무에 관한 위약금 기타 손해배상액을 예정할 수 없다.
④ 보증인의 부담이 주채무의 목적이나 형태보다 중한 때에는 주채무의 한도로 감축한다.

정답 ④

해설 민법 제430조(목적, 형태상의 부종성)에 따르면, 보증인의 부담이 주채무의 목적이나 형태보다 중한 때에는 주채무의 한도로 감축한다.

오답노트
① 민법 제428조(보증채무의 내용) 제2항에 따르면, 보증은 장래의 채무에 대하여도 할 수 있다.
② 민법 제428조의3(근보증) 제1항에 따르면, 보증은 불확정한 다수의 채무에 대해서도 할 수 있다.
③ 민법 제429조(보증채무의 범위) 제2항에 따르면, 보증인은 그 보증채무에 관한 위약금 기타 손해배상액을 예정할 수 있다.

04 채권양도와 채무인수

출제빈도 ★★★

1. 채권양도

채권양도란 채권의 동일성을 유지하면서 채권자가 법률행위에 의하여 채권을 새로운 채권자에게 이전하는 것을 말한다.

2. 채무인수

(1) 면책적 채무인수

채무가 그 동일성을 유지하면서 종래의 채무자로부터 제삼자인 인수인에게 이전하는 것을 목적으로 하는 계약을 말한다. 채무인수에 의해 종전의 채무자는 채무를 면하고 인수인이 채무를 부담하게 된다.

(2) 병존적 채무인수

기존의 채무자가 채무를 면하지 않고 인수인이 병존적으로 동일한 채무를 부담하는 것을 말한다.

시험문제 미리보기!

다음에서 설명하는 계약을 무엇이라고 하는가?

> 종래의 채무자의 채무를 면제시키지 않고 제삼자(인수인)가 채권관계에 가입해서 종래의 채무자와 더불어 새로이 동일한 채무를 부담하는 계약

① 면책적 채무인수 계약
② 병존적 채무인수 계약
③ 이행인수 계약
④ 제삼자를 위한 계약

정답 ②

해설 다음은 병존적 채무인수 계약에 관한 설명이다. 병존적 채무인수란 기존의 채무자가 채무를 면하지 않고 인수인이 병존적으로 동일한 채무를 부담하는 것을 말한다. 반면, 면책적 채무인수란 채무가 그 동일성을 유지하면서 종래의 채무자로부터 제삼자인 인수인에게 이전하는 것을 목적으로 하는 계약으로, 채무인수에 의해 종전의 채무자는 채무를 면하고 인수인이 채무를 부담하게 된다.

05 채권의 소멸

출제빈도 ★★★

1. 변제

변제란 채무자 또는 제삼자가 채무의 내용인 급부를 실현하는 것을 말한다.

2. 상계

상계란 채권자와 채무자가 서로 같은 종류를 목적으로 하는 채권·채무를 가지고 있는 경우에 그 채무들을 대등액에서 소멸하게 하는 행위를 말한다.

3. 경개

경개란 채무의 중요한 요소를 변경함으로써 신채무를 성립시키는 동시에 구채무를 소멸하게 하는 계약을 말한다.

4. 면제

면제란 채무자에 대한 채권자의 일방적 의사표시로 채무를 소멸시키는 것을 말한다. 즉, 채권의 포기가 이에 해당한다.

5. 혼동

혼동이란 채권과 채무가 동일한 주체에 귀속한 때에 채권이 소멸되는 것을 말한다.

제4절 | 채권각론

✓핵심 포인트

계약총론	• 계약의 성립: 계약당사자의 청약과 승낙이라는 의사표시의 합치에 의하여 성립 • 동시이행항변권: 쌍무계약에 있어 당사자 일방은 상대방이 채무를 이행하거나 이행의 제공을 할 때까지 자기 채무의 이행을 거절할 수 있는 권리 • 제삼자를 위한 계약: 계약당사자가 아닌 자로 하여금 직접 계약당사자의 일방에 대하여 채권을 취득하게 하는 것을 목적으로 하는 계약 • 계약의 해제: 유효하게 성립한 계약의 효력을 당사자 일방의 의사표시에 의하여 처음부터 없었던 것과 같은 상태로 되돌아가게 함으로써 계약의 구속으로부터 벗어나게 하는 제도
전형계약의 종류	• 증여, 매매, 교환, 소비대차, 사용대차, 임대차, 고용, 도급, 여행계약, 현상광고, 위임, 임치, 조합, 종신정기금, 화해
사무관리	• 계약 또는 법률에 의한 의무 없이 타인을 위하여 그의 사무를 관리하는 행위
부당이득 반환	• 법률상 원인 없이 타인의 재산 또는 노무로 인하여 이익을 얻고 이로 인하여 타인에게 손해를 가한 경우, 그 이익을 손실자에게 반환하는 것
불법행위	• 고의 또는 과실로 인한 위법행위로 타인에게 손해를 가한 자는 그 손해를 배상할 책임이 있음

01 계약총론

출제빈도 ★★★

1. 일반론

계약이란 서로 대립되는 두 개 이상의 의사표시의 합치에 의하여 성립하는 법률행위를 말한다.

2. 계약의 성립

계약은 둘 이상의 계약당사자의 의사표시의 합치, 즉, 합의에 의하여 성립한다. 계약은 일반적으로 계약당사자의 청약과 승낙이라는 의사표시의 합치에 의하여 성립한다. 청약은 그에 대응하는 승낙과 결합하여 계약을 성립시킬 것을 목적으로 하는 일방적·확정적 의사표시이며, 승낙은 청약에 응하여 계약을 성립시킬 것을 목적으로 청약자에 대해서 하는 의사표시로 청약과 결합하여 계약을 성립하게 하는 효력이 있다.

3. 계약의 효력

(1) 동시이행항변권

동시이행의 항변권이란 쌍무계약에 있어 당사자 일방은 상대방이 채무를 이행하거나 이행의 제공을 할 때까지 자기 채무의 이행을 거절할 수 있는 권리를 말한다. 이것은 일시적으로 상대방의 청구권 작용을 저지하는 연기적 항변권이고, 청구권을 소멸시키는 것은 아니다. 그리고 동시이행의 항변권이 생길 수 있는 동안에는 채무자는 이행지체가 되지 않는다.

(2) 위험부담

쌍무계약의 당사자 일방의 채무가 채무자의 책임 없는 사유로 후발적으로 이행불능이 되어 소멸한 경우에 그에 대응하는 상대방의 채무가 소멸되는지 아니면 존속하는지가 문제 되는데 이를 위험부담이라 한다.

(3) 제삼자를 위한 계약

제삼자를 위한 계약은 계약당사자가 아닌 자로 하여금 직접 계약당사자의 일방에 대하여 채권을 취득하게 하는 것을 목적으로 하는 계약이다. 제삼자가 낙약자에게 수익의 의사표시를 하면, 그 제삼자는 채권을 취득하게 된다.

4. 계약의 해제

(1) 해제의 의의

계약의 해제란 유효하게 성립한 계약의 효력을 당사자 일방의 의사표시에 의하여 처음부터 없었던 것과 같은 상태로 되돌아가게 함으로써 계약의 구속으로부터 벗어나게 하는 제도이다.

(2) 해제의 효과

계약해제가 있으면 계약이 소급적으로 실효되고, 각 당사자는 원상회복의무가 있으며, 해제와 함께 손해배상도 청구할 수 있다. 당사자 쌍방의 원상회복의무 및 손해배상의무는 동시이행의 관계에 있다.

시험문제 미리보기!

다음 중 민법상 계약의 효력에 대한 내용으로 옳은 것은?

① 쌍무계약의 당사자 일방은 상대방이 그 채무이행을 제공할 때까지 자기의 채무이행을 거절할 수 있다.

② 쌍무계약의 당사자 일방의 채무가 당사자 쌍방의 책임 없는 사유로 이행할 수 없게 된 때에도 채무자는 상대방의 이행을 청구할 수 있다.

③ 쌍무계약의 당사자 일방의 채무가 채권자의 책임 있는 사유로 이행할 수 없게 된 때에는 채무자는 상대방의 이행을 청구할 수 없다.

④ 당사자 일방이 상대방에게 먼저 이행하여야 할 경우에 상대방의 이행이 곤란할 현저한 사유가 있더라도 자기의 채무이행을 거절할 수는 없다.

정답 ①

해설 민법 제536조(동시이행의 항변권) 제1항에 따르면, 쌍무계약의 당사자 일방은 상대방이 그 채무이행을 제공할 때까지 자기의 채무이행을 거절할 수 있다.

오답노트

② 민법 제537조(채무자위험부담주의)에 따르면, 쌍무계약의 당사자 일방의 채무가 당사자 쌍방의 책임 없는 사유로 이행할 수 없게 된 때에는 채무자는 상대방의 이행을 청구하지 못한다.

③ 민법 제538조(채권자귀책사유로 인한 이행불능) 제1항에 따르면, 쌍무계약의 당사자 일방의 채무가 채권자의 책임 있는 사유로 이행할 수 없게 된 때에는 채무자는 상대방의 이행을 청구할 수 있다.

④ 민법 제536조(동시이행의 항변권) 제1항에 따르면, 쌍무계약의 당사자 일방은 상대방이 그 채무이행을 제공할 때까지 자기의 채무이행을 거절할 수 있으나 상대방의 채무가 변제기에 있지 아니하는 때에는 그러하지 아니하며, 제2항에 따르면, 당사자 일방이 상대방에게 먼저 이행하여야 할 경우에 상대방의 이행이 곤란할 현저한 사유가 있는 때에는 전항 본문과 같다.

02 계약각론

출제빈도 ★★

1. 증여

증여란 당사자 일방(증여자)이 무상으로 재산을 상대방(수증자)에게 수여하는 의사를 표시하고 상대방이 이를 승낙함으로써 성립하는 계약이다.

2. 매매

매매란 당사자 일방(매도인)이 재산권을 상대방(매수인)에게 이전할 것을 약정하고 상대방이 그 대금을 지급할 것을 약정함으로써 성립하는 계약이다.

3. 교환

교환이란 당사자가 서로 금전 이외의 재산권을 이전할 것을 약정함으로써 성립하는 계약이다.

4. 소비대차

소비대차는 당사자 일방이 금전 기타 대체물의 소유권을 상대방에게 이전할 것을 약정하고 상대방은 그와 같은 종류, 품질 및 수량으로 반환할 것을 약정함으로써 성립하는 계약이다.

5. 사용대차

사용대차는 당사자 일방이 상대방에게 무상으로 사용, 수익하게 하기 위하여 목적물을 인도할 것을 약정하고 상대방은 이를 사용, 수익한 후 그 물건을 반환할 것을 약정함으로써 성립하는 계약이다.

6. 임대차

임대차는 당사자 일방(임대인)이 상대방(임차인)에게 목적물을 사용·수익하게 할 것을 약정하고, 상대방이 이에 대하여 차임을 지급할 것을 약정함으로써 성립하는 계약이다.

7. 고용

고용은 당사자 일방이 상대방에 대하여 노무를 제공할 것을 약정하고 상대방이 이에 대하여 보수를 지급할 것을 약정함으로써 성립하는 계약이다.

8. 도급

도급은 당사자 일방이 어느 일을 완성할 것을 약정하고 상대방이 그 일의 결과에 대하여 보수를 지급할 것을 약정함으로써 성립하는 계약이다.

9. 여행계약

여행계약은 당사자 한쪽이 상대방에게 운송, 숙박, 관광 또는 그 밖의 여행 관련 용역을 결합하여 제공하기로 약정하고 상대방이 그 대금을 지급하기로 약정함으로써 성립하는 계약이다.

10. 현상광고

현상광고는 광고자가 어느 행위를 한 자에게 일정한 보수를 지급할 의사를 표시하고 이에 응한 자가 그 광고에 정한 행위를 완료함으로써 성립하는 계약이다.

11. 위임

위임은 당사자 일방이 상대방에 대하여 사무의 처리를 위탁하고 상대방이 이를 승낙함으로써 성립하는 계약이다.

12. 임치

임치는 당사자 일방이 상대방에 대하여 금전이나 유가증권 기타 물건의 보관을 위탁하고 상대방이 이를 승낙함으로써 성립하는 계약이다.

13. 조합

조합은 2인 이상이 상호출자하여 공동사업을 경영할 것을 약정함으로써 성립하는 계약이다.

14. 종신정기금

종신정기금은 당사자 일방이 자기, 상대방 또는 제삼자의 종신까지 정기로 금전 기타의 물건을 상대방 또는 제삼자에게 지급할 것을 약정함으로써 성립하는 계약이다.

15. 화해

화해는 당사자가 상호 양보하여 당사자 간의 분쟁을 종지할 것을 약정함으로써 성립하는 계약이다.

시험문제 미리보기!

다음 중 부동산 임대차에 대한 설명으로 옳은 것은?

① 임대차는 당사자 일방이 상대방에게 목적물을 사용, 수익하게 할 것을 약정하고 상대방이 이에 대하여 차임을 지급할 것을 약정함으로써 그 효력이 생긴다.
② 임차권은 물권이다.
③ 임대차 기간의 약정이 없는 때에는 당사자는 상당한 기간을 정하여 계약해지의 통고를 할 수 있다.
④ 필요비는 원칙적으로 임차인이 부담해야 하므로 임차인이 임차물의 보존에 관한 필요비를 지출한 경우 임대인에 대하여 그 상환을 청구할 수 없다.

정답 ①

해설 민법 제618조(임대차의 의의)에 따르면, 임대차는 당사자 일방이 상대방에게 목적물을 사용, 수익하게 할 것을 약정하고 상대방이 이에 대하여 차임을 지급할 것을 약정함으로써 그 효력이 생긴다.

오답노트

② 임차권은 전형계약으로 채권이며, 전세권이 물권이다.
③ 민법 제635조(기간의 약정 없는 임대차의 해지통고) 제1항에 따르면, 임대차 기간의 약정이 없는 때에는 당사자는 언제든지 계약해지의 통고를 할 수 있다.
④ 민법 제626조(임차인의 상환청구권) 제1항에 따르면, 임차인이 임차물의 보존에 관한 필요비를 지출한 때에는 임대인에 대하여 그 상환을 청구할 수 있다.

법학 전문가의 TIP

사무관리
예를 들어, 해외여행을 떠난 이웃의 가옥이 태풍으로 인해 침수될 위험에 처한 경우 피해의 방지를 위해 필요한 조치를 취하는 것을 말합니다.

03 사무관리

출제빈도 ★

1. 의의

사무관리는 계약 또는 법률에 의한 의무 없이 타인을 위하여 그의 사무를 관리하는 행위이다.

2. 요건

사무관리는 그 사무의 성질에 좇아 본인에게 가장 이익이 되는 방법으로 하여야 하나, 만약 관리자가 본인의 의사를 알거나 알 수 있는 때에는 그 의사에 적합하도록 하여야 한다.

3. 효과

관리자가 본인을 위하여 필요비 또는 유익비를 지출한 때에는 본인에 대하여 그 상환을 청구할 수 있고, 본인의 의사에 반하여 관리한 때에는 본인의 현존이익의 한도에서 비용상환을 청구할 수 있다.

04 부당이득 반환 출제빈도 ★★

1. 의의

부당이득 반환이란 법률상 원인 없이 타인의 재산 또는 노무로 인하여 이익을 얻고 이로 인하여 타인에게 손해를 가한 경우, 그 이익을 손실자에게 반환하는 것을 말한다.

2. 요건

부당이득이 성립하기 위해서는 ① 법률상의 원인이 없을 것, ② 타인의 재산 또는 노무에 의하여 이익을 얻었을 것, ③ 그 이익의 결과 타인에게 손해를 끼쳤을 것 등의 요건이 필요하다.

3. 효과

선의의 수익자는 그 받은 이익이 현존하는 한도에서 반환의무가 있고, 악의의 수익자는 그 받은 이익에 이자를 붙여 반환하고 손해가 있으면 이를 배상하여야 한다.

4. 불법원인급여

불법원인에 의한 급부는 그 원인행위가 무효이므로 그로 인한 이익은 부당이득이 되어 반환되어야 하는 것이 원칙이지만, 민법 제746조는 그 이익의 반환을 청구하지 못하는 것으로 규정하고 있다. 불법원인급여가 되기 위해서는 불법의 원인으로 인하여 재산을 급여하거나 노무를 제공하였어야 한다. 불법원인급여에 해당하더라도 불법원인이 수익자에게만 있는 때에는 예외적으로 급부한 것의 반환을 청구할 수 있다.

05 불법행위 출제빈도 ★★★

1. 의의

고의 또는 과실로 인한 위법행위로 타인에게 손해를 가한 자는 그 손해를 배상할 책임이 있다.

2. 일반불법행위책임

(1) 고의 또는 과실

불법행위가 성립하기 위해서는 가해자의 고의 또는 과실에 의한 행위가 있어야 한다.

(2) 위법성

불법행위는 가해자의 가해행위로 인해 타인의 권리 내지 법익을 침해해야 한다.

(3) 인과관계

어떠한 가해행위가 불법행위로 되려면 피해자에게 현실적으로 손해가 발생했어야 하고, 가해행위와 손해발생 사이에 인과관계가 있어야 한다.

(4) 책임능력

불법행위가 성립하기 위한 책임능력은 자기의 행위로 인한 결과가 위법한 것으로서 책임능력이 있는지 여부는 행위 당시를 기준으로 하여 판단한다.

3. 효과

불법행위가 성립하면 피해자는 가해자에 대하여 손해배상청구권을 취득하게 된다. 손해배상청구권은 피해자나 그 법정대리인이 그 손해 및 가해자를 안 날로부터 3년간 행사하지 않거나 불법행위를 한 날부터 10년이 지나면 시효로 인하여 소멸한다. 손해배상은 금전배상이 원칙이며, 법률에 특별한 규정이 있거나 당사자의 다른 의사표시가 있는 때에는 예외적으로 원상회복청구가 인정된다.

시험문제 미리보기!

다음 중 민법상 불법행위에 대한 설명으로 옳은 것은?

① 타인을 사용하여 어느 사무에 종사하게 한 자는 피용자가 그 사무집행에 관하여 제삼자에게 가한 손해를 배상할 책임이 있다.
② 타인의 불법행위에 대하여 자기 또는 제삼자의 이익을 방위하기 위하여 부득이 타인에게 손해를 가한 자도 배상할 책임이 있다.
③ 수인이 공동의 불법행위로 타인에게 손해를 가한 때에는 각자 그 손해를 배상할 책임이 있다.
④ 불법행위로 인한 손해배상의 청구권은 피해자나 그 법정대리인이 그 손해 및 가해자를 안 날로부터 1년간 이를 행사하지 아니하면 시효로 인하여 소멸한다.

정답 ①

해설 민법 제756조(사용자의 배상책임) 제1항에 따르면, 타인을 사용하여 어느 사무에 종사하게 한 자는 피용자가 그 사무집행에 관하여 제삼자에게 가한 손해를 배상할 책임이 있다.

오답노트

② 민법 제761조(정당방위, 긴급피난) 제1항에 따르면, 타인의 불법행위에 대하여 자기 또는 제삼자의 이익을 방위하기 위하여 부득이 타인에게 손해를 가한 자는 배상할 책임이 없다.
③ 민법 제760조(공동불법행위자의 책임) 제1항에 따르면, 수인이 공동의 불법행위로 타인에게 손해를 가한 때에는 연대하여 그 손해를 배상할 책임이 있다.
④ 민법 제766조(손해배상청구권의 소멸시효) 제1항에 따르면, 불법행위로 인한 손해배상의 청구권은 피해자나 그 법정대리인이 그 손해 및 가해자를 안 날로부터 3년간 이를 행사하지 아니하면 시효로 인하여 소멸한다.

제5절 | 친족상속법

✓핵심 포인트

친족법	약혼, 재판상 이혼사유
상속법	상속 순위, 대습상속, 상속회복청구권, 한정승인, 유언, 유언의 방식, 유류분

01 친족법

출제빈도 ★★★

1. 친족의 범위

친족은 배우자, 혈족, 인척으로 구성되고, 8촌 이내의 혈족, 4촌 이내의 인척, 배우자를 친족의 범위로 인정하고 있다. 배우자는 법률혼을 통해서 발생한 관계로 사실혼 관계의 배우자나 첩은 친족이 아니다.

2. 약혼

약혼이란 장래에 혼인을 할 것을 약정하는 계약이다. 약혼이 성립하기 위해서는 당사자 간에 약혼의 합의가 있어야 하고 남녀 모두 만 18세의 약혼 연령에 이르러야 한다. 약혼이 성립하게 되면 장래에 혼인을 할 의무가 있게 되지만 친족관계가 발생하는 것은 아니고, 약혼 중에 태어난 자(子)는 혼인 외의 자가 된다.

3. 혼인

혼인이 성립하기 위해서는 당사자 간에 혼인의사의 합치가 있어야 한다. 혼인의 합의는 자유로운 의사결정에 따른 것이어야 하며, 남녀 모두 만 18세에 이르러야 하고, 근친이나 중혼이 아니어야 한다. 또한, 반드시 혼인신고를 하여야 한다.

법학 전문가의 TIP

약혼
사실혼이나 정혼, 동거와는 구별됩니다.

민법 제804조(약혼해제의 사유)
당사자 한쪽에 다음 각 호의 어느 하나에 해당하는 사유가 있는 경우에는 상대방은 약혼을 해제할 수 있다.

1. 약혼 후 자격정지 이상의 형을 선고받은 경우
2. 약혼 후 성년후견개시나 한정후견개시의 심판을 받은 경우
3. 성병, 불치의 정신병, 그 밖의 불치의 병질(病疾)이 있는 경우
4. 약혼 후 다른 사람과 약혼이나 혼인을 한 경우
5. 약혼 후 다른 사람과 간음(姦淫)한 경우
6. 약혼 후 1년 이상 생사(生死)가 불명한 경우
7. 정당한 이유 없이 혼인을 거절하거나 그 시기를 늦추는 경우
8. 그 밖에 중대한 사유가 있는 경우

4. 이혼

(1) 협의이혼

협의이혼이 성립하기 위해서는 실질적 요건으로 이혼의사의 합치가 있어야 하고, 형식적 요건으로는 이혼의사의 확인을 받아야 한다. 이혼의사가 협의되고 이혼의사 확인신청을 하게 되면, 양육하여야 할 자가 있는 경우 3개월, 양육하여야 할 자가 없는 경우 1개월의 숙려기간이 경과하여야 한다(이혼숙려기간).

(2) 재판상 이혼

① 의의: 부부간에 협의가 이루어지지 않았으나 민법에서 정하고 있는 사유로 인하여 혼인관계를 계속하기 어려운 경우 일방 배우자가 타방 배우자에 대하여 가정법원에 이혼을 청구하여 그 재판에 의해 이혼하게 되는 것을 재판상 이혼이라고 한다.

② 재판상 이혼사유로 첫째, 배우자에게 부정한 행위가 있었을 때, 둘째, 배우자가 악의로 다른 일방을 유기한 때, 셋째, 배우자 또는 그 직계존속으로부터 심히 부당한 대우를 받았을 때, 넷째, 자기의 직계존속이 배우자로부터 심히 부당한 대우를 받았을 때, 다섯째, 배우자의 생사가 3년 이상 분명하지 아니한 때, 여섯째, 기타 혼인을 계속하기 어려운 중대한 사유가 있을 때이다.

시험문제 미리보기!

다음 중 민법상 약혼해제의 사유로 가장 옳지 않은 것은?

① 약혼 후 성년후견개시의 심판을 받은 경우
② 약혼 후 6개월 이상 생사(生死)가 불명한 경우
③ 정당한 이유 없이 혼인을 거절하는 경우
④ 약혼 후 다른 사람과 혼인을 한 경우

정답 ②

해설 민법 제804조(약혼해제의 사유)에 따르면, 당사자 한쪽에 다음 각 호의 어느 하나에 해당하는 사유가 있는 경우에는 상대방은 약혼을 해제할 수 있다.
1. 약혼 후 자격정지 이상의 형을 선고받은 경우
2. 약혼 후 성년후견개시나 한정후견개시의 심판을 받은 경우
3. 성병, 불치의 정신병, 그 밖의 불치의 병질(病疾)이 있는 경우
4. 약혼 후 다른 사람과 약혼이나 혼인을 한 경우
5. 약혼 후 다른 사람과 간음(姦淫)한 경우
6. 약혼 후 1년 이상 생사(生死)가 불명한 경우
7. 정당한 이유 없이 혼인을 거절하거나 그 시기를 늦추는 경우
8. 그 밖에 중대한 사유가 있는 경우

02 상속법

출제빈도 ★★★

1. 상속의 의의

상속이란 피상속인이 자신의 재산에 대한 권리와 의무를 사망으로 인하여 상실하게 됨에 따라 피상속인의 재산에 관한 권리와 의무를 상속인이 포괄적으로 승계하는 것을 말한다.

2. 상속 순위 및 효과

(1) 상속 순위

피상속인의 사망으로 배우자와 직계비속이 1순위 상속인이 되고, 1순위의 상속인(직계비속)이 없으면 직계존속이 배우자와 2순위의 상속인이 된다. 1순위, 2순위 상속인도 없고 배우자도 없는 경우 형제자매가 상속인이 되고, 배우자, 1순위, 2순위, 3순위의 상속인도 없는 경우에는 4촌 이내의 방계혈족이 상속인이 된다.

(2) 상속 효과

동순위의 상속인이 수인인 경우에 그 상속분은 균분으로 하고, 배우자는 직계비속 또는 직계존속과 공동으로 상속하는 때에는 직계비속 또는 직계존속의 상속분의 5할을 가산한다.

(3) 대습상속

대습상속이란 상속인이 될 자가 피상속인의 사망 전에 사망하거나 상속결격자가 된 경우에 그의 직계비속이나 배우자가 있으면 그 직계비속이나 배우자가 사망하거나 결격된 자의 순위에 갈음하여 상속인이 되는 것을 말한다.

(4) 상속회복청구권

진정상속인이 참칭상속인에게 자신이 침해받은 상속권을 회복하기 위해서 상속재산의 반환 내지 상속권의 회복을 청구하는 권리를 말한다. 상속회복청구권은 상속권의 침해를 안 날로부터 3년, 상속권의 침해행위가 있은 날로부터 10년을 경과하면 소멸된다.

3. 상속의 승인 및 포기

(1) 상속의 승인

① 단순승인: 단순승인을 하게 되면 상속인은 피상속인의 재산상 모든 권리와 의무를 제한이나 조건 없이 포괄적으로 승계하게 된다.

② 한정승인: 한정승인자는 상속으로 인하여 얻은 재산의 한도 내에서 피상속인의 채무를 변제하면 된다. 한정승인을 하기 위해서는 상속개시가 있음을 안 날로부터 3월 이내에 신고를 하여야 한다.

③ 특별한정승인: 상속인이 상속채무가 상속재산을 초과하는 사실을 중대한 과실 없이 3월의 기간 내에 알지 못하고 단순승인을 한 경우에는 그 사실을 안 날로부터 3월 내에 특별한정승인을 할 수 있다.

(2) 상속의 포기

상속을 거절하는 것을 상속의 포기라 한다.

4. 유언

유언이란 유언자가 자신의 사망과 동시에 일정한 법률효과가 발생할 수 있도록 하는 특수한 의사표시로서 특정한 방식에 따라야 하는 단독행위이다. 유언은 유언자가 사망한 때로부터 그 효력이 발생하며, 만 17세 이상의 의사능력이 있는 자라면 유언을 할 수 있다. 유언은 민법에서 정한 방식에 의하지 않은 경우 무효이며, 유언의 방식에는 자필증서, 녹음, 공정증서, 비밀증서, 구수증서에 의한 유언이 있다.

5. 유류분

유류분은 법률상 상속인에게 귀속되는 것이 보장되는 상속재산에 대한 일정비율을 의미한다. 유류분권자의 유류분은 피상속인의 직계비속과 배우자는 그의 법정상속분의 2분의 1이고, 피상속인의 직계존속과 형제자매는 그의 법정상속분의 3분의 1이다.

시험문제 미리보기!

다음은 상속회복청구권에 대한 설명이다. (   )에 들어갈 내용으로 옳은 것은?

> 제999조(상속회복청구권)
> ① 상속권이 참칭상속권자로 인하여 침해된 때에는 상속권자 또는 그 법정대리인은 상속회복의 소를 제기할 수 있다.
> ② 제1항의 상속회복청구권은 그 침해를 안 날부터 (   )년, 상속권의 침해행위가 있은 날부터 (   )년을 경과하면 소멸된다.

① 1, 3　　② 3, 5

③ 3, 10　　④ 5, 10

정답 ③

해설 민법 제999조(상속회복청구권)

① 상속권이 참칭상속권자로 인하여 침해된 때에는 상속권자 또는 그 법정대리인은 상속회복의 소를 제기할 수 있다.

② 제1항의 상속회복청구권은 그 침해를 안 날부터 '3'년, 상속권의 침해행위가 있은 날부터 '10'년을 경과하면 소멸된다.

출제예상문제

출제빈도: ★☆☆ 대표출제기업: 한국보훈복지의료공단

01 다음 <보기>에서 각 사항이 바르게 연결된 것은 모두 몇 개인가?

<보기>

- 거래의 안전보호 – 선의취득제도
- 사정변경의 원칙 – 지료증감청구권
- 무과실 책임 – 공작물·수목의 소유자 책임
- 권리남용금지의 원칙 – 친권상실의 신고

① 1개
② 2개
③ 3개
④ 4개

출제빈도: ★★☆ 대표출제기업: 한국중부발전

02 민법상 관습법에 관한 설명으로 가장 옳지 않은 것은? (단, 견해가 대립하면 판례에 의함)

① 법원의 판결에 의해 관습이 인정되면 그 관습법은 성립하게 된다.
② 관습법은 성문법에 대하여 열후적·보충적 효력을 가진다.
③ 관습법상 법정지상권은 판례가 인정한 관습법이다.
④ 관습법이 성립하기 위해서는 관행이 선량한 풍속 기타 사회질서에 반하지 않아야 한다.

출제빈도: ★★☆ 대표출제기업: 경기신용보증재단

03 다음 <보기>에서 민법상 법원(法源)에 관한 설명으로 옳은 것을 모두 고르면? (단, 다툼이 있는 경우 판례에 의함)

<보기>

(가) 민사에 관한 법률에 규정이 없으면 관습법에 의하고 관습법이 없으면 조리에 의한다.
(나) 관습법은 제정법에 대하여 변경적 효력이 아닌 열후적·보충적 성격만을 가진다.
(다) 판례는 관습법을 사실인 관습과 구별하고 있지 않다.
(라) 관습법은 법원의 판결에 의하여 새롭게 성립된다.

① (가), (나)
② (가), (다)
③ (나), (다)
④ (나), (라)

출제빈도: ★★☆ 대표출제기업: 한국원자력환경공단

04 다음은 민법상 신의성실 원칙 중 무엇과 관련된 것인가?

채권자가 채권을 확보하기 위하여 제삼자의 부동산을 채무자에게 명의신탁하도록 한 다음 동 부동산에 대하여 강제집행을 하는 따위의 행위는 신의칙에 비추어 허용할 수 없다. (대법원 1981. 7. 7. 선고 80다2064 판결)

① 사정변경의 원칙
② 모순행위금지의 원칙
③ 소급효금지의 원칙
④ 실효의 원칙

정답 및 해설

01 ④
- 거래의 안전보호 - 선의취득제도, 선의의 제삼자보호제도
- 사정변경의 원칙 - 지료증감청구권, 차임증감청구권
- 무과실 책임 - 사용자책임, 공작물·수목의 소유자 책임
- 권리남용금지의 원칙 - 친권상실의 신고, 소유권 행사의 제한

02 ①
관습법이란 사회의 거듭된 관행으로 생성한 생활규범이 사회의 법적 확신과 인식에 의하여 법적 규범으로 승인·강행되기에 이른 것을 말한다. 관습법은 관습법적 확신을 얻은 때에 성립하며, 법원의 판결에 의해 관습의 존재가 인정되면 그 관습은 법적 확신을 얻어서 그 사회에서 행해지고 있는 때에 소급하여 관습법이 성립한다.

오답노트
② 가족의례준칙 제13조의 규정과 배치되는 관습법의 효력을 인정하는 것은 관습법의 제정법에 대한 열후적, 보충적 성격에 비추어 민법 제1조의 취지에 어긋나는 것이다.
(대법원 1983. 6. 14. 선고 80다3231 판결)
③ 판례가 인정한 관습법 제도로는 분묘기지권, 관습법상의 법정지상권, 공시방법으로서의 명인방법, 동산 양도담보 등이 있다. 다만, 온천권과 관습법상 사도통행권은 관습법으로 인정되지 않는다.
④ 사회의 거듭된 관행으로 생성된 사회생활규범이 관습법으로 승인되었다고 하더라도 사회 구성원들이 그러한 관행의 법적 구속력에 대하여 확신을 갖지 않게 되었다거나, 사회를 지배하는 기본적 이념이나 사회질서의 변화로 인하여 그러한 관습법을 적용하여야 할 시점에 있어서의 전체 법질서에 부합하지 않게 되었다면 그러한 관습법은 법적 규범으로서의 효력이 부정될 수밖에 없다.
(대법원 2005. 7. 21. 선고 2002다1178 전원합의체 판결)

03 ①
(가) 민법 제1조(법원)에 따르면, 민사에 관하여 법률에 규정이 없으면 관습법에 의하고 관습법이 없으면 조리에 의한다.
(나) 가족의례준칙 제13조의 규정과 배치되는 관습법의 효력을 인정하는 것은 관습법의 제정법에 대한 열후적, 보충적 성격에 비추어 민법 제1조의 취지에 어긋나는 것이다.
(대법원 1983. 6. 14. 선고 80다3231 판결)

오답노트
(다) 관습법이란 사회의 거듭된 관행으로 생성한 사회생활규범이 사회의 법적 확신과 인식에 의하여 법적 규범으로 승인·강행되기에 이른 것을 말하고, 사실인 관습은 사회의 관행에 의하여 발생한 사회생활규범인 점에서 관습법과 같으나 사회의 법적 확신이나 인식에 의하여 법적 규범으로서 승인된 정도에 이르지 않은 것을 말하는바, 관습법은 바로 법원으로서 법령과 같은 효력을 갖는 관습으로서 법령에 저촉되지 않는 한 법칙으로서의 효력이 있는 것이며, 이에 반하여 사실인 관습은 법령으로서의 효력이 없는 단순한 관행으로서 법률행위의 당사자의 의사를 보충함에 그치는 것이다. (대법원 1983. 6. 14. 선고 80다3231 판결)
(라) 판결을 통해 관습법의 존재를 확인하는 것이므로 관습법은 판결 이전에 이미 형성되어 있는 것이다. 따라서 관습법은 형성된 때로 소급하여 그 관습법의 효력을 인정한다.

04 ②
모순행위금지의 원칙이란 어떤 행위를 한 자가 후에 그와 모순되는 권리행사를 함으로써 상대방의 신뢰를 해하는 경우 그 후행행위의 효력이 없다는 원칙을 말한다.

출제예상문제

출제빈도: ★★☆ 대표출제기업: 한국원자력환경공단

05 **다음이 나타내는 신의성실 원칙의 파생원칙은?**

> 권리자가 그 권리행사의 기대가능성이 있었음에도 불구하고 상당한 기간이 경과하도록 권리를 행사하지 아니하여 의무자인 상대방으로서도 이제는 권리자가 권리를 행사하지 아니할 것으로 신뢰할 만한 정당한 기대를 가지게 된 후 새삼스럽게 그 권리를 행사하는 것이 신의칙에 위반하는 것으로 인정될 때에는 그 권리의 행사가 허용되지 않는 것을 말한다.

① 권리남용금지의 원칙
② 사정변경의 원칙
③ 실효의 원칙
④ 사적자치의 원칙

출제빈도: ★★☆ 대표출제기업: 경기신용보증재단

06 **다음 <보기>에서 민법상 권리남용금지의 원칙에 대한 설명으로 가장 옳지 않은 것을 모두 고르면?** (단, 견해가 대립하면 판례에 의함)

<보기>

(가) 외국에 이민을 가 있어 주택에 입주하지 않으면 안 될 급박한 사정이 없는 딸이 고령과 지병으로 고통을 겪고 있는 상태에서 달리 마땅한 거처도 없는 아버지와 그를 부양하면서 동거하고 있는 남동생을 상대로 자기 소유 주택의 명도 및 퇴거를 청구하는 행위는 인륜에 반하는 행위로서 권리남용에 해당한다.
(나) 권리행사가 권리의 남용에 해당되기 위해서는 주관적으로 그 권리행사의 목적이 오직 상대방에게 고통을 주고 손해를 입히려는 데 있을 뿐 행사하는 사람에게 아무런 이익이 없는 경우이어야 하고, 객관적으로는 그 권리행사가 사회질서에 위반된다고 볼 수 있어야 한다.
(다) 확정판결에 의한 권리의 경우 즉, 판결에 의한 집행은 권리남용이 되지 않는다.
(라) 원칙적으로 권리남용이 인정되면 그 권리를 실현할 수 없을 뿐만 아니라 권리 자체도 소멸된다.

① (가), (나)
② (가), (다)
③ (나), (다)
④ (다), (라)

출제빈도: ★★☆ 대표출제기업: 한국중부발전

07 **다음 <보기> 중 태아의 권리능력에 관해 개별적 보호주의를 택하고 있는 우리나라의 민법상, 태아에게 인정되지 않는 권리는 모두 몇 개인가?** (단, 다툼이 있으면 판례에 의함)

<보기>

- 대습상속
- 부(父)의 인지청구권
- 불법행위에 의한 손해배상청구권
- 증여계약

① 1개
② 2개
③ 3개
④ 4개

출제빈도: ★★☆ 대표출제기업: 한국보훈복지의료공단

08 민법상 권리능력과 행위능력에 관한 설명 중 옳지 않은 것은?

① 법인은 정관으로 정한 목적의 범위 내에서 권리의 주체가 될 수 있다.
② 미성년자는 권리능력은 있지만, 행위능력은 없다.
③ 미성년자가 법정대리인으로부터 허락을 얻은 특정한 영업에 관하여는 성년자와 동일한 행위능력이 있다.
④ 법정대리인이 범위를 정하여 처분을 허락한 재산은 미성년자가 임의로 처분할 수 있다.

정답 및 해설

05 ③
실효의 원칙에 대한 설명이다.

06 ④
(다) 확정판결에 의한 권리라 하더라도 신의에 좇아 성실히 행사되어야 하고 그 판결에 기한 집행이 권리남용이 되는 경우에는 허용되지 않으므로 집행채무자는 청구이의의 소에 의하여 그 집행의 배제를 구할 수 있다. (대법원 1997. 9. 12. 선고 96다4862 판결)
(라) 권리남용이 되면 그 권리의 실현이 되지 않을 뿐 권리 자체가 소멸하지는 않는다. 예를 들어, 자신의 토지 경계를 침범하여 설치된 건물에 대하여 소유권에 의한 물권적 청구의 행사로 철거청구를 한 것이 권리남용이 되면 그 철거청구는 부인되지만 토지 소유권 자체가 박탈되지는 않는다. 다만 상대방에게 부당이득반환청구권 내지 불법행위에 의한 손해배상청구권을 행사할 수는 있다.

오답노트
(가) 외국에 이민을 가 있어 주택에 입주하지 않으면 안 될 급박한 사정이 없는 딸이 고령과 지병으로 고통을 겪고 있는 상태에서 달리 마땅한 거처도 없는 아버지와 그를 부양하면서 동거하고 있는 남동생을 상대로 자기 소유 주택의 명도 및 퇴거를 청구하는 행위는 인륜에 반하는 행위로서 권리남용에 해당한다.
(대법원 1998. 6. 12. 선고 96다52670 판결)
(나) 권리행사가 권리의 남용에 해당한다고 할 수 있으려면, 주관적으로 그 권리행사의 목적이 오직 상대방에게 고통을 주고 손해를 입히려는 데 있을 뿐 행사하는 사람에게 아무런 이익이 없는 경우이어야 하고, 객관적으로는 그 권리행사가 사회질서에 위반된다고 볼 수 있어야 한다.
(대법원 2003. 2. 14. 선고 2002다62319, 62326 판결)

07 ①
태아에게는 권리능력이 없으므로 증여계약을 체결할 수 없다.

오답노트
- 대습상속: 민법 제1000조(상속의 순위) 제3항에 따르면, 태아는 상속순위에 관하여는 이미 출생한 것으로 본다. 즉, 상속에는 유류분, 대습상속이 포함된다.
- 부(父)의 인지청구권: 민법 제858조(포태 중인 자의 인지)에 따르면, 부는 포태 중에 있는 자에 대하여도 이를 인지할 수 있다.
- 불법행위에 의한 손해배상청구권: 민법 제762조(손해배상청구권에 있어서의 태아의 지위)에 따르면, 태아는 손해배상의 청구권에 관하여는 이미 출생한 것으로 본다.

08 ②
민법 제5조(미성년자의 능력) 제1항에 따르면, 미성년자가 법률행위를 함에는 법정대리인의 동의를 얻어야 한다. 즉, 미성년자는 행위능력에 제한은 있지만 행위능력이 없는 것은 아니다.

오답노트
① 민법 제34조(법인의 권리능력)에 따르면, 법인은 법률의 규정에 좇아 정관으로 정한 목적의 범위 내에서 권리와 의무의 주체가 된다.
③ 민법 제8조(영업의 허락) 제1항에 따르면, 미성년자가 법정대리인으로부터 허락을 얻은 특정한 영업에 관하여는 성년자와 동일한 행위능력이 있다.
④ 민법 제6조(처분을 허락한 재산)에 따르면, 법정대리인이 범위를 정하여 처분을 허락한 재산은 미성년자가 임의로 처분할 수 있다.

출제예상문제

출제빈도: ★★☆ 대표출제기업: 대한법률구조공단

09 **다음 중 권리능력에 관한 기술로서 옳지 않은 것은?**

① 법인은 법률의 규정에 좇아 정관으로 정한 목적의 범위 내에서 권리와 의무의 주체가 된다.
② 민법에서 태아의 권리능력은 모든 법률관계에서 인정되지 않고 예외적인 경우에만 인정된다.
③ 권리능력은 동시에 의무능력이기도 하다.
④ 의사무능력자에게는 권리능력이 없다.

출제빈도: ★★☆ 대표출제기업: 부산환경공단

10 **다음은 태아의 능력에 대한 내용으로 빈칸에 공통으로 들어갈 내용으로 옳은 것은?**

> 우리 민법은 태아의 (　　　)에 대해 몇 가지 특정한 사항에 대해서만 이미 출생한 것으로 보아 개별보호주의를 취하고 있다. 우리 민법은 태아를 보호하기 위해 불법행위에 의한 손해배상청구권, 상속, 유증, 부의 태아인지 등의 경우에 (　　　)을 인정한다.

① 권리능력　　② 행위능력
③ 의사능력　　④ 당사자능력

출제빈도: ★☆☆ 대표출제기업: 한국무역보험공사

11 **민법상 권리능력에 관한 설명으로 옳지 않은 것은?**

① 민법상 권리능력에 관한 규정은 강행규정이다.
② 민법은 비영리법인의 설립에 관하여 허가주의를 취하고 있다.
③ 실종선고는 종래의 주소지를 중심으로 사망간주의 효과뿐만 아니라 실종자의 권리능력을 근본적으로 박탈하는 제도이다.
④ 태아는 불법행위에 의한 손해배상청구권을 갖는다.

출제빈도: ★★☆ 대표출제기업: 한국도로공사

12 다음 중 권리능력 또는 행위능력에 대한 설명으로 옳지 않은 것은?

① 권리능력에 관한 규정은 강행규정이다.
② 권리능력을 가지는 자는 자연인과 법률의 규정에 의하여 설립된 법인이다.
③ 태아는 원칙적으로 권리능력이 없지만 중요한 몇 가지에 대해서만 예외적으로 인정된다.
④ 자연인의 권리능력은 원칙적으로 사망에 의해서 소멸하는데, 실종선고와 같은 예외가 있다.

출제빈도: ★★☆ 대표출제기업: 경기신용보증재단

13 다음 중 민법상 미성년자에 대한 설명으로 가장 옳지 않은 것은?

① 미성년자가 법률행위를 함에는 법정대리인의 동의를 얻어야 한다.
② 미성년자는 단독으로 유언을 할 수 있다.
③ 미성년자가 법정대리인으로부터 허락을 얻은 특정한 영업에 관하여는 성년자와 동일한 행위능력이 있다.
④ 미성년자가 권리만을 얻거나 의무만을 면하는 행위는 법정대리인의 동의를 요하지 않는다.

정답 및 해설

09 ④
민법 제3조(권리능력의 존속기간)에 따르면, 사람은 생존한 동안 권리와 의무의 주체가 된다. 그러므로, 의사무능력자라도 권리능력은 존재하게 된다.

오답노트
① 민법 제34조(법인의 권리능력)에 따르면, 법인은 법률의 규정에 좇아 정관으로 정한 목적의 범위 내에서 권리와 의무의 주체가 된다.
② 사람은 출생을 해야 권리능력이 인정되므로 원칙적으로 태아에게는 권리능력이 인정되지 않는다. 그러나 우리 민법은 태아를 보호하기 위해 불법행위에 의한 손해배상청구권, 상속, 유증, 부의 태아인지 등의 경우에 권리능력을 인정한다.
③ 권리능력이 있어야 권리의 주체가 될 수 있을 뿐만 아니라 의무의 주체가 될 수 있다. 즉, 권리능력은 동시에 의무능력이기도 하다.

10 ①
사람은 출생을 해야 권리능력이 인정되므로 원칙적으로 태아에게는 권리능력이 인정되지 않는다. 그러나 우리 민법은 태아를 보호하기 위해 불법행위에 의한 손해배상청구권, 상속, 유증, 부의 태아인지 등의 경우에 '권리능력'을 인정한다.

11 ③
실종선고는 종래의 주소지를 중심으로 시망간주의 효과를 발생시킬 뿐 실종자의 권리능력을 근본적으로 박탈하는 것은 아니다.

12 ④
자연인의 권리능력은 사망에 의해서만 소멸한다. 실종선고, 인정사망은 권리능력 소멸에 관한 예외가 아니다.

13 ②
민법 제1061조(유언적령)에 따르면, 만 17세에 달하지 못한 자는 유언을 하지 못한다.

오답노트
①, ④ 민법 제5조(미성년자의 능력) 제1항에 따르면, 미성년자가 법률행위를 함에는 법정대리인의 동의를 얻어야 한다. 그러나 권리만을 얻거나 의무만을 면하는 행위는 그러하지 아니한다.
③ 민법 제8조(영업의 허락) 제1항에 따르면, 미성년자가 법정대리인으로부터 허락을 얻은 특정한 영업에 관하여는 성년자와 동일한 행위능력이 있다.

출제예상문제

출제빈도: ★★☆ 대표출제기업: 경기신용보증재단

14 **민법상 미성년자에 대한 설명으로 가장 옳지 않은 것은 무엇인가?** (단, 다툼이 있으면 판례에 의함)

① 법정대리인이 범위를 정하여 처분을 허락한 재산은 미성년자가 임의로 처분할 수 있다.
② 미성년자인 근로자는 임금의 청구를 단독으로 할 수 없고 법정대리인의 동의를 얻어야 한다.
③ 대리인에게 행위능력을 요하지 않으므로 미성년자도 타인의 대리인이 될 수 있다.
④ 미성년자라도 만 17세가 되면 유언을 할 수 있다.

출제빈도: ★★☆ 대표출제기업: 한국농어촌공사

15 **다음 <보기>에서 민법상 능력에 대한 설명으로 옳지 않은 것을 모두 고르면?**

<보기>

(가) 가정법원은 성년후견개시의 심판을 할 때 본인의 의사를 고려하여야 한다.
(나) 피성년후견인의 법률행위는 취소할 수 없다.
(다) 가정법원은 피성년후견인이 성년후견인의 동의를 받아야 하는 행위의 범위를 정할 수 있다.
(라) 성년후견개시의 원인이 소멸된 경우에는 가정법원은 본인, 배우자, 4촌 이내의 친족, 성년후견인, 성년후견감독인, 검사 또는 지방자치단체의 장의 청구에 의하여 성년후견종료의 심판을 한다.

① (가), (나)
② (가), (라)
③ (나), (다)
④ (다), (라)

출제빈도: ★☆☆ 대표출제기업: 한국보훈복지의료공단

16 **다음 중 민법상 한정후견개시심판을 청구할 수 있는 권리가 없는 사람은 누구인가?**

① 본인
② 검사
③ 8촌 이내의 혈족
④ 지방자치단체의 장

출제빈도: ★☆☆ 대표출제기업: 한국보훈복지의료공단

17 **다음 중 후견에 대한 설명으로 옳지 않은 것은?**

① 가정법원의 성년후견개시심판이 있는 경우에는 그 심판을 받은 사람의 성년후견인을 두어야 한다.
② 성년후견 및 한정후견은 지속적인 후견인 데 반하여 특정후견은 일시적인 후견이다.
③ 법인도 성년후견인이 될 수 있다.
④ 후견인은 친족 중에서 가정법원이 선임한다.

출제빈도: ★☆☆ 대표출제기업: 한국원자력환경공단

18 다음 중 민법상 성년후견인에 대한 설명으로 가장 옳지 않은 것은?

① 지방자치단체의 장은 후견인 심판을 청구할 수 있다.
② 가정법원은 직권에 의한 성년후견인 개시심판을 할 수 있다.
③ 검사는 후견인 심판을 청구할 수 있다.
④ 피성년후견인의 법률행위는 취소할 수 있지만 가정법원은 취소할 수 없는 피성년후견인의 법률행위의 범위를 정할 수 있다.

정답 및 해설

14 ②
미성년자인 근로자도 임금의 청구를 단독으로 할 수 있다.

15 ③
(나) 민법 제10조(피성년후견인의 행위와 취소) 제1항에 따르면, 피성년후견인의 법률행위는 취소할 수 있다.
(다) 민법 제13조(피한정후견인의 행위와 동의) 제1항에 따르면, 가정법원은 피한정후견인이 한정후견인의 동의를 받아야 하는 행위의 범위를 정할 수 있다.

오답노트
(가) 민법 제9조(성년후견개시의 심판) 제2항에 따르면, 가정법원은 성년후견개시의 심판을 할 때 본인의 의사를 고려하여야 한다.
(라) 민법 제11조(성년후견종료의 심판)에 따르면, 성년후견개시의 원인이 소멸된 경우에는 가정법원은 본인, 배우자, 4촌 이내의 친족, 성년후견인, 성년후견감독인, 검사 또는 지방자치단체의 장의 청구에 의하여 성년후견종료의 심판을 한다.

16 ③
민법 제12조(한정후견개시의 심판) 제1항에 따르면, 가정법원은 질병, 장애, 노령, 그 밖의 사유로 인한 정신적 제약으로 사무를 처리할 능력이 부족한 사람에 대하여 본인, 배우자, 4촌 이내의 친족, 미성년후견인, 미성년후견감독인, 성년후견인, 성년후견감독인, 특정후견인, 특정후견감독인, 검사 또는 지방자치단체의 장의 청구에 의하여 한정후견개시의 심판을 한다.

17 ④
후견인을 친족으로 제한하는 규정은 없다.

오답노트
① 민법 제929조(성년후견심판에 의한 후견의 개시)에 따르면, 가정법원의 성년후견개시심판이 있는 경우에는 그 심판을 받은 사람의 성년후견인을 두어야 한다.
② 민법 제14조의2(특정후견의 심판) 제1항에 따르면, 가정법원은 질병, 장애, 노령, 그 밖의 사유로 인한 정신적 제약으로 일시적 후원 또는 특정한 사무에 관한 후원이 필요한 사람에 대하여 본인, 배우자, 4촌 이내의 친족, 미성년후견인, 미성년후견감독인, 검사 또는 지방자치단체의 장의 청구에 의하여 특정후견의 심판을 한다.
③ 민법 제930조(후견인의 수와 자격) 제3항에 따르면, 법인도 성년후견인이 될 수 있다.

18 ②
가정법원은 일정한 자(본인, 배우자, 4촌 이내의 친족, 후견인 등)의 청구가 없으면 성년후견개시 심판을 할 수 없다.

오답노트
④ 민법 제10조(피성년후견인의 행위와 취소) 제1항에 따르면, 피성년후견인의 법률행위는 취소할 수 있으며, 제1항에도 불구하고 가정법원은 취소할 수 없는 피성년후견인의 법률행위의 범위를 정할 수 있다.

출제예상문제

출제빈도: ★★☆ 대표출제기업: 한국원자력환경공단

19 **민법상 능력에 관한 설명으로 옳지 않은 것은?** (단, 견해 대립 시 판례에 의함)

① 미성년자가 부담 있는 증여를 받을 때에는 법정대리인의 동의가 필요하지 않다.
② 가정법원은 성년후견개시의 심판을 할 때 본인의 의사를 고려하여야 한다.
③ 법정대리인의 동의가 없는 피성년후견인의 법률행위는 취소할 수 있다.
④ 제한능력자의 상대방은 제한능력자가 능력자가 된 후에 그에게 1개월 이상의 기간을 정하여 그 취소할 수 있는 행위를 추인할 것인지 여부의 확답을 촉구할 수 있다.

출제빈도: ★★☆ 대표출제기업: 서울주택도시공사

20 **제한능력자의 상대방 보호에 관한 설명으로 옳지 않은 것은?**

① 상대방의 철회의 의사표시는 법정대리인 또는 제한능력자에게 할 수 있다.
② 상대방이 제한능력자와 계약을 맺을 당시 제한능력자임을 알았더라도 그 의사표시를 철회할 수 있다.
③ 피성년후견인이 속임수로써 법정대리인의 동의가 있는 것으로 믿게 한 경우에 그 행위를 취소할 수 있다.
④ 미성년자의 상대방은 법정대리인에 대하여 1개월 이상의 기간을 정하여 취소할 수 있는 행위를 추인할 것인지 여부의 확답을 촉구할 수 있다.

출제빈도: ★★☆ 대표출제기업: 서울주택도시공사

21 **다음 중 민법상 능력에 대한 설명으로 옳지 않은 것은?**

① 가정법원의 성년후견개시 심판을 받은 피성년후견인은 권리능력을 상실한다.
② 의사무능력자가 한 법률행위는 무효이다.
③ 행위능력은 독자적으로 유효한 법률행위를 할 수 있는 지위를 의미하므로 의사능력을 전제로 하여 주어지게 된다.
④ 피성년후견인의 행위는 원칙적으로 취소할 수 있다.

출제빈도: ★☆☆ 대표출제기업: 한전KDN

22 다음 중 민법상 주소에 관한 원칙이 아닌 것은?

① 복수주의 ② 객관주의
③ 실질주의 ④ 단일주의

정답 및 해설

19 ①
미성년자는 단독으로 권리만을 얻거나 의무만을 면하는 행위를 할 수 있다. 부담 있는 증여에서 부담은 의무를 발생시키므로 미성년자가 단독으로 할 수 없다.

오답노트
② 민법 제9조(성년후견개시의 심판) 제2항에 따르면, 가정법원은 성년후견개시의 심판을 할 때 본인의 의사를 고려하여야 한다.
③ 민법 제10조(피성년후견인의 행위와 취소) 제1항에 따르면, 피성년후견인의 법률행위는 취소할 수 있다.
④ 민법 제15조(제한능력자의 상대방의 확답을 촉구할 권리) 제1항에 따르면, 제한능력자의 상대방은 제한능력자가 능력자가 된 후에 그에게 1개월 이상의 기간을 정하여 그 취소할 수 있는 행위를 추인할 것인지 여부의 확답을 촉구할 수 있다.

20 ②
민법 제16조(제한능력자의 상대방의 철회권과 거절권) 제1항에 따르면, 제한능력자가 맺은 계약은 추인이 있을 때까지 상대방이 그 의사표시를 철회할 수 있다. 다만, 상대방이 계약 당시에 제한능력자임을 알았을 경우에는 그러하지 아니한다.

오답노트
① 민법 제16조(제한능력자의 상대방의 철회권과 거절권) 제3항에 따르면, 상대방의 철회나 거절의 의사표시는 제한능력자에게도 할 수 있다.
③ 피성년후견인은 법정대리인의 동의가 있더라도 취소할 수 있으므로 피성년후견인이 법정대리인의 동의나 허락이 있는 것으로 속이더라도 취소권이 배제되지 않는다.
④ 민법 제15조(제한능력자의 상대방의 확답을 촉구할 권리) 제1항에 따르면, 제한능력자의 상대방은 제한능력자가 능력자가 된 후에 그에게 1개월 이상의 기간을 정하여 그 취소할 수 있는 행위를 추인할 것인지 여부의 확답을 촉구할 수 있으며, 제2항에 따르면, 제한능력자가 아직 능력자가 되지 못한 경우에는 그의 법정대리인에게 제1항의 촉구를 할 수 있다.

21 ①
사람은 생존한 동안 권리와 의무의 주체가 되므로(민법 제3조), 피한정후견인이나 피성년후견인이라도 권리능력을 상실하지 않는다.

22 ④
단일주의는 민법상 주소에 관한 원칙이 아니다.

오답노트
①, ②, ③ 우리 민법은 주소 결정에 있어 정주의 사실만 있으면 된다는 객관주의를 취하고 있으며, 민법 제18조(주소)에 따르면, 생활의 근거되는 곳을 주소로 하며(실질주의), 주소는 동시에 두 곳 이상 있을 수 있다(복수주의).

출제예상문제

출제빈도: ★★☆ 대표출제기업: 부산신용보증재단

23 다음은 실종선고에 관한 민법의 규정이다. A~C에 들어갈 내용으로 바르게 연결된 것은?

<보기>

- 제27조(실종의 선고)
  ① 부재자의 생사가 (A)년간 분명하지 아니한 때에는 법원은 이해관계인이나 검사의 청구에 의하여 실종선고를 하여야 한다.
  ② 전지에 임한 자, 침몰한 선박 중에 있던 자, 추락한 항공기 중에 있던 자 기타 사망의 원인이 될 위난을 당한 자의 생사가 전쟁종지 후 또는 선박의 침몰, 항공기의 추락 기타 위난이 종료한 후 (B)년간 분명하지 아니한 때에도 제1항과 같다.
- 제28조(실종선고의 효과)
  실종선고를 받은 자는 전조의 기간이 만료한 때에 (C).

	A	B	C
①	1	5	사망한 것으로 본다
②	5	1	사망한 것으로 추정한다
③	5	1	사망한 것으로 본다
④	1	5	사망한 것으로 추정한다

출제빈도: ★☆☆ 대표출제기업: 한국중부발전

24 다음 <보기>에서 민법상 동시사망 추정에 대한 설명으로 옳지 않은 것을 모두 고르면?

<보기>

(가) 2인 이상이 동일한 위난으로 사망한 경우에는 동시에 사망한 것으로 추정한다.
(나) 2인 이상이 동일한 위난을 당하여 생사불명이 된 경우도 동시사망으로 추정한다.
(다) 동시사망 규정은 법률상 추정규정이므로 반증으로 번복될 수 없다.
(라) 동시사망자 상호 간에는 상속이 인정되지 않지만, 동시사망의 경우 대습상속사유는 된다.

① (가), (나)
② (가), (다)
③ (나), (다)
④ (나), (라)

출제빈도: ★★☆ 대표출제기업: 한국보훈복지의료공단

25 민법상 실종선고와 동시사망에 관한 설명으로 옳은 것은?

① 보통실종의 실종기간은 1년이다.
② 실종선고를 받은 자는 실종기간이 만료한 때에 사망한 것으로 추정한다.
③ 동시에 사망한 자들 사이에는 상속이 발생하지 않는다.
④ 2인 이상이 동일한 위난으로 사망한 경우에는 동시에 사망한 것으로 간주한다.

출제빈도: ★★☆ 대표출제기업: 부산환경공단

26 다음 중 실종선고에 대한 설명으로 옳지 않은 것은?

① 실종선고의 청구권자는 법률상 이해관계인이나 검사이다.

② 실종선고를 받은 사람은 실종기간이 만료한 시기에 사망한 것으로 간주된다.

③ 보통실종 기간의 기산점은 생존이 확인된 최후의 시점을 기준으로 5년이다.

④ 침몰한 선박 중에 있던 자의 생사가 선박의 침몰이 종료한 후 3년간 분명하지 아니한 때에도 이해관계인이나 검사의 청구로 법원은 실종선고를 한다.

정답 및 해설

23 ③

- 민법 제27조(실종의 선고)
  ① 부재자의 생사가 '5'년간 분명하지 아니한 때에는 법원은 이해관계인이나 검사의 청구에 의하여 실종선고를 하여야 한다.
  ② 전지에 임한 자, 침몰한 선박 중에 있던 자, 추락한 항공기 중에 있던 자 기타 사망의 원인이 될 위난을 당한 자의 생사가 전쟁종지 후 또는 선박의 침몰, 항공기의 추락 기타 위난이 종료한 후 '1'년간 분명하지 아니한 때에도 제1항과 같다.
- 민법 제28조(실종선고의 효과)
  실종선고를 받은 자는 전조의 기간이 만료한 때에 '사망한 것으로 본다'.

24 ③

(나) 생사불명이 된 경우 실종선고의 대상이 된다.

(다) 민법 제30조(동시사망)에 따르면, 2인 이상이 동일한 위난으로 사망한 경우에는 동시에 사망한 것으로 추정한다. 추정규정이므로 반증으로 번복될 수 있다.

오답노트

(가) 민법 제30조(동시사망)에 따르면, 2인 이상이 동일한 위난으로 사망한 경우에는 동시에 사망한 것으로 추정한다.

(라) 원래 대습상속제도는 대습자의 상속에 대한 기대를 보호함으로써 공평을 꾀하고 생존 배우자의 생계를 보장하여 주려는 것이고, 또한 동시사망 추정규정도 자연과학적으로 엄밀한 의미의 동시사망은 상상하기 어려운 것이나 사망의 선후를 입증할 수 없는 경우 동시에 사망한 것으로 다루는 것이 결과에 있어 가장 공평하고 합리적이라는 데에 그 입법 취지가 있는 것인바, 상속인이 될 직계비속이나 형제자매(피대습자)의 직계비속 또는 배우자(대습자)는 피대습자가 상속개시 전에 사망한 경우에는 대습상속을 하고, 피대습자가 상속개시 후에 사망한 경우에는 피대습자를 거쳐 피상속인의 재산을 본위상속을 하므로 두 경우 모두 상속을 하는데, 만일 피대습자가 피상속인의 사망, 즉 상속개시와 동시에 사망한 것으로 추정되는 경우에만 그 직계비속 또는 배우자가 본위상속과 대습상속의 어느 쪽도 하지 못하게 된다면 동시사망 추정 이외의 경우에 비하여 현저히 불공평하고 불합리한 것이라 할 것이고, 이는 앞서 본 대습상속제도 및 동시사망 추정규정의 입법 취지에도 반하는 것이므로, 민법 제1001조의 '상속인이 될 직계비속이 상속개시 전에 사망한 경우'에는 '상속인이 될 직계비속이 상속개시와 동시에 사망한 것으로 추정되는 경우'도 포함하는 것으로 합목적적으로 해석함이 상당하다. (대법원 2001. 3. 9. 선고 99다13157 판결)

25 ③

동시사망자 상호 간에는 상속이 일어나지 않는다.

오답노트

① 보통실종의 실종기간은 5년, 특별실종의 실종기간은 1년으로 본다.

② 민법 제28조(실종선고의 효과)에 따르면, 실종선고를 받은 자는 전조(보통실종 5년, 특별실종 1년)의 기간이 만료한 때에 사망한 것으로 본다.

④ 민법 제30조(동시사망)에 따르면, 2인 이상이 동일한 위난으로 사망한 경우에는 동시에 사망한 것으로 추정한다.

26 ④

민법 제27조(실종의 선고) 제1항에 따르면, 부재자의 생사가 5년간 분명하지 아니한 때에는 법원은 이해관계인이나 검사의 청구에 의하여 실종선고를 하여야 하며, 제2항에 따르면, 전지에 임한 자, 침몰한 선박 중에 있던 자, 추락한 항공기 중에 있던 자 기타 사망의 원인이 될 위난을 당한 자의 생사가 전쟁종지 후 또는 선박의 침몰, 항공기의 추락 기타 위난이 종료한 후 1년간 분명하지 아니한 때에도 제1항과 같다.

출제예상문제

출제빈도: ★★☆ 대표출제기업: 한국보훈복지의료공단

27 **민법상 법인에 대한 설명으로 옳지 않은 것은?** (다툼이 있으면 판례에 의함)

① 법인은 법률의 규정에 좇아 정관으로 정한 목적의 범위 내에서 권리와 의무의 주체가 된다.
② 학술, 종교, 자선, 기예, 사교 기타 영리 아닌 사업을 목적으로 하는 사단 또는 재단은 주무관청의 허가를 얻어 이를 법인으로 할 수 있다.
③ 법인은 이사 기타 대표자가 그 직무에 관하여 타인에게 가한 손해를 배상할 책임이 있다.
④ 이사의 대표권에 대한 제한은 등기하지 아니하여도 악의의 제삼자에게는 대항할 수 있다.

출제빈도: ★★★

28 **민법상 법인에 관한 설명으로 옳지 않은 것은?**

① 법인은 법률의 규정에 의함이 아니면 성립하지 못한다.
② 법인의 대표자가 그 직무에 관하여 타인에게 가한 손해에 대해 법인은 배상할 책임이 없다.
③ 영리 아닌 사업을 목적으로 하는 사단은 주무관청의 허가를 얻어 이를 법인으로 할 수 있다.
④ 법인의 사무는 주무관청이 검사, 감독한다.

출제빈도: ★☆☆ 대표출제기업: 한국소비자원

29 **민법 제49조 법인의 등기사항에서 법인설립의 허가가 있는 경우 주된 사무소소재지에서 설립등기를 어느 기간 내에 하여야 하는가?**

① 1주간 내
② 3주간 내
③ 1개월 내
④ 3개월 내

출제빈도: ★★☆ 대표출제기업: 국민연금공단

30 **다음 <보기>에서 민법상 법인에 관한 설명으로 옳지 않은 것을 모두 고르면?**

<보기>

(가) 법인은 그 주된 사무소의 소재지에서 설립등기를 함으로써 성립한다.
(나) 법인의 사무는 법원이 검사, 감독한다.
(다) 재단법인은 사원이 없게 되거나 총회의 결의로도 해산한다.
(라) 해산한 법인의 재산은 정관으로 지정한 자에게 귀속한다.

① (가), (나)
② (가), (다)
③ (나), (다)
④ (다), (라)

출제빈도: ★☆☆ 대표출제기업: 한국보훈복지의료공단

31 다음 <보기>에서 비영리법인에 대한 설명으로 옳지 않은 것을 모두 고르면?

<보기>

(가) 주무관청의 허가가 없더라도 비영리 사단법인은 누구든지 설립할 수 있다.
(나) 이사가 비영리법인을 대표하여 계약을 체결한 경우 정관에 달리 규정이 없다면 그 계약은 비영리법인의 계약이 된다.
(다) 비영리 사단법인의 대표가 직무 집행 중 제삼자에게 손해를 입혔다면 비영리 사단법인도 그 손해를 대표와 연대하여 배상할 책임이 있다.
(라) 재단법인이 기본재산을 처분하기 위해서는 법원의 허가를 받아야 한다.

① (가), (나)　② (가), (라)
③ (나), (다)　④ (다), (라)

정답 및 해설

27 ④
이사의 대표권에 대한 제한 시, 등기하지 아니하면 선의뿐만 아니라 악의자에게도 대항하지 못한다. 민법 제60조(이사의 대표권에 대한 제한의 대항요건)에 따르면, 이사의 대표권에 대한 제한은 등기하지 아니하면 제삼자에게 대항하지 못한다.

오답노트
① 민법 제34조(법인의 권리능력)에 따르면, 법인은 법률의 규정에 좇아 정관으로 정한 목적의 범위 내에서 권리와 의무의 주체가 된다.
② 민법 제32조(비영리법인의 설립과 허가)에 따르면, 학술, 종교, 자선, 기예, 사교 기타 영리 아닌 사업을 목적으로 하는 사단 또는 재단은 주무관청의 허가를 얻어 이를 법인으로 할 수 있다.
③ 민법 제35조(법인의 불법행위능력) 제1항에 따르면, 법인은 이사 기타 대표자가 그 직무에 관하여 타인에게 가한 손해를 배상할 책임이 있다.

28 ②
민법 제35조(법인의 불법행위능력) 제1항에 따르면, **법인은 이사 기타 대표자가 그 직무에 관하여 타인에게 가한 손해를 배상할 책임이 있다**. 이사 기타 대표자는 이로 인하여 자기의 손해배상책임을 면하지 못한다.

오답노트
① 민법 제31조(법인성립의 준칙)에 따르면, 법인은 법률의 규정에 의함이 아니면 성립하지 못한다.
③ 민법 제32조(비영리법인의 설립과 허가)에 따르면, 학술, 종교, 자선, 기예, 사교 기타 영리 아닌 사업을 목적으로 하는 사단 또는 재단은 주무관청의 허가를 얻어 이를 법인으로 할 수 있다.
④ 민법 제37조(법인의 사무의 검사, 감독)에 따르면, 법인의 사무는 주무관청이 검사, 감독한다.

29 ②
민법 제49조(법인의 등기사항) 제1항에 따르면, 법인설립의 허가가 있는 때에는 3주간 내에 주된 사무소소재지에서 설립등기를 하여야 한다.

30 ③
(나) 민법 제37조(법인의 사무의 검사, 감독)에 따르면, 법인의 사무는 주무관청이 검사, 감독한다.
(다) 민법 제77조(해산사유)에 따르면, 법인은 존립기간의 만료, 법인의 목적의 달성 또는 달성의 불능 기타 정관에 정한 해산사유의 발생, 파산 또는 설립허가의 취소로 해산하며, 사단법인은 사원이 없게 되거나 총회의 결의로도 해산한다.

오답노트
(가) 민법 제33조(법인설립의 등기)에 따르면, 법인은 그 주된 사무소의 소재지에서 설립등기를 함으로써 성립한다.
(라) 민법 제80조(잔여재산의 귀속) 제1항에 따르면, 해산한 법인의 재산은 정관으로 지정한 자에게 귀속한다.

31 ②
(가) 민법 제32조(비영리법인의 설립과 허가)에 따르면, 학술, 종교, 자선, 기예, 사교 기타 영리 아닌 사업을 목적으로 하는 사단 또는 재단은 주무관청의 허가를 얻어 이를 법인으로 할 수 있다.
(라) 재단법인이 기본재산을 처분하기 위해서는 정관을 변경하고 주무관청의 허가를 받아야 한다.

오답노트
(나) 민법 제59조(이사의 대표권) 제1항에 따르면, 이사는 법인의 사무에 관하여 각자 법인을 대표한다.
(다) 민법 제35조(법인의 불법행위능력) 제1항에 따르면, 법인은 이사 기타 대표자가 그 직무에 관하여 타인에게 가한 손해를 배상할 책임이 있다. 이사 기타 대표자는 이로 인하여 자기의 손해배상책임을 면하지 못한다.

출제예상문제

출제빈도: ★☆☆ 대표출제기업: 한국소비자원

32 **다음 <보기>에서 민법 제77조 사단법인의 해산사유에 해당하는 것은 모두 몇 개인가?**

<보기>

- 존립기간의 만료
- 사원총회의 결의
- 파산
- 설립허가의 취소

① 1개 ② 2개
③ 3개 ④ 4개

출제빈도: ★☆☆ 대표출제기업: 한국자산관리공사

33 **종물(從物)에 대한 설명으로 옳지 않은 것은?**

① 주물은 부동산, 동산 모두 가능하지만 종물은 동산만이 될 수 있다.
② 종물이 되기 위해서는 독립적인 물건이어야 한다.
③ 종물은 주물의 상용에 이바지하는 관계에 있어야 한다.
④ 종물은 주물의 처분에 따른다.

출제빈도: ★★☆ 대표출제기업: 한국보훈복지의료공단

34 **다음 중 민법 제103조(반사회질서의 법률행위) 위반의 행위에 해당하지 않는 것은?** (견해가 대립 시 판례에 의함)

① 근로자의 해외연수비용 반환의 약정
② 첩 계약
③ 도박자금 차용행위
④ 형사사건에서 변호사 성공보수 약정

출제빈도: ★★★

35 **건물의 소유자 甲이 임차인 乙과 임대차 계약을 체결하였다. 민법상 계약의 효력에 관한 설명으로 옳지 않은 것을 모두 고르면?**

㉠ 선량한 풍속 기타 사회질서에 위반한 사항을 내용으로 하는 甲과 乙의 경비계약은 무효이다.
㉡ 甲이 乙과 통정하여 허위의 의사표시로 체결한 임대차 계약은 취소할 수 있다.
㉢ 甲이 경비계약을 내용상 착오에 기하여 체결한 경우, 甲에게 중대한 과실이 있더라도 甲은 그 계약을 취소할 수 있다.
㉣ 甲이 乙의 사기에 의하여 임대차 계약을 체결한 경우, 甲은 그 계약을 취소할 수 있다.

① ㉠, ㉡ ② ㉠, ㉢
③ ㉡, ㉢ ④ ㉢, ㉣

출제빈도: ★★☆ 대표출제기업: 근로복지공단

36 다음 중 무효가 아닌 것은?

① 상대방과 통정한 허위의 의사표시
② 진의 아닌 의사표시에 대해 상대방이 알았거나 알 수 있었을 경우
③ 강박에 의한 의사표시
④ 선량한 풍속 기타 사회질서에 위반한 사항을 내용으로 하는 법률행위

정답 및 해설

32 ④
민법 제77조(해산사유)에 따르면, 법인은 존립기간의 만료, 법인의 목적의 달성 또는 달성의 불능 기타 정관에 정한 해산사유의 발생, 파산 또는 설립허가의 취소로 해산하며, 사단법인은 사원이 없게 되거나 총회의 결의로도 해산한다.

33 ①
주물과 종물 모두 동산, 부동산 불문한다.

오답노트
②, ③, ④ 민법 제100조(주물, 종물)에 따르면, 물건의 소유자가 그 물건의 상용에 공하기 위하여 자기소유인 다른 물건을 이에 부속하게 한 때에는 그 부속물은 종물이고, 종물은 주물의 처분에 따른다.

34 ①
해외파견된 근로자가 귀국일로부터 일정 기간 소속회사에 근무하여야 한다는 사규나 약정은 민법 제103조 또는 제104조에 위반된다고 할 수 없고, 일정 기간 근무하지 않으면 해외 파견 소요경비를 배상한다는 사규나 약정은 근로계약기간이 아니라 경비반환채무의 면제기간을 정한 것이므로 근로기준법 제21조에 위배하는 것도 아니다. (대법원 1982. 6. 22. 선고 82다카90 판결)

35 ③
㉡ 민법 제108조(통정한 허위의 의사표시) 제1항에 따르면, 상대방과 통정한 허위의 의사표시는 무효로 한다.
㉢ 제109조(착오로 인한 의사표시) 제1항에 따르면, 의사표시는 법률행위의 내용의 중요부분에 착오가 있는 때에는 취소할 수 있다. 그러나 **그 착오가 표의자의 중대한 과실로 인한 때에는 취소하지 못한다**. ⇨ 따라서 건물의 소유자 甲에게 중대한 과실이 있는 경우 위 임대차 계약을 취소할 수 없다.

오답노트
㉠ 민법 제103조(반사회질서의 법률행위)에 따르면, 선량한 풍속 기타 사회질서에 위반한 사항을 내용으로 하는 법률행위는 무효로 한다.
㉣ 제110조(사기, 강박에 의한 의사표시) 제1항에 따르면, 사기나 강박에 의한 의사표시는 취소할 수 있다.

36 ③
민법 제110조(사기, 강박에 의한 의사표시) 제1항에 따르면, 사기나 강박에 의한 의사표시는 취소할 수 있다.

출제예상문제

출제빈도: ★★☆ 대표출제기업: 국민건강보험공단

37 다음 사례 중 무효인 법률행위가 아닌 것은?

① 甲이 친구 乙에게 중고 자동차를 증여하겠다는 농담을 하였으나 乙은 甲이 농담한 것으로 알았거나 알 수 있었던 경우

② 甲이 乙에게 도박채무의 변제로서 아파트양도계약을 체결한 경우

③ 甲이 자신의 채권자로부터 강제집행을 피하기 위해 친구 乙에게 통정허위표시로서 토지 매매계약을 체결한 경우

④ 甲이 乙에게 토지를 매도할 때 계약서 작성 시 착오로 A 토지를 B 토지로 잘못 표시한 경우

출제빈도: ★★☆ 대표출제기업: 한국보훈복지의료공단

38 다음 <보기>에서 민법상 의사표시의 효력에 관한 설명으로 옳지 않은 것을 모두 고르면?

<보기>

(가) 착오를 이유로 취소하기 위해서는 의사표시가 법률행위의 내용의 중요 부분에 해당되고 그 착오에 표의자의 중대한 과실이 없어야 한다.

(나) 상대방 있는 의사표시에 관하여 제삼자가 사기나 강박을 행한 경우 상대방은 언제든지 그 의사표시를 취소할 수 있다.

(다) 상대방과 통정한 허위의 의사표시는 무효이다.

(라) 표의자가 진의 아님을 알고 의사표시를 한 경우 원칙적으로 그 의사표시는 무효이다.

① (가), (나)
② (가), (다)
③ (나), (라)
④ (다), (라)

출제빈도: ★★☆ 대표출제기업: 한국소비자원

39 다음 중 대리에 대한 설명으로 옳지 않은 것은?

① 대리인은 행위능력자임을 요하지 아니한다.

② 권한을 정하지 아니한 대리인은 보존행위만을 할 수 있고 이용 또는 개량행위는 할 수 없다.

③ 대리인이 수인인 때에는 각자가 본인을 대리한다.

④ 대리인의 성년후견이 개시되면 대리권은 소멸한다.

출제빈도: ★★★ 대표출제기업: 한국보훈복지의료공단

40 다음 중 민법상 대리에 관한 설명으로 옳지 않은 것은?

① 대리인이 수인인 때에는 각자가 본인을 대리한다.
② 대리인은 행위능력자임을 요한다.
③ 임의대리의 경우 대리인은 본인의 승낙이 있거나 부득이한 사유가 있는 때가 아니면 복대리인을 선임하지 못한다.
④ 복대리인은 그 권한 내에서 본인을 대리한다.

정답 및 해설

37 ④
착오에 의한 의사표시는 취소사유이다.

오답노트
① 비진의 의사표시로서 상대방이 알았거나 알 수 있었을 경우이므로 무효이다.
② 도박채무의 변제는 민법 제103조 선량한 풍속 기타 사회질서 위반행위로서 무효이다.
③ 통정허위표시로서 무효이다.

38 ③
(나) 민법 제110조(사기, 강박에 의한 의사표시) 제2항에 따르면, 상대방 있는 의사표시에 관하여 제삼자가 사기나 강박을 행한 경우에는 상대방이 그 사실을 알았거나 알 수 있었을 경우에 한하여 그 의사표시를 취소할 수 있다.
(라) 민법 제107조(진의 아닌 의사표시) 제1항에 따르면, 의사표시는 표의자가 진의 아님을 알고 한 것이라도 그 효력이 있다. 그러나 상대방이 표의자의 진의 아님을 알았거나 이를 알 수 있었을 경우에는 무효로 한다.

오답노트
(가) 민법 제109조(착오로 인한 의사표시) 제1항에 따르면, 의사표시는 법률행위의 내용의 중요 부분에 착오가 있는 때에는 취소할 수 있다. 그러나 그 착오가 표의자의 중대한 과실로 인한 때에는 취소하지 못한다.
(다) 민법 제108조(통정한 허위의 의사표시) 제1항에 따르면, 상대방과 통정한 허위의 의사표시는 무효로 한다.

39 ②
민법 제118조(대리권의 범위)에 따르면, 권한을 정하지 아니한 대리인은 다음 각호의 행위만을 할 수 있다.
1. 보존행위
2. 대리의 목적인 물건이나 권리의 성질을 변하지 아니하는 범위에서 그 이용 또는 개량하는 행위

오답노트
① 민법 제117조(대리인의 행위능력)에 따르면, 대리인은 행위능력자임을 요하지 아니한다.
③ 민법 제119조(각자대리)에 따르면, 대리인이 수인인 때에는 각자가 본인을 대리한다.
④ 민법 제127조(대리권의 소멸사유)에 따르면, 대리권은 다음 각호의 어느 하나에 해당하는 사유가 있으면 소멸된다.
1. 본인의 사망
2. 대리인의 사망, 성년후견의 개시 또는 파산

40 ②
민법 제117조(대리인의 행위능력)에 따르면, 대리인은 행위능력자임을 요하지 아니한다.

오답노트
① 민법 제119조(각자대리)에 따르면, 대리인이 수인인 때에는 각자가 본인을 대리한다.
③ 민법 제120조(임의대리인의 복임권)에 따르면, 대리권이 법률행위에 의하여 부여된 경우에는 대리인은 본인의 승낙이 있거나 부득이한 사유 있는 때가 아니면 복대리인을 선임하지 못한다.
④ 민법 제123조(복대리인의 권한) 제1항에 따르면, 복대리인은 그 권한 내에서 본인을 대리한다.

출제예상문제

출제빈도: ★★☆ 대표출제기업: 한국원자력환경공단

41 **다음 중 복대리인에 관한 설명으로 가장 옳지 않은 것은?**

① 대리인의 대리권은 복대리인의 복대리권과 병존한다.
② 임의대리인은 본인의 승낙이 있거나 부득이한 사유 있는 때가 아니면 복대리인을 선임하지 못한다.
③ 법정대리인은 그 책임으로 복대리인을 선임할 수 있으므로 원칙적으로 복대리인 선임이 허용된다.
④ 복대리인은 본인이 선임한 대리인의 대리인이다.

출제빈도: ★★☆ 대표출제기업: 한국보훈복지의료공단

42 **다음 중 표현대리에 관한 설명으로 옳지 않은 것은?**

① 민법 제126조의 권한을 넘은 표현대리는 임의대리뿐만 아니라 법정대리에도 적용된다.
② 민법 제126조의 권한을 넘은 표현대리의 기본대리권은 표현대리와 동종 또는 유사한 것임을 요하지 않는다.
③ 민법 제126조의 권한을 넘은 표현대리에 있어서 정당한 이유의 유무의 판단시기는 대리행위 시를 기준으로 한다.
④ 복대리의 경우 복대리권을 기본대리권으로 한 표현대리가 성립할 수 없다.

출제빈도: ★★☆ 대표출제기업: 한국소비자원

43 **다음 <보기>에서 법률행위의 무효와 취소에 관한 설명으로 옳지 않은 것을 모두 고르면?** (견해가 대립하면 판례에 의함)

<보기>

(가) 법률행위의 일부분이 무효인 때에는 그 일부분만을 무효로 한다.
(나) 무효인 법률행위가 다른 법률행위의 요건을 구비하고 당사자가 그 무효를 알았더라면 다른 법률행위를 하는 것을 의욕하였으리라고 인정될 때에는 다른 법률행위로서 효력을 가진다.
(다) 무효인 법률행위는 추인하여도 그 효력이 생기지 않지만 당사자가 그 무효임을 알고 추인한 때에는 소급하여 그 법률행위가 발생한 것으로 본다.
(라) 취소할 수 있는 법률행위는 제한능력자, 착오로 인하거나 사기·강박에 의하여 의사표시를 한 자, 그의 대리인 또는 승계인만이 취소할 수 있다.

① (가), (나)
② (가), (다)
③ (나), (다)
④ (다), (라)

출제빈도: ★★☆ 대표출제기업: 한국가스기술공사

44 다음 중 법정추인 사유로 옳지 않은 것은? (견해가 대립하면 판례에 의함)

① 이행의 청구
② 취소할 수 있는 행위로 취득한 권리의 전부나 일부의 양도
③ 경개
④ 취소권자가 상대방으로부터 이행의 청구를 받는 것

정답 및 해설

41 ④
복대리인은 대리인의 대리인이 아니라 본인의 대리인이다.

오답노트
① 대리인이 복대리인을 선임한 후에도 대리인의 대리권은 소멸하지 않는다. 즉, 대리인의 대리권은 복대리인의 복대리권과 병존한다.
② 민법 제120조(임의대리인의 복임권)에 따르면, 대리권이 법률행위에 의하여 부여된 경우에는 대리인은 본인의 승낙이 있거나 부득이한 사유 있는 때가 아니면 복대리인을 선임하지 못한다.
③ 민법 제122조(법정대리인의 복임권과 그 책임)에 따르면, 법정대리인은 그 책임으로 복대리인을 선임할 수 있다. 그러나 부득이한 사유로 인한 때에는 전조 제1항에 정한 책임만이 있다.

42 ④
복대리의 경우에도 표현대리가 성립할 수 있다.

43 ②
(가) 민법 제137조(법률행위의 일부무효)에 따르면, 법률행위의 일부분이 무효인 때에는 그 전부를 무효로 한다. 그러나 그 무효부분이 없더라도 법률행위를 하였을 것이라고 인정될 때에는 나머지 부분은 무효가 되지 아니한다.
(다) 민법 제139조(무효행위의 추인)에 따르면, 무효인 법률행위는 추인하여도 그 효력이 생기지 아니한다. 그러나 당사자가 그 무효임을 알고 추인한 때에는 새로운 법률행위로 본다.

오답노트
(나) 민법 제138조(무효행위의 전환)에 따르면, 무효인 법률행위가 다른 법률행위의 요건을 구비하고 당사자가 그 무효를 알았더라면 다른 법률행위를 하는 것을 의욕하였으리라고 인정될 때에는 다른 법률행위로서 효력을 가진다.
(라) 민법 제140조(법률행위의 취소권자)에 따르면, 취소할 수 있는 법률행위는 제한능력자, 착오로 인하거나 사기·강박에 의하여 의사표시를 한 자, 그의 대리인 또는 승계인만이 취소할 수 있다.

44 ④
추인은 취소권자의 행위이다. 상대방으로부터 이행의 청구를 받는 것은 취소권자에게는 법률상 사실일 뿐 법률행위가 아니다. 따라서 추인으로서의 효력을 인정할 수 없다.

오답노트
민법 제145조(법정추인)에 따르면, 취소할 수 있는 법률행위에 관하여 전조의 규정에 의하여 추인할 수 있는 후에 다음 각호의 사유가 있으면 추인한 것으로 본다. 그러나 이의를 보류한 때에는 그러하지 아니한다.

1. 전부나 일부의 이행
2. 이행의 청구
3. 경개
4. 담보의 제공
5. 취소할 수 있는 행위로 취득한 권리의 전부나 일부의 양도
6. 강제집행

출제예상문제

출제빈도: ★★☆ 대표출제기업: 한전KPS

45 다음 중 민법상 법률행위의 무효에 관한 설명으로 옳은 것은?

① 법률행위의 무효 부분이 없더라도 법률행위를 하였을 것이라고 인정될 때에는 나머지 부분은 무효가 되지 않는다.
② 무효인 법률행위가 다른 법률행위의 요건을 구비하고 당사자가 그 무효를 알았더라면 다른 법률행위를 하는 것을 의욕하였으리라고 인정될 때에도 다른 법률행위로서 효력을 가지지 못한다.
③ 당사자가 무효인 법률행위를 추인하면 그 효력이 생긴다.
④ 당사자가 법률행위가 무효임을 알고 추인한 때에는 소급하여 효력이 발생한다.

출제빈도: ★★★

46 민법상 조건과 기한에 관한 설명으로 옳지 않은 것은?

① 해제조건있는 법률행위는 조건이 성취한 때로부터 그 효력을 잃는다.
② 조건이 법률행위의 당시에 이미 성취할 수 없는 것인 경우에는 그 조건이 해제조건이면 무효이다.
③ 시기있는 법률행위는 기한이 도래한 때로부터 그 효력이 생긴다.
④ 기한은 채무자의 이익을 위한 것으로 추정한다.

출제빈도: ★★★

47 민법상 기한의 이익에 관한 설명으로 옳지 않은 것은?

① 무상임치의 경우 채무자만이 기한의 이익을 가진다.
② 기한의 이익을 가지는 자는 그 이익을 포기할 수 있다.
③ 채무자가 담보제공의 의무를 이행하지 아니하는 때에는 기한의 이익을 상실한다.
④ 당사자 사이에 체결한 기한이익의 상실에 관한 특약은 효력이 있다.

출제빈도: ★★☆ 대표출제기업: 한국보훈복지의료공단

48 다음 <보기>에서 민법상 소멸시효에 관한 설명으로 옳지 않은 것을 모두 고르면?

<보기>

(가) 원칙적으로 채권은 5년간 행사하지 아니하면 소멸시효가 완성한다.
(나) 채권 및 소유권 이외의 재산권은 10년간 행사하지 아니하면 소멸시효가 완성한다.
(다) 판결에 의하여 확정된 채권은 단기의 소멸시효에 해당한 것이라도 그 소멸시효는 10년으로 한다.
(라) 소멸시효는 압류 또는 가압류, 가처분의 사유로 인하여 중단된다.

① (가), (나) ② (가), (다)
③ (나), (다) ④ (다), (라)

정답 및 해설

45 ①
법률행위의 무효 부분이 없더라도 법률행위를 하였을 것이라고 인정될 때에는 나머지 부분은 무효가 되지 않는다.

오답노트
② 민법 제138조(무효행위의 전환)에 따르면, 무효인 법률행위가 다른 법률행위의 요건을 구비하고 당사자가 그 무효를 알았더라면 다른 법률행위를 하는 것을 의욕하였으리라고 인정될 때에는 다른 법률행위로서 효력을 가진다.
③, ④ 민법 제139조(무효행위의 추인)에 따르면, 무효인 법률행위는 추인하여도 그 효력이 생기지 아니한다. 그러나 당사자가 그 무효임을 알고 추인한 때에는 새로운 법률행위로 본다.

46 ②
민법 제151조(불법조건, 기성조건) 제3항에 따르면, 조건이 법률행위의 당시에 이미 성취할 수 없는 것인 경우에는 그 조건이 해제조건이면 조건없는 법률행위로 하고 정지조건이면 그 법률행위는 무효로 한다.

오답노트
① 민법 제147조(조건성취의 효과) 제2항에 따르면, 해제조건있는 법률행위는 조건이 성취한 때로부터 그 효력을 잃는다.
③ 민법 제152조(기한도래의 효과) 제1항에 따르면, 시기있는 법률행위는 기한이 도래한 때로부터 그 효력이 생긴다.
④ 민법 제153조(기한의 이익과 그 포기) 제1항에 따르면, 기한은 채무자의 이익을 위한 것으로 추정한다.

47 ①
무상임치란 당사자 일방이 무상으로 상대방에게 물건의 보관을 위탁하고 상대방이 이를 승낙함으로써 성립하는 계약이다(민법 제693조). 무상임치의 경우 기한의 이익은 채권자(임치인)만이 가진다.

오답노트
② 민법 제153조(기한의 이익과 그 포기) 제2항에 따르면, 기한의 이익은 이를 포기할 수 있다. 그러나 상대방의 이익을 해하지 못한다.
③ 제388조(기한의 이익의 상실)에 따르면, 채무자는 다음 각호의 경우에는 기한의 이익을 주장하지 못한다.
1. 채무자가 담보를 손상, 감소 또는 멸실하게 한 때
2. 채무자가 담보제공의 의무를 이행하지 아니한 때
④ 기한이익 상실의 특약은 그 내용에 의하여 일정한 사유가 발생하면 채권자의 청구 등을 요함이 없이 당연히 기한의 이익이 상실되어 이행기가 도래하는 것으로 하는 정지조건부 기한이익 상실의 특약과 일정한 사유가 발생한 후 채권자의 통지나 청구 등 채권자의 의사행위를 기다려 비로소 이행기가 도래하는 것으로 하는 형성권적 기한이익 상실의 특약의 두 가지로 대별할 수 있고, **기한이익 상실의 특약이 위의 양자 중 어느 것에 해당하느냐는 당사자의 의사해석의 문제이지만 일반적으로 기한이익 상실의 특약이 채권자를 위하여 둔 것인 점에 비추어 명백히 정지조건부 기한이익 상실의 특약이라고 볼 만한 특별한 사정이 없는 이상 형성권적 기한이익 상실의 특약으로 추정하는 것이 타당하다**(대판 2002. 9. 4. 2002다28340).

48 ①
(가) 민법 제162조(채권, 재산권의 소멸시효) 제1항에 따르면, 채권은 10년간 행사하지 아니하면 소멸시효가 완성한다.
(나) 민법 제162조(채권, 재산권의 소멸시효) 제2항에 따르면, 채권 및 소유권 이외의 재산권은 20년간 행사하지 아니하면 소멸시효가 완성한다.

오답노트
(다) 민법 제165조(판결 등에 의하여 확정된 채권의 소멸시효) 제1항에 따르면, 판결에 의하여 확정된 채권은 단기의 소멸시효에 해당한 것이라도 그 소멸시효는 10년으로 한다.
(라) 민법 제168조(소멸시효의 중단사유)에 따르면, 소멸시효는 청구, 압류 또는 가압류, 가처분, 승인의 사유로 인하여 중단된다.

출제예상문제

출제빈도: ★★☆ 대표출제기업: 한국소비자원

49 숙박료, 음식료, 대석료, 입장료의 채권은 몇 년의 단기 소멸시효가 적용되는가?

① 1년
② 2년
③ 3년
④ 10년

출제빈도: ★☆☆ 대표출제기업: 한국소비자원

50 부작위를 목적으로 하는 채권의 소멸시효가 진행하는 시점은 언제인가?

① 권리를 행사할 수 있는 때로부터
② 채권 성립 시부터
③ 위반행위를 한 때로부터
④ 채권 성립 후 1년 후로부터

출제빈도: ★★☆ 대표출제기업: 한국보훈복지의료공단

51 소멸시효의 중단에 관한 설명으로 옳지 않은 것은?

① 재판상의 청구는 소송의 각하, 기각 또는 취하의 경우에는 시효중단의 효력이 없다.
② 파산절차참가는 채권자가 이를 취소하거나 그 청구가 각하된 때에는 시효중단의 효력이 없다.
③ 최고는 3월 내에 재판상의 청구, 파산절차참가, 화해를 위한 소환, 임의출석, 압류 또는 가압류, 가처분을 하지 아니하면 시효중단의 효력이 없다.
④ 압류, 가압류 및 가처분은 권리자의 청구에 의하여 또는 법률의 규정에 따르지 아니함으로 인하여 취소된 때에는 시효중단의 효력이 없다.

출제빈도: ★★☆ 대표출제기업: 한국중부발전

52 다음 <보기>에서 민법상 등기를 요하지 아니하는 부동산물권취득 사유에 해당하지 않는 것은 모두 몇 개인가?

<보기>

• 상속
• 시효취득
• 형성판결
• 공용징수

① 1개
② 2개
③ 3개
④ 4개

출제빈도: ★★☆ 대표출제기업: 한국보훈복지의료공단

53 다음 중 점유에 관한 설명으로 옳지 않은 것은? (다툼이 있는 경우 판례에 의함)

① 점유자가 점유물에 대하여 행사하는 권리는 적법하게 보유한 것으로 추정한다.
② 간접점유자는 목적물반환청구권을 양도함으로써 간접점유를 승계시킬 수 있다.
③ 점유자가 물건에 대한 사실상의 지배를 상실한 때에는 점유권이 소멸한다.
④ 건물소유자가 현실적으로 건물이나 그 부지를 점거하지 않으면 건물의 부지에 대한 점유가 인정되지 않는다.

정답 및 해설

49 ①
민법 제164조(1년의 단기소멸시효)에 따르면, 다음 각호의 채권은 1년간 행사하지 아니하면 소멸시효가 완성한다.
1. 여관, 음식점, 대석, 오락장의 숙박료, 음식료, 대석료, 입장료, 소비물의 대가 및 체당금의 채권
2. 의복, 침구, 장구 기타 동산의 사용료의 채권
3. 노역인, 연예인의 임금 및 그에 공급한 물건의 대금채권
4. 학생 및 수업자의 교육, 의식 및 유숙에 관한 교주, 숙주, 교사의 채권

50 ③
민법 제166조(소멸시효의 기산점)에 따르면, 소멸시효는 권리를 행사할 수 있는 때로부터 진행하나, 부작위를 목적으로 하는 채권의 소멸시효는 위반행위를 한 때로부터 진행한다.

51 ③
민법 제174조(최고와 시효중단)에 따르면, 최고는 6월 내에 재판상의 청구, 파산절차참가, 화해를 위한 소환, 임의출석, 압류 또는 가압류, 가처분을 하지 아니하면 시효중단의 효력이 없다.

오답노트
① 민법 제170조(재판상의 청구와 시효중단)에 따르면, 재판상의 청구는 소송의 각하, 기각 또는 취하의 경우에는 시효중단의 효력이 없으며, 이 경우에 6월 내에 재판상의 청구, 파산절차참가, 압류 또는 가압류, 가처분을 한 때에는 시효는 최초의 재판상 청구로 인하여 중단된 것으로 본다.
② 민법 제171조(파산절차참가와 시효중단)에 따르면, 파산절차참가는 채권자가 이를 취소하거나 그 청구가 각하된 때에는 시효중단의 효력이 없다.
④ 민법 제175조(압류, 가압류, 가처분과 시효중단)에 따르면, 압류, 가압류 및 가처분은 권리자의 청구에 의하여 또는 법률의 규정에 따르지 아니함으로 인하여 취소된 때에는 시효중단의 효력이 없다.

52 ①
민법 제187조(등기를 요하지 아니하는 부동산물권취득)에 따르면, 상속, 공용징수, 판결, 경매 기타 법률의 규정에 의한 부동산에 관한 물권의 취득은 등기를 요하지 아니한다. 그러나 등기를 하지 아니하면 이를 처분하지 못한다.

53 ④
물건에 대한 점유란 사회 관념상 어떤 사람의 사실적 지배에 있다고 보이는 객관적 관계를 말하는 것으로서 사실상의 지배가 있다고 하기 위하여는 반드시 물건을 물리적, 현실적으로 지배하는 것만을 의미하는 것이 아니다.
(대법원 2010. 1. 28. 선고 2009다61193 판결)

오답노트
① 민법 제200조(권리의 적법의 추정)에 따르면, 점유자가 점유물에 대하여 행사하는 권리는 적법하게 보유한 것으로 추정한다.
② 민법 제194조(간접점유)에 따르면, 지상권, 전세권, 질권, 사용대차, 임대차, 임치 기타의 관계로 타인으로 하여금 물건을 점유하게 한 자는 간접으로 점유권이 있다. 또한, 민법 제190조(목적물반환청구권의 양도)에 따르면, 제삼자가 점유하고 있는 동산에 관한 물권을 양도하는 경우에는 양도인이 그 제삼자에 대한 반환청구권을 양수인에게 양도함으로써 동산을 인도한 것으로 본다.
③ 민법 제192조(점유권의 취득과 소멸) 제2항에 따르면, 점유자가 물건에 대한 사실상의 지배를 상실한 때에는 점유권이 소멸한다.

출제예상문제

출제빈도: ★★☆ 대표출제기업: 한전KPS

54 다음 중 전세권, 임대차, 지상권, 사용대차, 질권 등과 같이 일정한 법률관계가 있어 타인에게 물건의 점유만을 이전하였을 때 본래 점유권을 행사하던 자의 점유를 무엇이라고 하는가?

① 간이인도　　② 간접점유
③ 점유개정　　④ 선의취득

출제빈도: ★★☆ 대표출제기업: 부산환경공단

55 다음 중 민법상 점유권에 대한 설명으로 옳지 않은 것은?

① 물건을 사실상 지배하는 자는 점유권이 있고, 점유자가 물건에 대한 사실상의 지배를 상실한 때에는 점유권이 소멸한다.
② 점유권의 양도는 점유물의 인도로 그 효력이 생긴다.
③ 악의의 점유자는 수취한 과실을 반환하여야 하며 소비하였거나 과실로 인하여 훼손 또는 수취하지 못한 경우에는 그 과실의 대가를 보상하여야 한다.
④ 점유자가 점유물을 개량하기 위하여 지출한 금액 기타 유익비에 관하여는 회복자에게 언제든지 상환을 청구할 수 있다.

출제빈도: ★☆☆ 대표출제기업: 한국보훈복지의료공단

56 다음이 설명하는 것은 무엇인가?

평온, 공연하게 동산을 양수한 자가 선의이며 과실 없이 그 동산을 점유한 경우에는 양도인이 정당한 소유자가 아닌 때에도 즉시 그 동산의 소유권을 취득하는 것

① 취득시효　　② 선점
③ 무주물 취득　　④ 선의취득

출제빈도: ★☆☆ 대표출제기업: 한국보훈복지의료공단

57 다음에서 설명하는 민법상의 권리는 무엇인가?

용익물권으로 타인의 토지에 건물 기타 공작물이나 수목을 소유하기 위하여 그 토지를 사용하는 권리이다.

① 지역권　　② 지상권
③ 전세권　　④ 유치권

출제빈도: ★★☆ 대표출제기업: 한국보훈복지의료공단

58 다음 <보기> 중 민법상 용익물권에 해당하는 것을 모두 고르면?

<보기>

ㄱ. 지상권	ㄴ. 유치권
ㄷ. 지역권	ㄹ. 질권
ㅁ. 전세권	ㅂ. 저당권

① ㄱ, ㄴ, ㄷ　② ㄱ, ㄷ, ㅁ
③ ㄴ, ㄹ, ㅂ　④ ㄷ, ㅁ, ㅂ

정답 및 해설

54 ②

간접점유가 전세권, 임대차, 지상권, 사용대차, 질권 등과 같이 일정한 법률관계가 있어 타인에게 물건의 점유만을 이전하였을 때 본래 점유권을 행사하던 자의 점유를 말한다.

오답노트

① 간이인도란 점유권을 양수하는 사람 또는 그 대리인이 실제로 그 물건을 소지하고 있는 경우에 사실상의 인도를 하지 않고 의사표시만으로 점유권을 양도하는 것을 말한다.
③ 점유개정이란 동산을 양도하면서 양수인과의 사이에 점유매개관계를 설정함으로써 양도인이 계속하여 직접 점유를 하고, 양수인에게는 간접점유를 취득시키는 동산물권의 양도방법이다.
④ 선의취득이란 제삼자가 권리의 외관을 신뢰하고 거래한 때에는 비록 제삼자가 무권리자라 하더라도 권리의 취득을 인정하는 제도이다.

55 ④

민법 제203조(점유자의 상환청구권) 제2항에 따르면, 점유자가 점유물을 개량하기 위하여 지출한 금액 기타 유익비에 관하여는 그 가액의 증가가 현존한 경우에 한하여 회복자의 선택에 좇아 그 지출금액이나 증가액의 상환을 청구할 수 있다.

오답노트

① 민법 제192조(점유권의 취득과 소멸)에 따르면, 물건을 사실상 지배하는 자는 점유권이 있고, 점유자가 물건에 대한 사실상의 지배를 상실한 때에는 점유권이 소멸한다. 그러나 제204조의 규정에 의하여 점유를 회수한 때에는 그러하지 아니한다.
② 민법 제196조(점유권의 양도) 제1항에 따르면, 점유권의 양도는 점유물의 인도로 그 효력이 생긴다.
③ 민법 제201조(점유자와 과실)에 따르면, 선의의 점유자는 점유물의 과실을 취득하고, 악의의 점유자는 수취한 과실을 반환하여야 하며 소비하였거나 과실로 인하여 훼손 또는 수취하지 못한 경우에는 그 과실의 대가를 보상하여야 한다.

56 ④

민법 제249조(선의취득)에 따르면, 평온, 공연하게 동산을 양수한 자가 선의이며 과실 없이 그 동산을 점유한 경우에는 양도인이 정당한 소유자가 아닌 때에도 즉시 그 동산의 소유권을 취득한다.

57 ②

민법 제279조(지상권의 내용)에 따르면, 지상권자는 타인의 토지에 건물 기타 공작물이나 수목을 소유하기 위하여 그 토지를 사용하는 권리가 있다.

58 ②

용익물권으로는 지상권, 지역권, 전세권이 있고, 담보물권으로는 유치권, 질권, 저당권이 있다.

출제예상문제

출제빈도: ★★★

59 다음 중 민법상 담보물권이 아닌 것은?

① 저당권 ② 유치권
③ 질권 ④ 지역권

출제빈도: ★★☆ 대표출제기업: 한국보훈복지의료공단

60 甲 은행은 乙에게 5억 원의 주택담보대출을 해주면서 채무이행의 담보를 설정하고 싶어 한다. 乙의 재산으로 乙 자신의 주택밖에 없을 때, 甲 은행이 활용할 수 있는 담보로 어떤 것이 가장 적법한가?

① 유치권 ② 질권
③ 저당권 ④ 채권압류

출제빈도: ★★☆ 대표출제기업: 부산신용보증재단

61 다음 중 민법상 저당권에 대한 설명으로 가장 옳지 않은 것은?

① 저당권은 전형적인 담보물권이다.
② 저당권을 설정하기 위해서는 저당목적물을 점유하여야 한다.
③ 저당권에 우선변제권과 물상대위성이 인정된다.
④ 저당권은 부동산과 등기, 등록의 대상인 물건 등을 객체로 한다.

출제빈도: ★★☆ 대표출제기업: 한전KDN

62 다음 중 민법상 담보물권에 대한 설명으로 가장 옳지 않은 것은?

① 유치권자는 채무의 변제를 받을 때까지 목적물의 소유권이 누구에게 속하느냐와 상관없이 유치물 전부에 대하여 그 권리를 행사할 수 있다.
② 유치권자는 유치물의 과실을 수취하여 다른 채권보다 먼저 그 채권의 변제에 충당할 수 있다.
③ 질권의 설정은 질권자에게 목적물을 인도함으로써 그 효력이 생긴다.
④ 질권설정자가 질물의 소유자인 경우 질권자의 동의 없이 질권의 목적된 권리를 소멸하게 하거나 질권자의 이익을 해하는 변경을 할 수 있다.

출제빈도: ★★☆ 대표출제기업: 국토안전관리원

63 다음에서 설명하는 담보물권의 특성은 무엇인가?

> 담보 목적물이 멸실·훼손·공용징수된 경우, 목적물의 소유자가 보상으로 받게 된 물건이나 금전에 대한 권리를 압류하면 담보권이 그 권리 위에 효력을 발휘하는 성질로서 담보권을 가진 사람의 권리를 보호하여 주는 방법이다.

① 부종성　② 수반성
③ 불가분성　④ 물상대위성

정답 및 해설

59 ④
지역권은 용익물권이다.

60 ③
주택을 이용하여 담보로 설정할 수 있는 것은 저당권이다.

61 ②
저당권은 채무자 또는 제삼자가 채무의 담보로 제공한 부동산 기타의 목적물을 인도받지 않고 채무의 변제가 없는 경우에 그 목적물로부터 우선변제를 받는 담보물권이다.
- 우선변제권: 채권자 중 다른 일반 채권자보다 먼저 배당을 받을 수 있는 권리(변제를 받을 수 있는 권리)를 말한다. 즉, 저당권자는 다른 채권자보다 먼저 변제를 받을 수 있다.
- 물상대위성: 담보 목적물이 멸실·훼손·공용징수된 경우, 목적물의 소유자가 보상으로 받게 된 물건이나 금전에 대한 권리를 압류하면 담보권이 그 권리 위에 효력을 발휘하는 성질로서 담보권을 가진 사람의 권리를 보호하여 주는 방법이다.

62 ④
민법 제352조(질권설정자의 권리처분제한)에 따르면, 질권설정자는 질권자의 동의 없이 질권의 목적된 권리를 소멸하게 하거나 질권자의 이익을 해하는 변경을 할 수 없다.

오답노트
① 민법 제321조(유치권의 불가분성)에 따르면, 유치권자는 채권 전부의 변제를 받을 때까지 유치물 전부에 대하여 그 권리를 행사할 수 있다.
② 민법 제323조(과실수취권) 제1항에 따르면, 유치권자는 유치물의 과실을 수취하여 다른 채권보다 먼저 그 채권의 변제에 충당할 수 있다.
③ 민법 제330조(설정계약의 요물성)에 따르면, 질권의 설정은 질권자에게 목적물을 인도함으로써 그 효력이 생긴다.

63 ④
물상대위성에 대한 설명이다.

오답노트
① 부종성이란 담보물권은 피담보채권의 존재를 전제로 해서만 성립하고 존속할 수 있는 성질을 말한다.
② 수반성이란 피담보채권이 이전하면 담보물권도 따라서 이전을 하고, 피담보채권에 부담이 설정되면 담보물권도 그 부담에 복종하는 성질을 말한다.
③ 불가분성이란 피담보채권액 전부를 변제받을 때까지 담보물 전부에 대해 권리를 행사할 수 있는 성질을 말한다.

출제예상문제

출제빈도: ★★☆ 대표출제기업: 한국원자력환경공단

64 다음 중 채권자대위권에 대한 설명으로 옳지 않은 것은?

① 채권자는 자기의 채권을 보전하기 위하여 채무자의 권리를 행사할 수 있다.
② 채권자는 그 채권의 기한이 도래하기 전에는 법원의 허가 없이 채권자대위권을 행사하지 못하지만 보전행위는 그러하지 아니한다.
③ 채무자가 채권자대위권 행사의 통지를 받은 후에는 그 권리를 처분하여도 이로써 채권자에게 대항하지 못한다.
④ 채권자대위권은 채권자가 취소원인을 안 날로부터 1년, 법률행위 있은 날로부터 5년 내에 행사하여야 한다.

출제빈도: ★★☆ 대표출제기업: 한국자산관리공사

65 다음 중 보증채무에 대한 설명으로 옳지 않은 것은?

① 주된 채무가 소멸하면 부종성에 의하여 보증채무도 소멸한다.
② 주된 채무가 이행되지 않을 때 비로소 이행할 의무가 있다.
③ 보증은 장래의 채무에 대하여도 할 수 있다.
④ 채권자는 채무자와 보증인 중 임의로 선택하여 채무의 전부 이행을 청구할 수 있다.

출제빈도: ★★☆ 대표출제기업: 한국가스기술공사

66 다음의 사례에서 丙이 가지는 권리의 법적 성격은 무엇인가?

> 채권자인 은행 甲은 채무자 乙에게 5억 원의 주택담보대출 계약을 진행 중이다. 그러나 은행 甲은 채무자 乙의 신용점수가 낮은 관계로 대출의 어려움을 설명하면서 보증인을 내세울 것을 요구하였다. 따라서 乙의 친구 丙이 보증채무를 부담하기로 하였다. 결국 乙은 채무의 이행을 하지 못하였고 이행기에 은행 甲이 丙에게 보증채무의 이행을 청구하였다. 丙은 甲에게 乙에 대하여 민법 제437조의 최고·검색을 한 후 자신에게 보증의 이행을 구할 것을 주장하고 있다.

① 청구권
② 지배권
③ 항변권
④ 취소권

출제빈도: ★★☆ 대표출제기업: 대구도시공사

67 다음 <보기>에서 민법상 보증채무에 대한 설명으로 옳지 않은 것을 모두 고르면?

<보기>

(가) 보증인이 변제자력이 없게 된 때에는 채권자는 보증인의 변경을 청구할 수 있다.
(나) 보증인의 부담이 주채무의 목적이나 형태보다 중한 때에는 주채무의 한도로 감축한다.
(다) 보증인은 주채무자의 항변으로 채권자에게 대항할 수 없다.
(라) 주채무자의 항변포기는 보증인에게 효력이 있다.

① (가), (나)　② (가), (다)
③ (나), (다)　④ (다), (라)

정답 및 해설

64 ④

채권자대위권의 제척기간 규정은 없다. 민법 제406조(채권자취소권)에 따르면, 채무자가 채권자를 해함을 알고 재산권을 목적으로 한 법률행위를 한 때에는 채권자는 그 취소 및 원상회복을 법원에 청구할 수 있다. 그러나 그 행위로 인하여 이익을 받은 자나 전득한 자가 그 행위 또는 전득당시에 채권자를 해함을 알지 못한 경우에는 그러하지 아니하고, 전항의 소는 채권자가 취소원인을 안 날로부터 1년, 법률행위 있은 날로부터 5년 내에 제기하여야 한다.

오답노트

① 민법 제404조(채권자대위권) 제1항에 따르면, 채권자는 자기의 채권을 보전하기 위하여 채무자의 권리를 행사할 수 있다. 그러나 일신에 전속한 권리는 그러하지 아니한다.
② 민법 제404조(채권자대위권) 제2항에 따르면, 채권자는 그 채권의 기한이 도래하기 전에는 법원의 허가 없이 전항의 권리를 행사하지 못한다. 그러나 보전행위는 그러하지 아니한다.
③ 민법 제405조(채권자대위권행사의 통지)에 따르면, 채권자가 전조 제1항의 규정에 의하여 보전행위 이외의 권리를 행사한 때에는 채무자에게 통지하여야 하며, 채무자가 채권자대위권 행사의 통지를 받은 후에는 그 권리를 처분하여도 이로써 채권자에게 대항하지 못한다.

65 ④

민법 제437조(보증인의 최고, 검색의 항변)에 따르면, 채권자가 보증인에게 채무의 이행을 청구한 때에는 보증인은 주채무자의 변제자력이 있는 사실 및 그 집행이 용이할 것을 증명하여 먼저 주채무자에게 청구할 것과 그 재산에 대하여 집행할 것을 항변할 수 있다. 그러나 보증인이 주채무자와 연대하여 채무를 부담한 때에는 그러하지 아니한다.

오답노트

① 보증채무의 부종성에 대한 설명이다.
② 민법 제428조(보증채무의 내용) 제1항에 따르면, 보증인은 주채무자가 이행하지 아니하는 채무를 이행할 의무가 있다.
③ 민법 제428조(보증채무의 내용) 제2항에 따르면, 보증은 장래의 채무에 대하여도 할 수 있다.

66 ③

민법 제437조(보증인의 최고, 검색의 항변)에 따르면, 채권자가 보증인에게 채무의 이행을 청구한 때에는 보증인은 주채무자의 변제자력이 있는 사실 및 그 집행이 용이할 것을 증명하여 먼저 주채무자에게 청구할 것과 그 재산에 대하여 집행할 것을 항변할 수 있다. 그러나 보증인이 주채무자와 연대하여 채무를 부담한 때에는 그러하지 아니한다.

67 ④

(다) 민법 제433조(보증인과 주채무자항변권) 제1항에 따르면, 보증인은 주채무자의 항변으로 채권자에게 대항할 수 있다.
(라) 민법 제433조(보증인과 주채무자항변권) 제2항에 따르면, 주채무자의 항변포기는 보증인에게 효력이 없다.

오답노트

(가) 민법 제431조(보증인의 조건) 제2항에 따르면, 보증인이 변제자력이 없게 된 때에는 채권자는 보증인의 변경을 청구할 수 있다.
(나) 민법 제430조(목적, 형태상의 부종성)에 따르면, 보증인의 부담이 주채무의 목적이나 형태보다 중한 때에는 주채무의 한도로 감축한다.

출제예상문제

출제빈도: ★★☆ 대표출제기업: 대한석탄공사

68 다음 중 변제에 대한 설명으로 옳지 않은 것은?

① 특정물의 인도가 채권의 목적인 때에는 채무자는 이행기의 현상대로 그 물건을 인도하여야 한다.

② 채무의 성질 또는 당사자의 의사표시로 변제장소를 정하지 아니한 때에는 특정물의 인도는 채권성립 당시에 그 물건이 있던 장소에서 하여야 한다.

③ 당사자의 특별한 의사표시가 없으면 변제기 전이라도 채무자는 변제할 수 있으나 상대방의 손해는 배상하여야 한다.

④ 영수증을 소지한 자에 대한 변제는 그 소지자가 변제를 받을 권한이 없는 경우에는 효력이 없다.

출제빈도: ★★☆ 대표출제기업: 한국보훈복지의료공단

69 다음 <보기>에서 민법상 상계에 대한 설명으로 옳지 않은 것은?

<보기>

(가) 채무의 성질이 상계를 허용하지 아니할 경우에도 그 쌍방의 채무의 이행기가 도래한 때에는 상계할 수 있다.
(나) 상계는 상대방에 대한 의사표시로 하며 이때 조건 또는 기한을 붙이지 못한다.
(다) 소멸시효가 완성된 채권은 그 완성 전에 상계할 수 있었던 것이라도 그 채권자는 상계할 수 없다.
(라) 상계의 의사표시는 각 채무가 상계할 수 있는 때에 대등액에 관하여 소멸한 것으로 본다.

① (가), (나)
② (가), (다)
③ (나), (다)
④ (다), (라)

출제빈도: ★★☆ 대표출제기업: 한국중부발전

70 다음 중 민법상 채권의 소멸에 대한 설명으로 옳지 않은 것은?

① 변제는 채무내용에 좇은 현실제공으로 이를 하여야 한다.
② 특정물의 인도가 채권의 목적인 때에는 채무자는 이행기의 현상대로 그 물건을 인도하여야 한다.
③ 채무자가 채권자의 승낙을 얻어 본래의 채무이행에 갈음하여 다른 급여를 한 때에는 변제와 같은 효력이 있다.
④ 채무의 성질 또는 당사자의 의사표시로 변제장소를 정하지 아니한 때에는 특정물의 인도는 채권자 주소지에서 하여야 한다.

정답 및 해설

68 ④
민법 제471조(영수증소지자에 대한 변제)에 따르면, 영수증을 소지한 자에 대한 변제는 그 소지자가 변제를 받을 권한이 없는 경우에도 효력이 있다. 그러나 변제자가 그 권한 없음을 알았거나 알 수 있었을 경우에는 그러하지 아니한다.

오답노트
① 민법 제462조(특정물의 현상인도)에 따르면, 특정물의 인도가 채권의 목적인 때에는 채무자는 이행기의 현상대로 그 물건을 인도하여야 한다.
② 민법 제467조(변제의 장소) 제1항에 따르면, 채무의 성질 또는 당사자의 의사표시로 변제장소를 정하지 아니한 때에는 특정물의 인도는 채권성립 당시에 그 물건이 있던 장소에서 하여야 한다.
③ 민법 제468조(변제기 전의 변제)에 따르면, 당사자의 특별한 의사표시가 없으면 변제기 전이라도 채무자는 변제할 수 있다. 그러나 상대방의 손해는 배상하여야 한다.

69 ②
(가) 민법 제492조(상계의 요건) 제1항에 따르면, 쌍방이 서로 같은 종류를 목적으로 한 채무를 부담한 경우에 그 쌍방의 채무의 이행기가 도래한 때에는 각 채무자는 대등액에 관하여 상계할 수 있다. 그러나 채무의 성질이 상계를 허용하지 아니할 때에는 그러하지 아니한다.
(다) 민법 제495조(소멸시효 완성된 채권에 의한 상계)에 따르면, 소멸시효가 완성된 채권이 그 완성 전에 상계할 수 있었던 것이면 그 채권자는 상계할 수 있다.

오답노트
(나) 민법 제493조(상계의 방법, 효과) 제1항에 따르면, 상계는 상대방에 대한 의사표시로 한다. 이 의사표시에는 조건 또는 기한을 붙이지 못한다.
(라) 민법 제493조(상계의 방법, 효과) 제2항에 따르면, 상계의 의사표시는 각 채무가 상계할 수 있는 때에 대등액에 관하여 소멸한 것으로 본다.

70 ④
민법 제467조(변제의 장소) 제1항에 따르면, 채무의 성질 또는 당사자의 의사표시로 변제장소를 정하지 아니한 때에는 특정물의 인도는 채권성립 당시에 그 물건이 있던 장소에서 하여야 한다.

오답노트
① 민법 제460조(변제제공의 방법)에 따르면, 변제는 채무내용에 좇은 현실제공으로 이를 하여야 한다. 그러나 채권자가 미리 변제받기를 거절하거나 채무의 이행에 채권자의 행위를 요하는 경우에는 변제준비의 완료를 통지하고 그 수령을 최고하면 된다.
② 민법 제462조(특정물의 현상인도)에 따르면, 특정물의 인도가 채권의 목적인 때에는 채무자는 이행기의 현상대로 그 물건을 인도하여야 한다.
③ 민법 제466조(대물변제)에 따르면, 채무자가 채권자의 승낙을 얻어 본래의 채무이행에 갈음하여 다른 급여를 한 때에는 변제와 같은 효력이 있다.

출제예상문제

출제빈도: ★★☆ 대표출제기업: 한국보훈복지의료공단

71 다음 중 계약의 청약과 승낙에 대한 설명으로 옳지 않은 것은?

① 승낙의 기간을 정한 계약의 청약은 청약자가 그 기간 내에 승낙의 통지를 받지 못한 때에는 그 효력을 잃는다.
② 청약에 대한 승낙의 통지가 승낙기간 후에 도달한 경우 보통 그 기간 내에 도달할 수 있는 발송인 때에는 청약자는 지체없이 상대방에게 그 연착의 통지를 하여야 한다.
③ 승낙자가 청약에 대하여 조건을 붙이거나 변경을 가하여 승낙한 때에는 그 청약의 거절과 동시에 새로 청약한 것으로 본다.
④ 격지자 간의 계약은 승낙의 통지가 도착한 때에 성립한다.

출제빈도: ★★☆ 대표출제기업: 예금보험공사

72 다음 중 매도인의 의무에 관한 내용으로 옳지 않은 것은?

① 매도인은 매매목적인 재산권을 매수인에게 이전하는 데 필요한 모든 행위를 하여야 할 의무를 진다.
② 매매목적 재산에 종된 권리가 있는 경우 다른 특약이 없는 한 그 종된 권리도 이전해주어야 한다.
③ 부동산의 매도인은 소유권이전등기뿐만 아니라 그 목적물의 점유도 매수인에게 이전하여야 할 의무를 부담한다.
④ 부동산 매매계약 시 매도인이 매수인에게 반드시 계약금을 교부하여야 매매계약이 성립한다.

출제빈도: ★★★ 대표출제기업: 한국보훈복지의료공단

73 다음 중 취소와 해제의 구별에 관한 설명으로 옳지 않은 것은?

① 취소와 해제는 당사자 일방의 의사표시에 의하여 법률행위의 효력을 소급적으로 소멸시킨다.
② 취소는 제한능력, 착오, 사기나 강박 등이 원인이 되나 해제는 주로 채무불이행이 원인이 된다.
③ 취소와 해제는 모든 법률행위에 적용되어 그 효력을 소멸시킨다.
④ 취소와 해제는 거래안전을 위하여 소급효의 제한을 받는다.

출제빈도: ★☆☆ 대표출제기업: 한국보훈복지의료공단

74 다음에서 설명하는 민법상 전형계약은 무엇인가?

당사자가 서로 금전 이외의 재산권을 이전할 것을 약정함으로써 성립하는 계약

① 교환계약 ② 소비임치계약
③ 사용대차계약 ④ 임대차계약

출제빈도: ★☆☆ 대표출제기업: 한국보훈복지의료공단

75 다음에서 설명하는 민법상 전형계약은 무엇인가?

당사자 일방이 상대방에게 무상으로 사용, 수익하게 하기 위하여 목적물을 인도할 것을 약정하고 상대방은 이를 사용, 수익한 후 그 물건을 반환할 것을 약정함으로써 성립하는 계약

① 교환계약
② 소비임치계약
③ 사용대차계약
④ 임대차계약

정답 및 해설

71 ④
민법 제531조(격지자 간의 계약성립시기)에 따르면, 격지자 간의 계약은 승낙의 통지를 발송한 때에 성립한다.

오답노트
① 민법 제528조(승낙기간을 정한 계약의 청약) 제1항에 따르면, 승낙의 기간을 정한 계약의 청약은 청약자가 그 기간 내에 승낙의 통지를 받지 못한 때에는 그 효력을 잃는다.
② 민법 제528조(승낙기간을 정한 계약의 청약) 제2항에 따르면, 승낙의 통지가 승낙기간 후에 도달한 경우에 보통 그 기간 내에 도달할 수 있는 발송인 때에는 청약자는 지체없이 상대방에게 그 연착의 통지를 하여야 한다. 그러나 그 도달 전에 지연의 통지를 발송한 때에는 그러하지 아니한다.
③ 민법 제534조(변경을 가한 승낙)에 따르면, 승낙자가 청약에 대하여 조건을 붙이거나 변경을 가하여 승낙한 때에는 그 청약의 거절과 동시에 새로 청약한 것으로 본다.

72 ④
부동산 매매계약 시 계약금의 지급은 매매계약 성립요건이 아니다.

73 ③
취소는 모든 법률행위(계약이나 단독행위 등)에 인정되지만 해제는 계약에 대해서만 적용된다.

74 ①
교환이란 당사자 쌍방이 금전 이외의 재산권을 이전할 것을 약정함으로써 성립하는 계약이다. 민법 제596조(교환의 의의)에 따르면, 교환은 당사자 쌍방이 금전 이외의 재산권을 상호 이전할 것을 약정함으로써 그 효력이 생긴다.

75 ③
민법 제609조(사용대차의 의의)에 따르면, 사용대차는 당사자 일방이 상대방에게 무상으로 사용, 수익하게 하기 위하여 목적물을 인도할 것을 약정하고 상대방은 이를 사용, 수익한 후 그 물건을 반환할 것을 약정함으로써 그 효력이 생긴다.

출제예상문제

출제빈도: ★★☆ 대표출제기업: 한국보훈복지의료공단

76 다음 <보기>에서 민법상 임대차와 사용대차에 관한 설명 중 옳지 않은 것을 모두 고르면?

<보기>

(가) 임대인은 목적물을 임차인에게 인도하고 계약존속 중 그 사용, 수익에 필요한 상태를 유지하게 할 의무를 부담한다.
(나) 임대인이 임대물의 보존에 필요한 행위를 하는 경우에 임차인은 자신의 임차권 보전을 위해 이를 거절할 수 있다.
(다) 건물 기타 공작물의 임대차에는 임차인의 차임연체액이 3기의 차임액에 달하는 때에는 임대인은 계약을 해지할 수 있다.
(라) 임대차기간이 만료한 후 임차인이 임차물의 사용, 수익을 계속하는 경우에 임대인이 상당한 기간 내에 이의를 하지 아니한 때에는 전임대차와 동일한 조건으로 다시 임대차한 것으로 본다.

① (가), (나)
② (가), (다)
③ (나), (다)
④ (다), (라)

출제빈도: ★☆☆ 대표출제기업: 경기신용보증재단

77 다음에서 설명하는 민법상 전형계약은 무엇인가?

당사자 일방이 상대방에 대하여 사무의 처리를 위탁하고 상대방이 이를 승낙함으로써 성립하는 계약

① 고용계약
② 소비대차계약
③ 위임계약
④ 임대차계약

출제빈도: ★★☆ 대표출제기업: 한국보훈복지의료공단

78 다음 <보기>에서 민법상 불법행위에 관한 설명으로 옳지 않은 것을 모두 고르면?

<보기>

(가) 타인의 신체, 자유 또는 명예를 해하거나 기타 정신상 고통을 가한 자는 재산 이외의 손해에 대하여도 배상할 책임이 있다.
(나) 타인의 생명을 해한 자는 피해자의 직계존속, 직계비속 및 배우자에 대하여는 재산상의 손해 없는 경우에도 손해배상의 책임이 있다.
(다) 과실로 인하여 심신상실을 초래하여 그 심신상실 중에 타인에게 손해를 가한 자는 배상의 책임이 없다.
(라) 사용자는 피용자가 그 사무집행에 관하여 제삼자에게 가한 손해에 대하여 손해배상책임이 발생하며 사용자와 피용자 각자가 책임을 진다.

① (가), (나)　　② (가), (다)
③ (나), (다)　　④ (다), (라)

정답 및 해설

76 ③
(나) 민법 제624조(임대인의 보존행위, 인용의무)에 따르면, 임대인이 임대물의 보존에 필요한 행위를 하는 때에는 임차인은 이를 거절하지 못한다.
(다) 민법 제640조(차임연체와 해지)에 따르면, 건물 기타 공작물의 임대차에는 임차인의 차임연체액이 2기의 차임액에 달하는 때에는 임대인은 계약을 해지할 수 있다.

오답노트
(가) 민법 제623조(임대인의 의무)에 따르면, 임대인은 목적물을 임차인에게 인도하고 계약존속 중 그 사용, 수익에 필요한 상태를 유지하게 할 의무를 부담한다.
(라) 민법 제639조(묵시의 갱신) 제1항에 따르면, 임대차기간이 만료한 후 임차인이 임차물의 사용, 수익을 계속하는 경우에 임대인이 상당한 기간 내에 이의를 하지 아니한 때에는 전임대차와 동일한 조건으로 다시 임대차한 것으로 본다.

77 ③
민법 제680조(위임의 의의)에 따르면, 위임은 당사자 일방이 상대방에 대하여 사무의 처리를 위탁하고 상대방이 이를 승낙함으로써 그 효력이 생긴다.

78 ④
(다) 민법 제754조(심신상실자의 책임능력)에 따르면, 심신상실 중에 타인에게 손해를 가한 자는 배상의 책임이 없다. 그러나 고의 또는 과실로 인하여 심신상실을 초래한 때에는 그러하지 아니한다.
(라) 사용자책임에서 사용자와 피용자의 책임은 각자가 책임을 부담하는 것이 아니라 부진정연대책임이다. 민법 제756조(사용자의 배상책임) 제1항에 따르면, 타인을 사용하여 어느 사무에 종사하게 한 자는 피용자가 그 사무집행에 관하여 제삼자에게 가한 손해를 배상할 책임이 있다. 그러나 사용자가 피용자의 선임 및 그 사무감독에 상당한 주의를 한 때 또는 상당한 주의를 하여도 손해가 있을 경우에는 그러하지 아니한다.

오답노트
(가) 민법 제751조(재산 이외의 손해의 배상) 제1항에 따르면, 타인의 신체, 자유 또는 명예를 해하거나 기타 정신상 고통을 가한 자는 재산 이외의 손해에 대하여도 배상할 책임이 있다.
(나) 민법 제752조(생명침해로 인한 위자료)에 따르면, 타인의 생명을 해한 자는 피해자의 직계존속, 직계비속 및 배우자에 대하여는 재산상의 손해 없는 경우에도 손해배상의 책임이 있다.

출제예상문제

출제빈도: ★★★

79 **甲 법인에 근무하는 직원 乙이 근무 중 과실로 타인에게 손해를 입혔다. 이때 甲 법인이 지는 책임에 관한 설명으로 옳은 것은?**

① 甲에게 사용자책임을 지게 하는 취지는 피용자의 자력부족으로 인하여 피해자가 충분한 구제를 받을 수 없게 되는 상황을 방지하기 위함이다.

② 乙이 업무집행에 관하여 타인에게 손해를 끼친 경우라도 甲은 피해자에게 손해배상의무를 지지 않는다.

③ 乙이 일시적으로만 업무를 수행하였더라도 甲은 배상책임을 진다.

④ 甲과 乙 사이에 실질적으로 사용관계가 있지만 유효한 고용계약이 체결되지 않은 경우 甲은 배상책임을 지지 않는다.

출제빈도: ★★★

80 **甲과 乙은 丙의 무인점포에 침입하여 물건을 훔쳤다. 이에 관한 설명으로 옳지 않은 것을 모두 고르면?**

㉠ 甲과 乙은 丙의 손해에 대해 공동불법행위자로서의 책임을 진다.
㉡ 甲과 乙은 丙은 연대하여 그 손해를 배상할 책임이 있다.
㉢ 甲과 乙의 절도행위를 丁이 방조한 경우에 丁은 甲·乙과 연대책임을 지지 않는다.
㉣ 甲과 乙의 손해배상 범위는 원칙적으로 상당인과관계에 있는 모든 손해이다.

① ㉠
② ㉠, ㉢
③ ㉢
④ ㉡, ㉣

출제빈도: ★★☆ 대표출제기업: 한국원자력환경공단

81 다음 <보기>에서 민법상 가족의 범위에 포함되지 않는 자를 모두 고르면 몇 개인가?

<보기>

- 직계혈족
- 생계를 같이 하는 배우자의 직계혈족
- 배우자의 직계혈족의 배우자
- 생계를 같이 하지 않는 배우자의 형제자매

① 1개 ② 2개
③ 3개 ④ 4개

정답 및 해설

79 ③
민법 제756조가 규정하고 있는 사용자책임의 요건으로서의 사용자의 사무라 함은 법률적, 계속적인 것에 한하지 않고 사실적, 일시적 사무라도 무방하다(대판 1989. 10. 10. 89다카2278).

오답노트

① **민법 제756조의 사용자의 책임에 피용자가 그 사업의 집행에 관하여라는 뜻도 그 범위에 있어서 앞에서 설시한 이 규정의 입법근거인 보상관계에 따라 해석**하여야 할 것이므로 원칙적으로는 그것이 피용자의 직무범위에 속하는 행위이어야 할 것이나 이와 같이 극단적으로 그 범위를 좁게 해석하면 사용자의 책임을 정한 민법의 규정을 그 존립의의마저 부정하고 거래의 안전을 도모하려는 입법취지마저 도외시하는 결과를 초래하게 될 것이므로 이 사업의 범위는 피용자의 직무집행행위 그 자체는 아니나 그 행위의 외형으로 관찰하여 마치 직무의 범위 내에 속하는 것과 같이 보이는 행위도 포함하는 것이라고 새겨야 할 것이다. 즉 피용자가 사용자의 구체적 명령 또는 위임에 따르지 아니하고 그 지위를 남용하여 자기 또는 제3자의 이익을 도모하였다고 하는 경우에도 사용자나 피용자의 이와 같은 주관적 사정에 따라 사용자의 책임을 부정하는 것은 이 제도의 목적이나 취지에 반하는 결과가 되기 때문이다(대판 1985. 8. 13. 84다카979).
② 민법 제756조(사용자의 배상책임) 제1항에 따르면, 타인을 사용하여 어느 사무에 종사하게 한 자는 피용자가 그 사무집행에 관하여 제3자에게 가한 손해를 배상할 책임이 있다.
④ 민법 제756조의 사용자와 피용자의 관계는 반드시 유효한 고용관계가 있는 경우에 한하는 것이 아니고, 사실상 어떤 사람이 다른 사람을 위하여 그 지휘·감독 아래 그 의사에 따라 사업을 집행하는 관계에 있을 때에도 그 두 사람 사이에 사용자, 피용자의 관계가 있다. 이삿짐센터와 고용관계에 있지는 않았으나, 오랫동안 그 이삿짐센터의 이삿짐 운반에 종사해 온 작업원들을 사용자의 손해배상책임에 있어서 피용자라고 본 사례(대판 1996. 10. 11. 96다30182).

80 ③
제760조(공동불법행위자의 책임)에 따르면,
- **수인이 공동의 불법행위로 타인에게 손해를 가한 때에는 연대하여 그 손해를 배상할 책임이 있다.**
- 공동 아닌 수인의 행위 중 어느 자의 행위가 그 손해를 가한 것인지를 알 수 없는 때에도 전항과 같다.
- **교사자나 방조자는 공동행위자로 본다.**

81 ②
배우자의 직계혈족의 배우자와 생계를 같이 하지 않는 배우자의 형제자매는 민법상 가족의 범위에 포함되지 않는다.

오답노트

민법 제779조(가족의 범위) 제1항에 따르면, 다음의 자는 가족으로 한다.
1. 배우자, 직계혈족 및 형제자매
2. 직계혈족의 배우자, 배우자의 직계혈족 및 배우자의 형제자매
제2항에 따르면, 제1항 제2호의 경우에는 생계를 같이 하는 경우에 한한다.

출제예상문제

출제빈도: ★★☆ 대표출제기업: 대구신용보증재단

82 다음 중 재판상 이혼 사유가 아닌 것은 무엇인가?

① 배우자가 임신불능일 때
② 배우자에 부정한 행위가 있었을 때
③ 배우자의 직계존속으로부터 심히 부당한 대우를 받았을 때
④ 배우자의 생사가 3년 이상 분명하지 아니한 때

출제빈도: ★★☆ 대표출제기업: 한국원자력환경공단

83 다음 <보기>에서 민법상 상속에 관한 설명으로 가장 옳지 않은 것을 모두 고르면? (단, 견해 대립 시 판례에 의함)

<보기>

(가) 상속에 관한 비용은 상속재산 중에서 지급한다.
(나) 상속권이 참칭상속권자로 인하여 침해된 때에는 상속권자 또는 그 법정대리인은 상속회복의 소를 제기할 수 있다.
(다) 상속인은 선량한 관리자의 주의로 상속재산을 관리하여야 한다.
(라) 상속인이 수인인 때에는 상속재산은 그 총유로 한다.

① (가), (나)　　② (가), (다)
③ (나), (다)　　④ (다), (라)

출제빈도: ★★☆ 대표출제기업: 국민연금공단

84 A는 B와 혼인하여 아들 C를 두었고 현재 부모 D, E를 모시고 살고 있다. 어느 날 사고로 A가 사망하였고, 그 후 D도 2억 5천만 원의 재산을 남겨두고 사망한 경우, 상속인 C가 받게 되는 법정상속분은 얼마인가?

① 1억 5천만 원　　② 1억 원

③ 6천만 원　　④ 4천만 원

정답 및 해설

82 ①

배우자가 임신불능일 때는 재판상 이혼 사유가 아니다. 민법 제840조(재판상 이혼원인)에 따르면, 부부의 일방은 다음 각호의 사유가 있는 경우에는 가정법원에 이혼을 청구할 수 있다.

1. 배우자에 부정한 행위가 있었을 때
2. 배우자가 악의로 다른 일방을 유기한 때
3. 배우자 또는 그 직계존속으로부터 심히 부당한 대우를 받았을 때
4. 자기의 직계존속이 배우자로부터 심히 부당한 대우를 받았을 때
5. 배우자의 생사가 3년 이상 분명하지 아니한 때
6. 기타 혼인을 계속하기 어려운 중대한 사유가 있을 때

83 ④

(다) 민법 제1022조(상속재산의 관리)에 따르면, 상속인은 그 고유재산에 대하는 것과 동일한 주의로 상속재산을 관리하여야 한다. 그러나 단순승인 또는 포기한 때에는 그러하지 아니한다.

(라) 민법 제1006조(공동상속과 재산의 공유)에 따르면, 상속인이 수인인 때에는 상속재산은 그 공유로 한다.

오답노트

(가) 민법 제998조의2(상속비용)에 따르면, 상속에 관한 비용은 상속재산 중에서 지급한다.

(나) 민법 제999조(상속회복청구권) 제1항에 따르면, 상속권이 참칭상속권자로 인하여 침해된 때에는 상속권자 또는 그 법정대리인은 상속회복의 소를 제기할 수 있다.

84 ④

D 사망 시 D 재산은 E와 A가 1.5:1 비율로 상속받는다. 그런데 D가 사망하기 전에 A가 먼저 사망하게 된 결과 A가 받을 상속분을 B, C가 대습상속받는다. 또한, B와 C는 A가 받을 상속분을 1.5:1 비율로 상속받는다.

- E: 2억 5천만 원 × 3/5 = 1억 5천만 원
- A: 2억 5천만 원 × 2/5 = 1억 원
- B: 1억 원 × 3/5 = 6천만 원
- C: 1억 원 × 2/5 = 4천만 원

따라서 C가 받게 되는 법정상속분은 4천만 원이다.

제5장 상법

학습목표

1. 상법의 개념을 알 수 있다.
2. 상인과 상업사용인을 알 수 있다.
3. 상법상 상호를 알 수 있다.
4. 상법상 기본적 상행위를 알 수 있다.
5. 회사법의 기본개념을 알 수 있다.
6. 합명회사와 합자회사에 대해 알 수 있다.
7. 유한회사와 유한책임회사에 대해 알 수 있다.
8. 주식회사에 대해 알 수 있다.
9. 어음과 수표의 특성을 알 수 있다.
10. 보험의 개념에 대해 알 수 있다.
11. 손해보험과 인보험에 대해 알 수 있다.

출제비중

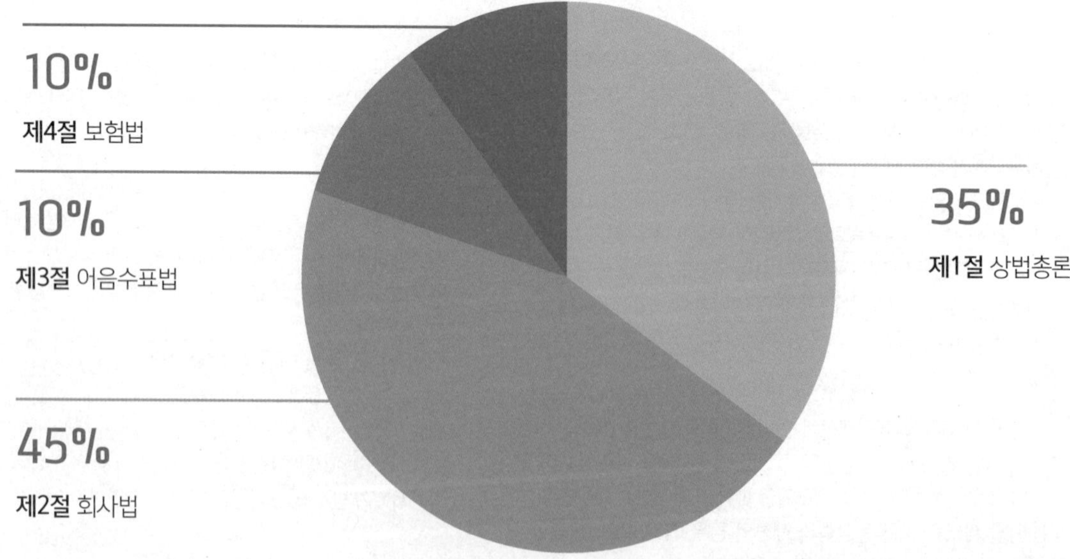

출제포인트 & 출제기업

구분	출제포인트	출제빈도	출제기업
제1절 상법총론	**01** 상법의 개념	★★	경기신용보증재단 국토안전관리원 금융감독원 대구도시공사 대구도시철도공사 대한무역투자진흥공사 부산신용보증재단 한국남부발전 한국농어촌공사 한국동서발전 한국보훈복지의료공단 한국원자력환경공단 한국자산관리공사 한국시설안전공단
	02 상인	★	
	03 상업사용인	★★	
	04 상호	★★	
	05 상법상 기본적 상행위	★★	
제2절 회사법	**01** 회사의 개념	★★	
	02 합명회사	★	
	03 합자회사	★	
	04 유한책임회사	★	
	05 유한회사	★	
	06 주식회사	★★★	
제3절 어음수표법	**01** 서론	★	
	02 어음과 수표의 특성	★	
	03 환어음	★	
	04 약속어음	★	
제4절 보험법	**01** 보험의 개념	★	
	02 손해보험	★	
	03 인보험	★	

제1절 | 상법총론

✓핵심 포인트

법규의 적용순서	• 상사자치법(정관) ⇨ 상사특별법 ⇨ 상법전 ⇨ 상관습법 ⇨ 민사자치법 ⇨ 민사특별법 ⇨ 민법전 ⇨ 민관습법 ⇨ 조리
상인	• 당연상인, 의제상인, 소상인
상업사용인	• 지배인, 표현지배인 • 상업사용인의 의무: 경업금지의무(=경업피지의무), 겸직금지의무(=겸직회피의무)
상호	• 상인이 영업활동을 함에 있어서 자기를 표창하는 명칭 • 상호자유주의에 대한 제한: 회사명칭의 사용제한, 상호단일의 원칙, 주체를 오인시킬 상호사용금지
상법상 기본적 상행위	• 기본적 상행위: 상법 제46조 제1호 내지 제22호에서 정한 기본적 상행위 • 보조적 상행위: 상인이 영업의 목적인 상행위를 위하여 필요로 하는 재산상의 모든 행위

01 상법의 개념

출제빈도 ★★

1. 상법의 개념

실질적 의의의 상법은 기업의 생활관계를 규율하는 법이다. 기업은 법률상의 개념은 아니지만, 통상 영리의 목적으로 일정한 계획에 따라 계속적으로 경영활동을 하는 경제적 조직체이다.

2. 상법의 법원

(1) 의의

상법의 법원이란 기업의 특유한 생활관계를 규율하는 법규범으로서의 상법의 존재형식이라고 할 수 있다.

(2) 종류

① 상사제정법: 제정법으로 상법전과 상사특별법령이 있다.

② 상관습법: 상관습법이란 사실인 상관습이 오랜 기간 동안 계속되고 사회의 법적 확신에 의하여 지지받게 된 법규범이라고 할 수 있다. 상관습법은 법규범으로서 법률과 동일한 효력을 갖고 법원을 구속한다.

법학 전문가의 TIP

상법 제1조(상사적용법규)
상사에 관하여 본법에 규정이 없으면 상관습법에 의하고 상관습법이 없으면 민법의 규정에 의한다.

상법전과 상사특별법령

• 상법전
상법전의 시행을 위한 부속법령으로 상법시행법, 상법시행령, 상업등기법 등이 있습니다.

• 상사특별법령
상법전의 규정을 보충하거나 변경하는 특별법령으로서 독립한 단행법으로 약관규제에 관한 법률, 할부거래에 관한 법률, 자본시장과 금융투자업에 관한 법률 등이 있습니다.

③ 상사자치법: 상사 또는 기업관계에 관하여 관련 단체나 조직이 그 조직의 구성원과 단체 간 또는 구성원 간의 법률문제나 그 거래 상대방인 제삼자와의 관계를 자주적으로 정한 규범을 말한다. 자치법은 계약과 달리 개개인의 의사에도 불구하고 단체의 기관이나 구성원을 구속하므로 법규적 성질을 가진다.

(3) 법규의 적용순서

상사자치법(정관) ⇨ 상사특별법 ⇨ 상법전 ⇨ 상관습법 ⇨ 민사자치법 ⇨ 민사특별법 ⇨ 민법전 ⇨ 민관습법 ⇨ 조리

3. 상법의 특성

(1) 조직 면에서의 특성

① 기업자본의 원활한 조달: 주식회사의 주식제도, 사채제도, 선박공유제도, 선박담보권제도 등

② 노력의 보충: 상업사용인, 대리상, 중개인, 위탁매매인, 운송주선인, 운송인, 합명회사제도 등

③ 기업의 독립성 확보: 상업장부제도, 회사에 법인격 부여

④ 기업해체의 방지: 영업의 양도, 상사대리의 원칙, 회사의 합병과 분할, 회사 계속, 조직변경(주식회사, 유한회사, 유한책임회사) 등

⑤ 경영의 전문화: 소유와 경영의 분리, 이사회, 지배인, 익명조합, 업무집행자 등

⑥ 위험부담의 경감: 주식회사의 주식제도, 보험제도

(2) 활동 면에서의 특성

① 상행위의 유사성: 상인의 보수청구권, 법정이자청구권

② 간이·신속주의: 상행위의 대리, 상사채권의 단기소멸시효, 상호계산, 계약청약에 대한 낙부통지의무, 상사매매의 특칙, 운송인의 운송물 공탁권 및 경매권

③ 거래안전보호제도

- 공시제도: 상업등기제도, 회사의 각종 등기사항/대차대조표의 공고의무, 재무제표 등의 비치의무
- 외관신뢰보호의 법리: 표현지배인, 명의대여자의 책임, 부실등기를 한 자의 책임, 상호속용의 영업양수인의 책임, 고가물에 대한 책임, 유사발기인의 책임, 표현대표이사의 책임, 무한책임사원의 책임, 유가증권의 문언성과 선의취득자의 보호 등

④ 책임의 가중과 경감

- 책임의 가중: 상사매매에 있어서 매수인의 목적물 검사 및 하자 통지의무, 다수당사자의 연대책임, 무한책임사원/회사의 대표사원/대표이사와 연대책임, 주식회사의 발기인 또는 이사의 자본금 충실의 책임 등
- 책임의 경감: 고가물임을 명시하지 않은 경우 운송인 또는 공중접객업자의 책임

⑤ 개성의 상실: 각종의 개입권제도, 개입의무, 발기인이나 이사의 담보책임, 위탁매매인의 이행담보책임제도 등

⑥ 계약자유의 원칙

⑦ 계약의 정형화: 주식이나 사채의 청약방식의 정형화, 보통보험약관 등

시험문제 미리보기!

다음 중 상사에 관하여 일반적으로 가장 먼저 적용될 법은?

① 상사자치법　　② 상사특별법
③ 민사특별법　　④ 민법

정답 ①

해설 상법 제1조(상사적용법규)에 따르면, 상사에 관하여 본법에 규정이 없으면 상관습법에 의하고, 상관습법이 없으면 민법의 규정에 의한다고 하여, '상사자치법(정관) ⇨ 상사특별법 ⇨ 상법전 ⇨ 상관습법 ⇨ 민사자치법 ⇨ 민사특별법 ⇨ 민법전 ⇨ 민관습법 ⇨ 조리' 순으로 적용된다. 따라서 상사에 관하여 일반적으로 가장 먼저 적용될 법은 상사자치법이다.

02 상인

출제빈도 ★

1. 의의

기업의 거래로 인하여 생기는 법률관계의 처리를 위하여 권리의무의 귀속주체가 필요하며, 이러한 기업활동에 관한 권리의무의 주체를 상인이라고 한다.

(1) 당연상인

① 의의: 당연상인이란 자기명의로 상행위를 하는 자이다.

② 요건

- 자기명의로 할 것: 자기명의란 거래상의 권리의무에 관하여 스스로 귀속주체가 되는 것을 말하며, 영업행위 자체는 명의인이 직접 담당하지 않고 타인에게 대리시키더라도 무방하다.
- 상행위를 할 것: 상행위란 상법 제46조에 열거된 행위를 영업으로 하는 경우를 말한다. 그러나 오로지 임금을 받을 목적으로 물건을 제조하거나 노무에 종사하는 자의 행위는 상행위에 해당하지 않는다.
- 영업으로 할 것: 자기명의로 상행위를 영업으로 하여야 한다.

(2) 의제상인

기본적 상행위를 하지 않더라도 상인으로서 일정한 요건을 갖춘 자는 상인으로 의제한다.

① 설비상인: 점포 기타 유사한 설비에 의하여 상인적 방법으로 영업을 하는 자를 말한다. 이러한 자는 상법 제46조의 상행위를 하지 않더라도 상인으로 본다.

② 민사회사: 회사는 상행위를 하지 않더라도 상인으로 본다.

법학 전문가의 TIP

상법 제46조(기본적 상행위)

영업으로 하는 다음의 행위를 상행위라 한다. 그러나 오로지 임금을 받을 목적으로 물건을 제조하거나 노무에 종사하는 자의 행위는 그러하지 아니하다.

1. 동산, 부동산, 유가증권 기타의 재산의 매매
2. 동산, 부동산, 유가증권 기타의 재산의 임대차
3. 제조, 가공 또는 수선에 관한 행위
4. 전기, 전파, 가스 또는 물의 공급에 관한 행위
5. 작업 또는 노무의 도급의 인수
6. 출판, 인쇄 또는 촬영에 관한 행위
7. 광고, 통신 또는 정보에 관한 행위
8. 수신·여신·환 기타의 금융거래
9. 공중(公衆)이 이용하는 시설에 의한 거래
10. 상행위의 대리의 인수
11. 중개에 관한 행위
12. 위탁매매 기타의 주선에 관한 행위
13. 운송의 인수
14. 임치의 인수
15. 신탁의 인수
16. 상호부금 기타 이와 유사한 행위
17. 보험

(3) 소상인

소상인이란 자본금액이 1,000만 원에 미달하는 상인으로서 회사가 아닌 자(상법시행령 제2조)를 의미하며, 소상인에 대하여는 지배인, 상호, 상업장부 및 상업등기에 관한 규정이 적용되지 않는다.

2. 상인자격의 취득과 상실

(1) 자연인의 상인자격

① 취득: 자연인은 누구든지 연령·성별·행위능력 유무를 불문하고 상인자격을 취득할 수 있기 때문에 상법 제4조 또는 제5조 제1항의 요건을 구비하면 상인이 된다. 점포의 임차, 영업자금의 차입 등과 같은 영업 또는 개업 준비행위를 통하여 영업 의사가 객관적으로 나타났을 때 상인자격을 취득한다고 본다.

② 상실: 사실상 영업을 폐지한 때나 사망에 의하여 영업활동이 정지된 때에 상실하게 된다.

(2) 영리법인의 상인자격

① 취득: 회사는 본점 소재지에서 설립등기를 함으로써 법인격을 취득하므로 법인격의 취득시기가 상인자격의 취득시기가 된다.

② 상실: 회사는 청산이 사실상 종료됨으로써 법인격이 소멸하고, 상인자격을 상실한다.

시험문제 미리보기!

다음 중 상업사용인에 관한 설명으로 옳은 것은?

① 미성년자가 법정대리인의 허락을 얻어 회사의 무한책임사원이 된 때라도 그 사원자격으로 인한 행위에는 능력자로 보지 않는다.

② 미성년자가 법정대리인의 허락을 얻어 영업을 하는 경우에는 등기를 할 필요가 없다.

③ 지배인, 상호, 상업장부와 상업등기에 관한 규정은 소상인에게도 적용된다.

④ 점포 기타 유사한 설비에 의하여 상인적 방법으로 영업을 하는 자는 상행위를 하지 아니하더라도 상인으로 본다.

정답 ④

해설 상법 제5조(동전 - 의제상인) 제1항에 따르면, 점포 기타 유사한 설비에 의하여 상인적 방법으로 영업을 하는 자는 상행위를 하지 아니하더라도 상인으로 본다.

오답노트

① 상법 제7조(미성년자와 무한책임사원)에 따르면, 미성년자가 법정대리인의 허락을 얻어 회사의 무한책임사원이 된 때에는 그 사원자격으로 인한 행위에는 능력자로 본다.

② 상법 제6조(미성년자의 영업과 등기)에 따르면, 미성년자가 법정대리인의 허락을 얻어 영업을 하는 때에는 등기를 하여야 한다.

③ 상법 제9조(소상인)에 따르면, 지배인, 상호, 상업장부와 상업등기에 관한 규정은 소상인에게 적용하지 아니한다.

03 상업사용인

출제빈도 ★★

1. 의의

상업사용인이란 특정한 상인에 종속하여 대외적인 영업상의 업무에 종사하는 자를 말한다. 사용인의 종류로는 지배인, 부분적 포괄대리권을 가진 상업사용인 및 물건판매점포의 사용인이 있다.

2. 지배인

(1) 의의

지배인이란 영업주의 영업에 관하여 재판상 또는 재판 외의 모든 행위를 할 수 있는 대리권을 가진 상업사용인이다. 상법상 지배인에 해당하는 자는 지배인인지의 명칭 여하와 관계없으며, 거래계에서는 지점장·영업소장·출장소장·사업소장·지사장 등 다양한 명칭이 사용되고 있다.

(2) 표현지배인

표현지배인이란 지배인이 아니면서 본점 또는 지점의 본부장, 지점장, 그 밖에 지배인으로 인정될 만한 명칭을 가진 사용인을 말한다. 이러한 표현지배인은 그가 속한 본점 또는 지점의 재판 외의 영업활동에 관하여 지배인과 동일한 권한이 있는 것으로 본다. 다만 재판상 행위에 관해서는 그러하지 아니한다.

3. 부분적 포괄대리권을 가진 상업사용인

부분적 포괄대리권을 가진 상업사용인은 영업주로부터 영업의 특정한 종류 또는 특정한 사항에 관하여 재판 외의 모든 행위를 할 수 있는 권한을 가진 상업사용인을 말한다. 회사의 팀장, 차장, 과장, 계장, 대리 등의 명칭을 가진 상업사용인을 말한다.

4. 물건판매점포의 사용인

물건판매점포의 사용인이란 점포의 물건 판매에 관한 모든 권한이 있는 것으로 의제된 사용인을 말한다.

5. 상업사용인의 의무

(1) 경업금지의무(=경업피지의무)

상업사용인은 영업주의 허락 없이 자기 또는 제삼자의 계산으로 영업주의 영업부류에 속한 거래를 하지 못한다. 상업사용인이 경업금지의무를 위반한 경우 영업주는 사용인과의 모든 계약을 해지할 수 있고, 영업주에게 손해가 발생한 경우 영업주는 이를 입증하여 그 상업사용인에게 손해배상을 청구할 수 있다. 상업사용인이 경업금지의무를 위반하여 거래를 한 경우에 그 거래가 자기의 계산으로 한 것일 때에는 영업주는 이를 영업주의 계산으로 한 것으로 볼 수 있고 제삼자의 계산으로 한 것일 때에는 영업주는 사용인에 대하여 이로 인한 이득의 양도를 청구할 수 있는데, 이를 개입권이라 한다.

(2) 겸직금지의무(=겸직회피의무)

상업사용인은 영업주의 허락 없이 다른 회사의 무한책임사원, 이사 또는 다른 상인의 사용인이 되지 못한다. 상업사용인이 겸직금지의무를 위반하여 그러한 지위에 취임한 행위 그 자체는 유효하지만, 영업주는 그 상업사용인에 대하여 계약을 해지하거나 손해배상을 청구할 수 있다.

시험문제 미리보기!

다음 중 상업사용인에 관한 설명으로 옳지 않은 것은?

① 상업사용인은 영업주의 허락 없이 자기 또는 제삼자의 계산으로 영업주의 영업부류에 속한 거래를 하지 못한다.
② 상업사용인은 영업주의 허락 없이 다른 회사의 무한책임사원이 되지 못한다.
③ 회사의 기관은 상업사용인이 아니다.
④ 표현지배인은 재판상 재판 외의 모든 행위에 관하여 본인을 대리할 권한이 있는 것으로 본다.

정답 ④

해설 상법 제14조(표현지배인) 제1항에 따르면, 본점 또는 지점의 본부장, 지점장, 그 밖에 지배인으로 인정될 만한 명칭을 사용하는 자는 본점 또는 지점의 지배인과 동일한 권한이 있는 것으로 본다. 다만, 재판상 행위에 관하여는 그러하지 아니한다.

04 상호

출제빈도 ★★

1. 의의

상호는 상인이 영업활동을 함에 있어서 자기를 표창하는 명칭이다. 즉, 상인의 영업상의 명칭을 말한다.

2. 상호의 표시방법

상호는 상인의 명칭이므로 문자로써 표시되어야 하고 발음할 수 있어야 한다. 따라서 외국문자로 된 상호는 실무상 등기할 수 없으므로 외국어는 그 발음을 한자 또는 한글로 표시하는 경우에만 등기 상호로 인정된다.

3. 상호의 선정

(1) 상호자유주의 원칙

상법 제18조에서 "상인은 그 성명 기타의 명칭으로 상호를 정할 수 있다."고 하여 원칙적으로 자유주의를 취하고 있다.

(2) 상호자유주의에 대한 제한

① 회사의 상호: 회사의 상호에는 그 종류에 따라 합명회사, 합자회사, 유한책임회사, 주식회사 또는 유한회사의 문자를 사용하여야 한다.

② 회사명칭의 사용제한: 회사가 아니면 상호에 회사임을 표시하는 문자를 사용하지 못한다. 회사의 영업을 양수한 경우에도 같다.

③ 상호단일의 원칙: 동일한 영업에는 단일 상호를 사용하여야 한다. 회사는 수 개의 영업을 하더라도 상호는 하나만 사용할 수 있다. 수 개의 지점이 있는 경우에는 지점의 상호를 표시할 때 본점과의 종속관계를 표시하여야 한다.

④ 주체를 오인시킬 상호사용금지: 누구든지 부정한 목적으로 타인의 영업으로 오인할 수 있는 상호를 사용하지 못한다. 주체를 오인시킬 상호사용금지를 위반하여 상호를 사용하는 자가 있는 경우에 이로 인하여 손해를 받을 염려가 있는 자 또는 상호를 등기한 자는 그 폐지를 청구할 수 있고, 나아가 손해배상을 청구할 수 있다.

시험문제 미리보기!

다음 중 상호에 관한 설명으로 가장 옳지 않은 것은?

① 누구든지 부정한 목적으로 타인의 영업으로 오인할 수 있는 상호를 사용하지 못한다.

② 회사가 아니면 상호에 회사임을 표시하는 문자를 사용하지 못하지만 회사의 영업을 양수한 경우는 사용할 수 있다.

③ 동일한 영업에는 단일 상호를 사용하여야 하며 지점의 상호에는 본점과의 종속관계를 표시하여야 한다.

④ 상호폐지를 청구하는 경우 손해배상을 청구할 수 있다.

정답 ②

해설 상법 제20조(회사상호의 부당사용의 금지)에 따르면, 회사가 아니면 상호에 회사임을 표시하는 문자를 사용하지 못한다. 회사의 영업을 양수한 경우에도 같다.

오답노트

①, ④ 상법 제23조(주체를 오인시킬 상호의 사용금지) 제1항에 따르면, 누구든지 부정한 목적으로 타인의 영업으로 오인할 수 있는 상호를 사용하지 못하고, 제2항에 따르면, 제1항의 규정에 위반하여 상호를 사용하는 자가 있는 경우에 이로 인하여 손해를 받을 염려가 있는 자 또는 상호를 등기한 자는 그 폐지를 청구할 수 있다. 또한, 제2항의 규정은 손해배상의 청구에 영향을 미치지 아니한다.

③ 상법 제21조(상호의 단일성)에 따르면, 동일한 영업에는 단일 상호를 사용하여야 하며 지점의 상호에는 본점과의 종속관계를 표시하여야 한다.

05 상법상 기본적 상행위

출제빈도 ★★

1. 상행위

(1) 의의

실질적 의의의 상행위란 기업이 활동으로 하는 영리행위를 의미하는 반면에, 형식적 의의의 상행위란 상법 및 특별법에서 상행위로 규정되어 있는 상행위를 의미한다.

(2) 종류

① 기본적 상행위: 상법 제46조 제1호 내지 제22호에서 정한 기본적 상행위를 말한다.
② 보조적 상행위: 상인이 영업의 목적인 상행위를 위하여 필요로 하는 재산상의 모든 행위를 말한다.

2. 상행위법 특칙

상법은 상거래의 특수성(영리성·신속성·반복성·비개성 등)에 따라 민법의 일반원칙에 대하여 많은 특칙을 두고 있다.

(1) 민법총칙에 대한 특칙

① 대리: 민법은 대리의 경우 현명주의를 원칙으로 하지만 상사대리의 경우 비현명주의를 취하고 있다.
② 대리권의 소멸: 민법에서는 본인이 사망하면 대리권이 소멸하지만, 상법에서는 소멸되지 않는다.
③ 채권의 소멸시효: 민법상 채권은 10년이지만, 상행위로 인한 채권은 5년이다.

(2) 물권법에 대한 특칙

① 민법상의 유치권보다 강화된 상사유치권을 허용한다.
② 민법상 허용되지 않는 유질계약을 상사질권에서는 허용한다.

(3) 채권법에 대한 특칙

① 상행위로 인한 채무의 법정이율은 연 6분으로 한다.
② 수인이 그 1인 또는 전원에게 상행위가 되는 행위로 인하여 채무를 부담한 때에는 연대하여 변제할 책임이 있다.
③ 보증인이 있는 경우에 그 보증이 상행위이거나 주채무가 상행위로 인한 것일 때에는 주채무자와 보증인은 연대하여 변제할 책임이 있다.
④ 대화자 간 계약의 청약은 상대방이 즉시 승낙하지 아니한 때에는 그 효력을 잃는다. 즉, 청약과 동시에 하는 승낙에 의하여 계약이 성립하게 된다.
⑤ 계약의 청약을 받은 상인은 낙부통지의무와 물건보관의무를 부담한다.
⑥ 상인 간의 금전소비대차계약의 법률이자청구권
⑦ 상인의 보수청구권

법학 전문가의 TIP

상사대리[상법 제48조(대리의 방식)]
상행위의 대리인이 본인을 위한 것임을 표시하지 아니하여도 그 행위는 본인에 대하여 효력이 있다. 그러나 상대방이 본인을 위한 것임을 알지 못한 때에는 대리인에 대하여도 이행의 청구를 할 수 있다.

대리권의 소멸[상법 제50조(대리권의 존속)]
상인이 그 영업에 관하여 수여한 대리권은 본인의 사망으로 인하여 소멸하지 아니한다.

상법 제58조(상사유치권)
상인 간의 상행위로 인한 채권이 변제기에 있는 때에는 채권자는 변제를 받을 때까지 그 채무자에 대한 상행위로 인하여 자기가 점유하고 있는 채무자 소유의 물건 또는 유가증권을 유치할 수 있다. 그러나 당사자 간에 다른 약정이 있으면 그러하지 아니하다.

유질계약
질권설정자가 질권설정계약과 동시에 또는 채무변제기 전의 계약으로서 변제에 갈음하여 질권자에게 질물의 소유권을 취득하게 하거나 기타 법률에서 정한 방법에 의하지 아니하고 질물을 처분케 하는 약정을 하는 것을 말합니다.

상사질권[상법 제59조(유질계약의 허용)]
민법 제339조(유질계약의 금지)의 규정은 상행위로 인하여 생긴 채권을 담보하기 위하여 설정한 질권에는 적용하지 아니한다.

상행위로 인한 채무의 법정이율
민법상의 법정이율은 연 5분입니다.

수인이 그 1인 또는 전원에게 상행위가 되는 행위로 인하여 채무를 부담한 때
다수당사자 간의 채무에 있어 민법은 분할책임이 원칙입니다.

보증인이 있는 경우
민법상 보증인의 최고검색항변권이 인정되지 않습니다.

3. 상사매매

상사매매란 기업거래 중 가장 고전적인 형태의 상거래 행위로서 상인 간에 동산과 유가증권을 목적으로 하는 매매를 말한다.

4. 익명조합

익명조합은 당사자의 일방이 상대방의 영업을 위하여 출자하고 상대방은 그 영업으로 인한 이익을 분배할 것을 약정하는 계약이다.

5. 합자조합

합자조합은 조합의 업무집행자로서 조합의 채무에 대하여 무한책임을 지는 조합원과 출자가액을 한도로 하여 유한책임을 지는 조합원이 상호출자하여 공동사업을 경영할 것을 약정하는 계약이다.

6. 상행위법 각칙

(1) 대리상

일정한 상인을 위하여 상업사용인이 아니면서 상시 그 영업부류에 속하는 거래의 대리 또는 중개를 영업으로 하는 자를 대리상이라 한다.

(2) 중개업

타인 간의 상행위의 중개를 영업으로 하는 자를 중개인이라 한다. 중개란 타인 간의 법률행위의 체결에 힘쓰는 사실행위이다.

(3) 위탁매매업

자기명의로써 타인의 계산으로 물건 또는 유가증권의 매매를 영업으로 하는 자를 위탁매매인이라 한다.

(4) 운송주선업

자기의 명의로 물건운송의 주선을 영업으로 하는 자를 운송주선인이라 한다.

(5) 운송업

육상 또는 호천, 항만에서 물건 또는 여객의 운송을 영업으로 하는 자를 운송인이라 한다.

(6) 공중접객업

극장, 여관, 음식점, 그 밖의 공중이 이용하는 시설에 의한 거래를 영업으로 하는 자를 공중접객업자라 한다.

(7) 창고업

타인을 위하여 창고에 물건을 보관함을 영업으로 하는 자를 창고업자라 한다.

(8) 금융리스업

금융리스이용자가 선정한 기계, 시설, 그 밖의 재산을 제삼자로부터 취득하거나 대여받아 금융리스이용자에게 이용하게 하는 것을 영업으로 하는 자를 금융리스업자라 한다.

(9) 가맹업

자신의 상호·상표 등을 제공하는 것을 영업으로 하는 자로부터 그의 상호 등을 사용할 것을 허락받아 가맹업자가 지정하는 품질기준이나 영업방식에 따라 영업을 하는 자를 가맹상이라 한다.

(10) 채권매매업

타인이 물건·유가증권의 판매, 용역의 제공 등에 의하여 취득하였거나 취득할 영업상의 채권을 매입하여 회수하는 것을 영업으로 하는 자를 채권매입업자라 한다.

시험문제 미리보기!

다음 중 상법 제46조의 기본적 상행위에 해당하지 않는 것은?

① 상인의 매매대금 지급을 위한 어음발행행위

② 제조, 가공 또는 수선에 관한 행위

③ 출판, 인쇄 또는 촬영에 관한 행위

④ 광고, 통신 또는 정보에 관한 행위

정답 ①

해설 상법 제46조(기본적 상행위)에 따르면, 영업으로 하는 다음의 행위를 상행위라 한다. 그러나 오로지 임금을 받을 목적으로 물건을 제조하거나 노무에 종사하는 자의 행위는 그러하지 아니한다.

1. 동산, 부동산, 유가증권 기타의 재산의 매매
2. 동산, 부동산, 유가증권 기타의 재산의 임대차
3. 제조, 가공 또는 수선에 관한 행위
4. 전기, 전파, 가스 또는 물의 공급에 관한 행위
5. 작업 또는 노무의 도급의 인수
6. 출판, 인쇄 또는 촬영에 관한 행위
7. 광고, 통신 또는 정보에 관한 행위
8. 수신·여신·환 기타의 금융거래
9. 공중(公衆)이 이용하는 시설에 의한 거래
10. 상행위의 대리의 인수
11. 중개에 관한 행위
12. 위탁매매 기타의 주선에 관한 행위
13. 운송의 인수
14. 임치의 인수
15. 신탁의 인수
16. 상호부금 기타 이와 유사한 행위
17. 보험
18. 광물 또는 토석의 채취에 관한 행위
19. 기계, 시설, 그 밖의 재산의 금융리스에 관한 행위
20. 상호·상표 등의 사용허락에 의한 영업에 관한 행위
21. 영업상 채권의 매입·회수 등에 관한 행위
22. 신용카드, 전자화폐 등을 이용한 지급결제 업무의 인수

제2절 | 회사법

✓핵심 포인트

정관	사원들의 법률행위에 의하여 성립되어 회사의 조직과 활동 등 단체법적 법률관계를 규율하는 규범의 총칭
합명회사	의의, 법률관계(내부관계)
합자회사	의의, 설립, 법률관계
유한책임회사	의의, 설립, 법률관계
유한회사	의의, 설립, 내부관계
주식회사	정관의 절대적 기재사항, 발기설립, 모집설립, 자본금, 주주총회의 의결, 이사, 이사회, 집행임원, 자본금 조달

01 회사의 개념

출제빈도 ★★

1. 회사의 개념

(1) 의의

회사란 상행위나 그 밖의 영리를 목적으로 하여 설립한 법인을 말한다.

(2) 영리성

회사는 영리를 목적으로 하고 있으며, 이는 단지 대외적 영리활동을 통해 이익을 얻는 것뿐만 아니라 그 이익을 구성원에게 분배하는 것까지 포함한다. 따라서 대외적인 영업을 통해 이익을 얻지만 구성원에게 분배하지 않는 조직은 상법상 회사가 아니다.

(3) 단체성

회사가 단체라는 것은 재산 집합체로서의 재단과 달리 회사가 복수의 사원을 존립의 기초로 하고 있다는 뜻이다. 따라서 합명회사·합자회사는 2인 이상 사원의 존재가 회사의 성립요건이자 존속요건이다. 다만 주식회사나 유한회사의 경우 1인 회사가 가능하다는 점에서 사단성의 예외로 볼 수 있다.

> **법학 전문가의 TIP**
>
> **법인격부인론**
> 회사의 법인격이 법이 의도한 본래의 목적과 달리 남용되는 경우에 회사의 특정한 법률관계에 한하여 그 법인격을 부인하고 법인의 배후에 있는 실체를 기준으로 법률적인 취급을 하려는 이론입니다.

(4) 법인성

회사는 회사의 설립등기를 함으로써 법인격을 취득하고 청산절차를 종료함으로써 법인격을 상실하게 된다. 모든 회사는 법인격을 가지므로 권리의무의 귀속주체가 되고, 법인 자체 명의로 소송당사자가 될 수 있으며, 법인의 재산에 대해서는 법인 자체에 대한 채무명의에 의해서만 강제집행이 가능하고, 법인의 채권자에 대해서는 법인 자체의 재산만이 책임재산이 된다. 즉, 회사의 구성원과 별개로 회사가 독립적인 법인격을 갖게 된다.

2. 회사의 능력

(1) 권리능력

① 성질에 의한 제한: 회사는 자연인이 아니므로 자연인임을 전제로 하는 친족권·생명권·신체상의 자유권·상속권 등을 향유할 수 없다. 다만 회사는 수유자의 자격에서 유증을 받을 수 있으며, 인격권·명예권·상호권·사원권과 같은 권리는 향유할 수 있다.

② 법률에 의한 제한: 회사는 법에 의하여 법인격이 부여되고 있으므로, 법률에 의하여 정책적으로 제한할 수 있다.

③ 목적에 의한 제한: 회사의 정관에는 목적을 기재하여야 하고 이를 등기하여야 한다고 하고 있을 뿐 회사의 목적에 의한 권리능력의 제한에 대해 명문규정을 두고 있지 않다.

> **법학 전문가의 TIP**
>
> **법률에 의한 제한**
> - **상법 제173조(권리능력의 제한)**
>   회사는 다른 회사의 무한책임사원이 되지 못한다.
> - **상법 제245조(청산 중의 회사)**
>   회사는 해산된 후에도 청산의 목적 범위 내에서 존속하는 것으로 본다.

(2) 불법행위능력

회사를 대표하는 사원이 그 업무집행으로 인하여 타인에게 손해를 가한 때에는 회사는 그 사원과 연대하여 배상할 책임이 있다.

3. 회사의 설립

(1) 의의

회사의 설립이란 법인격을 취득하기 위한 일정한 행위인 법률요건으로서 정관의 작성에서부터 설립등기에 이르는 모든 행위를 말하며, 이들 중 특히 사원이 될 자의 법률행위를 설립행위라고 하는 것이 통설의 입장이다.

(2) 정관

정관의 실질적 의의는 사원들의 법률행위에 의하여 성립되어 회사의 조직과 활동 등 단체법적 법률관계를 규율하는 규범을 총칭하는 것이다. 이러한 정관은 성문법의 보충적 또는 보완적 효력을 가지며, 그 성질은 자치법규로 보는 것이 다수설의 입장이다.

(3) 설립등기

회사는 본점 소재지에서 설립등기를 함으로써 비로소 법인격을 취득하게 된다.

4. 회사의 합병 · 분할 · 조직변경

(1) 합병

회사의 합병이란 상법상의 일정한 절차에 따라 2개 이상의 회사가 일부 또는 전부 소멸하고, 소멸하는 회사의 모든 권리·의무를 존속회사 또는 신설회사가 포괄적으로 승계하고 사원을 수용하는 회사법상의 법률요건이다. 회사가 합병을 할 때에는 본점 소재지에서는 2주간 내, 지점 소재지에서는 3주간 내에 합병 후 존속하는 회사의 변경등기, 합병으로 인하여 소멸하는 회사의 해산등기, 합병으로 인하여 설립되는 회사의 설립등기를 하여야 한다.

합병절차

① 합병당사회사의 대표기관에 의한 합병계약과 합병계약서 작성
② 합병대차대조표 등의 공시
③ 합병의 결의(인적회사의 경우 총사원의 동의, 물적회사의 경우 주주총회 내지 사원총회의 특별결의)
④ 채권자보호절차
⑤ 신설합병의 경우 설립위원 선임
⑥ 창립총회 내지 보고총회의 소집
⑦ 합병등기

(2) 분할

분할이라 함은 하나의 회사의 영업을 둘 이상으로 분리하고 분리된 영업재산을 자금으로 하여 회사를 신설하거나 다른 회사와 합병시키는 조직법적 행위를 말한다. 상법은 회사를 분할하여 1개 또는 수 개의 회사를 신설하는 경우를 분할이라 하고, 회사를 분할하여 1개 또는 수 개의 회사와 합병하는 경우를 분할합병이라고 하고 있으나, 보통은 이들 양자를 모두 포함하여 회사의 분할이라 한다.

(3) 조직변경

조직변경이란 회사가 그 인격의 동일성을 유지하면서 다른 종류의 회사로 조직을 변경하는 것을 말한다. 조직변경은 변경 전의 회사와 변경 후의 회사가 동일성을 갖기 때문에 법률상의 권리·의무가 승계되는 것이 아니라 그대로 존속한다는 점에서 다른 회사가 법률상의 권리·의무를 포괄적으로 승계하는 회사의 합병과 다르다.

5. 회사의 해산과 청산

(1) 해산

① 의의: 회사의 해산이란 회사의 법인격을 소멸시키는 원인이 되는 법률사실을 말한다.
② 해산사유: 존립기간의 만료 기타 정관으로 정한 사유의 발생, 총사원의 동의, 사원이 1인으로 된 때, 합병, 파산, 법원의 명령 또는 판결 등이 있다.

(2) 청산

청산이란 회사가 해산 후 그 재산관계를 원만히 끝맺고 회사의 법인격을 소멸시키는 절차를 말한다.

시험문제 미리보기!

다음은 상법상 합병의 등기에 대한 설명으로 (　　　) 안에 들어갈 내용으로 옳은 것은?

> 회사가 합병을 한 때에는 본점 소재지에서는 (　　　)간 내에 합병 후 존속하는 회사의 변경등기, 합병으로 인하여 소멸하는 회사의 해산등기, 합병으로 인하여 설립되는 회사의 설립등기를 하여야 한다.

① 1주　　② 2주

③ 3주　　④ 4주

정답 ②

해설 상법 제233조(합병의 등기)에 따르면, 회사가 합병을 한 때에는 본점 소재지에서는 2주간 내, 지점 소재지에서는 3주간 내에 합병 후 존속하는 회사의 변경등기, 합병으로 인하여 소멸하는 회사의 해산등기, 합병으로 인하여 설립되는 회사의 설립등기를 하여야 한다.

02 합명회사

출제빈도 ★

1. 의의

합명회사란 회사의 채무에 관해 직접·무한·연대책임을 지는 사원(무한책임사원)들로만 구성되는 회사이다. 그 결과 사원 개개인의 신용은 회사채권자와 사원 상호 간에 중대한 영향을 미치게 된다. 따라서 회사는 소수의 사원으로 구성되며, 사원 상호 간은 신뢰관계를 바탕으로 결합된다. 이러한 합명회사는 그 형식에 있어서는 법인이지만 실질적으로는 조합적 성격이 짙다.

2. 설립

(1) 정관작성

합명회사의 설립에는 2인 이상의 사원이 공동으로 정관을 작성하여야 한다.

(2) 설립등기

총사원의 공동신청으로 목적, 상호, 사원의 성명·주민등록번호 및 주소, 사원의 출자의 목적과 가격 또는 그 평가의 표준, 본점의 소재지, 정관의 작성연월일 등을 등기하여야 한다.

합명회사는 지분 양도 시 다른 사원 전원의 동의가 필요합니다.

3. 법률관계

회사의 법률관계(내부관계)에 관해 정관 또는 상법에 규정이 없는 경우에는 민법상 조합의 규정을 준용한다. 합명회사는 인적결합이 강한 회사이므로 지분을 자유로이 양도하지 못하며, 모든 사원의 재산총액과 개인적 능력이 직접 회사 신용의 기초가 된다. 사원의 출자목적의 제한이 없으므로 재산은 물론 노무와 신용도 출자할 수 있다.

03 합자회사

출제빈도 ★

1. 의의

합자회사는 무한책임사원과 유한책임사원으로 조직한다.

2. 설립

합자회사는 무한책임사원이 될 자와 유한책임사원이 될 자 각 1인 이상이 정관을 작성하고 설립등기를 함으로써 성립한다. 출자의 경우 무한책임사원은 재산 외에도 노무나 신용을 출자할 수 있으나, 유한책임사원은 노무나 신용을 출자의 목적으로 하지 못한다.

3. 법률관계

무한책임사원은 정관에 다른 규정이 없는 때에는 각자가 회사의 업무를 집행할 권리와 의무가 있다. 유한책임사원은 무한책임사원 전원의 동의가 있으면 그 지분의 전부 또는 일부를 타인에게 양도할 수 있다. 합자회사에 관하여 다른 규정이 없는 사항은 합명회사에 관한 규정을 준용한다.

04 유한책임회사

출제빈도 ★

1. 의의

유한책임회사란 유한책임사원만으로 구성되어지는 회사라는 점에서는 주식회사나 유한회사와 같다. 그러나 주식회사나 유한회사와 달리 기관의 구성을 필요로 하지 않고, 회사의 설립이나 운영 등의 면에서 유한회사보다 사적자치가 폭넓게 인정되는 형태의 회사이다. 유한책임회사는 인적회사에 가깝고, 출자지분의 양도제한규정을 두고 있으며, 정관변경에 총사원의 동의를 얻어야 하고, 업무집행자는 원칙적으로 각 사원(또는 사원 아닌 자)이라는 점에서 유한회사와 차이가 있다.

법학 전문가의 TIP

유한책임회사는 부동산, 첨단기술, 외국과의 합작투자사업뿐만 아니라, 컨설팅, 회계법인, 법무법인, 사모펀드 등 전문서비스 업종인 소규모 기업에서도 많이 활용되고 있습니다.

2. 설립

유한책임회사를 설립할 때에 사원은 정관을 작성하여야 한다. 설립 시 사원의 수에는 제한이 없으므로 1인 이상이면 가능하며 1인 설립이 가능하다. 유한책임회사의 사원은 신용이나 노무를 출자의 목적으로 하지 못한다. 따라서 유한책임회사의 사원은 금전 기타 재산의 출자만이 가능하다.

3. 법률관계

유한책임회사 사원의 책임은 다른 법률에 규정이 없는 한 그 출자금액을 한도로 하며, 지분의 양도 시 다른 사원의 동의를 얻어야 한다. 정관으로 사원 또는 사원이 아닌 자를 업무집행자로 정해야 하며, 업무집행자가 아닌 사원이 감사권을 갖는다. 업무집행자는 유한책임회사를 대표하며, 업무집행자의 업무집행으로 인하여 타인에게 손해가 발생한 경우 회사는 그 업무집행자와 연대하여 배상할 책임이 있다.

05 유한회사

출제빈도 ★

1. 의의

유한회사는 사원이 유한책임을 부담한다는 점에서 주식회사와 동일하지만 사원이 정관 기재사항이며 지분을 증권화할 수 없어 대부분 중소규모의 기업경영에 적합한 회사로서 운영도 폐쇄적이라는 점에서 차이가 있다. 유한회사의 경우도 주식회사와 마찬가지로 1인 설립이 가능하다.

2. 설립

유한회사를 설립함에는 사원이 정관을 작성하여야 한다. 출자 1좌의 금액은 100원 이상으로 균일하게 하여야 한다. 자본의 총액과 각 사원의 성명 및 출자액은 정관의 절대적 기재사항이며, 각 사원은 자본금의 총액을 균일한 단위로 분할하여 그 출자의 좌수에 따라 지분을 갖는다.

3. 내부관계

1인 또는 수인의 이사를 두며, 이사가 회사의 업무집행 및 대표기관이 된다. 유한회사의 최고의사결정기관은 사원총회이며, 각 사원은 출자 1좌마다 1개의 의결권을 갖는다. 회사의 자본은 다수의 균등액으로 분할되고, 모든 사원은 출자가액에 대한 출자의무를 질 뿐, 회사채권자에 대해서는 책임을 지지 않는다. 또한, 유한회사는 비공증성·비공개성의 특징이 있으므로 대차대조표를 공고하지 않아도 된다.

시험문제 미리보기!

다음 〈보기〉에서 상법상 회사의 종류에 해당하는 것은 모두 몇 개인가?

〈보기〉

- 조합
- 유한회사
- 주식회사
- 유한책임회사
- 합명회사

① 2개 ② 3개

③ 4개 ④ 5개

정답 ③

해설 상법 제170조(회사의 종류)에 따르면, 회사는 합명회사, 합자회사, 유한책임회사, 주식회사와 유한회사의 5종으로 한다.

06 주식회사

출제빈도 ★★★

1. 의의

주식회사란 일정한 자본금을 중심으로 하고, 자본금이 주식으로 세분화되어 있으며, 주식인수가액을 한도로 출자의무를 이행할 뿐 회사채권자에 대해 직접적으로 책임을 지지 않는 사원(주주)으로 구성된 회사를 말한다.

2. 설립

(1) 설립절차

① 정관작성: 발기인이 정관을 작성하고 기명날인 또는 서명을 하고 공증인의 인증을 받음으로써 효력이 생긴다.

② 절대적 기재사항: 목적, 상호, 회사가 발행할 주식의 총수, 액면주식을 발행하는 경우 1주의 금액, 회사의 설립 시에 발행하는 주식의 총수, 본점의 소재지, 회사가 공고를 하는 방법, 발기인의 성명·주민등록번호 및 주소가 있다.

③ 상대적 기재사항: 상대적 기재사항은 정관에 기재하지 아니하더라도 정관의 효력에는 영향이 없다. 다만, 정관에 기재하지 않은 경우에는 그러한 행위를 하더라도 그 효력이 없다.

(2) 발기설립

발기설립은 발기인들에 의해서만 회사가 만들어지고, 발기인들만으로 주주를 구성하는 설립방법이다. 따라서 발기인들이 발행주식의 전부를 인수하고 납입하며, 발기인들에 의해 이사·감사가 선임된다.

법학 전문가의 TIP

상법 제290조(변태설립사항)

다음의 사항은 정관에 기재함으로써 그 효력이 있다.

1. 발기인이 받을 특별이익과 이를 받을 자의 성명
2. 현물출자를 하는 자의 성명과 그 목적인 재산의 종류, 수량, 가격과 이에 대하여 부여할 주식의 종류와 수
3. 회사성립 후에 양수할 것을 약정한 재산의 종류, 수량, 가격과 그 양도인의 성명
4. 회사가 부담할 설립비용과 발기인이 받을 보수액

(3) 모집설립

모집설립은 발기인들이 주식의 일부를 인수하고 나머지는 모집주주로 하여금 인수하도록 하여 회사를 성립시키는 방법이다. 모집설립에 의해 설립된 회사는 발기인과 모집주주들로 구성된다.

3. 주식

(1) 의의

주식은 첫째로는 자본금의 구성단위를 의미하고, 둘째로는 권리발생의 기초인 독립된 사원의 지위 또는 자격을 의미한다.

(2) 본질

① 자본금: 자본금이란 액면주식을 발행하는 경우에는 회사가 발행한 주식의 액면총액을 의미하며, 무액면주식을 발행하는 경우에는 주식발행가액의 2분의 1 이상의 금액으로서 이사회에서 자본금으로 계상하기로 한 금액의 총액을 말한다.

- 자본금 확정의 원칙
- 자본금 유지의 원칙
- 자본금 불변의 원칙

② 자본금의 구성: 회사는 정관으로 정한 경우에는 주식의 전부를 무액면주식으로 발행할 수 있다. 다만, 무액면주식을 발행하는 경우에는 액면주식을 발행할 수 없다. 액면주식의 금액은 균일하여야 하고, 액면주식 1주의 금액은 100원 이상으로 하여야 한다. 회사는 정관으로 정하는 바에 따라 발행된 액면주식을 무액면주식으로 전환하거나 무액면주식을 액면주식으로 전환할 수 있다.

③ 주식: 주식회사의 자본금은 주식으로 분할되며, 주식은 사원(주주)의 출자단위가 된다.

④ 주주의 유한책임: 주주는 회사에 대하여 주식인수가액을 한도로 출자의무를 부담할 뿐 회사채무에 대하여 아무런 책임도 부담하지 않는다.

4. 주식회사의 기관

(1) 주주총회

① 주주총회의 의의: 주주총회란 회사의 기본조직과 경영에 관한 중요사항에 대하여 주주들이 의사를 표시하여 회사 내부에서 회사의 의사를 결정하는 필요적 기관이다.

② 주주총회의 소집: 주주총회를 소집할 때에는 주주총회일의 2주 전에 각 주주에게 서면으로 통지를 발송하거나 각 주주의 동의를 받아 전자문서로 통지를 발송하여야 한다. 다만, 그 통지가 주주명부상 주주의 주소에 계속 3년간 도달하지 아니한 경우 회사는 해당 주주에게 총회의 소집을 통지하지 아니할 수 있다. 주주총회소집 통지서에는 회의의 목적사항을 적어야 한다. 총회는 정관에 다른 정함이 없으면 본점 소재지 또는 이에 인접한 지에 소집하여야 하고, 정기총회는 매년 1회 일정한 시기에 소집하여야 한다.

③ 주주총회의 의결: 주주총회의 결의는 이 법 또는 정관에 다른 정함이 있는 경우를 제외하고는 출석한 주주의 의결권의 과반수와 발행주식 총수의 4분의 1 이상의 수로써 하여야 한다. 주주는 대리인으로 하여금 그 의결권을 행사하게 할 수 있는데, 이 경우 그 대리인은 대리권을 증명하는 서면을 총회에 제출하여야 한다. 총회의 결의에 관하여 특별한 이해관계가 있는 자는 의결권을 행사하지 못한다. 주주는 정관이 정한 바에 따라 총회에 출석하지 아니하고 서면에 의하여 의결권을 행사할 수 있다. 회사는 이사회의 결의로 주주가 총회에 출석하지 아니하고 전자적 방법으로 의결권을 행사할 수 있음을 정할 수 있다.

(2) 이사

이사란 회사의 수임인으로서의 지위를 가지며, 이사회 구성원으로서 회사의 업무집행의 의사결정에 참여하는 자를 말한다. 이사는 주주총회에서 선임하며, 충실의무와 비밀유지의무가 있다. 또한 이사와 회사의 이익충돌을 방지하기 위한 것으로 경업금지의무, 회사기회의 유용금지, 거래의 제한에 대한 규정을 두고 있다. 이사는 언제든지 주주총회의 결의로 해임될 수 있다. 그러나 이사의 임기를 정한 경우에 정당한 이유 없이 그 임기만료 전에 해임한 때에는 그 이사가 회사에 대하여 해임으로 인한 손해의 배상을 청구할 수 있다.

(3) 이사회

이사회는 회사의 업무집행에 관한 의사결정을 위해 이사 전원으로 구성되는 주식회사의 필수적 상설기관이다. 이사는 3명 이상이어야 하며, 이사의 임기는 3년을 초과하지 못한다. 이사회는 각 이사가 소집하며, 소집권자인 이사가 정당한 이유 없이 이사회 소집을 거절하는 경우에는 다른 이사가 이사회를 소집할 수 있다. 이사회를 소집함에는 회일을 정하고 그 1주간 전에 각 이사 및 감사에 대하여 통지를 발송하여야 한다. 이사회의 결의는 이사 과반수의 출석과 출석이사의 과반수의 찬성으로 하여야 한다.

(4) 대표이사

대표이사는 회사를 대표하고 업무를 집행하는 권한을 가진 기관으로서 이사 중에서 선정한다. 대표이사는 이사회에서 선정하며, 정관에 규정이 있으면 주주총회에서 선임할 수 있다. 대표이사는 회사의 영업에 관하여 재판상 또는 재판 외의 모든 행위를 할 수 있는 포괄적·획일적 권한이 있다.

(5) 집행임원

집행임원이란 이사회에서 선임되어 이사회의 경영방침에 따라 업무집행을 맡는 회사의 집행기관으로 경영·재무·기술 등 분야별 집행임원이 경영 전반에 권한을 갖고 책임을 지는 자로서 흔히 CEO(최고집행임원), CFO(기술집행임원), CTO(운영집행임원) 등이 있다. 회사는 집행임원을 둘 수 있고 집행임원을 둔 회사는 대표이사를 둘 수 없다.

법학 전문가의 TIP

주주총회 선임[상법 제382조의2(집중투표)]

① 2인 이상의 이사의 선임을 목적으로 하는 총회의 소집이 있는 때에는 의결권 없는 주식을 제외한 발행주식 총수의 100분의 3 이상에 해당하는 주식을 가진 주주는 정관에서 달리 정하는 경우를 제외하고는 회사에 대하여 집중투표의 방법으로 이사를 선임할 것을 청구할 수 있다.
② 제1항의 청구는 주주총회일의 7일 전까지 서면 또는 전자문서로 하여야 한다.
③ 제1항의 청구가 있는 경우에 이사의 선임결의에 관하여 각 주주는 1주마다 선임할 이사의 수와 동일한 수의 의결권을 가지며, 그 의결권은 이사 후보자 1인 또는 수인에게 집중하여 투표하는 방법으로 행사할 수 있다.
④ 제3항의 규정에 의한 투표의 방법으로 이사를 선임하는 경우에는 투표의 최다수를 얻은 자부터 순차적으로 이사에 선임되는 것으로 한다.
⑤ 제1항의 청구가 있는 경우에는 의장은 의결에 앞서 그러한 청구가 있다는 취지를 알려야 한다.
⑥ 제2항의 서면은 총회가 종결될 때까지 이를 본점에 비치하고 주주로 하여금 영업시간 내에 열람할 수 있게 하여야 한다.

(6) 감사와 감사위원회

① 감사: 회사의 회계 및 업무의 감사를 직무로 하는 주식회사의 필요적 상설기관이다. 감사는 감사위원회를 두지 않는 경우에만 둘 수 있으며, 자본금 10억 원 미만의 회사는 감사를 주지 않아도 된다. 감사의 임기는 취임 후 3년 내의 최종 결산기에 관한 정기총회의 종결 시까지로 한다.

② 감사위원회: 주식회사는 정관에 규정이 있는 경우 감사에 갈음하여 감사위원회를 둘 수 있으며, 감사위원회를 두는 경우 감사는 둘 수 없다. 감사위원회는 3인 이상의 이사로 구성되며, 감사위원의 자격에는 제한이 없다. 다만 중립성을 위해 사외이사가 위원의 3분의 2 이상일 것을 요구하고 있다.

③ 준법지원인: 자산 규모 등을 고려하여 대통령령으로 정하는 상장회사에서 준법통제에 관한 기준의 준수를 위한 업무를 담당하는 자를 말한다.

5. 자본금 변동

(1) 자본금 조달 방법

자본금 조달의 방법에는 자기자본금의 조달방법과 타인자본금의 조달방법이 있다. 전자의 예로는 신주발행을 들 수 있고, 후자의 예로는 사채발행을 들 수 있다.

(2) 신주발행

신주발행이란 자기자본의 조달을 목적으로 하는 통상의 신주발행을 뜻한다. 통상의 신주발행이란 수권자본의 범위 내에서 이미 발행하고 남은 미발행 주식 중에서 주식을 발행하여 회사의 자본을 증가시키는 것을 말한다.

(3) 사채발행

사채란 주식회사가 불특정다수인으로부터 자금을 조달할 목적으로 집단적·정형적으로 부담하며, 액면가에 따라 단위화된 채무를 말한다.

시험문제 미리보기!

다음은 상법상 주주총회에 대한 설명으로 (　　　) 안에 들어갈 내용으로 옳은 것은?

> 제363조(소집의 통지)
> ① 주주총회를 소집할 때에는 주주총회일의 (　　　) 전에 각 주주에게 서면으로 통지를 발송하거나 각 주주의 동의를 받아 전자문서로 통지를 발송하여야 한다.

① 1주　　② 2주　　③ 3주　　④ 4주

정답 ②

해설 상법 제363조(소집의 통지) 제1항에 따르면, 주주총회를 소집할 때에는 주주총회일의 2주 전에 각 주주에게 서면으로 통지를 발송하거나 각 주주의 동의를 받아 전자문서로 통지를 발송하여야 한다. 다만, 그 통지가 주주명부상 주주의 주소에 계속 3년간 도달하지 아니한 경우에는 회사는 해당 주주에게 총회의 소집을 통지하지 아니할 수 있다.

시험문제 미리보기!

다음 중 상법상 주식회사의 기관이 아닌 것은 무엇인가?

① 감사 ② 지배인

③ 주주총회 ④ 이사

정답 ②

해설 상법 제11조(지배인의 대리권) 제1항에 따르면, 지배인은 영업주에 갈음하여 그 영업에 관한 재판상 또는 재판외의 모든 행위를 할 수 있다.
⇨ 지배인은 상인의 영업보조자이다.

제3절 | 어음수표법

✓핵심 포인트

환어음	• 어음의 발행인이 제삼자(지급인)에게 일정한 어음금액을 일정일(만기)에 어음상의 권리자에게 지급할 것을 무조건으로 위탁하는 유가증권 • 환어음의 필요적 기재사항, 배서의 의의, 배서의 효력
약속어음	• 발행인이 일정일에 어음금액을 어음상의 권리자에게 지급할 것을 무조건으로 약속하는 유가증권 • 약속어음의 필요적 기재사항
수표	• 수표의 발행인이 지급인(은행)에게 일정한 수표금액을 수표상의 권리자에게 지급할 것을 무조건으로 위탁하는 유가증권
어음과 수표의 특성	• 완전유가증권성, 금전채권증권성, 무인증권성, 설권증권성, 문언증권성, 요식증권성, 지시증권성, 제시증권성, 상환증권성

01 서론

출제빈도 ★

1. 유가증권의 의의

유가증권이란 재산권을 표창한 증권으로서 그 권리의 발생·행사·이전의 전부 또는 일부를 증권에 의하여야 하는 것을 말한다.

2. 환어음의 개념

환어음이란 어음의 발행인이 제삼자(지급인)에게 일정한 어음금액을 일정일(만기)에 어음상의 권리자에게 지급할 것을 무조건으로 위탁하는 유가증권이다. 환어음에는 발행인·지급인·수취인의 3당사자가 필요하고, 지급인은 인수를 한 때에 인수인으로서 주채무자의 지위에 있게 된다.

3. 약속어음의 개념

약속어음이란 발행인이 일정일에 어음금액을 어음상의 권리자에게 지급할 것을 무조건으로 약속하는 유가증권이다. 약속어음에는 발행인과 수취인의 2당사자를 필요로 한다.

4. 수표의 개념

수표는 수표의 발행인이 지급인(은행)에게 일정한 수표금액을 수표상의 권리자에게 지급할 것을 무조건으로 위탁하는 유가증권이다. 수표에는 발행인 · 지급인(은행) · 수취인의 3당사자가 필요하며, 지급인은 은행에 한정된다.

02 어음과 수표의 특성

출제빈도 ★

1. 완전유가증권성

어음 · 수표는 권리의 발생 · 행사 · 이전의 모든 경우에 증권의 소지를 요하는 완전유가증권에 속한다.

2. 금전채권증권성

환어음과 수표는 금전의 지급을 위탁하는 증권이고, 약속어음은 금전의 지급을 약속하는 증권이다. 따라서 금전채권 이외의 종류물이나 특정물에 관한 채권을 표창하는 어음(수표)은 발행할 수 없다.

3. 무인증권성

어음(수표)은 무인증권이므로 어음(수표)상의 권리는 매매 기타 어음행위를 하게 된 원인인 법률관계와는 독립하여 존재하며, 그 권리의 행사에 있어서는 원인관계의 입증을 요하지 않는다. 어음(수표)은 무인증권이므로 지급위탁 또는 약속이 무조건이어야 하며, 인적관계에 관한 사유는 어음(수표)의 선의취득자에게 대항하지 못한다.

4. 설권증권성

어음(수표)상의 권리는 어음(수표)의 작성에 의하여 비로소 발생하므로, 설권증권의 성질을 갖는다.

5. 문언증권성

어음(수표)은 증권의 작성에 원인관계가 반드시 요구되는 것이 아니고, 원인관계가 있다고 하더라도 증권에 기재되지 않으며, 원인관계의 무효 · 취소는 증권상의 권리에 영향을 주지 아니하는 유가증권인 무인증권이다.

6. 요식증권성

어음(수표)은 엄격한 요식증권의 성질을 가지고 있다. 어음(수표)은 일정한 법정기재사항을 기재하여야 하며, 기재사항에 흠결이 있는 어음(수표)은 그 효력이 없다.

7. 지시증권성

어음(수표)은 지시식으로 발행할 수 있으나, 기명식으로 발행된 경우에도 법률상 당연히 배서에 의하여 양도할 수 있는 이른바 법률상 당연한 지시증권이다. 기명증권은 증권에 권리자가 특정되어 기재된 유가증권으로 증권상의 권리는 그 기재된 권리자가 행사하여야 한다.

8. 제시증권성

어음(수표)상의 채무자는 소지인이 어음(수표)의 제시를 하지 않는 한 어음(수표)채무를 이행할 필요가 없으므로 어음(수표)은 제시증권에 해당한다.

9. 상환증권성

어음(수표)상의 채무자는 어음(수표)과 상환으로써만 어음(수표)의 지급을 요한다. 이것은 어음(수표)증권과 어음(수표)채무는 불가분의 관계에 있으므로 채무자가 이중지급을 강요당할 위험을 피하기 위함이다.

03 환어음

출제빈도 ★

1. 환어음의 발행

환어음의 발행이란 어음이라는 유가증권을 작성하여 수취인에게 교부하는 것을 의미한다.

2. 환어음의 필요적 기재사항

① 증권의 본문 중에 그 증권을 작성할 때 사용하는 국어로 환어음임을 표시하는 글자
② 조건 없이 일정한 금액을 지급할 것을 위탁하는 뜻
③ 지급인의 명칭
④ 만기(滿期)
⑤ 지급지(支給地)
⑥ 지급받을 자 또는 지급받을 자를 지시할 자의 명칭
⑦ 발행일과 발행지(發行地)
⑧ 발행인의 기명날인(記名捺印) 또는 서명

3. 배서

(1) 배서의 의의

배서란 어음의 유통을 조장하기 위하여 법이 특히 인정한 어음의 유통방법으로서, 수취인 기타 후자가 보통 어음의 뒷면에 일정한 사항을 기재하고 기명날인 또는 서명하여 타인에게 교부하는 행위를 말한다. 어음은 법률상 당연한 지시증권이므로 지시식 또는 기명식으로 발행되었는지와 상관 없이 배서에 의하여 타인에게 양도할 수 있다.

(2) 배서의 효력

① 권리 이전적 효력: 배서는 환어음으로부터 생기는 모든 권리를 이전한다.
② 담보적 효력: 배서인은 반대의 문구가 없으면 인수와 지급을 담보한다.
③ 자격 수여적 효력 및 어음의 선의취득: 환어음의 점유자가 배서의 연속에 의하여 그 권리를 증명할 때에는 그를 적법한 소지인으로 추정한다.

4. 인수

인수란 환어음의 지급인이 어음금액지급의 채무를 부담할 것을 목적으로 하는 어음행위를 말하며, 인수를 함으로써 비로소 환어음의 지급인은 어음상의 주채무자가 된다.

04 약속어음

출제빈도 ★

1. 의의

약속어음이란 어음의 발행인이 만기에 일정한 어음금액을 어음상의 권리자에게 지급할 것을 무조건으로 약속하는 유가증권이다.

2. 요건(필요적 기재사항)

① 증권의 본문 중에 그 증권을 작성할 때 사용하는 국어로 약속어음임을 표시하는 글자
② 조건 없이 일정한 금액을 지급할 것을 약속하는 뜻
③ 만기
④ 지급지
⑤ 지급받을 자 또는 지급받을 자를 지시할 자의 명칭
⑥ 발행일과 발행지
⑦ 발행인의 기명날인 또는 서명

시험문제 미리보기!

다음 중 약속어음의 어음의 표면에 기재하여야 할 필요적 기재사항이 아닌 것은?

① 조건 없이 일정한 금액을 지급할 것을 약속하는 뜻

② 지급받을 자 또는 지급받을 자를 지시할 자의 명칭

③ 지급인

④ 발행일과 발행지

정답 ③

해설 지급인의 명칭은 환어음의 요건에는 해당되나 약속어음의 요건에는 해당되지 않는다. 어음법 제75조(어음의 요건)에 따르면, 약속어음에는 다음 각호의 사항을 적어야 한다.

1. 증권의 본문 중에 그 증권을 작성할 때 사용하는 국어로 약속어음임을 표시하는 글자
2. 조건 없이 일정한 금액을 지급할 것을 약속하는 뜻
3. 만기
4. 지급지
5. 지급받을 자 또는 지급받을 자를 지시할 자의 명칭
6. 발행일과 발행지
7. 발행인의 기명날인 또는 서명

제4절 | 보험법

✓핵심 포인트

보험의 개념	• 보험계약의 특성: 낙성·불요식계약, 유상·쌍무계약, 선의계약성, 사행계약성, 계속적 계약성, 부합계약성, 상행위성, 독립계약성 • 고지의무: 보험계약 체결 당시에 보험계약자 또는 피보험자가 보험자에 대하여 중요한 사실을 고지할 의무 • 보험자의 의무: 보험증권 교부의무, 보험금 지급의무, 보험료 반환의무 • 보험계약자·피보험자 등의 의무: 보험료 지급의무, 통지의무, 위험유지의무
손해보험	• 당사자의 일방(보험자)이 불확정한 보험사고로 인하여 생길 재산상의 손해를 배상할 것을 약정하고, 상대방 당사자(보험계약자)가 이에 대하여 보험료를 지급할 것을 목적으로 하는 보험계약 • 손해보험계약의 효과: 보험자의 손해배상의무, 보험계약자·피보험자의 손해방지·경감의무, 보험자 대위 • 손해보험계약의 종류: 화재보험계약, 운송보험계약, 해상보험계약, 책임보험계약, 재보험계약, 자동차보험계약
인보험	• 보험자가 피보험자의 생명 또는 신체에 관하여 보험사고가 생길 경우 계약에 의해 보험금이나 그 밖의 급여를 지급할 것을 약정하고, 보험계약자가 이에 대하여 보험료를 지급할 것을 약정함으로써 효력이 생기는 보험계약 • 생명보험의 종류: 사망보험, 생존보험, 혼합보험

01 보험의 개념

출제빈도 ★

1. 의의

보험은 동일한 우발적인 사고발생(보험사고)의 위험하에 놓여 있는 다수인이 하나의 단체(위험단체)를 구성하여, 통계적 기초에서 산출된 금액(보험료)을 미리 각출하여 공동자금을 마련하고, 현실적으로 사고를 입은 사람에게 그 자금으로부터 일정한 재산적 금액(보험금)을 지급하는 제도를 말한다.

2. 종류

(1) 손해보험

손해보험이란 우연한 사고로 인하여 발생한 손해를 보상하는 것을 목적으로 하는 보험으로서, 보험사고가 발생했을 때 피보험자에게 생긴 실제 재산상의 손해액에 따라 보상액이 결정되는 부정액보험이다. 상법상 손해보험으로 화재보험·운송보험·해상보험·자동차보험·책임보험 등이 있다.

(2) 인보험

인보험이란 사람의 생명과 신체에 발생하는 사고에 대한 보험을 말한다. 이러한 인보험으로는 생명보험 · 상해보험 · 질병보험 등이 있다.

3. 보험계약

(1) 보험계약의 의의

보험계약은 당사자 일방이 약정한 보험료를 지급하고 재산 또는 생명이나 신체에 불확정한 사고가 발생할 경우에 상대방이 일정한 보험금이나 그 밖의 급여를 지급할 것을 약정함으로써 효력이 생긴다.

(2) 보험계약의 특성

① 낙성 · 불요식계약: 보험계약은 당사자 의사표시의 합치만으로 성립하고, 그 계약의 성립요건으로서 특별한 요식행위를 요구하지 않는 낙성 · 불요식 계약이다.

② 유상 · 쌍무계약: 보험계약은 보험자가 보험사고가 발생한 때에 손해의 보상 또는 일정한 금액의 지급을 하고, 보험계약자가 이에 대하여 보험료를 지급할 것을 약정하는 계약이므로 유상계약이며, 그 법적 효과로서 보험계약자의 보험료와 보험자의 보험금액은 서로 대가관계에 있는 채무이므로 쌍무계약에 해당한다.

선의계약성

그 예로는 고지의무, 위험변경증가의 통지의무, 보험계약자 등의 주관적 위험변경증가와 계약해지, 보험자의 면책사유, 사기에 의한 초과보험 · 중복보험의 효과, 손해방지의무 등을 들 수 있습니다.

③ 선의계약성: 보험계약은 원래 선의의 계약 또는 최대 선의의 계약, 당사자의 신의성실 위에 성립하는 계약이라고도 한다. 이러한 특성이 보험계약에서는 그 특수성에 따라서 구체적으로 강하게 나타난다.

④ 사행계약성: 보험사고의 발생이라는 우연한 사실에 의하여 한쪽 당사자의 계약상의 구체적인 보험금 지급의무가 발생하므로 보험계약의 사행계약성이 인정된다.

⑤ 계속적 계약성: 보험계약은 보험자가 일정한 기간 내에 발생한 보험사고에 대하여 보험금 지급의무를 지는 것이므로, 일정한 기간, 즉, 보험기간 동안 계속해서 계약관계가 존재하여 계속적 계약의 성질을 갖는다.

⑥ 부합계약성: 보험계약은 다수의 보험계약자를 상대로 맺어지는 것이어서 그 내용이 보험자가 일방적으로 작성한 보통보험약관의 형식으로 정형화되지 않을 수 없으므로 이러한 의미에서 보험계약은 부합계약의 성질을 갖는다.

⑦ 상행위성: 상법 제46조 제17호는 기본적 상행위로 보험의 인수를 영업으로 하는 행위를 규정하고 있다. 따라서 보험자는 당연상인이 되고, 보험자가 체결하는 보험계약은 상행위성을 갖는다.

⑧ 독립계약성: 보험계약은 민법상의 전형계약의 어디에도 속하지 않는 무명계약이므로 독립계약성을 갖는다. 보험계약의 독립성으로 경제상 다른 계약과 결합하거나 부수하여 성립할 수 있다.

(3) 보험계약의 요소

① 보험계약의 관계자

- 보험자: 보험자는 보험계약의 직접 당사자로서 보험계약자로부터 보험사고가 발생한 경우에 피보험자 또는 수익자에게 보험금의 지급 기타의 급여를 지급할 의무를 부담하는 자이다.
- 보험계약자: 보험계약자는 보험계약의 직접 당사자로서 보험자와 보험계약을 체결하고 보험료를 지급할 의무를 부담하는 자이다.

② 보험계약 당사자 이외의 관계자

- 피보험자: 손해보험의 피보험자란 피보험이익의 주체로서 보험사고의 발생으로 생긴 재산상의 손해보상을 보험자에게 직접 청구할 수 있는 자를 의미하고, 인보험의 피보험자란 보험의 목적으로서 생명 또는 신체에 관하여 보험이 붙여진 자를 의미한다.
- 보험수익자: 보험수익자는 생명보험 등의 인보험계약에서 보험자로부터 보험금을 받을 자로 지정된 자, 즉, 보험금지급청구권을 갖는 자를 말한다. 보험수익자는 손해보험계약에서의 피보험자에 해당하는 개념이다.

(4) 보험자의 보조자

① 보험대리상: 보험대리상이란 일정한 보험자를 위하여 상시 그 영업부류에 속하는 보험계약 체결을 대리하거나 중개하는 것을 영업으로 하는 자를 말한다.

② 보험중개인: 보험중개인이란 독립적으로 보험계약의 체결을 중개하는 자로 금융위원회에 등록된 자를 말한다.

③ 보험모집인: 보험모집인이란 보험자의 피용자로서 보험자를 위하여 보험계약청약의 유인을 하는 자를 말한다.

④ 보험의: 보험의란 생명보험회사가 생명보험계약을 체결하는 경우 피보험자의 신체검사를 하여 생명의 위험측정에 관한 전문가로서의 의견을 보험자에게 제공하여 주는 의사를 말한다.

4. 보험계약의 성립

(1) 보험계약의 청약

보험계약은 불요식 낙성계약이므로 청약은 구두·서면·전화 등 어느 것에 의하든지 상관없다. 다만 실제 청약자는 보험계약청약서에 일정한 사항을 기재함과 동시에 1회 보험료 상당액을 납입하고, 보험료 영수증을 받는 방식으로 청약을 한다.

(2) 보험계약의 승낙

일반적으로 대화자 간의 보험계약에 있어서는 보험자가 즉시 승낙을 하여야 보험계약이 성립하고, 격지자 간의 보험계약에 있어서는 승낙기간이 없으면 보험자가 상당한 기간 내에 통지를 발송하여야 보험계약이 성립한다.

5. 고지의무

(1) 고지의무의 의의

고지의무란 보험계약 체결 당시에 보험계약자 또는 피보험자가 보험자에 대하여 중요한 사실을 고지할 의무를 말한다.

(2) 고지의무자와 상대방

고지의무자는 보험계약자와 피보험자이며 고지의무의 상대방은 보험자 및 그로부터 고지수령의 권한이 주어진 자를 말한다.

법학 전문가의 TIP

승낙의 낙부통지의무

상시거래 관계가 있는 경우에는 상인이 상시거래 관계에 있는 자로부터 그 영업부류에 속한 계약의 청약을 받은 때에는 지체 없이 낙부의 통지를 발송하여야 합니다. 이를 해태한 때에는 승낙한 것으로 봅니다.

보험자가 보험계약자로부터 보험계약의 청약과 함께 보험료 상당액의 전부 또는 일부의 지급을 받은 때에는 다른 약정이 없으면 30일 내에 그 상대방에 대하여 낙부의 통지를 발송하여야 합니다. 그러나 인보험계약의 피보험자가 신체검사를 받아야 하는 경우 그 기간은 신체검사를 받은 날부터 기산합니다. 보험자가 기간 내에 낙부의 통지를 해태한 때에는 승낙한 것으로 봅니다.

(3) 고지의 시기와 방법

고지는 계약의 성립 시까지 하여야 하며, 구두, 서면, 명시적, 묵시적 방법으로 가능하다.

(4) 고지내용

보험계약자 또는 피보험자가 보험자에 대하여 고지할 사항은 중요한 사항이다. 여기서 중요한 사항이란 보험자가 그 사실을 알고 있었으면 계약을 체결하지 아니하였거나 또는 동일한 조건으로는 계약의 체결을 거절하였을 것이라고 객관적으로 생각되는 사정을 말하며, 위험 측정상 중요한 사항을 뜻한다.

(5) 고지의무 위반의 효과

보험계약 당시에 보험계약자 또는 피보험자가 고의 또는 중대한 과실로 인하여 중요한 사항을 고지하지 아니하거나 부실의 고지를 한 때에는 보험자는 그 사실을 안 날로부터 1월 내에, 계약을 체결한 날로부터 3년 내에 한하여 계약을 해지할 수 있다. 그러나 보험자가 계약 당시에 그 사실을 알았거나 중대한 과실로 인하여 알지 못한 때에는 그러하지 아니한다.

6. 보험계약의 효과

(1) 보험자의 의무

① 보험증권 교부의무: 보험자는 보험계약이 성립한 때에는 지체없이 보험증권을 작성하여 보험계약자에게 교부하여야 한다.

② 보험금 지급의무: 보험자는 보험사고가 발생한 경우에 손해보험의 피보험자 또는 생명보험의 보험수익자에게 보험금을 지급하여야 할 의무를 진다. 여기서 보험사고는 보험기간 내에 발생하여야 하며, 보험료청구권은 2년간 행사하지 아니하면 시효의 완성으로 소멸한다.

③ 보험료 반환의무: 보험계약의 전부 또는 일부가 무효인 경우에 보험계약자와 피보험자가 선의이며 중대한 과실이 없는 때에는 보험자에 대하여 보험료의 전부 또는 일부의 반환을 청구할 수 있다. 보험료 또는 적립금의 반환청구권은 3년간 행사하지 아니하면 시효의 완성으로 소멸한다.

(2) 보험계약자 · 피보험자 등의 의무

① 보험료 지급의무: 보험계약자는 보험계약이 체결된 후 보험자에 대하여 보험료를 지급하여야 한다. 보험계약이 성립되었다 하더라도 보험료의 전부 또는 제1회의 지급이 없으면 다른 약정이 없는 한 보험자는 보험계약상의 책임을 지지 않는다. 보험료 지급채무의 소멸시효기간은 2년이다.

② 통지의무: 보험기간 중에 보험계약자 또는 피보험자가 사고발생의 위험이 현저하게 변경 또는 증가된 사실을 안 때에는 지체없이 보험자에게 통지하여야 하며, 보험계약자 또는 피보험자나 보험수익자가 보험사고의 발생을 안 때에는 지체없이 보험자에게 그 통지를 발송하여야 한다.

③ 위험유지의무: 보험기간 중에 보험계약자, 피보험자 또는 보험수익자는 고의 또는 중대한 과실로 인하여 사고발생의 위험을 현저하게 변경시키거나 증가시키지 않을 의무를 부담한다. 보험계약자 등이 이 의무를 위반한 때에는 보험자는 그 사실을 안 날부터 1월 내에 보험료의 증액을 청구하거나 계약을 해지할 수 있다.

02 손해보험

출제빈도 ★

1. 손해보험계약의 의의

손해보험계약이란 당사자의 일방(보험자)이 불확정한 보험사고로 인하여 생길 재산상의 손해를 배상할 것을 약정하고, 상대방 당사자(보험계약자)가 이에 대하여 보험료를 지급할 것을 목적으로 하는 보험계약을 말한다.

2. 손해보험계약의 요소

(1) 피보험이익

① 피보험이익의 개념: 피보험이익은 손해보험에서 보험사고가 발생함으로써 피보험자가 손해를 입을 염려가 있는 경제적 이익을 말하며, 보험계약의 목적이라고도 한다. 피보험이익은 손해보험계약의 불가결의 요소의 하나이며 손해보험계약에 특유한 것으로, 계약의 성립요건이자 존속요건에 해당한다.

② 피보험이익의 요건

- 적법성: 피보험이익은 적법한 것이어야 한다. 즉, 법의 금지규정에 위반되거나 사회질서에 반하는 이익은 법의 보호를 받을 수 없으므로 피보험이익이 되지 못한다.
- 금전산정 가능성: 피보험이익은 금전으로 산정할 수 있는 이익에 한정된다. 따라서 정신적 이익 등과 같은 경제적 이익 이외의 것은 피보험이익이 되지 못한다.
- 확정가능성: 피보험이익이 반드시 계약체결 전에 현존하고 확정되이 있어야 히는 것은 아니나, 적어도 보험사고가 발생할 때까지는 이익의 종류·귀속이 확정될 수 있어야 한다.

(2) 보험가액과 보험금액

① 보험가액: 보험가액은 피보험이익(보험계약의 목적)의 가액을 말한다. 보험가액은 피보험이익의 평가에서 나오는 주관적 가액이지만, 합리적인 거래계의 보통가액이어야 한다.

② 보험금액: 보험금액은 보험자가 보상할 금액의 최고한도로 약정된 금액을 말하며, 고정적인 것으로 보험기간 중에 변경되는 일은 없으나, 초과보험이 된 경우 보험금 감액청구가 가능하다.

3. 손해보험계약의 효과

(1) 보험자의 손해배상의무

손해보험계약에서의 보험자의 책임은 당사자 간에 다른 약정이 없으면 최초의 보험료의 지급을 받은 때로부터 개시한다.

(2) 보험계약자 · 피보험자의 손해방지 · 경감의무

보험계약자와 피보험자는 보험사고가 발생한 때에 손해의 방지와 경감을 위하여 노력하여야 한다.

(3) 보험자 대위

보험자 대위란 보험의 목적의 전부가 멸실한 경우 보험자가 보험금액의 전부를 지급한 때에 보험계약자 또는 피보험자가 그 목적에 대한 피보험자의 권리 및 제삼자에 대하여 가지는 권리를 보험계약자 또는 피보험자에 대신하여 법률상 당연히 취득하는 것을 말한다.

4. 손해보험계약의 종류

(1) 화재보험계약

화재보험계약이란 화재로 인하여 생길 손해를 보상할 것을 목적으로 하는 손해보험계약을 말한다.

(2) 운송보험계약

운송보험계약이란 육상운송에 있어서의 운송물에 관한 사고로 인하여 발생할 손해를 보상할 것을 목적으로 하는 손해보험계약을 말한다.

(3) 해상보험계약

해상보험계약이란 해상사업에 관한 사고로 인하여 생길 손해를 보상할 것을 목적으로 하는 손해보험계약을 말한다.

(4) 책임보험계약

책임보험계약이란 피보험자가 보험기간 중의 사고로 인하여 제삼자에게 배상할 책임을 질 경우에 보험자가 피보험자의 책임이행으로 인하여 생길 손해를 보상할 것을 목적으로 하는 손해보험계약을 말한다.

(5) 재보험계약

재보험계약이란 어떤 보험자가 보험계약에 의하여 인수한 책임의 전부 또는 일부를 다른 보험자에게 전가하는 보험계약을 말한다.

(6) 자동차보험계약

자동차보험계약이란 자동차를 소유, 사용 또는 관리하는 동안에 발생한 사고로 인하여 생긴 손해를 보상할 것을 내용으로 하는 손해보험계약을 말한다.

시험문제 미리보기!

다음 중 상법상 손해보험의 종류가 아닌 것은?

① 자동차보험
② 생명보험
③ 해상보험
④ 화재보험

정답 ②

해설 생명보험은 상법이 규정하는 인보험에 해당한다.

03 인보험

출제빈도 ★

1. 인보험의 의의

인보험계약이란 보험자가 피보험자의 생명 또는 신체에 관하여 보험사고가 생길 경우 계약에 의해 보험금이나 그 밖의 급여를 지급할 것을 약정하고, 보험계약자가 이에 대하여 보험료를 지급할 것을 약정함으로써 효력이 생기는 보험계약을 말한다.

2. 인보험계약의 요소

(1) 목적

인보험의 목적은 사람의 생명 또는 신체인 점에서, 피보험자의 물건 기타의 재산을 보험의 목적으로 하는 손해보험과 다르다.

(2) 보험사고

인보험의 보험사고는 사람의 생명·신체에 관한 사고인 점에서, 피보험자의 물건 기타의 재산에 관한 사고인 손해보험의 보험사고와는 다르다.

(3) 보험금액

인보험에서는 보험금액이 정액화되어 있다는 점에서, 보험금액의 한도 내에서 실제 발생한 손해를 보상하는 부정액보험인 손해보험과 다르다.

(4) 피보험이익·보험가액

인보험은 사람의 생명·신체에 관한 것이므로 이에 대한 금전적인 평가를 할 수 없기 때문에 피보험이익이나 보험가액이란 존재하지 않는다. 따라서 초과보험·중복보험·일부보험의 문제가 발생하지 않는다.

3. 보험자 대위 금지

상법 제729조에서 보험자는 보험사고로 인하여 생긴 보험계약자 또는 보험수익자의 제삼자에 대한 권리를 대위하여 행사하지 못한다고 하여 보험자 대위를 금지하고 있다.

4. 인보험계약의 종류

(1) 생명보험

① 의의: 생명보험계약이란 보험자가 피보험자의 사망, 생존, 사망과 생존에 관한 보험사고가 발생할 경우에 약정한 보험금을 지급하기로 하는 인보험계약을 말한다.
② 사망보험: 피보험자의 사망에 관한 보험사고가 발생할 경우에 약정한 보험금을 지급하는 보험이다.
③ 생존보험: 일정한 시기까지의 피보험자의 생존을 보험사고로 하는 보험이다.
④ 혼합보험: 일정한 시기까지의 피보험자의 생존 및 그 시기까지의 피보험자의 사망 모두를 보험사고로 하는 보험이다.

(2) 상해보험

보험자가 피보험자의 신체의 상해에 관한 보험사고가 생길 경우에 보험금액 기타의 급여를 지급하기로 하는 인보험계약이다.

(3) 질병보험

질병보험계약이란 보험자가 피보험자의 질병에 관한 보험사고가 발생할 경우 보험금이나 그 밖의 급여를 지급하기로 하는 계약이다.

시험문제 미리보기!

다음 중 상법상 피보험이익에 대한 설명으로 옳지 않은 것은?

① 피보험이익은 적법한 것이어야 하며, 금전으로 산정할 수 있는 이익에 한정된다.
② 피보험이익은 손해보험에서 보험사고가 발생함으로써 피보험자가 손해를 입을 염려가 있는 경제적 이익을 말한다.
③ 피보험이익은 인보험계약의 본질적인 요소이다.
④ 피보험이익은 보험계약의 동일성을 결정하는 기준이다.

정답 ③

해설 인보험은 사람의 생명·신체에 관한 것이므로 이에 대한 금전적인 평가를 할 수 없기 때문에 피보험이익이나 보험가액이란 존재하지 않는다. 상법 제727조(인보험자의 책임) 제1항에 따르면, 인보험계약의 보험자는 피보험자의 생명이나 신체에 관하여 보험사고가 발생할 경우에 보험계약으로 정하는 바에 따라 보험금이나 그 밖의 급여를 지급할 책임이 있다.

출제예상문제

출제빈도: ★★☆ 대표출제기업: 대한무역투자진흥공사

01 다음 중 상사에 관하여 적용되는 법의 적용순서로 옳은 것은?

① 상법전 ⇨ 민사특별법 ⇨ 민법전 ⇨ 정관 ⇨ 상관습법
② 정관 ⇨ 민사특별법 ⇨ 상법전 ⇨ 민법전 ⇨ 민관습법
③ 상사특별법 ⇨ 상법전 ⇨ 상관습법 ⇨ 민법전 ⇨ 정관
④ 정관 ⇨ 상관습법 ⇨ 민사특별법 ⇨ 민법전 ⇨ 조리

출제빈도: ★★☆ 대표출제기업: 한국동서발전

02 다음 <보기> 중 상법의 특성으로 옳은 것은 모두 몇 개인가?

<보기>

- 공시제도
- 간이·신속주의
- 영리주의
- 사회주의

① 1개
② 2개
③ 3개
④ 4개

출제빈도: ★★★ 대표출제기업: 한국농어촌공사

03 다음 <보기> 중 상법상 상인에 대한 설명으로 옳지 않은 것을 모두 고르면?

<보기>

(가) 상사에 관하여 본법에 규정이 없으면 민법에 의하고 민법이 없으면 상관습법에 의한다.
(나) 공법인의 상행위에 대하여는 법령에 다른 규정이 없는 경우에 한하여 본법을 적용한다.
(다) 법정대리인의 대리권에 대한 제한은 선의의 제삼자에게 대항할 수 있다.
(라) 미성년자가 법정대리인의 허락을 얻어 회사의 무한책임사원이 된 때에는 그 사원 자격으로 인한 행위에는 능력자로 본다.

① (가), (나)
② (가), (다)
③ (나), (다)
④ (다), (라)

출제빈도: ★★☆ 대표출제기업: 한국원자력환경공단

04 다음 중 상법상 상업사용인에 관한 설명으로 가장 옳지 않은 것은?

① 상업사용인은 영업주의 허락 없이 자기 또는 제삼자의 계산으로 영업주의 영업부류에 속한 거래를 하지 못한다.
② 표현지배인은 영업주에 갈음하여 지배인과 동일한 권한이 있지만, 재판상 행위에 관하여는 그러하지 아니한다.
③ 지배인은 지배인이 아닌 점원 기타 사용인을 선임 또는 해임할 수 있다.
④ 영업의 특정한 종류 또는 특정한 사항에 대한 위임을 받은 사용인은 재판상 행위에 대한 대리권이 있다.

정답 및 해설

01 ④
'상사자치법(정관) ⇨ 상사특별법 ⇨ 상법전 ⇨ 상관습법 ⇨ 민사자치법 ⇨ 민사특별법 ⇨ 민법전 ⇨ 민관습법 ⇨ 조리' 순이다.

02 ③
상법의 특성 중 조직 면에서의 특성에는 기업자본의 원활한 조달, 노력의 보충, 기업의 독립성 확보, 기업해체의 방지, 경영의 전문화, 위험부담의 경감이 있고, 활동 면에서의 특성에는 상행위의 유사성, 간이·신속주의, 거래안전보호제도(공시제도/외관신뢰보호의 법리), 책임의 가중과 경감, 개성의 상실, 계약자유의 원칙, 계약의 정형화가 있다.

03 ②
(가) 상법 제1조(상사적용법규)에 따르면, 상사에 관하여 본법에 규정이 없으면 상관습법에 의하고 상관습법이 없으면 민법의 규정에 의한다.
(다) 상법 제8조(법정대리인에 의한 영업의 대리) 제2항에 따르면, 법정대리인의 대리권에 대한 제한은 선의의 제삼자에게 대항하지 못한다.

오답노트
(나) 상법 제2조(공법인의 상행위)에 따르면, 공법인의 상행위에 대하여는 법령에 다른 규정이 없는 경우에 한하여 본법을 적용한다.
(라) 상법 제7조(미성년자와 무한책임사원)에 따르면, 미성년자가 법정대리인의 허락을 얻어 회사의 무한책임사원이 된 때에는 그 사원 자격으로 인한 행위에는 능력자로 본다.

04 ④
상법 제15조(부분적 포괄대리권을 가진 사용인) 제1항에 따르면, 영업의 특정한 종류 또는 특정한 사항에 대한 위임을 받은 사용인은 이에 관한 재판 외의 모든 행위를 할 수 있다.

오답노트
① 상법 제17조(상업사용인의 의무) 제1항에 따르면, 상업사용인은 영업주의 허락 없이 자기 또는 제삼자의 계산으로 영업주의 영업부류에 속한 거래를 하거나 회사의 무한책임사원, 이사 또는 다른 상인의 사용인이 되지 못한다.
② 상법 제14조(표현지배인) 제1항에 따르면, 본점 또는 지점의 본부장, 지점장, 그 밖에 지배인으로 인정될 만한 명칭을 사용하는 자는 본점 또는 지점의 지배인과 동일한 권한이 있는 것으로 본다. 다만, 재판상 행위에 관하여는 그러하지 아니한다.
③ 상법 제11조(지배인의 대리권) 제2항에 따르면, 지배인은 지배인이 아닌 점원 기타 사용인을 선임 또는 해임할 수 있다.

출제예상문제

출제빈도: ★☆☆ 대표출제기업: 국토안전관리원

05 **상법상 지배인에 대한 설명으로 옳지 않은 것은?**

① 상인은 수인의 지배인에게 공동으로 대리권을 행사하게 할 수 있다.
② 지배인은 영업주에 갈음하여 그 영업에 관한 재판상 또는 재판 외의 모든 행위를 할 수 있다.
③ 지배인은 지배인이 아닌 점원 기타 사용인을 선임할 수 있으나 해임할 수는 없다.
④ 상인은 지배인의 선임과 그 대리권의 소멸에 관하여 그 지배인을 둔 본점 또는 지점소재지에서 등기하여야 한다.

출제빈도: ★★☆ 대표출제기업: 대구도시철도공사

06 **다음 <보기>에서 상법에 관한 설명으로 옳지 않은 것을 모두 고르면?**

<보기>

(가) 미성년자가 법정대리인의 허락을 얻어 영업을 하는 때에는 등기가 필요하지 않다.
(나) 법정대리인의 대리권에 대한 제한은 선의의 제삼자에게 대항하지 못한다.
(다) 지배인은 영업주에 갈음하여 그 영업에 관한 재판상 행위만을 할 수 있다.
(라) 본점 또는 지점의 본부장, 지점장, 그 밖에 지배인으로 인정될 만한 명칭을 사용하는 자는 본점 또는 지점의 지배인과 동일한 권한이 있는 것으로 본다.

① (가), (나)
② (가), (다)
③ (나), (다)
④ (다), (라)

출제빈도: ★☆☆ 대표출제기업: 한국동서발전

07 **다음 <보기>에서 상법상 지배인에 대한 설명으로 옳지 않은 것을 모두 고르면?**

<보기>

(가) 상인은 지배인을 선임하여 본점 또는 지점에서 영업을 하게 할 수 있다.
(나) 상인은 지배인의 선임과 그 대리권의 소멸에 관하여 본점소재지에서 등기하여야 한다.
(다) 지배인은 지배인이 아닌 점원 기타 사용인을 선임 또는 해임할 수 있다.
(라) 지배인은 영업주에 갈음하여 그 영업에 관한 재판상의 행위만을 할 수 있다.

① (가), (나)
② (가), (라)
③ (나), (다)
④ (나), (라)

출제빈도: ★☆☆ 대표출제기업: 한국보훈복지의료공단

08 다음은 상호불사용과 상호등기의 말소에 관한 상법상 규정이다. (가)~(나) 안에 들어갈 내용으로 옳은 것은?

• 제26조(상호불사용의 효과)
상호를 등기한 자가 정당한 사유 없이 (가)간 상호를 사용하지 아니하는 때에는 이를 폐지한 것으로 본다.
• 제27조(상호등기의 말소청구)
상호를 변경 또는 폐지한 경우에 (나)간 내에 그 상호를 등기한 자가 변경 또는 폐지의 등기를 하지 아니하는 때에는 이해관계인은 그 등기의 말소를 청구할 수 있다.

① (가): 1년, (나): 2주
② (가): 1년, (나): 3주
③ (가): 2년, (나): 2주
④ (가): 2년, (나): 3주

정답 및 해설

05 ③
상법 제11조(지배인의 대리권) 제2항에 따르면, 지배인은 지배인이 아닌 점원 기타 사용인을 선임 또는 해임할 수 있다.

오답노트
① 상법 제12조(공동지배인) 제1항에 따르면, 상인은 수인의 지배인에게 공동으로 대리권을 행사하게 할 수 있다.
② 상법 제11조(지배인의 대리권) 제1항에 따르면, 지배인은 영업주에 갈음하여 그 영업에 관한 재판상 또는 재판 외의 모든 행위를 할 수 있다.
④ 상법 제13조(지배인의 등기)에 따르면, 상인은 지배인의 선임과 그 대리권의 소멸에 관하여 그 지배인을 둔 본점 또는 지점소재지에서 등기하여야 한다.

06 ②
(가) 상법 제6조(미성년자의 영업과 등기)에 따르면, 미성년자가 법정대리인의 허락을 얻어 영업을 하는 때에는 등기를 하여야 한다.
(다) 상법 제11조(지배인의 대리권) 제1항에 따르면, 지배인은 영업주에 갈음하여 그 영업에 관한 재판상 또는 재판 외의 모든 행위를 할 수 있다.

오답노트
(나) 상법 제8조(법정대리인에 의한 영업의 대리) 제2항에 따르면, 법정대리인의 대리권에 대한 제한은 선의의 제삼자에게 대항하지 못한다.
(라) 상법 제14조(표현지배인) 제1항에 따르면, 본점 또는 지점의 본부장, 지점장, 그 밖에 지배인으로 인정될 만한 명칭을 사용하는 자는 본점 또는 지점의 지배인과 동일한 권한이 있는 것으로 본다.

07 ④
(나) 상법 제13조(지배인의 등기)에 따르면, 상인은 지배인의 선임과 그 대리권의 소멸에 관하여 그 지배인을 둔 본점 또는 지점소재지에서 등기하여야 한다. 전조 제1항에 규정한 사항과 그 변경도 같다.
(라) 상법 제11조(지배인의 대리권) 제1항에 따르면, 지배인은 영업주에 갈음하여 그 영업에 관한 재판상 또는 재판 외의 모든 행위를 할 수 있다.

오답노트
(가) 상법 제10조(지배인의 선임)에 따르면, 상인은 지배인을 선임하여 본점 또는 지점에서 영업을 하게 할 수 있다.
(다) 상법 제11조(지배인의 대리권) 제2항에 따르면, 지배인은 지배인이 아닌 점원 기타 사용인을 선임 또는 해임할 수 있다.

08 ③
• 상법 제26조(상호불사용의 효과)
상호를 등기한 자가 정당한 사유 없이 '2년'간 상호를 사용하지 아니하는 때에는 이를 폐지한 것으로 본다.
• 상법 제27조(상호등기의 말소청구)
상호를 변경 또는 폐지한 경우에 '2주'간 내에 그 상호를 등기한 자가 변경 또는 폐지의 등기를 하지 아니하는 때에는 이해관계인은 그 등기의 말소를 청구할 수 있다.

출제예상문제

출제빈도: ★☆☆ 대표출제기업: 경기신용보증재단

09 **다음 중 상호에 관한 설명으로 가장 적절하지 않은 것은?**

① 회사가 아니면 상호에 회사임을 표시하는 문자를 사용하지 못하지만 회사의 영업을 양수한 경우는 회사임을 표시하는 문자 사용이 가능하다.

② 회사의 상호에는 그 종류에 따라 합명회사, 합자회사, 유한책임회사, 주식회사 또는 유한회사의 문자를 사용하여야 한다.

③ 상호는 영업을 폐지하거나 영업과 함께 하는 경우에 한하여 이를 양도할 수 있다.

④ 동일한 영업에는 단일상호를 사용하여야 하며, 지점의 상호에는 본점과의 종속관계를 표시하여야 한다.

출제빈도: ★★☆ 대표출제기업: 한국남부발전

10 **다음 중 상법상 상호에 대한 내용으로 옳지 않은 것은?**

① 타인에게 자기의 성명 또는 상호를 사용하여 영업을 할 것을 허락한 자는 자기를 영업주로 오인하여 거래한 제삼자에 대하여 그 타인과 연대하여 변제할 책임이 있다.

② 상호를 등기한 자가 정당한 사유 없이 2년간 상호를 사용하지 아니하는 때에는 이를 폐지한 것으로 본다.

③ 상호를 변경 또는 폐지한 경우에 2주간 내에 그 상호를 등기한 자가 변경 또는 폐지의 등기를 하지 아니하는 때에는 이해관계인은 그 등기의 말소를 청구할 수 있다.

④ 상호는 영업을 폐지하는 경우에 한하여 이를 양도할 수 있다.

출제빈도: ★☆☆ 대표출제기업: 한국자산관리공사

11 **다음 중 상법상 상호에 대한 설명으로 옳지 않은 것은?**

① 타인이 등기한 상호는 동일한 특별시 또는 광역시에서 동종영업의 상호로 등기할 수 있다.

② 누구든지 부정한 목적으로 타인의 영업으로 오인할 수 있는 상호를 사용하지 못한다.

③ 타인에게 자기의 성명 또는 상호를 사용하여 영업을 할 것을 허락한 자는 자기를 영업주로 오인하여 거래한 제삼자에 대하여 그 타인과 연대하여 변제할 책임이 있다.

④ 상호는 영업을 폐지하거나 영업과 함께 하는 경우에 한하여 이를 양도할 수 있다.

출제빈도: ★☆☆ 대표출제기업: 한국보훈복지의료공단

12 다음 중 상행위에 대한 설명으로 옳은 것은?

① 상인의 행위는 영업을 위하여 하는 것으로 간주한다.
② 상인이 그 영업에 관하여 수여한 대리권은 본인의 사망으로 인하여 소멸한다.
③ 상행위의 대리인이 본인을 위한 것임을 표시하지 않은 경우 그 행위는 본인에 대하여 효력이 없다.
④ 대화자 간의 계약의 청약은 상대방이 즉시 승낙하지 아니한 때에는 그 효력을 잃는다.

정답 및 해설

09 ①
상법 제20조(회사상호의 부당사용의 금지)에 따르면, 회사가 아니면 상호에 회사임을 표시하는 문자를 사용하지 못한다. 회사의 영업을 양수한 경우에도 같다.

오답노트
② 상법 제19조(회사의 상호)에 따르면, 회사의 상호에는 그 종류에 따라 합명회사, 합자회사, 유한책임회사, 주식회사 또는 유한회사의 문자를 사용하여야 한다.
③ 상법 제25조(상호의 양도) 제1항에 따르면, 상호는 영업을 폐지하거나 영업과 함께 하는 경우에 한하여 이를 양도할 수 있다.
④ 상법 제21조(상호의 단일성)에 따르면, 동일한 영업에는 단일상호를 사용하여야 하며, 지점의 상호에는 본점과의 종속관계를 표시하여야 한다.

10 ④
상법 제25조(상호의 양도) 제1항에 따르면, 상호는 영업을 폐지하거나 영업과 함께 하는 경우에 한하여 이를 양도할 수 있다.

오답노트
① 상법 제24조(명의대여자의 책임)에 따르면, 타인에게 자기의 성명 또는 상호를 사용하여 영업을 할 것을 허락한 자는 자기를 영업주로 오인하여 거래한 제삼자에 대하여 그 타인과 연대하여 변제할 책임이 있다.
② 상법 제26조(상호불사용의 효과)에 따르면, 상호를 등기한 자가 정당한 사유 없이 2년간 상호를 사용하지 아니하는 때에는 이를 폐지한 것으로 본다.
③ 상법 제27조(상호등기의 말소청구)에 따르면, 상호를 변경 또는 폐지한 경우에 2주간 내에 그 상호를 등기한 자가 변경 또는 폐지의 등기를 하지 아니하는 때에는 이해관계인은 그 등기의 말소를 청구할 수 있다.

11 ①
상법 제22조(상호등기의 효력)에 따르면, 타인이 등기한 상호는 동일한 특별시·광역시·시·군에서 동종영업의 상호로 등기하지 못한다.

오답노트
② 상법 제23조(주체를 오인시킬 상호의 사용금지) 제1항에 따르면, 누구든지 부정한 목적으로 타인의 영업으로 오인할 수 있는 상호를 사용하지 못한다.
③ 상법 제24조(명의대여자의 책임)에 따르면, 타인에게 자기의 성명 또는 상호를 사용하여 영업을 할 것을 허락한 자는 자기를 영업주로 오인하여 거래한 제삼자에 대하여 그 타인과 연대하여 변제할 책임이 있다.
④ 상법 제25조(상호의 양도) 제1항에 따르면, 상호는 영업을 폐지하거나 영업과 함께 하는 경우에 한하여 이를 양도할 수 있다.

12 ④
상법 제51조(대화자 간의 청약의 구속력)에 따르면, 대화자 간의 계약의 청약은 상대방이 즉시 승낙하지 아니한 때에는 그 효력을 잃는다.

오답노트
① 상법 제47조(보조적 상행위) 제2항에 따르면, 상인의 행위는 영업을 위하여 하는 것으로 추정한다.
② 상법 제50조(대리권의 존속)에 따르면, 상인이 그 영업에 관하여 수여한 대리권은 본인의 사망으로 인하여 소멸하지 아니한다.
③ 상법 제48조(대리의 방식)에 따르면, 상행위의 대리인이 본인을 위한 것임을 표시하지 아니하여도 그 행위는 본인에 대하여 효력이 있다.

출제예상문제

출제빈도: ★★☆ 대표출제기업: 한국동서발전

13 **다음 중 회사에 대한 설명으로 옳지 않은 것은?**

① 회사란 상행위나 그 밖의 영리를 목적으로 하여 설립한 법인을 말한다.
② 회사는 합명회사, 합자회사, 유한책임회사, 주식회사와 유한회사의 5종으로 한다.
③ 회사는 다른 회사의 무한책임사원이 될 수 있다.
④ 회사의 주소는 본점소재지에 있는 것으로 한다.

출제빈도: ★★★

14 **상법상 회사 일반에 관한 설명으로 옳지 않은 것은?**

① 모든 회사는 다른 회사의 무한책임사원이 될 수 없다.
② 해산 후의 회사와 존립 중인 회사가 합병하는 경우 해산 후의 회사가 존립 중인 회사를 흡수하여 합병할 수 있다.
③ 회사는 본점소재지에서 설립등기를 함으로써 성립한다.
④ 법원은 회사의 설립목적이 불법한 것인 때 이해관계인이나 검사의 청구에 의하여 회사의 해산을 명할 수 있다.

출제빈도: ★★☆ 대표출제기업: 금융감독원

15 **다음 중 상법상 자본에 대한 설명으로 옳지 않은 것은?**

① 자본금이란 액면주식을 발행하는 경우에는 회사가 발행한 주식의 액면총액을 의미한다.
② 주식회사의 자본금은 주식으로 분할되며, 주식은 사원(주주)의 출자단위가 된다.
③ 자본이란 회사가 보유하여야 할 책임재산의 최저한도를 의미한다.
④ 유한회사의 총액은 5천만 원 이상이어야 한다.

출제빈도: ★★☆ 대표출제기업: 한국동서발전

16 **다음은 상법상 회사에 대한 설명이다. 빈칸에 들어갈 내용이 바르게 연결된 것은?**

- (가)는 무한책임사원이 될 자와 유한책임사원이 될 자 각 1인 이상이 정관을 작성하고 설립등기를 함으로써 성립한다. 출자의 경우 무한책임사원은 재산 외에도 노무나 신용을 출자할 수 있으나, 유한책임사원은 노무나 신용을 출자의 목적으로 하지 못한다.
- (나)는 1인 또는 수인의 이사를 두며, 이사가 회사의 업무집행 및 대표기관이 된다. 유한회사의 최고의사결정기관은 사원총회이며, 각 사원은 출자 1좌마다 1개의 의결권을 갖는다. 회사의 자본은 다수의 균등액으로 분할되고, 모든 사원은 출자가액에 대한 출자의무를 질 뿐, 회사채권자에 대해서는 책임을 지지 않는다.

	(가)	(나)		(가)	(나)
①	주식회사	합자회사	②	합자회사	유한회사
③	합명회사	유한회사	④	합자회사	유한책임회사

출제빈도: ★★☆ 대표출제기업: 부산신용보증재단

17 다음은 상법상 회사에 관한 규정과 이에 대한 설명이다. 빈칸에 들어갈 말로 옳은 것은?

> (   )는 2011년 상법 개정으로 들어온 새로운 종류의 회사로 사원의 책임은 다른 법률에 규정이 없는 한 그 출자금액을 한도로 하며, 지분의 양도 시 다른 사원의 동의를 얻어야 한다. 정관으로 사원 또는 사원이 아닌 자를 업무집행자로 정해야 하며, 업무집행자가 아닌 사원이 감사권을 갖는다. 업무집행자는 회사를 대표하며, 업무집행자가 그 업무집행으로 인하여 타인에게 손해가 발생한 경우 회사는 그 업무집행자와 연대하여 배상할 책임이 있다.

① 주식회사 ② 합명회사
③ 합자회사 ④ 유한책임회사

정답 및 해설

13 ③
상법 제173조(권리능력의 제한)에 따르면, 회사는 다른 회사의 무한책임사원이 되지 못한다.

오답노트
① 상법 제169조(회사의 의의)에 따르면, 이 법에서 "회사"란 상행위나 그 밖의 영리를 목적으로 하여 설립한 법인을 말한다.
② 상법 제170조(회사의 종류)에 따르면, 회사는 합명회사, 합자회사, 유한책임회사, 주식회사와 유한회사의 5종으로 한다.
④ 상법 제171조(회사의 주소)에 따르면, 회사의 주소는 본점소재지에 있는 것으로 한다.

14 ②
상법 제174조(회사의 합병) 제3항에 따르면, 해산 후의 회사는 **존립 중의 회사를 존속하는 회사로 하는 경우에 한하여 합병을 할 수 있다.**

오답노트
① 상법 제173조(권리능력의 제한)에 따르면, 회사는 다른 회사의 무한책임사원이 되지 못한다.
③ 상법 제172조(회사의 성립)에 따르면, 회사는 본점소재지에서 설립등기를 함으로써 성립한다.
④ 상법 제176조(회사의 해산명령) 제1항에 따르면, 법원은 다음의 사유가 있는 경우에는 **이해관계인이나 검사의 청구에 의하여 또는 직권으로** 회사의 해산을 명할 수 있다.
1. 회사의 설립목적이 불법한 것인 때

15 ④
2011년 상법 개정으로 종래 1천만 원이던 유한회사의 최저자금이 폐지되었다.

16 ②
- '합자회사'는 무한책임사원이 될 자와 유한책임사원이 될 자 각 1인 이상이 정관을 작성하고 설립등기를 함으로써 성립한다. 출자의 경우 무한책임사원은 재산 외에도 노무나 신용을 출자할 수 있으나, 유한책임사원은 노무나 신용을 출자의 목적으로 하지 못한다.
- '유한회사'는 1인 또는 수인의 이사를 두며, 이사가 회사의 업무집행 및 대표기관이 된다. 유한회사의 최고의사결정기관은 사원총회이며, 각 사원은 출자 1좌마다 1개의 의결권을 갖는다. 회사의 자본은 다수의 균등액으로 분할되고, 모든 사원은 출자가액에 대한 출자의무를 질 뿐, 회사채권자에 대해서는 책임을 지지 않는다.

17 ④
2011년에 상법 개정으로 신설된 종류의 회사는 유한책임회사이다.

출제예상문제

출제빈도: ★★☆ 대표출제기업: 국토안전관리원

18 회사와 관련된 사항으로 다음이 설명하는 것은 무엇인가?

> 회사 설립 당시에 발기인에 의해 남용되어 자본금 충실을 해칠 우려가 있는 사항으로서, 특별히 이러한 사항을 실행하고자 하는 경우에는 정관에 기재하고 주식청약서에 기재하여야 하며 별도의 엄격한 검사절차를 반도록 하고 있다.

① 설립 중인 회사
② 법인격부인론
③ 발기인 조합
④ 변태설립사항

출제빈도: ★★☆ 대표출제기업: 국토안전관리원

19 (　　　)안에 들어갈 상법상 회사는 무엇인가?

> (　　　)는 무한책임사원과 유한책임사원으로 조직한다. (　　　)는 무한책임사원이 될 자와 유한책임사원이 될 자 각 1인 이상이 정관을 작성하고 설립등기를 함으로써 성립한다. 출자의 경우 무한책임사원은 재산 외에도 노무나 신용을 출자할 수 있으나, 유한책임사원은 노무나 신용을 출자의 목적으로 하지 못한다.

① 합명회사
② 합자회사
③ 주식회사
④ 유한책임회사

출제빈도: ★★☆ 대표출제기업: 국토안전관리원

20 다음 중 상법상 주식회사에 대한 설명으로 옳지 않은 것은?

① 주식은 액면미달의 가액으로 발행하지 못한다.
② 주주는 회사와 특별한 관계이므로 인수한 주식의 가액을 한도로 출자의무를 부담하지 않는다.
③ 수인이 공동으로 주식을 인수한 자는 연대하여 납입할 책임이 있다.
④ 주식은 타인에게 양도할 수 있다.

출제빈도: ★★☆ 대표출제기업: 대구도시공사

21 다음 <보기>에서 상법상 주식에 대한 설명으로 옳지 않은 것을 모두 고르면?

<보기>

(가) 수인이 공동으로 주식을 인수한 자는 각자가 납입할 책임이 있다.
(나) 주식이 수인의 공유에 속하는 때에는 공유자인 주주 각자가 권리를 행사한다.
(다) 주주의 권리를 행사할 자가 없는 때에는 공유자에 대한 통지나 최고는 그 1인에 대하여 하면 된다.
(라) 주식은 타인에게 양도할 수 있다. 다만, 회사는 정관으로 정하는 바에 따라 그 발행하는 주식의 양도에 관하여 이사회의 승인을 받도록 할 수 있다.

① (가), (나)
② (가), (다)
③ (나), (다)
④ (다), (라)

정답 및 해설

18 ④
해당 내용은 변태설립사항에 대한 설명이다.

오답노트
① 설립 중인 회사: 회사는 설립등기에 의하여 성립하지만, 회사설립에 착수하여 어느 정도 회사의 실체가 이루어졌을 때부터 설립등기에 이르기까지의 단계에 대해 사회적 실재성을 인정하고 강의 학상 이를 설립 중의 회사라고 한다.
② 법인격부인론: 개인기업이면서 기업상의 책임을 면탈하거나 제한하기 위하여 형식상 회사제도를 남용하는 예가 적지 않다. 이러한 문제를 해결하기 위해 회사가 사원으로부터 독립된 실체를 갖지 못한 경우에 회사의 특정한 법률관계에 있어서만은 회사의 법인격을 인정하지 아니하고 회사와 사원을 동일시하여 회사의 책임을 사원에게 묻는다는 이론이 법인격부인론이다.
③ 발기인 조합: 발기인들 간에는 설립을 목적으로 하는 계약을 체결하고, 그의 이행으로서 정관의 작성 등 설립에 관한 행위를 하게 되며, 이러한 발기인들 간의 계약을 조합계약이라 한다. 이 계약에 의하여 발기인 조합이 성립한다.

19 ②
'합자회사'는 무한책임사원과 유한책임사원으로 조직한다. '합자회사'는 무한책임사원이 될 자와 유한책임사원이 될 자 각 1인 이상이 정관을 작성하고 설립등기를 함으로써 성립한다. 출자의 경우 무한책임사원은 재산 외에도 노무나 신용을 출자할 수 있으나, 유한책임사원은 노무나 신용을 출자의 목적으로 하지 못한다.

20 ②
상법 제331조(주주의 책임)에 따르면, 주주의 책임은 그가 가진 주식의 인수가액을 한도로 한다.

오답노트
① 상법 제330조(액면미달발행의 제한)에 따르면, 주식은 액면미달의 가액으로 발행하지 못한다.
③ 상법 제333조(주식의 공유) 제1항에 따르면, 수인이 공동으로 주식을 인수한 자는 연대하여 납입할 책임이 있다.
④ 상법 제335조(주식의 양도성) 제1항에 따르면, 주식은 타인에게 양도할 수 있다. 다만, 회사는 정관으로 정하는 바에 따라 그 발행하는 주식의 양도에 관하여 이사회의 승인을 받도록 할 수 있다.

21 ①
(가) 상법 제333조(주식의 공유) 제1항에 따르면, 수인이 공동으로 주식을 인수한 자는 연대하여 납입할 책임이 있다.
(나) 상법 제333조(주식의 공유) 제2항에 따르면, 주식이 수인의 공유에 속하는 때에는 공유자는 주주의 권리를 행사할 자 1인을 정하여야 한다.

오답노트
(다) 상법 제333조(주식의 공유) 제3항에 따르면, 주주의 권리를 행사할 자가 없는 때에는 공유자에 대한 통지나 최고는 그 1인에 대하여 하면 된다.
(라) 상법 제335조(주식의 양도성) 제1항에 따르면, 주식은 타인에게 양도할 수 있다. 다만, 회사는 정관으로 정하는 바에 따라 그 발행하는 주식의 양도에 관하여 이사회의 승인을 받도록 할 수 있다.

출제예상문제

출제빈도: ★★☆ 대표출제기업: 한국남부발전

22 다음 중 상법상 회사가 해산하는 사유를 모두 고르면?

<보기>

(가) 합병	(나) 파산
(다) 법원의 판결	(라) 총사원의 2/3의 동의

① (가), (나)
② (나), (라)
③ (가), (나), (다)
④ (나), (다), (라)

출제빈도: ★★☆ 대표출제기업: 한국보훈복지의료공단

23 다음 중 주식회사 정관의 절대적 기재사항이 아닌 것은?

① 이사의 수
② 액면주식을 발행하는 경우 1주의 금액
③ 상호
④ 회사의 설립 시에 발행하는 주식의 총수

출제빈도: ★★☆ 대표출제기업: 한국자산관리공사

24 다음 중 상법상 변태설립사항에 대한 설명으로 옳지 않은 것은?

① 발기인이 받을 특별이익과 이를 받을 자의 성명은 변태설립사항이다.
② 현물출자를 하는 자의 성명과 그 목적인 재산의 종류, 수량, 가격과 이에 대하여 부여할 주식의 종류와 수는 변태설립사항이다.
③ 회사성립 후에 양수할 것을 약정한 재산의 종류, 수량, 가격과 그 양수인의 성명은 변태설립사항이다.
④ 회사가 부담할 설립비용과 발기인이 받을 보수액은 변태설립사항이다.

출제빈도: ★★☆ 대표출제기업: 한국원자력환경공단

25 **다음 <보기>에서 상법상 주식회사의 설립에 관한 설명으로 옳지 않은 것을 모두 고르면?** (단, 다툼이 있는 경우 판례에 의함)

<보기>

(가) 회사설립 시 액면주식을 발행하는 경우 1주의 금액은 정관의 필수적 기재사항에 해당한다.
(나) 발기인이 받을 특별이익과 이를 받을 자의 성명은 등기에 기재함으로써 그 효력이 있다.
(다) 각 발기인은 서면에 의하여 주식을 인수하여야 한다.
(라) 발기인의 의결권은 인수한 주식과 관계없이 평등하게 행사한다.

① (가), (나) ② (가), (라)
③ (나), (다) ④ (나), (라)

정답 및 해설

22 ③
상법 제227조(해산원인)에 따르면, 회사는 다음의 사유로 인하여 해산한다.
1. 존립기간의 만료 기타 정관으로 정한 사유의 발생
2. 총사원의 동의
3. 사원이 1인으로 된 때
4. 합병
5. 파산
6. 법원의 명령 또는 판결

23 ①
상법 제289조(정관의 작성, 절대적 기재사항) 제1항에 따르면, 발기인은 정관을 작성하여 다음의 사항을 적고 각 발기인이 기명날인 또는 서명하여야 한다.
1. 목적
2. 상호
3. 회사가 발행할 주식의 총수
4. 액면주식을 발행하는 경우 1주의 금액
5. 회사의 설립 시에 발행하는 주식의 총수
6. 본점의 소재지
7. 회사가 공고를 하는 방법
8. 발기인의 성명·주민등록번호 및 주소

24 ③
상법 제290조(변태설립사항)에 따르면, 다음의 사항은 정관에 기재함으로써 그 효력이 있다.
1. 발기인이 받을 특별이익과 이를 받을 자의 성명
2. 현물출자를 하는 자의 성명과 그 목적인 재산의 종류, 수량, 가격과 이에 대하여 부여할 주식의 종류와 수
3. 회사성립 후에 양수할 것을 약정한 재산의 종류, 수량, 가격과 그 양도인의 성명
4. 회사가 부담할 설립비용과 발기인이 받을 보수액

25 ④
(나) 상법 제290조(변태설립사항)에 따르면, 다음의 사항은 정관에 기재함으로써 그 효력이 있다.
1. 발기인이 받을 특별이익과 이를 받을 자의 성명
(라) 상법 제296조(발기설립의 경우의 임원선임) 제2항에 따르면, 발기인의 의결권은 그 인수주식의 1주에 대하여 1개로 한다.

오답노트
(가) 상법 제289조(정관의 작성, 절대적 기재사항) 제1항에 따르면, 발기인은 정관을 작성하여 다음의 사항을 적고 각 발기인이 기명날인 또는 서명하여야 한다.
4. 액면주식을 발행하는 경우 1주의 금액
(다) 상법 제293조(발기인의 주식인수)에 따르면, 각 발기인은 서면에 의하여 주식을 인수하여야 한다.

출제예상문제

출제빈도: ★★☆ 대표출제기업: 한국원자력환경공단

26 다음은 상법상 주식회사의 자본 구성에 관한 상법규정이다. (가)~(다)에 들어갈 말로 옳은 것은?

> 제329조(자본금의 구성)
> ① 회사는 (가)로/으로 정한 경우에는 주식의 전부를 무액면주식으로 발행할 수 있다. 다만, 무액면주식을 발행하는 경우에는 액면주식을 발행할 수 없다.
> ② 액면주식의 금액은 (나)하여야 한다.
> ③ 액면주식 1주의 금액은 (다) 이상으로 하여야 한다.

	(가)	(나)	(다)
①	정관	균일	100원
②	정관	균일	500원
③	법률	통일	500원
④	법률	통일	5,000원

출제빈도: ★★☆ 대표출제기업: 한국자산관리공사

27 다음 중 상법상 주주총회에서의 의결권에 대한 설명으로 가장 옳지 않은 것은?

① 총회의 결의는 이 법 또는 정관에 다른 정함이 있는 경우를 제외하고는 출석한 주주의 의결권의 과반수와 발행주식 총수의 과반수로써 하여야 한다.
② 주주는 대리인으로 하여금 그 의결권을 행사하게 할 수 있다.
③ 총회의 결의에 관하여 특별한 이해관계가 있는 자는 의결권을 행사하지 못한다.
④ 회사는 이사회의 결의로 주주가 총회에 출석하지 아니하고 전자적 방법으로 의결권을 행사할 수 있음을 정할 수 있다.

출제빈도: ★★☆

28 다음 중 상법상 주식회사의 이사 및 이사회에 대한 설명으로 가장 옳지 않은 것은?

① 이사는 3명 이상이어야 하나, 자본금 총액이 10억 원 미만인 회사는 1명 또는 2명으로 할 수 있다.
② 이사의 임기는 3년을 초과하지 못한다.
③ 이사는 재임 중에는 직무상 알게 된 회사의 영업상 비밀을 누설할 수 없지만 퇴임 후에는 특별한 제한이 없다.
④ 이사회의 결의는 이사과반수의 출석과 출석이사의 과반수로 하여야 한다.

출제빈도: ★★☆ 대표출제기업: 한국원자력환경공단

29 다음 중 주식회사의 기관에 대한 설명으로 옳지 않은 것은?

① 총회의 소집은 본법에 다른 규정이 있는 경우 외에는 이사회가 이를 결정한다.

② 주주총회를 소집할 때에는 주주총회일의 2주 전에 각 주주에게 서면으로 통지를 발송하거나 각 주주의 동의를 받아 전자문서로 통지를 발송하여야 한다.

③ 정기총회는 매년 2회 일정한 시기에 이를 소집하여야 한다.

④ 이사는 재임 중뿐만 아니라 퇴임 후에도 직무상 알게 된 회사의 영업상 비밀을 누설하여서는 아니 된다.

정답 및 해설

26 ①

상법 제329조(자본금의 구성)

① 회사는 '정관'으로 정한 경우에는 주식의 전부를 무액면주식으로 발행할 수 있다. 다만, 무액면주식을 발행하는 경우에는 액면주식을 발행할 수 없다.

② 액면주식의 금액은 '균일'하여야 한다.

③ 액면주식 1주의 금액은 '100원' 이상으로 하여야 한다.

27 ①

상법 제368조(총회의 결의방법과 의결권의 행사) 제1항에 따르면, 총회의 결의는 이 법 또는 정관에 다른 정함이 있는 경우를 제외하고는 출석한 주주의 의결권의 과반수와 발행주식총수의 4분의 1 이상의 수로써 하여야 한다.

오답노트

② 상법 제368조(총회의 결의방법과 의결권의 행사) 제2항에 따르면, 주주는 대리인으로 하여금 그 의결권을 행사하게 할 수 있다. 이 경우에는 그 대리인은 대리권을 증명하는 서면을 총회에 제출하여야 한다.

③ 상법 제368조(총회의 결의방법과 의결권의 행사) 제3항에 따르면, 총회의 결의에 관하여 특별한 이해관계가 있는 자는 의결권을 행사하지 못한다.

④ 상법 제368조의4(전자적 방법에 의한 의결권의 행사) 제1항에 따르면, 회사는 이사회의 결의로 주주가 총회에 출석하지 아니하고 전자적 방법으로 의결권을 행사할 수 있음을 정할 수 있다.

28 ③

상법 제382조의4(이사의 비밀유지의무)에 따르면, 이사는 재임 중뿐만 아니라 퇴임 후에도 직무상 알게 된 회사의 영업상 비밀을 누설하여서는 아니 된다.

오답노트

① 상법 제383조(원수, 임기) 제1항에 따르면, 이사는 3명 이상이어야 한다. 다만, 자본금 총액이 10억 원 미만인 회사는 1명 또는 2명으로 할 수 있다.

② 상법 제383조(원수, 임기) 제2항에 따르면, 이사의 임기는 3년을 초과하지 못한다.

④ 상법 제391조(이사회의 결의방법) 제1항에 따르면, 이사회의 결의는 이사과반수의 출석과 출석이사의 과반수로 하여야 한다. 그러나 정관으로 그 비율을 높게 정할 수 있다.

29 ③

상법 제365조(총회의 소집) 제1항에 따르면, 정기총회는 매년 1회 일정한 시기에 이를 소집하여야 한다.

오답노트

① 상법 제362조(소집의 결정)에 따르면, 총회의 소집은 본법에 다른 규정이 있는 경우 외에는 이사회가 이를 결정한다.

② 상법 제363조(소집의 통지) 제1항에 따르면, 주주총회를 소집할 때에는 주주총회일의 2주 전에 각 주주에게 서면으로 통지를 발송하거나 각 주주의 동의를 받아 전자문서로 통지를 발송하여야 한다. 다만, 그 통지가 주주명부상 주주의 주소에 계속 3년간 도달하지 아니한 경우에는 회사는 해당 주주에게 총회의 소집을 통지하지 아니할 수 있다.

④ 상법 제382조의4(이사의 비밀유지의무)에 따르면, 이사는 재임 중뿐만 아니라 퇴임 후에도 직무상 알게 된 회사의 영업상 비밀을 누설하여서는 아니 된다.

출제예상문제

출제빈도: ★★★

30 상법상 주주총회의 결의에 관한 설명이다. (ㄱ)~(ㄷ)에 들어갈 내용은?

> • 정관의 변경은 (　ㄱ　)의 결의에 의하여야 한다.
> • 주식회사 정관변경의 특별결의는 출석한 주주의 의결권의 (　ㄴ　) 이상의 수와 발행주식총수의 (　ㄷ　) 이상의 수로써 하여야 한다.

	ㄱ	ㄴ	ㄷ
①	주주총회	2분의 1	3분의 1
②	이사회	2분의 1	4분의 1
③	주주총회	3분의 2	3분의 1
④	이사회	3분의 2	4분의 1

출제빈도: ★★☆ 대표출제기업: 한국보훈복지의료공단

31 다음 중 주식회사의 기관이 아닌 것은?

① 주주총회　② 감사위원회
③ 노사협의회　④ 이사

출제빈도: ★★☆ 대표출제기업: 한국보훈복지의료공단

32 다음 중 상법상 주주총회에 관한 설명으로 옳지 않은 것은?

① 총회는 정관에 다른 정함이 없으면 본점소재지 또는 이에 인접한 지에 소집하여야 한다.
② 연 2회 이상의 결산기를 정한 회사는 매기에 총회를 소집하여야 한다.
③ 의결권은 1주마다 1개로 하며, 회사가 가진 자기주식은 의결권이 없다.
④ 주주는 정관이 정한 바에 따라 총회에 출석하지 않은 채 서면에 의하여 의결권을 행사할 수 없다.

정답 및 해설

30 ③
- 상법 제433조(정관변경의 방법) 제1항에 따르면, 정관의 변경은 **주주총회**의 결의에 의하여야 한다.
- 상법 제434조(정관변경의 특별결의) 제433조 제1항의 결의는 출석한 주주의 의결권의 **3분의 2 이상의 수**와 발행주식총수의 **3분의 1 이상의 수**로써 하여야 한다.

31 ③
주식회사의 기관으로는 주주총회, 이사, 이사회, 감사, 감사위원회가 있다.

32 ④
상법 제368조의3(서면에 의한 의결권의 행사) 제1항에 따르면, 주주는 정관이 정한 바에 따라 총회에 출석하지 아니하고 서면에 의하여 의결권을 행사할 수 있다.

오답노트
① 상법 제364조(소집지)에 따르면, 총회는 정관에 다른 정함이 없으면 본점소재지 또는 이에 인접한 지에 소집하여야 한다.
② 상법 제365조(총회의 소집) 제2항에 따르면, 연 2회 이상의 결산기를 정한 회사는 매기에 총회를 소집하여야 한다.
③ 상법 제369조(의결권)에 따르면, 의결권은 1주마다 1개로 하며, 회사가 가진 자기주식은 의결권이 없다.

출제예상문제

출제빈도: ★☆☆ 대표출제기업: 한국원자력환경공단

33 다음은 상법상 감사 및 감사위원회에 대한 규정이다. (가)~(다)에 들어갈 내용으로 옳은 것은?

<보기>

- 감사의 임기는 취임 후 (가) 내의 최종의 결산기에 관한 정기총회의 종결 시까지로 한다.
- 감사위원회는 (나) 이상의 이사로 구성한다.
- 감사위원회의 위원의 해임에 관한 이사회의 결의는 이사 총수의 (다) 이상의 결의로 하여야 한다.

	(가)	(나)	(다)
①	1년	1명	과반수
②	3년	3명	과반수
③	3년	3명	3분의 2
④	5년	5명	3분의 2

출제빈도: ★☆☆ 대표출제기업: 국토안전관리원

34 다음 중 어음법상 어음의 요건이 아닌 것은?

① 일정한 조건에 맞춰 일정한 금액을 지급할 것을 위탁하는 뜻
② 발행인의 기명날인(記名捺印) 또는 서명
③ 지급지(支給地)
④ 지급인의 명칭

출제빈도: ★☆☆

35 다음 중 상법상 손해보험이 아닌 것은?

① 생명보험 ② 해상보험
③ 재보험 ④ 화재보험

정답 및 해설

33 ③

- 상법 제410조(임기)
  감사의 임기는 취임 후 3년 내의 최종의 결산기에 관한 정기총회의 종결 시까지로 한다.
- 상법 제415조의2(감사위원회) 제1항
  회사는 정관이 정한 바에 따라 감사에 갈음하여 제393조의2의 규정에 의한 위원회로서 감사위원회를 설치할 수 있다. 감사위원회를 설치한 경우에는 감사를 둘 수 없다.
- 상법 제415조의2(감사위원회) 제2항
  감사위원회는 제393조의2 제3항에도 불구하고 3명 이상의 이사로 구성한다. 다만, 사외이사가 위원의 3분의 2 이상이어야 한다.
- 상법 제415조의2(감사위원회) 제3항
  감사위원회의 위원의 해임에 관한 이사회의 결의는 이사 총수의 3분의 2 이상의 결의로 하여야 한다.

34 ①

어음법 제1조(어음의 요건)에 따르면, 환어음(換어음)에는 다음 각 호의 사항을 적어야 한다.

1. 증권의 본문 중에 그 증권을 작성할 때 사용하는 국어로 환어음임을 표시하는 글자
2. 조건 없이 일정한 금액을 지급할 것을 위탁하는 뜻
3. 지급인의 명칭
4. 만기(滿期)
5. 지급지(支給地)
6. 지급받을 자 또는 지급받을 자를 지시할 자의 명칭
7. 발행일과 발행지(發行地)
8. 발행인의 기명날인(記名捺印) 또는 서명

35 ①

생명보험은 인보험이다.

제6장 형법

학습목표

1. 형법의 개념 및 기능을 알 수 있다.
2. 범죄성립요건(구성요건 해당성, 위법성, 책임)을 알 수 있다.
3. 범죄의 결과가 발생한 기수범과 범죄의 결과가 발생하지 않은 미수범을 구분할 수 있다.
4. 정범 및 공범의 성립요건 및 처벌에 대해 알 수 있다.
5. 죄수론과 형벌론에 대해 알 수 있다.
6. 개인적 법익에 대한 죄의 종류를 알 수 있다.
7. 사회적 법익에 대한 죄의 종류를 알 수 있다.
8. 국가적 법익에 대한 죄의 종류를 알 수 있다.

출제비중

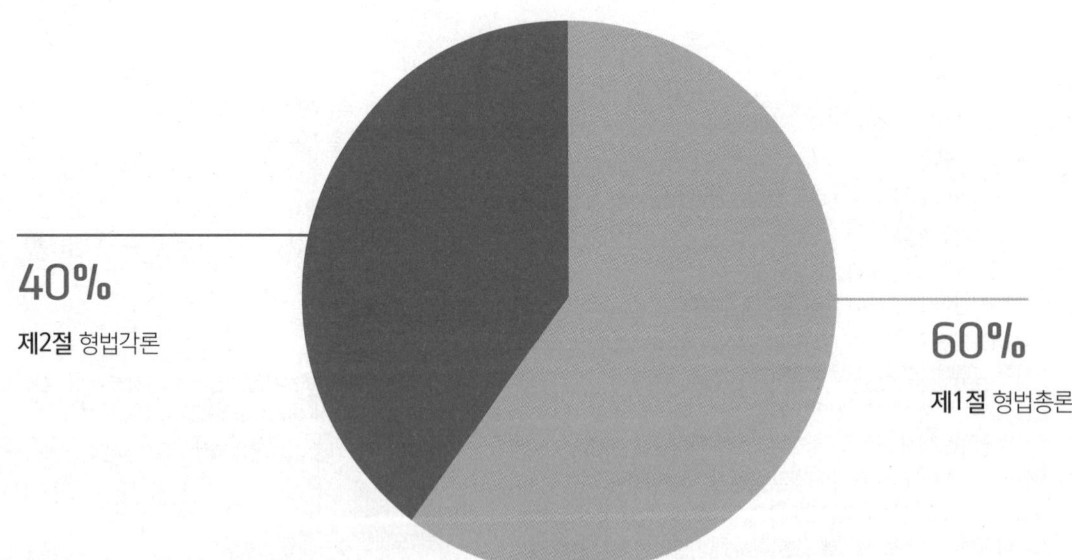

출제포인트 & 출제기업

구분	출제포인트	출제빈도	출제기업
제1절 형법총론	**01** 형법의 의의	★	근로복지공단 금융감독원 대구도시공사 대전도시철도공사 대한법률구조공단 서울교통공사 한국남동발전 한국남부발전 한국보훈복지의료공단 한국전기안전공사 한전KPS 해양환경공단
	02 죄형법정주의	★★★	
	03 형법의 적용범위	★	
	04 범죄론	★	
	05 구성요건론	★★★	
	06 위법성론	★★★	
	07 책임론	★★	
	08 미수론	★★	
	09 정범 및 공범론	★★	
	10 죄수론	★	
	11 형벌론	★★★	
제2절 형법각론	**01** 개인적 법익에 대한 죄	★★★	
	02 사회적 법익에 대한 죄	★★	
	03 국가적 법익에 대한 죄	★	

제1절 | 형법총론

✓핵심 포인트

형법의 일반이론	개념, 죄형법정주의, 적용범위
범죄론	구성요건론, 위법성론, 책임론, 미수론, 정범 및 공범론, 죄수론
형벌론	형벌의 종류, 누범, 선고유예·집행유예·가석방, 형의 시효, 소멸기간

01 형법의 의의

출제빈도 ★

1. 형법의 개념

범죄의 성립요건과 그에 대한 법적 효과로서 형사제재를 규정한 법규범의 총체를 의미한다.

2. 협의의 형법과 광의의 형법

(1) 협의의 형법

형법이라는 이름으로 제정·공포된 형법전이다. (형식적 의미의 형법)

(2) 광의의 형법

명칭·형식을 불문하고 범죄와 그에 대한 법적 효과로서 형벌과 보안처분을 규정한 모든 법규범이다. (실질적 의미의 형법)

예 특별형법, 행정형법, 각 법률의 형사처벌규정 등

3. 형법의 성격

(1) 가설적 규범

형법은 범죄를 전제조건으로 이에 대한 법률효과로서 형벌을 가하는 가설적 규범이다.

(2) 평가규범 및 의사결정규범

형법은 일정한 행위가 법적으로 무가치하다고 평가하는 평가규범으로서 인간의 공동생활에 대한 외적 규율이 되며, 일반 국민(수범자)에게 불법을 결의하여서는 안 된다는 의무를 부과하는 규범이다.

법학 전문가의 TIP

가설적 규범
예를 들어, '사람을 살해한 자는 사형, 무기 또는 5년 이상의 징역에 처한다.'는 규정을 들 수 있습니다.

(3) 행위규범 및 재판규범

형법은 일반 국민에 대하여 일정한 행위를 금지 또는 명령함으로써 행위의 준칙을 제시하는 행위규범인 동시에 법관의 재판준칙이 되어 재판규범으로서도 작용한다.

4. 형법의 기능

(1) 규제적 기능(규범적 기능)

일정한 행위를 범죄로 정하고 그것에 일정한 형벌을 부과함으로써 행위자에 대해서 그와 같은 범죄행위를 일으키지 않도록 명령하는 기능을 의미한다. (평가규범 및 의사결정규범)

(2) 법익보호기능

① 의의: 사회질서의 기본가치인 법익 및 사회윤리적 행위가치를 보호하는 기능을 의미한다. 형법은 형법 이외의 다른 사회적·법적 통제수단에 의해 법익보호가 불가능한 경우에만 적용되는 최후의 수단이다. (보충성의 원칙)

② 근거

- 비례성 원칙(과잉금지의 원칙): 형사제재 사용 시 필요한 최소한의 범위 내에 그쳐야 한다.
- 형법의 단편적 성격: 형법은 특별히 가벌성이 인정되는 제한된 분야에서만 법익보호기능을 한다.
- 형법의 탈윤리화: 국가가 형벌을 수단으로 특정한 도덕적 가치관을 강제하는 것은 허용될 수 없다.

(3) 보장적 기능

형법이 국가가 행사할 형벌권의 한계를 명확하게 규정하여 자의적 형벌로부터 국민의 자유와 권리를 보장하는 기능으로서 죄형법정주의 근본원리이다.

02 죄형법정주의

출제빈도 ★★★

1. 의의

어떤 행위가 범죄로 되고 그 범죄에 대하여 어떠한 형벌을 부과할 것인가는 행위(범죄) 이전에 미리 성문의 법률에 규정되어 있어야 한다는 원칙을 말한다.

2. 죄형법정주의의 파생원칙

(1) 법률주의(성문법주의)

① 범죄와 형벌은 성문의 법률에 규정되어 있어야 한다는 원칙이다(관습형법금지의 원칙). 다른 법 영역과 달리 형법에서는 관습법·규칙·조례·명령·판례·조리의 직접적인 법원성은 부정된다.

② 위임입법금지의 원칙: 사회현상의 복잡다기화와 국회의 전문적·기술적 능력의 한계 및 시간적 적응능력의 한계로 인하여 형사처벌에 관련된 모든 법규를 예외 없이 형식적 의미의 법률에 의하여 규정한다는 것은 사실상 불가능할 뿐만 아니라 실제에 적합하지도 아니하기 때문에, 특히 긴급한 필요가 있거나 미리 법률로써 자세히 정할 수 없는 부득이한 사정이 있는 경우에 한하여 수권법률(위임법률)이 구성요건의 점에서는 처벌대상인 행위가 어떠한 것인지 이를 예측할 수 있을 정도로 구체적으로 정하고, 형벌의 점에서는 형벌의 종류 및 그 상한과 폭을 명확히 규정하는 것을 전제로 위임입법이 허용되며, 이러한 위임입법은 죄형법정주의에 반하지 않는다. (대법원 2002. 11. 26. 선고 2002도2998 판결)

(2) 소급효금지의 원칙

형벌법규는 그 시행 이후에 이루어진 행위에 대해서만 적용되고, 시행 이전의 행위에까지 적용할 수 없다는 원칙(형법불소급의 원칙)이며, 다만 행위자에게 유리한 소급입법은 허용된다.

(3) 명확성의 원칙

형법은 법관의 자의적인 해석이 허용되지 않도록 범죄의 구성요건과 형사제재를 명확하고 구체적으로 규정해야 한다는 원칙이다. 형의 장기와 단기가 특정되어 있지 않은 절대적 부정기형은 명확성 원칙에 위배되지만 반대로 형의 장기 또는 단기만 정해진 상대적 부정기형은 허용된다.

(4) 유추해석 금지의 원칙

법률의 규정에 없는 사항에 대하여 그것과 유사한 성질을 가지는 사항에 관한 법률을 적용하는 것을 금지하는 원칙이다. 다만 피고인에게 유리한 유추해석은 가능하다.

(5) 적정성의 원칙

범죄와 형벌을 규정하는 법률의 내용은 인간의 존엄과 가치를 실질적으로 보장할 수 있도록 적정해야 한다는 원칙이다.

시험문제 미리보기!

다음 중 죄형법정주의의 파생원칙에 대한 설명으로 옳지 않은 것은?

① 관습형법금지의 원칙은 범죄와 형벌은 성문의 법률에 규정되어 있어야 한다는 원칙이다.
② 소급효금지의 원칙은 형벌법규는 그 시행 이후에 이루어진 행위에 대해서만 적용되고, 시행 이전의 행위에까지 적용할 수 없다는 원칙이다.
③ 유추해석 금지의 원칙은 법률의 규정에 없는 사항에 대하여 그것과 유사한 성질을 가지는 사항에 관한 법률을 적용하는 것을 금지하는 원칙이다.
④ 법률주의에 의하면 처벌법규에 대해 하위법령에 위임하는 것은 어떠한 경우에도 인정되지 않는다.

법학 전문가의 TIP

행위자에게 유리한 소급입법 허용
피고인이 행정청으로부터 자동차 운전면허취소처분을 받았으나 나중에 그 행정처분 자체가 행정쟁송절차에 의하여 취소되었다면, 위 운전면허취소처분은 그 처분시에 소급하여 효력을 잃게 되고, 피고인은 위 운전면허취소처분에 복종할 의무가 원래부터 없었음이 후에 확정되었다고 봄이 타당할 것이고, 행정행위에 공정력의 효력이 인정된다고 하여 행정소송에 의하여 적법하게 취소된 운전면허취소처분이 단지 장래에 향하여서만 효력을 잃게 된다고 볼 수는 없다. (대법원 1999. 2. 5. 선고 98도4239 판결)

명확성의 원칙
미성년자에게 음란성 또는 잔인성을 조장할 우려가 있거나 기타 미성년자로 하여금 범죄의 충동을 일으킬 수 있게 하는 만화(이하 "불량만화"라 한다)의 반포 등 행위를 금지하고 이를 위반하는 자를 처벌하는 이 사건 미성년자보호법 조항이 명확성의 원칙에 위배된다. (헌재 2002. 2. 28. 99헌가8)

유추해석 금지의 원칙
형법 제229조, 제228조 제1항의 규정과 형벌법규는 문언에 따라 엄격하게 해석하여야 하고 피고인에게 불리한 방향으로 지나치게 확장해석하거나 유추해석하여서는 아니되는 원칙에 비추어 볼 때, 위 각 조항에서 규정한 '공정증서원본'에는 공정증서의 정본이 포함된다고 볼 수 없으므로 불실의 사실이 기재된 공정증서의 정본을 그 정을 모르는 법원 직원에게 교부한 행위는 형법 제229조의 불실기재공정증서원본행사죄에 해당하지 아니한다. (대법원 2002. 3. 26. 선고 2001도6503 판결)

정답 ④

해설 구성요건의 점에서는 처벌대상인 행위가 어떠한 것인지 이를 예측할 수 있을 정도로 구체적으로 정하고, 형벌의 점에서는 형벌의 종류 및 그 상한과 폭을 명확히 규정하는 것을 전제로 위임입법이 허용된다. (대법원 2002. 11. 26. 선고 2002도2998 판결)

오답노트

① 관습형법금지의 원칙에 대한 정의이다.
② 소급효금지의 원칙에 대한 정의이다.
③ 유추해석 금지의 원칙에 대한 정의이다.

03 형법의 적용범위

출제빈도 ★

1. 시간적 적용범위

행위시와 재판시 사이에 법률의 변경이 있는 경우 어느 법률(신·구법)을 적용할 것인가의 문제이다.

(1) 행위시법주의의 원칙

범죄의 성립과 처벌은 행위시의 법률에 의한다. (소급효금지의 원칙)

(2) 행위시법주의의 예외

범죄 후 법률의 변경에 의하여 그 행위가 범죄를 구성하지 아니하거나 형이 구법보다 경한 때에는 신법에 의한다(경한법 소급의 원칙). 재판 확정 후 법률의 변경에 의하여 그 행위가 범죄를 구성하지 아니한 때에는 형의 집행을 면제한다.

구분	범죄 후 재판확정 전에 법률의 변경	재판확정 후에 법률의 변경
비범죄화된 경우	면소판결	형 집행 면제
경한 형으로 변경된 경우	경한 신법 적용	구법에 의하여 확정된 형을 그대로 집행

2. 장소적 적용범위

(1) 속지주의

대한민국 영역 내에서 발생한 모든 범죄에 대해 범죄인의 국적 여하를 불문하고 대한민국의 형법을 적용한다는 주의이다. (형법 제2조)

(2) 속인주의

대한민국 국민이 범한 범죄에 대하여 범죄지의 여하를 불문하고 대한민국의 형법을 적용한다는 주의이다.

(3) 기국주의

대한민국 영역 외에 있는 대한민국 선박 또는 항공기 내에서 죄를 범한 외국인에게 대한민국의 형법을 적용한다는 주의이다.

(4) 보호주의

자국 또는 자국민의 법익을 침해하는 일정한 범죄(내란, 외환, 통화, 문서 등)에 대하여 범죄지와 범죄인의 국적여하를 불문하고 자국형법을 적용한다는 주의이다.

(5) 세계주의

범죄지와 범죄인의 국적과 관계없이 인류 공동의 법익을 해하는 범죄행위에 대해 자국형법을 적용한다는 원칙을 말한다.

3. 외국에서 받은 형의 집행 효력

죄를 지어 외국에서 형의 전부 또는 일부의 집행을 받은 자에 대해서는 그 집행된 형의 전부 또는 일부를 선고하는 형에 산입한다. (필요적 감면사유)

시험문제 미리보기!

형법상 장소적 적용범위에 관한 설명으로 가장 옳지 않은 것은?

① 외국인이 외국에서 통화를 위조한 경우에 대한민국의 형법을 적용할 수 없다.
② 속지주의는 자국의 영역 내에 발생한 모든 범죄에 대해서 범죄인의 국적 여하를 불문하고 자국의 형법을 적용한다는 주의이다.
③ 세계주의는 범죄지와 범죄인의 국적과 관계없이 인류 공동의 법익을 해하는 범죄행위에 대해 자국형법을 적용한다는 원칙을 말한다.
④ 외국인이 외국에서 내란 또는 외환의 죄를 범한 경우 대한민국의 형법을 적용할 수 있다.

정답 ①

해설 형법 제5조(외국인의 국외범)에 따르면, 형법은 대한민국 영역 외에서 다음에 기재한 죄를 범한 외국인에게 적용한다.

1. 내란의 죄
2. 외환의 죄
3. 국기에 관한 죄
4. 통화에 관한 죄
5. 유가증권, 우표와 인지에 관한 죄
6. 문서에 관한 죄 중 제225조 내지 제230조
7. 인장에 관한 죄 중 제238조

04 범죄론

출제빈도 ★

1. 범죄의 의의

(1) 형식적 범죄 개념

형벌법규에 의해 형벌이 과해지는 행위, 즉, 구성요건에 해당하고 위법하고 책임 있는 행위를 말한다.

(2) 실질적 범죄 개념

사회에 유해하거나 법익을 침해하는 반사회적 행위를 말한다.

2. 범죄의 성립요건

범죄가 성립하기 위해서는 구성요건 해당성 · 위법성 · 책임의 세 가지 요소가 필요하다. 이 중 하나라도 갖추지 못한 경우 범죄의 성립이 불가하다.

3. 범죄의 처벌조건

이미 성립한 범죄에 대해 다시 형벌권의 발생을 위하여 필요한 실체법적인 조건이다. 범죄의 처벌조건이 결여되면 법원은 형면제판결을 한다.

(1) 객관적 처벌조건

이미 성립한 범죄에 대하여 형벌권의 발생을 좌우하는 외부적 · 객관적 사유를 말한다.

예 사전수뢰죄에 있어 공무원 또는 중재인이 된 사실

(2) 인적처벌조각사유

성립한 범죄에 대하여 행위자의 특수한 신분 관계로 인하여 형벌권이 발생하지 않은 경우를 말한다.

예 친족상도례에서의 형면제 신분, 면책특권을 가진 국회의원의 신분

(3) 인적처벌소멸사유

이미 성립한 범죄에 대하여 가벌성이 인정된 후에 발생한 행위자의 특별한 태도로 인하여 이미 인정된 가벌성을 소급적으로 소멸시키는 행위를 말한다.

예 형의 면제를 받는 중지미수, 형의 면제를 받는 자수

4. 범죄의 소추조건

범죄가 성립하고 형벌권이 발생한 경우에 그 범죄에 대하여 형사소송법상의 소추를 하기 위한 필요조건을 말한다.

구분	의의	예
친고죄	공소제기를 위해 피해자 기타 고소권자의 고소가 있을 것을 요하는 범죄	모욕죄, 사자명예훼손죄, 비밀침해죄
반의사불벌죄	원칙적으로 고소가 없어도 공소제기가 가능하나, 피해자가 처벌을 원하지 않는다는 의사를 명시적으로 밝힌 경우 소추가 불가능한 범죄	폭행죄, 과실치상죄, 명예훼손죄, 협박죄

5. 범죄의 종류

(1) 결과범과 거동범

① 결과범(실질범): 구성요건 내용상 일정한 결과의 발생을 필요로 하는 범죄이다. 인과관계가 필요하며, 미수범의 성립이 가능하다.

예 살인죄, 강도죄, 절도죄, 손괴죄 등

② 거동범(형식범): 구성요건 내용상 일정한 행위가 있으면 충분하고 결과의 발생을 요하지 않는 범죄이다. 인과관계가 필요하지 않으며, 원칙적으로 미수범이 성립할 수 없다.

예 폭행죄, 명예훼손죄, 주거침입죄, 무고죄, 위증죄 등

(2) 침해범과 위험범

① 침해범: 보호법익의 현실적 침해를 요하는 범죄이다.

예 살인죄, 주거침입죄, 강도죄, 상해죄 등

② 위험범: 보호법익이 침해될 위험이 있음으로써 성립되는 범죄이다.

예 현주건조물방화죄, 명예훼손죄 등

(3) 즉시범·상태범·계속범

① 즉시범: 구성요건적 결과의 발생과 동시에 범죄가 기수에 이르고 종료되는 범죄이다. 따라서 기수와 범죄행위의 종료시기가 일치한다.

예 살인죄, 방화죄 등

② 상태범: 구성요건적 행위로 인해 법익침해가 발생함으로써 범죄는 기수에 이르고 종료하지만, 그 위법상태는 기수 이후에도 존속되는 범죄이다.

예 절도죄, 횡령죄

③ 계속범: 법익침해가 어느 정도 시간적 계속이 있어야 성립하는 범죄로서 기수 이후에도 법익침해가 계속되는 범죄이다.

예 체포·감금죄, 주거침입죄

(4) 일반범 · 신분범 · 자수범

① 일반범: 누구나 행위자(정범)가 될 수 있는 범죄이다.

② 신분범: 일정한 신분이 있는 자만이 구성요건적 행위의 주체가 될 수 있는 범죄이다.

예 횡령죄, 배임죄, 위증죄, 도주죄 등

③ 자수범: 행위자 자신이 직접 구성요건적 실행행위를 해야 정범이 될 수 있는 범죄이다.

예 위증죄, 군무이탈죄

05 구성요건론

출제빈도 ★★★

1. 의의

형벌법규에 과형의 근거인 행위 유형을 추상적 · 일반적으로 기술해 놓은 것으로서, 구체적인 행위가 구성요건에 일치되는 것을 구성요건 해당성이라 한다.

2. 행위의 주체 및 객체

(1) 주체

형법에서의 행위의 주체는 원칙적으로 자연인에 한한다.

(2) 객체

행위의 객체는 범죄의 대상을 의미하며 각각의 구성요건에 명시되어 있다.

예 살인죄의 사람, 절도죄의 타인의 재물 등

3. 부작위범

규범적으로 요구되는 특정한 행위를 하지 않음으로써 성립하는 범죄이다.

(1) 진정부작위범

법률에 명문으로 구성요건의 형식이 부작위범이고, 이를 부작위에 의해서만 실현될 수 있도록 규정된 범죄를 말한다.

예 퇴거불응죄, 다중불해산죄, 집합명령위반죄

(2) 부진정부작위범

구성요건의 규정 형식은 작위범이지만, 부작위에 의해 실현할 수 있는 범죄를 말한다.

예 어머니가 아이에게 젖을 주지 않아 아사케 한 경우

4. 인과관계와 객관적 귀속

(1) 인과관계

결과범에 있어서 발생된 결과를 행위자의 행위에 의한 것으로 귀속시키는 데 필요한 행위와 결과 사이의 일정한 연관관계를 말한다.

① 조건설: 행위와 결과 사이에 "전자(행위)가 없었다면 후자(결과)도 없었을 것이다."를 적용하여 인과관계를 인정하는 견해이다.

② 합법칙적 조건설: 시간적으로 결과가 행위에 뒤따르면서 양자가 합법칙적으로 연결되어 구성요건적 결과가 실현되었을 때 인과관계를 인정하는 견해이다.

③ 상당인과관계설: 사회생활의 일반적인 경험칙상 일정한 행위로부터 일정한 결과가 발생하는 것이 상당하다고 인정될 때 그 행위와 결과 사이의 인과관계를 인정하는 견해이다.

(2) 객관적 귀속

인과관계가 인정되는 결과를 행위자의 행위에 객관적으로 귀속시킬 수 있는가를 확정하는 이론이다.

5. 고의

구성요건에 해당하는 사실을 인식하고 실현하려는 의사를 말한다.

(1) 확정적 고의

구성요건적 결과의 실현을 확실히 인식하였거나 예견한 경우의 고의를 말한다.

(2) 미필적 고의

구성요건실현의 결과발생 가능성을 인식하고 또한 그것을 용인하는 의사를 표명한 경우의 고의를 말한다.

6. 구성요건적 착오

행위자가 인식한 사실과 실제로 발생한 사실이 모두 범죄사실에 해당하나 양자가 불일치한 경우를 말한다.

(1) 구성요건적 착오의 유형

① 구체적 사실의 착오: 인식한 사실과 발생한 사실이 구체적으로 일치하지 아니하나 동일한 구성요건에 해당하는 경우를 말한다.

② 추상적 사실의 착오: 인식한 사실과 발생한 사실이 서로 상이한 구성요건에 해당되는 경우를 말한다.

③ 객체의 착오: 행위자가 의도한 객체가 아닌 다른 객체를 침해한 경우를 말한다.

㉮ 甲이라고 믿고 사살하였으나 사실 乙이었던 경우

④ 방법의 착오: 행위자의 수단, 방법이 잘못되어 행위자가 의도한 객체 이외의 결과가 발생한 경우를 말한다.

㉮ 甲을 향하여 총을 발사하였으나 빗나가 乙에게 명중된 경우

(2) 착오의 중요성에 대한 판단기준

① 구체적 부합설: 행위자의 인식과 발생한 사실이 구체적으로 부합하는 경우에 한하여 발생한 사실에 대한 고의를 인정하는 견해이다.

② 법정적 부합설(판례): 행위자의 인식과 발생한 사실이 동일한 구성요건 내에 속할 때에는 고의 및 기수의 책임이 인정된다는 견해이다.

7. 과실범

(1) 과실의 의의

정상의 주의를 태만함으로 인하여 죄의 성립요소인 사실을 인식하지 못한 것을 말한다.

(2) 과실범의 종류

① 보통과실: 통상적으로 요구되는 주의의무를 위반한 경우를 말한다.

② 업무상과실: 일정한 업무에 종사하는 자가 업무수행상 요구되는 주의의무를 위반한 경우를 말한다. 예견가능성이 크기 때문에 보통과실에 비하여 중하게 처벌된다.

③ 중과실: 행위자가 극히 근소한 주의만 기울였더라도 결과발생을 방지할 수 있었음에도 불구하고 주의의무를 현저히 결한 경우의 과실을 말한다. 따라서 경과실보다 중하게 처벌된다.

④ 경과실: 중과실이 아닌 모든 과실을 말한다.

과실범 처벌규정에서 과실일수죄를 제외한 다른 과실범 규정들은 업무상 과실, 중과실로 인한 경우 형이 가중됩니다.

8. 결과적 가중범

고의에 의한 기본범죄에 의하여 행위자가 예견하지 못한 중한 결과가 발생한 때에 그 형이 가중되는 범죄(특수공무방해치상죄, 강도치사죄)를 말한다.

예 상해의 고의로 가격을 하였으나 사망에 이른 경우

시험문제 미리보기!

다음 중 판례의 태도와 가장 부합하지 않는 것은?

① 과실의 유무를 판단함에는 같은 업무와 직무에 종사하는 일반적 보통인의 주의정도를 표준으로 하여야 한다.

② 고속도로를 운행하는 자동차의 운전자는 일반적인 경우 고속도로를 횡단하는 보행자가 있을 것까지 예견하여 보행자와의 충돌사고를 예방하기 위하여 급정차 등의 조치를 취할 수 있도록 대비하면서 운전할 주의의무가 있다.

③ 여관업을 하는 자는 신분증을 소지하지 않았다는 말을 듣고 단지 구두로만 연령을 확인하여 이성 혼숙을 허용하였다면, 적어도 청소년 이성 혼숙에 관한 미필적 고의가 있다고 보아야 한다.

④ 피고인이 운행하던 자동차로 도로를 횡단하던 피해자를 충격하여 피해자로 하여금 반대차선의 1차선상에 넘어지게 하여 피해자가 반대차선을 운행하던 자동차에 역과되어 사망하게 하였다면 피고인은 업무상과실치사죄의 죄책을 면할 수 없다.

정답 ②

해설 고속도로를 운행하는 자동차의 운전자로서는 일반적인 경우에 고속도로를 횡단하는 보행자가 있을 것까지 예견하여 보행자와의 충돌사고를 예방하기 위하여 급정차 등의 조치를 취할 수 있도록 대비하면서 운전할 주의의무가 없고, 다만 고속도로를 무단횡단하는 보행자를 충격하여 사고를 발생시킨 경우라도 운전자가 상당한 거리에서 보행자의 무단횡단을 미리 예상할 수 있는 사정이 있었고, 그에 따라 즉시 감속하거나 급제동하는 등의 조치를 취하였다면 보행자와의 충돌을 피할 수 있었다는 등의 특별한 사정이 인정되는 경우에만 자동차 운전자의 과실이 인정될 수 있다. (대법원 2000. 9. 5. 선고 2000도2671 판결)

오답노트

① 의료사고에 있어서 의사의 과실을 인정하기 위해서는 의사가 결과발생을 예견할 수 있었음에도 불구하고 그 결과발생을 예견하지 못하였고 그 결과발생을 회피할 수 있었음에도 불구하고 그 결과발생을 회피하지 못한 과실이 검토되어야 하고, 그 과실의 유무를 판단함에는 같은 업무와 직무에 종사하는 일반적 보통인의 주의정도를 표준으로 하여야 하며, 이에는 사고 당시의 일반적인 의학의 수준과 의료환경 및 조건, 의료행위의 특수성 등이 고려되어야 한다. (대법원 1999. 12. 10. 선고 99도3711 판결)

③ 여관업을 하는 자로서는 이성 혼숙하려는 자의 외모나 차림 등에 의하여 청소년이라고 의심할 만한 사정이 있는 때에는 신분증이나 기타 확실한 방법에 의하여 청소년인지 여부를 확인하고 청소년이 아닌 것으로 확인된 경우에만 이성 혼숙을 허용하여야 할 것이므로, 위와 같은 경우 신분증을 소지하지 않았다는 말을 듣고 단지 구두로만 연령을 확인하여 이성 혼숙을 허용하였다면, 적어도 청소년 이성 혼숙에 관한 미필적 고의가 있다고 보아도 좋을 것이다. (대법원 2001. 8. 21. 선고 2001도3295 판결)

④ 피고인이 운행하던 자동차로 도로를 횡단하던 피해자를 충격하여 피해자로 하여금 반대차선의 1차선상에 넘어지게 하여 피해자가 반대차선을 운행하던 자동차에 역과되어 사망하게 하였다면 피고인은 그와 같은 사고를 충분히 예견할 수 있었고 또한 피고인의 과실과 피해자의 사망 사이에는 인과관계가 있다고 할 것이므로 피고인은 업무상과실치사죄의 죄책을 면할 수 없다. (대법원 1988. 11. 8. 선고 88도928 판결)

06 위법성론

출제빈도 ★★★

1. 의의

위법성이란 구성요건에 해당하는 행위가 전체 법질서에 위반하는 것을 말한다.

2. 위법성조각사유

(1) 의의

구성요건에 해당하는 행위의 위법성을 배제하는 특별한 사유를 말한다. 구성요건은 위법한 행위를 유형화한 것이므로 어떤 행위가 구성요건에 해당되면 일단 위법한 것으로 추정되고, 위법성조각사유가 있으면 그 행위는 적법한 것으로 추정된다.

(2) 정당방위(형법 제21조)

자기 또는 타인의 법익에 대한 현재의 부당한 침해를 방위하기 위한 상당한 이유 있는 행위를 말한다.

① 성립요건: 현재의 부당한 침해가 있을 것, 자기 또는 타인의 법익을 방위하기 위한 행위일 것, 상당한 이유가 있을 것을 요한다.

② 효과: 구성요건에 해당하나 위법성이 조각되어 범죄가 성립하지 않으며 처벌되지 않는다.

(3) 긴급피난(형법 제22조)

자기 또는 타인의 법익에 대한 현재의 위난을 피하기 위한 상당한 이유 있는 행위를 말한다.

(4) 자구행위(형법 제23조)

법정절차에 의한 청구권의 보전이 불가능한 경우에 그 청구권의 실행 불능 또는 현저한 실행 곤란을 피하기 위해 자력으로 구제하는 상당한 이유 있는 행위를 말한다.

(5) 정당행위(형법 제20조)

사회상규에 위배되지 아니하여 국가적·사회적으로 정당시되는 행위를 말한다.

① 법령에 의한 행위: 법령에 근거를 두고 행해지는 일체의 행위를 말한다.
예 공무원의 직무집행행위, 징계권자의 징계행위, 사인의 현행범 체포, 노동쟁의행위

② 업무로 인한 행위: 직업의무의 정당한 수행을 위해 합목적적으로 요구되는 행위를 말한다.
예 의사의 치료행위, 변호사·성직자의 업무행위, 운동선수의 운동경기 행위

③ 사회상규에 위배되지 않은 행위: 법질서 전체의 정신이나 사회윤리 내지 사회통념에 비추어 정당시되는 행위를 말한다.
예 교육목적을 위한 징계권한이 없는 자의 징계행위, 군인의 적군 사살행위 등

징계권자의 징계행위
판례는 교사의 체벌에 대해 폭행에 그친 경우에는 정당행위가 될 수 있지만 상해에 이른 경우에는 위법한 것으로 보고 있습니다.

사인의 현행범 체포
저항하는 범인을 체포하기 위한 폭행이나 도주저지는 가능하나, 살해, 상해, 타인의 주거침입 등은 허용되지 않습니다.

(6) 피해자의 승낙(형법 제24조)

피해자가 자기의 법익에 대한 침해 행위를 허용·동의한 경우 가해자의 행위는 위법이 되지 않는다. 승낙은 행위 전에 있을 것을 요하며, 사후승낙은 위법성을 조각할 수 없다.

시험문제 미리보기!

다음 중 형법상 위법성조각사유에 대한 설명으로 옳은 것을 모두 고르면?

<보기>

(가) 현재의 부당한 침해로부터 자기 또는 타인의 법익(法益)을 방위하기 위하여 한 행위는 상당한 이유가 있는 경우에는 벌하지 아니한다.

(나) 처분할 수 있는 자의 승낙에 의하여 그 법익을 훼손한 행위는 법률에 특별한 규정이 있는 경우에는 벌하지 아니한다.

(다) 법률에서 정한 절차에 따라서는 청구권을 보전(保全)할 수 없는 경우에 그 청구권의 실행이 불가능해지거나 현저히 곤란해지는 상황을 피하기 위하여 한 행위는 상당한 이유가 있는 때에는 벌하지 아니한다.

(라) 자기 또는 타인의 법익에 대한 현재의 위난을 피하기 위한 행위는 상당한 이유가 있는 때에는 벌하지 아니한다.

① (가), (나), (다)　　② (가), (다), (라)
③ (나), (다), (라)　　④ (가), (나), (다), (라)

정답 ②

해설 (가), (다), (라)는 옳은 설명이다.

오답노트

(나) 처분할 수 있는 자의 승낙에 의하여 그 법익을 훼손한 행위는 법률에 특별한 규정이 없는 한 벌하지 아니한다.

07 책임론

출제빈도 ★★

1. 책임의 의의

법규범의 요구에 의해 적법하게 행위를 할 수 있었음에도 불구하고 불법을 결의하고 위법하게 행위를 하였다는 것에 대해 행위자에게 가해지는 비난 가능성을 말한다.

2. 책임능력

행위자가 법규범의 명령과 금지를 인식하고 법규범에 따라 행동할 수 있는 능력을 말한다.

(1) 책임무능력자

형사미성년자(14세 미만인 자)와 심신상실자의 행위는 책임능력이 없어 범죄가 성립하지 아니한다. 심신장애로 인하여 사물을 변별할 능력이 없거나 의사를 결정할 능력이 없는 자의 행위는 벌하지 아니한다(형법 제10조 제1항).

(2) 한정책임능력자

심신장애로 인하여 사물을 변별할 능력이 없거나 의사를 결정할 능력이 미약한 자의 행위는 형을 감경할 수 있다(형법 제10조 제2항). 듣거나 말하는 데 모두 장애가 있는 사람의 행위에 대해서는 형을 감경한다(형법 제11조).

(3) 원인에 있어 자유로운 행위

책임능력자의 고의 또는 과실에 의하여 스스로 일시적인 심신장애의 상태를 야기시키고, 그 상태를 이용하여 범죄를 실행하는 경우를 말한다(사람을 살해할 목적으로 자의로 음주하고 그 상태에서 사람을 살해한 경우 등). 이러한 경우 행위자는 책임이 감경 또는 조각되지 않고 완전한 책임을 부담한다.

3. 법률의 착오

(1) 의의

법률의 착오란 행위자가 행위 시에 구성요건적 사실은 인식하였으나 착오로 인하여 자신의 행위가 금지규범에 위반하여 책임 비난에 필요한 위법성의 인식이 없는 경우를 말한다.

(2) 법률의 부지

행위자가 금지규범의 존재를 알지 못한 경우를 말한다.

예 A 죄를 처벌하지 않는 외국에서 온 외국인이 A 금지규정을 모르고 우리나라에서 A 죄를 범한 경우

(3) 효력의 착오

행위자가 금지규범이 효력이 없다고 오인한 경우를 말한다.

예 행위자가 자신이 위반한 형법 규정이 위헌이기 때문에 효력이 없다고 오인한 경우

(4) 포섭의 착오

행위자가 금지규범을 너무 좁게 해석하여 자기의 행위가 허용된다고 믿은 경우를 말한다.

예 국립대학교수는 공무원이 아니므로 뇌물죄가 성립하지 않는다고 오인하고 뇌물을 공여한 경우

4. 강요된 행위

저항할 수 없는 폭력이나 자기 또는 친족의 생명, 신체에 대한 위해를 방어할 방법이 없는 협박에 의하여 강요된 행위(납북된 상태에서 국가보안법을 위반한 경우 등)는 벌하지 아니한다. 강요된 행위는 적법행위에 대한 기대가능성이 없으므로 책임이 조각되어 벌하지 아니한다.

시험문제 미리보기!

형법상 책임이 조각되는 사유를 모두 고르면?

<보기>

(가) 15세 형사미성년자의 행위　　(나) 강요된 행위
(다) 심신상실자의 행위　　(라) 한정책임능력자의 행위

① (가), (나)　　② (가), (다)
③ (나), (다)　　④ (다), (라)

정답 ③

해설 (나) 형법 제12조(강요된 행위)에 따르면, 저항할 수 없는 폭력이나 자기 또는 친족의 생명, 신체에 대한 위해를 방어할 방법이 없는 협박에 의하여 강요된 행위는 벌하지 아니한다.
(다) 형법 제10조(심신장애인) 제1항에 따르면, 심신장애로 인하여 사물을 변별할 능력이 없거나 의사를 결정할 능력이 없는 자의 행위는 벌하지 아니한다.

오답노트

(가) 형법 제9조(형사미성년자)에 따르면, 14세되지 아니한 자의 행위는 벌하지 아니한다.
(라) 한정책임능력자란 사물변별능력이나 의사결정능력이 미약한 자와 농아자를 말하며, 형법 제10조 제2항에 따르면, 심신장애로 인하여 사물을 변별할 능력이 없거나 의사를 결정할 능력이 미약한 자의 행위는 형을 감경할 수 있고, 형법 제11조에 따르면, 듣거나 말하는 데 모두 장애가 있는 사람의 행위에 대해서는 형을 감경한다.

08 미수론

출제빈도 ★★

1. 범죄의 실현단계

(1) 예비·음모

예비란 범죄 의사의 실현을 위한 준비행위로서 실행의 착수 전 행위를 말한다. 음모란 2인 이상이 일정한 범죄의 실현을 위하여 서로 의사를 교환하고 합의하는 것을 말한다.

(2) 미수

범죄의 실행에 착수하여 행위를 종료하지 못하였거나 결과가 발생하지 아니한 경우를 말한다. 미수는 실행에 착수하였다는 점에서 예비·음모와 구별된다.

(3) 기수

실행에 착수한 행위가 구성요건의 모든 표지를 충족시킨 경우를 말한다. 형법이 원칙적으로 처벌대상으로 하는 범죄 형태이다.

(4) 종료

기수 이후에 보호법익에 대한 침해가 실질적으로 끝난 경우이다.

2. 미수범의 처벌

미수는 원칙적으로 처벌되지 않으나, 법률에 특별한 규정이 있는 경우에 한하여 예외적으로 처벌된다.

구분	의의	처벌
장애미수	범죄의 실행에 착수(着手)는 하였지만 어떠한 외부적인 사정에 의하여 그 범죄행위의 완성에 이르지 못한 경우	임의적 감경
중지미수	범죄의 실행에 착수한 자가 그 범죄가 완성되기 전에 자의로 범행을 중단하거나 결과의 발생을 방지한 경우	필요적 감면
불능미수	결과의 발생은 사실상 불가능하나 그 위험성으로 인하여 미수범으로 처벌되는 경우	임의적 감면

3. 예비죄

범죄의 음모 또는 예비행위가 실행의 착수에 이르지 아니한 때에는 법률에 특별한 규정이 없는 한 벌하지 아니한다.

시험문제 미리보기!

다음에서 설명하는 것은 무엇인가?

> 범죄의 수단이나 대상의 착오로 결과의 발생은 사실상 불가능하나 그 위험성으로 인하여 처벌되는 경우

① 장애미수　② 중지미수
③ 불능미수　④ 예비 · 음모

정답 ③

해설 형법 제27조(불능범)에 따르면, 실행의 수단 또는 대상의 착오로 인하여 결과의 발생이 불가능하더라도 위험성이 있는 때에는 처벌한다. 단, 형을 감경 또는 면제할 수 있다.

09 정범 및 공범론

출제빈도 ★★

1. 정범

(1) 직접정범

행위자 자신이 직접 범죄를 실행하는 경우를 말한다.

① 단독정범: 공동정범에 대응하는 개념으로서 다른 사람의 가담 없이 스스로 구성요건을 충족시키는 자를 말한다.

② 공동정범(형법 제30조): 2인 이상의 책임능력이 있는 자가 서로 공동으로 죄가 될 사실을 실현하고, 그것에 참가 정도의 여하를 불문하고 전원을 정범자로서 처벌하는 범죄를 말한다.

③ 동시범: 2인 이상이 공동가공의사 없이 동시 또는 이시에 동일 객체에 대해서 각자 구성요건적 결과를 실현한 경우를 말한다. 만약 2인 이상이 폭행을 가하여 사람을 상해한 경우에 과연 그중에 누가 실제로 상해를 가하였는지, 만일 2인이 같이 하였다 해도 그 가한 상해의 정도를 알 수 없을 때에는 이들 가해자 사이에 의사의 공동이 없어도 공동정범의 예에 의하여 처벌하고 모두 결과의 발생에 대하여 형사책임을 지운다. (동시범의 특례)

(2) 간접정범(형법 제34조 제1항)

행위자가 타인을 생명 있는 도구로 이용하여 간접적으로 범죄를 실행하는 형태의 범죄로, 교사 또는 방조와 동일하게 처벌되는 경우를 말한다.

예 의사가 사정을 모르는 간호사로 하여금 환자에게 독약을 투여하게 하여 살해하는 경우

2. 공범

(1) 교사범

타인에게 범죄실행을 결의하게 하여 이를 실행하게 함으로써 성립한 범죄를 말한다. 교사범은 실행한 자(정범)와 동일하게 처벌된다.

(2) 종범

정범을 방조한 자로서 방조범이라고도 한다. 방조란 정범에 의한 범죄 실행을 가능하게 하거나, 용이하게 하는 방조자의 모든 행위를 말한다. 방조범의 형은 정범의 형보다 감경한다(형법 제32조 제2항).

(3) 필요적 공범

구성요건 자체가 처음부터 2인 이상이 참가해서만 실행할 수 있고, 1인이 단독으로 실행이 불가능하도록 규정된 범죄를 말한다.

시험문제 미리보기!

다음에서 설명하는 것은 무엇인가?

> 어느 행위로 인하여 처벌되지 아니하는 자 또는 과실범으로 처벌되는 자를 교사 또는 방조하여 범죄행위의 결과를 발생하게 한 자

① 간접정범 ② 공동정범
③ 교사범 ④ 방조범

정답 ①

해설 형법 제34조(간접정범, 특수한 교사, 방조에 대한 형의 가중)
① 어느 행위로 인하여 처벌되지 아니하는 자 또는 과실범으로 처벌되는 자를 교사 또는 방조하여 범죄행위의 결과를 발생하게 한 자는 교사 또는 방조의 예에 의하여 처벌한다.
② 자기의 지휘, 감독을 받는 자를 교사 또는 방조하여 전항의 결과를 발생하게 한 자는 교사일 때에는 정범에 정한 형의 장기 또는 다액에 그 2분의 1까지 가중하고 방조인 때에는 정범의 형으로 처벌한다.

10 죄수론

출제빈도 ★

1. 죄수론

범죄의 수를 결정하고 각 경우에 어떻게 처벌할 것인가의 문제를 다루는 이론이다.

2. 일죄

범죄행위가 1개의 구성요건을 1회 충족시킨 경우를 말한다.

(1) 법조경합

한 개 또는 수 개의 행위가 외관상 수 개의 구성요건에 해당하는 것처럼 보이나 논리적으로 하나의 형벌법규만이 적용되고 다른 법규의 적용이 배제되어 일죄만 성립하는 경우를 말한다.

예 절도범이 야간에 타인의 주거에 침입하여 물건을 훔친 경우 주거침입죄와 절도죄를 범하였지만 형법에 야간주거침입절도죄를 처벌하는 규정이 있어 이 죄 하나만 범한 것이 된다.

(2) 불가벌적 사후행위

범죄에 의하여 획득한 위법한 이익을 확보하거나, 사용·처분하는 구성요건에 해당하는 사후행위가 이미 주된 범죄에 의하여 완전히 평가된 것이기 때문에 별죄를 구성하지 않는 경우를 말한다.

예 절도범이 절취한 재물을 손괴한 경우

(3) 포괄일죄

수 개의 행위가 포괄적으로 1개의 구성요건에 해당하여 일죄를 구성하는 경우를 말한다.

3. 수죄

(1) 상상적 경합

1개의 행위가 수 개의 죄에 해당하는 경우를 말한다. 상상적 경합은 실질상 수죄이지만 과형상 일죄이므로 1개의 형으로 처벌하되 가장 중한 죄에 정한 형으로 처벌한다.

예 권총 1발의 탄환으로 사람을 죽이고(살인죄) 또 타인의 재물을 파손한 것(손괴죄)과 같은 경우

(2) 실체적 경합

서로 다른 행위로 수 개의 죄를 범하는 경우를 말한다.

예 타인의 주거에 침입하여 재물을 절취한 경우 또는 살인을 저지른 경우

11 형벌론

출제빈도 ★★★

1. 형벌의 의의

국가의 범죄에 대한 법률효과로서 범죄자에 대하여 책임을 전제로 과하는 법익의 박탈을 말한다.

2. 형벌의 종류

구분	종류	내용
생명형	사형	• 수형자의 생명 박탈
자유형	징역	• 수형자를 교도소 내에 구치하여 정역에 복무하게 하는 형벌 – 유기와 무기 – 유기징역은 1개월 이상 30년 이하, 가중 시에는 50년까지 – 무기징역은 종신형이지만, 20년이 경과한 후에는 가석방 가능
	금고	• 교도소 내에 구치하나 형벌로서 정역에 복무하지 않음
	구류	• 수형자를 교도소 내에서 구치하는 것 • 기간은 1일 이상 30일 미만

재산형	벌금	• 일정한 금액의 지급의무를 강제적으로 부담 – 5만 원 이상이며, 감경 시 5만 원 미만 가능. 상한에는 제한이 없음 – 판결 확정일로부터 30일 이내에 납입 – 벌금을 납입하지 아니한 자는 1일 이상 3년 이하의 기간 동안 노역장에 유치하여 작업에 복무하게 함 – 선고하는 벌금이 1억 원 이상 5억 원 미만인 경우에는 300일 이상, 5억 원 이상 50억 원 미만인 경우에는 500일 이상, 50억 원 이상인 경우에는 1,000일 이상의 유치기간을 정하여야 함
	과료	• 2천 원 이상 5만 원 미만 • 불납 시 1일 이상 30일 미만의 기간 동안 노역장에 유치
	몰수	• 범죄행위에 사용하였거나 사용하려던 물건 등을 강제적으로 국가에 귀속시키는 부가형 • 몰수가 불가능한 경우 그 가액을 추징
명예형	자격정지	• 일정기간 동안 자격의 전부 또는 일부를 정지시키는 것
	자격상실	• 범죄 요건 구비 시 일정한 자격 당연 상실

3. 누범

형법상 금고 이상에 처하게 된 자가 그 집행이 종료·면제된 날로부터 3년 이내에 다시 죄를 범하여 금고 이상의 형에 해당하는 죄를 범할 경우를 말한다. 누범의 형은 그 죄에 정한 형의 장기의 2배까지 가중한다.

4. 형의 선고유예·집행유예·가석방

구분	선고유예	집행유예	가석방
요건	• 1년 이하의 징역이나 금고, 자격성시 또는 벌금의 형을 선고할 경우 • 개전의 정상이 현저 • 자격정지 이상의 형을 받은 전과가 없을 것	• 3년 이하의 징역이나 금고 또는 500만 원 이하의 벌금의 형을 선고할 경우 • 정상에 참작할 만한 사유 • 금고 이상의 형을 선고한 판결이 확정된 때부터 그 집행을 종료하거나 면제된 후 3년의 경과	• 무기형은 20년, 유기형은 3분의 1을 경과 • 행상이 양호, 개전의 정상이 현저 • 병과된 벌금, 과료 완납
기간	• 2년	• 1~5년	• 무기: 10년 • 유기: 잔형기(10년 초과 금지)
결정	법원의 재량		법무부 장관의 행정처분
효과	면소 간주	형의 선고효력 상실	형집행종료 간주

실효	• 필요적: 유예기간 중 자격정지 이상의 판결 확정 또는 자격정지 이상의 전과 발견 • 임의적: 보호관찰 준수사항 명령을 위반하고 정도가 중할 때	• 필요적: 유예기간 중 고의 범죄로 금고 이상의 실형 확정	• 필요적: 가석방 중 금고 이상의 형을 선고받아 그 판결이 확정된 때(단, 과실범 제외)
취소	• 취소제도 없음	• 필요적: 집행유예선고 후 제62조 단행 사유(결격기간 내의 범죄라는 것)가 발각된 경우 • 임의적: 보호관찰·사회봉사·수강명령 준수사항, 명령을 위반하고 정도가 중할 때	• 임의적: 감시규칙 위배 또는 보호관찰 준수사항을 위반하고 정도가 중할 때

시험문제 미리보기!

〈보기〉의 괄호 안에 들어갈 숫자의 합으로 가장 적절한 것은?

<보기>

• 제59조(선고유예의 요건)

① (　　)년 이하의 징역이나 금고, 자격정지 또는 벌금의 형을 선고할 경우에 제51조의 사항을 참작하여 개전의 정상이 현저한 때에는 그 선고를 유예할 수 있다. 단, 자격정지 이상의 형을 받은 전과가 있는 자에 대하여는 예외로 한다.

• 제60조(선고유예의 효과)

형의 선고유예를 받은 날로부터 (　　)년을 경과한 때에는 면소된 것으로 간주한다.

① 2　　② 3

③ 4　　④ 5

정답 ②

해설 • 형법 제59조(선고유예의 요건) 제1항

'1'년 이하의 징역이나 금고, 자격정지 또는 벌금의 형을 선고할 경우에 제51조의 사항을 참작하여 개전의 정상이 현저한 때에는 그 선고를 유예할 수 있다. 단, 자격정지 이상의 형을 받은 전과가 있는 자에 대하여는 예외로 한다.

• 제60조(선고유예의 효과)

형의 선고유예를 받은 날로부터 '2'년을 경과한 때에는 면소된 것으로 간주한다.

따라서 1 + 2 = 3이다.

제2절 | 형법각론

✓핵심 포인트

개인적 법익에 대한 죄	살인, 상해, 폭행, 명예훼손, 주거침입, 사기, 횡령, 배임 등
사회적 법익에 대한 죄	방화, 실화, 통화, 문서 등
국가적 법익에 대한 죄	수뢰, 공무집행방해, 도주와 은닉 등

01 개인적 법익에 대한 죄

출제빈도 ★★★

생명과 신체에 대한 죄	살인의 죄, 상해와 폭행의 죄, 과실치사상죄, 낙태의 죄, 유기와 학대의 죄
자유에 대한 죄	협박의 죄, 강요의 죄, 체포와 감금의 죄, 약취·유인 및 인신매매의 죄, 강간과 추행의 죄
명예와 신용에 대한 죄	명예에 관한 죄, 신용·업무와 경매에 관한 죄
사생활 평온에 대한 죄	비밀침해의 죄, 주거침입의 죄
재산에 대한 죄	절도의 죄, 강도의 죄, 사기의 죄, 공갈의 죄, 횡령의 죄, 배임의 죄, 장물의 죄, 손괴의 죄, 권리행사를 방해하는 죄

1. 생명과 신체에 대한 죄

(1) 살인의 죄

살인죄는 사람을 살해함으로써 성립하는 범죄이다. 보호법익은 사람의 생명이고 보호의 정도는 침해범이다.

(2) 상해와 폭행의 죄

① 상해죄: 상해죄는 폭행 또는 그 밖의 행위로 고의로 사람에게 상처를 입힘으로써 성립하는 범죄이다. 사람의 생리적 기능 훼손이 구성요건이며 보호법익은 사람의 신체적 완전성이다.

② 폭행죄: 폭행죄는 사람의 신체에 대한 일체의 불법적인 유형력의 행사를 포함하며 상해의 결과를 초래할 것일 필요는 없다. 폭행죄는 반의사불벌죄이다.

예 구타, 밀치는 행위, 얼굴에 침을 뱉는 행위, 모발 절단, 계속 전화를 거는 행위, 심한 소음·음향

(3) 과실치사상죄

과실로 인하여 사람의 신체를 상해에 이르게 한 자는 500만 원 이하의 벌금, 구류 또는 과료에 처한다. 과실치사상죄는 반의사불벌죄이다.

(4) 낙태의 죄

자기낙태죄 조항은 입법목적을 달성하기 위하여 필요한 최소한의 정도를 넘어 임신한 여성의 자기결정권을 제한하고 있어 침해의 최소성을 갖추지 못하였고, 태아의 생명 보호라는 공익에 대하여만 일방적이고 절대적인 우위를 부여함으로써 법익균형성의 원칙도 위반하였으므로, 과잉금지원칙을 위반하여 임신한 여성의 자기결정권을 침해한다. 자기낙태죄 조항과 동일한 목표를 실현하기 위하여 임신한 여성의 촉탁 또는 승낙을 받아 낙태하게 한 의사를 처벌하는 의사낙태죄 조항도 같은 이유에서 위헌이라고 보아야 한다. 즉, 임신한 여성의 자기 낙태를 처벌하는 형법 제269조 제1항과 의사가 임신한 여성의 촉탁 또는 승낙을 받아 낙태하게 한 경우를 처벌하는 같은 법 제270조 제1항 중 '의사'에 관한 부분은 각각 임신한 여성의 자기결정권을 침해한다.
(임신한 여성의 자기결정권 침해(헌재 2017헌바127, 잠정적용헌법불합치))

(5) 유기와 학대의 죄

① 유기의 죄란 노유, 질병 기타 사정으로 인하여 부조를 요하는 자를 보호할 법률상 또는 계약상의무 있는 자가 유기하는 것을 내용으로 하는 범죄이다.

② 학대의 죄란 자기의 보호 또는 감독을 받는 사람을 학대함으로써 성립하는 범죄이다.

2. 자유에 대한 죄

(1) 협박의 죄

사람을 협박함으로써 개인의 의사결정의 자유를 침해하는 것을 내용으로 하는 범죄이다. 협박죄가 성립하기 위해서는 구체적인 해악의 고지가 필요하다. 따라서 단순한 폭언은 협박이 될 수 없다.

(2) 강요의 죄

강요의 죄는 폭행 또는 협박으로 사람의 권리행사를 방해하거나 의무 없는 일을 하게 함으로써 의사결정의 자유뿐만 아니라 그 활동의 자유를 침해하는 것을 내용으로 하는 범죄이다.

(3) 체포와 감금의 죄

체포와 감금의 죄는 사람을 체포 또는 감금하여 사람의 신체적 활동의 자유를 침해하는 것을 내용으로 하는 범죄이다.

예 차를 고속으로 운전하여 탑승자가 내리지 못하게 하는 경우, 사무실 안에 있는 사람을 나오지 못하게 하는 경우

(4) 약취·유인 및 인신매매의 죄

약취·유인 및 인신매매의 죄는 사람을 약취·유인 또는 매매하여 자기 또는 제삼자의 사실적 지배하에 둠으로써 개인의 자유를 침해하는 것을 내용으로 하는 범죄이다.

(5) 강간과 추행의 죄

강간과 추행의 죄는 개인의 성적 자기결정권을 침해하는 것을 내용으로 하는 범죄이다.

3. 명예와 신용에 대한 죄

(1) 명예에 관한 죄

명예에 관한 죄란 공연히 사실을 적시하여 사람의 명예를 훼손하거나 공연히 사람을 모욕함으로써 성립하는 범죄를 말한다. 명예훼손죄(반의사불벌죄), 사자의 명예훼손죄(친고죄), 출판물에 의한 명예훼손죄(반의사불벌죄) 및 모욕죄(친고죄)가 있다. 명예훼손죄는 공연히 사실 또는 허위의 사실을 적시하여 사람의 명예를 훼손함으로써 성립하는 범죄이다(형법 제307조 제1항, 제2항). 이때 '공연히'란 불특정 다수인이 인식할 수 있는 상태를 말한다. 공연성과 관련하여 대법원은 소위 '전파성의 이론'을 취하고 있는데, 전파성의 이론이란 사실을 적시한 상대방이 특정된 소수의 사람이라 하더라도 그 사람이 불특정 또는 다수인에게 전파할 가능성이 있으면 공연성을 인정하는 입장을 의미한다.

(2) 신용·업무와 경매에 관한 죄

신용·업무와 경매에 관한 죄란 허위의 사실을 유포하거나 기타 위계로써 사람의 신용을 훼손함으로써 성립하는 범죄이다.

4. 사생활 평온에 대한 죄

(1) 비밀침해의 죄

비밀침해죄란 봉함 기타 비밀 장치한 사람의 편지, 문서 또는 도화를 개봉하거나, 봉함 기타 비밀 장치한 사람의 편지, 문서, 도화 또는 전자기록 등 특수매체기록을 기술적 수단을 이용하여 그 내용을 알아냄으로써 성립하는 범죄이다. 보호법익은 사람의 비밀이다.

(2) 주거침입의 죄

주거침입의 죄란 사람의 거주 또는 관리하는 건조물(건축가옥, 폐쇄된 빈집, 공장, 극장, 백화점, 관공서의 청사, 학교 등), 선박이나 항공기 또는 점유하는 방실(빌딩 사무실, 투숙 중인 호텔, 연구실 등)에 침입함으로써 성립하는 범죄이다. 주거침입죄의 행위는 침입이다. 이때 '침입'이란 주거자, 관리자 또는 점유자의 의사에 반하여 들어가는 것을 말한다. 그리고 여기의 침입은 신체의 침입을 말하므로 밖에서 창문으로 들여다보는 것, 소리를 지르는 것, 전화를 거는 것 등은 침입이 될 수 없다. 신체의 일부를 타인의 주거에 집어넣는 것도 침해가 된다. 다만 기수 또는 미수의 문제는 있다.

5. 재산에 대한 죄

(1) 절도의 죄

절도죄는 타인의 재물을 절취함으로써 성립하는 범죄이다. 절도죄의 행위 객체는 소유자 또는 점유자가 점유하고 있는 재물이다. 재물의 재산적 가치는 필요하지 않으며(주민등록증, 서신, 사진, 주권포기각서 등), 소유자나 점유자가 본인만이 가지고 있어야 한다는 주관적 가치가 있으면 된다. 절도죄가 성립하기 위해서는 고의 외에 불법영득의사가 필요하다(다수설). 이러한 불법영득의사가 없는 경우에는 사용절도가 되어 처벌되지 않는다. 다만 자동차, 선박, 항공기 또는 원동기 장치 자전거 등의 불법사용행위에 대해서는 예외적으로 자동차 등 불법 사용죄에 의해 처벌된다.

> **법학 전문가의 TIP**
>
> **절도죄**
>
> 컴퓨터에 저장되어 있는 '정보' 그 자체는 유체물이라고 볼 수도 없고, 물질성을 가진 동력도 아니므로 재물이 될 수 없다 할 것이며, 또 이를 복사하거나 출력하였다 할지라도 그 정보 자체가 감소하거나 피해자의 점유 및 이용가능성을 감소시키는 것이 아니므로 그 복사나 출력 행위를 가지고 절도죄를 구성한다고 볼 수도 없다. (대법원 2002. 7. 12. 선고 2002도745 판결)

(2) 강도의 죄

강도죄는 폭행 또는 협박으로 타인의 재물을 강취하거나 기타 재산상의 이익을 취득하거나 제삼자로 하여금 이를 취득하게 함으로써 성립하는 범죄이다. 여기의 폭행·협박의 정도는 상대방의 의사를 억압하여 반항을 불가능하게 할 정도이어야 한다.

예 의식을 잃을 정도로 강타한 경우, 주류 또는 마취제를 사용하여 사람을 혼수상태에 이르게 한 경우 등

(3) 사기의 죄

사기죄는 사람을 기망하여 자기 또는 제삼자가 재물의 교부를 받거나 재산상의 이익을 취득함으로써 성립하는 범죄이다.

(4) 공갈의 죄

공갈죄는 사람을 공갈하여 재물의 교부를 받거나 재산상의 이익을 취득하거나 제삼자로 하여금 이를 취득하게 함으로써 성립하는 범죄이다.

(5) 횡령의 죄

횡령죄(신분범)는 타인의 재물을 보관하는 자가 그 재물을 횡령하거나 반환을 거부함으로써 성립하는 범죄이다. 점유이탈물횡령죄는 유실물·표류물·매장물 또는 타인의 점유를 이탈한 재물을 횡령한 자를 처벌한다.

예 길에 떨어진 물건을 주워 갖는 경우

(6) 배임의 죄

배임죄(신분범)는 타인의 사무를 처리하는 자가 그 임무에 위배하는 행위를 하여 재산상의 이익을 취득하거나 제삼자로 하여금 이를 취득케 하고 본인에게 손해를 가하는 경우에 성립하는 범죄이다.

(7) 장물의 죄

장물죄는 장물을 취득, 양여, 운반, 보관하거나 또는 이를 알선함으로써 성립하는 범죄이다. 여기서 장물이란 재산범죄(절도죄, 강도죄, 사기죄, 횡령죄, 공갈죄, 장물죄 등)에 의하여 불법하게 영득한 재물을 의미한다.

(8) 손괴의 죄

손괴죄란 타인의 재물, 문서 또는 전자기록 등 특수매체기록을 손괴 또는 은닉 기타의 방법으로 그 효용을 해하는 경우에 성립하는 범죄이다.

(9) 권리행사를 방해하는 죄

권리행사를 방해하는 죄는 타인의 점유 또는 권리의 목적이 된 자기의 물건에 대한 타인의 권리행사를 방해하거나(권리행사방해죄), 강제집행을 면탈할 목적으로 채권자를 해하는 것을 내용으로 하는 범죄(강제집행면탈죄)를 말한다.

시험문제 미리보기!

다음 중 개인적 법익에 관한 범죄 중 재산범죄에 해당하지 않는 것은?

① 권리행사를 방해하는 죄　② 손괴의 죄
③ 강요의 죄　④ 공갈의 죄

정답 ③

해설 강요의 죄는 폭행 또는 협박으로 사람의 권리행사를 방해하거나 의무 없는 일을 하게 함으로써 의사결정의 자유뿐만 아니라 그 활동의 자유를 침해하는 것을 내용으로 하는 자유에 대한 죄이다.

02 사회적 법익에 대한 죄

출제빈도 ★★

구분	내용
공공의 안전과 평온에 대한 죄	공안을 해하는 죄, 폭발물에 관한 죄, 방화와 실화의 죄, 일수와 수리에 관한 죄, 교통방해의 죄
공공의 신용에 대한 죄	통화에 대한 죄, 유가증권 · 인지와 우표에 관한 죄, 문서에 관한 죄, 인장에 관한 죄
공중의 건강에 대한 죄	음용수에 관한 죄, 아편에 관한 죄
사회의 도덕에 대한 죄	성 풍속에 관한 죄, 도박과 복표에 관한 죄, 신앙에 관한 죄

1. 공공의 안전과 평온에 대한 죄

(1) 공안을 해하는 죄

공안을 해하는 죄란 공공의 안전과 평온을 해하는 내용의 범죄이다. (추상적 위험범)

(2) 폭발물에 관한 죄

폭발물에 관한 죄는 폭발물을 사용하여 사람의 생명·신체 또는 재산을 해하거나 기타 공안을 문란케 하는 내용의 범죄이다. (구체적 위험범)

(3) 방화와 실화의 죄

방화와 실화의 죄는 고의 또는 과실로 불을 놓아 건조물 등을 소훼하는 내용의 범죄이다.

(4) 일수와 수리에 관한 죄

일수의 죄란 고의 또는 과실로 수해를 일으켜 공공의 안전을 해하는 내용의 범죄이다. 수리방해죄란 수리권을 침해하는 내용의 범죄이다.

(5) 교통방해의 죄

교통방해죄란 교통로 또는 교통기관 등 공공의 교통설비를 손괴 또는 불통하게 하여 교통을 방해하는 내용의 범죄이다.

2. 공공의 신용에 대한 죄

(1) 통화에 대한 죄

통화에 대한 죄란 행사할 목적으로 통화를 위조·변조하거나, 위조·변조한 통화를 행사·수입·수출 또는 취득하거나, 통화유사물을 제조·수입·수출·판매하는 내용의 범죄이다.

(2) 유가증권·인지와 우표에 관한 죄

유가증권에 관한 죄란 행사할 목적으로 유가증권을 위조·변조 또는 허위작성하거나, 위조·변조·허위작성한 유가증권을 행사·수입·수출하는 내용의 범죄이다.

(3) 문서에 관한 죄

문서에 관한 죄란 행사할 목적으로 문서를 위조·변조하거나, 허위의 문서를 작성하거나, 위조·변조·허위작성된 문서를 행사하거나 문서를 부정 행사하는 내용의 범죄이다.

(4) 인장에 관한 죄

인장에 관한 죄란 행사할 목적으로 인장·서명·기명·기호를 위조 또는 부정사용하거나, 위조 또는 부정사용한 인장·서명·기명·기호를 행사함으로써 성립하는 범죄이다.

3. 공중의 건강에 대한 죄

(1) 음용수에 관한 죄

음용수에 관한 죄란 사람의 음용에 사용하는 정수 또는 그 수원에 오물·독물 기타 건강을 해치는 물건을 넣거나, 수도 기타 시설을 손괴하거나 불통시켜 공중의 음용수 이용과 안전을 위태롭게 하는 내용의 범죄이다.

(2) 아편에 관한 죄

아편에 관한 죄는 아편을 흡식하거나 아편 또는 아편흡식기구를 제조·수입·판매 또는 소지하는 내용의 범죄이다.

4. 사회의 도덕에 대한 죄

(1) 성 풍속에 관한 죄

성 풍속에 관한 죄란 성 생활에 관계되는 성 도덕 내지 성 풍속을 해하는 행위를 내용으로 하는 범죄로서 공연음란죄, 음행매개죄 등이 있다.

(2) 도박과 복표에 관한 죄

도박과 복표에 관한 죄란 도박하거나 도박장을 개장하거나 복표를 발매·중개 또는 취득하는 내용의 범죄이다.

(3) 신앙에 관한 죄

신앙에 관한 죄란 공중의 종교생활의 평온과 종교감정을 침해하는 내용의 범죄이다.

시험문제 미리보기!

다음 중 사회적 법익에 관한 범죄에 해당하는 것은?

① 교통방해죄　　② 명예훼손죄
③ 국기에 관한 죄　　④ 위증죄

정답 ①

해설 교통방해의 죄, 공안을 해하는 죄, 폭발물에 관한 죄, 방화와 실화의 죄, 일수와 수리에 관한 죄, 통화에 대한 죄, 유가증권·인지와 우표에 관한 죄, 문서에 관한 죄, 인장에 관한 죄, 음용수에 관한 죄, 아편에 관한 죄, 성 풍속에 관한 죄, 도박과 복표에 관한 죄, 신앙에 관한 죄가 사회적 법익에 관한 범죄에 해당한다.

오답노트

② 명예훼손죄는 개인적 법익에 관한 죄이다.

③, ④ 국기에 관한 죄, 위증죄는 국가적 법익에 관한 죄이다.

03 국가적 법익에 대한 죄

출제빈도 ★

국가의 존립과 권위에 대한 죄	내란의 죄, 외환의 죄, 국기에 대한 죄, 국교에 관한 죄
국가의 기능에 대한 죄	공무원의 직무에 대한 죄, 공무방해에 관한 죄, 도주와 범인은닉의 죄, 위증과 증거인멸죄, 무고의 죄

1. 국가의 존립과 권위에 대한 죄

(1) 내란의 죄

내란의 죄란 국가의 내부로부터 헌법의 기본질서를 침해하여 국가의 존립을 위태롭게 하는 내용의 범죄이다.

(2) 외환의 죄

외환의 죄란 외환을 유치하거나 대한민국에 항적하거나 적국에 이익을 제공하여 국가의 안전을 위태롭게 하는 내용의 범죄이다.

(3) 국기에 대한 죄

국기에 대한 죄란 대한민국을 모욕할 목적으로 국기 또는 국장을 손상·제거·오욕 또는 비방하는 내용의 범죄이다.

(4) 국교에 관한 죄

국교에 관한 죄는 국제법상 보호되는 외국의 이익을 침해함으로써 외국과의 국교 관계를 해하고 우리나라의 대외적 지위를 위태롭게 하는 내용의 범죄이다.

2. 국가의 기능에 대한 죄

(1) 공무원의 직무에 대한 죄

공무원의 직무에 대한 죄란 공무원이 직무를 위배하거나 직권을 남용하는 행위와 뇌물을 수수하는 행위를 내용으로 하는 범죄로서 직무유기죄(구체적 위험범), 공무상 비밀누설죄, 뇌물에 관한 죄 등이 있다.

(2) 공무방해에 관한 죄

공무방해에 관한 죄란 국가 또는 공공기관의 공권력 행사를 방해하는 것을 내용으로 하는 범죄로서 공무집행방해죄, 직무·사직 강요죄, 위계에 의한 공무집행방해죄 등이 있다.

(3) 도주와 범인은닉의 죄

도주의 죄는 법률에 의하여 체포·구금된 자가 스스로 도주하거나, 타인이 범인의 도주에 관여하는 것을 내용으로 하는 범죄이다. 범인은닉죄는 벌금 이상의 형에 해당하는 죄를 범한 자를 은닉·도피하게 하는 내용의 범죄이다.

(4) 위증과 증거인멸죄

위증죄는 법률에 의하여 선서한 증인이 허위의 진술을 하거나, 법률에 의하여 선서한 감정인·통역인·번역인이 허위의 감정·통역·번역을 하는 내용의 범죄이다. 증거인멸죄는 타인의 형사사건 또는 징계사건에 관한 증거를 인멸·은닉·위조·변조하거나 위조·변조한 증거를 사용하거나 증인을 은닉·도피하게 하여 국가의 심판기능을 방해하는 내용의 범죄이다.

(5) 무고의 죄

무고죄란 타인으로 하여금 형사처분 또는 징계처분을 받게 할 목적으로 공무소 또는 공무원에 대하여 허위의 사실을 신고함으로써 성립하는 범죄이다.

출제빈도: ★★★ 대표출제기업: 한전KDN

01 죄형법정주의에 관한 설명으로 가장 옳지 않은 것은?

① 관습형법금지원칙은 범죄와 형벌은 성문의 법률로써 규정되어야 한다는 원칙이다.

② 일정한 요건을 갖춘 위임입법은 죄형법정주의에 반하지 않는다.

③ 형의 장기 또는 단기만 정해진 상대적 부정기형은 명확성 원칙에 반한다.

④ 소급효 금지의 원칙은 법 시행 이전의 행위에까지 적용할 수 없다는 원칙을 말한다.

출제빈도: ★★★ 대표출제기업: 근로복지공단

02 다음에서 설명하는 내용은 죄형법정주의의 파생원칙 중 어느 원칙에 해당하는가?

> 제1조(범죄의 성립과 처벌) ① 범죄의 성립과 처벌은 행위 시의 법률에 의한다.

① 소급효금지의 원칙　② 관습형법금지의 원칙

③ 유추해석금지의 원칙　④ 적정성의 원칙

출제빈도: ★★★ 대표출제기업: 한국중부발전

03 죄형법정주의의 파생원칙인 유추해석금지 원칙에 대한 설명 중 가장 옳지 않은 것은?

① 유추해석이란 법률에 명시되어 있지 않은 사항에 대하여 그와 유사한 성질을 가지는 사항에 관한 법률을 적용하는 것을 말한다.

② 죄형법정주의 원칙상 법적 안정성이 중요하므로 어떠한 경우에도 유추해석은 인정될 수 없다.

③ 유추해석금지 원칙은 법의 해석·적용자인 법관의 자의로부터 개인의 자유·안전을 보장한다.

④ 판례는 확장해석을 유추해석과 유사한 의미로 이해하여 확장해석도 금지된다는 표현을 사용하고 있다.

출제빈도: ★★★ 대표출제기업: 한국산업인력공단

04 범죄 후 법률의 변경이 있었을 경우 어느 법률을 적용하는 것이 타당한가?

① 법률의 변경과 상관없이 행위시법을 적용한다.

② 법률의 변경이 있으므로 신법 우선원칙에 의하여 변경된 법률을 적용한다.

③ 만약 범죄 후 법률의 변경에 의하여 그 행위의 형이 구법보다 경한 때에도 구법에 의한다.

④ 만약 재판확정 후 법률의 변경에 의하여 그 행위가 범죄를 구성하지 아니한 때에는 형의 집행을 면제한다.

출제빈도: ★★★ 대표출제기업: 한국원자력환경공단

05 다음 <보기>의 형법상 장소적 적용범위에 관한 설명 중 옳지 않은 것을 모두 고르면?

<보기>

(가) 범죄에 의해 외국에서 형의 전부 또는 일부가 집행된 사람에 대해서는 그 집행된 형의 전부 또는 일부를 선고하는 형에 산입한다.
(나) 형법 제2조는 장소적 적용범위에 관한 속지주의의 원칙을 규정하고 있다.
(다) 외국인이 외국에서 통화에 관한 죄를 범한 경우 대한민국 형법을 적용할 수 없다.
(라) 외국인이 외국에서 내란의 죄를 범한 경우 대한민국 형법을 적용할 수 없다.

① (가), (나)
② (가), (다)
③ (나), (라)
④ (다), (라)

정답 및 해설

01 ③
형법은 법관의 자의적인 해석이 허용되지 않도록 범죄의 구성요건과 형사제재를 명확하고 구체적으로 규정해야 한다는 원칙이다. 형의 장기와 단기가 특정되어 있지 않은 절대적 부정기형은 명확성 원칙에 위배되지만 반대로 형의 장기 또는 단기만 정해진 상대적 부정기형은 명확성 원칙에 반하지 않는다.

02 ①
문제의 내용은 행위시법주의를 설명하는 것으로 형벌법규는 그 시행 이후에 이루어진 행위에 대해서만 적용되고, 시행 이전의 행위에까지 적용할 수 없다는 원칙(형법불소급의 원칙)이다. 다만 행위자에게 유리한 소급입법은 허용된다.

03 ②
유추해석금지 원칙은 법률의 규정에 없는 사항에 대하여 그것과 유사한 성질을 가지는 사항에 관한 법률을 적용하는 것을 금지하는 원칙이다. 다만 피고인에게 유리한 유추해석은 가능하다.

04 ④
범죄 후 법률의 변경에 의하여 그 행위가 범죄를 구성하지 아니하거나 형이 구법보다 경한 때에는 신법에 의한다(경한 법 소급의 원칙). 따라서 재판확정 후 법률의 변경에 의하여 그 행위가 범죄를 구성하지 아니한 때에는 형의 집행을 면제한다.

구분	범죄 후 재판확정 전의 법률의 변경으로	재판확정 후 법률의 변경으로
비범죄화된 경우	면소판결	형 집행 면제
경한 형으로 변경된 경우	경한 신법 적용	구법에 의하여 확정된 형을 그대로 집행

05 ④
(다), (라) 형법 제5조(외국인의 국외범)에 따르면, 본법은 대한민국 영역 외에서 다음에 기재한 죄를 범한 외국인에게 적용한다.
1. 내란의 죄
2. 외환의 죄
3. 국기에 관한 죄
4. 통화에 관한 죄
5. 유가증권, 우표와 인지에 관한 죄
6. 문서에 관한 죄 중 제225조 내지 제230조
7. 인장에 관한 죄 중 제238조

오답노트
(가) 형법 제7조(외국에서 집행된 형의 산입)에 따르면, 죄를 지어 외국에서 형의 전부 또는 일부가 집행된 사람에 대해서는 그 집행된 형의 전부 또는 일부를 선고하는 형에 산입한다.
(나) 형법 제2조(국내범)에 따르면, 본법은 대한민국영역 내에서 죄를 범한 내국인과 외국인에게 적용한다.

출제예상문제

출제빈도: ★★☆ 대표출제기업: 경기신용보증재단

06 다음 사례에서 대한민국 형법이 취하고 있는 태도는 무엇인가?

> 영국인 A는 통화를 행사할 목적으로 미국에서 영국 화폐를 위조한 후 한국으로 도주하였다. A의 행위는 형법상 외국통용외국통화위조죄(제207조 제3항)에 해당하여 대한민국 형법 제5조가 적용된다.

① 속지주의 ② 속인주의
③ 보호주의 ④ 기국주의

출제빈도: ★☆☆ 대표출제기업: 한국보훈복지의료공단

07 다음 <보기>에서 형법상 업무상과실로 인한 형의 가중이 규정되어 있지 않은 것을 모두 고르면?

<보기>

(가) 실화죄 (나) 과실치상죄
(다) 과실일수죄 (라) 과실교통방해죄

① (다) ② (라)
③ (가), (나) ④ (나), (라)

출제빈도: ★★★ 대표출제기업: 한국보훈복지의료공단

08 다음에서 설명하는 위법성조각사유는 무엇인가?

> 자기 또는 타인의 법익에 대한 현재의 위난을 피하기 위한 행위는 상당한 이유가 있는 때에는 벌하지 아니한다.

① 정당방위 ② 긴급피난
③ 정당행위 ④ 자구행위

출제빈도: ★★★

09 다음 사례에서 형법상 甲의 행위는?

> 甲은 어두운 골목길을 걷다가 우연히 흉기를 든 취객을 피해 乙의 집에 무단으로 침입하였다.

① 정당방위 ② 자구행위
③ 긴급피난 ④ 정당행위

출제빈도: ★★★

10 다음 중 형법상 '상당한 이유'를 요건으로 하는 위법성조각사유를 모두 고르면?

㉠ 피해자의 승낙	㉡ 긴급피난
㉢ 정당행위	㉣ 자구행위

① ㉠, ㉡　　② ㉠, ㉢
③ ㉡, ㉣　　④ ㉢, ㉣

정답 및 해설

06 ③
형법 제5조와 제6조는 속지주의와 속인주의로는 적용할 수 없는 행위에 대해 적용한다. 이는 외국인의 국외범에 대해 보호주의에 입각하여 우리 형법의 적용을 규정하고 있다.

07 ①
형법상 과실범 처벌규정은 다음과 같다.

보통과실범	업무상과실범	중과실범
실화죄	업무상실화죄	중실화죄
과실일수죄	없음	없음
과실폭발성물건파열죄	업무상과실폭발성 물건파열죄	중과실폭발성 물건파열죄
과실가스·전기방류죄	업무상과실가스·전기방류죄	중과실가스·전기방류죄
과실가스·전기공급방해죄	업무상과실가스·전기공급방해죄	중과실가스·전기공급방해죄
과실교통방해죄	업무상과실교통방해죄	중과실교통방해죄
과실치상죄	업무상과실치상죄	중과실치상죄
과실치사죄	업무상과실치사죄	중과실치사죄
없음	업무상과실장물죄	중과실장물죄

08 ②
형법 제22조(긴급피난) 제1항에 따르면, 자기 또는 타인의 법익에 대한 현재의 위난을 피하기 위한 행위는 상당한 이유가 있는 때에는 벌하지 아니하고, 제2항에 따르면, 위난을 피하지 못할 책임이 있는 자에 대하여는 전항의 규정을 적용하지 아니한다.

09 ③
甲이 부득이하게 乙의 집에 무단으로 침입한 것은 자기의 법익에 대한 현재의 위난 즉 취객의 흉기를 피하기 위한 행위로서 이는 형법 제22조 제1항의 긴급피난에 해당한다.

10 ③
㉡ 형법 제22조(긴급피난) 제1항에 따르면, 자기 또는 타인의 법익에 대한 현재의 위난을 피하기 위한 행위는 **상당한 이유**가 있는 때에는 벌하지 아니한다.
㉣ 형법 제23조(자구행위) 제1항에 따르면, 법률에서 정한 절차에 따라서는 청구권을 보전(保全)할 수 없는 경우에 그 청구권의 실행이 불가능해지거나 현저히 곤란해지는 상황을 피하기 위하여 한 행위는 **상당한 이유**가 있는 때에는 벌하지 아니한다.

오답노트
㉠ 형법 제24조(피해자의 승낙)에 따르면, 처분할 수 있는 자의 승낙에 의하여 그 법익을 훼손한 행위는 법률에 특별한 규정이 없는 한 벌하지 아니한다. ⇨ '상당한 이유'를 요건으로 하지 않음
㉢ 형법 제20조(정당행위)에 따르면, 법령에 의한 행위 또는 업무로 인한 행위 기타 사회상규에 위배되지 아니하는 행위는 벌하지 아니한다. ⇒ '상당한 이유'를 요건으로 하지 않음

출제예상문제

출제빈도: ★★★ 대표출제기업: 대구신용보증재단

11 다음 사례의 경우 甲에게는 어떠한 죄책이 성립하는가?

> 甲이 산책 중 목줄이 풀려진 乙의 맹견이 달려와 자신을 물려고 하자 맹견을 몽둥이로 내려치고 급하게 주변의 丙의 집에 무단으로 침입하였다. 이때 부득이하게 丙의 대문을 부수고 들어갔다. 乙과 丙은 甲에게 형사상 책임을 물으려고 한다.

① 주거침입죄
② 맹견에 대한 (특수)손괴죄
③ 대문에 대한 손괴죄
④ 무죄

출제빈도: ★★☆ 대표출제기업: 경기신용보증재단, 한국보훈복지의료공단, 한국원자력환경공단

12 다음에서 설명하는 위법성조각사유는 무엇인가?

> • 법률에서 정한 절차에 따라서는 청구권을 보전(保全)할 수 없는 경우에 그 청구권의 실행이 불가능해지거나 현저히 곤란해지는 상황을 피하기 위하여 한 행위는 상당한 이유가 있는 때에는 벌하지 아니한다.
> • 소유권의 귀속에 관한 분쟁이 있어 민사소송이 계속 중인 건조물에 관하여 현실적으로 관리인이 있음에도 위 건조물의 자물쇠를 쇠톱으로 절단하고 침입한 소위는 법정절차에 의하여 그 권리를 보전하기가 곤란하고 그 권리의 실행불능이나 현저한 실행곤란을 피하기 위해 상당한 이유가 있는 행위라고 할 수 없다. (대법원 1985. 7. 9. 선고 85도707 판결)

① 정당방위
② 긴급피난
③ 피해자의 승낙
④ 자구행위

출제빈도: ★☆☆ 대표출제기업: 한국가스기술공사

13 다음 중 피해자의 승낙이 있더라도 형법상 처벌되는 것은 무엇인가?

① 살인죄
② 상해죄
③ 비밀침해죄
④ 주거침입죄

출제빈도: ★★☆ 대표출제기업: 금융감독원

14 다음 <보기>에서 형법상 책임이 조각되는 사유를 모두 고르면?

<보기>

(가) 피해자의 승낙에 의한 행위
(나) 강요된 행위
(다) 13세 형사미성년자의 행위
(라) 심신상실자의 행위
(마) 심신장애자의 행위

① (가), (나), (다)
② (가), (마)
③ (나), (다), (라)
④ (라), (마)

출제빈도: ★★☆ 대표출제기업: 한국중부발전

15 다음에서 설명하는 것을 형법상 무엇이라고 하는가?

> 책임능력자의 고의 또는 과실에 의하여 스스로 일시적인 심신장애의 상태를 야기시키고, 그 상태를 이용하여 범죄를 실행하는 경우를 말한다. 예를 들어 사람을 살해할 목적으로 자의로 음주하고 그 상태에서 사람을 살해한 경우이다.

① 불능미수
② 방조범
③ 원인에 있어서의 자유로운 행위
④ 간접정범

정답 및 해설

11 ④

乙 소유의 맹견과 丙 주택의 대문은 타인의 재물이므로 (특수)손괴죄가 성립할 수 있다. 그러나 甲의 행위는 맹견의 공격을 피하기 위한 행위로서 위법성조각사유인 긴급피난이 성립하므로 무죄가 된다.

12 ④

형법 제23조(자구행위) 제1항에 따르면, 법률에서 정한 절차에 따라서는 청구권을 보전(保全)할 수 없는 경우에 그 청구권의 실행이 불가능해지거나 현저히 곤란해지는 상황을 피하기 위하여 한 행위는 상당한 이유가 있는 때에는 벌하지 아니하고, 제2항에 따르면, 제1항의 행위가 그 정도를 초과한 경우에는 정황에 따라 그 형을 감경하거나 면제할 수 있다.

13 ①

피해자의 승낙을 얻어 살해를 하였더라도 촉탁, 승낙에 의한 살인죄에 해당한다. 형법 제252조(촉탁, 승낙에 의한 살인 등) 제1항에 따르면, 사람의 촉탁이나 승낙을 받아 그를 살해한 자는 1년 이상 10년 이하의 징역에 처한다.

14 ③

(나) 강요된 행위: 책임조각사유(형법 제12조(강요된 행위)에 따르면, 저항할 수 없는 폭력이나 자기 또는 친족의 생명, 신체에 대한 위해를 방어할 방법이 없는 협박에 의하여 강요된 행위는 벌하지 아니한다.)
(다) 13세 형사미성년자의 행위: 책임조각사유(형법 제9조(형사미성년자)에 따르면, 14세되지 아니한 자의 행위는 벌하지 아니한다.)
(라) 심신상실자의 행위: 책임조각사유(형법 제10조(심신장애인) 제1항에 따르면, 심신장애로 인하여 사물을 변별할 능력이 없거나 의사를 결정할 능력이 없는 자의 행위는 벌하지 아니한다.

오답노트

(가) 피해자의 승낙에 의한 행위: 위법성조각사유(형법 제24조(피해자의 승낙)에 따르면, 처분할 수 있는 자의 승낙에 의하여 그 법익을 훼손한 행위는 법률에 특별한 규정이 없는 한 벌하지 아니한다.)
(마) 심신장애자의 행위: 형법 제10조(심신장애인) 제2항에 따르면, 심신장애로 인하여 전항의 능력이 미약한 자의 행위는 형을 감경할 수 있다.

15 ③

원인에 있어서의 자유로운 행위란 책임능력자의 고의 또는 과실에 의하여 스스로 일시적인 심신장애의 상태를 야기시키고, 그 상태를 이용하여 범죄를 실행하는 경우를 말한다(사람을 살해할 목적으로 자의로 음주하고 그 상태에서 사람을 살해한 경우 등). 이러한 경우 행위자는 책임이 감경 또는 조각되지 않고 완전한 책임을 부담한다.

오답노트

① 불능미수: 결과의 발생은 사실상 불가능하나 그 위험성으로 인하여 미수범으로 처벌되는 경우를 말한다.
② 방조범: 정범에 의한 범죄 실행을 가능하게 하거나, 용이하게 하는 방조자의 모든 행위를 말한다.
④ 간접정범: 행위자가 타인을 생명 있는 도구로 이용하여 간접적으로 범죄를 실행하는 형태의 범죄로, 교사 또는 방조와 동일하게 처벌되는 경우를 말한다. (의사가 사정을 모르는 간호사로 하여금 환자에게 독약을 투여하게 하여 살해하는 경우 등)

출제예상문제

출제빈도: ★★☆ 대표출제기업: 한국보훈복지의료공단

16 다음 중 예비죄에 대한 설명으로 옳지 않은 것은?

① 음모란 2인 이상의 자 사이에 성립한 범죄실행의 합의를 말하는 것으로, 범죄실행의 합의가 있다고 하기 위하여는 단순히 범죄결심을 외부에 표시·전달하는 것만으로는 부족하고, 객관적으로 보아 특정한 범죄의 실행을 위한 준비행위라는 것이 명백히 인식되고, 그 합의에 실질적인 위험성이 인정될 때에 비로소 음모죄가 성립한다.

② 판례는 예비·음모단계에서 범행을 중지한 경우에 중지미수의 규정을 적용한다.

③ 미수는 실행에 착수하였다는 점에서 예비·음모와 구별되며 결과가 발생하지 않았다는 점에서 기수와 구별된다.

④ 판례는 정범이 실행의 착수에 이르지 아니한 예비의 단계에 그친 경우에는 이에 가공하는 행위가 예비의 공동정범이 되는 경우를 제외하고는 종범의 성립을 부정하고 있다.

출제빈도: ★☆☆ 대표출제기업: 한국보훈복지의료공단

17 다음에서 설명하는 것을 형법상 무엇이라고 하는가?

실행의 수단 또는 대상의 착오로 인하여 결과의 발생이 불가능하더라도 위험성이 있는 때에는 처벌한다. 단, 형을 감경 또는 면제할 수 있다.

① 예비·음모　　② 장애미수

③ 중지미수　　④ 불능미수

출제빈도: ★★★ 대표출제기업: 한국보훈복지의료공단

18 다음 중 미수에 관한 설명으로 옳지 않은 것은?

① 범죄의 음모 또는 예비행위가 실행의 착수에 이르지 아니한 때에는 법률에 특별한 규정이 없는 한 벌하지 아니한다.

② 범죄의 실행에 착수하여 행위를 종료하지 못하였거나 결과가 발생하지 아니한 때에는 미수범으로 처벌한다.

③ 미수범의 형은 기수범보다 감경해야 한다.

④ 범인이 실행에 착수한 행위를 자의(自意)로 중지하거나 그 행위로 인한 결과의 발생을 자의로 방지한 경우에는 형을 감경하거나 면제한다.

출제빈도: ★☆☆ 대표출제기업: 한국전력공사

19 다음에서 설명하는 것을 형법상 무엇이라고 하는가?

범인이 실행에 착수한 행위를 자의(自意)로 중지하거나 그 행위로 인한 결과의 발생을 자의로 방지한 경우에는 형을 감경하거나 면제한다.

① 불능미수　　② 중지미수

③ 장애미수　　④ 예비·음모

출제빈도: ★☆☆ 대표출제기업: 한국원자력환경공단

20 다음 중 형법상 미수범을 처벌하지 않는 범죄는 무엇인가?

① 존속살해죄 ② 현주건조물방해죄

③ 직무유기죄 ④ 절도죄

정답 및 해설

16 ②

중지범은 범죄의 실행에 착수한 후 자의로 그 행위를 중지한 때를 말하는 것이고, 실행의 착수가 있기 전인 예비음모의 행위를 처벌하는 경우에 있어서는 중지범의 관념은 이를 인정할 수 없다.
(대법원 1991. 6. 25. 선고 91도436 판결)

오답노트

④ 형법 32조 1항 소정 타인의 범죄란 정범이 범죄의 실현에 착수한 경우를 말하는 것이므로 종범이 처벌되기 위하여는 정범의 실행의 착수가 있는 경우에만 가능하고 형법 전체의 정신에 비추어 정범이 실행의 착수에 이르지 아니한 예비의 단계에 그친 경우에는 이에 가공하는 행위가 예비의 공동정범이 되는 경우를 제외하고는 종범의 성립을 부정하고 있다고 보는 것이 타당하다.
(대법원 1976. 5. 25. 선고 75도1549 판결)

17 ④

형법 제27조(불능범)에 따르면, 실행의 수단 또는 대상의 착오로 인하여 결과의 발생이 불가능하더라도 위험성이 있는 때에는 처벌한다. 단, 형을 감경 또는 면제할 수 있다.

18 ③

형법 제25조(미수범) 제2항에 따르면, 미수범의 형은 기수범보다 감경할 수 있다.

오답노트

① 형법 제28조(음모, 예비)에 따르면, 범죄의 음모 또는 예비행위가 실행의 착수에 이르지 아니한 때에는 법률에 특별한 규정이 없는 한 벌하지 아니한다.

② 형법 제25조(미수범) 제1항에 따르면, 범죄의 실행에 착수하여 행위를 종료하지 못하였거나 결과가 발생하지 아니한 때에는 미수범으로 처벌한다.

④ 형법 제26조(중지범)에 따르면, 범인이 실행에 착수한 행위를 자의(自意)로 중지하거나 그 행위로 인한 결과의 발생을 자의로 방지한 경우에는 형을 감경하거나 면제한다.

19 ②

형법 제26조(중지범)에 따르면, 범인이 실행에 착수한 행위를 자의(自意)로 중지하거나 그 행위로 인한 결과의 발생을 자의로 방지한 경우에는 형을 감경하거나 면제한다.

20 ③

직무유기죄는 미수범 처벌규정이 없다.

출제예상문제

출제빈도: ★★★ 대표출제기업: 한국보훈복지의료공단

21 다음에서 설명하는 것을 형법상 무엇이라고 하는가?

> 어느 행위로 인하여 처벌되지 아니하는 자 또는 과실범으로 처벌되는 자를 교사 또는 방조하여 범죄행위의 결과를 발생하게 한 자는 교사 또는 방조의 예에 의하여 처벌한다.

① 직접정범 ② 공동정범
③ 간접정범 ④ 교사범

출제빈도: ★★★ 대표출제기업: 한국중부발전

22 다음에서 설명하는 것을 형법상 무엇이라고 하는가?

> 정범에 의한 범죄 실행을 가능하게 하거나, 용이하게 하는 실행행위 이외의 원조행위로 형법에서는 이에 대해 정범의 형보다 감경한다라고 규정하고 있다.

① 간접정범 ② 교사범
③ 방조범 ④ 공동정범

출제빈도: ★★★ 대표출제기업: 한국보훈복지의료공단

23 다음 <보기>에서 설명하는 내용 중 옳지 않은 것을 모두 고르면?

<보기>

(가) 금고 이상의 형을 받어 그 집행을 종료하거나 면제를 받은 후 2년 내에 금고 이상에 해당하는 죄를 범한 자는 누범으로 처벌하며, 누범의 형은 그 죄에 정한 형의 장기의 2배까지 가중한다.
(나) 1개의 행위가 수 개의 죄에 해당하는 경우를 상상적 경합범이라 하고 이 경우 가장 중한 죄에서 정한 형의 장기의 2배까지 가중하여 처벌한다.
(다) 판결이 확정되지 아니한 수 개의 죄 또는 금고 이상의 형에 처한 판결이 확정된 죄와 그 판결 확정 전에 범한 죄를 경합범으로 한다.
(라) 경합범 중 판결을 받지 아니한 죄가 있는 때에는 그 죄와 판결이 확정된 죄를 동시에 판결할 경우와 형평을 고려하여 그 죄에 대하여 형을 선고한다.

① (가), (나) ② (가), (다)
③ (나), (라) ④ (다), (라)

출제빈도: ★★☆ 대표출제기업: 한국보훈복지의료공단, 한국중부발전

24 다음 중 형법상 자유형에 해당하는 것은?

① 사형　　② 금고
③ 자격상실　　④ 몰수

정답 및 해설

21 ③
형법 제34조(간접정범) 제1항에 따르면, 어느 행위로 인하여 처벌되지 아니하는 자 또는 과실범으로 처벌되는 자를 교사 또는 방조하여 범죄행위의 결과를 발생하게 한 자는 교사 또는 방조의 예에 의하여 처벌한다.

22 ③
정범을 방조한 자로서 방조범이라고도 한다. 방조란 정범에 의한 범죄 실행을 가능하게 하거나, 용이하게 하는 방조자의 모든 행위를 말한다. 형법 제32조(종범) 제2항에 따르면, 방조범의 형은 정범의 형보다 감경한다.

23 ①
(가) 형법 제35조(누범)에 따르면, 금고 이상의 형을 받어 그 집행을 종료하거나 면제를 받은 후 3년 내에 금고 이상에 해당하는 죄를 범한 자는 누범으로 처벌하며, 누범의 형은 그 죄에 정한 형의 장기의 2배까지 가중한다.
(나) 상상적 경합은 1개의 행위가 수 개의 죄에 해당하는 경우(권총 1발의 탄환으로 사람을 죽이고(살인죄) 또 타인의 재물을 파손한 것과 같은 경우(손괴죄))를 말한다. 상상적 경합은 실질상 수 죄이지만 과형상 일죄이므로 1개의 형으로 처벌하되 가장 중한 죄에 정한 형으로 처벌한다.

오답노트
(다) 형법 제37조(경합범)에 따르면, 판결이 확정되지 아니한 수 개의 죄 또는 금고 이상의 형에 처한 판결이 확정된 죄와 그 판결 확정 전에 범한 죄를 경합범으로 한다.
(라) 형법 제39조(판결을 받지 아니한 경합범, 수 개의 판결과 경합범, 형의 집행과 경합범) 제1항에 따르면, 경합범 중 판결을 받지 아니한 죄가 있는 때에는 그 죄와 판결이 확정된 죄를 동시에 판결할 경우와 형평을 고려하여 그 죄에 대하여 형을 선고한다. 이 경우 그 형을 감경 또는 면제할 수 있다.

24 ②
형벌을 분류하면 다음과 같다.

생명형	사형
자유형	징역, 금고, 구류
명예형	자격상실, 자격정지
재산형	벌금, 과료, 몰수

출제예상문제

출제빈도: ★★☆ 대표출제기업: 한국보훈복지의료공단

25 다음 중 몰수의 대상이 되는 것은?

① 甲이 乙에 살해행위를 할 시 사용된 乙의 부엌칼
② 살인을 위해 준비한 총과 칼 중 살인에 사용하지 않은 총
③ 강도 범행에 사용된 피해자 소유의 승용차
④ 위조된 유가증권 속에 섞인 진정한 유가증권

출제빈도: ★★☆ 대표출제기업: 한국원자력환경공단

26 다음 형벌의 경중에 관한 규정 중 형의 경중을 바르게 연결한 것은?

<보기>

(가) 구류
(나) 몰수
(다) 벌금
(라) 금고
(마) 자격상실

① (라) – (마) – (다) – (나) – (가)
② (라) – (마) – (다) – (가) – (나)
③ (마) – (라) – (다) – (가) – (나)
④ (마) – (라) – (가) – (다) – (나)

출제빈도: ★★★ 대표출제기업: 부산신용보증재단

27 다음은 형법 규정이다. 괄호 안에 들어갈 숫자의 합은?

- 징역 또는 금고는 무기 또는 유기로 하고 유기는 1개월 이상 (   )년 이하로 한다.
- 자격의 전부 또는 일부에 대한 정지는 1년 이상 (   )년 이하로 한다.
- 벌금은 (   )만 원 이상으로 한다.

① 35
② 40
③ 50
④ 70

출제빈도: ★★★ 대표출제기업: 한국보훈복지의료공단

28 형법상 형의 집행유예에 관한 설명으로 옳지 않은 것을 모두 고르면?

<보기>

(가) 5년 이하의 징역이나 금고 또는 500만 원 이하의 벌금의 형을 선고할 경우에 집행유예를 선고할 수 있다.
(나) 집행유예의 선고를 받은 후 그 선고의 실효 또는 취소됨이 없이 유예기간을 경과한 때에는 형의 선고는 효력을 잃는다.
(다) 형을 병과할 경우에는 그 형의 일부에 대하여 집행을 유예할 수 있다.
(라) 집행유예의 선고를 받은 자가 유예기간 중 고의 또는 과실로 범한 죄로 금고 이상의 실형을 선고받아 그 판결이 확정된 때에는 집행유예의 선고는 효력을 잃는다.

① (가), (나)　　② (가), (라)
③ (나), (다)　　④ (다), (라)

정답 및 해설

25 ②

형법 제48조(몰수의 대상과 추징) 제1항에 따르면, 범인 이외의 자의 소유에 속하지 아니하거나 범죄 후 범인 이외의 자가 정을 알면서 취득한 다음 기재의 물건은 전부 또는 일부를 몰수할 수 있다.

1. 범죄행위에 제공하였거나 제공하려고 한 물건
2. 범죄행위로 인하여 생하였거나 이로 인하여 취득한 물건
3. 전 2호의 대가로 취득한 물건

또한, 제2항에 따르면, 제1항에 기재한 물건을 몰수하기 불능한 때에는 그 가액을 추징하며, 제3항에 따르면, 문서, 도화, 전자기록 등 특수매체기록 또는 유가증권의 일부가 몰수에 해당하는 때에는 그 부분을 폐기한다.

26 ②

형의 경중을 비교하면, '사형 - 징역 - 금고 - 자격상실 - 자격정지 - 벌금 - 구류 - 몰수' 순이다. 따라서 '(라) 금고 - (마) 자격상실 - (다) 벌금 - (가) 구류 - (나) 몰수' 순이 된다.

27 ③

- 형법 제42조(징역 또는 금고의 기간)에 따르면, 징역 또는 금고는 무기 또는 유기로 하고 유기는 1개월 이상 '30'년 이하로 한다. 단, 유기징역 또는 유기금고에 대하여 형을 가중하는 때에는 50년까지로 한다.
- 형법 제44조(자격정지) 제1항에 따르면, 전조에 기재한 자격의 전부 또는 일부에 대한 정지는 1년 이상 '15'년 이하로 한다.
- 형법 제45조(벌금)에 따르면, 벌금은 '5'만 원 이상으로 한다. 다만, 감경하는 경우에는 5만 원 미만으로 할 수 있다.

따라서, 30 + 15 + 5 = 50이다.

28 ②

(가) 형법 제62조(집행유예의 요건) 제1항에 따르면, 3년 이하의 징역이나 금고 또는 500만 원 이하의 벌금의 형을 선고할 경우에 제51조의 사항을 참작하여 그 정상에 참작할 만한 사유가 있는 때에는 1년 이상 5년 이하의 기간 형의 집행을 유예할 수 있다. 다만, 금고 이상의 형을 선고한 판결이 확정된 때부터 그 집행을 종료하거나 면제된 후 3년까지의 기간에 범한 죄에 대하여 형을 선고하는 경우에는 그러하지 아니한다.
(라) 형법 제63조(집행유예의 실효)에 따르면, 집행유예의 선고를 받은 자가 유예기간 중 고의로 범한 죄로 금고 이상의 실형을 선고받아 그 판결이 확정된 때에는 집행유예의 선고는 효력을 잃는다.

오답노트

(나) 형법 제65조(집행유예의 효과)에 따르면, 집행유예의 선고를 받은 후 그 선고의 실효 또는 취소됨이 없이 유예기간을 경과한 때에는 형의 선고는 효력을 잃는다.
(다) 형법 제62조(집행유예의 요건) 제2항에 따르면, 형을 병과할 경우에는 그 형의 일부에 대하여 집행을 유예할 수 있다.

출제예상문제

출제빈도: ★★★ 대표출제기업: 한국보훈복지의료공단

29 **다음 중 형의 선고유예에 관한 설명으로 옳지 않은 것은?**

① 3년 이하의 징역이나 금고, 자격정지 또는 벌금의 형을 선고할 경우 개전의 정상이 현저한 때에는 그 선고를 유예할 수 있다.

② 자격정지 이상의 형을 받은 전과가 있는 자에 대하여는 선고유예를 할 수 없다.

③ 형의 선고유예를 받은 자가 유예기간 중 자격정지 이상의 형에 처한 판결이 확정되거나 자격정지 이상의 형에 처한 전과가 발견된 때에는 유예한 형을 선고한다.

④ 형의 선고유예를 받은 날로부터 2년을 경과한 때에는 면소된 것으로 간주한다.

출제빈도: ★★★

30 **甲이 타인의 편의점 창고에서 물건을 훔치던 중 아르바이트생이 다가오는 인기척을 듣고 그 범행을 중지한 경우 성립하는 범죄는?**

① 장애미수
② 중지미수
③ 불능미수
④ 불능범

출제빈도: ★★★ 대표출제기업: 대전도시철도공사

31 **다음 중 형법상 다수인의 범죄참가 형태를 정범과 공범으로 구분할 때 공범에 해당하는 것은?**

① 교사범
② 동시범
③ 합동범
④ 간접정범

출제빈도: ★★★ 대표출제기업: 대구도시공사

32 형법상 죄의 성립과 형의 감면에 대한 설명으로 옳지 않은 것을 모두 고르면?

<보기>

(가) 정상적으로 기울여야 할 주의(注意)를 게을리하여 죄의 성립요소인 사실을 인식하지 못한 행위는 법률에 특별한 규정이 있는 경우에만 처벌한다.

(나) 위험의 발생을 방지할 의무가 있거나 자기의 행위로 인하여 위험발생의 원인을 야기한 자가 그 위험발생을 방지하지 아니한 때에는 그 발생된 결과에 의하여 처벌되지 아니한다.

(다) 저항할 수 없는 폭력이나 자기 또는 친족의 생명, 신체에 대한 위해를 방어할 방법이 없는 협박에 의하여 강요된 행위는 형을 감경해야 한다.

(라) 결과 때문에 형이 무거워지는 죄의 경우에 그 결과의 발생을 예견할 수 없었을 때에는 무거운 죄로 벌하지 아니한다.

① (가), (나)
② (가), (라)
③ (나), (다)
④ (다), (라)

정답 및 해설

29 ①

형법 제59조(선고유예의 요건) 제1항에 따르면, 1년 이하의 징역이나 금고, 자격정지 또는 벌금의 형을 선고할 경우에 제51조의 사항을 참작하여 개전의 정상이 현저한 때에는 그 선고를 유예할 수 있다.

오답노트

② 형법 제59조(선고유예의 요건)에 따르면, 1년 이하의 징역이나 금고, 자격정지 또는 벌금의 형을 선고할 경우에 제51조의 사항을 참작하여 개전의 정상이 현저한 때에는 그 선고를 유예할 수 있다. 단, 자격정지 이상의 형을 받은 전과가 있는 자에 대하여는 예외로 한다.

③ 형법 제61조(선고유예의 실효) 제1항에 따르면, 형의 선고유예를 받은 자가 유예기간 중 자격정지 이상의 형에 처한 판결이 확정되거나 자격정지 이상의 형에 처한 전과가 발견된 때에는 유예한 형을 선고한다.

④ 형법 제60조(선고유예의 효과)에 따르면, 형의 선고유예를 받은 날로부터 2년을 경과한 때에는 면소된 것으로 간주한다.

30 ①

장애미수가 성립한다.

구분	의의	처벌
장애미수	범죄의 실행에 착수(着手)는 하였지만 어떠한 외부적인 사정에 의하여 그 범죄행위의 완성에 이르지 못한 경우	임의적 감경
중지미수	범죄의 실행에 착수한 자가 그 범죄가 완성되기 전에 자의로 범행을 중단하거나 결과의 발생을 방지한 경우	필요적 감면
불능미수	결과의 발생은 사실상 불가능하나 그 위험성으로 인하여 미수범으로 처벌되는 경우	임의적 감면

오답노트

④ 불능범: 주술적 방법에 의해 살인을 하는 것처럼 행위의 성질에 비추어 목적을 이룰 수 없기 때문에 범죄로서 성립하지 않아 형벌의 대상이 되지 않는 행위

31 ①

- 정범: 단독정범, 공동정범, 동시범, 합동범, 간접정범
- 공범: 교사범, 종범

32 ③

(나) 형법 제18조(부작위범)에 따르면, 위험의 발생을 방지할 의무가 있거나 자기의 행위로 인하여 위험발생의 원인을 야기한 자가 그 위험발생을 방지하지 아니한 때에는 그 발생된 결과에 의하여 처벌한다.

(다) 형법 제12조(강요된 행위)에 따르면, 저항할 수 없는 폭력이나 자기 또는 친족의 생명, 신체에 대한 위해를 방어할 방법이 없는 협박에 의하여 강요된 행위는 벌하지 아니한다.

오답노트

(가) 형법 제14조(과실)에 따르면, 정상적으로 기울여야 할 주의(注意)를 게을리하여 죄의 성립요소인 사실을 인식하지 못한 행위는 법률에 특별한 규정이 있는 경우에만 처벌한다.

(라) 형법 제15조(사실의 착오)에 따르면, 특별히 무거운 죄가 되는 사실을 인식하지 못한 행위는 무거운 죄로 벌하지 아니하며, 결과 때문에 형이 무거워지는 죄의 경우에 그 결과의 발생을 예견할 수 없었을 때에는 무거운 죄로 벌하지 아니한다.

출제예상문제

출제빈도: ★★★ 대표출제기업: 대구도시공사

33 형법상 위법성조각사유에 대한 설명으로 옳지 않은 것은?

① 법률에서 정한 절차에 따라서는 청구권을 보전(保全)할 수 없는 경우에 그 청구권의 실행이 불가능해지거나 현저히 곤란해지는 상황을 피하기 위하여 한 행위는 상당한 이유가 있는 때에는 벌하지 아니한다.

② 법령에 의한 행위 또는 업무로 인한 행위 기타 사회상규에 위배되지 아니하는 행위는 벌하지 아니한다.

③ 현재의 부당한 침해로부터 자기 또는 타인의 법익(法益)을 방위하기 위하여 한 행위가 그 정도를 초과한 경우에는 정황(情況)에 따라 그 형을 감경하거나 면제할 수 있다.

④ 처분할 수 있는 자의 승낙에 의하여 그 법익을 훼손한 행위는 법률에 특별한 규정이 있는 경우에는 형을 감경할 수 있다.

출제빈도: ★★☆ 대표출제기업: 대구도시공사

34 다음 중 형법에 명시된 법률상 감경으로 옳지 않은 것을 모두 고르면?

<보기>

(가) 사형을 감경할 때에는 무기 또는 30년 이상 50년 이하의 징역 또는 금고로 한다.
(나) 무기징역 또는 무기금고를 감경할 때에는 10년 이상 50년 이하의 징역 또는 금고로 한다.
(다) 유기징역 또는 유기금고를 감경할 때에는 그 형기의 3분의 1로 한다.
(라) 벌금을 감경할 때에는 그 다액의 2분의 1로 한다.

① (가), (나)
② (가), (다)
③ (나), (다)
④ (다), (라)

출제빈도: ★★★ 대표출제기업: 대구도시철도공사

35 다음 중 형법상 친고죄를 모두 고르면?

<보기>

(가) 모욕죄
(나) 폭행죄
(다) 사자명예훼손죄
(라) 명예훼손죄

① (가), (나)
② (가), (다)
③ (나), (다)
④ (다), (라)

출제빈도: ★★★ 대표출제기업: 대구도시철도공사

36 다음에서 설명하는 범죄를 형법상 무엇이라고 하는가?

구성요건적 행위로 법익침해가 발생함으로써 범죄는 기수에 이르고 종료하지만, 그 위법상태는 기수 이후에도 존속되는 범죄

① 계속범 ② 위험범
③ 상태범 ④ 즉시범

정답 및 해설

33 ④
형법 제24조(피해자의 승낙)에 따르면, 처분할 수 있는 자의 승낙에 의하여 그 법익을 훼손한 행위는 법률에 특별한 규정이 없는 한 벌하지 아니한다.

오답노트
① 형법 제23조(자구행위) 제1항에 따르면, 법률에서 정한 절차에 따라서는 청구권을 보전(保全)할 수 없는 경우에 그 청구권의 실행이 불가능해지거나 현저히 곤란해지는 상황을 피하기 위하여 한 행위는 상당한 이유가 있는 때에는 벌하지 아니하며, 제1항의 행위가 그 정도를 초과한 경우에는 정황에 따라 그 형을 감경하거나 면제할 수 있다.
② 형법 제20조(정당행위)에 따르면, 법령에 의한 행위 또는 업무로 인한 행위 기타 사회상규에 위배되지 아니하는 행위는 벌하지 아니한다.
③ 형법 제21조(정당방위) 제1항에 따르면, 현재의 부당한 침해로부터 자기 또는 타인의 법익(法益)을 방위하기 위하여 한 행위는 상당한 이유가 있는 경우에는 벌하지 아니하며, 제2항에 따르면, 방위행위가 그 정도를 초과한 경우에는 정황(情況)에 따라 그 형을 감경하거나 면제할 수 있다. 또한 제3항에 따르면, 제2항의 경우에 야간이나 그 밖의 불안한 상태에서 공포를 느끼거나 경악(驚愕)하거나 흥분하거나 당황하였기 때문에 그 행위를 하였을 때에는 벌하지 아니한다.

34 ②
형법 제55조(법률상의 감경)에 따르면, 법률상의 감경은 다음과 같으며, 법률상 감경할 사유가 수 개 있는 때에는 거듭 감경할 수 있다.
1. 사형을 감경할 때에는 무기 또는 20년 이상 50년 이하의 징역 또는 금고로 한다.
2. 무기징역 또는 무기금고를 감경할 때에는 10년 이상 50년 이하의 징역 또는 금고로 한다.
3. 유기징역 또는 유기금고를 감경할 때에는 그 형기의 2분의 1로 한다.
4. 자격상실을 감경할 때에는 7년 이상의 자격정지로 한다.
5. 자격정지를 감경할 때에는 그 형기의 2분의 1로 한다.
6. 벌금을 감경할 때에는 그 다액의 2분의 1로 한다.
7. 구류를 감경할 때에는 그 장기의 2분의 1로 한다.
8. 과료를 감경할 때에는 그 다액의 2분의 1로 한다.

35 ②
모욕죄, 사자명예훼손죄가 친고죄에 해당한다.

구분	의의	예
친고죄	공소제기를 위해 피해자 기타 고소권자의 고소가 있을 것을 요하는 범죄	모욕죄, 사자명예훼손죄, 비밀침해죄
반의사 불벌죄	원칙적으로 고소가 없어도 공소제기가 가능하나, 피해자가 처벌을 원하지 않는다는 의사를 명시적으로 밝힌 경우 소추가 불가능한 범죄	폭행죄, 과실치상죄, 명예훼손죄, 협박죄

36 ③
상태범이 구성요건적 행위로 법익침해가 발생함으로써 범죄는 기수에 이르고 종료하지만, 그 위법상태는 기수 이후에도 존속되는 범죄이다. (절도죄, 횡령죄 등)

오답노트
① 계속범: 법익침해가 어느 정도 시간적 계속이 있어야 성립하는 범죄로서 기수 이후에도 법익침해가 계속되는 범죄이다. (체포·감금죄, 주거침입죄 등)
② 위험범: 보호법익이 침해될 위험이 있음으로써 성립되는 범죄이다. (현주건조물방화죄, 명예훼손죄 등)
④ 즉시범: 구성요건적 결과의 발생과 동시에 범죄가 기수에 이르고 종료되는 범죄이다. 따라서 기수와 범죄행위의 종료시기가 일치한다. (살인죄, 방화죄 등)

출제예상문제

출제빈도: ★★★ 대표출제기업: 대구도시철도공사

37 다음은 형법상 위법성조각사유와 관련된 사례로 괄호 안에 들어갈 말로 알맞은 것은?

> 낭만닥터 김사부는 응급실 의사로서 현재 혼자 근무하고 있다. 그런데 교통사고 응급환자 두 명이 한꺼번에 들어왔다. 의사는 김사부 혼자고 두 환자를 동시에 치료하는 것은 불가능한 상황이다. 이런 경우 김사부는 두 환자를 모두 치료할 수 없어 한 명의 환자를 치료하고 다른 환자는 포기해야만 한다. 치료를 받지 못한 환자는 사망에 이르게 된 경우 김사부에게 법적책임이 없다고 한다. 이는 (　　　)로/으로 볼 수 있기 때문이다.

① 정당방위　　② 의무의 충돌
③ 자구행위　　④ 피해자의 승낙

출제빈도: ★★★ 대표출제기업: 대구도시철도공사

38 다음 중 형법상 벌금과 과료에 대한 설명으로 옳지 않은 것은?

① 벌금과 과료는 판결 확정일로부터 30일 내에 납입하여야 한다.
② 벌금을 선고할 때에는 동시에 그 금액을 완납할 때까지 노역장에 유치할 것을 명할 수 있다.
③ 벌금을 납입하지 아니한 자는 1일 이상 2년 이하의 기간 노역장에 유치하여 작업에 복무하게 한다.
④ 과료를 납입하지 아니한 자는 1일 이상 30일 미만의 기간 노역장에 유치하여 작업에 복무하게 한다.

출제빈도: ★★★ 대표출제기업: 서울교통공사

39 다음 중 형법상 반의사불벌죄를 모두 고르면?

<보기>

(가) 모욕죄　　(나) 폭행죄
(다) 사자명예훼손죄　　(라) 명예훼손죄

① (가), (나)　　② (가), (다)
③ (나), (라)　　④ (다), (라)

출제빈도: ★★☆ 대표출제기업: 서울교통공사

40 다음 중 형벌의 종류에 해당하지 않는 것은?

① 벌금　　② 구류
③ 추징금　　④ 몰수

출제빈도: ★★★ 대표출제기업: 한국남부발전

41 형법상 죄의 성립과 형의 감면에 대한 내용 중 옳지 않은 것은?

① 14세 되지 아니한 자의 행위는 벌하지 아니한다.
② 심신장애로 인하여 사물을 변별할 능력이 없거나 의사를 결정할 능력이 없는 자의 행위는 벌하지 아니한다.
③ 정상의 주의를 태만함으로 인하여 죄의 성립요소인 사실을 인식하지 못한 행위는 형을 감경하여 처벌한다.
④ 결과 때문에 형이 무거워지는 죄의 경우에 그 결과의 발생을 예견할 수 없었을 때에는 무거운 죄로 벌하지 아니한다.

정답 및 해설

37 ②
의무의 충돌이란 의무자가 동시에 이행할 수 없는 긴급한 상황에서 그 중 어느 한 의무를 이행하고 다른 의무를 방치한 결과 그 방치한 의무불이행이 구성요건에 해당하는 가벌적 행위가 되는 경우를 말한다.

오답노트
① 정당방위: 자기 또는 타인의 법익에 대한 현재의 부당한 침해를 방위하기 위한 상당한 이유 있는 행위를 말한다.
③ 자구행위: 법정절차에 의한 청구권의 보전이 불가능한 경우에 그 청구권의 실행불능 또는 현저한 실행곤란을 피하기 위해 자력으로 구제하는 상당한 이유 있는 행위를 말한다.
④ 피해자의 승낙: 피해자가 자기의 법익에 대한 침해 행위를 허용·동의한 경우 가해자의 행위는 위법이 되지 않는다. 승낙은 행위 전에 있을 것을 요하며, 사후승낙은 위법성을 조각할 수 없다.

38 ③
형법 제69조(벌금과 과료)에 따르면, 벌금과 과료는 판결 확정일로부터 30일 내에 납입하여야 한다. 단, 벌금을 선고할 때에는 동시에 그 금액을 완납할 때까지 노역장에 유치할 것을 명할 수 있다. 벌금을 납입하지 아니한 자는 1일 이상 3년 이하, 과료를 납입하지 아니한 자는 1일 이상 30일 미만의 기간 노역장에 유치하여 작업에 복무하게 한다.

39 ③
폭행죄, 명예훼손죄가 반의사불벌죄에 해당한다.

구분	의의	예
친고죄	공소제기를 위해 피해자 기타 고소권자의 고소가 있을 것을 요하는 범죄	모욕죄, 사자명예훼손죄, 비밀침해죄
반의사불벌죄	원칙적으로 고소가 없어도 공소제기가 가능하나, 피해자가 처벌을 원하지 않는다는 의사를 명시적으로 밝힌 경우 소추가 불가능한 범죄	폭행죄, 과실치상죄, 명예훼손죄, 협박죄

40 ③
추징금은 형벌의 종류에 해당하지 않는다. 형법 제41조(형의 종류)에 따르면, 형의 종류는 다음과 같다.

1. 사형
2. 징역
3. 금고
4. 자격상실
5. 자격정지
6. 벌금
7. 구류
8. 과료
9. 몰수

41 ③
형법 제14조(과실)에 따르면, 정상의 주의를 태만함으로 인하여 죄의 성립요소인 사실을 인식하지 못한 행위는 법률에 특별한 규정이 있는 경우에 한하여 처벌한다.

오답노트
① 형법 제9조(형사미성년자)에 따르면, 14세 되지 아니한 자의 행위는 벌하지 아니한다.
② 형법 제10조(심신장애인)에 제1항에 따르면, 심신장애로 인하여 사물을 변별할 능력이 없거나 의사를 결정할 능력이 없는 자의 행위는 벌하지 아니한다.
④ 형법 제15조(사실의 착오) 제2항에 따르면, 결과 때문에 형이 무거워지는 죄의 경우에 그 결과의 발생을 예견할 수 없었을 때에는 무거운 죄로 벌하지 아니한다.

출제예상문제

출제빈도: ★★★

42 다음 중 형법상 명예에 관한 죄에 대한 설명으로 옳지 않은 것은?

① 모욕죄는 공연히 사실을 적시한 경우에 성립한다.
② 명예훼손죄는 적시한 사실이 허위인 경우뿐만 아니라 공연한 사실도 벌한다.
③ 출판물 등에 의한 명예훼손죄가 성립하기 위해서는 비방할 목적이 존재해야 한다.
④ 사자명예훼손죄는 공연히 허위의 사실을 적시하여 사자의 명예를 훼손한 경우에 성립한다.

출제빈도: ★★★

43 주거침입죄에 관한 설명으로 옳지 않은 것은?

① 선박이나 항공기도 주거침입죄의 객체가 된다.
② 침입 당시에 주거자가 현존하지 않으면 주거침입죄는 성립하지 않는다.
③ 빌딩 내의 연구실도 주거침입죄의 객체가 된다.
④ 주거침입죄의 미수범은 처벌한다.

출제빈도: ★★★ 대표출제기업: 한국남부발전

44 형법상 형을 가중감경할 사유가 경합할 때 가중경감의 순서를 바르게 나열한 것은?

<보기>

(가) 제34조 제2항의 가중	(나) 작량감경
(다) 각칙 본조에 의한 가중	(라) 누범가중
(마) 경합범 가중	(바) 법률상 감경

① (가) – (라) – (바) – (다) – (마) – (나)
② (다) – (가) – (라) – (바) – (마) – (나)
③ (다) – (라) – (가) – (바) – (나) – (마)
④ (라) – (바) – (다) – (마) – (가) – (나)

출제빈도: ★★★ 대표출제기업: 한국보훈복지의료공단

45 다음 사례에서 甲의 죄책은?

> 甲이 자신 명의의 계좌에 착오로 송금된 돈을 다른 계좌로 이체하는 등 임의로 사용한 경우

① 사기죄
② 횡령죄
③ 절도죄
④ 장물죄

출제빈도: ★★★ 대표출제기업: 대구신용보증재단

46 다음 사례에서 甲의 죄책은?

피해자가 결혼예식장에서 신부 측 축의금 접수인인 것처럼 행세하는 甲에게 축의금을 내어놓자 이를 교부받아 가로챈 사안

① 절도죄　② 횡령죄
③ 사기죄　④ 공갈죄

정답 및 해설

42 ①
형법 제311조(모욕)에 따르면, 공연히 사람을 모욕한 자는 1년 이하의 징역이나 금고 또는 200만 원 이하의 벌금에 처한다.

오답노트
② 형법 제307조(명예훼손)에 따르면,
- 공연히 사실을 적시하여 사람의 명예를 훼손한 자는 2년 이하의 징역이나 금고 또는 500만 원 이하의 벌금에 처한다.
- 공연히 허위의 사실을 적시하여 사람의 명예를 훼손한 자는 5년 이하의 징역, 10년 이하의 자격정지 또는 1천만 원 이하의 벌금에 처한다.

③ 형법 제309조(출판물 등에 의한 명예훼손) 제1항에 따르면, **사람을 비방할 목적**으로 신문, 잡지 또는 라디오 기타 출판물에 의하여 제307조 제1항의 죄를 범한 자는 3년 이하의 징역이나 금고 또는 700만 원 이하의 벌금에 처한다.
④ 형법 제308조(사자의 명예훼손)에 따르면, 공연히 허위의 사실을 적시하여 사자의 명예를 훼손한 자는 2년 이하의 징역이나 금고 또는 500만 원 이하의 벌금에 처한다.

43 ②
주거침입죄는 침입 당시 반드시 주거에 사람이 현존할 것을 요구하지 않는다.

오답노트
①, ③ 제319조(주거침입, 퇴거불응) 제1항에 따르면, **사람의 주거, 관리하는 건조물, 선박이나 항공기 또는 점유하는 방실**에 침입한 자는 3년 이하의 징역 또는 500만 원 이하의 벌금에 처한다. 나아가 건물 내에서 사실상 지배 또는 관리하는 사무실, 연구실 등도 주거침입죄의 객체가 된다.
④ 주거침입죄의 미수범은 처벌한다(제322조).

44 ②
형법 제56조(가중감경의 순서)에 따르면, 형을 가중감경할 사유가 경합된 때에는 다음 순서에 의한다.

1. 각칙 본조에 의한 가중	4. 법률상 감경
2. 제34조 제2항의 가중	5. 경합범 가중
3. 누범가중	6. 작량감경

45 ②
피고인이 자신 명의의 계좌에 착오로 송금된 돈을 다른 계좌로 이체하는 등 임의로 사용한 경우, 횡령죄가 성립한다고 한 원심의 판단을 수긍한 사례이다. (대법원 2005. 10. 28. 선고 2005도5975 판결)

46 ①
피해자가 결혼예식장에서 신부 측 축의금 접수인인 것처럼 행세하는 피고인에게 축의금을 내어놓자 이를 교부받아 가로챈 사안에서, 피해자의 교부행위의 취지는 신부 측에 전달하는 것일 뿐 피고인에게 그 처분권을 주는 것이 아니므로, 이를 피고인에게 교부한 것이라고 볼 수 없고 단지 신부 측 접수대에 교부하는 취지에 불과하므로 피고인이 그 돈을 가져간 것은 신부 측 접수처의 점유를 침탈하여 범한 절취행위라고 보는 것이 정당하다.
(대법원 1996. 10. 15. 선고 96도2227, 96감도94 판결)

출제예상문제

출제빈도: ★★★ 대표출제기업: 한국중부발전

47 다음에서 설명하는 범죄는 무엇인가?

절도범이 재물의 탈환에 항거하거나 체포를 면탈하거나 범죄의 흔적을 인멸할 목적으로 폭행 또는 협박한 때 성립하는 범죄

① 절도죄 ② 준강도죄
③ 특수절도죄 ④ 증거인멸죄

출제빈도: ★★★ 대표출제기업: 한국원자력환경공단

48 다음 중 형법상 절도죄에 관한 판례 중 옳지 않은 것은?

① 피고인이 타인의 명의를 모용하여 발급받은 신용카드를 사용하여 현금자동지급기에서 현금대출을 받는 행위는 절도죄에 해당한다.
② 권원 없이 식재한 감나무에서 감을 수확한 것은 절도죄에 해당한다.
③ 피고인이 피고인과 피해자의 동업자금으로 구입하여 피해자가 관리하고 있던 다이야포크레인 1대를 그의 허락 없이 공소외인으로 하여금 운전하여 가도록 한 행위는 절도죄를 구성한다.
④ 피고인이 피해자 경영의 금방에서 마치 귀금속을 구입할 것처럼 가장하여 피해자로부터 순금목걸이 등을 건네받은 다음 화장실에 갔다 오겠다는 핑계를 대고 도주한 것이라면 이는 횡령죄에 해당한다.

출제빈도: ★★☆ 대표출제기업: 한국원자력환경공단

49 다음 중 공정증서원본 등의 부실기재죄의 객체가 아닌 것을 모두 고르면?

<보기>

(가) 의사면허증 (나) 변호사 등록증
(다) 여권 (라) 주민등록증
(마) 토지대장

① (라), (마) ② (가), (나), (다)
③ (나), (다), (라) ④ (나), (다), (마)

출제빈도: ★★★ 대표출제기업: 대구도시공사

50 다음 중 개인적 법익에 관한 범죄가 아닌 것은?

① 사문서위조죄 ② 살인죄
③ 비밀침해죄 ④ 협박죄

출제빈도: ★★★ 대표출제기업: 대구도시철도공사

51 다음 중 사회적 법익에 관한 죄에 해당하는 것은?

① 위증죄
② 통화에 관한 죄
③ 명예훼손죄
④ 공무집행방해죄

정답 및 해설

47 ②

형법 제335조(준강도)에 따르면, 절도가 재물의 탈환에 항거하거나 체포를 면탈하거나 범죄의 흔적을 인멸할 목적으로 폭행 또는 협박한 때에는 제333조 및 제334조의 예에 따른다.

48 ④

피고인이 피해자 경영의 금방에서 마치 귀금속을 구입할 것처럼 가장하여 피해자로부터 순금목걸이 등을 건네받은 다음 화장실에 갔다 오겠다는 핑계를 대고 도주한 것이라면 위 순금목걸이 등은 도주하기 전까지는 아직 피해자의 점유하에 있었다고 할 것이므로 이를 절도죄로 의율 처단한 것은 정당하다.
(대법원 1994. 8. 12. 선고 94도1487 판결)

오답노트

① 피고인이 타인의 명의를 모용하여 신용카드를 발급받은 경우, 비록 카드회사가 피고인으로부터 기망을 당한 나머지 피고인에게 피모용자 명의로 발급된 신용카드를 교부하고, 사실상 피고인이 지정한 비밀번호를 입력하여 현금사동시급기에 의한 현금대출(현금서비스)을 받을 수 있도록 하였다 할지라도, 카드회사의 내심의 의사는 물론 표시된 의사도 어디까지나 카드명의인인 피모용자에게 이를 허용하는 데 있을 뿐, 피고인에게 이를 허용한 것은 아니라는 점에서 피고인이 타인의 명의를 모용하여 발급받은 신용카드를 사용하여 현금자동지급기에서 현금대출을 받는 행위는 카드회사에 의하여 미리 포괄적으로 허용된 행위가 아니라, 현금자동지급기의 관리자의 의사에 반하여 그의 지배를 배제한 채 그 현금을 자기의 지배하에 옮겨 놓는 행위로서 절도죄에 해당한다고 봄이 상당하다.
(대법원 2002. 7. 12. 선고 2002도2134 판결)

② 타인의 토지상에 권원 없이 식재한 수목의 소유권은 토지소유자에게 귀속하고 권원에 의하여 식재한 경우에는 그 소유권이 식재한 자에게 있으므로, 권원 없이 식재한 감나무에서 감을 수확한 것은 절도죄에 해당한다.
(대법원 1998. 4. 24. 선고 97도3425 판결)

③ 피고인이 피고인과 피해자의 동업자금으로 구입하여 피해자가 관리하고 있던 다이야포크레인 1대를 그의 허락 없이 공소외인으로 하여금 운전하여 가도록 한 행위는 절도죄를 구성한다.
(대법원 1990. 9. 11. 선고 90도1021 판결)

49 ①

공정증서란 공무원이 직무상 작성하는 공문서로서 권리·의무에 관한 사실을 증명하는 효력을 갖는 것을 의미한다. 공정증서원본부실기재죄의 객체는 공정증서원본 또는 이와 동일시되는 전자기록 등 특수매체기록, 면허증, 허가증, 등록증, 여권 등이다. 주민등록부, 인감대장, 토지대장, 가옥대장, 임야대장, 주민등록증은 권리·의무관계를 증명하는 것이 아니므로 공정증서원본이 아니다.

50 ①

사문서위조죄는 사회적 법익에 관한 죄이다.

구분	내용
개인적 법익에 대한 죄	살인, 상해, 폭행, 협박, 강요, 강간, 추행, 명예훼손, 주거침입, 사기, 횡령, 배임 등
사회적 법익에 대한 죄	교통방해, 방화, 실화, 통화에 관한 죄, 문서에 관한 죄, 성 풍속에 관한 죄 등
국가적 법익에 대한 죄	내란·외환, 국기에 관한 죄, 공무원의 직무에 관한 죄, 위증죄, 도주와 은닉, 무고죄 등

51 ②

통화에 관한 죄가 사회적 법익에 관한 죄이다.

구분	내용
개인적 법익에 대한 죄	살인, 상해, 폭행, 협박, 강요, 강간, 추행, 명예훼손, 주거침입, 사기, 횡령, 배임 등
사회적 법익에 대한 죄	교통방해, 방화, 실화, 통화에 관한 죄, 문서에 관한 죄, 성 풍속에 관한 죄 등
국가적 법익에 대한 죄	내란·외환, 국기에 관한 죄, 공무원의 직무에 관한 죄, 위증죄, 도주와 은닉, 무고죄 등

출제예상문제

출제빈도: ★★☆ 대표출제기업: 대구도시철도공사

52 형법상 재산범죄는 편취죄와 탈취죄로 구분되는데, 다음 중 편취죄에 해당하는 것은?

① 절도죄　　② 강도죄
③ 횡령죄　　④ 사기죄

출제빈도: ★★☆ 대표출제기업: 한국남부발전

53 다음 중 사기죄와 횡령죄에 대한 설명이 바르게 연결된 것은?

<보기>

(가) 사람을 기망하여 자기 또는 제삼자가 재물의 교부를 받거나 재산상의 이익을 취득함으로써 성립하는 범죄이다.
(나) 타인의 재물을 보관하는 자가 그 재물을 횡령하거나 반환을 거부함으로써 성립하는 범죄이다.
(다) 타인의 점유 또는 권리의 목적이 된 자기의 물건에 대한 타인의 권리행사를 방해하거나, 강제집행을 면탈할 목적으로 채권자를 해하는 것을 내용으로 하는 범죄를 말한다.
(라) 사람을 공갈하여 재물의 교부를 받거나 재산상의 이익을 취득하거나 제삼자로 하여금 이를 취득하게 함으로써 성립하는 범죄를 말한다.

	사기죄	횡령죄
①	(가)	(나)
②	(가)	(라)
③	(나)	(다)
④	(다)	(라)

출제빈도: ★★★

54 형법상 국가적 법익에 대한 죄가 아닌 것은?

① 무고죄　　② 범인도주죄
③ 위증죄　　④ 공문서위조죄

출제빈도: ★★★

55 다음 중 형법상 재산에 대한 범죄인 것은?

① 권리행사방해죄
② 신용훼손죄
③ 경매 · 입찰방해죄
④ 수뢰죄

정답 및 해설

52 ④
사기죄가 편취죄에 해당한다.

침해 방법	개념	범죄
탈취죄	타인의 의사에 반하거나 적어도 그 의사에 의하지 않고 재산을 취득하는 범죄	절도죄, 강도죄, 장물죄, 횡령죄
편취죄	타인의 하자 있는 의사에 의한 처분행위에 의하여 재산을 취득하는 범죄	사기죄, 공갈죄

53 ①
(가) 사기죄: 사람을 기망하여 자기 또는 제삼자가 재물의 교부를 받거나 재산상의 이익을 취득함으로써 성립하는 범죄이다.
(나) 횡령죄: 타인의 재물을 보관하는 자가 그 재물을 횡령하거나 반환을 거부함으로써 성립하는 범죄이다.

오답노트
(다) 권리행사를 방해하는 죄: 타인의 점유 또는 권리의 목적이 된 자기의 물건에 대한 타인의 권리행사를 방해하거나(권리행사방해죄), 강제집행을 면탈할 목적으로 채권자를 해하는 것을 내용으로 하는 범죄(강제집행면탈죄)를 말한다.
(라) 공갈죄: 사람을 공갈하여 재물의 교부를 받거나 재산상의 이익을 취득하거나 제삼자로 하여금 이를 취득하게 함으로써 성립하는 범죄를 말한다.

54 ④
공문서위조죄는 사회적 법익에 관한 죄이다.

개인적 법익에 대한 죄	살인, 상해, 폭행, 협박, 강요, 강간, 추행, 명예훼손, 주거침입, 사기, 횡령, 배임 등
사회적 법익에 대한 죄	교통방해, 방화, 실화, 통화에 관한 죄, 문서에 관한 죄, 성 풍속에 관한 죄 등
국가적 법익에 대한 죄	내란 · 외환, 국기에 관한 죄, 공무원의 직무에 관한 죄, 위증죄, 도주와 은닉, 무고죄 등

55 ①
권리행사방해죄가 재산에 대한 죄이다.

오답노트
② 신용훼손죄: 명예와 신용에 관한 죄
③ 경매 · 입찰방해죄: 명예와 신용에 관한 죄
④ 수뢰죄: 공무원에 관한 죄

출제예상문제

출제빈도: ★★★

56 **甲이 친구 乙의 소유인 오토바이를 승낙 없이 타고 가서 다른 장소에 버린 경우 甲에게 성립하는 범죄는 무엇인가?** (다툼이 있는 경우 판례에 의함)

① 자동차불법사용죄
② 절도죄
③ 횡령죄
④ 권리행사방해죄

출제빈도: ★★☆

57 **생모가 사망의 위험이 예견되는 그 딸에 대하여는 수혈이 최선의 치료방법이라는 의사의 권유를 자신의 종교적 신념이나 후유증 발생의 염려만을 이유로 완강하게 거부하고 방해한 경우에 성립하는 범죄는?** (다툼이 있는 경우 판례에 의함)

① 살인죄
② 학대죄
③ 유기치사죄
④ 무죄

출제빈도: ★★☆

58 **다음 사례에서 甲의 죄책은?** (다툼이 있는 경우 판례에 의함)

甲이 자신의 업무와 관련하여 다른 사람이 작성한 회사의 문서를 복사기를 이용하여 복사를 한 후 원본은 제자리에 갖다 놓고 그 사본만 가져간 경우

① 절도죄
② 권리행사방해죄
③ 횡령죄
④ 무죄

출제빈도: ★★☆

59 다음에서 甲의 죄책은? (다툼이 있는 경우 판례에 의함)

방송국에서 프로그램의 제작연출 등의 사무를 처리하는 프로듀서 甲이 특정 가수의 노래만을 편파적으로 선곡하여 계속 방송하면서 여러 차례 금품을 수수한 경우

① 사기죄
② 배임수재죄
③ 뇌물수수죄
④ 배임죄

정답 및 해설

56 ②
형법 제331조의2에서 규정하고 있는 자동차 등 불법사용죄는 타인의 자동차 등의 교통수단을 불법영득의 의사 없이 일시 사용하는 경우에 적용되는 것으로서 불법영득의사가 인정되는 경우에는 절도죄로 처벌할 수 있을 뿐 본죄로 처벌할 수 없다 할 것이며, 절도죄의 성립에 필요한 불법영득의 의사라 함은 권리자를 배제하고 타인의 물건을 자기의 소유물과 같이 이용, 처분할 의사를 말하고 영구적으로 그 물건의 경제적 이익을 보유할 의사임은 요치 않으며 일시 사용의 목적으로 타인의 점유를 침탈한 경우에도 이를 반환할 의사 없이 상당한 장시간 점유하고 있거나 본래의 장소와 다른 곳에 유기하는 경우에는 이를 일시 사용하는 경우라고는 볼 수 없으므로 영득의 의사가 없다고 할 수 없다. 소유자의 승낙 없이 오토바이를 타고 가서 다른 장소에 버린 경우, 자동차 등 불법사용죄가 아닌 절도죄가 성립한다고 한 사례이다. (대법원 2002. 9. 6. 선고 2002도3465 판결)

57 ③
생모가 사망의 위험이 예견되는 그 딸에 대하여는 수혈이 최선의 치료방법이라는 의사의 권유를 자신의 종교적 신념이나 후유증 발생의 염려만을 이유로 완강하게 거부하고 방해하였다면 이는 결과적으로 요부조자를 위험한 장소에 두고 떠난 경우나 다름이 없다고 할 것이고 그때 사리를 변식할 지능이 없다고 보아야 마땅한 11세 남짓의 환자 본인 역시 수혈을 거부하였다고 하더라도 생모의 수혈거부 행위가 위법한 점에 영향을 미치는 것이 아니다.
(대법원 1980. 9. 24. 선고 79도1387 판결)

58 ④
회사 직원이 업무와 관련하여 다른 사람이 작성한 회사의 문서를 복사기를 이용하여 복사를 한 후 원본은 제자리에 갖다 놓고 그 사본만 가져간 경우, 그 회사 소유의 문서의 사본을 절취한 것으로 볼 수는 없다. (대법원 1996. 8. 23. 선고 95도192 판결)

59 ②
가. 형법 제357조 제1항의 배임수재죄와 같은 조 제2항의 배임증재죄는 통상 필요적 공범의 관계에 있기는 하나 이것은 반드시 수재자와 증재자가 같이 처벌받아야 하는 것을 의미하는 것은 아니고 증재자에게는 정당한 업무에 속하는 청탁이라도 수재자에게는 부정한 청탁이 될 수도 있는 것이다.
나. 배임수재죄의 수재자에 대한 부정한 청탁이라 함은 업무상 배임에 이르는 정도는 아니나 사회상규 또는 신의성실의 원칙에 반하는 것을 내용으로 하는 청탁을 의미하므로 방송국에서 프로그램의 제작연출 등의 사무를 처리하는 프로듀서가 특정 가수의 노래만을 편파적으로 선곡하여 계속 방송하여서는 아니 되고 청취자들의 인기도, 호응도 등을 고려하여 여러 가수들의 노래를 공정성실하게 방송하여야 할 임무가 있음에도 담당 방송프로그램에 특정 가수의 노래만을 자주 방송하여 달라는 청탁은 사회상규나 신의성실의 원칙에 반하는 부정한 청탁이라 할 것이다.
(대법원 1991. 1. 15. 선고 90도2257 판결)

출제예상문제

출제빈도: ★★☆

60 **다음 사례에서 甲의 죄책은?** (다툼이 있는 경우 판례에 의함)

> 방송기자인 甲이 피해자에게 피해자 경영의 건설회사가 건축한 아파트의 진입도로미비 등 공사하자에 관하여 방송으로 계속 보도할 것 같은 태도를 보임으로써 피해자가 위 방송으로 말미암아 그의 아파트 건축사업이 큰 타격을 받고 자신이 경영하는 회사의 신용에 커다란 손실을 입게 될 것을 우려하여 방송을 하지 말아 달라는 취지로 돈 2,000,000원을 甲에게 교부한 경우

① 권리행사방해죄 ② 강도죄
③ 협박죄 ④ 공갈죄

출제빈도: ★★☆

61 **다음 사례에서 甲의 죄책은?** (다툼이 있는 경우 판례에 의함)

> 사립대학의 컴퓨터시스템 서버를 관리하던 甲이 전보발령을 받아 더 이상 웹서버를 관리 운영할 권한이 없는 상태에서, 웹서버에 접속하여 홈페이지 관리자의 아이디와 비밀번호를 무단으로 변경하여 정보처리에 현실적 장애를 발생시킨 경우

① 권리행사방해죄 ② 컴퓨터 등 장애 업무방해죄
③ 공무집행방해죄 ④ 비밀침해죄

출제빈도: ★★☆

62 **다음 사례에서 甲의 죄책은?** (다툼이 있는 경우 판례에 의함)

> 승객이 놓고 내린 지하철의 전동차 바닥이나 선반 위에 있던 물건을 甲이 가지고 집으로 간 경우

① 절도죄 ② 권리행사방해죄
③ 장물죄 ④ 점유이탈물횡령죄

출제빈도: ★★☆

63 다음 사례에서 甲의 죄책은? (다툼이 있는 경우 판례에 의함)

> 甲이 검사로부터 범인을 검거하라는 지시를 받고서도 그 직무상의 의무에 따른 적절한 조치를 취하지 아니하고 오히려 범인에게 전화로 도피하라고 권유한 경우

① 직무유기죄
② 범인도피죄
③ 직무유기죄와 범인도피죄의 상상적 경합범
④ 직무유기죄와 범인도피죄의 실체적 경합범

정답 및 해설

60 ④
방송기자인 피고인이 피해자에게 피해자 경영의 건설회사가 건축한 아파트의 진입도로미비 등 공사하자에 관하여 방송으로 계속 보도할 것 같은 태도를 보임으로써 피해자가 위 방송으로 말미암아 그의 아파트 건축사업이 큰 타격을 받고 자신이 경영하는 회사의 신용에 커다란 손실을 입게 될 것을 우려하여 방송을 하지 말아 달라는 취지로 돈 2,000,000원을 피고인에게 교부한 경우 공갈죄의 구성요건이 충족되고 또 인과관계도 인정된다고 할 것이다.
(대법원 1991. 5. 28. 선고 91도80 판결)

61 ②
대학의 컴퓨터시스템 서버를 관리하던 피고인이 전보발령을 받아 더 이상 웹서버를 관리 운영할 권한이 없는 상태에서, 웹서버에 접속하여 홈페이지 관리자의 아이디와 비밀번호를 무단으로 변경한 행위는, 피고인이 웹서버를 관리 운영할 정당한 권한이 있는 동안 입력하여 두었던 홈페이지 관리자의 아이디와 비밀번호를 단지 후임자 등에게 알려 주지 아니한 행위와는 달리, 정보처리장치에 부정한 명령을 입력하여 정보처리에 현실적 장애를 발생시킴으로써 피해 대학에 업무방해의 위험을 초래하는 행위에 해당하여 컴퓨터 등 장애 업무방해죄를 구성한다고 한 사례이다.
(대법원 2006. 3. 10. 선고 2005도382 판결)

62 ④
승객이 놓고 내린 지하철의 전동차 바닥이나 선반 위에 있던 물건을 가지고 간 경우, 지하철의 승무원은 유실물법상 전동차의 관수자로서 승객이 잊고 내린 유실물을 교부받을 권능을 가질 뿐 전동차 안에 있는 승객의 물건을 점유한다고 할 수 없고, 그 유실물을 현실적으로 발견하지 않는 한 이에 대한 점유를 개시하였다고 할 수도 없으므로, 그 사이에 위와 같은 유실물을 발견하고 가져간 행위는 점유이탈물 횡령죄에 해당함은 별론으로 하고 절도죄에 해당하지는 않는다.
(대법원 1999. 11. 26. 선고 99도3963 판결)

63 ②
피고인이 검사로부터 범인을 검거하라는 지시를 받고서도 그 직무상의 의무에 따른 적절한 조치를 취하지 아니하고 오히려 범인에게 전화로 도피하라고 권유하여 그를 도피케 하였다는 범죄사실만으로는 직무위배의 위법상태가 범인도피행위 속에 포함되어 있는 것으로 보아야 할 것이므로, 이와 같은 경우에는 작위범인 범인도피죄만이 성립하고 부작위범인 직무유기죄는 따로 성립하지 아니한다.
(대법원 1996. 5. 10. 선고 96도51 판결)

제7장 민사소송법

학습목표

1. 민사소송법의 의의에 대해 알 수 있다.
2. 민사소송법의 이상에 대해 알 수 있다.
3. 민사소송절차의 종류에 대해 알 수 있다.
4. 민사소송의 종류에 대해 알 수 있다.
5. 소송의 주체(법원, 당사자)에 대해 알 수 있다.
6. 변론에 대해 알 수 있다.
7. 증거에 대해 알 수 있다.
8. 소송종료에 대해 알 수 있다.
9. 불복신청제도인 상소제도에 대해 알 수 있다.

출제비중

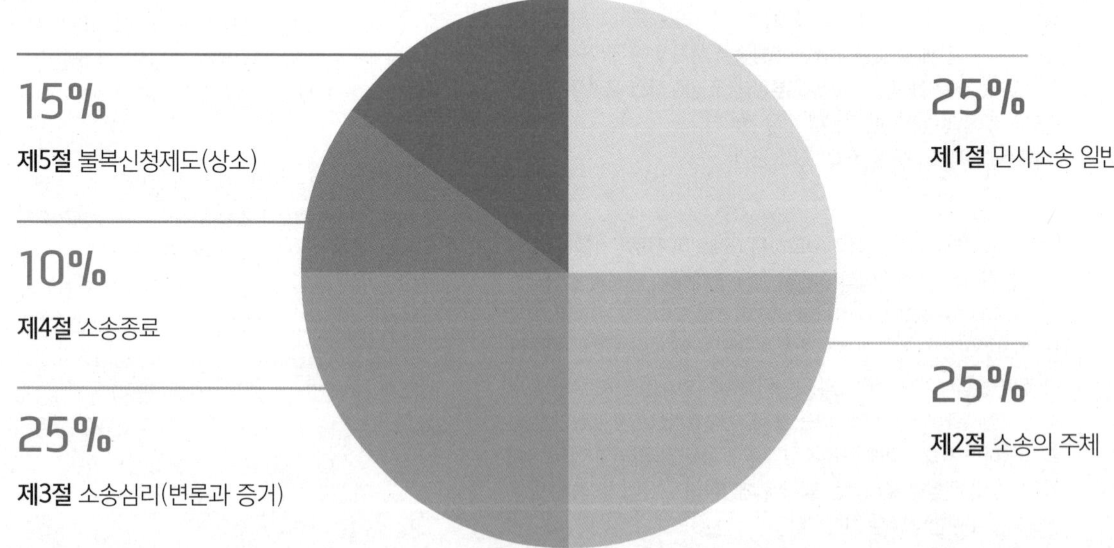

출제포인트 & 출제기업

구분	출제포인트	출제빈도	출제기업
제1절 민사소송 일반	**01** 민사소송의 의의	★	대한법률구조공단 한국농어촌공사 한국보훈복지의료공단 한국원자력환경공단 한국중부발전
	02 민사소송의 이상	★★	
	03 민사소송절차의 종류	★★	
	04 민사소송의 종류	★★	
제2절 소송의 주체	**01** 법원	★★★	
	02 당사자	★★★	
제3절 소송심리(변론과 증거)	**01** 변론	★★★	
	02 증거	★	
제4절 소송종료	**01** 당사자 행위에 의한 소송종료	★	
	02 종국판결에 의한 소송종료	★	
제5절 불복신청제도(상소)	**01** 항소	★	
	02 상고	★	
	03 항고	★	

제1절 | 민사소송 일반

✓핵심 포인트

민사소송 외 분쟁해결제도	• 조정, 중재, 화해
민사소송의 이상	• 적정, 공평, 신속, 경제
민사소송절차의 종류	• 보통소송절차: 통상절차, 민사집행절차, 부수절차(증거보전절차, 집행보전절차) • 특별소송절차: 간이소송절차(소액사건심판절차, 독촉절차), 가사소송절차, 도산절차
민사소송의 종류	• 이행의 소, 형성의 소, 확인의 소

01 민사소송의 의의

출제빈도 ★

1. 의의

민사소송은 사인 간의 사법적 법률관계에서 발생하는 분쟁의 법적 해결을 위한 국가의 재판상 절차를 말한다. 즉, 사인에게는 사법상의 권리 또는 법률관계의 존부를 확정·보호·실현하기 위한 재판상의 절차이다.

2. 비송사건

(1) 의의

비송사건이란 법원의 관할에 속하는 민사사건 중 소송절차로 처리하지 않는 사건을 말한다.

(2) 소송사건과 비송사건의 비교

구분	소송사건	비송사건
대상	법적 분쟁	국가의 후견적 개입이 필요한 생활관계
절차의 개시	소 제기	신청 또는 심판청구
심리	당사자 대립 구조	편면적 구조
	필요적 변론의 원칙	필요적 변론의 원칙 배제(임의적 변론)
	공개주의	비공개주의
	구술심리주의	서면심리주의

심리	당사자주의 원칙	직권주의 강화
	처분권주의	처분권주의 배제
	불이익변경금지의 원칙	불이익변경금지의 원칙 배제
	변론주의	직권탐지주의
	자백의 구속력 인정	자백의 구속력 배제
재판	판결	결정
불복방법	항소·상고	항고·재항고

3. 민사소송 외 분쟁해결제도

(1) 조정

조정이란 법관이나 조정위원회 등 제삼자가 독자적으로 분쟁해결을 위한 조정안을 마련하여 당사자에게 수락을 권고하는 방식이다. 조정이 성립되어 조정조서가 작성되면 재판상 화해와 동일한 효력이 발생한다. 소송에 비하여 비용이 적게 들고 간이·신속하게 처리할 수 있다는 이점이 있으며, 제삼자의 개입이 필수라는 점에서 반드시 중개를 요하지 않는 화해와 차이가 있다.

(2) 중재

중재란 당사자의 합의에 의하여 선출된 중재인의 중재판정에 복종할 것을 약정하여 당사자 간의 분쟁을 해결하는 절차이다.

(3) 화해

화해란 당사자 간의 교섭을 통해 서로 양보하여 분쟁을 해결하는 방식이다. 화해는 재판 외의 화해와 재판상의 화해가 있다. 재판 외의 화해는 민법상의 화해계약을 의미하고 재판상의 화해는 다시 제소 전의 화해와 소송상의 화해로 나뉜다.

02 민사소송의 이상

출제빈도 ★★

1. 적정

적정은 민사소송절차가 법률의 내용에 따라 충실하게 실현되어, 재판의 내용이 정당하고 과오가 없음을 의미한다. 적정한 재판은 사실인정이 진실에 부합하고 법규의 적용이 타당해야 한다. 이를 구현하기 위하여 민사소송법은 변호사 대리의 원칙·심급제도·재심제도·특별항고·전속관할·소송심리에 관한 구술주의·직접주의·교호신문제도·직권증거조사·석명권의 행사 제도 등을 두고 있다.

법학 전문가의 TIP

변호사 대리의 원칙
우리나라의 민사소송법은 외국과 같이 소송은 반드시 변호사에게 위임하여 소송 행위를 대리하게 하는 '변호사강제주의'를 채택하지 않고 있습니다. 그러나 소송을 직접 본인이 하지 않고 대리인을 시켜서 하려면 그 대리인은 반드시 변호사여야 합니다. 이를 '변호사 대리의 원칙'이라고 합니다.

특별항고
민사소송법상 불복방법이 인정되지 않는 결정·명령에 대하여 재판에 영향을 끼친 헌법 또는 법률의 위반이 있음을 이유로 하는 때에 한하여 대법원에 불복하는 항고를 말합니다.

교호신문제도
증인을 신청하는 측과 그 상대방이 서로 교차하여 증인을 신문하는 방식입니다.

석명권
법원이 사건의 진상을 명확히 하기 위하여 당사자에게 사실상 및 법률상의 사항에 관하여 질문을 하고, 입증(立證)을 촉구하는 권한으로, 변론주의와 처분권주의의 형식적 적용의 불합리를 시정 내지 보완하기 위한 제도입니다.

2. 공평

법관은 중립적 위치에서 원·피고 양 당사자를 평등하게 취급하고, 양 당사자가 이익을 주장할 수 있는 기회를 공평하게 부여하여야 한다. 이를 구현하기 위하여 민사소송법은 심리의 공개, 법관의 제척·기피·회피, 쌍방심리주의, 변론주의, 소송절차의 중단·정지 제도 등을 두고 있다.

3. 신속

소송의 지연은 권리보호의 거절과 같은 것이므로 소송의 완결은 신속하게 이루어져야 한다. 헌법 제27조 제3항은 모든 국민은 신속한 재판을 받을 권리를 가진다고 하여 소송의 촉진을 기본권의 하나로서 보장하고 있다. 이를 구현하기 위하여 민사소송법 및 특별법 등에서는 독촉절차, 제소 전 화해절차, 이행권고결정제도, 무변론판결, 화해권고결정제도, 기일변경의 제한, 재정기간을 지키지 않은 경우 실권효, 실기한 공격방어방법의 각하, 전자소송제도 등을 두고 있다. 특히 전자소송제도는 법원이 운영하는 전자소송시스템을 이용하여 소를 제기하고 소송절차를 진행하는 재판방식을 말한다.

> **법학 전문가의 TIP**
>
> **재정기간**
>
> 민사소송법상의 기간 가운데에서 법률에 의하여 정하여진 법정기간에 상대되는 개념으로, 그 기간을 재판기간이 각 경우에 상응하여 구체적 사정에 따라 재판으로 정한 기간을 말합니다. 소송능력 따위의 보정기간(민사소송법 제59조), 담보제공기간(민사소송법 제120조), 권리행사최고기간(민사소송법 제125조 제3항), 준비서면제출기간(민사소송법 제273조 제2항) 등이 이에 속합니다.

4. 경제

소송수행에서 법원이나 당사자가 과다한 비용과 노력을 소모하게 된다면 승소확정판결을 받아도 큰 실익이 없고 민사소송은 무용한 제도로 전락할 수 있으므로, 이에 소요되는 비용과 노력은 최소한으로 그쳐야 한다. 소송경제를 구현하기 위해 구술신청제, 소의 병합, 소송이송, 추인이나 이의권의 상실에 의한 절차상 흠의 치유제 등을 두고 있다.

시험문제 미리보기!

다음 중 민사소송에 대한 설명으로 옳지 않은 것은?

① 민사소송은 사인에 대한 국가 형벌권의 구체화 내지는 존부의 확정을 목적으로 한다.
② 민사소송은 개인 간의 생활 관계에서 발생하는 법적 분쟁이나 이해관계의 충돌을 국가의 재판권에 의해 해결하는 절차이다.
③ 민사소송은 사인에게는 사법상의 권리를 확정·보호·실현하기 위한 재판상의 절차이다.
④ 민사소송이 이상적으로 운영되기 위해서는 적정, 공평, 신속, 소송경제, 신의칙의 이념이 지배하여야 한다.

정답 ①

해설 국가 형벌권의 구체화 내지 존부의 확정을 목적으로 하는 전 과정을 통틀어서 넓은 의미의 형사소송이라 한다.

03 민사소송절차의 종류

출제빈도 ★★

1. 보통소송절차

(1) 통상절차

재판에 의해 사법상의 권리관계를 확정하는 절차이다. 판결절차는 소에 의하여 개시되어 법원의 종국판결에 의하여 끝난다. 재판의 적정을 보장하기 위하여 3심제도를 운영하고 있다.

(2) 민사집행절차

판결절차에 의하여 확정된 사법상의 의무가 임의로 이행되지 않은 경우에 채권자의 신청으로 국가의 강제력에 의하여 사법상의 이행의무를 실현하기 위한 절차이다.

(3) 부수절차

① 증거보전절차: 판결 절차에서 지정된 기간까지 증거조사의 시기를 늦추면 증거를 조사하기 불가능하거나 또는 곤란하게 될 염려가 있을 때 미리 그 증거를 조사하고 결과를 보전하기 위한 절차이다.

② 집행보전절차: 현상을 방치하면 장래의 강제집행이 불가능하게 되거나 현저하게 곤란하게 될 염려가 있는 경우에 채무자의 처분을 금지하는 방법으로 현상의 변경을 금지하여 강제집행을 보전하는 절차이다. 대표적인 예로 가압류와 가처분 절차가 있다.

2. 특별소송절차

(1) 간이소송절차

금전 그 밖의 대체물이나 유가증권의 일정 수량의 지급을 목적으로 하는 청구에 대하여, 채권자로 하여금 통상의 판결절차에 비하여 간이·신속하게 집행권원(채무명의)을 얻게 하는 절차로서 소액사건심판절차와 독촉절차가 있다.

(2) 가사소송절차

가사사건은 가정법원의 전속관할에 속하며, 그 성질에 따라 가사소송사건과 가사비송사건으로 구분된다.

(3) 도산절차

채무자가 경제적 파탄에 이르러 다수채권자의 채권을 만족시킬 수 없게 된 경우에 그 총재산에 의하여 총채권자에게 공평한 금전적 만족을 시키거나, 채무자의 재건책을 도모하는 절차를 도산절차라 한다. 도산절차로 파산절차, 화의절차, 회사정리절차 등이 있다.

집행보전절차

- **가압류**: 금전채권 또는 금전으로 환산할 수 있는 채권에 기초하여 동산·부동산·채권에 대한 강제집행을 보전하기 위한 절차입니다.
- **가처분**: 금전채권 이외의 권리 또는 법률관계에 관한 확정판결의 강제집행을 보전하기 위한 집행보전제도입니다.

간이소송절차

- **소액사건심판절차**: 법원에서 소액의 민사사건을 간이한 절차에 따라 신속히 처리하기 위하여 「민사소송법」에 대한 특례를 「소액사건심판법」에 규정하고 있습니다. 이 경우 소액의 범위를 대법원 규칙인 「소액사건심판규칙」에서 규정하고 있는데, 현재는 소송물가액이 3,000만원을 초과하지 아니하는 금전, 기타 대체물이나 유가증권의 일정한 수량의 지급을 목적으로 하는 민사사건으로 정하고 있습니다.
- **독촉절차**: 금전 등의 분쟁을 간이·신속하게 해결하기 위한 소송절차로서, '이행의 소'의 대용절차인 동시에 판결절차의 선행절차입니다. 채권자의 신청으로 법원에서 서면심리를 거쳐 채무자에 대하여 지급명령을 발하고, 채무자가 일정기간 내에 이의를 신청하지 않으면 그 명령에 확정력과 집행력을 부여합니다.

04 민사소송의 종류

출제빈도 ★★

1. 이행의 소

(1) 의의

이행의 소란 이행청구권의 확정과 피고에 대해 이행 명령을 요구하는 소이다. 이행의 소에는 변론종결 시를 기준으로 이행기가 도래한 이행청구권을 주장하는 현재의 이행의 소, 아직 도래하지 않은 청구권을 주장하는 장래이행의 소가 있다. 이행의 소는 원칙적으로 실체법상의 청구권이 바탕이 된다.

(2) 효력

청구기각판결은 이행청구권의 부존재 또는 존재를 확정하는 기판력이 발생한다. 청구인용판결은 이행청구권의 집행권원이 되고 이에 의하여 강제집행을 할 수 있다.

2. 형성의 소

(1) 의의

형성의 소란 법률관계의 변동을 요구하는 소이다. 실체법상 형성의 소는 실체법상 법률관계의 변동을 구하는 것으로 가사소송, 회사 관계의 소송이 이에 속한다. 형식적 형성의 소는 소송법상 법률관계의 변동을 목적으로 하는 것으로 재심의 소, 준재심의 소, 정기금판결에 대한 변경의 소, 중재판정 취소의 소 등이 이에 속한다.

(2) 효력

청구기각판결은 형성소권의 부존재 또는 존재를 확정하는 기판력이 발생한다. 청구인용판결은 그것이 형식적으로 확정되면 형성요건의 존재에 대해 기판력이 발생하는 동시에 법률관계를 발생·변경·소멸시키는 형성력이 생긴다.

3. 확인의 소

(1) 의의

확인의 소란 권리·법률관계 존재·부존재의 확정을 요구하는 소이다. 소유권 확인 등의 권리관계 존재의 확정을 목적으로 하는 소인 적극적 확인의 소, 채무부존재확인 등 그 부존재의 확정을 목적으로 하는 소인 소극적 확인의 소가 있다.

(2) 효력

청구기각판결은 권리의 부존재 또는 존재를 확정하는 기판력이 발생한다. 청구인용판결은 원고가 주장한 법률관계의 존재에 대해 기판력이 생긴다. 단, 집행력은 발생하지 않는다.

제2절 | 소송의 주체

✓핵심 포인트

법원	• 법관의 제척 · 기피 · 회피 • 법정관할: 직분관할, 사물관할, 토지관할(보통재판적, 특별재판적) • 거동관할: 합의관할, 변론관할 • 전속관할과 임의관할
당사자	• 당사자 능력, 당사자적격, 소송능력, 변론능력 • 소송대리인에게 특별한 권한이 필요한 경우

01 법원

출제빈도 ★★★

1. 법관의 제척 · 기피 · 회피

(1) 제척

① 의의: 법관의 제척이란 법관이 구체적 사건과 법률에서 정한 특수관계가 있는 때에 당연히 그 사건에 관한 직무집행에서 배제되는 것을 말한다. 법원은 제척신청이 있는 경우에는 그 재판이 확정될 때까지 소송절차를 정지하여야 한다.

② 제척 사유(민사소송법 제41조(제척의 이유))

법관은 다음 각호 가운데 어느 하나에 해당하면 직무집행에서 제척(除斥)된다.

1. 법관 또는 그 배우자나 배우자이었던 사람이 사건의 당사자가 되거나, 사건의 당사자와 공동권리자 · 공동의무자 또는 상환의무자의 관계에 있는 때
2. 법관이 당사자와 친족의 관계에 있거나 그러한 관계에 있었을 때
3. 법관이 사건에 관하여 증언이나 감정(鑑定)을 하였을 때
4. 법관이 사건당사자의 대리인이었거나 대리인이 된 때
5. 법관이 불복사건의 이전 심급의 재판에 관여하였을 때. 다만, 다른 법원의 촉탁에 따라 그 직무를 수행한 경우에는 그러하지 아니하다.

(2) 기피

① 의의: 법관의 기피란 법률상 정해진 제척 사유 이외에 법관에게 공정한 재판을 기대하기 어려운 사정이 있는 경우에 당사자의 신청을 기다려 재판에 의하여 비로소 법관이 직무집행에서 배제되는 것을 말한다. 법원은 기피신청이 있는 경우에는 그 재판이 확정될 때까지 소송절차를 정지하여야 한다.

② 기피 사유

- 제척 사유 이외에 법관에게 공정한 재판을 기대하기 어려운 사정
- 기피 사유에 해당하지 않는 경우: 당사자 측에서 품는 불공정한 재판을 받을지도 모른다는 주관적인 의혹만으로는 기피 사유에 해당되지 않음

(3) 회피

법관의 회피란 법관이 스스로 제척 또는 기피이유가 있다고 인정하여 자발적으로 직무집행을 피하는 것을 말한다. 감독권이 있는 법원의 허가가 있으면 된다.

2. 법원의 관할

(1) 의의

관할은 특정한 사건에 대하여 어느 법원이 재판권을 행사하는가를 두고 법원의 재판권 분담 관계를 정한 것을 말한다.

(2) 법정관할

법정관할이란 법률에 의해 직접 정해진 관할을 말한다.

① 직분관할(직무관할): 담당직무의 차이를 기준으로 재판권의 분담 관계를 정해 놓은 것을 말한다.

② 사물관할: 제1심 소송사건을 다루는 동일한 지방법원 및 그 지원의 단독판사와 합의부 사이에 사건의 경중을 표준으로 어떻게 분담시키는가를 정해 놓은 것을 말한다.

③ 토지관할: 소재지를 달리하는 같은 종류의 법원 사이에 재판권의 분담 관계를 정해 놓은 것을 말한다.

- 보통재판적: 모든 소송사건에 공통적으로 적용되는 토지관할권을 보통재판적이라고 한다. 피고와 관계있는 곳을 기준으로 해서 정해 놓았다. 피고가 사람(자연인)인 경우 보통재판적은 일차적으로 그 주소에 의한다. 대한민국에 주소가 없거나 주소를 알 수 없는 경우에는 거소에 따라 정하고, 거소가 일정하지 아니하거나 거소도 알 수 없으면 마지막 주소에 따라 정한다. 법인, 그 밖의 사단 또는 재단의 보통재판적은 이들의 주된 사무소 또는 영업소가 있는 곳에 따라 정하고, 사무소와 영업소가 없는 경우에는 주된 업무담당자의 주소에 따라 정한다. 국가의 보통재판적은 그 소송에서 국가를 대표하는 관청 또는 대법원이 있는 곳으로 한다.
- 특별재판적: 사무소 또는 영업소에 계속하여 근무하는 사람에 대하여 소를 제기하는 경우에는 그 사무소 또는 영업소가 있는 곳을 관할하는 법원에 제기할 수 있다. 재산권에 관한 소를 제기하는 경우에는 거소지 또는 의무이행지의 법원에 제기할 수 있다. 어음·수표에 관한 소를 제기하는 경우에는 지급지의 법원에 제기할 수 있다. 불법행위에 관한 소를 제기하는 경우에는 행위지의 법원에 제기할 수 있다. 부동산에 관한 소를 제기하는 경우에는 부동산이 있는 곳의 법원에 제기할 수 있다.

(3) 거동관할

① 합의관할: 당사자 합의에 의해 생기게 되는 관할을 말한다.
② 변론관할: 원고가 관할권이 없는 법원에 소를 제기했는데 피고가 제1심법원에서 관할위반이라고 항변하지 아니하고 본안에 대하여 변론하거나 변론 준비기일에서 진술하면 그 법원은 관할권을 가진다.

(4) 전속관할과 임의관할

① 전속관할: 법정관할 중에서 재판의 적정·신속한 사건해결을 위한 공익상의 요구에 의하여 특정법원에만 관할권을 인정하여 당사자가 임의로 변경할 수 없는 관할을 말한다.
② 임의관할: 주로 당사자의 편의와 공평을 위한 사익적 견지에서 정해진 관할을 의미한다.

02 당사자

출제빈도 ★★★

1. 의의

당사자의 호칭은 각각 원고·피고, 항소인·피항소인, 상고인·피상고인, 재심원고·재심피고 등으로 불린다.

2. 당사자확정

당사자확정이란 현실적으로 소송계속 중인 사건에서 원고가 누구이며 피고가 누구인가를 명확히 하는 것을 말한다.

3. 당사자능력

당사자능력이란 소송의 주체가 될 수 있는 일반적인 능력을 말한다. 당사자능력은 당사자가 확정된 후 그 확정된 당사자를 기준으로 판단한다.

4. 당사자적격

(1) 의의

당사자적격이란 특정의 소송사건에서 정당한 당사자로서 소송을 수행하고 본안판결을 받기에 적합한 자격을 말한다. 당사자적격은 구체적 소송에서 누구를 당사자로 해야 소송을 통한 분쟁해결이 유효적절한 것인가라는 관점에서 인정된 개념이다.

(2) 당사자적격자

① 이행의 소: 자기의 실체법상 이행청구권을 주장하는 자가 원고적격을 가지며, 그로부터 의무자라고 주장되는 자가 정당한 피고적격을 가진다.
② 형성의 소: 법률관계의 변동으로 이익을 받는 자가 원고적격을 가지며, 그 반대의 이해관계를 갖는 자가 피고적격을 가진다.
③ 확인의 소: 확인청구에 의하여 확인의 이익을 갖는 자만이 정당한 원고적격을 가지고, 반대의 이익을 갖는 자가 피고적격을 갖는다.

5. 소송능력

소송능력이란 당사자로서 유효하게 소송행위를 하거나 소송행위를 받기 위해 갖추어야 할 능력을 말한다. 민법상 행위능력을 갖는 자는 민사소송법상의 소송능력이 있다. 미성년자, 피한정후견인 등 소송무능력자는 법정대리인에 의하여 소송행위를 할 수 있다. 소송무능력자의 소송행위나 무능력자에 대한 소송행위는 무효이다. 그러나 소송무능력자의 행위는 확정적 무효가 아니라 추인하면 소급적으로 유효하게 할 수 있다.

6. 변론능력

변론능력이란 변론장소인 법원에 출정하여 법원에 대한 관계에서 유효하게 소송행위를 하기 위해 요구되는 능력을 말한다. 변론능력제도는 변론능력이 없는 자를 소송에서 배제시킴으로써 재판의 진행을 신속·확실·효율적으로 진행하려는 공익상의 요구에서 인정된 제도이다.

7. 소송대리인

(1) 의의

소송대리인이란 당사자의 이름으로 소송행위를 하거나 소송행위를 받는 자를 말한다.

(2) 소송대리권의 범위

① 소송대리인은 위임을 받은 사건에 대하여 반소(反訴)·참가·강제집행·가압류·가처분에 관한 소송행위 등 일체의 소송행위와 변제(辨濟)의 영수를 할 수 있다.
② 소송대리인은 다음 각호의 사항에 대하여는 특별한 권한을 따로 받아야 한다.
1. 반소의 제기
2. 소의 취하, 화해, 청구의 포기·인낙 또는 제80조의 규정에 따른 탈퇴
3. 상소의 제기 또는 취하
4. 대리인의 선임

시험문제 미리보기!

다음 중 민사소송법상 소송대리인이 별도의 특별한 권한을 받아야 되는 경우가 아닌 것은?

① 압류 · 가처분에 관한 소송행위

② 소의 취하

③ 청구의 포기 · 인낙

④ 대리인의 선임

정답 ①

해설 민사소송법 제90조(소송대리권의 범위) 제1항에 따르면, 소송대리인은 위임을 받은 사건에 대하여 반소(反訴) · 참가 · 강제집행 · 가압류 · 가처분에 관한 소송행위 등 일체의 소송행위와 변제(辨濟)의 영수를 할 수 있고, 제2항에 따르면, 소송대리인은 다음 각호의 사항에 대하여는 특별한 권한을 따로 받아야 한다.

1. 반소의 제기
2. 소의 취하, 화해, 청구의 포기 · 인낙 또는 제80조의 규정에 따른 탈퇴
3. 상소의 제기 또는 취하
4. 대리인의 선임

제3절 | 소송심리(변론과 증거)

✓핵심 포인트

변론	변론주의(사실의 주장책임, 자백의 구속력, 증거제출책임), 처분권주의, 구술심리주의, 직접심리주의, 공개심리주의, 쌍방심리주의, 적시제출주의, 집중심리주의
증거	증거능력과 증거력, 자백간주, 자유심증주의

01 변론

출제빈도 ★★★

1. 변론주의

(1) 의의

변론은 기일에 원고·피고가 수소법원의 공개 법정에서 구술로 판결의 기초가 될 소송자료 즉, 사실과 증거를 제출하는 방법으로 소송을 심리하는 절차를 말한다. 변론주의는 사실과 증거의 수집·제출의 책임을 당사자에게 맡기고 법원은 당사자가 제출한 소송자료만을 재판의 기초로 삼아야 한다는 원칙으로 직권탐지주의[1]와 대립된다.

1) 직권탐지주의

법원이 소송당사자의 주장이나 청구에 구속받지 않고 직권으로 증거를 수집·조사해야 하는 원칙

(2) 내용

① 사실의 주장책임: 주요사실은 당사자가 변론에서 주장해야 하며, 당사자에 의해 주장되지 않는 사실은 판결의 기초로 삼을 수 없다. 그러므로 원고는 권리 발생 사실, 피고는 항변 사실을 주장할 것을 요하며, 법원은 주장과 달리 판단할 수 없다.

② 자백의 구속력: 자백이 유효하면 법원의 사실인정권이 배제되므로 당사자 간에 다툼이 없는 사실은 증거조사를 할 필요 없이 그대로 판결의 기초로 해야 한다.

③ 증거제출책임: 당사자가 신청한 증거에 대해서만 증거조사를 하며, 원칙적으로 법원은 직권으로 증거조사를 해서는 안 된다.

2. 처분권주의

처분권주의란 절차의 개시, 심판의 대상, 그리고 절차의 종결에 대하여 당사자에게 주도권을 주어 그의 처분에 맡기는 원칙을 말한다(민사소송법 제203조). 민사소송법 사권의 발생·변경·소멸을 개인에게 맡기는 것이 민법의 사적자치의 원칙이라면, 처분권주의는 사적자치의 소송법적인 측면이라고 할 수 있다. 처분권주의는 당사자의 소송물에 대한 처분의 자유를 뜻하는 것임에 반해, 변론주의는 당사자의 소송자료에 대한 수집·제출책임을 뜻하는 것이므로 양자는 별개의 개념이다.

3. 구술심리주의

구술심리주의란 법원과 당사자의 소송행위, 특히 변론 및 증거조사를 구두로 하고, 구두로 진술한 소송자료만이 판결의 기초가 되어야 한다는 원칙을 말한다.

4. 직접심리주의

직접심리주의란 판결을 하는 법관이 직접 변론을 듣고 증거조사를 하여야 하는 원칙을 말한다. 직접심리주의는 진술의 취지를 이해하고 그 진위를 판별하여 진상을 파악하기 쉬운 장점이 있다.

5. 공개심리주의

공개심리주의란 재판의 심리와 판결의 선고를 일반인이 방청할 수 있는 상태에서 행하는 원칙을 말한다. 국민에게 재판을 공개함으로써 공정성을 담보하고, 사법에 대한 국민의 신뢰를 유지하려는 데 그 목적이 있다.

6. 쌍방심리주의

쌍방심리주의란 사건의 심리에 있어 양쪽 당사자를 평등하게 대우하여 공격방어방법을 제출할 수 있는 기회를 동등하게 주는 원칙을 말한다.

7. 적시제출주의

적시제출주의란 당사자가 공격방어방법을 소송의 정도에 따라 적절한 시기에 제출하여야 한다는 원칙을 말한다.

8. 집중심리주의

집중심리주의란 한 사건에 대해 계속적·집중적으로 변론을 행하고 심리를 마친 후에 다른 사건의 변론에 들어가야 한다는 원칙을 말한다.

시험문제 미리보기!

다음 중 민사소송법상 변론에 대한 설명으로 옳은 것은?

① 처분권주의란 판결을 하는 법관이 직접 변론을 듣고 증거조사를 하여야 하는 원칙을 말한다.

② 변론주의는 당사자의 소송물에 대한 처분의 자유를 뜻한다.

③ 법원은 종결된 변론의 경우 기판력 때문에 다시 열도록 명할 수 없다.

④ 법원은 소송관계를 분명하게 하기 위해 필요한 진술을 할 수 없는 당사자의 진술을 금지하는 경우 당사자에게 변호사를 선임하도록 명할 수 있다.

정답 ④

해설 민사소송법 제144조(변론능력이 없는 사람에 대한 조치) 제1항에 따르면, 법원은 소송관계를 분명하게 하기 위하여 필요한 진술을 할 수 없는 당사자 또는 대리인의 진술을 금지하고, 변론을 계속할 새 기일을 정할 수 있으며, 제2항에 따르면, 제1항의 규정에 따라 진술을 금지하는 경우에 필요하다고 인정하면 법원은 변호사를 선임하도록 명할 수 있다.

오답노트

① 직접심리주의는 판결을 하는 법관이 직접 변론을 듣고 증거조사를 하여야 하는 원칙을 말한다.

② 처분권주의는 당사자의 소송물에 대한 처분의 자유를 뜻하는 것임에 반해, 변론주의는 당사자의 소송자료에 대한 수집·제출책임을 뜻하는 것이므로 양자는 별개의 개념이다.

③ 민사소송법 제142조(변론의 재개)에 따르면, 법원은 종결된 변론을 다시 열도록 명할 수 있다.

02 증거

출제빈도 ★

1. 증거능력과 증거력

(1) 증거능력

증거방법으로서 증거조사의 대상이 될 수 있는 자격을 증거능력이라고 한다. 예를 들어 법정대리인은 당사자신문의 대상일 뿐 증인신문의 대상이 될 수 없고, 기피신청이 받아들여진 감정인은 감정을 할 자격을 상실한다.

(2) 증거력

증거자료가 요증사실의 인정에 기여하는 정도를 증거력이라고 한다.

2. 자백간주

자백간주란 당사자가 상대방의 주장 사실을 자진하여 자백하지 않아도 명백히 다투지 않거나 당사자 한쪽의 기일출석 또는 피고의 답변서 부제출의 경우에는 그 사실을 자백한 것으로 보는 것을 말한다.

3. 자유심증주의

자유심증주의란 사실주장이 진실인지 아닌지를 판단함에 있어 법관이 증거 법칙의 제약을 받지 않고, 변론 전체의 취지와 증거자료를 참작하여 형성된 자유로운 심증으로 행할 수 있는 원칙을 말한다.

제4절 | 소송종료

✓핵심 포인트

당사자 행위에 의한 소송종료	• 소의 취하, 청구의 포기·인낙, 소송상 화해
종국판결에 의한 소송종료	• 판결의 종류: 종국판결, 소송판결, 본안판결, 중간판결 • 판결의 효력: 기속력, 형식적 확정력, 기판력, 집행력, 형성력

01 당사자 행위에 의한 소송종료 출제빈도 ★

1. 소의 취하

소의 취하는 원고가 제기한 소가 판결이 확정될 때까지 그 전부나 일부를 철회하는, 법원에 대한 일방적 의사표시를 말한다. 소의 취하는 상대방이 본안에 관하여 준비서면을 제출하거나, 변론 준비기일에서 진술하거나, 변론을 한 뒤에는 상대방의 동의를 받아야 효력을 가진다. 소의 취하는 서면으로 하여야 한다. 다만, 변론 또는 변론 준비기일에서 말로 할 수 있다.

2. 청구의 포기·인낙

(1) 청구의 포기

청구의 포기는 변론 또는 변론 준비기일에서 원고가 자기의 소송상 청구가 이유 없음을 자인하는 법원에 대한 일방적 의사표시이다.

(2) 청구의 인낙

청구의 인낙은 피고가 원고의 소송상 청구가 이유 있음을 자인하는 법원에 대한 일방적 의사표시이다.

3. 소송상 화해

소송상 화해는 소송계속 중 양 당사자가 소송물인 권리관계의 주장을 서로 양보하여 소송을 종료시키기로 하는 기일에 있어서의 합의를 말한다.

02 종국판결에 의한 소송종료

출제빈도 ★

1. 판결의 종류

(1) 종국판결

종국판결은 소 또는 상소에 의하여 계속된 사건의 전부·일부를 그 심급에서 완결하는 판결을 말한다. 본안판결, 소각하판결, 소송종료선언도 이에 속한다.

(2) 소송판결

소송판결은 소 또는 상소를 부적법 각하하는 판결로서, 소송요건의 흠이 있는 경우에 행하는 것이다. 소송종료선언도 성질상 소송판결에 속한다.

(3) 본안판결

본안판결은 소에 의한 청구가 실체상 이유 있는지 여부를 재판하는 종국판결이다. 소송요건이 구비된 경우, 원고의 청구가 전부 정당한 때에는 청구의 전부인용판결을 하고, 원고의 청구가 일부만 정당한 때에는 청구의 일부인용판결을 하며, 원고의 청구가 전부 부당한 때에는 청구의 전부기각판결을 한다.

(4) 중간판결

중간판결은 종국판결을 하기에 앞서 소송의 진행 중 당사자 간에 쟁점이 된 사항에 대해 미리 정리·판단을 하여, 종국판결을 쉽게 하고 이를 준비하는 판결이다.

2. 판결의 효력

(1) 기속력

기속력은 판결이 선고되어 성립되면 판결을 한 법원 자신도 이에 구속되며, 스스로 판결을 철회하거나 변경하는 것이 허용되지 않는 자기구속력을 말한다. 형식적 확정력을 기다릴 필요 없이 선고와 동시에 그 효력이 생긴다.

(2) 형식적 확정력(판결의 확정)

판결의 확정은 법원이 한 종국판결에 대하여 당사자의 불복으로 상소법원에 의하여 취소할 수 없게 된 상태를 말하고, 이러한 취소의 불가능성을 형식적 확정력이라 한다.

(3) 기판력

기판력은 확정된 종국판결에 있어서 청구에 대한 판결내용은 당사자와 법원을 규율하는 새로운 규준으로서 구속력을 가지는 것을 말한다. 즉, 확정판결을 통해 청구에 대한 판단이 이루어지면, 후소에서 동일한 사항이 문제가 되더라도 당사자는 그에 반하여 되풀이하여 다툴 수 없고(불가쟁), 법원도 그와 모순되는 판결을 해서는 안 되는 효력(불가반)을 말한다.

(4) 집행력

집행력은 판결로 명한 이행의무가 강제집행절차에 의하여 실현될 수 있는 효력을 말한다.

(5) 형성력

형성력은 형성의 소를 인용하는 형성판결이 확정됨으로써 판결내용대로 새로운 법률관계의 발생이나 종래의 법률관계 변경·소멸을 낳는 효력을 말한다.

제5절 | 불복신청제도(상소)

✓ 핵심 포인트

항소기간	판결서 송달 후 2주 이내에 원심인 1심법원에 항소장 제출
상고기간	판결이 송달된 날부터 2주 이내에 원심법원에 상고장 제출
항고	법원의 결정·명령에 대하여 상급법원에 하는 독립한 상소

01 항소

출제빈도 ★

1. 의의

항소는 지방법원의 단독판사 또는 지방법원 합의부가 내린 제1심의 종국판결에 대하여 항소법원에 하는 불복신청이다.

2. 항소기간

항소의 제기는 판결서 송달 후 2주 이내에 원심인 1심법원에 항소장을 제출하여야 한다.

3. 효력

항소의 제기로 1심 판결의 확정은 차단되고, 사건은 항소심으로 이전된다.

02 상고

출제빈도 ★

1. 의의

상고는 종국판결에 대한 법률심인 대법원에 대한 상소이며, 원판결의 당부를 법률적인 측면에서만 심사하는 사후심이다. 고등법원이 항소심으로서 한 판결과 지방법원 항소부가 한 판결이 상고의 대상이 된다. 상고는 상고이유가 있는 경우에만 제기할 수 있다.

2. 상고기간

상고장은 판결이 송달된 날부터 2주 이내에 원심법원에 제출해야 하며, 상고법원에 직접 제출하는 경우 효력이 없다.

03 항고

출제빈도 ★

항고는 법원의 결정·명령에 대하여 상급법원에 하는 독립한 상소이다.

법학 전문가의 TIP

민사소송법 제423조(상고이유)
상고는 판결에 영향을 미친 헌법·법률·명령 또는 규칙의 위반이 있다는 것을 이유로 드는 때에만 할 수 있다.

민사소송법 제424조(절대적 상고이유)
① 판결에 다음 각호 가운데 어느 하나의 사유가 있는 때에는 상고에 정당한 이유가 있는 것으로 한다.
1. 법률에 따라 판결법원을 구성하지 아니한 때
2. 법률에 따라 판결에 관여할 수 없는 판사가 판결에 관여한 때
3. 전속관할에 관한 규정에 어긋난 때
4. 법정대리권·소송대리권 또는 대리인의 소송행위에 대한 특별한 권한의 수여에 흠이 있는 때
5. 변론을 공개하는 규정에 어긋난 때
6. 판결의 이유를 밝히지 아니하거나 이유에 모순이 있는 때

② 제60조 또는 제97조의 규정에 따라 추인한 때에는 제1항 제4호의 규정을 적용하지 아니한다.

출제빈도: ★☆☆ 대표출제기업: 한국원자력환경공단

01 민사소송 중 소송절차에 의하지 않는 비송사건의 특징에 관한 설명으로 옳지 않은 것은?

① 비송사건은 편면적 구조가 아닌 당사자 대립 구조에 따라 공개심리주의가 적용된다.
② 비송사건은 소송사건과 달리 비공개주의를 택하는 경우가 있다.
③ 비송사건의 절차 개시는 소 제기가 아닌 신청으로 할 수 있다.
④ 비송사건은 필요적 변론의 원칙이 배제되는 경우가 있고 서면심리주의에 의한다.

출제빈도: ★★★

02 민사소송절차 중 특별소송절차에 해당하는 것은?

① 가처분
② 증거보전절차
③ 강제집행절차
④ 소액사건심판절차

출제빈도: ★★★

03 다음 중 형성의 소를 모두 고르면?

㉠ 물건의 인도를 청구하는 소송 ㉡ 부부가 이혼을 청구하는 소송 ㉢ 공유물분할을 청구하는 소송 ㉣ 대여금채권의 부존재 확인을 청구하는 소송

① ㉠, ㉡ ② ㉡, ㉢
③ ㉡, ㉣ ④ ㉢, ㉣

출제빈도: ★★☆ 대표출제기업: 한국원자력환경공단

04 다음 중 민사소송법상 관할에 관한 설명으로 옳지 않은 것은?

① 소는 원고의 보통재판적이 있는 곳의 법원이 관할한다.

② 재산권에 관한 소를 제기하는 경우에는 거소지 또는 의무이행지의 법원에 제기할 수 있다.

③ 법인의 보통재판적은 주된 사무소가 있는 곳에 따라 정하고, 사무소가 없는 경우에는 주된 업무담당자의 주소에 따라 정한다.

④ 사람의 보통재판적은 그의 주소에 따라 정하지만, 대한민국에 주소가 없거나 주소를 알 수 없는 경우에는 거소에 따라 정한다.

정답 및 해설

01 ①

소송사건이 편면적 구조가 아닌 당사자 대립 구조에 따라 공개심리주의가 적용된다.

구분	소송사건	비송사건
대상	법적 분쟁	국가의 후견적 개입이 필요한 생활관계
절차의 개시	소 제기	신청 또는 심판청구
심리	당사자 대립 구조	편면적 구조
	필요적 변론의 원칙	필요적 변론의 원칙 배제 (임의적 변론)
	공개주의	비공개주의
	구술심리주의	서면심리주의
	당사자주의 원칙	직권주의 강화
	처분권주의	처분권주의 배제
	불이익변경금지의 원칙	불이익변경금지의 원칙 배제
	변론주의	직권탐지주의
	자백의 구속력 인정	자백의 구속력 배제
재판	판결	결정
불복방법	항소·상고	항고·재항고

02 ④

법원에서 소액의 민사사건을 간이한 절차에 따라 신속히 처리하기 위하여 「민사소송법」에 대한 특례를 「소액사건심판법」에 규정하고 있다.

오답노트

① 금전채권 이외의 권리 또는 법률관계에 관한 확정판결의 강제집행을 보전하기 위한 집행보전제도이다.

② 현상을 방치하면 장래의 강제집행이 불가능하게 되거나 현저하게 곤란하게 될 염려가 있는 경우에 채무자의 처분을 금지하는 방법으로 현상의 변경을 금지하여 강제집행을 보전하는 절차이다. 대표적인 예로 가압류와 가처분 절차가 있다.

③ 판결절차에 의하여 확정된 사법상의 의무가 임의로 이행되지 않은 경우에 채권자의 신청으로 국가의 강제력에 의하여 사법상의 이행의무를 실현하기 위한 절차이다.

03 ②

오답노트

㉠ 이행의 소

㉣ 확인의 소

04 ①

민사소송법 제2조(보통재판적)에 따르면, 소(訴)는 피고의 보통재판적(普通裁判籍)이 있는 곳의 법원이 관할한다.

오답노트

② 민사소송법 제8조(거소지 또는 의무이행지의 특별재판적)에 따르면, 재산권에 관한 소를 제기하는 경우에는 거소지 또는 의무이행지의 법원에 제기할 수 있다.

③ 민사소송법 제5조(법인 등의 보통재판적) 제1항에 따르면, 법인, 그 밖의 사단 또는 재단의 보통재판적은 이들의 주된 사무소 또는 영업소가 있는 곳에 따라 정하고, 사무소와 영업소가 없는 경우에는 주된 업무담당자의 주소에 따라 정한다.

④ 민사소송법 제3조(사람의 보통재판적)에 따르면, 사람의 보통재판적은 그의 주소에 따라 정한다. 다만, 대한민국에 주소가 없거나 주소를 알 수 없는 경우에는 거소에 따라 정하고, 거소가 일정하지 아니하거나 거소도 알 수 없으면 마지막 주소에 따라 정한다.

출제예상문제

출제빈도: ★★☆ 대표출제기업: 한국보훈복지의료공단

05 다음 중 민사소송법상 관할에 대한 설명으로 옳지 않은 것을 모두 고르면?

<보기>

(가) 부동산에 관한 소를 제기하는 경우에는 부동산 소유권자의 주소지의 법원에 제기할 수 있다.
(나) 불법행위에 관한 소를 제기하는 경우에는 반드시 피해자의 주소지의 법원에 제기해야 한다.
(다) 재단의 보통재판적은 이들의 주된 사무소 또는 영업소가 있는 곳에 따라 정하고, 사무소와 영업소가 없는 경우에는 주된 업무담당자의 주소에 따라 정한다.
(라) 재산권에 관한 소를 제기하는 경우에는 거소지 또는 의무이행지의 법원에 제기할 수 있다.

① (가), (나)
② (가), (다)
③ (나), (다)
④ (다), (라)

출제빈도: ★☆☆ 대표출제기업: 한국중부발전

06 다음 중 민사소송법상 재판적 및 관할에 대한 설명으로 가장 옳지 않은 것을 모두 고르면?

<보기>

(가) 국가의 보통재판적은 그 소송에서 국가를 대표하는 관청 또는 대법원이 있는 곳으로 한다.
(나) 당사자는 합의로 제1심 관할법원을 정할 수 없다.
(다) 불법행위에 관한 소를 제기하는 경우에는 피고 주소지의 법원에 제기한다.
(라) 피고가 제1심법원에서 관할위반이라고 항변하지 아니하고 본안에 대하여 변론하거나 변론준비기일에서 진술하면 그 법원은 관할권을 가진다.

① (가), (나)
② (가), (다)
③ (나), (다)
④ (다), (라)

출제빈도: ★☆☆ 대표출제기업: 한국중부발전

07 다음 중 민사소송법에 관한 설명으로 가장 옳지 않은 것을 모두 고르면?

<보기>

(가) 법원은 제척신청이 있는 경우에는 그 재판이 확정될 때까지 소송절차를 정지하여야 한다.
(나) 제척 또는 기피신청에 정당한 이유가 있다는 결정에 대해 불복할 수 있다.
(다) 법관이 사건에 관하여 증언이나 감정(鑑定)을 하였을 경우에는 당해 법관의 제척사유가 된다.
(라) 당사자는 법관에게 공정한 재판을 기대하기 어려운 사정이 있는 때에는 회피신청을 할 수 있다.

① (가), (다)　　② (가), (라)
③ (나), (다)　　④ (나), (라)

정답 및 해설

05 ①

(가) 민사소송법 제20조(부동산이 있는 곳의 특별재판적)에 따르면, 부동산에 관한 소를 제기하는 경우에는 부동산이 있는 곳의 법원에 제기할 수 있다.
(나) 민사소송법 제18조(불법행위지의 특별재판적) 제1항에 따르면, 불법행위에 관한 소를 제기하는 경우에는 행위지의 법원에 제기할 수 있다.

오답노트

(다) 민사소송법 제5조(법인 등의 보통재판적) 제1항에 따르면, 법인, 그 밖의 사단 또는 재단의 보통재판적은 이들의 주된 사무소 또는 영업소가 있는 곳에 따라 정하고, 사무소와 영업소가 없는 경우에는 주된 업무담당자의 주소에 따라 정한다.
(라) 민사소송법 제8조(거소지 또는 의무이행지의 특별재판적)에 따르면, 재산권에 관한 소를 제기하는 경우에는 거소지 또는 의무이행지의 법원에 제기할 수 있다.

06 ③

(나) 민사소송법 제29조(합의관할) 제1항에 따르면, 당사자는 합의로 제1심 관할법원을 정할 수 있다.
(다) 민사소송법 제18조(불법행위지의 특별재판적) 제1항에 따르면, 불법행위에 관한 소를 제기하는 경우에는 행위지의 법원에 제기할 수 있다.

오답노트

(가) 민사소송법 제6조(국가의 보통재판적)에 따르면, 국가의 보통재판적은 그 소송에서 국가를 대표하는 관청 또는 대법원이 있는 곳으로 한다.
(라) 민사소송법 제30조(변론관할)에 따르면, 피고가 제1심법원에서 관할위반이라고 항변(抗辯)하지 아니하고 본안(本案)에 대하여 변론(辯論)하거나 변론준비기일(辯論準備期日)에서 진술하면 그 법원은 관할권을 가진다.

07 ④

(나) 민사소송법 제47조(불복신청) 제1항에 따르면, 제척 또는 기피신청에 정당한 이유가 있다는 결정에 대하여는 불복할 수 없다.
(라) 민사소송법 제43조(당사자의 기피권) 제1항에 따르면, 당사자는 법관에게 공정한 재판을 기대하기 어려운 사정이 있는 때에는 기피신청을 할 수 있다.

오답노트

(가) 민사소송법 제48조(소송절차의 정지)에 따르면, 법원은 제척 또는 기피신청이 있는 경우에는 그 재판이 확정될 때까지 소송절차를 정지하여야 한다. 다만, 제척 또는 기피신청이 각하된 경우 또는 종국판결(終局判決)을 선고하거나 긴급을 요하는 행위를 하는 경우에는 그러하지 아니한다.
(다) 민사소송법 제41조(제척의 이유)에 따르면, 법관은 다음 각호 가운데 어느 하나에 해당하면 직무집행에서 제척(除斥)된다.
1. 법관 또는 그 배우자나 배우자이었던 사람이 사건의 당사자가 되거나, 사건의 당사자와 공동권리자·공동의무자 또는 상환의무자의 관계에 있는 때
2. 법관이 당사자와 친족의 관계에 있거나 그러한 관계에 있었을 때
3. 법관이 사건에 관하여 증언이나 감정(鑑定)을 하였을 때
4. 법관이 사건당사자의 대리인이었거나 대리인이 된 때
5. 법관이 불복사건의 이전심급의 재판에 관여하였을 때. 다만, 다른 법원의 촉탁에 따라 그 직무를 수행한 경우에는 그러하지 아니하다.

출제예상문제

출제빈도: ★★★ 대표출제기업: 대한법률구조공단

08 다음 중 법관의 제척·기피·회피에 관한 설명으로 옳지 않은 것은?

① 법관의 제척·기피·회피는 재판의 공정성을 실현하기 위한 것이다.
② 법관의 제척이란 법관이 구체적 사건과 법률에서 정한 특수관계가 있는 때에 당연히 그 사건에 관한 직무집행에서 배제되는 것을 말한다.
③ 법관에게 공정한 재판을 기대하기 어려운 사정이 있는 때에는 당사자는 기피신청을 할 수 있다.
④ 당사자만 감독권이 있는 법원의 허가를 받아 회피할 수 있다.

출제빈도: ★☆☆ 대표출제기업: 한국보훈복지의료공단

09 다음 중 민사소송법상 소송능력 등에 관한 설명으로 옳지 않은 것을 모두 고르면?

<보기>

(가) 법인이 아닌 사단은 대표자가 있는 경우에도 그 사단이나 재단의 이름으로 당사자가 될 수 없다.
(나) 미성년자가 독립하여 법률행위를 할 수 있는 경우를 제외하고 미성년자는 법정대리인에 의해서만 소송행위를 할 수 있다.
(다) 법정대리권이 있는 사실 또는 소송행위를 위한 권한을 받은 사실은 서면 또는 구두로 증명하여야 한다.
(라) 소송절차가 진행되는 중에 법정대리권이 소멸한 경우에는 본인 또는 대리인이 상대방에게 소멸된 사실을 통지하지 아니하면 소멸의 효력을 주장하지 못한다.

① (가), (나)
② (가), (다)
③ (나), (다)
④ (다), (라)

출제빈도: ★☆☆ 대표출제기업: 한국보훈복지의료공단

10 민사소송법상 소송대리인이 특별한 권한을 따로 받아야만 할 수 있는 것의 개수를 고르면?

<보기>

• 변제의 영수
• 대리인의 선임
• 반소의 제기
• 강제집행

① 1개
② 2개
③ 3개
④ 4개

출제빈도: ★☆☆ 대표출제기업: 한국원자력환경공단

11 **다음 중 민사소송법상 '소송의 주체가 될 수 있는 일반적인 능력'을 가지지 못하는 자는 누구인가?** (단, 다툼이 있는 경우 판례에 의함)

① 피한정후견인 ② 법인격 없는 사단
③ 민법상 조합 ④ 민법상 비영리법인

정답 및 해설

08 ④
민사소송법 제49조(법관의 회피)에 따르면, 법관도 제41조 또는 제43조의 사유가 있는 경우에는 감독권이 있는 법원의 허가를 받아 회피(回避)할 수 있다.

오답노트
③ 민사소송법 제43조(당사자의 기피권) 제1항에 따르면, 당사자는 법관에게 공정한 재판을 기대하기 어려운 사정이 있는 때에는 기피신청을 할 수 있다.

09 ②
(가) 민사소송법 제52조(법인이 아닌 사단 등의 당사자능력)에 따르면, 법인이 아닌 사단이나 재단은 대표자 또는 관리인이 있는 경우에는 그 사단이나 재단의 이름으로 당사자가 될 수 있다.
(다) 민사소송법 제58조(법정대리권 등의 증명) 제1항에 따르면, 법정대리권이 있는 사실 또는 소송행위를 위한 권한을 받은 사실은 서면으로 증명하여야 한다. 제53조의 규정에 따라서 당사자를 선정하고 바꾸는 경우에도 또한 같다.

오답노트
(나) 민사소송법 제55조(제한능력자의 소송능력) 제1항에 따르면, 미성년자 또는 피성년후견인은 법정대리인에 의해서만 소송행위를 할 수 있다. 다만, 다음 각호의 경우에는 그러하지 아니한다.
1. 미성년자가 독립하여 법률행위를 할 수 있는 경우
2. 피성년후견인이 「민법」 제10조 제2항에 따라 취소할 수 없는 법률행위를 할 수 있는 경우
(라) 민사소송법 제63조(법정대리권의 소멸통지) 제1항에 따르면, 소송절차가 진행되는 중에 법정대리권이 소멸한 경우에는 본인 또는 대리인이 상대방에게 소멸된 사실을 통지하지 아니하면 소멸의 효력을 주장하지 못한다.

10 ②
민사소송법 제90조(소송대리권의 범위)에 따르면, 소송대리인은 위임을 받은 사건에 대하여 반소(反訴)·참가·강제집행·가압류·가처분에 관한 소송행위 등 일체의 소송행위와 변제(辨濟)의 영수를 할 수 있으며, 다음 각호의 사항에 대하여는 특별한 권한을 따로 받아야 한다.
1. 반소의 제기
2. 소의 취하, 화해, 청구의 포기·인낙 또는 제80조의 규정에 따른 탈퇴
3. 상소의 제기 또는 취하
4. 대리인의 선임

11 ③
원호대상자광주목공조합은 민법상의 조합의 실체를 가지고 있으므로 소송상 당사자능력이 없다.
(대법원 1991. 6. 25. 선고 88다카6358 판결)

출제예상문제

출제빈도: ★★☆ 대표출제기업: 한국농어촌공사

12 다음 중 민사소송법상 당사자능력과 소송능력에 대한 설명으로 가장 옳지 않은 것은?

① 법인이 아닌 사단이나 재단은 대표자 또는 관리인이 있는 경우에는 그 사단이나 재단의 이름으로 당사자가 될 수 있다.

② 미성년자는 미성년자가 독립하여 법률행위를 할 수 있는 경우를 제외하고는 법정대리인에 의해서만 소송행위를 할 수 있다.

③ 법정대리권이 있는 사실 또는 소송행위를 위한 권한을 받은 사실은 법정에서 구두로 증명이 가능하다.

④ 소송능력, 법정대리권 또는 소송행위에 필요한 권한의 수여에 흠이 있는 사람이 소송행위를 한 뒤에 보정된 당사자나 법정대리인이 이를 추인한 경우, 그 소송행위는 이를 한 때에 소급하여 효력이 생긴다.

출제빈도: ★★☆ 대표출제기업: 한국보훈복지의료공단

13 다음 중 민사소송법상 항소에 관한 설명으로 옳지 않은 것을 모두 고르면?

<보기>

(가) 항소는 판결서가 송달된 날부터 3주 이내에 하여야 한다.
(나) 항소권의 포기에 관한 서면은 상대방에게 송달하여야 한다.
(다) 항소는 항소심의 종국판결이 있은 후에 취하할 수 있다.
(라) 항소권의 포기는 항소를 하기 이전에는 제1심법원에, 항소를 한 뒤에는 소송기록이 있는 법원에 서면으로 하여야 한다.

① (가), (나)　　② (가), (다)
③ (나), (다)　　④ (다), (라)

출제빈도: ★☆☆

14 다음 중 필수적 공동소송에 대한 설명으로 옳지 않은 것은?

① 고유필수적 공동소송에 있어서는 공동소송인 중 한 사람에게 소송요건의 흠이 있으면 전 소송을 부적법 각하한다.
② 공동소송에서 공동소송인 가운데 한 사람에게 소송절차를 중단 또는 중지하여야 할 이유가 있는 경우 그 중단 또는 중지는 모두에게 효력이 미친다.
③ 필수적 공동소송에서는 변론의 분리나 일부판결을 할 수 없다.
④ 고유필수적 공동소송인의 추가신청은 원고와 피고 모두에게 신청권이 있다.

정답 및 해설

12 ③
민사소송법 제58조(법정대리권 등의 증명) 제1항에 따르면, 법정대리권이 있는 사실 또는 소송행위를 위한 권한을 받은 사실은 서면으로 증명하여야 한다.

오답노트
① 민사소송법 제52조(법인이 아닌 사단 등의 당사자능력)에 따르면, 법인이 아닌 사단이나 재단은 대표자 또는 관리인이 있는 경우에는 그 사단이나 재단의 이름으로 당사자가 될 수 있다.
② 민사소송법 제55조(제한능력자의 소송능력) 제1항에 따르면, 미성년자 또는 피성년후견인은 법정대리인에 의해서만 소송행위를 할 수 있다. 다만, 다음 각호의 경우에는 그러하지 아니한다.
  1. 미성년자가 독립하여 법률행위를 할 수 있는 경우
  2. 피성년후견인이 「민법」 제10조 제2항에 따라 취소할 수 없는 법률행위를 할 수 있는 경우

13 ②
(가) 민사소송법 제396조(항소기간) 제1항에 따르면, 항소는 판결서가 송달된 날부터 2주 이내에 하여야 한다.
(다) 민사소송법 제393조(항소의 취하) 제1항에 따르면, 항소는 항소심의 종국판결이 있기 전에 취하할 수 있다.

오답노트
(나) 민사소송법 제395조(항소권의 포기방식) 제2항에 따르면, 항소권의 포기에 관한 서면은 상대방에게 송달하여야 한다.
(라) 민사소송법 제395조(항소권의 포기방식) 제1항에 따르면, 항소권의 포기는 항소를 하기 이전에는 제1심법원에, 항소를 한 뒤에는 소송기록이 있는 법원에 서면으로 하여야 한다.

14 ④
민사소송법 제68조(필수적 공동소송인의 추가) 제1항에 따르면, 법원은 제67조 제1항의 규정에 따른 공동소송인 가운데 일부가 누락된 경우에는 제1심의 변론을 종결할 때까지 원고의 신청에 따라 결정으로 원고 또는 피고를 추가하도록 허가할 수 있다. 다만, 원고의 추가는 추가될 사람의 동의를 받은 경우에만 허가할 수 있다. 즉, 신청권은 원고에게만 있고 피고나 제3자에게는 없다.

오답노트
① 고유필수적 공동소송은 처음부터 공동소송이 될 것이 법률로 강제되어 있으므로 공동소송인 중 한 사람이라도 소송요건이 흠결되면 전원의 소를 부적법 각하하여야 한다.
② 민사소송법 제67조(필수적 공동소송에 대한 특별규정) 제3항에 따르면, 제1항의 공동소송에서 공동소송인 가운데 한 사람에게 소송절차를 중단 또는 중지하여야 할 이유가 있는 경우 그 중단 또는 중지는 모두에게 효력이 미친다.
③ 필수적 공동소송은 상호 연대관계에 있고 합일확정의 판결만 허용되므로 변론의 분리와 일부판결을 할 수 없다.

출제예상문제

출제빈도: ★★☆

15 **소송대리권에 대한 설명으로 가장 옳지 않은 것은?**

① 피고가 제기한 반소에 응소하거나 반소를 제기하는 행위는 통상의 대리권의 범위에 속한다.

② 소송대리인은 위임을 받은 사건에 대하여 가압류·가처분에 관한 소송행위 등을 할 수 있다.

③ 소송대리인의 소송대리권은 대리권을 수여한 법인의 대표자의 교체 내지 자격상실에 의해서 소멸하지 않는다.

④ 여러 소송대리인이 있는 때에는 각자가 당사자를 대리한다.

출제빈도: ★☆☆

16 **다음 중 재판상 자백에 대한 설명으로 옳지 않은 것은?** (다툼이 있는 경우 판례에 의함)

① 자백의 대상이 되는 사실은 주요사실에 한하며 간접사실과 보조사실에 대해서는 자백이 성립하지 않는다.

② 주요사실에 대한 당사자의 불리한 진술인 자백이 성립하는 대상은 사실에 한하는 것이고 이러한 사실에 대한 법적 판단 내지 평가는 자백의 대상이 되지 아니한다.

③ 일단 자백이 성립되었다고 하여도 그 후 그 자백을 한 당사자가 종전의 자백과 배치되는 내용의 주장을 하고 이에 대하여 상대방이 이의를 제기함이 없이 그 주장내용을 인정한 때에는 종전의 자백은 취소되고 새로운 자백이 성립된 것으로 보아야 한다.

④ 소송요건 등의 직권조사사항은 자백의 대상이 될 수 없으나, 자백간주의 대상이 될 수 있다.

출제빈도: ★☆☆

17 다음 중 송달에 대한 설명으로 옳지 않은 것은? (다툼이 있는 경우 판례에 의함)

① 소송대리인이 있음에도 기일통지서를 소송대리인에게 송달하지 않고 당사자 본인에게 송달한 경우 이는 유효하다.
② 첫 공시송달은 실시한 날부터 3주가 지나야 효력이 생긴다.
③ 송달받은 임차인과 같은 집에서 거주하는 임대인에게 기일통지서를 송달한 것은 유효하지 않다.
④ 여러 사람이 공동으로 대리권을 행사하는 경우의 송달은 그 가운데 한 사람에게 하면 된다.

정답 및 해설

15 ①
민사소송법 제90조(소송대리권의 범위)에 따르면, 소송대리인은 위임을 받은 사건에 대하여 반소(反訴)·참가·강제집행·가압류·가처분에 관한 소송행위 등 일체의 소송행위와 변제(辨濟)의 영수를 할 수 있으며, 다음 각호의 사항에 대하여는 특별한 권한을 따로 받아야 한다.
1. 반소의 제기
2. 소의 취하, 화해, 청구의 포기·인낙 또는 제80조의 규정에 따른 탈퇴
3. 상소의 제기 또는 취하
4. 대리인의 선임

오답노트
② 민사소송법 제90조(소송대리권의 범위) 제1항에 따르면, 소송대리인은 위임을 받은 사건에 대하여 반소(反訴)·참가·강제집행·가압류·가처분에 관한 소송행위 등 일체의 소송행위와 변제(辨濟)의 영수를 할 수 있다.
③ 민사소송법 제95조(소송대리권이 소멸되지 아니하는 경우)에 따르면, 다음 각 호 가운데 어느 하나에 해당하더라도 소송대리권은 소멸되지 아니한다.
1. 당사자의 사망 또는 소송능력의 상실
2. 당사자인 법인의 합병에 의한 소멸
3. 당사자인 수탁자(受託者)의 신탁임무의 종료
4. 법정대리인의 사망, 소송능력의 상실 또는 대리권의 소멸·변경
④ 민사소송법 제93조(개별대리의 원칙) 제1항에 따르면, 여러 소송대리인이 있는 때에는 각자가 당사자를 대리한다.

16 ④
소송대리권의 존부는 법원의 직권탐지사항으로서, 이에 대하여는 의제자백에 관한 규정이 적용될 여지가 없다.
(대법원 1999. 2. 24. 선고 97다38930 판결)

오답노트
① 간접사실에 대한 자백은 법원이나 당사자를 구속하지 아니한다.
(대법원 2000. 1. 28. 선고 99다35737 판결)
② 주요사실에 대한 당사자의 불리한 진술인 자백이 성립하는 대상은 사실에 한하는 것이고 이러한 사실에 대한 법적 판단 내지 평가는 자백의 대상이 되지 아니한다.
(대법원 2009. 4. 9. 선고 2008다93384 판결)
③ 자백은 사적자치의 원칙에 따라 당사자의 처분이 허용되는 사항에 관하여 그 효력이 발생하는 것이므로 일단 자백이 성립되었다고 하여도 그 후 그 자백을 한 당사자가 종전의 자백과 배치되는 내용의 주장을 하고 이에 대하여 상대방이 이의를 제기함이 없이 그 주장내용을 인정한 때에는 종전의 자백은 취소되고 새로운 자백이 성립된 것으로 보아야 한다.
(대법원 1990. 11. 27. 선고 90다카20548 판결)

17 ②
민사소송법 제196조(공시송달의 효력발생) 제1항에 따르면, 첫 공시송달은 제195조의 규정에 따라 실시한 날부터 2주가 지나야 효력이 생긴다. 다만, 같은 당사자에게 하는 그 뒤의 공시송달은 실시한 다음 날부터 효력이 생긴다.

오답노트
① 소송대리인이 있는 경우에도 당사자 본인에게 한 서류의 송달은 유효하고 또 동거하는 고용인(식모)에게 교부한 송달도 유효하다.
(대법원 1970. 6. 5.자 70마325 결정)
③ 집주인이 적법한 수송달인이 되려면 수령대리권이 있거나 사리를 변식함에 족한 생계를 같이하는 동거인이어야 하는 바 수송달인인 집주인이 이에 해당한다고 인정할 자료를 찾아볼 수 없다면 이에 대한 송달은 적법하다고 볼 수 없다.
(대법원 1983. 12. 30.자 83모53 결정)
④ 민사소송법 제180조(공동대리인에게 할 송달)에 따르면, 여러 사람이 공동으로 대리권을 행사하는 경우의 송달은 그 가운데 한 사람에게 하면 된다.

출제예상문제

출제빈도: ★☆☆

18 **다음 중 공시송달에 대한 설명으로 옳지 않은 것은?** (다툼이 있는 경우 판례에 의함)

① 송달은 민사소송법에 특별한 규정이 없으면 법원이 직권으로 한다.

② 당사자의 신청이 있는 때에는 공휴일 또는 해뜨기 전이나 해진 뒤에 집행관이 정하는 사람에 의하여 송달할 수 있다.

③ 송달은 특별한 규정이 없으면 송달받을 사람에게 서류의 등본 또는 부본을 교부하여야 한다.

④ 법인에 대한 송달은 그 대표자에게 하여야 되는 것이므로 법인의 대표자가 사망하였고 달리 법인을 대표할 자도 정하여지지 아니한 경우에는 공시송달을 하여야 한다.

출제빈도: ★★☆

19 **다음 중 처분권주의와 변론주의에 대한 설명으로 옳지 않은 것은?** (다툼이 있는 경우 판례에 의함)

① 법원은 당사자가 신청하지 않은 사항에 대해 판결할 수 없고, 당사자가 신청한 사항을 넘어 유리한 판결을 하는 것도 허용되지 않는다.

② 민사소송에 있어서 변론주의는 주요사실에 대하여서만 인정될 뿐 주요사실의 존부를 추인케 하는 간접사실에 대하여는 그 적용이 없다.

③ 토지임대차 종료 시 임대인의 건물철거와 그 부지인도 청구에는 건물매수대금 지급과 동시에 건물명도를 구하는 청구가 포함되어 있다.

④ 의사표시가 강박에 의한 것이어서 당연무효라는 주장 속에 강박에 의한 의사표시이므로 취소한다는 주장이 당연히 포함되어 있다고는 볼 수 없다.

출제빈도: ★★☆

20 **다음 중 판결의 효력에 대한 설명으로 옳지 않은 것은?** (다툼이 있는 경우 판례에 의함)

① 판결은 상소를 제기할 수 있는 기간 또는 그 기간 이내에 적법한 상소제기가 있을 때에는 확정되지 아니한다.
② 판결이 확정되면 당사자는 소송기록을 보관하고 있는 법원사무관 등에게 신청하여 판결확정증명서를 교부받게 된다.
③ 확정판결은 당사자, 변론을 종결한 뒤의 승계인 또는 그를 위하여 청구의 목적물을 소지한 사람에 대하여 효력이 미친다.
④ 불법행위의 피해자가 일부청구임을 명시하여 그 손해의 일부만을 청구한 경우 그에 대한 판결의 기판력은 잔부청구에도 미친다.

정답 및 해설

18 ④
민사소송법 제179조 소정의 공시송달의 요건이 갖추어지지 아니하였다고 하더라도, 재판장의 명에 의하여 공시송달이 된 이상 원칙적으로 공시송달의 효력에는 영향이 없는 것이나, 법인에 대한 송달은 같은 법 제60조 및 제166조에 따라서 그 대표자에게 하여야 되는 것이므로 법인의 대표자가 사망하여 버리고 달리 법인을 대표할 자도 정하여지지 아니하였기 때문에 법인에 대하여 송달을 할 수 없는 때에는 공시송달도 할 여지가 없는 것이라고 보아야 할 것이다.
(대법원 1991. 10. 22. 선고 91다9985 판결)

오답노트
① 민사소송법 제174조(직권송달의 원칙)에 따르면, 송달은 이 법에 특별한 규정이 없으면 법원이 직권으로 한다.
② 민사소송법 제190조(공휴일 등의 송달) 제1항에 따르면, 당사자의 신청이 있는 때에는 공휴일 또는 해뜨기 전이나 해진 뒤에 집행관 또는 대법원규칙이 정하는 사람에 의하여 송달할 수 있다.
③ 민사소송법 제178조(교부송달의 원칙) 제1항에 따르면, 송달은 특별한 규정이 없으면 송달받을 사람에게 서류의 등본 또는 부본을 교부하여야 한다.

19 ③
토지임대차 종료 시 임대인의 건물철거와 그 부지인도 청구에는 건물매수대금 지급과 동시에 건물명도를 구하는 청구가 포함되어 있다고 볼 수 없다.
(대법원 1995. 7. 11. 선고 94다34265 전원합의체 판결)

오답노트
① 민사소송법 제203조(처분권주의)에 따르면, 법원은 당사자가 신청하지 아니한 사항에 대하여는 판결하지 못한다.
② 민사소송에 있어서 변론주의는 주요사실에 대하여서만 인정될 뿐 주요사실의 존부를 추인케 하는 간접사실에 대하여는 그 적용이 없다. (대법원 2002. 6. 28. 선고 2000다62254 판결)
④ 의사표시가 강박에 의한 것이어서 당연무효라는 주장 속에 강박에 의한 의사표시이므로 취소한다는 주장이 당연히 포함되어 있다고는 볼 수 없다. (대법원 1996. 12. 23. 선고 95다40038 판결)

20 ④
불법행위의 피해자가 일부청구임을 명시하여 그 손해의 일부만을 청구한 경우 그에 대한 판결의 기판력은 청구의 인용 여부에 관계없이 청구의 범위에 한하여 미치고 잔부청구에는 미치지 않는다.
(대법원 1989. 6. 27. 선고 87다카2478 판결)

오답노트
① 민사소송법 제498조(판결의 확정시기)에 따르면, 판결은 상소를 제기할 수 있는 기간 또는 그 기간 이내에 적법한 상소제기가 있을 때에는 확정되지 아니한다.
② 민사소송법 제499조(판결확정증명서의 부여자) 제1항에 따르면, 원고 또는 피고가 판결확정증명서를 신청한 때에는 제1심법원의 법원사무관 등이 기록에 따라 내어 준다.
③ 민사소송법 제218조(기판력의 주관적 범위) 제1항에 따르면, 확정판결은 당사자, 변론을 종결한 뒤의 승계인(변론 없이 한 판결의 경우에는 판결을 선고한 뒤의 승계인) 또는 그를 위하여 청구의 목적물을 소지한 사람에 대하여 효력이 미친다.

출제예상문제

출제빈도: ★★☆

21 **다음 중 소 취하에 관한 내용으로 옳지 않은 것은?**

① 소의 취하는 원고의 소 제기 후 판결이 확정되기까지 어느 때라도 할 수 있다.
② 본안에 대한 종국판결이 있은 뒤에 소를 취하한 사람은 같은 소를 제기하지 못한다.
③ 소의 취하는 서면으로 하여야 하므로 변론 또는 변론준비기일에서도 서면으로 제출하여야 한다.
④ 피고가 본안에 관하여 준비서면을 제출한 경우 원고가 소를 취하하기 위해서는 피고의 동의를 받아야 한다.

출제빈도: ★★☆

22 **다음 중 증거에 대한 설명으로 옳지 않은 것은?**

① 증거를 신청할 때에는 증명할 사실을 표시하여야 한다.
② 법원은 당사자가 신청한 증거에 의하여 심증을 얻을 수 없거나, 그 밖에 필요하다고 인정한 때에는 직권으로 증거조사를 할 수 있다.
③ 법원은 증인과 증명할 사항의 내용 등을 고려하여 상당하다고 인정하는 때에는 출석·증언에 갈음하여 증언할 사항을 적은 서면을 제출하게 할 수 있다.
④ 당사자가 기일에 출석하지 아니한 때에는 증거조사를 할 수 없다.

정답 및 해설

21 ③
민사소송법 제266조(소의 취하) 제3항에 따르면, 소의 취하는 서면으로 하여야 한다. 다만, 변론 또는 변론준비기일에서 말로 할 수 있다.

오답노트
① 민사소송법 제266조(소의 취하) 제1항에 따르면, 소는 판결이 확정될 때까지 그 전부나 일부를 취하할 수 있다.
② 민사소송법 제267조(소 취하의 효과) 제2항에 따르면, 본안에 대한 종국판결이 있은 뒤에 소를 취하한 사람은 같은 소를 제기하지 못한다.
④ 민사소송법 제266조(소의 취하) 제2항에 따르면, 소의 취하는 상대방이 본안에 관하여 준비서면을 제출하거나 변론준비기일에서 진술하거나 변론을 한 뒤에는 상대방의 동의를 받아야 효력을 가진다.

22 ④
민사소송법 제295조(당사자가 출석하지 아니한 경우의 증거조사)에 따르면, 증거조사는 당사자가 기일에 출석하지 아니한 때에도 할 수 있다.

오답노트
① 민사소송법 제289조(증거의 신청과 조사) 제1항에 따르면, 증거를 신청할 때에는 증명할 사실을 표시하여야 한다.
② 민사소송법 제292조(직권에 의한 증거조사)에 따르면, 법원은 당사자가 신청한 증거에 의하여 심증을 얻을 수 없거나, 그 밖에 필요하다고 인정한 때에는 직권으로 증거조사를 할 수 있다.
③ 민사소송법 제310조(증언에 갈음하는 서면의 제출) 제1항에 따르면, 법원은 증인과 증명할 사항의 내용 등을 고려하여 상당하다고 인정하는 때에는 출석·증언에 갈음하여 증언할 사항을 적은 서면을 제출하게 할 수 있다.

제8장 형사소송법

학습목표

1. 형사소송법의 이념에 대해 알 수 있다.
2. 형사소송법의 구조에 대해 알 수 있다.
3. 형사소송법상의 수사에 대해 알 수 있다.
4. 체포와 구속, 압수·수색·검증에 대해 알 수 있다.
5. 수사종결처분의 종류에 대해 알 수 있다.
6. 소송주체(법원, 검사, 피고인, 변호인)에 대해 알 수 있다.
7. 공판에 대해 알 수 있다.
8. 상소 및 기타절차에 대해 알 수 있다.

출제비중

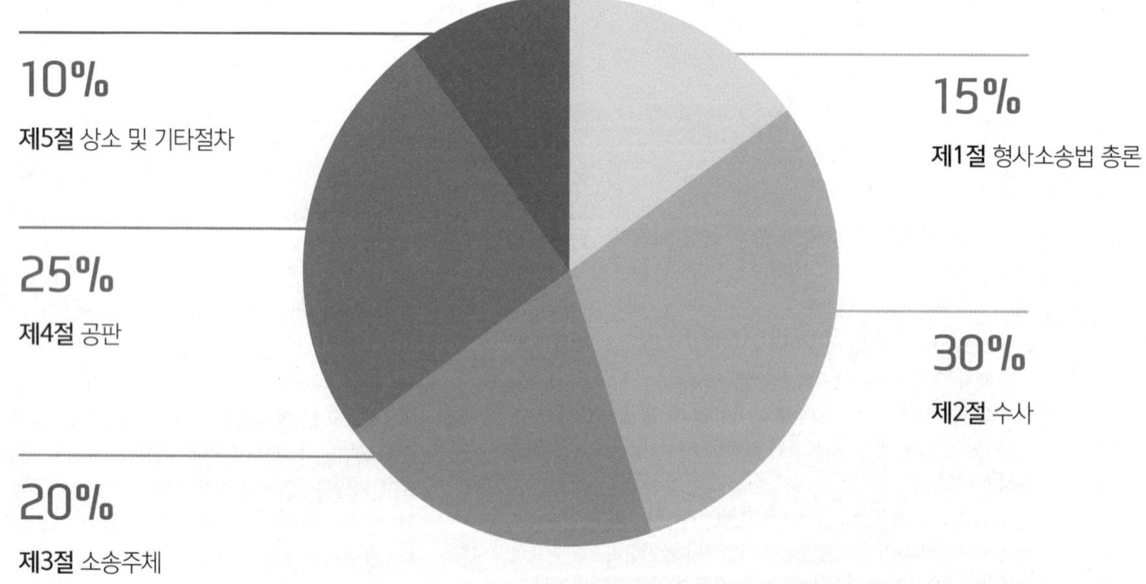

출제포인트 & 출제기업

구분	출제포인트	출제빈도	출제기업
제1절 형사소송법 총론	**01** 형사소송법의 의의	★	대구도시공사 대구신용보증재단 대한법률구조공단 서울교통공사 한국가스공사 한국농어촌공사 한국동서발전 한국보훈복지의료공단 한국석유공사 한국원자력환경공단 한국중부발전
	02 형사소송법의 이념	★★	
	03 형사소송법의 구조	★★	
제2절 수사	**01** 수사	★★★	
	02 수사의 종결	★★★	
제3절 소송주체	**01** 법원	★	
	02 검사	★★	
	03 피고인	★★	
	04 변호인	★	
제4절 공판	**01** 공판절차	★★	
제5절 상소 및 기타절차	**01** 상소	★	
	02 비상구제절차	★	
	03 특별절차	★	

제1절 | 형사소송법 총론

✓핵심 포인트

형사소송법의 이념	• 실체적 진실주의, 적정절차의 원칙(공정한 재판의 원칙, 비례성의 원칙, 피고인 보호의 원칙), 신속한 재판의 원리
형사소송법의 구조	• 규문주의와 탄핵주의 • 당사자주의와 직권주의

01 형사소송법의 의의 출제빈도 ★

1. 의의

형사소송법이란 형사절차, 즉, 형벌권을 실현하기 위한 일련의 절차를 규율하는 법률이다. 형사절차란 범죄의 수사, 범인의 검거, 공소의 제기, 공판절차, 재판(유·무죄의 선고), 형의 집행 등으로 구성된다.

2. 성격

형사소송법은 공법, 사법법, 형사법, 절차법이다.

법학 전문가의 TIP

형사소송법은 국가의 사법작용을 규정하고 있으므로 사법법에 해당합니다.

02 형사소송법의 이념 출제빈도 ★★

1. 실체적 진실주의

(1) 의의

실체적 진실주의란 형사소송의 실체에 해당하는 범죄 사실의 객관적 진실을 발견하여 진상을 명백히 하자는 원칙을 말한다.

(2) 적극적 실체 진실주의와 소극적 실체 진실주의

① 적극적 실체 진실주의: 범죄 사실을 명확히 하여 범죄자를 빠짐없이 벌해야 한다는 원칙이다.

② 소극적 실체 진실주의: 객관적인 사실을 밝혀서 죄 없는 자를 벌해서는 안 된다는 인권 보장의 작용을 의미한다. (의심스러울 땐 피고인의 이익으로)

법학 전문가의 TIP

- 적극적 실체 진실주의
  열 사람의 범인이 있으면 열 사람 모두 처벌해야 한다는 것입니다. (유죄자 필벌주의)
- 소극적 실체 진실주의
  열 사람의 범인을 놓치는 한이 있더라도 한 사람의 죄 없는 사람을 벌하여서는 안 된다는 것입니다. (무죄자 불벌주의)

(3) 실체적 진실주의의 제도적 구현

① 법원의 증인신문
② 피고인신문
③ 직권에 의한 증거조사
④ 증거재판주의
⑤ 자유심증주의[1]
⑥ 자백[2] 배제의 법칙[3]
⑦ 자백의 보강법칙[4]
⑧ 전문증거[5]의 증거능력
⑨ 상소 및 재심제도

2. 적정절차의 원칙

(1) 의의

적정절차의 원칙이란 형벌권을 실현하는 형사소송은 공정한 법정 절차에 의하여 진행되어야 한다는 원칙을 말한다. 이에 의하면 절차가 법률로 정하여져야 할 뿐만 아니라, 적용되는 법률의 내용에 있어서도 합리성과 정당성을 갖춘 적정한 것이어야 한다.

(2) 공정한 재판의 원칙

공정한 재판의 원칙이란 독립된 법관에 의하여 인간의 존엄과 가치를 존중하며 정의와 공평의 이념으로 재판해야 한다는 원칙을 말한다. 공정한 재판의 원칙을 실현하기 위한 내용으로 공평한 법원의 구성, 피고인의 방어권 보장, 무기평등의 원칙[6]을 들 수 있다.

(3) 비례성의 원칙(과잉금지의 원칙)

비례성의 원칙이란 국가형벌권 실현을 위한 강제처분은 구체적 · 개별적 · 사실적 상황을 고려하여 소송의 목적을 달성하는 데 적합하고, 다른 수단에 의하여는 그 목적을 달성할 수 없을 뿐만 아니라, 그 목적과 수단 사이에 비례가 유지되어야 한다는 원칙을 말한다.

(4) 피고인 보호의 원칙

피고인 보호의 원칙이란 법원이나 수사기관은 피고인 또는 피의자에게 정당한 방어방법을 고지하고, 법적 결과를 설명하며, 권리행사 방법을 제시해야 한다는 원칙을 말한다.

1) 자유심증주의
법관이 증거자료와 변론 전체의 취지를 기초로 하여 증거 법칙에 구애받지 않고 자기의 자유로운 판단으로 사실 인정을 한다는 원칙

2) 자백
피고인 또는 피의자가 범죄사실의 전부 또는 일부를 인정하는 진술

3) 자백 배제의 법칙
임의성이 없거나 의심스러운 자백은 증거능력이 부정된다는 원칙

4) 자백의 보강법칙
피고인이 임의로 한 자백에 의하여 법관이 유죄의 심증을 얻었다고 할지라도 보강증거가 없으면 유죄로 인정할 수 없다는 원칙

5) 전문증거
경험 사실을 경험자 자신이 직접 구두로 법원에 보고하지 아니하고 서면이나 타인의 진술형식으로 간접적으로 법원에 전달되는 증거

6) 무기평등의 원칙(당사자대등주의)
소송법상 대립하는 양 당사자의 지위를 평등하게 하여 서로 대등하게 공격·방어의 수단과 기회를 부여한다는 원칙

3. 신속한 재판의 원리

(1) 의의

신속한 재판의 원리란 헌법 제27조 제3항의 "모든 국민은 신속한 재판을 받을 권리를 가진다."는 것을 의미한다.

(2) 신속한 재판의 내용

구분	내용
수사와 공소 제기의 신속을 위한 제도	• 검사에 대한 수사권의 집중 • 수사기관의 구속기간 제한 • 기소편의주의와 기소변경주의 • 공소시효제도
공판절차의 신속을 위한 제도	• 공판준비절차 • 심판범위의 한정 • 결석(궐석)재판제도 • 집중심리주의 • 재판장의 소송지휘권 • 기간의 제한(구속기간의 제한, 판결선고기간의 제한) • 대표변호인 제도 • 증거동의
상소심 재판의 신속을 위한 제도	• 기간의 제한(상소기간의 제한, 상소기록 송부기간의 제한, 상소이유서 답변서 제출기간의 제한) • 상소심의 구조
재판의 신속을 위한 특수한 공판절차	• 간이공판절차 • 약식절차 • 즉결심판절차

시험문제 미리보기!

다음 중 형사소송법상 신속한 재판을 위한 제도로 옳지 않은 것은?

① 궐석재판　　② 집중심리주의

③ 피고인의 진술거부권　　④ 기간의 제한

정답 ③

해설 진술거부권은 피고인 또는 피의자가 공판절차나 수사절차에서 법원 또는 수사기관의 신문에 대해 형사상 자신에게 불리한 진술을 거부할 수 있는 권리로 묵비권이라고도 한다(헌재 2001. 11. 29. 2001헌바41). 이는 인권보장과 무기평등의 원칙을 실현하기 위한 것으로 신속한 재판을 실현하기 위한 제도로 보기는 어렵다.

오답노트

① 피고인이 법원에 출정하지 않은 상태에서 피고인의 출석 없이 재판을 진행하는 것을 말한다. 궐석재판은 신속한 재판을 실현하기 위한 제도이다.

② 제267조의2(집중심리)에 따르면,
- 공판기일의 심리는 집중되어야 한다.
- 심리에 2일 이상이 필요한 경우에는 부득이한 사정이 없는 한 매일 계속 개정하여야 한다.
- 재판장은 여러 공판기일을 일괄하여 지정할 수 있다.
- 재판장은 부득이한 사정으로 매일 계속 개정하지 못하는 경우에도 특별한 사정이 없는 한 전회의 공판기일부터 14일 이내로 다음 공판기일을 지정하여야 한다.
- 소송관계인은 기일을 준수하고 심리에 지장을 초래하지 아니하도록 하여야 하며, 재판장은 이에 필요한 조치를 할 수 있다.

⇨ 집중심리는 심리기간의 단축으로 신속한 재판을 실현하기 위한 제도이다.

③ 피고인의 진술거부권:

④ 기간의 제한의 예로 상소기간의 제한, 상소기록 송부기간의 제한, 상소이유서 답변서제출기한 등을 들 수 있다.

03 형사소송법의 구조　출제빈도 ★★

1. 규문주의와 탄핵주의

(1) 규문주의

규문주의란 소추기관과 재판기관이 분리되어 있지 않고, 재판기관이 소추기관의 소추 없이 직권으로 재판절차를 개시하는 주의이다. 이 경우 피고인은 단순한 심리의 객체에 불과하기 때문에 충분한 방어를 할 수 없다는 문제점이 있어 프랑스 혁명을 계기로 사라졌다.

(2) 탄핵주의

탄핵주의란 재판기관과 소추기관을 분리하여 소추기관의 공소 제기에 의하여 법원이 절차를 개시하는 주의를 말한다. 탄핵주의에 의하여 법원은 공소 제기된 사건에 대해서만 심판할 수 있다는 불고불리의 원칙이 적용되며, 피고인도 소송의 주체로서 절차에 참여하여 형사절차는 소송의 구조를 갖게 된다.

2. 당사자주의와 직권주의

(1) 당사자주의

① 의의: 당사자(검사와 피고인)에게 소송의 주도적 지위를 인정하여 당사자 사이의 공격과 방어에 의하여 심리가 진행되고 법원은 제삼자의 입장에서 당사자의 주장과 입증을 판단하는 소송구조를 말한다.

② 장단점

장점	• 법원은 제삼자적 입장에서 공정한 재판이 가능함 • 피고인에게 검사와 대등한 지위를 인정함으로써 피고인의 방어권 행사를 보장함
단점	• 당사자 간의 계속적인 공격·방어에 의해 심리의 능률과 신속을 저해할 우려가 있음 • 재판결과가 당사자의 능력에 의해 좌우되어 소위 소송의 스포츠화를 초래할 우려가 있음 • 국가형벌권의 행사가 당사자의 타협이나 거래의 대상이 될 위험이 있음

(2) 직권주의

① 의의: 법원의 소송 주도권을 인정하여 법원의 직권에 의하여 심리를 진행하는 소송구조를 말한다.

② 장단점

장점	• 실체적 진실 발견에 효과적임 • 심리의 능률과 신속을 도모할 수 있음
단점	• 사건의 심리가 법원의 자의와 독단에 흐를 위험이 있음 • 피고인이 심리의 객체로 전락할 위험이 있음 • 법원이 소송에 몰입되어 제삼자로서 공정성을 상실할 우려가 있음

3. 현행 형사소송법상 기본구조

(1) 당사자주의 소송구조

형사소송의 구조를 당사자주의와 직권주의 중 어느 것으로 할 것인가의 문제는 입법정책의 문제로서 우리나라 형사소송법은 그 해석상 소송절차의 전반에 걸쳐 기본적으로 당사자주의 소송구조를 취하고 있는 것으로 이해된다.
(헌재 1995. 11. 30. 92헌마44)

(2) 현행 형사소송법상 당사자주의와 직권주의 요소

당사자주의 요소	• 피고인 신문방법(검사와 변호인이 먼저 신문) • 증거조사(증거보전청구권, 전문법칙, 증거조사청구권 등) • 심판범위의 한정(공소사실의 특정) • 공소장 변경제도 • 공소장 일본주의[7] • 공판준비절차 • 공판절차
직권주의 요소	• 피고인 신문제도 • 법원(재판장)의 증인신문 • 직권에 의한 증거조사 • 소장변경 요구제도 • 증거동의 진정성 판단

7) **공소장 일본주의**
공소장에는 사건에 관하여 법원에 예단이 생기게 할 수 있는 서류나 기타 물건을 첨부하여서는 안 된다는 원칙

시험문제 미리보기!

다음 중 형사소송의 직권주의에 대한 설명으로 옳지 않은 것은?

① 심리의 능률과 신속을 도모할 수 있다.
② 법원이 제삼자적 입장에서 공정한 재판이 가능하다.
③ 법원이 소송에서 주도적으로 활동하므로 실체적 진실 발견에 효과적이다.
④ 피고인이 심리의 객체로 전락할 위험이 있다.

정답 ②

해설 법원이 제삼자적 입장에서 공정한 재판이 가능한 것은 당사자주의에 대한 설명이다. 직권주의는 법원의 소송 주도권을 인정하여 법원의 직권에 의하여 심리를 진행하는 소송구조로, 직권주의의 장단점은 다음과 같다.

장점	• 실체적 진실 발견에 효과적임 • 심리의 능률과 신속을 도모할 수 있음
단점	• 사건의 심리가 법원의 자의와 독단에 흐를 위험이 있음 • 피고인이 심리의 객체로 전락할 위험이 있음 • 법원이 소송에 몰입되어 제삼자로서 공정성을 상실할 우려가 있음

제2절 | 수사

✓핵심 포인트

수사	• 수사의 개시: 고소, 고발 • 수사의 방법: 임의수사, 강제수사 • 체포(영장에 의한 체포, 긴급체포, 현행범체포)와 구속 • 압수·수색·검증
수사의 종결	• 협의의 불기소처분(공소권 없음, 죄가 안 됨, 혐의 없음, 각하), 기소유예, 기소중지, 타관송치 • 불기소처분에 대한 불복방법: 검찰항고, 재정신청

01 수사

출제빈도 ★★★

1. 수사의 의의와 구조

(1) 의의

수사는 범죄혐의 유무를 명백히 하여 공소의 제기와 유지 여부를 결정하기 위하여 범인을 발견·확보하고, 증거를 수집·보전하는 수사기관의 활동을 말한다.

(2) 수사기관

수사기관에는 검사와 사법경찰관리가 있다. 다만 검사가 수사를 개시할 수 있는 범죄는 제한이 되어 있다.

2. 수사의 개시

(1) 수사의 단서

수사기관이 범죄의 혐의가 있다고 인정하는 때에 범인, 범죄사실과 증거를 조사하기 시작하는 것을 수사의 개시라고 하며, 수사 개시의 원인을 단서라고 한다. 이러한 수사의 단서는 첫째, 현행범인의 체포, 변사자의 검시, 불심검문(직무질문) 등과 같이 수사기관 자신의 체험에 의하는 경우, 둘째, 고소·고발·자수·진정·범죄신고 등과 같이 타인의 체험 청취에 의한 경우가 있다.

법학 전문가의 TIP

수사와 내사의 구별

내사는 아직 범죄혐의가 확인되지 않은 단계에서 범죄혐의의 유무를 확인하기 위하여 입건 전의 단계에서 수행하는 조사 활동을 말합니다.

검찰청법 제4조(검사의 직무)

① 검사는 공익의 대표자로서 다음 각호의 직무와 권한이 있다.

1. 범죄수사, 공소의 제기 및 그 유지에 필요한 사항. 다만, 검사가 수사를 개시할 수 있는 범죄의 범위는 다음 각 목과 같다.
   가. 부패범죄, 경제범죄, 공직자범죄, 선거범죄, 방위사업범죄, 대형참사 등 대통령령으로 정하는 중요 범죄
   나. 경찰공무원이 범한 범죄
   다. 가목·나목의 범죄 및 사법경찰관이 송치한 범죄와 관련하여 인지한 각 해당 범죄와 직접 관련성이 있는 범죄

(2) 고소

① 의의: 고소는 범죄의 피해자 또는 그와 일정한 관계가 있는 고소권자가 수사기관에 범죄사실을 신고하여 범인의 처벌을 구하는 의사표시를 말한다.

② 방법: 고소는 범죄로 인한 피해자나 피해자의 법정대리인 등이 서면 또는 구술로 검사 또는 사법경찰관리에게 하여야 한다. 구술에 의한 고소를 받은 때에는 조서를 작성하여야 한다.

③ 기간: 친고죄에 대하여는 범인을 알게 된 날로부터 6월을 경과하면 고소하지 못하며, 비친고죄의 경우에는 제한이 없다.

(3) 고발

① 의의: 고발이란 고소권자와 범인 이외의 자가 수사기관에 범죄사실을 신고하여 범인의 소추를 구하는 의사표시를 말한다.

② 방법: 고발의 방식은 고소의 경우와 같다. 대리인에 의한 고발은 인정되지 않고 고발기간의 제한은 없다.

(4) 고소와 고발의 차이

구분	고소	고발
주체	• 고소권자(피해자/피해자의 법정대리인/피해자의 배우자·친족 등/지정고소권자) • 고소를 취소한 자는 다시 고소를 할 수 없음	• 누구든지(범인이나 피해자 이외의 자) • 고발을 취소한 후에도 다시 고발을 할 수 있음
대리	가능	불가
기간	• 친고죄: 범인을 알게 된 날로부터 6월 • 일반범죄: 제한 없음	• 제한 없음

3. 수사의 방법

(1) 임의수사

① 의의: 임의수사란 강제력을 행사하지 않고 상대방의 동의나 승낙을 받아서 행하는 수사를 말한다.

② 내용

- 피의자 신문: 검사 또는 사법경찰관이 수사에 필요한 때 피의자의 출석을 요구하여 진술을 듣는 절차를 피의자 신문이라 한다.
- 참고인 조사: 검사 또는 사법경찰관이 수사에 필요한 때 피의자가 아닌 자의 출석을 요구하여 진술을 듣는 절차를 참고인 조사라 한다. 피의자가 아닌 제삼자를 참고인이라 하며, 참고인은 수사기관에 체험 사실을 진술하는 자라는 점에서 법원·법관에 대하여 체험 사실을 진술하는 증인과 구별된다.
- 감정·통역·번역의 위촉
- 사실조회

법학 전문가의 TIP

지정고소권자[형사소송법 제228조(고소권자의 지정)]
친고죄에 대하여 고소할 자가 없는 경우에 이해관계인의 신청이 있으면 검사는 10일 이내에 고소할 수 있는 자를 지정하여야 한다.

(2) 강제수사

① 의의: 강제수사란 상대방의 의사 여하를 불문하고 강제적으로 행하는 수사를 말한다.

② 내용
- 대인적 강제수사: 체포, 구속
- 대물적 강제수사: 압수, 수색, 검증

4. 체포와 구속

(1) 체포

① 영장에 의한 체포: 상당한 범죄 혐의가 존재하고 소환에 불응하거나 불응 우려가 있는 경우 검사는 관할 지방법원 판사로부터 체포영장을 발부받아 체포할 수 있으며, 사법경찰관은 검사에게 신청하여 검사의 청구로 관할 지방법원 판사로부터 체포영장을 발부받아 피의자를 체포할 수 있다. 다만, 다액 50만 원 이하의 벌금, 구류 또는 과료에 해당하는 사건에 관하여는 피의자가 일정한 주거가 없는 경우 또는 정당한 이유 없이 형사소송법 제200조의 규정에 의한 출석요구에 응하지 아니한 경우에 한한다.

형사소송법 제200조 (피의자의 출석요구)
검사 또는 사법경찰관은 수사에 필요한 때에는 피의자의 출석을 요구하여 진술을 들을 수 있다.

② 긴급체포: 검사 또는 사법경찰관이 중대한 범죄를 범했다고 의심할 만한 상당한 이유가 있는 경우에 법관이 발부한 영장 없이 체포하는 것을 말한다. 긴급체포한 자를 구속할 경우 검사는 지체 없이 영장을 청구해야 하며, 체포 후 즉시 구속영장을 청구하지 않으면 석방하여야 한다. 이 경우 구속영장은 피의자를 체포한 때부터 48시간 이내에 청구하여야 한다.
- 범죄의 중대성: 피의자가 사형·무기 또는 장기 3년 이상의 징역이나 금고에 해당하는 범죄에 해당하는 경우
- 체포의 필요성: 피의자가 증거를 인멸할 염려가 있거나 피의자가 도망하거나 도망할 우려가 있는 경우. 주거 부정은 긴급체포의 사유에 해당되지 않음
- 체포의 긴급성: 긴급을 요하여 지방법원 판사의 체포영장을 받을 수 없는 경우

③ 현행범체포: 현행범인은 누구든지 영장 없이 체포할 수 있다. 현행범인은 범죄를 실행 중이거나 실행의 즉후인 자를 말한다. 전자를 고유한 의미의 현행범인, 후자를 준현행범인이라고 한다.

(2) 구속

① 의의: 구속이란 피의자 또는 피고인의 신체의 자유를 비교적 장기간 제한하는 대인적 강제처분이다. 체포는 단기간이라는 점에서 이와 구별된다.

② 요건
- 범죄혐의: 피의자가 죄를 범하였다고 의심할 만한 상당한 이유가 있고, 객관적 혐의, 즉, 유죄를 받을 만한 고도의 개연성이 있어야 한다.
- 구속사유: 일정한 주거가 없거나, 도망·증거인멸의 염려가 있어야 한다.
- 고려사항: 법원이 구속사유를 심사함에 있어 범죄의 중대성, 재범의 위험성, 피해자 및 중요 참고인 등에 대한 위해 우려 등을 고려하여야 한다.

③ 구속기간

• 피의자에 대한 구속기간: 사법경찰관이 피의자를 구속한 때에는 10일 이내에 피의자를 검사에게 인치하지 아니하면 석방하여야 한다. 검사가 피의자를 구속한 때 또는 사법경찰관으로부터 피의자의 인치를 받은 때에는 10일 이내에 공소를 제기하지 아니하면 석방하여야 한다.
• 피고인에 대한 구속기간: 구속기간은 2개월이다. 다만 특히 구속을 계속할 필요가 있는 경우에는 심급마다 2개월 단위로 2차에 한하여 결정으로 갱신할 수 있다.

5. 압수 · 수색 · 검증

(1) 압수

압수란 기관이 증거물이나 몰수물의 점유를 취득하는 강제처분을 말한다. 압수는 압류, 영치, 제출명령을 내용으로 한다. 압수의 대상은 피고사건과 관계가 있다고 인정할 수 있는 것에 한정하여 증거물 또는 몰수할 것으로 사료하는 물건이다. 따라서 피고사건과 관계가 없는 것은 압수할 수 없다. 법원은 압수의 목적물이 컴퓨터용 디스크, 그 밖에 이와 비슷한 정보 저장매체(이하 "정보 저장매체 등"이라 한다.)인 경우에는 기억된 정보의 범위를 정하여 출력하거나 복제하여 제출받아야 한다. 다만, 범위를 정하여 출력 또는 복제하는 방법이 불가능하거나 압수의 목적을 달성하기에 현저히 곤란하다고 인정되는 때에는 정보 저장매체 등을 압수할 수 있다.

(2) 수색

수사상 수색이란 수사기관이 압수할 물건 또는 체포할 사람을 발견할 목적으로 주거, 물건, 사람의 신체 또는 기타 장소에 대하여 행하는 강제처분을 말한다. 수색의 대상은 피고사건과 관계가 있다고 인정할 수 있는 것에 한정하여 피고인의 신체, 물건 또는 주거, 그 밖의 장소다. 피고인 아닌 자의 신체, 물건, 주거 기타 장소에 관하여는 압수할 물건이 있음을 인정할 수 있는 경우에 한하여 수색할 수 있다.

(3) 검증

사람 · 장소 · 물건의 성질 또는 형상을 사람의 오관 작용에 의하여 있는 그대로 인식하는 강제처분을 검증이라고 한다.

02 수사의 종결

출제빈도 ★★★

1. 수사절차의 종결

(1) 의의

수사의 종결이란 공소 제기 여부를 결정할 수 있을 정도로 범죄 사실이 명백하게 되었거나 또는 수사를 계속할 필요가 없는 경우에 수사를 종료하는 것을 의미하지만, 확정적 종결을 의미하지는 않는다. 수사종결권은 검사에게 있었지만 2020년 법 개정으로 1차 수사종결권은 사법경찰관에게 있다.

(2) 수사종결처분의 종류

① 공소제기: 피의 사건에 대하여 범죄의 객관적 혐의가 충분하고 소송조건을 구비하여 유죄판결을 받을 수 있다고 인정할 때에는 검사는 공소를 제기한다.

- 국가소추주의: 형사소송법은 검사가 공소를 제기하여 수행한다고 규정하여 국가기관이 소추의 주체가 된다.
- 기소독점주의: 기소독점주의란 검사만이 공소를 제기하고 수행할 권한을 갖는 것을 말한다. 예외적으로 경찰서장은 20만 원 이하의 벌금, 구류 또는 과료에 처할 사건에 대하여 법원에 즉결심판을 청구할 수 있다.
- 기소편의주의: 기소편의주의란 수사 결과 범죄가 공소를 제기함에 충분한 혐의가 인정되고 소송조건을 갖춘 경우라도 검사의 재량에 의하여 불기소처분을 인정할 수 있는 제도를 말한다.
- 공소제기의 효과
  - 공소제기에 의해 법원의 공판절차가 개시된다. 즉, 법원의 심판은 검사의 공소 제기에 의해 시작되며, 공소제기로 피의자는 피고인으로 전환하여 소송의 주체로서의 지위를 가지게 된다.
  - 공소시효는 검사가 일정한 기간 동안 공소를 제기하지 않고 방치하는 경우에 국가의 소추권을 소멸시키는 제도이다.

② 불기소처분

- 협의의 불기소처분
  - 공소권 없음: 소송조건이 결여되거나 형면제 사유(친족상도례)가 있는 경우
  - 죄가 안 됨: 피의사실이 범죄구성요건에는 해당하지만 법률상 범죄의 성립을 조각하는 사유가 있어 범죄를 구성하지 않는 경우
  - 혐의 없음: 피의사실이 범죄를 구성하지 않거나 피의사실이 인정되지 않는 경우, 피의사실을 인정할 만한 충분한 증거가 없는 경우
  - 각하: 고소 또는 고발 사건에 관하여 고소·고발장 기재 및 고소·고발인의 진술에 의하더라도 기소를 위한 수사의 필요성이 없다고 명백하게 인정되는 경우, 피의자 또는 참고인을 진술하지 않고 수사를 종결하는 종국처분
- 기소유예: 피의사실이 인정되나 형법 제51조 각호의 사항을 참작하여 소추할 필요가 없는 경우
- 기소중지: 검사가 피의자의 소재불명 등의 사유로 수사를 종결할 수 없는 경우 그 사유가 해소될 때까지 하는 처분

법학 전문가의 TIP

형사소송법 제249조(공소시효의 기간)

① 공소시효는 다음 기간의 경과로 완성한다.

1. 사형에 해당하는 범죄에는 25년
2. 무기징역 또는 무기금고에 해당하는 범죄에는 15년
3. 장기 10년 이상의 징역 또는 금고에 해당하는 범죄에는 10년
4. 장기 10년 미만의 징역 또는 금고에 해당하는 범죄에는 7년
5. 장기 5년 미만의 징역 또는 금고, 장기 10년 이상의 자격정지 또는 벌금에 해당하는 범죄에는 5년
6. 장기 5년 이상의 자격정지에 해당하는 범죄에는 3년
7. 장기 5년 미만의 자격정지, 구류, 과료 또는 몰수에 해당하는 범죄에는 1년

② 공소가 제기된 범죄는 판결의 확정이 없이 공소를 제기한 때로부터 25년을 경과하면 공소시효가 완성한 것으로 간주한다.

친족상도례

8촌 내 혈족이나 4촌 내 인척, 배우자 간에 발생한 절도죄·사기죄 등의 재산범죄에 대해 형을 면제하거나, 고소가 있어야 공소를 제기할 수 있도록 한 제도입니다.

형법 제51조(양형의 조건)

형을 정함에 있어서는 다음 사항을 참작하여야 한다.

1. 범인의 연령, 성행, 지능과 환경
2. 피해자에 대한 관계
3. 범행의 동기, 수단과 결과
4. 범행 후의 정황

③ 타관송치: 검사는 사건이 그 소속 검찰청에 대응한 법원의 관할에 속하지 아니한 때에는 사건을 서류와 증거물과 함께 관할법원에 대응한 검찰청 검사에게 송치하여야 한다.

2. 불기소처분에 대한 불복방법

(1) 검찰항고

검찰항고란 불기소처분에 대해 불복이 있는 고소인·고발인은 관할 고등검찰청 검사장에게 불기소처분의 시정을 구하는 항고를 할 수 있는 제도를 말한다.

(2) 재정신청

재정신청이란 검사가 불기소처분을 한 경우 고소인 또는 고발인(형법 제123조부터 제126조까지의 죄에 한정)이 관할 고등법원에 신청하여 고등법원의 결정으로 검찰에 공소 제기를 강제시키는 제도를 말한다.

제3절 | 소송주체

✓핵심 포인트

법원	• 법관의 제척 · 기피 · 회피 • 관할의 종류: 사물관할, 토지관할, 심급관할, 재정관할
검사	• 검사의 소송법상 지위: 수사의 주체, 공소권의 주체
피고인	• 무죄추정의 원칙, 피고인의 진술거부권
변호인	• 법원의 직권으로 변호인을 선임하는 경우: 피고인이 구속된 때, 피고인이 미성년자인 때, 피고인이 70세 이상인 때, 피고인이 듣거나 말하는 데 모두 장애가 있는 사람인 때, 피고인이 심신장애의 의심이 있는 때, 피고인이 사형/무기 또는 단기 3년 이상의 징역이나 금고에 해당하는 사건으로 기소된 때

01 법원

출제빈도 ★

1. 의의

법원은 사법권, 즉, 법률상의 다툼에 관하여 심리 · 재판하는 권한과 이에 부수하는 권한을 행사하는 국가기관을 말한다.

2. 법관의 제척 · 기피 · 회피

(1) 제척

제척은 구체적인 사건의 재판에서 법관이 불공정한 재판을 할 우려가 현저한 경우에 그 법관을 직무집행에서 당연히 배제시키는 제도이다.

(2) 기피

기피는 법관이 제척 사유가 있음에도 불구하고 재판 관여 또는 불공평한 재판의 염려가 있는 때에 당사자 신청에 의하여 그 법관을 직무집행에서 배제시키는 제도이다. 기피를 신청할 수 있는 자는 검사, 피고인 그리고 변호인이다.

(3) 회피

회피는 법관이 스스로 기피될 원인이 있다고 생각하여 직무집행으로부터 탈퇴하는 제도이다.

법학 전문가의 TIP

형사소송법 제17조(제척의 원인)

법관은 다음 경우에는 직무집행에서 제척된다.

1. 법관이 피해자인 때
2. 법관이 피고인 또는 피해자의 친족 또는 친족 관계가 있었던 자인 때
3. 법관이 피고인 또는 피해자의 법정대리인, 후견감독인인 때
4. 법관이 사건에 관하여 증인, 감정인, 피해자의 대리인으로 된 때
5. 법관이 사건에 관하여 피고인의 대리인, 변호인, 보조인으로 된 때
6. 법관이 사건에 관하여 검사 또는 사법경찰관의 직무를 행한 때
7. 법관이 사건에 관하여 전심 재판 또는 그 기초되는 조사, 심리에 관여한 때
8. 법관이 사건에 관하여 피고인의 변호인이거나 피고인 · 피해자의 대리인인 법무법인, 법무법인(유한), 법무조합, 법률사무소, 「외국법자문사법」 제2조 제9호에 따른 합작법무법인에서 퇴직한 날부터 2년이 지나지 아니한 때
9. 법관이 피고인인 법인 · 기관 · 단체에서 임원 또는 직원으로 퇴직한 날부터 2년이 지나지 아니한 때

3. 관할

(1) 의의

법원의 관할이란 재판권의 행사에 있어서 각 법원에 분배된 권한이다. 관할권이란 재판권을 전제로 특정 사건에 대하여 특정 법원이 재판권을 행사할 수 있는 주체적 한계를 정하는 소송법상의 개념이다.

(2) 관할의 종류

① 사물관할: 사물관할은 사건의 경중 또는 성질을 표준으로 한 제1심 법원의 분배를 말한다. 제1심의 사물관할은 원칙적으로 단독판사의 관할에 속한다.

② 토지관할: 토지관할은 범죄지, 피고인의 주소, 거소 또는 현재지로 한다.

③ 심급관할: 심급관할은 상소 관계에서의 관할을 의미한다.

- 항소사건의 경우: 지방법원 또는 지방법원지원 단독판사의 제1심 판결에 대한 항소사건은 지방법원 본원합의부에서 관할하고, 지방법원 합의부의 제1심 판결에 대한 항소사건은 고등법원에서 관할한다.
- 상고사건의 경우: 제2심 판결에 대한 상고사건은 대법원에서 관할한다.

④ 재정관할: 법관의 재판에 의해 정해지는 관할이다.

법학 전문가의 TIP

제1심 사물관할을 예외적으로 합의부에서 관할하는 경우

① 사형, 무기 또는 단기 1년 이상의 징역이나 금고에 해당하는 사건
② 위의 사건과 동시에 심판할 공범 사건
③ 지방법원 판사에 대한 제척·기피 사건
④ 법률에 의하여 지방법원 합의부의 권한에 속하는 사건

시험문제 미리보기!

다음 중 형사소송법상 공평한 법원구성을 위한 제도는 모두 몇 개인가?

<보기>

- 법관의 제척
- 법관의 기피
- 법관의 포기
- 법관의 회피

① 1개　② 2개
③ 3개　④ 4개

정답 ③

해설
- 제척은 구체적인 사건의 재판에서 법관이 불공정한 재판을 할 우려가 현저한 경우에 그 법관을 직무집행에서 당연히 배제시키는 제도이다.
- 기피는 법관이 제척 사유가 있음에도 불구하고 재판 관여 또는 불공평한 재판의 염려가 있는 때에 당사자 신청에 의하여 그 법관을 직무집행에서 배제시키는 제도이다. 기피를 신청할 수 있는 자는 검사, 피고인 그리고 변호인이다.
- 회피는 법관이 스스로 기피될 원인이 있다고 생각하여 직무집행으로부터 탈퇴하는 제도이다.

02 검사

출제빈도 ★★

1. 의의

검사는 검찰권을 행사하는 국가기관을 말한다. 검사는 범죄 수사로부터 재판의 집행에 이르기까지 형사절차의 전 과정에 관여하여 형사사법의 정의를 실현하는 검찰권을 행사하는 국가기관이다.

2. 검사의 소송법상 지위

(1) 수사의 주체

검사는 수사의 주체로서 수사권, 수사지휘권, 수사종결권이 있다.

(2) 공소권의 주체

공소는 검사가 제기한다는 점에서 공소제기의 독점자이고, 공판절차에서 공익의 대표자로서 공소사실을 입증하고 공소를 유지하는 공소수행의 담당자이다.

법학 전문가의 TIP

수사권
기존에 검사는 수사의 주재자로서 사법경찰관의 모든 수사에 관하여 지휘권과 수사종결권을 독점하였지만, 2020년 형사소송법과 검찰청법 등의 개정으로 1차 수사권과 종결권은 일반 사법경찰관에게 주어졌습니다. 이에 따라 검사는 특정 사건에 대해서만 직접 수사권을 행사할 수 있는 반면에 사법통제권을 행사할 수 있게 되었고, 검사와 일반 사법경찰의 관계도 상호 협력관계로 바뀌었습니다.

03 피고인

출제빈도 ★★

1. 의의

피고인이란 검사에 의하여 형사책임을 져야 할 자로서 공소가 제기된 자와 공소가 제기된 것으로 취급되어 있는 자를 말한다.

2. 피고인의 지위

(1) 의의

피고인은 소송주체로서의 지위를 가진다.

(2) 당사자로서의 지위

① 수동적 당사자로서의 지위: 피고인은 검사의 공격에 대하여 자기를 방어하는 수동적 당사자이다. 현행법은 당사자 지위에 의하여 방어권과 참여권을 보장하고 있다.
② 증거방법으로서의 지위: 피고인은 신체가 검증의 대상이 될 수 있고, 피고인의 진술이 피고인에게 이익이 되거나 불이익한 증거가 될 수 있다.
③ 절차의 대상으로서의 지위: 피고인은 소환·구속·압수·수색 등 강제처분의 객체가 되며, 피고인에게는 적법한 강제처분에 대한 수인의무가 있다.

3. 무죄추정의 원칙

(1) 의의

형사절차에서 피고인 또는 피의자는 유죄판결이 확정될 때까지는 무죄로 추정한다는 원칙이다.

(2) 내용

① 인신구속의 제한: 불구속 수사·재판이 원칙이며 구속 중이라도 구속 이외의 불필요한 고통을 가하지 않을 것을 요구한다.
② 의심스러울 땐 피고인의 이익으로: 무죄추정의 원칙은 증명의 단계에서 의심스러울 때는 피고인의 이익으로의 원칙으로 작용한다. 따라서 유죄판결을 위해서는 합리적인 의심이 없는 증명 또는 확신이 요구된다.
③ 부당한 처우의 금지: 고문 등의 부당한 대우의 금지, 진술거부권 보장 등도 무죄추정의 원칙을 기초로 한다.

4. 피고인의 진술거부권

(1) 의의

진술거부권이란 피고인 또는 피의자가 공판 또는 수사절차에서 법원 또는 수사기관의 심문에 대하여 진술을 거부할 수 있는 권리를 말한다.

(2) 내용

① 진술거부권 고지
② 진술 강요 금지

04 변호인

출제빈도 ★

1. 의의

변호인이란 피고인 또는 피의자의 방어력을 보충함을 임무로 하는 보조자이다. 공평한 재판이 이루어지기 위해서는 당사자인 검사의 공격에 제대로 대응할 수 있는 능력이 피고인에게 있어야 하는데, 법률 전문가를 통해서 피고인을 보조하기 위한 제도가 변호인 제도이다.

2. 변호인의 권한

(1) 대리권

대리권
예를 들어, 피고인을 대리하여 구속의 취소청구, 보석의 청구, 상소의 제기, 법관에 대한 기피신청 등이 있습니다.

대리권은 변호인의 성질상 대리가 허용되는 소송행위에 관하여 피고인·피의자를 포괄적으로 대리할 수 있는 권한을 말한다.

(2) 고유권

피고인·피의자의 소송법상 권리와는 관계없이 변호인에게 인정한 특수한 권리를 말한다.

① 변호인만의 고유권한: 접견교통권, 피의자신문참여권, 피고인신문권, 상고심에서의 변론권
② 피고인 또는 피의자와 중복하여 가지는 권한: 공판기일출석권, 소송기록열람권, 증거조사참여권, 증인신문권

3. 국선변호인

(1) 의의

법원에 의하여 선정된 변호인을 국선변호인이라고 한다. 국선변호인과 사선변호인의 권한 차이는 없다.

(2) 국선변호인 선정 사유

① 직권: 다음 각호의 어느 하나에 해당하는 경우에 변호인이 없는 때에는 법원은 직권으로 변호인을 선정하여야 한다.
- 피고인이 구속된 때
- 피고인이 미성년자인 때
- 피고인이 70세 이상인 때
- 피고인이 듣거나 말하는 데 모두 장애가 있는 사람인 때
- 피고인이 심신장애의 의심이 있는 때
- 피고인이 사형, 무기 또는 단기 3년 이상의 징역이나 금고에 해당하는 사건으로 기소된 때

② 청구: 법원은 피고인이 빈곤 그 밖의 사유로 변호인을 선임할 수 없는 경우에 피고인의 청구가 있는 때에는 변호인을 선정하여야 한다.
③ 필요: 법원은 피고인의 연령·지능 및 교육 정도 등을 참작하여 권리보호를 위하여 필요하다고 인정하는 때에는 피고인의 명시적 의사에 반하지 아니하는 범위 안에서 변호인을 선정하여야 한다.

시험문제 미리보기!

다음 중 형사소송법상 국선변호인을 선정할 사유가 없는 자는 누구인가?

① 피고인이 체포된 때

② 피고인이 72세인 때

③ 피고인이 15세인 때

④ 피고인이 듣거나 말하는 데 모두 장애가 있는 사람인 때

정답 ①

해설 형사소송법 제33조(국선변호인)

① 다음 각호의 어느 하나에 해당하는 경우에 변호인이 없는 때에는 법원은 직권으로 변호인을 선정하여야 한다.

1. 피고인이 구속된 때
2. 피고인이 미성년자인 때
3. 피고인이 70세 이상인 때
4. 피고인이 듣거나 말하는 데 모두 장애가 있는 사람인 때
5. 피고인이 심신장애의 의심이 있는 때
6. 피고인이 사형, 무기 또는 단기 3년 이상의 징역이나 금고에 해당하는 사건으로 기소된 때

② 법원은 피고인이 빈곤 그 밖의 사유로 변호인을 선임할 수 없는 경우에 피고인의 청구가 있는 때에는 변호인을 선정하여야 한다.

③ 법원은 피고인의 연령·지능 및 교육 정도 등을 참작하여 권리보호를 위하여 필요하다고 인정하는 때에는 피고인의 명시적 의사에 반하지 아니하는 범위 안에서 변호인을 선정하여야 한다.

제4절 | 공판

✓핵심 포인트

공판절차	• 공판절차의 원칙: 공개주의, 구두변론주의, 직접심리주의, 집중심리 • 공판절차의 순서: 모두절차 ⇨ 사실심리절차 ⇨ 판결선고절차 • 판결의 효력: 확정력
증거	• 증거의 종류: 직접증거와 간접증거, 인적증거·물적증거·증거서류 • 증거능력과 증명력 • 증명의 기본원칙: 증거재판주의, 거증책임, 자유심증주의 • 자백배제의 법칙: 위법수집증거배제의 원칙, 전문증거와 전문법칙

01 공판절차

출제빈도 ★★

1. 공판절차의 의의

(1) 의의

공판절차는 공소가 제기되어 사건이 법원에 계속된 이후 그 소송절차가 종결될 때까지의 모든 절차, 즉, 법원이 피고 사건에 대하여 심리·재판하고 당사자가 변론을 행하는 절차단계를 말한다.

(2) 공판절차의 원칙

① 공개주의: 일반인에게 재판의 방청을 허용한다는 원칙이다. 헌법은 공개재판을 받을 권리를 기본권으로 한다(헌법 제27조 제3항). 다만 공개주의는 법정의 질서 유지나 국가의 안전보장, 선량한 풍속을 해할 우려가 있는 경우에는 제한될 수 있다. 그러나 판결의 선고는 반드시 공개해야 한다.

② 구두변론주의: 법원은 소송관계인의 구두에 의한 공격·방어, 즉, 구두변론을 기초로 심리·재판을 하여야 한다는 원칙이다.

③ 직접심리주의: 재판을 담당하는 법원이 공판정에서 직접 조사한 증거만을 재판의 기초로 삼을 수 있다는 원칙이다.

④ 집중심리: 심리에 2일 이상을 요하는 사건은 연일 계속하여 심리해야 한다는 원칙이다. 즉, 공판은 가능하면 중단없이 집중하여 행해져야 한다는 원칙이다.

(3) 공판절차의 순서

① 모두절차: 진술거부권 고지 ⇨ 인정신문[1] ⇨ 검사의 모두진술[2] ⇨ 피고인의 모두진술 ⇨ 재판장의 쟁점정리

1) 인정신문
공판기일이 개시되면 먼저 재판장이 출정한 피고인이 공소장에 기재된 인물과 동일인인가 아닌가를 확인하는 절차

2) 모두진술
형사소송법상 재판장의 인정신문에 이어, 검사가 공소장에 의하여 기소요지를 낭독하는 것

② 사실심리절차: 증거조사(검사 ⇨ 피고인 ⇨ 직권) ⇨ 피고인 신문 ⇨ 최후변론
③ 판결선고절차: 판결선고 ⇨ 변론종결기일

(4) 재판의 확정

① 의의: 재판의 확정이란 재판이 통상의 불복방법에 의해서는 다툴 수 없게 되어 그 내용을 변경할 수 없게 된 상태를 말한다.

② 제1심과 제2심 판결: 상소의 제기 없이 판결선고일로부터 상소제기기간 7일을 도과한 때 확정된다. 또한 상소를 포기·취하한 때에도 확정된다.

③ 면소판결: 면소판결이란 실체적 소송조건이 구비되지 아니한 경우에 선고되는 실체관계적 형식재판이다. 면소판결을 할 수 있는 경우는 첫째, 피고사건에 대하여 이미 확정판결이 있은 때, 둘째, 사면이 있는 때, 셋째, 공소시효가 완성되었을 때, 넷째, 범죄 후의 법령 개폐로 형이 폐지되었을 때이다. 면소판결이 선고되면 구속력이 발생하고, 소송은 당해 심급에서 종결되며, 상소권이 발생한다.

④ 판결의 효력: 재판이 확정되면 재판의 본래적 효력이 발생한다. 이를 재판의 확정력이라 한다. 재판의 확정력은 형식적 확정력과 내용적 확정력으로 나눌 수 있다. 전자는 재판이 통상의 불복방법에 의하여 다툴 수 없는 상태를 말하며, 종국재판에 있어서는 형식적 확정에 의하여 소송계속이 종결된다.

2. 증거

(1) 증거의 의의와 종류

① 의의: 증거란 형벌 법규 적용의 전제가 될 사실관계를 확정하기 위하여 사용되는 자료로서 증거방법[3]·증거자료[4]·증거원인[5]의 세 가지 의미를 포함하는 개념이다.

② 종류

- 직접증거와 간접증거: 직접증거란 요증사실의 존부를 직접 증명하는 데 사용되는 증거이고, 간접증거(정황증거)란 요증사실의 존부를 간접적으로 추인할 수 있는 사실을 증명하는 데 사용되는 증거이다.
- 인적증거·물적증거·증거서류: 인적증거란 사람의 진술 내용이 증거로 되는 경우이고, 물적증거란 증거물로서 물건의 존재 또는 상태가 증거로 되는 경우이다. 증거서류와 서면을 합쳐서 서증이라고 한다. 증거서류는 서면의 내용적 의미만이 증거로 되는 경우이고, 서면은 물적증거인 증거물을 말한다.

③ 증거능력과 증명력

- 증거능력: 증거가 엄격한 증명의 자료로 사용될 수 있는 법률상의 자격을 의미한다. 따라서 증거능력이 없는 증거에 의하여 공소 범죄사실 등 주요 사실을 인정할 수 없고, 이러한 증거를 가지고 법관이 심증을 형성하는 것도 허용되지 않는다.
- 증명력: 증명력은 증거의 실질적 가치를 의미한다. 증명력은 법관의 자유로운 판단의 대상이 된다.

(2) 증명의 기본원칙

① 증거재판주의: 형벌 법령 적용의 전제인 사실의 인정은 법관의 자의에 의해서가 아니라 증거에 의하여야 한다는 원칙이다.

3) 증거방법
증인·감정인, 증거물·증거서류 등과 같이 사실인정에 자료가 될 수 있는 사람 또는 물건

4) 증거자료
증거방법을 조사하여 알게 된 증인의 증언, 피고인의 진술, 증거물의 조사에 의해 알게 된 증거물의 성질 등

5) 증거원인
법관이 어떤 사실에 대한 확신을 얻은 원인

② 거증책임: 요증사실의 존부에 대하여 증명이 불충분한 경우에 불이익을 받을 당사자의 법적 지위를 말한다. 형사소송에서 거증책임은 원칙적으로 검사에게 있다.

③ 자유심증주의: 증거의 증명력을 적극적 또는 소극적으로 법정하지 아니하고 법관의 자유로운 판단에 맡기는 입장을 말한다. 자유심증주의는 법정증거주의의 결함을 제거하고 사실인정의 능률적인 합리성을 도모하여 실체적 진실을 발견하기 위해서이다.

(3) 자백배제의 법칙

① 자백의 의의: 자백이란 피고인 또는 피의자가 범죄사실의 전부 또는 일부를 인정하는 진술을 말한다.

② 자백배제 법칙의 의의: 임의성이 없거나 임의성이 의심스러운 자백은 증거능력이 부정된다는 원칙이다.

③ 위법수집증거배제의 원칙: 위법한 절차에 의하여 수집된 증거의 증거능력은 부정되어야 한다는 원칙이다.

④ 전문증거와 전문법칙

- 전문증거: 경험 사실을 경험자 자신이 직접 구두로 법원에 보고하지 아니하고 서면이나 타인의 진술형식으로 간접적으로 법원에 전달되는 증거를 말한다.
- 전문법칙: 전문증거는 증거가 아니므로 증거능력이 인정될 수 없다는 원칙을 전문법칙이라고 한다.

법학 전문가의 TIP

- **형사소송법 제309조(강제 등 자백의 증거능력)**
  피고인의 자백이 고문, 폭행, 협박, 신체구속의 부당한 장기화 또는 기망 기타의 방법으로 임의로 진술한 것이 아니라고 의심할 만한 이유가 있는 때에는 이를 유죄의 증거로 하지 못한다.
- **위법수집증거배제 법칙**
  영장주의를 위반하여 수집한 증거, 적정절차의 원리에 반하여 수집된 증거, 증거조사 절차가 위법하여 무효인 경우에 수집된 증거 또는 임의성 없는 자백과 진술은 증거능력이 부정되어야 합니다. 그리고 위법하게 수집된 증거는 동의에 의해서도 증거능력이 인정될 수 없다고 해야 합니다.
- **전문법칙**
  전문법칙을 인정하는 이유는 보통 전문증거의 경우에는 부정확한 전달의 위험이 있고, 반대신문의 기회가 없으며, 신용성이 결여되어 있기 때문입니다.

시험문제 미리보기!

다음 중 형사소송법상 증거에 대한 설명으로 옳은 것은?

① 사실의 인정은 증거에 의하여야 하고 범죄사실의 인정은 합리적인 의심이 없는 정도의 증명에 이르러야 한다.

② 증거의 증명력은 법관과 검사의 자유판단에 의한다.

③ 적법한 절차에 따르지 않고 수집한 증거라도 그 증거가 합리적인 의심이 없을 정도의 증명력이 있다면 증거로 할 수 있다.

④ 피고인의 자백이 그 피고인에게 불이익한 유일의 증거라도 그 증거가 합리적인 의심이 없을 정도라면 이를 유죄의 증거로 할 수 있다.

정답 ①

해설 형사소송법 제307조(증거재판주의)에 따르면, 사실의 인정은 증거에 의하여야 하고 범죄사실의 인정은 합리적인 의심이 없는 정도의 증명에 이르러야 한다.

오답노트

② 형사소송법 제308조(자유심증주의)에 따르면, 증거의 증명력은 법관의 자유판단에 의한다.

③ 형사소송법 제308조의2(위법수집증거의 배제)에 따르면, 적법한 절차에 따르지 아니하고 수집한 증거는 증거로 할 수 없다.

④ 형사소송법 제310조(불이익한 자백의 증거능력)에 따르면, 피고인의 자백이 그 피고인에게 불이익한 유일의 증거인 때에는 이를 유죄의 증거로 하지 못한다.

제5절 | 상소 및 기타절차

✓핵심 포인트

상소	• 항소와 상고(판결에 대한 불복방법), 항고(법원의 결정에 대한 불복방법) • 불이익변경금지의 원칙
비상구제절차	• 재심, 비상상고
특별절차	• 약식절차, 즉결심판절차, 배상명령절차

01 상소

출제빈도 ★

1. 의의

상소란 확정되지 않은 재판에 대하여 상급법원에 구제를 구하는 불복신청제도이다. 상소는 판결에 대한 불복방법인 항소와 상고 그리고 법원의 결정에 대한 불복방법인 항고가 있다. 항소는 제1심 판결에 대한 상소이고, 상고는 제2심 판결에 대한 상소이다. 항고는 일반항고와 재항고로 구분한다.

2. 불이익변경금지의 원칙

불이익변경금지의 원칙이란 피고인이 항소한 사건과 피고인을 위하여 항소한 사건에 대하여는 원심판결의 형보다 중한 형을 선고하지 못한다는 것을 말한다.

법학 전문가의 TIP

재항고
재항고는 항고법원 또는 고등법원의 결정에 대하여는 재판에 영향을 미친 헌법·법률·명령 또는 규칙의 위반이 있음을 이유로 하는 때에 한하여 대법원에 즉시항고가 가능하다는 것을 뜻합니다.

불이익변경금지의 원칙
불이익변경금지의 원칙이라는 제도를 두는 이유는 피고인이 중형변경의 위험 때문에 상소개시를 단념하는 것을 방지함으로써 피고인의 상소권을 보장한다는 정책적 이유 때문입니다.

02 비상구제절차

출제빈도 ★

1. 재심

재심이란 유죄의 확정판결에 대하여 중대한 사실오인의 오류가 있는 경우에 판결을 받은 자의 이익을 위하여 이를 시정하는 비상구제절차이다.

2. 비상상고

비상상고는 확정판결에 대하여 그 사건의 심판이 법령을 위반한 것을 이유로 인정되는 비상구제절차이다. 비상상고의 신청권자는 검찰총장으로 제한되고, 관할법원은 대법원이며, 판결의 효력은 원칙적으로 피고인에게 미치지 않는다는 점을 특징으로 한다.

03 특별절차

출제빈도 ★

1. 약식절차

약식절차는 공판절차를 거치지 아니하고 서면심리만으로 피고인에게 벌금·과료를 과하는 간이한 형사절차를 말한다. 이러한 약식절차에 의한 재판을 약식명령이라고 하며, 약식명령의 청구는 검사가 공소의 제기와 동시에 서면으로 하여야 한다. 이때 필요한 증거서류와 증거물을 함께 법원에 제출하여야 한다. 약식명령을 청구할 수 있는 사건은 지방법원 관할에 속한 사건으로 벌금, 과료에 처할 수 있는 사건이다. 약식명령은 그 청구가 있는 날로부터 14일 이내에 하여야 하며, 약식명령에는 범죄사실, 적용법령, 주형, 부수처분과 약식명령의 고지를 받은 날로부터 7일 이내에 정식재판의 청구를 할 수 있음을 명시하여야 한다. 약식명령이 확정되면 정식재판과 동일한 효력이 있으며, 약식명령에 불복하는 경우 검사와 피고인 또는 상소 대리인은 정식재판을 청구할 수 있다.

2. 즉결심판절차

판사가 20만 원 이하의 벌금·구류·과료에 처할 경미한 범죄에 대하여 공판절차에 의하지 아니하고 즉결심판에 관한 절차법에 의하여 신속하게 처리하는 심판절차를 말한다.

3. 배상명령절차

법원이 피고인에게 피고사건의 범죄행위로 인하여 피해자에게 발생한 손해를 배상할 것을 명하는 절차이다.

시험문제 미리보기!

다음 중 약식명령에 대한 설명으로 옳은 것은?

① 약식명령에 대해서도 징역형을 선고할 수 있다.

② 약식명령의 청구는 공소의 제기와 동시에 서면으로 하여야 한다.

③ 검사 또는 피고인은 약식명령의 고지를 받은 날로부터 14일 이내에 정식재판의 청구를 할 수 있다.

④ 피고인이 정식재판을 청구한 사건에 대하여는 약식명령의 형보다 중한 종류의 형을 선고할 수 있다.

정답 ②

해설 형사소송법 제449조(약식명령의 청구)에 따르면, 약식명령의 청구는 공소의 제기와 동시에 서면으로 하여야 한다.

오답노트

① 형사소송법 제448조(약식명령을 할 수 있는 사건) 제1항에 따르면, 지방법원은 그 관할에 속한 사건에 대하여 검사의 청구가 있는 때에는 공판절차 없이 약식명령으로 피고인을 벌금, 과료 또는 몰수에 처할 수 있다.

③ 형사소송법 제453조(정식재판의 청구) 제1항에 따르면, 검사 또는 피고인은 약식명령의 고지를 받은 날로부터 7일 이내에 정식재판의 청구를 할 수 있다. 단, 피고인은 정식재판의 청구를 포기할 수 없다.

④ 형사소송법 제457조의2(형종 상향의 금지 등) 제1항에 따르면, 피고인이 정식재판을 청구한 사건에 대하여는 약식명령의 형보다 중한 종류의 형을 선고하지 못한다.

출제빈도: ★★☆ 대표출제기업: 한국가스공사

01 다음 중 형사소송의 기본구조에 대한 설명으로 옳지 않은 것은?

① 직권주의는 법원에게 소송의 주도권을 인정하므로 사건심리가 법원의 자의와 독단에 흐를 위험이 있다.
② 당사자주의는 피고인에게 검사와 대등한 지위를 인정함으로써 피고인의 방어권 행사 보장이 가능하다.
③ 우리나라는 당사자주의와 직권주의를 절충하는 소송구조를 취하고 탄핵주의 소송구조를 배제하고 있다.
④ 직권주의는 실체적 진실 발견에 효과적이지만 피고인의 실질적 방어권이 보장되지 않는다는 비판이 있다.

출제빈도: ★★★

02 다음 중 우리나라 형사소송법의 지도이념과 기본구조가 아닌 것은?

① 신속한 재판의 원칙
② 규문주의
③ 탄핵주의
④ 적정절차의 원칙

출제빈도: ★★☆ 대표출제기업: 한국석유공사

03 다음 <보기>에서 형사소송법에 대한 설명으로 옳지 않은 것을 모두 고르면?

<보기>

(가) 법관이 제척사유가 있는데도 불구하고 재판에 관여하는 경우, 당사자의 신청에 의하여 그 법관을 직무집행에서 탈퇴시키는 제도를 기피라 한다.
(나) 죄를 범한 혐의로 수사기관의 수사대상이 되어 있는 자로서 아직 공소가 제기되지 않은 자를 피고인이라 하며, 확정판결을 받은 수형자와 구별된다.
(다) 수사기관은 주관적으로 범죄의 혐의가 있다고 판단하는 때에는 객관적 혐의가 없을 경우에도 수사를 개시할 수 있다.
(라) 소추기관과 재판기관이 분리되어 있지 않고, 재판기관이 소추기관의 소추 없이 직권으로 재판절차를 개시하는 주의를 직권주의라 한다.

① (가), (나)
② (가), (다)
③ (나), (라)
④ (다), (라)

출제빈도: ★☆☆ 대표출제기업: 한국원자력환경공단

04 다음 <보기>에서 형사소송법상 관할에 대한 설명으로 옳지 않은 것을 모두 고르면?

<보기>

(가) 법원은 피고인이 그 관할구역 내에 현재하지 아니하는 경우에 특별한 사정이 있으면 판결로 사건을 피고인의 현재지를 관할하는 동급 법원에 이송할 수 있다.
(나) 토지관할은 범죄지, 피고인의 주소, 거소 또는 현재지로 한다.
(다) 토지관할을 달리하는 수 개의 사건이 관련된 때에는 1개의 사건에 관하여 관할권 있는 법원은 다른 사건까지 관할할 수 있다.
(라) 사물관할을 달리하는 수 개의 사건이 관련된 때에는 법원의 단독판사가 병합관할한다.

① (가), (나)　② (가), (라)
③ (나), (다)　④ (다), (라)

정답 및 해설

01 ③
우리나라는 당사자주의와 직권주의를 절충하는 소송구조를 취하면서 탄핵주의 소송구조를 취하고 있다.

당사자주의	
장점	• 법원은 제삼자적 입장에서 공정한 재판이 가능 • 피고인에게 검사와 대등한 지위를 인정함으로써 피고인의 방어권 행사 보장
단점	• 당사자 간의 계속적인 공격·방어에 의해 심리의 능률과 신속 저해 우려 • 재판결과가 당사자의 능력에 의해 좌우되어 소위 소송의 스포츠화 초래 우려 • 국가형벌권의 행사가 당사자의 타협이나 거래의 대상이 될 위험이 있음
직권주의	
장점	• 실체적 진실 발견에 효과적 • 심리의 능률과 신속 도모
단점	• 사건의 심리가 법원의 자의와 독단에 흐를 위험 • 피고인이 심리의 객체로 전락할 위험 • 법원이 소송에 몰입되어 제삼자로서 공정성 상실 우려

02 ②
우리나라 형사소송법의 이념은 실체적 진실주의, 적정절차의 원칙, 신속한 재판의 원칙이고, 기본구조는 탄핵주의, 직권주의, 당사자주의와 직권주의의 절충, 증거재판주의를 중심으로 하고 있다. 규문주의란 소추기관과 재판기관이 분리되어 있지 않고, 재판기관이 소추기관의 소추 없이 직권으로 재판절차를 개시하는 주의를 말한다. 이 경우 피고인은 단순한 심리의 객체에 불과하기 때문에 충분한 방어를 할 수 없다는 문제점이 있어 우리나라 형사소송법은 받아들이지 않고 있다.

03 ③
(나) 죄를 범한 혐의로 수사기관의 수사대상이 되어 있는 자로서 아직 공소(公訴)가 제기되지 않은 자는 피의자라 한다. 형의 집행 및 수용자의 처우에 관한 법률 제2조(정의) 제2호에 따르면, 수형자란 징역형·금고형 또는 구류형의 선고를 받아 그 형이 확정되어 교정시설에 수용된 사람과 벌금 또는 과료를 완납하지 아니하여 노역장 유치명령을 받아 교정시설에 수용된 사람을 말한다.
(라) 소추기관과 재판기관이 분리되어 있지 않고, 재판기관이 소추기관의 소추 없이 직권으로 재판절차를 개시하는 주의는 규문주의라 한다.

04 ②
(가) 형사소송법 제8조(사건의 직권이송) 제1항에 따르면, 법원은 피고인이 그 관할구역 내에 현재하지 아니하는 경우에 특별한 사정이 있으면 결정으로 사건을 피고인의 현재지를 관할하는 동급 법원에 이송할 수 있다.
(라) 형사소송법 제9조(사물관할의 병합)에 따르면, 사물관할을 달리하는 수 개의 사건이 관련된 때에는 법원합의부가 병합관할한다. 단, 결정으로 관할권 있는 법원 단독판사에게 이송할 수 있다.

오답노트
(나) 형사소송법 제4조(토지관할) 제1항에 따르면, 토지관할은 범죄지, 피고인의 주소, 거소 또는 현재지로 한다.
(다) 형사소송법 제5조(토지관할의 병합)에 따르면, 토지관할을 달리하는 수 개의 사건이 관련된 때에는 1개의 사건에 관하여 관할권 있는 법원은 다른 사건까지 관할할 수 있다.

출제예상문제

출제빈도: ★☆☆ 대표출제기업: 한국보훈복지의료공단

05 다음 중 형사소송법상 변호에 대한 설명으로 옳지 않은 것을 모두 고르면?

<보기>

(가) 피고인 또는 피의자는 변호인을 선임할 수 있다.
(나) 변호인은 변호사 중에서 선임하여야 하지만 대법원은 특별한 사정이 있으면 변호사 아닌 자를 변호인으로 선임함을 허가할 수 있다.
(다) 피고인이 미성년자인 경우 변호인이 없는 때에는 법원은 직권으로 또는 법정대리인의 동의를 얻어 변호인을 선정하여야 한다.
(라) 법원은 피고인의 연령·지능 및 교육 정도 등을 참작하여 권리보호를 위하여 필요하다고 인정하는 때에는 피고인의 명시적 의사에 반하지 아니하는 범위 안에서 변호인을 선정하여야 한다.

① (가), (나) ② (가), (다)
③ (나), (다) ④ (다), (라)

출제빈도: ★☆☆ 대표출제기업: 한국원자력환경공단

06 다음 중 형사소송법상 현행범 및 준현행범에 대한 설명으로 가장 옳지 않은 것은?

① 현행범인이란 범죄를 실행 중이거나 실행의 즉후인 자를 말한다.
② 준현행범이란 누구임을 물음에 대하여 도망하려 하는 자를 말한다.
③ 범죄에 사용되었다고 인정함에 충분한 흉기를 소지하고 있는 자는 준현행범에 해당한다.
④ 현행범인에 대해 사인은 긴급한 때가 아니면 체포할 수 없다.

출제빈도: ★★☆ 대표출제기업: 한국원자력환경공단

07 다음 중 형사소송법상 국선변호인에 관한 설명으로 옳지 않은 것은?

① 국선변호인제도는 공정한 재판을 실현하기 위한 제도적 장치이다.
② 피고인이 70세 이상인 경우 변호인이 없는 때에는 법원은 직권으로 변호인을 선정하여야 한다.
③ 국선변호인제도는 피고인의 권익을 보호하기 위한 제도로, 피의자에게는 인정할 수 없다.
④ 법원은 피고인의 연령·지능 및 교육 정도 등을 참작하여 권리보호를 위하여 필요하다고 인정하는 때에는 피고인의 명시적 의사에 반하지 아니하는 범위 안에서 변호인을 선정하여야 한다.

출제빈도: ★★★

08 **형사소송법상 피고인이 변호인이 없는 때에 법원이 직권으로 국선변호인을 선정해야 하는 경우가 아닌 것은?**

① 피고인이 듣거나 말하는 데 모두 장애가 있는 사람인 때
② 피고인이 65세인 때
③ 피고인이 심신장애가 있는 것으로 의심되는 때
④ 피고인이 미성년자인 때

정답 및 해설

05 ③

(나) 형사소송법 제31조(변호인의 자격과 특별변호인)에 따르면, 변호인은 변호사 중에서 선임하여야 한다. 단, 대법원 이외의 법원은 특별한 사정이 있으면 변호사 아닌 자를 변호인으로 선임함을 허가할 수 있다.

(다) 형사소송법 제33조(국선변호인) 제1항에 따르면, 다음 각호의 어느 하나에 해당하는 경우에 변호인이 없는 때에는 법원은 직권으로 변호인을 선정하여야 한다.
1. 피고인이 구속된 때
2. 피고인이 미성년자인 때
3. 피고인이 70세 이상인 때
4. 피고인이 듣거나 말하는 데 모두 장애가 있는 사람인 때
5. 피고인이 심신장에의 의심이 있는 때
6. 피고인이 사형, 무기 또는 단기 3년 이상의 징역이나 금고에 해당하는 사건으로 기소된 때

오답노트

(가) 형사소송법 제30조(변호인선임권자) 제1항에 따르면, 피고인 또는 피의자는 변호인을 선임할 수 있다.

(라) 형사소송법 제33조(국선변호인) 제3항에 따르면, 법원은 피고인의 연령·지능 및 교육 정도 등을 참작하여 권리보호를 위하여 필요하다고 인정하는 때에는 피고인의 명시적 의사에 반하지 아니하는 범위 안에서 변호인을 선정하여야 한다.

06 ④

형사소송법 제212조(현행범인의 체포)에 따르면, 현행범인은 누구든지 영장 없이 체포할 수 있다.

오답노트

① 형사소송법 제211조(현행범인과 준현행범인) 제1항에 따르면, 범죄를 실행하고 있거나 실행하고 난 직후의 사람을 현행범인이라 한다.

②, ③ 형사소송법 제211조(현행범인과 준현행범인) 제2항에 따르면, 다음 각 호의 어느 하나에 해당하는 사람은 현행범인으로 본다.
1. 범인으로 불리며 추적되고 있을 때
2. 장물이나 범죄에 사용되었다고 인정하기에 충분한 흉기나 그 밖의 물건을 소지하고 있을 때
3. 신체나 의복류에 증거가 될 만한 뚜렷한 흔적이 있을 때
4. 누구냐고 묻자 도망하려고 할 때

07 ③

형사소송법 제214조의2(체포와 구속의 적부심사) 제10항에 따르면, 체포 또는 구속된 피의자에게 변호인이 없는 때에는 제33조(국선변호인)의 규정을 준용한다.

08 ②

형사소송법 제33조(국선변호인)에 따르면,

- 다음 각 호의 어느 하나에 해당하는 경우에 변호인이 없는 때에는 법원은 직권으로 변호인을 선정하여야 한다.
  1. 피고인이 구속된 때
  2. 피고인이 미성년자인 때
  3. 피고인이 70세 이상인 때
  4. 피고인이 듣거나 말하는 데 모두 장애가 있는 사람인 때
  5. 피고인이 심신장애가 있는 것으로 의심되는 때
  6. 피고인이 사형, 무기 또는 단기 3년 이상의 징역이나 금고에 해당하는 사건으로 기소된 때
- 법원은 피고인이 빈곤이나 그 밖의 사유로 변호인을 선임할 수 없는 경우에 피고인이 청구하면 변호인을 선정하여야 한다.
- 법원은 피고인의 나이·지능 및 교육 정도 등을 참작하여 권리보호를 위하여 필요하다고 인정하면 피고인의 명시적 의사에 반하지 아니하는 범위에서 변호인을 선정하여야 한다.

출제예상문제

출제빈도: ★★☆ 대표출제기업: 대한법률구조공단

09 **다음 중 긴급체포에 관한 설명으로 옳지 않은 것은?**

① 검사 또는 사법경찰관은 피의자가 사형·무기 또는 장기 3년 이상의 징역이나 금고에 해당하는 죄를 범하였다고 의심할 만한 상당한 이유가 있고, 일정한 주거가 없는 경우 긴급체포할 수 있다.
② 사법경찰관이 긴급체포에 의하여 피의자를 체포한 경우에는 즉시 검사의 승인을 얻어야 한다.
③ 사법경찰관이 피의자를 긴급체포한 경우에는 즉시 긴급체포서를 작성하여야 한다.
④ 긴급체포서를 작성할 때 범죄사실의 요지, 긴급체포의 사유 등을 기재하여야 한다.

출제빈도: ★★★

10 **형사소송법상 현행범인의 체포에 관한 설명으로 옳지 않은 것은?**

① 범죄를 실행하고 있는 자는 현행범이지만, 실행하고 난 직후의 자는 현행범인으로 볼 수 없다.
② 사법경찰관리는 현행범인을 영장 없이 체포할 수 있다.
③ 사법경찰관리가 현행범인의 인도를 받은 때에는 체포자의 성명, 주거, 체포의 사유를 물어야 하고 필요한 때에는 체포자에 대하여 경찰관서에 동행함을 요구할 수 있다.
④ 사법경찰관은 범행직후의 범죄 장소에서 현행범인을 체포할 때 긴급을 요하는 경우 영장 없이 수색 또는 검증을 할 수 있다.

출제빈도: ★★☆ 대표출제기업: 한국보훈복지의료공단

11 다음 중 형사소송법상 피고인의 구속사유로 명시하고 있지 않은 것은?

① 피고인이 일정한 주거가 없는 때
② 피고인이 도망한 때
③ 피고인이 도망할 염려가 있는 때
④ 50만 원 이하의 벌금에 해당하는 범죄를 저지른 피고인이 증거를 인멸할 염려가 있는 때

정답 및 해설

09 ①

일정한 주거가 있는 경우에도 긴급체포할 수 있다. 형사소송법 제200조의3(긴급체포) 제1항에 따르면, 검사 또는 사법경찰관은 피의자가 사형·무기 또는 장기 3년 이상의 징역이나 금고에 해당하는 죄를 범하였다고 의심할 만한 상당한 이유가 있고, 다음 각호의 어느 하나에 해당하는 사유가 있는 경우에 긴급을 요하여 지방법원판사의 체포영장을 받을 수 없는 때에는 그 사유를 알리고 영장 없이 피의자를 체포할 수 있다. 이 경우 긴급을 요한다 함은 피의자를 우연히 발견한 경우 등과 같이 체포영장을 받을 시간적 여유가 없는 때를 말한다.

1. 피의자가 증거를 인멸할 염려가 있는 때
2. 피의자가 도망하거나 도망할 우려가 있는 때

오답노트

② 형사소송법 제200조의3 제2항에 따르면, 사법경찰관이 제1항의 규정에 의하여 피의자를 체포한 경우에는 즉시 검사의 승인을 얻어야 한다.
③ 형사소송법 제200조의3 제3항에 따르면, 검사 또는 사법경찰관이 제1항의 규정에 의하여 피의자를 체포한 경우에는 즉시 긴급체포서를 작성하여야 한다.
④ 형사소송법 제200조의3 제4항에 따르면, 제3항의 규정에 의한 긴급체포서에는 범죄사실의 요지, 긴급체포의 사유 등을 기재하여야 한다.

10 ①

형사소송법 제211조(현행범인과 준현행범인) 제1항에 따르면, 범죄를 실행하고 있거나 실행하고 난 직후의 사람을 현행범인이라 한다.

오답노트

② 형사소송법 제212조(현행범인의 체포)에 따르면, 현행범인은 누구든지 영장 없이 체포할 수 있다.
③ 형사소송법 제213조(체포된 현행범인의 인도) 제2항에 따르면, 사법경찰관리가 현행범인의 인도를 받은 때에는 체포자의 성명, 주거, 체포의 사유를 물어야 하고 필요한 때에는 체포자에 대하여 경찰관서에 동행함을 요구할 수 있다.
④ 형사소송법 제216조(영장에 의하지 아니한 강제처분) 제1항에 따르면, 검사 또는 사법경찰관은 제200조의2 · 제200조의3 · 제201조 또는 **제212조(현행범인의 체포)의 규정에 의하여 피의자를 체포 또는 구속하는 경우에 필요한 때에는 영장없이 다음 처분을 할 수 있다.**
   1. 타인의 주거나 타인이 간수하는 가옥, 건조물, 항공기, 선차 내에서의 피의자 수색. 다만, 제200조의2 또는 제201조에 따라 피의자를 체포 또는 구속하는 경우의 피의자 수색은 미리 수색영장을 발부받기 어려운 긴급한 사정이 있는 때에 한정한다.
   2. **체포현장에서의 압수, 수색, 검증**

11 ④

형사소송법 제70조(구속의 사유) 제1항에 따르면, 법원은 피고인이 죄를 범하였다고 의심할 만한 상당한 이유가 있고 다음 각호의 1에 해당하는 사유가 있는 경우에는 피고인을 구속할 수 있다.

1. 피고인이 일정한 주거가 없는 때
2. 피고인이 증거를 인멸할 염려가 있는 때
3. 피고인이 도망하거나 도망할 염려가 있는 때

다만, 제3항에 따르면, 다액 50만 원 이하의 벌금, 구류 또는 과료에 해당하는 사건에 관하여는 제1항 제1호의 경우를 제한 외에는 구속할 수 없다.

출제예상문제

출제빈도: ★☆☆ 대표출제기업: 한국보훈복지의료공단

12 **다음 중 형사소송법상 피고인의 소환, 구속에 관한 설명으로 옳지 않은 것은?**

① 법원은 피고인이 죄를 범하였다고 의심할 만한 상당한 이유가 있고 증거를 인멸할 염려가 있는 때에는 피고인을 구속할 수 있다.

② 구인한 피고인을 법원에 인치한 경우에 구금할 필요가 없다고 인정한 때에는 그 인치한 때로부터 48시간 내에 석방하여야 한다.

③ 피고인에 대하여 범죄사실의 요지, 구속의 이유와 변호인을 선임할 수 있음을 말하고 변명할 기회를 준 후가 아니면 구속할 수 없지만, 피고인이 도망한 경우에는 그러하지 아니한다.

④ 피고인의 성명이 분명하지 아니한 때에는 인상, 체격, 기타 피고인을 특정할 수 있는 사항으로 피고인을 표시할 수 있다.

출제빈도: ★☆☆ 대표출제기업: 한국보훈복지의료공단

13 **다음 중 공소시효의 기간에 대한 설명으로 옳지 않은 것은?**

① 무기징역 또는 무기금고에 해당하는 범죄에는 15년

② 장기 10년 이상의 징역 또는 금고에 해당하는 범죄에는 10년

③ 장기 10년 미만의 징역 또는 금고에 해당하는 범죄에는 7년

④ 장기 7년 미만의 징역 또는 금고, 장기 10년 이상의 자격정지 또는 벌금에 해당하는 범죄에는 5년

출제빈도: ★☆☆ 대표출제기업: 한국원자력환경공단

14 **다음 피고인의 구인 등에 관한 형사소송법 규정 중 빈칸에 들어갈 것으로 알맞은 것은?**

> 법원은 인치 받은 피고인을 유치할 필요가 있는 때에는 교도소·구치소 또는 경찰서 유치장에 유치할 수 있다. 이 경우 유치기간은 인치한 때부터 (   )을 초과할 수 없다.

① 12시간　　② 24시간

③ 36시간　　④ 48시간

출제빈도: ★★☆ 대표출제기업: 대한법률구조공단

15 다음 <보기>에서 불이익변경금지원칙에 관한 설명으로 옳지 않은 것을 모두 고르면?

<보기>

(가) 불이익변경금지원칙에서 금지되는 대상은 형의 선고이다.
(나) 금고형, 징역형을 줄이면서 집행유예를 박탈하는 경우는 불이익변경에 해당되지 않는다.
(다) 불이익변경금지의 원칙을 적용함에 있어서는 주문을 개별적·형식적으로 고찰할 것이 아니라 전체적·실질적으로 고찰하여 그 형의 경중을 판단하여야 한다.
(라) 자유형에 대한 집행유예판결을 벌금형으로 변경하는 것은 불이익변경이 될 수 있다.

① (가), (다) ② (가), (라)
③ (나), (다) ④ (나), (라)

정답 및 해설

12 ②
형사소송법 제71조(구인의 효력)에 따르면, 구인한 피고인을 법원에 인치한 경우에 구금할 필요가 없다고 인정한 때에는 그 인치한 때로부터 24시간 내에 석방하여야 한다.

오답노트
① 형사소송법 제70조(구속의 사유) 제1항에 따르면, 법원은 피고인이 죄를 범하였다고 의심할 만한 상당한 이유가 있고 다음 각호의 1에 해당하는 사유가 있는 경우에는 피고인을 구속할 수 있다.
1. 피고인이 일정한 주거가 없는 때
2. 피고인이 증거를 인멸할 염려가 있는 때
3. 피고인이 도망하거나 도망할 염려가 있는 때
③ 형사소송법 제72조(구속과 이유의 고지)에 따르면, 피고인에 대하여 범죄사실의 요지, 구속의 이유와 변호인을 선임할 수 있음을 말하고 변명할 기회를 준 후가 아니면 구속할 수 없다. 다만, 피고인이 도망한 경우에는 그러하지 아니한다.
④ 형사소송법 제75조(구속영장의 방식) 제2항에 따르면, 피고인의 성명이 분명하지 아니한 때에는 인상, 체격, 기타 피고인을 특정할 수 있는 사항으로 피고인을 표시할 수 있다.

13 ④
형사소송법 제249조(공소시효의 기간)에 따르면, 공소시효는 다음 기간의 경과로 완성하며, 공소가 제기된 범죄는 판결의 확정이 없이 공소를 제기한 때로부터 25년을 경과하면 공소시효가 완성한 것으로 간주한다.
1. 사형에 해당하는 범죄에는 25년
2. 무기징역 또는 무기금고에 해당하는 범죄에는 15년
3. 장기 10년 이상의 징역 또는 금고에 해당하는 범죄에는 10년
4. 장기 10년 미만의 징역 또는 금고에 해당하는 범죄에는 7년
5. 장기 5년 미만의 징역 또는 금고, 장기 10년 이상의 자격정지 또는 벌금에 해당하는 범죄에는 5년
6. 장기 5년 이상의 자격정지에 해당하는 범죄에는 3년
7. 장기 5년 미만의 자격정지, 구류, 과료 또는 몰수에 해당하는 범죄에는 1년

14 ②
형사소송법 제71조의2(구인 후의 유치)에 따르면, 법원은 인치 받은 피고인을 유치할 필요가 있는 때에는 교도소·구치소 또는 경찰서 유치장에 유치할 수 있다. 이 경우 유치기간은 인치한 때부터 '24시간'을 초과할 수 없다.

15 ④
(나) 동종의 형벌 간에는 기간에 관계없이 실형이 집행유예보다 중한 형이다.
(라) 자유형에 대한 집행유예판결을 벌금형으로 변경하는 것은 불이익변경이 될 수 없다. 징역 10월에 집행유예 2년을 선고한 제1심판결을 파기하고 벌금 10,000,000원을 선고한 항소심 판결은 불이익변경금지원칙에 위반되지 아니한다.
(대법원 1990. 9. 25. 선고 90도1534 판결)

오답노트
(다) 불이익변경금지의 원칙을 적용함에 있어서는 주문을 개별적·형식적으로 고찰할 것이 아니라 전체적·실질적으로 고찰하여 그 형의 경중을 판단하여야 한다.
(대법원 1998. 3. 26. 선고 97도1716 전원합의체 판결)

출제예상문제

출제빈도: ★★☆ 대표출제기업: 대구신용보증재단

16 다음에서 설명하는 형사소송법상 제도는 무엇인가?

> 항고법원 또는 고등법원의 결정에 대하여는 재판에 영향을 미친 헌법·법률·명령 또는 규칙의 위반이 있음을 이유로 하는 때에 한하여 대법원에서 다툴 수 있는 제도

① 상소
② 항고
③ 재항고
④ 항소

출제빈도: ★☆☆

17 다음 중 형사절차와 관련하여 헌법에 명시적으로 규정한 항목이 아닌 것은?

① 구속영장실질심사제도
② 형사보상청구권
③ 체포구속적부심사청구권
④ 변호인의 조력을 받을 권리

출제빈도: ★★☆

18 다음 중 형사소송법 규정에서 당사자주의적 요소와 거리가 먼 것은?

① 당사자주의의 본래 의미는 당사자에게 소송물의 처분권을 인정하는 당사자처분권주의를 포함하는 개념이다.
② 당사자주의의 경우 법원이 소송에 몰입되어 제삼자로서 공정성을 상실할 우려가 있다.
③ 피고인이 공판기일에 출석하지 아니한 경우 특별한 규정이 없으면 개정하지 못한다.
④ 법원은 공소의 제기가 있는 때에는 지체없이 공소장 부본을 피고인 또는 변호인에게 송달하여야 한다.

출제빈도: ★★☆

19 **다음 중 수사에 대한 설명으로 옳지 않은 것은?** (다툼이 있는 경우 판례에 의함)

① 수사란 범죄혐의의 유무를 명백히 하여 공소를 제기·유지할 것인가의 여부를 결정하기 위하여 범인을 발견·확보하고 증거를 수집·보전하는 수사기관의 활동이다.

② 경찰관으로부터 임의동행 요구를 받은 경우 상대방은 이를 거절할 수 있을 뿐만 아니라 임의동행 후 언제든지 경찰관서에서 퇴거할 자유가 있다.

③ 피의자에 대한 수사는 불구속 상태에서 함을 원칙으로 하며, 검사·사법경찰관리와 그 밖에 직무상 수사에 관계있는 자는 피의자 또는 다른 사람의 인권을 존중하고 수사과정에서 취득한 비밀을 엄수하며 수사에 방해되는 일이 없도록 하여야 한다.

④ 위법한 함정수사에 기하여 공소를 제기한 경우 그 수사에 기하여 수집한 증거는 증거능력이 없으므로 법원은 무죄판결을 하여야 한다.

정답 및 해설

16 ③

재항고는 항고법원 또는 고등법원의 결정에 대하여는 재판에 영향을 미친 헌법·법률·명령 또는 규칙의 위반이 있음을 이유로 하는 때에 한하여 대법원에 즉시항고를 할 수 있다.

17 ①

구속영장실질심사제도는 헌법이 아닌 형사소송법에 명시되어 있다. 형사소송법 제201조(구속) 제1항에 따르면, 피의자가 죄를 범하였다고 의심할 만한 상당한 이유가 있고 제70조 제1항 각호의 1에 해당하는 사유가 있을 때에는 검사는 관할지방법원판사에게 청구하여 구속영장을 받아 피의자를 구속할 수 있고 사법경찰관은 검사에게 신청하여 검사의 청구로 관할지방법원판사의 구속영장을 받아 피의자를 구속할 수 있다. 다만, 다액 50만 원 이하의 벌금, 구류 또는 과료에 해당하는 범죄에 관하여는 피의자가 일정한 주거가 없는 경우에 한한다.

오답노트

② 형사보상청구권: 헌법 제28조에 따르면, 형사피의자 또는 형사피고인으로서 구금되었던 자가 법률이 정하는 불기소처분을 받거나 무죄판결을 받은 때에는 법률이 정하는 바에 의하여 국가에 정당한 보상을 청구할 수 있다.

③ 체포구속적부심사청구권: 헌법 제12조 제6항에 따르면, 누구든지 체포 또는 구속을 당한 때에는 적부의 심사를 법원에 청구할 권리를 가진다.

④ 변호인의 조력을 받을 권리: 헌법 제12조 제4항에 따르면, 누구든지 체포 또는 구속을 당한 때에는 즉시 변호인의 조력을 받을 권리를 가진다. 다만, 형사피고인이 스스로 변호인을 구할 수 없을 때에는 법률이 정하는 바에 의하여 국가가 변호인을 붙인다.

18 ②

해당 내용은 직권주의의 단점에 대한 설명이다.

19 ④

범의를 가진 자에 대하여 단순히 범행의 기회를 제공하거나 범행을 용이하게 하는 것에 불과한 수사방법이 경우에 따라 허용될 수 있음은 별론으로 하고, 본래 범의를 가지지 아니한 자에 대하여 수사기관이 사술이나 계략 등을 써서 범의를 유발케 하여 범죄인을 검거하는 함정수사는 위법함을 면할 수 없고, 이러한 함정수사에 기한 공소제기는 그 절차가 법률의 규정에 위반하여 무효인 때에 해당한다고 볼 것이다. (대법원 2008. 10. 23. 선고 2008도7362 판결)

오답노트

② 임의동행은 상대방의 동의 또는 승낙을 그 요건으로 하는 것이므로 경찰관으로부터 임의동행 요구를 받은 경우 상대방은 이를 거절할 수 있을 뿐만 아니라 임의동행 후 언제든지 경찰관서에서 퇴거할 자유가 있다 할 것이고, 경찰관직무집행법 제3조 제6항이 임의동행한 경우 당해인을 6시간을 초과하여 경찰관서에 머물게 할 수 없다고 규정하고 있다고 하여 그 규정이 임의동행한 자를 6시간 동안 경찰관서에 구금하는 것을 허용하는 것은 아니다. (대법원 1997. 8. 22. 선고 97도1240 판결)

③ 형사소송법 제198조(준수사항)에 따르면, 피의자에 대한 수사는 불구속 상태에서 함을 원칙으로 하며, 검사·사법경찰관리와 그 밖에 직무상 수사에 관계있는 자는 피의자 또는 다른 사람의 인권을 존중하고 수사과정에서 취득한 비밀을 엄수하며 수사에 방해되는 일이 없도록 하여야 한다.

출제예상문제

출제빈도: ★★☆

20 **다음 중 고소에 대한 설명으로 가장 옳지 않은 것은?** (다툼이 있는 경우 판례에 의함)

① 고소는 고소의 의미를 이해할 수 있는 사실상의 의사능력을 요하지 않는다.

② 성폭력범죄, 가정폭력범죄, 아동학대범죄 등을 제외하고 자기 또는 배우자의 직계존속은 고소하지 못한다.

③ 고소 또는 고발은 서면 또는 구술로써 검사 또는 사법경찰관에게 하여야 한다.

④ 피해자의 법정대리인은 독립하여 고소할 수 있다.

출제빈도: ★☆☆

21 **다음 중 피의자신문에 대한 설명으로 옳지 않은 것은?**

① 검사가 피의자를 신문함에는 검찰청수사관 또는 서기관이나 서기를 참여하게 하여야 한다.

② 변호인의 피의자신문참여권은 피의자의 방어권을 보장하기 위한 본질적 권리로서 어떠한 경우에도 제한할 수 없다.

③ 신문에 참여하고자 하는 변호인이 2인 이상인 때에는 피의자가 신문에 참여할 변호인 1인을 지정한다.

④ 검사 또는 사법경찰관은 변호인의 신문참여 및 그 제한에 관한 사항을 피의자신문조서에 기재하여야 한다.

출제빈도: ★☆☆

22 다음 중 기판력 또는 일사부재리에 대한 설명으로 옳지 않은 것은? (다툼이 있는 경우 판례에 의함)

① 피고인이 동일한 행위에 관하여 외국에서 형사처벌을 과하는 확정판결을 받았다 하더라도 이런 외국판결은 우리나라에서는 기판력이 없으므로 여기에 일사부재리의 원칙이 적용될 수 없다.

② 약식명령이나 즉결심판은 확정판결과 동일한 효력이 있으므로 일사부재리의 원칙이 적용된다.

③ 과태료부과처분을 받은 자가 과태료를 납부한 후에 형사처벌 하는 것은 일사부재리의 원칙에 반한다.

④ 정식재판에서 선고된 유죄판결과 무죄의 판결 및 면소의 판결을 받은 것은 확정판결이므로 일사부재리의 원칙이 적용된다.

정답 및 해설

20 ①

고소는 의사표시이므로 고소의 의미를 이해할 수 있는 사실상의 의사능력인 고소능력은 있어야 한다.

오답노트

② 자기 또는 배우자의 직계존속은 고소하지 못한다(형사소송법 제224조). 다만, 성폭력범죄(성폭력범죄의 처벌 등에 관한 특례법 제18조), 가정폭력범죄(가정폭력범죄의 처벌 등에 관한 특례법 제6조 제2항), 아동학대범죄(아동학대범죄의 처벌 등에 관한 특례법 제10조의4 제2항)에 대해서는 자기 또는 배우자의 직계존속도 고소할 수 있다.

③ 형사소송법 제237조(고소, 고발의 방식) 제1항에 따르면, 고소 또는 고발은 서면 또는 구술로써 검사 또는 사법경찰관에게 하여야 한다.

④ 형사소송법 제225조(비피해자인 고소권자) 제1항에 따르면, 피해자의 법정대리인은 독립하여 고소할 수 있다.

21 ②

정당한 사유가 있는 경우에는 제한이 가능하다. 형사소송법 제243조의2(변호인의 참여 등) 제1항에 따르면, 검사 또는 사법경찰관은 피의자 또는 그 변호인·법정대리인·배우자·직계친족·형제자매의 신청에 따라 변호인을 피의자와 접견하게 하거나 정당한 사유가 없는 한 피의자에 대한 신문에 참여하게 하여야 한다.

오답노트

① 형사소송법 제243조(피의자신문과 참여자)에 따르면, 검사가 피의자를 신문함에는 검찰청수사관 또는 서기관이나 서기를 참여하게 하여야 하고 사법경찰관이 피의자를 신문함에는 사법경찰관리를 참여하게 하여야 한다.

③ 형사소송법 제243조의2(변호인의 참여 등) 제2항에 따르면, 신문에 참여하고자 하는 변호인이 2인 이상인 때에는 피의자가 신문에 참여할 변호인 1인을 지정한다.

④ 형사소송법 제243조의2(변호인의 참여 등) 제5항에 따르면, 검사 또는 사법경찰관은 변호인의 신문참여 및 그 제한에 관한 사항을 피의자신문조서에 기재하여야 한다.

22 ③

행정법상의 질서벌인 과태료의 부과처분과 형사처벌은 그 성질이나 목적을 달리하는 별개의 것이므로 행정법상의 질서벌인 과태료를 납부한 후에 형사처벌을 한다고 하여 이를 일사부재리의 원칙에 반하는 것이라고 할 수는 없다. (대법원 1996. 4. 12. 선고 96도158 판결)

오답노트

① 피고인이 동일한 행위에 관하여 외국에서 형사처벌을 과하는 확정판결을 받았다 하더라도 이런 외국판결은 우리나라에서는 기판력이 없으므로 여기에 일사부재리의 원칙이 적용될 수 없다. (대법원 1983. 10. 25. 선고 83도2366 판결)

②, ④ 형사소송법 제326조 제1호에 의하면, 확정판결이 있는 때에는 판결로써 면소의 선고를 하도록 규정되어 있는바, 이는 확정판결의 일사부재리의 효력에 기하여 동일성이 인정되는 범죄사실에 대한 재소를 금지하는 데에 그 취지가 있는 것이므로, 여기에서 말하는 확정판결에는 정식재판에서 선고된 유죄판결과 무죄의 판결 및 면소의 판결뿐만 아니라, 확정판결과 동일한 효력이 있는 약식명령이나 즉결심판 등이 모두 포함되는 것이지만, 행정벌에 지나지 않는 과태료의 부과처분은 위 "확정판결"의 범주에 속하지 않는다고 할 것이다. (대법원 1992. 2. 11. 선고 91도2536 판결)

출제예상문제

출제빈도: ★★★

23 **형사소송법상 증거에 관한 설명으로 옳은 것은?**

① 공소범죄사실에 대한 거증책임은 원칙적으로 검사와 피고인의 변호인에게 있다.
② 피고인의 자백이 그 피고인에게 불이익한 유일의 증거인 경우 이를 유죄의 증거로 한다.
③ 증거란 사실인정의 근거가 되는 자료이다.
④ 적법절차에 따르지 아니하고 수집한 자료라도 이 증거가 결정적 증거가 되는 경우 증거로 할 수 있다.

출제빈도: ★★☆

24 **다음 중 약식절차에 대한 설명으로 옳지 않은 것은?**

① 약식명령을 할 수 있는 사건은 벌금, 과료 또는 몰수에 처할 수 있는 사건에 한한다.
② 약식명령은 정식재판의 청구기간이 경과하거나 그 청구의 취하 또는 청구기각의 결정이 확정한 때에는 확정판결과 동일한 효력이 있다.
③ 정식재판의 청구는 항소심 판결 선고 전까지 취하할 수 있다.
④ 정식재판의 청구가 법령상의 방식에 위반하거나 청구권의 소멸 후인 것이 명백한 때에는 결정으로 기각하여야 한다.

정답 및 해설

23 ③

증거란 형벌 법규 적용의 전제가 될 사실관계를 확정하기 위하여 사용되는 자료로써 증거방법 · 증거자료 · 증거원인의 세 가지 의미를 포함하는 개념이다.

오답노트

① 형사소송에서 거증책임은 원칙적으로 검사에게 있다.

② 형사소송법 제310조(불이익한 자백의 증거능력)에 따르면, 피고인의 자백이 그 피고인에게 불이익한 유일의 증거인 때에는 이를 유죄의 증거로 하지 못한다.

④ 형사소송법 제308조의2(위법수집증거의 배제)에 따르면, 적법한 절차에 따르지 아니하고 수집한 증거는 증거로 할 수 없다. 즉 영장주의를 위반하여 수집한 증거, 적정절차의 원리에 반하여 수집된 증거, 증거조사 절차가 위법하여 무효인 경우에 수집된 증거 또는 임의성 없는 자백과 진술은 증거능력이 부정되어야 한다. 그리고 위법하게 수집된 증거는 동의에 의해서도 증거능력이 인정될 수 없다고 해야 한다.

24 ③

형사소송법 제454조(정식재판청구의 취하)에 따르면, 정식재판의 청구는 제1심 판결 선고 전까지 취하할 수 있다.

오답노트

① 형사소송법 제448조(약식명령을 할 수 있는 사건) 제1항에 따르면, 지방법원은 그 관할에 속한 사건에 대하여 검사의 청구가 있는 때에는 공판절차 없이 약식명령으로 피고인을 벌금, 과료 또는 몰수에 처할 수 있다.

② 형사소송법 제457조(약식명령의 효력)에 따르면, 약식명령은 정식재판의 청구기간이 경과하거나 그 청구의 취하 또는 청구기각의 결정이 확정한 때에는 확정판결과 동일한 효력이 있다.

④ 형사소송법 제455조(기각의 결정) 제1항에 따르면, 정식재판의 청구가 법령상의 방식에 위반하거나 청구권의 소멸 후인 것이 명백한 때에는 결정으로 기각하여야 한다.

제 9 장 사회법

학습목표

1. 사회법 일반론을 알 수 있다.
2. 사회법 의의 및 종류에 대해 알 수 있다.
3. 근로기준법의 기본원칙에 대해 알 수 있다.
4. 근로기준법의 적용범위에 대해 알 수 있다.
5. 근로계약과 임금에 대해 알 수 있다.
6. 근로시간과 휴식에 대해 알 수 있다.
7. 취업규칙에 대해 알 수 있다.
8. 노동조합에 대해 알 수 있다.
9. 단체교섭과 단체협약에 대해 알 수 있다.
10. 쟁의행위와 부당노동행위에 대해 알 수 있다.
11. 사회보장의 의의 및 분류에 대해 알 수 있다.
12. 사회보장수급권에 대해 알 수 있다.

출제비중

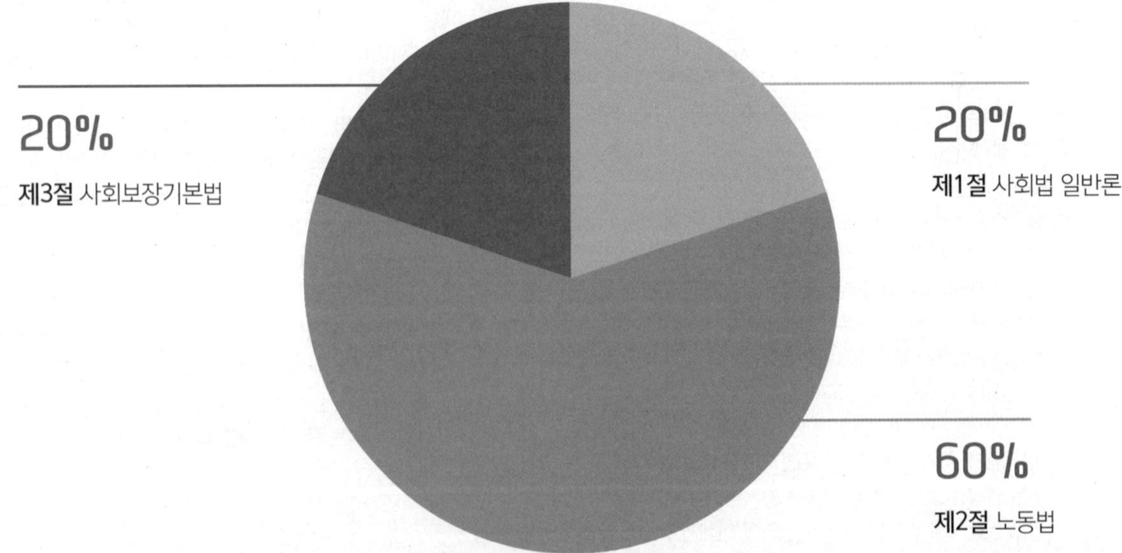

출제포인트 & 출제기업

구분	출제포인트	출제빈도	출제기업
제1절 사회법 일반론	**01** 사회법 등장 배경	★	국민체육진흥공단 금융감독원 대구도시공사 대구신용보증재단 부산신용보증재단 서울주택도시공사 한국보훈복지의료공단 한국산업인력공단 한국전력공사
	02 사회법 의의 및 종류	★	
제2절 노동법	**01** 노동법 총설	★	
	02 근로기준법	★★	
	03 노동조합 및 노동관계조정법	★★	
제3절 사회보장기본법	**01** 사회보장의 의의	★	
	02 사회보장수급권의 주요 내용	★	
	03 사회보장제도의 운영	★	

제1절 | 사회법 일반론

✓핵심 포인트

사회법 등장 배경	시민법 원리, 실질적인 자유와 평등
사회법 종류	노동법, 사회보장법, 경제법

01 사회법 등장 배경

출제빈도 ★

초기 자본주의사회는 시민법 원리를 법적 기반으로 구성되었고 시민법 원리는 모든 개인이 자유·평등한 인격자라는 것을 전제로 형성되었다. 그러나 이러한 자유와 평등은 형식적인 것에 불과하였고 오히려 자본주의 사회가 발전됨에 따라 부자유하고 불평등한 사회, 즉, 자본주의의 모순과 부조리가 대두되었다. 이는 새로운 특권계급인 자본가계급과 경제적 약자로서의 노동자계급이 대립하게 하였다. 이러한 문제점을 개선하기 위해 등장한 사회법은 일반적으로 시민법의 기본원리를 수정하는 의미를 갖는다. 즉, 사회법은 사적 자치를 원칙으로 하는 시민법 원리에 국가가 개입하여 형식적인 자유와 평등을 초래하고 있는 시민법 원리를 수정함으로써 실질적인 자유와 평등을 도모하고자 대두된 새로운 법 원리이다.

법학 전문가의 TIP

시민법 원리
예를 들어, 소유권 절대의 원칙, 계약자유의 원칙, 과실책임의 원칙이 있습니다.

자본주의의 모순과 부조리
예를 들어, 기업의 집중화, 독점화, 소수의 자본가(특권계급)와 다수의 경제적 약자(노동자계급) 간의 대립과 갈등, 경제공황, 대량의 실업자 배출이 있습니다.

02 사회법 의의 및 종류

출제빈도 ★

사회법은 사회의 폐단을 시정하기 위해 국가가 개인 또는 집단관계에 적극적으로 개입하여 국민의 생활과 기업의 노사관계를 조정하는 일련의 작용을 법에 규정한 것이다. 사회법의 종류로는 경제적 약자를 보호하기 위한 노동법, 모든 국민의 인간다운 최저 생활을 보장하기 위한 사회보장법, 공정한 경제체계를 유지하기 위한 경제법이 있다.

시험문제 미리보기!

다음 중 사회법에 속하는 것은 모두 몇 개인가?

<보기>

- 노동법
- 경제법
- 사회보장기본법
- 민법

① 1개　　② 2개

③ 3개　　④ 4개

정답　③

해설　민법은 사법에 속한다.

제2절 | 노동법

✓ 핵심 포인트

노동 3권	• 단결권, 단체교섭권, 단체행동권
근로기준법	• 근로기준법상의 기본원칙: 근로조건의 자유로운 결정, 근로조건의 준수, 균등한 처우, 강제 근로의 금지, 폭행의 금지, 중간착취의 배제, 공민권 행사의 보장 • 금지되는 근로조건: 위약 예정의 금지, 전차금 상계의 금지, 강제 저금의 금지 • 해고의 종류: 통상해고, 징계해고, 경영상 이유에 의한 해고(정리해고) • 평균임금과 통상임금
노동조합 및 노동관계조정법	• 단체교섭의 대상: 임금·근로시간 등에 관한 사항, 인사에 관한 사항, 집단적 노사관계에 관한 사항 • 쟁의행위의 유형: 파업, 태업, 보이콧, 직장점거, 피케팅 • 부당노동행위의 유형: 불이익취급, 반조합계약, 단체교섭거부, 지배·개입

01 노동법 총설

출제빈도 ★

1. 노동법의 의의 및 특징

(1) 의의

노동법이란 자본주의 사회에서 근로자가 인간다운 생활을 할 수 있도록 종속 노동관계를 규율하는 법규범의 총체를 의미한다.

(2) 특징

노동법은 자본주의 사회의 법, 근로자의 노동력 제공에 관련된 생활관계를 규율하는 법, 근로자의 인간다운 생활의 실현을 기본이념으로 하는 법이다.

(3) 법원

① 법원: 헌법, 법률, 헌법에 따라 체결·공포된 조약(ILO 협약), 명령, 단체협약, 취업규칙, 조합규약, 노동관행 등

② 법원 간의 경합 시 적용순서: 헌법 ⇨ 법률 또는 헌법에 따라 체결·공포된 조약(ILO 협약) ⇨ 명령 ⇨ 단체협약 ⇨ 취업규칙 ⇨ 근로계약

2. 헌법상 노동기본법

(1) 근로의 권리

근로의 권리는 사회적 기본권으로서, 국가에 대하여 직접 일자리를 청구하거나 일자리에 갈음하는 생계비의 지급청구권을 의미하는 것이 아니라 고용증진을 위한 사회적·경제적 정책을 요구할 수 있는 권리이다.

(2) 노동 3권

① 의의: 노동 3권은 근로자가 근로조건의 유지·개선과 기타 경제적·사회적 지위의 향상을 위하여 자주적으로 단결·단체교섭 및 단체행동을 할 수 있는 권리를 총칭하는 개념이다.

② 단결권: 단결권이란 근로자가 근로조건의 유지·개선과 기타 경제적·사회적 지위의 향상을 위하여 자주적으로 단결할 수 있는 권리를 말한다. 단결권은 그 주체가 근로자이고, 경제적 결사를 목적으로, 사용자를 상대로 행사하며, 적극적 생존권의 성질을 가진다.

③ 단체교섭권: 단체교섭권이란 노동조합 또는 그 밖의 근로자단체가 근로조건의 유지·개선과 경제적·사회적 지위향상을 위하여 사용자 또는 사용자 단체와 집단적으로 교섭할 권리를 말한다.

④ 단체행동권: 단체행동권이란 단체교섭이 결렬되어 노동쟁의가 발생하는 경우 쟁의행위 등을 할 수 있는 집단적 행동에 관한 권리를 말한다.

법학 전문가의 TIP

헌법 제32조

① 모든 국민은 근로의 권리를 가진다. 국가는 사회적·경제적 방법으로 근로자의 고용의 증진과 적정임금의 보장에 노력하여야 하며, 법률이 정하는 바에 의하여 최저임금제를 시행하여야 한다.
② 모든 국민은 근로의 의무를 진다. 국가는 근로의 의무의 내용과 조건을 민주주의 원칙에 따라 법률로 정한다.
③ 근로조건의 기준은 인간의 존엄성을 보장하도록 법률로 정한다.
④ 여자의 근로는 특별한 보호를 받으며, 고용·임금 및 근로조건에 있어서 부당한 차별을 받지 아니한다.
⑤ 연소자의 근로는 특별한 보호를 받는다.
⑥ 국가유공자·상이군경 및 전몰군경의 유가족은 법률이 정하는 바에 의하여 우선적으로 근로의 기회를 부여받는다.

02 근로기준법(개별적 근로관계법규)

출제빈도 ★★

1. 목적

근로기준법은 헌법에 따라 근로조건의 기준을 정함으로써 근로자의 기본적 생활을 보장, 향상시키며 균형 있는 국민경제의 발전을 꾀하는 것을 목적으로 한다.

2. 근로기준법상의 기본원칙(근로기준법 제3조부터 제10조)

(1) 근로조건의 기준

근로기준법에서 정하는 근로조건은 최저기준이므로 근로관계 당사자는 이 기준을 이유로 근로조건을 낮출 수 없다.

(2) 근로조건의 결정

근로조건은 근로자와 사용자가 동등한 지위에서 자유의사에 따라 결정하여야 한다.

(3) 근로조건의 준수

근로자와 사용자는 각자가 단체협약, 취업규칙과 근로계약을 지키고 성실하게 이행할 의무가 있다.

(4) 균등한 처우

사용자는 근로자에 대하여 남녀의 성(性)을 이유로 차별적 대우를 하지 못하고, 국적·신앙 또는 사회적 신분을 이유로 근로조건에 대한 차별적 처우를 하지 못한다.

(5) 강제 근로의 금지

사용자는 폭행, 협박, 감금, 그 밖에 정신상 또는 신체상의 자유를 부당하게 구속하는 수단으로써 근로자의 자유의사에 어긋나는 근로를 강요하지 못한다.

(6) 폭행의 금지

사용자는 사고의 발생이나 그 밖의 어떠한 이유로도 근로자에게 폭행을 하지 못한다.

(7) 중간착취의 배제

누구든지 법률에 따르지 아니하고는 영리로 다른 사람의 취업에 개입하거나 중간인으로서 이익을 취득하지 못한다.

(8) 공민권 행사의 보장

사용자는 근로자가 근로시간 중에 선거권, 그 밖의 공민권(公民權) 행사 또는 공(公)의 직무를 집행하기 위하여 필요한 시간을 청구하면 거부하지 못한다. 다만, 그 권리 행사나 공(公)의 직무를 수행하는 데에 지장이 없으면 청구한 시간을 변경할 수 있다.

3. 근로기준법의 적용범위

(1) 원칙

근로기준법은 상시 5명 이상의 근로자를 사용하는 모든 사업 또는 사업장에 적용한다.

(2) 예외

동거하는 친족만을 사용하는 사업 또는 사업장과 가사(家事) 사용인에 대하여는 적용하지 아니한다.

법학 전문가의 TIP

상시 5명 이상

상시란 상태를 말하므로 일시적으로 5명 미만이 된다 하더라도 상태적으로 5명 이상이면 근로기준법이 적용됩니다.

친족

민법 제777조에서 정한 8촌 이내의 혈족, 4촌 이내의 인척 및 배우자를 뜻합니다.

4. 근로계약

(1) 법적 성질

근로계약은 채권 계약적 성질을 전제하면서도 신분관계 설정행위 또는 인간관계의 형성 등 인격실현행위의 성질을 갖는다.

(2) 근로자와 사용자의 의무

① 근로자의 의무: 근로제공 의무, 성실의무
② 사용자의 의무: 임금지급 의무, 배려의무

(3) 채용내정과 시용

① 채용내정: 근로자를 채용하기로 내정은 되어있으나, 외관상 정식 근로계약은 체결하지 아니한 경우로서 법률상의 제도가 아닌 계약당사자 간의 계약자유를 기초로 등장한 제도이다.

② 시용: 근로계약 체결 후 일정 기간을 두고 근로자의 직업적성과 업무능력을 판단한 후 최종적으로 근로계약의 계속 여부를 결정하는 제도이다.

(4) 근로조건 명시

① 명시사항: 사용자는 근로계약을 체결할 때에 근로자에게 임금, 소정근로시간, 휴일, 연차 유급휴가를 서면으로 명시하여야 한다.
② 교부의무: 사용자는 서면으로 명시된 근로계약서를 근로자에게 교부하여야 한다.
③ 명시의무 위반의 계약 효력: 사용자가 명시의무를 위반할 시 벌칙이 부여된다. 그러나 근로계약 체결 시 명시의무 위반을 하였다 하더라도 근로계약이 무효가 되는 것은 아니다.

명시의무 위반 벌칙
근로기준법 제17조(근로조건의 명시)를 위반한 자는 500만 원 이하의 벌금에 처한다.

(5) 근로조건의 위반

① 명시된 근로조건이 사실과 다를 경우에 근로자는 근로조건 위반을 이유로 손해배상을 청구할 수 있으며 즉시 근로계약을 해제할 수 있다.
② 근로자가 손해배상을 청구할 경우에는 노동위원회에 신청할 수 있으며, 근로계약이 해제되었을 경우에는 사용자가 취업을 목적으로 거주를 변경한 근로자에게 귀향 여비를 지급하여야 한다.

(6) 금지되는 근로조건

① 위약 예정의 금지: 사용자는 근로계약 불이행에 대한 위약금 또는 손해배상액을 예정하는 계약을 체결하지 못한다.
② 전차금 상계의 금지: 사용자는 전차금이나 그 밖에 근로할 것을 조건으로 하는 전대 채권과 임금을 상계하지 못한다.
③ 강제 저금의 금지: 사용자는 근로계약에 덧붙여 강제 저축 또는 저축금의 관리를 규정하는 계약을 체결하지 못한다.

(7) 인사이동

① 전직(전환, 전보, 전근): 전직이란 근로자의 직무내용 또는 근무장소의 변동을 가져오는 기업 내의 인사이동을 말한다.
② 휴직: 휴직이란 일정한 기간 동안 신분과 자격을 유지하면서 쉬는 것을 말한다. 휴직은 사용자가 일정한 사유를 이유로 휴직 명령을 하는 직권 휴직과, 근로자의 사정으로 근로자가 휴직 신청을 하고 사용자가 이를 승인함으로써 성립하는 의원 휴직이 있다.
③ 직위해제(대기발령): 직위해제란 일반적으로 근로자가 직무수행능력이 부족, 근무성적 또는 근무태도 등이 불량한 경우, 근로자에 대한 징계절차가 진행 중인 경우 등 당해 근로자가 계속 직무를 담당하게 될 경우 예상되는 업무상의 장애 등을 예방하기 위하여 일시적으로 당해 직무에 종사하지 못하도록 하는 잠정적인 조치를 말한다.
④ 전출: 전출이란 근로자와 사용자와의 근로계약관계를 유지한 채 타 기업에 상당 기간 동근로[1]를 제공하는 것을 말한다.
⑤ 전적: 전적이란 근로자가 종래에 종사하던 기업과의 사이의 근로계약을 합의해지하고 이적하게 될 기업과의 사이에 새로운 근로계약을 체결하는 것이다.

1) **동근로**
같은 근로를 의미

(8) 징계

징계란 종업원의 근무규율이나 그 밖의 직장 질서 위반행위에 대한 제재로서 근로자에게 노동관계상의 불이익을 주는 조치를 말한다.

예 경고·감봉·정직·징계해고 등

(9) 해고

① 종류

- 통상해고: 근로자에게 계약상 근로제공에 필요한 정신적·육체적 기타 적격성을 현저히 결하는 사정이 발생하여 근로자가 정상적 업무수행이 불가능하게 된 경우의 해고
- 징계해고: 근로자가 정상적 업무수행이 불가능하게 된 경우 경영 질서 침해에 대한 징벌로서 행해지는 해고
- 경영상 이유에 의한 해고(정리해고): 사용자가 경영상 이유에 의하여 근로자를 해고하려면 긴박한 경영상의 필요가 있어야 한다. 이 경우 경영 악화를 방지하기 위한 사업의 양도·인수·합병은 긴박한 경영상의 필요가 있는 것으로 본다. 사용자는 해고를 피하기 위한 노력을 다하여야 하며, 합리적이고 공정한 해고의 기준을 정하고 이에 따라 그 대상자를 선정하여야 한다. 이 경우 남녀의 성을 이유로 차별하여서는 아니 된다. 사용자는 해고를 피하기 위한 방법과 해고의 기준 등에 관하여 그 사업 또는 사업장에 근로자의 과반수로 조직된 노동조합이 있는 경우에는 그 노동조합(근로자의 과반수로 조직된 노동조합이 없는 경우에는 근로자의 과반수를 대표하는 자를 말한다. 이하 "근로자대표"라 한다.)에 해고를 하려는 날의 50일 전까지 통보하고 성실하게 협의하여야 한다.

② 제한

- 시기상 제한: 사용자는 근로자에게 정당한 이유 없이 해고, 휴직, 정직, 전직, 감봉, 그 밖의 징벌을 하지 못한다. 사용자는 근로자가 업무상 부상 또는 질병의 요양을 위하여 휴업한 기간과 그 후 30일 동안 또는 산전(産前)·산후(産後)의 여성이 이 법에 따라 휴업한 기간과 그 후 30일 동안은 해고하지 못한다.
- 절차상 제한: 사용자는 근로자를 해고(경영상 이유에 의한 해고를 포함한다.)하려면 적어도 30일 전에 예고를 하여야 하고, 30일 전에 예고를 하지 아니하였을 때에는 30일분 이상의 통상임금을 지급하여야 한다.

③ 해고 사유의 서면통지: 사용자는 근로자를 해고하려면 해고 사유와 해고 시기를 서면으로 통지하여야 한다. 근로자에 대한 해고는 서면으로 통지하여야 효력이 있다.

④ 부당해고의 구제신청: 사용자가 근로자에게 부당해고 등을 하면 근로자는 노동위원회에 구제를 신청할 수 있다. 구제신청은 부당해고 등이 있었던 날부터 3개월 이내에 하여야 한다.

⑤ 구제명령: 노동위원회는 구제명령(해고에 대한 구제명령만을 말한다.)을 할 때 근로자가 원직복직을 원하지 아니하면 원직복직을 명하는 대신 근로자가 해고기간 동안 근로를 제공하였더라면 받을 수 있었던 임금 상당액 이상의 금품을 근로자에게 지급하도록 명할 수 있다. 노동위원회는 구제명령을 받은 후 이행기한까지 구제명령을 이행하지 아니한 사용자에게 3천만 원 이하의 이행강제금을 부과한다. 근로자는 구제명령을 받은 사용자가 이행기한까지 구제명령을 이행하지 아니하면 이행기한이 지난 때부터 15일 이내에 그 사실을 노동위원회에 알려줄 수 있다.

법학 전문가의 TIP

근로기준법 제26조(해고의 예고)

사용자는 근로자를 해고(경영상 이유에 의한 해고를 포함한다.)하려면 적어도 30일 전에 예고를 하여야 하고, 30일 전에 예고를 하지 아니하였을 때에는 30일분 이상의 통상임금을 지급하여야 한다. 다만, 다음 각호의 어느 하나에 해당하는 경우에는 그러하지 아니하다.

1. 근로자가 계속 근로한 기간이 3개월 미만인 경우
2. 천재·사변, 그 밖의 부득이한 사유로 사업을 계속하는 것이 불가능한 경우
3. 근로자가 고의로 사업에 막대한 지장을 초래하거나 재산상 손해를 끼친 경우로서 고용노동부령으로 정하는 사유에 해당하는 경우

⑥ 근로관계의 종료와 금품 청산: 사용자는 근로자가 사망 또는 퇴직한 경우에는 그 지급 사유가 발생한 때부터 14일 이내에 임금, 보상금, 그 밖의 모든 금품을 지급하여야 한다. 다만, 특별한 사정이 있을 경우에는 당사자 사이의 합의에 의하여 기일을 연장할 수 있다.

(10) 임금채권의 우선변제

① 임금, 재해보상금, 그 밖의 근로관계로 인한 채권은 사용자의 총재산에 대하여 질권(質權)·저당권 또는 「동산·채권 등의 담보에 관한 법률」에 따른 담보권에 따라 담보된 채권 외에는 조세·공과금 및 다른 채권에 우선하여 변제되어야 한다. 다만, 질권·저당권 또는 「동산·채권 등의 담보에 관한 법률」에 따른 담보권에 우선하는 조세·공과금에 대하여는 그러하지 아니한다.

② 최종 3개월분의 임금채권, 재해보상금 채권은 사용자의 총재산에 대하여 질권·저당권 또는 「동산·채권 등의 담보에 관한 법률」에 따른 담보권에 따라 담보된 채권, 조세·공과금 및 다른 채권에 우선하여 변제되어야 한다.

5. 임금

(1) 의의

임금이란 사용자가 근로의 대가로 근로자에게 임금, 봉급, 그 밖에 어떠한 명칭으로든지 지급하는 모든 금품을 말한다.

(2) 평균임금과 통상임금

① 평균임금: 평균임금이란 이를 산정하여야 할 사유가 발생한 날 이전 3개월 동안에 그 근로자에게 지급된 임금의 총액을 그 기간의 총일수로 나눈 금액을 말한다. 근로자가 취업한 후 3개월 미만인 경우도 이에 준한다.

② 통상임금: 통상임금이란 근로자에게 정기적이고 일률적으로 소정(所定)근로 또는 총근로에 대하여 지급하기로 정한 시간급 금액, 일급 금액, 주급 금액, 월급 금액 또는 도급 금액을 말한다.

(3) 임금지급의 방법

통화지급의 원칙, 직접지급의 원칙, 전액지급의 원칙, 정기지급의 원칙

(4) 임금채권의 소멸시효

임금채권은 3년간 행사하지 아니하면 시효로 소멸한다.

6. 근로시간과 휴식

(1) 근로시간

① 1주간의 근로시간은 휴게시간을 제외하고 40시간을 초과할 수 없다.

② 1일의 근로시간은 휴게시간을 제외하고 8시간을 초과할 수 없다.

③ 근로시간을 산정하는 경우 작업을 위하여 근로자가 사용자의 지휘·감독 아래에 있는 대기시간 등은 근로시간으로 본다.

(2) 휴식

① 휴게시간: 사용자는 근로시간이 4시간인 경우에는 30분 이상, 8시간인 경우에는 1시간 이상의 휴게시간을 근로시간 도중에 주어야 한다. 휴게시간은 근로자가 자유롭게 이용할 수 있다.

② 연차휴가: 사용자는 1년간 80퍼센트 이상 출근한 근로자에게 15일의 유급휴가를 주어야 한다. 사용자는 3년 이상 계속하여 근로한 근로자에게는 15일의 유급휴가에 최초 1년을 초과하는 계속 근로 연수 매 2년에 대하여 1일을 가산한 유급휴가를 주어야 하며, 이 경우 가산휴가를 포함한 총 휴가 일수는 25일을 한도로 한다.

7. 취업규칙

(1) 의의

사업장에서 근로자에게 적용되는 근로조건 및 당사자가 준수하여야 할 경영규범에 관하여 사용자가 일방적으로 정한 통일적·획일적 규칙을 통칭하여 취업규칙이라고 한다.

(2) 작성 및 변경 절차

사용자는 취업규칙의 작성 또는 변경에 관하여 해당 사업 또는 사업장에 근로자의 과반수로 조직된 노동조합이 있는 경우에는 그 노동조합, 근로자의 과반수로 조직된 노동조합이 없는 경우에는 근로자 과반수의 의견을 들어야 한다. 다만, 취업규칙을 근로자에게 불리하게 변경하는 경우에는 그 동의를 받아야 한다.

03 노동조합 및 노동관계조정법(집단적 노사관계법) 출제빈도 ★★

1. 노동조합

(1) 의의

노동조합이란 근로자가 주체가 되어 자주적으로 단결하여 근로조건의 유지·개선 기타 근로자의 경제적·사회적 지위의 향상을 도모함을 목적으로 조직하는 단체 또는 그 연합단체를 말한다.

(2) 내용

① 법인격의 취득: 노동조합은 그 규약이 정하는 바에 의하여 법인으로 할 수 있다. 노동조합은 당해 노동조합을 법인으로 하고자 할 경우에는 등기를 하여야 한다. 법인인 노동조합에 대하여는 이 법에 규정된 것을 제외하고는 민법 중 사단법인에 관한 규정을 적용한다.

② 노동조합의 조직·가입·활동: 근로자는 자유로이 노동조합을 조직하거나 이에 가입할 수 있다. 사업 또는 사업장에 종사하는 근로자(이하 "종사근로자"라 한다.)가 아닌 노동조합의 조합원은 사용자의 효율적인 사업 운영에 지장을 주지 아니하는 범위에서 사업 또는 사업장 내에서 노동조합 활동을 할 수 있다.

법학 전문가의 TIP

노동조합 및 노동관계조정법 제2조 (정의)

"노동조합"이라 함은 근로자가 주체가 되어 자주적으로 단결하여 근로조건의 유지·개선 기타 근로자의 경제적·사회적 지위의 향상을 도모함을 목적으로 조직하는 단체 또는 그 연합단체를 말한다. 다만, 다음 각목의 1에 해당하는 경우에는 노동조합으로 보지 아니한다.

가. 사용자 또는 항상 그의 이익을 대표하여 행동하는 자의 참가를 허용하는 경우
나. 경비의 주된 부분을 사용자로부터 원조받는 경우
다. 공제·수양 기타 복리사업만을 목적으로 하는 경우
라. 근로자가 아닌 자의 가입을 허용하는 경우
마. 주로 정치운동을 목적으로 하는 경우

③ 노동조합의 보호요건: 노동조합 및 노동관계조정법에 의하여 설립된 노동조합이 아니면 노동위원회에 노동쟁의의 조정 및 부당노동행위의 구제를 신청할 수 없고, 노동조합 및 노동관계조정법에 의하여 설립된 노동조합이 아니면 노동조합이라는 명칭을 사용할 수 없다.

④ 차별대우의 금지: 노동조합의 조합원은 어떠한 경우에도 인종, 종교, 성별, 연령, 신체적 조건, 고용 형태, 정당 또는 신분에 의하여 차별대우를 받지 아니한다.

(3) 노동조합 전임자

노조 전임자란 근로시간 중에 근로를 제공하지 아니하고 상시로 노동조합의 업무만을 담당하는 자를 말한다. 노조 전임자는 근로제공 의무가 면제되고 사용자의 임금지급 의무도 면제된다는 점에서 휴직 중인 근로자와 유사한 지위에 있는 것으로 본다. 또한 일상적인 노조 업무 중 재해에 대하여는 업무상의 재해로 보아 산재법의 적용을 받는다.

2. 단체교섭

(1) 의의

단체교섭이란 법률상으로 노동조합이나 그 밖의 노동단체가 교섭 대표를 통하여 사용자 측과 근로조건 등에 관하여 합의에 도달할 것을 주된 목적으로 하여 교섭하는 것을 의미한다.

(2) 단체교섭의 당사자

① 의의: 단체교섭의 당사자란 단체교섭을 자신의 이름으로 수행하고, 단체협약이 체결되는 경우 당해 단체협약에 따른 법적 효력의 귀속 주체가 되는 자를 말한다.

② 근로자 측 교섭당사자: 근로자 측 교섭당사자는 근로자 또는 노동조합 대표자 개인이 아니라 노동조합이다. 노동조합이 적법한 단체교섭 당사자가 되기 위해서는 대외적 자주성 및 단체성이 구비되어야 한다.

③ 사용자 측 교섭당사자: 사용자는 헌법이 보장하는 단체교섭권의 주체가 아니므로 사용자 측 교섭당사자는 근로자 측의 단체교섭 요구에 대하여 그 상대방으로서 응할 의무가 있는 자이다.

(3) 단체교섭의 대상

① 임금·근로시간 등에 관한 사항

② 인사에 관한 사항

③ 집단적 노사관계에 관한 사항

④ 정리해고나 사업조직의 통폐합 등 기업의 구조조정 실시 여부는 경영 주체의 고도의 경영상 결단에 속하는 사항으로서 원칙적으로 교섭대상이 아님

(4) 단체교섭의 방법(성실교섭 의무)

노동조합과 사용자 또는 사용자단체는 신의에 따라 성실히 교섭하고 단체협약을 체결하여야 하며 그 권한을 남용하여서는 아니 된다. 노동조합과 사용자 또는 사용자단체는 정당한 이유 없이 교섭 또는 단체협약의 체결을 거부하거나 해태하여서는 아니 된다.

3. 단체협약

(1) 단체협약의 성립

① 의의: 단체협약이란 헌법상 보장된 평화적 교섭과 쟁의행위를 거쳐서 노동조합과 사용자 또는 사용자단체가 근로조건 기타 근로자의 대우 등에 관한 사항과 노사관계의 제반 사항에 대하여 협약의 형태로 서면화한 것을 의미한다.

② 유효요건: 단체협약을 체결할 능력이 있는 쌍방의 합의, 서면작성 및 쌍방의 서명 또는 날인, 단체협약의 체결일부터 15일 이내에 행정관청에 신고

(2) 단체협약의 내용

① 규범적 부분: 단체협약의 내용 중 개별적 근로관계를 규율하는 부분, 즉, 근로조건 및 기타 근로자의 대우에 관한 기준을 정한 부분이다.

② 채무적 부분: 집단적 노사관계하에서 단체협약의 당사자인 노동조합과 사용자의 권리·의무에 관한 규정을 채무적 부분이라고 한다.

(3) 단체협약의 효력

① 의의: 단체협약에 정한 근로조건 및 기타 근로자의 대우에 관한 기준을 위반하는 취업규칙 또는 근로계약의 부분은 무효로 한다. 근로계약에 규정되지 아니한 사항 또는 근로조건 및 기타 근로자의 대우에 관한 기준에 의하여 무효로 된 부분은 단체협약에 정한 기준에 의한다.

② 유효기간: 단체협약의 유효기간은 3년을 초과하지 않는 범위에서 노사가 합의하여 정할 수 있다. 단체협약에 그 유효기간을 정하지 아니한 경우 또는 3년을 초과하는 유효기간을 정한 경우에 그 유효기간은 3년으로 한다.

(4) 단체협약의 구속력

① 일반적 구속력: 하나의 사업 또는 사업장에 상시 사용되는 동종의 근로자 반수 이상이 하나의 단체협약의 적용을 받게 된 때에는 당해 사업 또는 사업장에 사용되는 다른 동종의 근로자에 대하여도 당해 단체협약이 적용된다.

② 지역적 구속력: 하나의 지역에 있어서 종업하는 동종의 근로자 3분의 2 이상이 하나의 단체협약의 적용을 받게 된 때에는 행정관청은 당해 단체협약 당사자의 쌍방 또는 일방의 신청에 의하거나 그 직권으로 노동위원회의 의결을 얻어 당해 지역에서 종업하는 다른 동종의 근로자와 그 사용자에 대하여도 당해 단체협약을 적용한다는 결정을 할 수 있다.

법학 전문가의 TIP

근로조건 및 기타 근로자의 대우에 관한 기준
예를 들어, 임금, 근로시간, 휴일·휴가, 퇴직금, 후생복리, 해고, 상벌, 재해보상 등이 있습니다.

노동조합과 사용자의 권리·의무에 관한 규정
예를 들어, Shop조항, 평화조항, 조합활동조항, 조합비일괄공제조항, 노조전임제 등이 있습니다.

4. 쟁의행위

(1) 의의 및 기본원칙

① 의의: 쟁의행위란 파업·태업·직장폐쇄 등 기타 노동관계 당사자가 그 주장을 관철할 목적으로 행하는 행위와 이에 대항하는 행위로서 업무의 정상적인 운영을 저해하는 행위를 말한다.

② 기본원칙(쟁의행위의 제한): 쟁의행위는 그 목적·방법 및 절차에 있어서 법령 기타 사회질서에 위반되어서는 아니 된다. 조합원은 노동조합에 의하여 주도되지 아니한 쟁의행위를 하여서는 아니 되며, 노동조합은 사용자의 점유를 배제하여 조업을 방해하는 형태로 쟁의행위를 하여서는 아니 된다.

(2) 유형

① 파업: 근로계약상의 근로제공을 전면적으로 정지하는 소극적 투쟁수단이다.

② 태업: 근로자가 근로제공은 하되 이를 불완전하게 하여 작업능률을 저하시키는 쟁의수단이다.

③ 보이콧: 특정 기업의 제품에 대한 불매운동으로 당해 기업을 상품시장에서 고립시키는 쟁의수단이다.

④ 직장점거: 파업·태업을 하면서 단결을 유지·강화하거나 파업 중의 조업을 저지하기 위하여 쟁의참가자들이 사용자의 의사에 반하여 사업장 시설을 점거하는 보조적 쟁의행위이다.

⑤ 피케팅: 파업을 효과적으로 수행하기 위하여 근로 희망자들의 사업장 또는 공장 출입을 저지하며 파업에 협력할 것을 촉구하는 시위행위이다.

(3) 쟁의행위의 금지

① 폭력·파괴의 금지: 쟁의행위는 폭력이나 파괴행위 또는 생산·기타 주요업무에 관련되는 시설과 이에 준하는 시설로서 대통령령이 정하는 시설을 점거하는 형태로 이를 행할 수 없다. 사업장의 안전보호시설에 대하여 정상적인 유지·운영을 정지·폐지 또는 방해하는 행위는 쟁의행위로서 이를 행할 수 없다.

② 임금지급 요구의 금지: 사용자는 쟁의행위에 참가하여 근로를 제공하지 아니한 근로자에 대하여는 그 기간에 임금을 지급할 의무가 없다. 노동조합은 쟁의행위 기간에 대한 임금의 지급을 요구하여 이를 관철할 목적으로 쟁의행위를 하여서는 아니 된다.

(4) 사용자의 채용제한

사용자는 쟁의행위 기간 중 그 쟁의행위로 중단된 업무의 수행을 위하여 당해 사업과 관계없는 자를 채용 또는 대체할 수 없다. 또한, 사용자는 쟁의행위 기간 중 그 쟁의행위로 중단된 업무를 도급 또는 하도급 줄 수 없다.

(5) 직장폐쇄

① 의의: 사용자가 근로자 측의 쟁의행위에 대항하여 근로자에 대하여 노무의 수령을 거부하는 행위이다.

② 제한: 사용자는 노동조합이 쟁의행위를 개시한 이후에만 직장폐쇄를 할 수 있다. 직장폐쇄를 할 경우에는 미리 행정관청 및 노동위원회에 각각 신고하여야 한다.

(6) 손해배상청구권의 제한

사용자는 이 법에 의한 단체교섭 또는 쟁의행위로 인하여 손해를 입은 경우에 노동조합 또는 근로자에 대하여 그 배상을 청구할 수 없다.

5. 부당노동행위

(1) 의의

부당노동행위란 근로자 또는 노동조합이 노동 3권을 자주적으로 행사하지 못하도록 방해하거나 개입하는 사용자의 행위를 의미한다.

(2) 유형

① 불이익취급: 근로자가 노동조합에 가입·조직·정당한 단체행동의 참가·기타 정당한 조합 활동을 이유로 또는 노동위원회에 부당노동행위 신고·증언·기타 행정관청에 증거를 제출한 것을 이유로 그 근로자를 해고하거나 그 근로자에게 불이익을 주는 행위

② 반조합계약: 근로자가 어느 노동조합에 불가입 또는 탈퇴할 것을 고용조건으로 하거나 특정한 노동조합의 조합원이 될 것을 고용조건으로 하는 행위

③ 단체교섭거부: 노동조합의 대표자 또는 노동조합으로부터 위임을 받은 자와의 단체협약체결 기타의 단체교섭을 정당한 이유 없이 거부하거나 해태하는 행위

④ 지배·개입: 근로자가 노동조합을 조직·운영하는 것을 지배하거나 이에 개입하는 행위와 근로시간 면제 한도를 초과하여 급여를 지급하거나 노동조합의 운영비를 원조하는 행위

(3) 부당노동행위의 구제절차

사용자의 부당노동행위로 인하여 그 권리를 침해당한 근로자 또는 노동조합은 노동위원회에 그 구제를 신청할 수 있다. 구제 신청은 부당노동행위가 있은 날(계속하는 행위는 그 종료일)부터 3월 이내에 이를 행하여야 한다.

시험문제 미리보기!

다음 중 헌법상 근로 3권에 해당하는 것은?

① 단체교섭권 ② 직장폐쇄권
③ 노동분쟁조정권 ④ 임금청구권

정답 ①

해설 헌법 제33조 제1항에 따르면, 근로자는 근로조건의 향상을 위하여 자주적인 단결권·단체교섭권 및 단체행동권을 가진다.

제3절 | 사회보장기본법

✓핵심 포인트

사회보장의 분류	사회보험, 공공부조, 사회복지서비스, 평생사회안전망, 사회보장 행정데이터
사회보장수급권의 주요 내용	사회보장수급권의 신청, 보호, 제한
사회보장제도의 운영원칙	보편성, 형평성, 민주성, 연계성과 전문성, 시행책임

01 사회보장의 의의

출제빈도 ★

1. 사회보장의 개념

사회보장이란 출산, 양육, 실업, 노령, 장애, 질병, 빈곤 및 사망 등의 사회적 위험으로부터 모든 국민을 보호하고 국민 삶의 질을 향상시키는 데 필요한 소득·서비스를 보장하는 사회보험, 공공부조, 사회서비스를 말한다.

2. 사회보장기본법의 목적

사회보장기본법은 사회보장에 관한 국민의 권리와 국가 및 지방자치단체의 책임을 정하고 사회보장정책의 수립·추진과 관련 제도에 관한 기본적인 사항을 규정함으로써 국민의 복지증진에 이바지하는 것을 목적으로 한다.

3. 사회보장기본법의 기본이념

사회보장은 모든 국민이 다양한 사회적 위험으로부터 벗어나 행복하고 인간다운 생활을 향유할 수 있도록 자립을 지원하며, 사회참여·자아실현에 필요한 제도와 여건을 조성하여 사회통합과 행복한 복지사회를 실현하는 것을 기본이념으로 한다.

4. 사회보장의 분류

(1) 사회보험

국민에게 발생하는 사회적 위험을 보험의 방식으로 대처함으로써 국민의 건강과 소득을 보장하는 제도를 말한다.

법학 전문가의 TIP

사회보험
예를 들어, 국민건강보험법, 연금보험법(국민연금, 공무원연금, 군인연금), 산업재해보상보험법, 고용보험법, 기초노령연금, 노인장기요양보험법이 있습니다.

법학 전문가의 TIP

공공부조

예를 들어, 국민기초생활보장법, 의료급여법, 재해구호법, 긴급복지지원법이 있습니다.

사회서비스

예를 들어, 영유아보육법, 아동복지법, 한부모가족지원법, 노인복지법, 장애인복지법, 다문화가족지원법, 가정폭력방지 및 피해자보호 등에 관한 법률이 있습니다.

(2) 공공부조

국가와 지방자치단체의 책임하에 생활 유지 능력이 없거나 생활이 어려운 국민의 최저생활을 보장하고 자립을 지원하는 제도를 말한다.

(3) 사회서비스(사회복지서비스)

국가·지방자치단체 및 민간부문의 도움이 필요한 모든 국민에게 복지, 보건의료, 교육, 고용, 주거, 문화, 환경 등의 분야에서 인간다운 생활을 보장하고 상담, 재활, 돌봄, 정보의 제공, 관련 시설의 이용, 역량 개발, 사회참여 지원 등을 통하여 국민의 삶의 질이 향상되도록 지원하는 제도를 말한다.

(4) 평생사회안전망

생애주기에 걸쳐 보편적으로 충족되어야 하는 기본욕구와 특정한 사회위험에 의하여 발생하는 특수욕구를 동시에 고려하여 소득·서비스를 보장하는 맞춤형 사회보장제도를 말한다.

(5) 사회보장 행정데이터

국가, 지방자치단체, 공공기관 및 법인이 법령에 따라 생성 또는 취득하여 관리하고 있는 자료 또는 정보로서 사회보장 정책 수행에 필요한 자료 또는 정보를 말한다.

5. 국가와 지방자치단체의 책임

① 국가와 지방자치단체는 모든 국민의 인간다운 생활을 유지·증진하는 책임을 가진다.
② 국가와 지방자치단체는 사회보장에 관한 책임과 역할을 합리적으로 분담하여야 한다.
③ 국가와 지방자치단체는 국가 발전 수준에 부응하고 사회환경의 변화에 선제적으로 대응하며 지속가능한 사회보장제도를 확립하고 매년 이에 필요한 재원을 조달하여야 한다.
④ 국가는 사회보장제도의 안정적인 운영을 위하여 중장기 사회보장 재정 추계를 격년으로 실시하고 이를 공표하여야 한다.

6. 국민의 책임

모든 국민은 자신의 능력을 최대한 발휘하여 자립·자활(自活)할 수 있도록 노력하고 사회보장급여에 필요한 비용의 부담, 정보의 제공 등 국가의 사회보장정책에 협력하여야 한다.

7. 외국인에의 적용

국내에 거주하는 외국인에게 사회보장제도를 적용할 때에는 상호주의의 원칙에 따르되, 관계 법령에서 정하는 바에 따른다.

02 사회보장수급권의 주요 내용

출제빈도 ★

1. 의의

사회보장수급권이란 사회적 위험(신체장애, 질병, 노령, 실업 등)으로 인하여 요보호 상태에 있는 개인이 인간의 존엄에 상응하는 생활을 영위하기 위하여 국가에 대하여 일정한 내용의 급부를 요구할 수 있는 권리를 말한다.

2. 사회보장수급권의 수준

① 국가와 지방자치단체는 모든 국민이 건강하고 문화적인 생활을 유지할 수 있도록 사회보장급여의 수준 향상을 위하여 노력하여야 한다.
② 국가는 관계 법령에서 정하는 바에 따라 최저보장 수준과 최저임금을 매년 공표하여야 한다.
③ 국가와 지방자치단체는 최저보장 수준과 최저임금 등을 고려하여 사회보장급여의 수준을 결정하여야 한다.

3. 사회보장수급권의 신청

① 사회보장급여를 받으려는 사람은 관계 법령에서 정하는 바에 따라 국가나 지방자치단체에 신청하여야 한다. 다만, 관계 법령에서 따로 정하는 경우에는 국가나 지방자치단체가 신청을 대신할 수 있다.
② 사회보장급여를 신청하는 사람이 다른 기관에 신청한 경우에 그 기관은 지체 없이 이를 정당한 권한이 있는 기관에 이송하여야 한다. 이 경우 정당한 권한이 있는 기관에 신청이 이송된 날을 사회보장급여의 신청일로 본다.

4. 사회보장수급권의 보호

사회보장수급권은 관계 법령에서 정하는 바에 따라 다른 사람에게 양도하거나 담보로 제공할 수 없으며, 이를 압류할 수 없다.

5. 사회보장수급권의 제한

① 사회보장수급권은 제한되거나 정지될 수 없다. 다만, 관계 법령에서 따로 정하고 있는 경우에는 그러하지 아니한다.
② 사회보장수급권이 제한되거나 정지되는 경우는 제한 또는 정지하는 목적에 필요한 최소한의 범위에 그쳐야 한다.

6. 사회보장수급권의 포기

① 사회보장수급권은 정당한 권한이 있는 기관에 서면으로 통지하여 포기할 수 있다.
② 사회보장수급권의 포기는 취소할 수 있다.
③ 사회보장수급권을 포기하는 것이 다른 사람에게 피해를 주거나 사회보장에 관한 관계 법령에 위반되는 경우에는 사회보장수급권을 포기할 수 없다.

7. 불법행위에 대한 구상

제삼자의 불법행위로 피해를 입은 국민이 그로 인하여 사회보장수급권을 가지게 된 경우 사회보장제도를 운영하는 자는 그 불법행위의 책임이 있는 자에 대하여 관계 법령에서 정하는 바에 따라 구상권을 행사할 수 있다.

03 사회보장제도의 운영

출제빈도 ★

1. 운영원칙

(1) 보편성

국가와 지방자치단체가 사회보장제도를 운영할 때에는 이 제도를 필요로 하는 모든 국민에게 적용하여야 한다.

(2) 형평성

국가와 지방자치단체는 사회보장제도의 급여 수준과 비용 부담 등에서 형평성을 유지하여야 한다.

(3) 민주성

국가와 지방자치단체는 사회보장제도의 정책 결정 및 시행 과정에 공익의 대표자 및 이해관계인 등을 참여시켜 이를 민주적으로 결정하고 시행하여야 한다.

(4) 연계성과 전문성

국가와 지방자치단체가 사회보장제도를 운영할 때에는 국민의 다양한 복지 욕구를 효율적으로 충족시키기 위하여 연계성과 전문성을 높여야 한다.

(5) 시행책임

사회보험은 국가의 책임으로 시행하고, 공공부조와 사회서비스는 국가와 지방자치단체의 책임으로 시행하는 것을 원칙으로 한다. 다만, 국가와 지방자치단체의 재정 형편 등을 고려하여 이를 협의·조정할 수 있다.

2. 비용부담

① 사회보장 비용의 부담은 각각의 사회보장제도의 목적에 따라 국가, 지방자치단체 및 민간부문 간에 합리적으로 조정되어야 한다.

② 사회보험에 드는 비용은 사용자, 피용자 및 자영업자가 부담하는 것을 원칙으로 하되, 관계 법령에서 정하는 바에 따라 국가가 그 비용의 일부를 부담할 수 있다.

③ 공공부조 및 관계 법령에서 정하는 일정 소득 수준 이하의 국민에 대한 사회서비스에 드는 비용의 전부 또는 일부는 국가와 지방자치단체가 부담한다.

④ 부담 능력이 있는 국민에 대한 사회서비스에 드는 비용은 그 수익자가 부담함을 원칙으로 하되, 관계 법령에서 정하는 바에 따라 국가와 지방자치단체가 그 비용의 일부를 부담할 수 있다.

시험문제 미리보기!

다음 중 사회보장법 체계에 속하는 법은?

① 국민연금법
② 근로기준법
③ 노동조합 및 노동관계조정법
④ 파견근로자 보호 등에 관한 법률

정답 ①

해설 사회보장법 체계에 속하는 법에는 사회보험(국민건강보험법, 연금보험법(국민연금, 공무원연금, 군인연금), 산업재해보상보험법, 고용보험법), 공공부조(국민기초생활보장법, 의료급여법, 재해구호법), 사회서비스(영유아보육법, 아동복지법, 한부모가족지원법, 노인복지법, 장애인복지법) 등이 있다.

출제빈도: ★★☆

01 다음 중 사회법에 속하는 것은?

① 상법
② 부동산등기법
③ 특정경제범죄 가중처벌 등에 관한 법률
④ 산업재해보상보험법

출제빈도: ★★☆ 대표출제기업: 서울주택도시공사

02 다음 <보기>에서 노동과 사회보장에 관한 헌법의 내용으로 옳은 것을 모두 고르면?

<보기>

(가) 국가유공자·상이군경 및 전몰군경의 유가족은 법률이 정하는 바에 의하여 우선적으로 근로의 기회를 부여받는다.
(나) 여자의 근로는 특별한 보호를 받으며, 고용·임금 및 근로조건에 있어서 부당한 차별을 받지 아니한다.
(다) 공무원인 근로자는 법률이 정하는 자에 한하여 단결권·단체교섭권을 가지지만 단체행동권은 인정되지 않는다.
(라) 연소자의 근로는 특별한 근로의 기회를 부여받는다.

① (가), (나)
② (가), (다)
③ (나), (다)
④ (다), (라)

출제빈도: ★☆☆ 대표출제기업: 한국산업인력공단

03 다음 중 법원의 우선순위가 바르게 연결된 것은?

① 헌법 – 헌법에 따라 체결·공포된 조약(ILO 협약) – 명령 – 취업규칙 – 단체협약 – 근로계약
② 헌법 – 헌법에 따라 체결·공포된 조약(ILO 협약) – 명령 – 단체협약 – 근로계약 – 취업규칙
③ 헌법 – 헌법에 따라 체결·공포된 조약(ILO 협약) – 명령 – 단체협약 – 취업규칙 – 근로계약
④ 헌법 – 명령 – 헌법에 따라 체결·공포된 조약(ILO 협약) – 취업규칙 – 단체협약 – 근로계약

출제빈도: ★★☆ 대표출제기업: 금융감독원

04 다음 중 노동법의 적용과 법원에 대한 설명으로 옳지 않은 것은?

① 근로기준법은 국가와 지방자치단체에도 적용된다.

② 원칙적으로 단체협약은 근로계약에는 우선하지만 취업규칙에는 우선하지 않는다.

③ 근로계약과 취업규칙에서 정한 근로조건이 서로 다르더라도 근로계약에서 정한 근로조건이 유리한 경우 그 근로조건은 유효하다.

④ 근로기준법에서 정하는 근로조건은 최저기준이므로 근로관계 당사자는 이 기준을 이유로 근로조건을 낮출 수 없다.

정답 및 해설

01 ④

산업재해보상보험법은 사회보험 분야에 해당하는 법률로서 사회법에 속한다. 사회법의 종류로 경제적 약자를 보호하기 위한 노동법, 모든 국민의 인간다운 최저 생활을 보장하기 위한 사회보장법, 공정한 경제체계를 유지하기 위한 경제법이 제정되었다.

오답노트

① 상법은 기업에 관한 민사특별법이다.

② 부동산등기법은 민법의 특별법에 속한다.

③ 특징경제범죄 가중처벌 등에 관한 법률은 건전한 국민경제윤리에 반하는 특정경제범죄에 대한 가중처벌과 그 범죄행위자에 대한 취업제한 등을 규정함으로써 경제질서를 확립하고 나아가 국민경제 발전에 이바지함을 목적으로 하는 법률로서 사회법에 속하지 않는다.

02 ①

(가) 헌법 제32조 제6항에 따르면, 국가유공자·상이군경 및 전몰군경의 유가족은 법률이 정하는 바에 의하여 우선적으로 근로의 기회를 부여받는다.

(나) 헌법 제32조 제4항에 따르면, 여자의 근로는 특별한 보호를 받으며, 고용·임금 및 근로조건에 있어서 부당한 차별을 받지 아니한다.

오답노트

(다) 헌법 제33조 제2항에 따르면, 공무원인 근로자는 법률이 정하는 자에 한하여 단결권·단체교섭권 및 단체행동권을 가진다.

(라) 헌법 제32조 제5항에 따르면, 연소자의 근로는 특별한 보호를 받는다.

03 ③

노동법의 법원에는 헌법, 법률, 헌법에 따라 체결·공포된 조약(ILO 협약), 명령, 단체협약, 취업규칙, 조합규약, 노동관행 등이 있으며, 법원 간의 경합 시 적용순서는 '헌법 > 법률 또는 헌법에 따라 체결·공포된 조약(ILO 협약) > 명령 > 단체협약 > 취업규칙 > 근로계약' 순이다.

04 ②

노동조합 및 노동관계조정법 제33조(기준의 효력) 제1항에 따르면, 단체협약에 정한 근로조건 기타 근로자의 대우에 관한 기준에 위반하는 취업규칙 또는 근로계약의 부분은 무효로 한다.

오답노트

① 근로기준법 제12조(적용 범위)에 따르면, 이 법과 이 법에 따른 대통령령은 국가, 특별시·광역시·도, 시·군·구, 읍·면·동, 그 밖에 이에 준하는 것에 대하여도 적용된다.

③ 상위법 우선의 원칙에도 불구하고 하위규범이 상위규범보다 근로자에게 더 유리하면 하위규범이 우선 적용된다. 즉 취업규칙이 근로계약보다 상위규범이지만 근로계약에서 정한 근로조건이 유리한 경우 그 근로조건은 유효하다.

④ 근로기준법 제3조(근로조건의 기준)에 따르면, 이 법에서 정하는 근로조건은 최저기준이므로 근로관계 당사자는 이 기준을 이유로 근로조건을 낮출 수 없다.

출제예상문제

출제빈도: ★★☆ 대표출제기업: 부산신용보증재단

05 다음은 근로기준법의 규정으로 (가), (나)에 들어갈 말로 가장 적절한 것은?

> • (　가　)이란 이를 산정하여야 할 사유가 발생한 날 이전 3개월 동안에 그 근로자에게 지급된 임금의 총액을 그 기간의 총일수로 나눈 금액을 말한다. 근로자가 취업한 후 3개월 미만인 경우도 이에 준한다.
> • (　나　)이란 근로자에게 정기적이고 일률적으로 소정(所定)근로 또는 총 근로에 대하여 지급하기로 정한 시간급 금액, 일급 금액, 주급 금액, 월급 금액 또는 도급 금액을 말한다.

	(가)	(나)
①	통상임금	평균임금
②	평균임금	통상임금
③	평균임금	포괄임금
④	통상임금	통상임금

출제빈도: ★★☆ 대표출제기업: 대구도시공사

06 근로기준법령상 통상임금에 대한 설명으로 가장 알맞은 것은?

① 이를 산정하여야 할 사유가 발생한 날 이전 3개월 동안에 그 근로자에게 지급된 임금의 총액을 그 기간의 총일수로 나눈 금액을 말한다.

② 일정한 노동시간이나 노동량에 대하여 매일 또는 매달 주어지는 고정된 임금이다.

③ 근로자에게 정기적이고 일률적으로 소정(所定)근로 또는 총 근로에 대하여 지급하기로 정한 시간급 금액, 일급 금액, 주급 금액, 월급 금액 또는 도급 금액을 말한다.

④ 근로자의 생존권 및 삶의 질 향상을 위해 사용자로 하여금 근로자에게 일정 금액 이상의 임금을 지급하도록 법적으로 강제하는 것이다.

출제빈도: ★★☆ 대표출제기업: 한국전력공사

07 다음 <보기>에서 근로기준법을 위반한 근로계약의 효력에 대한 설명으로 옳지 않은 것을 모두 고르면?

<보기>

(가) 근로기준법에서 정하는 기준에 미치지 못하는 근로조건을 정한 근로계약은 전체를 무효로 한다.
(나) 무효로 된 부분은 근로기준법에서 정한 기준에 따른다.
(다) 사용자는 근로계약 불이행에 대한 위약금 또는 손해배상액을 예정하는 계약을 체결할 수 있다.
(라) 근로기준법에 정한 기준에 달하지 못하는 근로조건을 정한 근로계약은 그것이 단체협약에 의한 것이라거나 근로자들의 승인을 받은 것이라고 하여 유효로 볼 수 없다.

① (가), (나)　　② (가), (다)
③ (나), (다)　　④ (다), (라)

정답 및 해설

05 ②
- 근로기준법 제2조(정의)
"평균임금"이란 이를 산정하여야 할 사유가 발생한 날 이전 3개월 동안에 그 근로자에게 지급된 임금의 총액을 그 기간의 총일수로 나눈 금액을 말한다. 근로자가 취업한 후 3개월 미만인 경우도 이에 준한다.
- 근로기준법 시행령 제6조(통상임금) 제1항
법과 이 영에서 "통상임금"이란 근로자에게 정기적이고 일률적으로 소정(所定)근로 또는 총 근로에 대하여 지급하기로 정한 시간급 금액, 일급 금액, 주급 금액, 월급 금액 또는 도급 금액을 말한다.

06 ③
통상임금이란 근로자에게 정기적이고 일률적으로 소정(所定)근로 또는 총 근로에 대하여 지급하기로 정한 시간급 금액, 일급 금액, 주급 금액, 월급 금액 또는 도급 금액을 말한다.

오답노트
① 평균임금에 대한 설명이다.
② 기준임금에 대한 설명이다.
④ 최저임금에 대한 설명이다.

07 ②
(가) 근로기준법 제15조(이 법을 위반한 근로계약) 제1항에 따르면, 이 법에서 정하는 기준에 미치지 못하는 근로조건을 정한 근로계약은 그 부분에 한정하여 무효로 한다.
(다) 근로기준법 제20조(위약 예정의 금지)에 따르면, 사용자는 근로계약 불이행에 대한 위약금 또는 손해배상액을 예정하는 계약을 체결하지 못한다.

오답노트
(나) 근로기준법 제15조(이 법을 위반한 근로계약) 제2항에 따르면, 제1항에 따라 무효로 된 부분은 이 법에서 정한 기준에 따른다.
(라) 근로기준법에 정한 기준에 달하지 못하는 근로조건을 정한 근로계약은 그 부분에 한하여 무효이므로 그것이 단체협약에 의한 것이라거나 근로자들의 승인을 받은 것이라고 하여 유효로 볼 수 없다. (대법원 1990. 12. 21. 선고 90다카24496 판결)

출제예상문제

출제빈도: ★★☆ 대표출제기업: 국민체육진흥공단

08 다음 <보기>에서 근로기준법상 근로조건에 대한 설명으로 옳은 것을 모두 고르면?

<보기>

(가) 근로기준법에서 정하는 기준에 미치지 못하는 근로조건을 정한 근로계약은 전부를 무효로 한다.
(나) 사용자는 근로자가 근무시간 중에 선거권행사를 위해 필요한 시간을 청구하면 언제나 이를 거부하거나 변경하지 못한다.
(다) 사용자는 근로계약 불이행에 대한 위약금 또는 손해배상액을 예정하는 계약을 체결하지 못한다.
(라) 사용자가 근로자의 위탁으로 근로자의 저축을 관리하는 경우에는 저축의 종류·기간 및 금융기관을 근로자가 결정한다.

① (가), (나)
② (가), (다)
③ (나), (다)
④ (다), (라)

출제빈도: ★★☆ 대표출제기업: 한국보훈복지의료공단

09 근로기준법상 해고에 대한 설명으로 옳지 않은 것은?

① 사용자가 경영상 이유에 의하여 근로자를 해고하려면 긴박한 경영상의 필요가 있어야 하는데 경영 악화를 방지하기 위한 사업의 양도·인수·합병은 긴박한 경영상의 필요가 있는 것으로 본다.
② 사용자는 근로자를 해고(경영상 이유에 의한 해고를 포함한다)하려면 적어도 30일 전에 예고를 하여야 한다.
③ 사용자는 근로자를 해고하려면 해고사유와 해고시기를 서면으로 통지하여야 한다.
④ 부당해고의 구제신청은 부당해고 등이 있었던 날부터 6개월 이내에 하여야 한다.

출제빈도: ★☆☆ 대표출제기업: 대구신용보증재단

10 甲이 사망하여 A 회사는 퇴직금과 보상금을 지급해야 하는데 원칙적으로 며칠 이내에 지급하여야 하는가?

① 7일 이내
② 10일 이내
③ 14일 이내
④ 20일 이내

출제빈도: ★★☆ 대표출제기업: 한국보훈복지의료공단

11 근로기준법상 계약서류의 보존과 관련된 내용으로 사용자는 근로자 명부와 대통령령으로 정하는 근로계약에 관한 중요한 서류를 보존해야 한다고 할 때, 몇 년간 보존해야 하는가?

① 1년　　② 3년
③ 5년　　④ 7년

정답 및 해설

08 ④

(다) 근로기준법 제20조(위약 예정의 금지)에 따르면, 사용자는 근로계약 불이행에 대한 위약금 또는 손해배상액을 예정하는 계약을 체결하지 못한다.

(라) 근로기준법 제22조(강제 저금의 금지) 제2항에 따르면, 사용자가 근로자의 위탁으로 저축을 관리하는 경우에는 다음 각호의 사항을 지켜야 한다.

1. 저축의 종류 · 기간 및 금융기관을 근로자가 결정하고, 근로자 본인의 이름으로 저축할 것
2. 근로자가 저축증서 등 관련 자료의 열람 또는 반환을 요구할 때에는 즉시 이에 따를 것

오답노트

(가) 근로기준법 제15조(이 법을 위반한 근로계약) 제1항에 따르면, 이 법에서 정하는 기준에 미치지 못하는 근로조건을 정한 근로계약은 그 부분에 한정하여 무효로 한다.

(나) 근로기준법 제10조(공민권 행사의 보장)에 따르면, 사용자는 근로자가 근로시간 중에 선거권, 그 밖의 공민권(公民權) 행사 또는 공(公)의 직무를 집행하기 위하여 필요한 시간을 청구하면 거부하지 못한다. 다만, 그 권리 행사나 공(公)의 직무를 수행하는 데에 지장이 없으면 청구한 시간을 변경할 수 있다.

09 ④

근로기준법 제28조(부당해고 등의 구제신청) 제1항에 따르면, 사용자가 근로자에게 부당해고 등을 하면 근로자는 노동위원회에 구제를 신청할 수 있고, 제1항에 따른 구제신청은 부당해고 등이 있었던 날부터 3개월 이내에 하여야 한다.

오답노트

① 근로기준법 제24조(경영상 이유에 의한 해고의 제한) 제1항에 따르면, 사용자가 경영상 이유에 의하여 근로자를 해고하려면 긴박한 경영상의 필요가 있어야 한다. 이 경우 경영 악화를 방지하기 위한 사업의 양도 · 인수 · 합병은 긴박한 경영상의 필요가 있는 것으로 본다.

② 근로기준법 제26조(해고의 예고)에 따르면, 사용자는 근로자를 해고(경영상 이유에 의한 해고를 포함한다)하려면 적어도 30일 전에 예고를 하여야 하고, 30일 전에 예고를 하지 아니하였을 때에는 30일분 이상의 통상임금을 지급하여야 한다. 다만, 다음 각 호의 어느 하나에 해당하는 경우에는 그러하지 아니한다.

1. 근로자가 계속 근로한 기간이 3개월 미만인 경우
2. 천재 · 사변, 그 밖의 부득이한 사유로 사업을 계속하는 것이 불가능한 경우
3. 근로자가 고의로 사업에 막대한 지장을 초래하거나 재산상 손해를 끼친 경우로서 고용노동부령으로 정하는 사유에 해당하는 경우

③ 근로기준법 제27조(해고사유 등의 서면통지) 제1항에 따르면, 사용자는 근로자를 해고하려면 해고사유와 해고시기를 서면으로 통지하여야 한다.

10 ③

근로기준법 제36조(금품 청산)에 따르면, 사용자는 근로자가 사망 또는 퇴직한 경우에는 그 지급 사유가 발생한 때부터 14일 이내에 임금, 보상금, 그 밖의 모든 금품을 지급하여야 한다. 다만, 특별한 사정이 있을 경우에는 당사자 사이의 합의에 의하여 기일을 연장할 수 있다.

11 ②

근로기준법 제42조(계약 서류의 보존)에 따르면, 사용자는 근로자 명부와 대통령령으로 정하는 근로계약에 관한 중요한 서류를 '3년'간 보존하여야 한다.

출제예상문제

출제빈도: ★★☆ 대표출제기업: 한국보훈복지의료공단

12 다음 <보기>에서 근로기준법상 임금에 관한 설명으로 옳지 않은 것을 모두 고르면?

<보기>

(가) 사용자의 귀책사유로 휴업하는 경우에 사용자는 휴업기간 동안 그 근로자에게 평균임금의 100분의 60 이상의 수당을 지급하여야 한다.
(나) 임금은 매월 1회 이상 일정한 날짜를 정하여 지급하여야 한다.
(다) 임금채권은 1년간 행사하지 아니하면 시효로 소멸한다.
(라) 사용자는 근로자가 질병으로 인하여 그 비용에 충당하기 위하여 임금 지급을 청구하면 지급기일 전이라도 이미 제공한 근로에 대한 임금을 지급하여야 한다.

① (가), (나)
② (가), (다)
③ (나), (다)
④ (다), (라)

출제빈도: ★☆☆ 대표출제기업: 한국보훈복지의료공단

13 다음 <보기>에서 노동조합 및 노동관계조정법상 단체교섭 및 단체협약에 관한 설명으로 옳지 않은 것을 모두 고르면?

<보기>

(가) 단체협약은 서면으로 작성하여 당사자 쌍방이 서명 또는 날인하여야 한다.
(나) 노동조합의 대표자는 그 노동조합 또는 조합원을 위하여 사용자나 사용자단체와 교섭하고 단체협약을 체결할 권한을 가진다.
(다) 행정관청은 단체협약 중 위법한 내용이 있는 경우에는 법원의 의결을 얻어 그 시정을 명할 수 있다.
(라) 단체협약의 유효기간은 2년을 초과하지 않는 범위에서 노사가 합의하여 정할 수 있다.

① (가), (나)
② (가), (다)
③ (나), (다)
④ (다), (라)

출제빈도: ★☆☆ 대표출제기업: 대구신용보증재단

14 노동조합 및 노동관계조정법상 쟁의행위 중 그 행위의 주체가 다른 하나는 무엇인가?

① 피케팅 ② 직장폐쇄
③ 태업 ④ 보이콧

정답 및 해설

12 ②

(가) 근로기준법 제46조(휴업수당) 제1항에 따르면, 사용자의 귀책 사유로 휴업하는 경우에 사용자는 휴업기간 동안 그 근로자에게 평균임금의 100분의 70 이상의 수당을 지급하여야 한다. 다만, 평균임금의 100분의 70에 해당하는 금액이 통상임금을 초과하는 경우에는 통상임금을 휴업수당으로 지급할 수 있다.

(다) 임금채권보장법 제49조(임금의 시효)에 따르면, 이 법에 따른 임금채권은 3년간 행사하지 아니하면 시효로 소멸한다.

오답노트

(나) 근로기준법 제43조(임금 지급) 제2항에 따르면, 임금은 매월 1회 이상 일정한 날짜를 정하여 지급하여야 한다. 다만, 임시로 지급하는 임금, 수당, 그 밖에 이에 준하는 것 또는 대통령령으로 정하는 임금에 대하여는 그러하지 아니한다.

(라) 근로기준법 제45조(비상시 지급)에 따르면, 사용자는 근로자가 출산, 질병, 재해, 그 밖에 대통령령으로 정하는 비상(非常)한 경우의 비용에 충당하기 위하여 임금 지급을 청구하면 지급기일 전이라도 이미 제공한 근로에 대한 임금을 지급하여야 한다.

13 ④

(다) 노동조합 및 노동관계조정법 제31조(단체협약의 작성) 제3항에 따르면, 행정관청은 단체협약 중 위법한 내용이 있는 경우에는 노동위원회의 의결을 얻어 그 시정을 명할 수 있다.

(라) 노동조합 및 노동관계조정법 제32조(단체협약 유효기간의 상한) 제1항에 따르면, 단체협약의 유효기간은 3년을 초과하지 않는 범위에서 노사가 합의하여 정할 수 있다.

오답노트

(가) 노동조합 및 노동관계조정법 제31조(단체협약의 작성) 제1항에 따르면, 단체협약은 서면으로 작성하여 당사자 쌍방이 서명 또는 날인하여야 한다.

(나) 노동조합 및 노동관계조정법 제29조(교섭 및 체결 권한) 제1항에 따르면, 노동조합의 대표자는 그 노동조합 또는 조합원을 위하여 사용자나 사용자단체와 교섭하고 단체협약을 체결할 권한을 가진다.

14 ②

피케팅, 태업, 보이콧은 노동자가 주체가 되는 쟁의행위이고, 직장폐쇄는 사용자가 주체가 되는 쟁의행위이다.

출제예상문제

출제빈도: ★☆☆ 대표출제기업: 금융감독원

15 다음 <보기>에서 노동조합 및 노동관계조정법상 쟁의행위의 제한·금지에 관한 설명으로 옳지 않은 것을 모두 고르면?

<보기>

(가) 노동조합의 쟁의행위는 그 조합원의 직접·비밀·무기명투표에 의한 재적조합원의 과반수 출석과 조합원 과반수의 찬성으로 결정하지 아니하면 이를 행할 수 없다.

(나) 사용자는 쟁의행위 기간 중 그 쟁의행위로 중단된 업무의 수행을 위하여 당해 사업과 관계없는 자를 채용 또는 대체할 수 있다.

(다) 쟁의행위는 폭력이나 파괴행위 또는 생산 기타 주요업무에 관련되는 시설과 이에 준하는 시설로서 대통령령이 정하는 시설을 점거하는 형태로 이를 행할 수 없다.

(라) 사업장의 안전보호시설에 대하여 정상적인 유지·운영을 정지·폐지 또는 방해하는 행위는 쟁의행위로서 이를 행할 수 없다.

① (가), (나)
② (가), (다)
③ (나), (다)
④ (다), (라)

출제빈도: ★☆☆

16 다음 중 사회보장기본법의 분야에 해당하는 법률은?

① 아동복지법
② 노동조합 및 노동관계조정법
③ 소비자기본법
④ 독점규제 및 공정거래에 관한 법률

출제빈도: ★☆☆

17 다음이 설명하는 사회보장법상 제도는 무엇인가?

국가와 지방자치단체의 책임 하에 생활 유지 능력이 없거나 생활이 어려운 국민의 최저생활을 보장하고 자립을 지원하는 제도

① 사회보장
② 사회보험
③ 사회서비스
④ 공공부조

출제빈도: ★☆☆

18 다음 중 사회보험법에 해당하지 않는 것은?

① 고용보험법 ② 기초노령연금법
③ 국민건강보험법 ④ 국민기초생활보장법

정답 및 해설

15 ①

(가) 노동조합 및 노동관계조정법 제41조(쟁의행위의 제한과 금지) 제1항에 따르면, 노동조합의 쟁의행위는 그 조합원(제29조의2에 따라 교섭대표노동조합이 결정된 경우에는 그 절차에 참여한 노동조합의 전체 조합원)의 직접·비밀·무기명투표에 의한 조합원 과반수의 찬성으로 결정하지 아니하면 이를 행할 수 없다. 이 경우 조합원 수 산정은 종사근로자인 조합원을 기준으로 한다.

(나) 노동조합 및 노동관계조정법 제43조(사용자의 채용제한) 제1항에 따르면, 사용자는 쟁의행위 기간 중 그 쟁의행위로 중단된 업무의 수행을 위하여 당해 사업과 관계없는 자를 채용 또는 대체할 수 없다.

오답노트

(다) 노동조합 및 노동관계조정법 제42조(폭력행위등의 금지) 제1항에 따르면, 쟁의행위는 폭력이나 파괴행위 또는 생산 기타 주요업무에 관련되는 시설과 이에 준하는 시설로서 대통령령이 정하는 시설을 점거하는 형태로 이를 행할 수 없다.

(라) 노동조합 및 노동관계조정법 제42조(폭력행위등의 금지) 제2항에 따르면, 사업장의 안전보호시설에 대하여 정상적인 유지·운영을 정지·폐지 또는 방해하는 행위는 쟁의행위로서 이를 행할 수 없다.

16 ①

사회보장이란 출산, 양육, 실업, 노령, 장애, 질병, 빈곤 및 사망 등의 사회적 위험으로부터 모든 국민을 보호하고 국민 삶의 질을 향상시키는 데 필요한 소득·서비스를 보장하는 사회보험, 공공부조, 사회서비스를 말한다. 사회보험에는 국민건강보험법, 연금보험법(국민연금, 공무원연금, 군인연금), 산업재해보상보험법, 고용보험법, 기초노령연금, 노인장기요양보험법이 있고, 공공부조에는 국민기초생활보장법, 의료급여법, 재해구호법, 긴급복지지원법이 있으며, 사회서비스에는 영유아보육법, 아동복지법, 한부모가족지원법, 노인복지법, 장애인복지법, 다문화가족지원법, 가정폭력방지 및 피해자보호 등에 관한 법률이 있다.

17 ④

사회보장기본법 제3조(정의)에 따르면, 이 법에서 사용하는 용어의 뜻은 다음과 같다.

1. "사회보장"이란 출산, 양육, 실업, 노령, 장애, 질병, 빈곤 및 사망 등의 사회적 위험으로부터 모든 국민을 보호하고 국민 삶의 질을 향상시키는 데 필요한 소득·서비스를 보장하는 사회보험, 공공부조, 사회서비스를 말한다.
2. "사회보험"이란 국민에게 발생하는 사회적 위험을 보험의 방식으로 대처함으로써 국민의 건강과 소득을 보장하는 제도를 말한다.
3. "공공부조"(公共扶助)란 국가와 지방자치단체의 책임 하에 생활 유지 능력이 없거나 생활이 어려운 국민의 최저생활을 보장하고 자립을 지원하는 제도를 말한다.
4. "사회서비스"란 국가·지방자치단체 및 민간부문의 도움이 필요한 모든 국민에게 복지, 보건의료, 교육, 고용, 주거, 문화, 환경 등의 분야에서 인간다운 생활을 보장하고 상담, 재활, 돌봄, 정보의 제공, 관련 시설의 이용, 역량 개발, 사회참여 지원 등을 통하여 국민의 삶의 질이 향상되도록 지원하는 제도를 말한다.

18 ④

국민기초생활보장법은 국민기초생활을 보장하는 법률로서 공공부조에 해당한다. 공공부조에는 국민기초생활보장법, 의료급여법, 재해구호법, 긴급복지지원법이 있고, 사회보험에는 국민건강보험법, 연금보험법(국민연금, 공무원연금, 군인연금), 산업재해보상보험법, 고용보험법, 기초노령연금, 노인장기요양보험법이 있다.

해커스공기업 쉽게 끝내는 법학 기본서

취업강의 1위, **해커스잡**
ejob.Hackers.com

기출동형모의고사 3회독 가이드

① 해커스잡 애플리케이션의 모바일 타이머를 이용하여 1회분당 50문항을 60분 안에 풀어보세요.
② 문제를 풀 때는 문제지에 풀지 말고 교재 맨 뒤에 수록된 회독용 답안지를 절취하여 답안지에 정답을 체크하고 채점해보세요. 채점할 때는 p.546의 '바로 채점 및 성적 분석 서비스' QR코드를 스캔하여 응시인원 대비 본인의 성적 위치를 확인할 수 있습니다.
③ 채점 후에는 회독용 답안지의 각 회차에 대하여 정확하게 맞은 문제[O], 찍었는데 맞은 문제[△], 틀린 문제[X] 개수를 표시해보세요.
④ 찍었는데 맞았거나 틀린 문제는 해설의 출제포인트를 활용하여 이론을 복습하세요.
⑤ 이 과정을 3번 반복하면 공기업 법학을 모두 내 것으로 만들 수 있습니다.

PART 2

기출동형모의고사

제1회 | 기출동형모의고사

01 다음 중 아리스토텔레스의 정의론에 대한 내용으로 옳은 것은?

① 정의를 국민의 기본적 자유에 대한 평등의 원리와 사회적, 경제적 가치의 조정의 원리로 구분하고 있다.
② 정의를 일반적 정의와 특수적 정의로 구분하고 있다.
③ 배분적 정의는 절대적 평균으로서 모든 사람에게 차별 없이 평등하게 적용되는 것을 의미한다.
④ 평균적 정의에서 가장 중요한 것은 주관적이고 자의적인 기준에 따라 판단하는 것이 아니라 공평무사한 기준에 따라 판단을 하는 것이다.

02 지방자치단체가 법령의 범위 안에서 그 권한에 속하는 사무에 관해 제정한 법규를 무엇이라고 하는가?

① 법률 ② 조약
③ 조례 ④ 명령

03 다음 중 법의 효력에 대한 설명으로 옳지 않은 것은?

① 법률은 제정과 동시에 효력이 발생하는 것이 아니라 시행하는 날로부터 효력이 발생한다.
② 우리나라에서 법률은 특별한 규정이 없는 한 대통령이 공포한 날로부터 20일을 경과함으로써 그 효력이 발생한다.
③ 한시법이란 어느 법률이 법률에 그 시행 기간이 정하여진 경우에 그 기간의 만료로 해당 법은 그 효력이 소멸하는 법을 말한다.
④ 국외에서 외국인이 대한민국의 통화 및 유가증권을 위조한 경우 대한민국 형법이 적용되지 않는다.

04 관습법에 대한 설명으로 옳지 않은 것은?

① 관습법이 인정되기 위해서는 정부 또는 법원의 판결이 필요하다.
② 판례는 관습법과 사실인 관습의 구별을 긍정한다.
③ 판례는 관습법에 대해 보충적·열후적 효력만 인정한다.
④ 분묘기지권, 명인방법, 동산 양도담보는 판례가 인정한 대표적인 관습법이다.

05 다음 중 대한민국의 전통적 구성요소가 아닌 것은?

① 영토
② 국가권력(주권과 통치권)
③ 헌법재판소
④ 국민

06 다음 중 근대 입헌주의 헌법의 특징이 아닌 것은?

① 형식적 국민주권
② 행정국가
③ 엄격한 권력분립
④ 형식적 법치주의

07 다음 중 헌법의 개정절차에 대한 설명으로 옳지 않은 것은?

① 헌법개정안은 공고된 날로부터 60일 이내에 국회 재적의원 3분의 2 이상의 찬성을 얻어야 한다.
② 대통령은 국무회의 심의를 거쳐 헌법개정안을 제안한다.
③ 헌법개정안이 발의되면 대통령은 15일 이상 기간 동안 공고해야 한다.
④ 헌법개정은 국회 재적의원 과반수로 제안된다.

08 다음 중 방어적 민주주의와 관련이 없는 것은?

① 자기방어적 민주주의
② 민주주의의 소극적 방어수단
③ 위헌정당해산제도
④ 가치중립적 민주주의

09 다음 중 우리나라의 헌법 기본원리에 해당하지 않는 것은?

① 자유민주주의
② 사법국가적 기본원리
③ 사회적 시장경제주의
④ 문화국가 원리

10 다음 중 헌법상 기본권 보장의 대전제가 되는 헌법의 최고원리는 무엇인가?

① 인간의 존엄과 가치
② 생명권 존중
③ 자유의 원칙
④ 평등의 원칙

11 다음 중 헌법에서 국민주권원리를 구현하기 위한 제도로 볼 수 없는 것은?

① 복수정당제도 ② 국민투표제도
③ 권력분립제도 ④ 지방자치제도

12 다음 중 정당의 목적이나 활동이 민주적 기본질서에 위반되는 경우 해결방법은 무엇인가?

① 정부의 행정명령으로 해산한다.
② 정부가 헌법재판소에 제소를 하여 위헌정당해산심판으로 해결한다.
③ 국회에서 국회 재적의원 3분의 2의 찬성으로 의결하여 위헌정당을 해산한다.
④ 정부가 법원에 행정심판을 제소하여 해산한다.

13 다음에서 설명하는 국가에 대한 청구권은 무엇인가?

> 형사피의자 또는 형사피고인으로서 구금되었던 자가 법률이 정하는 불기소처분을 받거나 무죄판결을 받은 때에는 법률이 정하는 바에 의하여 국가에 정당한 보상을 청구할 수 있는 권리

① 국가배상청구권 ② 손실보상청구권
③ 청원권 ④ 형사보상청구권

14 다음 중 대통령제에 대한 설명으로 옳지 않은 것은?

① 대통령의 임기 동안 행정부가 안정되는 장점이 있다.
② 입법부와 행정부의 협조에 의해 신속하고 능률적인 국정처리가 가능하다는 장점이 있다.
③ 대통령의 법률안 거부권을 통해 소수이익보호가 가능하다.
④ 행정부의 강력한 행정수행이 가능하다.

15 다음 중 근대민법의 기본원칙이 아닌 것은?

① 계약자유의 원칙
② 과실책임의 원칙
③ 소유권 존중의 원칙
④ 신의성실의 원칙

16 다음 중 민법 제2조의 신의성실 원칙과 가장 거리가 먼 것은?

① 공신의 원칙
② 사정변경의 원칙
③ 실효의 원칙
④ 모순행위금지의 원칙

17 민법상 행위능력에 대한 설명으로 옳지 않은 것은?

① 미성년자가 법률행위를 할 경우 법정대리인의 동의를 얻어야 한다.
② 미성년자는 경제적으로 유리한 계약을 할 경우 법정대리인의 동의가 필요 없다.
③ 미성년자가 법정대리인의 동의 없이 한 법률행위는 취소할 수 있다.
④ 법정대리인이 범위를 정하여 처분을 허락한 재산은 미성년자가 임의로 처분할 수 있다.

18 다음에서 설명하는 법인의 기관은?

> 법인과 이사의 이익이 상반되는 경우 검사 또는 이해관계인의 청구에 의해 법원이 선임하는 법인의 대표기관

① 청산인 ② 감사
③ 특별대리인 ④ 임시이사

19 민법상 대리에 대한 설명으로 옳지 않은 것은?

① 미성년자는 대리인이 될 수 없다.
② 대리인이 피성년후견인이 될 경우 대리권은 소멸한다.
③ 공동대리는 원칙적으로 각자 대리가 원칙이다.
④ 불법행위에 대리는 허용되지 않는다.

20 다음 물권 중 용익물권적 성격과 담보물권적 성격을 동시에 가지고 있는 것은 무엇인가?

① 유치권 ② 전세권
③ 저당권 ④ 질권

21 민법상 물권에 대한 설명으로 옳지 않은 것은?

① 하나의 물건에는 하나의 소유권만이 인정된다.
② 점유권은 소유권이 있어야만 인정되는 물권이다.
③ 점유자가 물건에 대한 사실상의 지배를 상실한 때에는 점유권이 소멸한다.
④ 질권과 유치권은 법정담보물권이다.

22 다음 사례에서 甲이 乙의 토지에 취할 수 있는 물권은?

甲은 乙의 토지 위에 건물을 지어 소유하려고 한다.

① 지역권 ② 지상권
③ 전세권 ④ 유치권

23 다음 중 채무불이행에 대한 설명으로 옳지 않은 것은?

① 채무의 이행기가 도래했고 그 이행이 가능함에도 불구하고 채무자가 책임이 있는 사유로 이행을 하지 않고 있는 것을 이행지체라 한다.
② 채무불이행에 의한 손해배상은 원칙적으로 금전배상이다.
③ 채무불이행으로 인한 손해배상액의 청구에 있어서 손해의 발생 사실과 그 손해를 금전적으로 평가한 배상액에 관하여는 채무자가 주장·입증하여야 한다.
④ 채권자지체 중에는 채무자의 이자지급의무가 면제된다.

24 다음 중 보증채무에 대한 설명으로 옳지 않은 것은?

① 보증인은 주채무자가 이행하지 아니하는 채무를 이행할 의무가 있다.
② 보증채무는 주채무의 이자, 위약금, 손해배상 기타 주채무에 종속한 채무를 포함한다.
③ 보증인의 부담이 주채무의 목적이나 형태보다 중한 때에는 주채무의 한도로 감축한다.
④ 이미 성립된 보증채무는 주채무가 소멸하더라도 소멸하지 아니한다.

25 다음 중 민법상 채권의 소멸원인이 아닌 것은?

① 대물변제 ② 담보권 설정
③ 경개 ④ 공탁

26 다음에서 설명하는 상황을 법률상 무엇이라 하는가?

집을 잃고 방황하는 강아지를 집으로 데리고 가 주인이 나타날 때까지 기르다가 주인에게 돌려주는 행위

① 사용대차　　② 소비대차
③ 임대차　　④ 사무관리

27 다음 중 혼인에 대한 설명으로 가장 옳지 않은 것은?

① 만 18세가 된 사람은 부모의 동의가 없더라도 혼인할 수 있다.
② 부부의 일방이 혼인 전부터 가진 고유재산과 혼인 중 자기의 명의로 취득한 재산은 그 특유재산으로 한다.
③ 부부의 누구에게 속한 것인지 분명하지 아니한 재산은 부(父)의 특유재산으로 추정한다.
④ 부부는 일상의 가사에 관하여 서로 대리권이 있다.

28 다음 중 죄형법정주의에 대한 설명으로 옳지 않은 것은?

① "법률 없이는 범죄도 형벌도 없다."에서 법률은 형식적 의미의 형법만을 의미한다.
② 국가의 형벌권 발동의 조건·정도를 명확한 실정법률에 구속시킴으로써 형벌권의 자의적 행사로부터 국민의 자유와 안전을 보장하는 기능을 형법의 보장적 기능이라 한다.
③ 소급효 금지의 원칙은 실체법인 형법에 대해서만 적용되고 절차법인 형사소송법에는 적용되지 않는다.
④ 명확성의 원칙이란 기본적으로 최대한이 아닌 최소한의 명확성을 요구한다.

29 다음 중 형법상 범죄의 성립요건이 아닌 것은?

① 구성요건 해당성　　② 위법성
③ 처벌조건　　④ 책임

30 행위자가 살인을 저지르기 위해 미리 술을 마시고 취한 상태에서 자신의 살인계획을 실행한 경우에 적용되는 것은?

① 책임무능력자의 책임
② 원인에 있어서의 자유로운 행위
③ 위법성의 착오
④ 구성요건적 착오

31 법관이 발부한 영장에 의하여 사법경찰관이 타인의 사무실을 압수·수색하는 행위에 적용할 수 있는 위법성 조각사유는 무엇인가?

① 정당방위　　② 긴급피난
③ 피해자의 승낙　　④ 정당행위

32 다음 중 미수범에 대한 설명으로 가장 옳지 않은 것은?

① 범인이 실행에 착수한 행위를 자의(自意)로 중지하거나 그 행위로 인한 결과의 발생을 자의로 방지한 경우에는 형을 감경하거나 면제한다.
② 실행의 수단 또는 대상의 착오로 인하여 결과의 발생이 불가능하더라도 위험성이 있는 때에는 형을 감경하거나 면제한다.
③ 미수범의 형은 기수범보다 감경할 수 있다.
④ 범죄의 음모 또는 예비행위가 실행의 착수에 이르지 아니한 때에는 법률에 특별한 규정이 없는 한 벌하지 아니한다.

33 다음 중 형법상 형벌의 종류 중 재산형인 것은?

① 징역　　② 금고
③ 몰수　　④ 구류

34 다음 중 형법상 국가적 법익에 해당하는 범죄는?

① 공문서위조죄　　② 교통방해죄
③ 통화위조죄　　④ 무고의 죄

35 다음의 상황에 대한 죄책으로 가장 옳은 것은? (다툼이 있는 경우 판례에 의함)

> 매도인 甲이 물품 대금 청구에 응하지 않는 채무자 乙에게 대금을 갚지 않으니 자신의 물건을 다시 찾아가겠다고 통보함으로써 채무자인 乙과의 외상 매매계약을 해제한 후 乙의 승낙을 받지 않고 물품들을 가져간 경우

① 외상 매매계약은 해제가 되면 원상회복 의무가 있으므로 물건의 소유자는 甲이 되어 무죄가 성립한다.
② 매도인이 물건을 가져간 행위는 사기죄에 해당한다.
③ 소유자 乙의 허락 없이 가져갔으므로 절도죄가 성립한다.
④ 매도인이 물건을 가져간 행위는 배임죄에 해당한다.

36 甲이 처음부터 식사대금을 지불할 의사 없이 무전취식을 한 경우의 죄책은?

① 사기죄　　② 절도죄
③ 부당이득죄　　④ 무죄

37 다음에서 甲의 죄책은? (다툼이 있는 경우 판례에 의함)

> 공무원 시험에서 피고인과 '甲'이 공모하고 피고인이 시험장소 내에서 시험감독관 감시의 틈을 타서 시험답안지의 해답이 적힌 쪽지를 '甲'에게 전달한 경우

① 무죄
② 위계에 의한 공무집행방해죄
③ 업무방해죄
④ 사기죄

38 다음 중 행정주체인 것을 모두 고르면?

<보기>

> (가) 지방자치단체장
> (나) 공무 수탁사인
> (다) 국무총리
> (라) 서울특별시

① (가), (나)　　② (가), (다)
③ (나), (다)　　④ (나), (라)

39 다음에서 설명하는 행정행위를 무엇이라고 하는가?

> 질서유지·위험예방 등을 위해 법률로써 개인의 자유를 일반적·잠정적으로 제한한 후 행정상 일정한 요건이 구비된 경우에 그 제한을 해제하여 본래의 자유를 회복시켜 주는 행정행위

① 허가 ② 인가
③ 특허 ④ 면제

40 다음 중 준법률행위적 행정행위가 아닌 것은?

① 확인 ② 하명
③ 공증 ④ 통지

41 다음에서 설명하는 개인적 공권은 무엇인가?

> 개인이 자기의 이익을 위하여 타인에 대해 일정한 행위를 발동하여 줄 것을 행정청에 청구하는 권리를 말한다. 예를 들어, 이웃 주민이 위법건축물을 건축하여 자기의 권리를 침해하는 경우 이웃 주민에 대해 위법건축물의 철거명령을 발동해 줄 것을 행정청에 요구하는 것을 말한다.

① 무하자재량행사청구권
② 행정심판
③ 행정개입청구권
④ 처분

42 다음에서 설명하는 행정작용은 무엇인가?

> 행정기관이 그 소관 사무의 범위에서 일정한 행정목적을 실현하기 위하여 특정인에게 일정한 행위를 하거나 하지 아니하도록 지도, 권고, 조언 등을 하는 행정작용

① 행정계획 ② 행정예고
③ 의견제출 ④ 행정지도

43 다음 중 상법상 의제상인이 아닌 것은?

① 농산물 등을 판매하는 행위
② 경영투자자문행위
③ 연예인 송출업
④ 제조, 가공 또는 수선에 관한 행위

44 회사의 능력에 대한 설명으로 옳지 않은 것은?

① 회사는 불법행위 능력이 있다.
② 회사는 다른 회사의 상업사용인이 될 수 있다.
③ 회사는 유증을 받을 수 있다.
④ 회사는 다른 회사의 무한책임사원이 될 수 없다.

45 주식회사의 설립에 대한 설명으로 옳지 않은 것은?

① 모집설립에 의해 설립된 회사는 발기인과 모집 주주들로 구성된다.
② 발기설립의 경우 발기인의 주식인수는 서면으로 하여야 한다.
③ 발기인이 회사의 설립 시에 발행하는 주식의 총수를 인수하지 아니하는 때에는 주주를 모집하여야 한다.
④ 모집설립의 경우 주식인수인이 주식인수가액의 납입을 해태한 때에는 채무불이행에 의하여 처리한다.

46 다음에서 설명하는 민사소송법상의 원칙은 무엇인가?

기일에 원고·피고가 수소법원의 공개 법정에서 구술로 판결의 기초가 될 소송자료, 즉, 사실과 증거를 제출하는 방법으로 소송을 심리하는 절차를 말한다. 즉, 사실과 증거의 수집·제출의 책임을 당사자에게 맡기고 법원은 당사자가 제출한 소송자료만을 재판의 기초로 삼아야 한다는 원칙이다.

① 변론주의　② 처분권주의
③ 재판공개주의　④ 직권탐지주의

47 다음에서 설명하는 소송은 무엇인가?

• 원고의 피고에 대한 이행청구권의 주장과 법원에 대하여 그 이행을 명하는 판결 • 자기의 실체법상의 이행청구권을 주장하는 자가 원고이고, 그로부터 의무자라고 주장되는 자가 정당한 피고

① 공동소송　② 이행의 소
③ 형성의 소　④ 확인의 소

48 다음 중 고소에 대한 설명으로 옳지 않은 것은?

① 범죄로 인한 피해자는 고소할 수 있다.
② 자기 또는 배우자의 직계존속을 고소하지 못한다.
③ 친고죄에 대하여는 범인을 알게 된 날로부터 3월을 경과하면 고소하지 못한다.
④ 고소할 수 있는 자가 수인인 경우에는 1인의 기간의 해태는 타인의 고소에 영향이 없다.

49 다음 중 형사소송법상 당사자주의 요소가 아닌 것은?

① 공소장변경제도
② 피고인 신문제도
③ 공판 준비절차
④ 공소장일본주의

50 다음 중 근로기준법에 위반한 근로계약과 임금에 대한 설명으로 옳지 않은 것은?

① 사용자는 근로계약 불이행에 대한 위약금 또는 손해배상액을 예정하는 계약을 체결하지 못한다.
② 사용자는 전차금이나 그 밖에 근로할 것을 조건으로 하는 전대채권과 임금을 상계하지 못한다.
③ 근로계약은 기간을 정하지 아니한 것과 일정한 사업의 완료에 필요한 기간을 정한 것 외에는 그 기간은 2년을 초과하지 못한다.
④ 사용자는 근로계약을 체결할 때에 근로자에게 임금, 소정근로시간, 휴일, 연차 유급휴가 등을 명시하여야 한다.

제2회 | 기출동형모의고사

01 법과 도덕에 대한 설명으로 옳은 것은?

① 법은 선을 실현하고자 하는 반면 도덕은 정의를 실현하고자 한다.
② 도덕은 선험적 이성보다는 경험적 사실로 성립한다.
③ 도덕은 외부적 힘을 요인으로 하는 타율성을 본질로 하는 반면 법은 양심에 기초한 자율성을 본질로 한다.
④ 도덕은 의무적 측면만을 규율한다는 점에서 일면적이다.

02 다음 중 성문법주의와 불문법주의에 대한 설명으로 옳지 않은 것은?

① 성문법주의는 법의 정비와 통일이 용이하다.
② 성문법주의는 급변하는 사회에 대해 구체적 현실에 맞게 대처할 수 있다.
③ 불문법주의는 입법부의 전횡을 막을 수 있다.
④ 불문법주의는 법의 진화가 성문법보다 용이하다.

03 법의 존재형식에 대한 설명으로 옳지 않은 것은?

① 일반법과 특별법의 충돌이 발생할 경우 특별법이 우선한다.
② 불문법에는 관습법·판례법·조리가 포함된다.
③ 헌법에 의하여 체결·공포된 조약은 국내법과 같은 효력을 가지고, 일반적으로 승인된 국제법규는 명령과 같은 효력을 가진다.
④ 관습법은 성문법에 대해 열후적·보충적 성격을 가진다.

04 공법과 사법을 구분할 때 다음 중 공법으로만 구성된 것은?

① 민법, 상법
② 민법, 민사소송법
③ 헌법, 행정법
④ 상법, 형법

05 다음 중 강행법규에 해당하지 않는 것은?

① 행정부의 권한에 관한 헌법규정
② 배임죄에 관한 형법규정
③ 선량한 풍속 기타 사회질서의 위반에 관한 민법규정
④ 기간에 관한 민법규정

06 다음 중 헌법의 개정안이 국회에서 의결된 경우 그 이후의 절차는?

① 헌법개정안은 대통령이 20일 이상의 기간 이를 공고하여야 한다.
② 헌법개정안에 대통령이 거부권을 행사할 수 있다.
③ 대통령은 30일 이내에 국민투표에 붙여 국회의원 선거권자 과반수의 투표와 투표자 과반수의 찬성을 얻어야 한다.
④ 대통령은 15일 이내에 개정된 헌법을 공포하여야 한다.

07 헌법의 전문에서 규정하고 있는 내용으로 옳지 않은 것은?

① 대한민국의 건국이념
② 침략적 전쟁 부인
③ 사회국가의 이념
④ 민족통일 원리

08 다음 중 기본권에 대한 설명으로 옳지 않은 것은?

① 기본권은 모든 공권력적 국가작용을 직접 구속하는 효력을 가진다.
② 기본권의 제삼자적 효력은 기본권이 사회적 압력단체나 사인(私人)에 의해서도 침해될 수 있다는 현실적 문제에서 출발한 이론이다.
③ 기본권 침해에 따른 구제제도로 헌법소원을 들 수 있다.
④ 기본권 충돌은 기본권 주체의 특정한 행위가 여러 기본권의 구성요건에 해당하는 현상을 말한다.

09 다음 중 헌법상 신체의 자유에 관한 설명으로 옳은 것을 모두 고르면?

<보기>

(가) 체포·구속·압수 또는 수색을 할 때에는 적법한 절차에 따라 사법경찰관의 신청에 의하여 검사가 발부한 영장을 제시하여야 한다.
(나) 현행범인인 경우 사후에 영장을 청구할 수 있다.
(다) 단기 5년 이상의 형에 해당하는 죄를 범하고 도피 또는 증거인멸의 염려가 있을 때에는 사후에 영장을 청구할 수 있다.
(라) 누구든지 체포 또는 구속을 당한 때에는 적부의 심사를 법원에 청구할 권리를 가진다.

① (가), (나)　　② (가), (다)
③ (나), (라)　　④ (다), (라)

10 다음 중 자유권적 기본권이 아닌 것은?

① 교육을 받을 권리
② 재산권
③ 진술거부권
④ 개인정보자기결정권

11 다음 중 사회적 기본권에 대한 설명으로 옳지 않은 것은?

① 국가는 여자의 복지와 권익의 향상을 위하여 노력하여야 한다.
② 모든 국민은 보건에 관하여 국가의 보호를 받는다.
③ 법률이 정하는 주요 방위산업체에 종사하는 근로자의 단체행동권은 법률이 정하는 바에 의하여 이를 제한하거나 인정하지 아니할 수 있다.
④ 환경권이 침해된 경우 헌법 제35조에 의하여 손해배상을 청구할 수 있다.

12 청원에 대한 설명으로 옳지 않은 것은?

① 청원권은 청구권적 기본권이다.
② 국회에 청원을 하는 자는 청원에 대한 국회의원의 동의를 받아야 한다.
③ 청원은 반드시 문서로 제기해야 하며, 국가는 수리하고 청원에 대하여 심사할 의무를 진다.
④ 청원을 수리한 기관은 성실하고 공정하게 청원을 심사·처리하여야 한다.

13 다음 중 국회에 대한 설명으로 옳지 않은 것은?

① 국회의 임시회는 대통령 또는 국회 재적의원 4분의 1 이상의 요구에 의하여 집회된다.

② 국회의 회의는 출석의원 과반수의 찬성이 있으면 공개하지 아니할 수 있다.

③ 국회에서 재적의원 과반수의 출석과 출석의원 과반수의 찬성으로 의결하는 경우 가부동수인 때에는 국회의장이 결정한다.

④ 국회에 제출된 법률안 기타의 의안은 회기 중에 의결되지 못한 이유로 폐기되지 아니한다.

14 다음 중 대통령에 대한 설명으로 옳지 않은 것은?

① 대통령의 임기가 만료되는 때에는 임기만료 60일 이내에 후임자를 선거한다.

② 대통령 선거에 있어서 최고득표자가 2인 이상인 때에는 국회의 재적의원 과반수가 출석한 공개 회의에서 다수표를 얻은 자를 당선자로 한다.

③ 대통령후보자가 1인일 때에는 그 득표수가 선거권자 총수의 3분의 1 이상이 아니면 대통령으로 당선될 수 없다.

④ 대통령으로 선거될 수 있는 자는 국회의원의 피선거권이 있고 선거일 현재 40세에 달하여야 한다.

15 다음 중 법원에 대한 설명으로 옳지 않은 것은?

① 대법원장의 임기는 6년으로 하며, 중임할 수 없다.

② 대법관의 임기는 6년으로 하며, 법률이 정하는 바에 의하여 연임할 수 있다.

③ 대법원장과 대법관이 아닌 법관의 임기는 10년으로 하며, 법률이 정하는 바에 의하여 중임할 수 있다.

④ 대법원장은 국회의 동의를 얻어 대통령이 임명한다.

16 관습법과 사실인 관습에 관한 설명으로 옳지 않은 것은? (다툼이 있는 경우에는 판례에 의함)

① 우리 민법 제1조에서 관습법을 법원(法源)으로 인정하고 있다.

② 관습법은 헌법을 최상위 규범으로 하는 전체 법질서에 반하지 아니하는 것이어야 한다.

③ 관습법과 달리 사실인 관습은 사회의 법적 확신을 결여한 관행에 지나지 않고 법률행위의 당사자의 의사를 보충함에 그치는 것이다.

④ 당사자의 주장이 없는 경우 법원(法院)은 관습법의 존재여부를 판단하여서는 안 된다.

17 다음 중 민법의 기본원칙에 관한 설명으로 옳지 않은 것을 모두 고르면? (다툼이 있는 경우에는 판례에 의함)

<보기>

(가) 우리 민법은 근대 민법의 기본이념인 개인주의, 자유주의를 바탕으로 사유재산권 존중의 원칙, 법률행위 자유의 원칙 등을 기본원리로 하고 있다.
(나) 계약자유의 원칙은 계약을 체결하지 않을 자유를 포함하지 않는다.
(다) 사적자치의 원칙은 신의성실의 원칙에 의하여 제한될 수 있다.
(라) 민법에서는 책임의 발생 및 범위 면에서 고의와 과실의 차이를 엄격하게 구별하고 있다.

① (가), (나) ② (가), (다)
③ (나), (라) ④ (다), (라)

18 다음 중 재산권이 아닌 것은?

① 저당권 ② 소유권
③ 특허권 ④ 명예권

19 다음 중 권리의 분류와 그 예시가 옳지 않은 것은?

① 가족권 – 친권
② 항변권 – 계약해제권
③ 형성권 – 법률행위의 취소권
④ 청구권 – 손해배상청구권

20 제한능력자에 관한 설명으로 옳은 것은?

① 가정법원은 취소할 수 없는 피성년후견인의 법률행위의 범위를 정할 수 있다.
② 성년후견인의 동의가 필요한 법률행위를 피성년후견인이 성년후견인의 동의 없이 하였을 때에는 그 법률행위를 취소할 수 있다.
③ 한정후견개시의 원인이 소멸하였더라도 본인은 한정후견종료의 심판을 청구할 수 없다.
④ 피특정후견인이 후견인의 동의를 얻지 않고 한 법률행위는 취소할 수 있다.

21 다음 중 민법 제103조 반사회질서의 법률행위가 아닌 것은? (다툼이 있으면 판례에 따름)

① 변호사가 아닌 자가 승소를 조건으로 소송당사자로부터 소송목적물의 일부를 양도받기로 한 경우
② 해외연수 근로자가 귀국 후 일정기간 근무하지 않으면 그 소요경비를 배상한다는 약정을 한 경우
③ 보험계약을 통하여 보험금을 부정 취득할 목적으로 보험계약을 체결한 경우
④ 부첩관계의 종료를 해제조건으로 하여 증여계약이 체결된 경우

22 취소할 수 있는 법률행위에 관한 설명으로 옳은 것은?

① 취소할 수 있는 법률행위는 추인한 후에 다시 취소할 수 있다.
② 취소권은 추인할 수 있는 날로부터 3년 이내에, 법률행위를 한 날부터 10년 이내에 행사하여야 한다.
③ 법정추인이 인정되기 위해서는 추인권자에게 추인의 의사가 있을 필요는 없으나 추인권자는 취소권의 존재를 인식하여야 한다.
④ 취소권자인 법정대리인이 채권자로서 담보제공을 받는 경우 추인한 것으로 볼 수 없다.

23 다음 중 민법상 등기를 요하는 부동산물권취득 사유에 해당하는 것은?

① 부동산에 대한 유치권
② 상속
③ 경매
④ 저당권 설정

24 乙은 자동차가 고장이 나서 甲이 운영하고 있는 카센터에 수리를 맡겼으나 수리비를 주지 않고 있을 때, 甲이 행사할 수 있는 권리는?

① 질권 ② 유치권
③ 저당권 ④ 임대차

25 다음 중 채권자 지체에 대한 설명으로 옳지 않은 것은?

① 채무자가 채무의 내용에 좇은 이행의 제공을 하였음에도 채권자가 그것의 수령 기타의 협력을 하지 않거나 할 수 없기 때문에 채무이행이 지연되는 것을 채권자 지체라 한다.

② 채권자 지체 중에는 이자 있는 채권이라 하더라도 채무자의 이자지급의무가 면제된다.

③ 채권자 지체 중 채무자는 고의 또는 과실이 없으면 불이행으로 인한 모든 책임이 없다.

④ 채권자 지체로 인한 그 목적물의 비용부담 증가는 채권자의 부담으로 한다.

26 다음 중 법률의 규정에 의하여 채권이 발생하는 것은?

① 매매 ② 임대차
③ 부당이득 ④ 고용

27 다음 중 계약의 청약과 승낙에 대한 설명으로 옳지 않은 것은?

① 승낙기간을 정한 계약 청약의 경우에 연착된 승낙은 청약자가 이를 새 청약으로 볼 수 있다.

② 격지자 간의 계약은 승낙의 통지가 도착한 때에 성립한다.

③ 당사자 간에 동일한 내용의 청약이 상호교차된 경우에는 양 청약이 상대방에게 도달한 때에 계약이 성립한다.

④ 승낙의 기간을 정하지 아니한 계약의 청약은 청약자가 상당한 기간 내에 승낙의 통지를 받지 못한 때에는 그 효력을 잃는다.

28 다음 중 형법의 규범적 성격이 아닌 것은?

① 평가규범 ② 명령적 규범
③ 가설적 규범 ④ 행위규범

29 다음 중 형법의 내용에 대한 설명으로 옳지 않은 것은?

① 구성요건에 해당하고 위법하지만 책임이 조각되는 경우에는 범죄가 성립하지 않는다.

② 고의범은 원칙적으로 처벌되지만 과실범의 경우 법률에 규정이 있는 경우에 한하여 처벌된다.

③ 일단 성립된 범죄의 가벌성만을 좌우하는 조건을 범죄의 처벌조건이라 한다.

④ 피해자 기타 고소권자의 고소가 있어야만 공소 제기를 할 수 있는 범죄를 반의사불벌죄라 한다.

30 형법상 책임에 대한 설명으로 옳지 않은 것은?

① 심신장애로 인하여 사물을 변별할 능력이 없는 자의 행위는 형을 감경한다.

② 친족의 생명, 신체에 대한 위해를 방어할 방법이 없는 협박에 의하여 강요된 행위는 벌하지 아니한다.

③ 14세가 되지 아니한 자의 행위는 벌하지 아니한다.

④ 심신장애로 인하여 의사를 결정할 능력이 없는 자의 행위는 벌하지 아니한다.

31 다음에서 설명하는 것을 형법상 무엇이라고 하는가?

甲이 편의점 창고에서 물건을 훔치는 중 편의점 아르바이트생이 창고로 다가오는 소리에 놀라서 그 범행을 중지한 경우

① 예비·음모 ② 장애미수
③ 중지미수 ④ 불능미수

32 다음에서 설명하는 것을 형법상 무엇이라고 하는가?

> 범죄할 의사가 없는 자로 하여금 범죄실행을 결의하게 하여 이를 실행하게 함으로써 성립한 범죄

① 직접정범 ② 공동정범
③ 간접정범 ④ 교사범

33 형법상 형벌의 내용으로 옳지 않은 것은?

① 자격의 전부 또는 일부에 대한 정지는 1년 이상 20년 이하로 한다.
② 징역 또는 금고는 무기 또는 유기로 하고 유기는 1개월 이상 30년 이하로 한다.
③ 유기징역 또는 유기금고에 대하여 형을 가중하는 때에는 50년까지로 한다.
④ 벌금은 5만 원 이상으로 한다.

34 다음 중 절도죄에 대한 설명으로 옳지 않은 것은?

① 행위자와 타인의 공동점유의 경우에 점유의 타인성이 인정된다.
② 절도죄가 성립하기 위해서는 타인의 재물에 대하여 소유권자와 유사한 지배를 행사하려는 불법영득의사가 있어야 한다.
③ 지배의사는 의사능력을 요하므로 정신질환자의 지배의사는 인정되지 않는다.
④ 피고인이 피고인과 피해자의 동업자금으로 구입하여 피해자가 관리하고 있던 포크레인 1대를 그의 허락 없이 운전하여 간 행위는 절도죄를 구성한다.

35 다음 중 생명과 신체에 관한 죄가 아닌 것은?

① 영아살해죄 ② 강요의 죄
③ 폭행죄 ④ 과실치상죄

36 다음 사례에 대한 죄책은?

> 식육식당을 경영하는 자가 음식점에서 한우만을 취급한다는 취지의 상호를 사용하면서 광고 선전판, 식단표 등에도 한우만을 사용한다고 기재하고, 수입산 쇠갈비를 판매한 경우

① 부당이득죄 ② 사기죄
③ 배임죄 ④ 권리행사방해죄

37 다음 중 횡령죄에 대한 설명으로 가장 옳지 않은 것은?

① 횡령죄에 있어서 타인을 위하여 재물을 보관하게 된 원인은 반드시 소유자의 위탁행위에 기인한 것임을 필요로 한다.
② 횡령죄에 있어서 보관이라 함은 재물이 사실상 지배하에 있는 경우뿐만 아니라 법률상의 지배·처분이 가능한 상태를 모두 가리킨다.
③ 타인의 금전을 위탁받아 보관하는 자는 보관방법으로 이를 은행 등의 금융기관에 예치한 경우에도 보관자의 지위를 갖는다.
④ 뇌물로 전달해달라고 의뢰받은 돈은 불법원인급여물이므로 수탁자가 임의로 소비한 경우 횡령죄가 성립하지 않는다.

38 다음 중 법률유보원칙에 대한 설명으로 옳지 않은 것은?

① 법률유보원칙에서 요구되는 법적 근거는 작용법적 근거를 의미한다.
② 기본권 제한에 관한 법률유보원칙은 '법률에 근거한 규율'을 요청하는 것이므로, 그 형식이 반드시 법률일 필요는 없다 하더라도 법률상의 근거는 있어야 한다.
③ 행정상 즉시강제는 개인에게 미리 의무를 명할 시간적 여유가 없는 경우를 전제로 하므로 원칙적으로 법률적 근거를 요하지 않는다.
④ 예산은 일종의 법규범이고 법률과 마찬가지로 국회의 의결을 거쳐 제정되지만 법률과 달리 국가기관만을 구속할 뿐 일반 국민을 구속하지 않는다.

39 다음 중 행정법의 법원에 대한 설명으로 옳지 않은 것은?

① 행정법의 일반원칙은 법원의 성격을 갖는다.
② 위법한 행정처분이 수차례에 걸쳐 반복적으로 행하여진 경우 그러한 처분이 위법한 것이라 하더라도 행정청에 대하여 자기구속력을 갖게 된다.
③ 법원을 법의 인식근거로 볼 때 헌법은 행정법의 법원이 될 수 있다.
④ 행정의 자기구속의 원칙은 처분청이 아닌 제삼자 행정청에 대해서는 적용되지 않는다.

40 행정행위의 부관에 대한 설명으로 옳지 않은 것은?

① 기속행위에 대해서는 법령상 특별한 근거가 없는 한 부관을 붙일 수 없다.
② 부당결부금지의 원칙에 위반하여 허용되지 않는 부관을 행정처분과 상대방 사이의 사법상 계약의 형식으로 체결하는 것은 허용되지 않는다.
③ 행정처분에 부담인 부관을 붙인 경우 부관이 무효라면 부담의 이행으로 이루어진 사법상 매매행위도 당연히 무효가 된다.
④ 부관은 행정의 합리성, 탄력성을 보장하는 기능을 갖는다.

41 다음에서 설명하는 행정의 실효성 확보수단은?

> 건축법에 위반된 건축물에 대해 행정기관이 철거를 명하였으나 철거를 하지 않자 계고와 통지 등 일정한 절차를 거쳐 직접 또는 제삼자를 통해 철거하고 건축자로부터 철거비용을 징수하는 행위

① 행정대집행 ② 즉시강제
③ 강제징수 ④ 직접강제

42 다음 중 항고소송의 종류가 아닌 것은?

① 취소소송
② 무효 등 확인소송
③ 의무이행심판
④ 부작위위법 확인소송

43 다음 중 상인에 대한 설명으로 옳지 않은 것은?

① 자기명의로 상행위를 하는 자를 당연상인이라 한다.
② 점포 기타 유사한 설비에 의하여 상인적 방법으로 영업을 하는 자는 상행위를 하지 아니하더라도 상인으로 추정한다.
③ 명의대여가 된 경우 명의대여자는 상인이 되지 못하고 명의차용자가 상인이 된다.
④ 오로지 임금을 받을 목적으로 물건을 제조하거나 노무에 종사하는 자의 행위는 상인의 행위가 될 수 없다.

44 다음 중 주식회사의 해산 사유가 아닌 것은?

① 존립기간의 만료
② 회사의 합병
③ 주주총회의 특별결의
④ 사원이 없게 된 때

45 상법상 주식회사의 최고의사결정기관은?

① 이사회 ② 주주총회
③ 감사위원회 ④ 대표이사

46 다음 중 형사소송법상 인정하고 있는 피고인의 권리가 아닌 것은?

① 증인신문권
② 진술거부권
③ 구속적부심사청구권
④ 법관의 기피신청권

47 다음 중 불기소처분에 대한 설명으로 옳은 것은?

① 고소인에 대한 불기소처분의 통지는 필요적이지만, 고발인에 대해서는 임의적이다.
② 검사는 불기소처분한 사건을 재수사하여 공소제기할 수 없다.
③ 구속된 피의자에 대해서는 불기소처분을 할 수 없다.
④ 검사는 불기소처분을 한 때에는 피의자에게 즉시 그 취지를 통지하여야 한다.

48 다음 중 민사소송법상 심리의 원칙이 아닌 것은?

① 서면심리주의 ② 공개심리주의
③ 처분권주의 ④ 적시제출주의

49 다음에서 설명하는 민사소송법상 원칙은?

절차의 개시, 심판의 대상, 그리고 절차의 종결에 대하여 당사자에게 주도권을 주어 그의 처분에 맡기는 원칙

① 변론주의 ② 처분권주의
③ 직접심리주의 ④ 집중심리주의

50 노동조합 및 노동관계조정법상 쟁의행위에 대한 설명으로 옳지 않은 것은?

① 사용자는 쟁의행위로 인하여 손해를 입은 경우에 노동조합 또는 근로자에 대하여 그 배상을 청구할 수 없다.
② 노동조합의 조합원은 어떠한 경우에도 인종, 종교, 성별, 연령, 신체적 조건, 고용 형태, 정당 또는 신분에 의하여 차별대우를 받지 아니한다.
③ 노동조합법에 의하여 설립된 노동조합이 아니면 노동조합이라는 명칭을 사용할 수 없다.
④ 노동조합법에 의하여 설립되지 않은 노동조합도 노동위원회에 부당노동행위의 구제를 신청할 수 있다.

제3회 | 기출동형모의고사 고난도

01 다음 중 법의 분류에 대한 설명으로 옳지 않은 것은?

① 공법과 사법의 구별실익은 권리구제절차 등에 있다.
② 강행법규와 임의법규의 차이는 실정성 유무에 의해 발생한다.
③ 국가의 조직과 기능 및 공익작용을 규율하는 행정법은 공법이다.
④ 절차법은 권리나 의무의 실질적 내용을 실현하기 위한 절차에 관하여 규정하는 법이다.

02 다음의 밑줄이 나타내는 법률용어는?

> 불명확한 사실에 대하여 공익 또는 기타 법정책상의 이유로 사실의 진실성 여부와는 관계없이 확정된 사실로 의제하여 일정한 법률효과를 부여하고 반증을 허용하지 않는다. 또한 당사자가 그 반대의 사실을 입증하더라도 그것만으로 번복되지 않아 법률에서 정한 효력이 당연히 발생하고, 일정한 절차를 거쳐야만 번복이 되며, '~본다.'고 해석한다.
> 예 민법 제28조(실종선고의 효과) 실종선고를 받은 자는 전조의 기간이 만료한 때에 사망한 것으로 본다.

① 간주 ② 추정
③ 입증 ④ 준용

03 권리와 의무에 대한 설명으로 옳지 않은 것은?

① 평등권, 자유권, 참정권 등은 국가적 공권이다.
② 권리와 의무는 사법관계뿐만 아니라 공법관계에서도 표리관계를 이룬다.
③ 의무 불이행에 대해 강제집행이나 손해배상의 책임이 생기지 않는 경우를 간접의무라 한다.
④ 권리자의 일방적 의사표시에 의하여 법률관계를 변동시킬 수 있는 권리를 형성권이라 한다.

04 다음 중 권리 및 그 유사개념에 대한 설명으로 옳지 않은 것은?

① 권리란 일정한 이익을 누리기 위해 법이 인정한 힘이라고 할 수 있다.
② 권한이란 타인을 위하여 그자에 대해 일정한 법률효과를 발생시키는 행위를 할 수 있는 법률상의 자격이다.
③ 권원이란 일정한 법률상 또는 사실상의 행위를 하는 것을 정당화시키는 원인을 말한다.
④ 권능이란 다른 사람을 위하여 법률행위를 할 수 있는 법률상의 자격을 말한다.

05 헌법의 개념에 대한 설명으로 옳지 않은 것을 모두 고르면?

<보기>

(가) 근대 이전의 헌법개념은 국가 최고기관의 조직과 구성이라는 조직법적 개념이었다.
(나) 근대 입헌주의 헌법에는 재산권의 상대적 보장과 실질적 평등개념의 특징이 있다.
(다) 근대 이후에는 조직규범으로서의 헌법개념은 법률에 위임되었고 헌법은 권리장전의 의미를 갖게 되었다.
(라) 현대적 의미의 헌법은 사회적 법치국가의 원리 및 사회적 시장경제질서체제를 보장하고 있다.

① (가), (나) ② (가), (다)
③ (나), (다) ④ (나), (라)

06 우리나라 헌법개정에 대한 설명으로 옳지 않은 것은?

① 헌법재판소 수요를 감당하고자 헌법재판관 수를 늘리기 위해서는 헌법개정이 필요하다.
② 국회는 헌법개정안이 공고된 날로부터 60일 이내에 의결하여야 하며, 국회의 의결은 재적의원 3분의 2 이상의 찬성을 얻어야 한다.
③ 대통령의 임기연장 또는 중임변경을 위한 헌법개정은 그 헌법개정 제안 당시의 대통령에 대하여는 효력이 없다.
④ 국회 재적의원 과반수에 의해 발의된 헌법개정안은 국회의장이 20일 이상의 기간에 이를 공고하여야 한다.

07 다음 중 저항권에 대한 설명으로 옳지 않은 것은?

① 저항권의 행사는 헌법 질서 수호를 위해 남겨진 최후의 수단이다.
② 국가기관이나 지방자치단체와 같은 공법인도 저항권의 주체가 될 수 있다.
③ 헌법수호의 대상에는 형식적 의미의 헌법뿐만 아니라 실질적 의미의 헌법도 포함된다.
④ 저항권의 행사는 공권력에 대한 실력으로의 저항이기 때문에 민주적·법치국가적 기본질서나 기본권 보장체계에 대한 전면적 부인 내지 침해가 있어야 한다.

08 다음 중 헌법상 법치국가 원리에 대한 설명으로 가장 옳지 않은 것은? (다툼이 있는 경우 판례에 의함)

① 실정법이 규율하고자 하는 내용이 명확하여 다의적으로 해석 내지 적용되어서는 안 된다는 명확성 원칙은 법치국가 원리에서 파생된 원칙이다.
② 신뢰보호원칙은 법률이나 그 하위법규의 개폐뿐만 아니라 국가의 권력작용에도 적용되어야 한다.
③ 자기책임원리는 민사법이나 형사법에 국한된 원리라기보다는 근대법의 기본이념으로서 법치주의에 당연히 내재하는 원리이다.
④ 법령에 따른 개인의 행위가 국가에 의해서 일정 방향으로 유인된 신뢰의 행사라고 볼 수 있어 특별히 보호가치가 있는 신뢰이익이 인정된다면, 아무리 법적 상태의 변화에 대한 개인의 예측 가능성이 있더라도 그 개인의 신뢰는 언제나 보호되어야 한다.

09 다음 중 헌법의 기본원리에 대한 설명으로 옳지 않은 것은? (다툼이 있는 경우 판례에 의함)

① 헌법의 지도원리는 국가기관 및 국민이 준수하여야 할 최고의 가치규범이고, 헌법의 각 조항을 비롯한 모든 법령의 해석기준이며, 입법권의 범위와 한계 그리고 국가정책 결정의 방향을 제시한다.

② 우리 헌법에서 말하는 '전통', '전통문화'란 오늘날의 의미로 재해석되어야 하므로, 전래의 어떤 가족제도가 헌법 제36조 제1항이 요구하는 개인의 존엄과 양성평등에 반한다면 헌법 제9조를 근거로 그 헌법적 정당성을 주장할 수는 없다.

③ 국가가 저소득층 지역가입자를 대상으로 소득수준에 따라 국민건강보험법상의 보험료를 차등 지원하는 것은 사회국가 원리에 의하여 정당화된다.

④ 오늘날 국가가 어떤 문화현상에 대하여도 이를 선호하거나 우대하는 경향을 보이지 않는 불편부당의 원칙이 가장 바람직한 정책으로 평가받고 있으며, 문화국가에서의 문화정책은 그 초점이 문화풍토 조성이 아니라 문화 그 자체에 있다.

10 다음 중 헌법상 경제질서에 관한 설명으로 옳지 않은 것은? (다툼이 있는 경우 판례에 의함)

① 국가는 건전한 소비행위를 계도하고 생산품의 품질향상을 촉구하기 위한 소비자보호운동을 법률이 정하는 바에 의하여 보장한다.

② 사영기업을 국유로 이전하는 것은 사유재산제도에 대한 본질적인 침해이므로 어떠한 경우에도 허용되지 않는다.

③ 국가는 농·어민과 중소기업의 자조조직이 제대로 기능하지 못하고 향후의 전망도 불확실한 경우라면 단순히 그 조직의 자율성을 보장하는 것에 그쳐서는 아니 되고, 적극적으로 이를 육성하여야 할 의무까지도 수행하여야 한다.

④ 우리 헌법은 사유재산제를 바탕으로 자유시장경제질서를 기본으로 하면서도 국가의 규제와 조정을 인정하는 사회적 시장경제질서의 성격도 있다.

11 다음 중 기본권에 대한 설명으로 옳지 않은 것은? (다툼이 있는 경우 판례에 의함)

① 헌법에 열거되지 않은 국민의 자유와 권리도 헌법소원에 의하여 구제될 수 있는 헌법상 보장된 기본권이 될 수 있다.

② 기본권은 원래 국민 대 국가의 관계에서 인정되는 것으로 주관적 공권으로서의 성격이 원칙적이다.

③ 헌법이 국가의 최고규범으로서 모든 법질서를 지도하여야 한다는 측면에서 보면 객관적 질서의 요소로서의 성격을 부인할 수 없다.

④ 기본권은 국가가 확인하고 보장한다는 점에서 국가가 제정한 법률의 범위 내에서 그 효력이 인정되는 권리이다.

12 다음 중 기본권 주체에 대한 설명으로 옳지 않은 것은? (다툼이 있는 경우 판례에 의함)

① 기본권 주체로서의 법적 지위는 헌법소원에 의해 권리를 구제받을 수 있는지 판단하는 기준이 된다.

② 공법인은 기본권의 수범자로서 국민의 기본권을 보호 내지 실현하여야 할 책임과 의무를 지닐 뿐이므로 기본권의 주체가 될 수 없다.

③ 정당은 구성원과 독립하여 그 자체로서 기본권의 주체가 될 수 있고 그 조직 자체의 기본권이 직접 침해당한 경우 자신의 이름으로 헌법소원심판을 청구할 수 있다.

④ 기본권 능력을 가진 사람은 모두 기본권 주체가 되지만, 기본권 주체가 모두 기본권의 행사능력을 가지는 것은 아니다.

13 다음 중 기본권 제한에 대한 설명으로 옳지 않은 것은? (다툼이 있는 경우 판례에 의함)

① 기본권 제한에서 과잉금지원칙에 위반되면 당연히 본질적 내용이 침해된다는 것이 헌법재판소의 기본적인 태도이다.

② 기본권 제한에 관한 법률유보의 원칙은 법률에 의한 규율만을 뜻하는 것이 아니라 법률에 근거한 규율을 요구하는 것이므로 기본권 제한의 형식이 반드시 법률의 형식일 필요는 없다.

③ 기본권 제한은 원칙적으로 국회에서 제정한 형식적 의미의 법률에 의해서만 가능하다.

④ 과잉금지의 원칙이라는 것이 목적달성에 필요한 유일의 수단선택을 요건으로 하는 것이라고 할 수는 없다.

14 다음 중 평등권 또는 평등의 원칙에 대한 설명으로 옳지 않은 것은? (다툼이 있는 경우 판례에 의함)

① 우리 헌법은 차별금지 사유로서 성별, 종교, 사회적 신분을 명시하고 있다.

② 평등원칙 위반을 인정하기 위해서는 법 적용에 관련하여 상호 배타적인 '두 개의 비교집단'을 일정한 기준에 따라 구분할 수 있어야 한다.

③ 평등원칙 위반 여부를 심사할 때 헌법에서 특별히 평등을 요구하고 있는 경우나 차별적 취급으로 인하여 기본권에 대한 중대한 제한을 초래하는 경우에는 자의금지원칙에 따른 심사에 그치지 아니하고 비례성원칙에 따른 심사를 함이 타당하다.

④ 시혜적 법률의 경우 수혜범위에서 제외된 자는 그 법률에 의하여 평등권이 침해되었다고 주장하는 당사자가 될 수 없다.

15 다음 중 변호인의 조력을 받을 권리에 대한 설명으로 가장 옳지 않은 것은? (다툼이 있는 경우 판례에 의함)

① 변호인의 조력을 받을 권리의 내용 중 하나인 미결수용자 변호인의 접견교통권은 어떠한 경우에도 제한될 수 없다.

② 변호인의 조력을 받을 권리는 변호인과의 자유로운 접견교통권에 그치지 아니하고 더 나아가 변호인을 통하여 수사서류를 포함한 소송관계 서류를 열람·등사하고 이에 대한 검토 결과를 토대로 공격과 방어의 준비를 할 수 있는 권리도 포함된다.

③ 헌법 제12조 제4항 본문에 규정된 변호인의 조력을 받을 권리는 행정절차에서 구속을 당한 사람에게도 즉시 보장된다.

④ 형사절차가 종료되어 교정시설에 수용 중인 수형자는 원칙적으로 변호인의 조력을 받을 권리의 주체가 될 수 없다.

16 다음 중 언론·출판의 자유에 대한 설명으로 가장 옳지 않은 것은? (다툼이 있는 경우 판례에 의함)

① 언론중재 및 피해구제 등에 관한 법률에서는 정정보도청구권, 반론보도청구권, 추후보도청구권을 명문으로 규정하고 있다.

② 신문 등의 자유와 기능 보장에 관한 법률에서는 언론기관 종사자의 취재 자유와 취재원을 밝히지 아니할 권리를 인정하고 있다.

③ 사생활 침해를 받은 자가 삭제요청을 할 경우 일정한 조건하에 정보에 대한 접근을 임시적으로 차단하는 조치를 취하는 것은 표현의 자유 침해가 아니다.

④ 특정 의료기관이나 특정 의료인의 기능 진료방법에 관한 광고를 금지하는 것은 표현의 자유를 침해하는 것이다.

17 **다음 중 국회의 의사절차에 대한 설명으로 가장 옳지 않은 것은?** (다툼이 있는 경우 판례에 의함)

① 국회에서 의결되어 정부에 이송된 법률안에 대해 대통령이 이의가 있을 때에는 이의서를 붙여 국회에 환부하되, 그 법률안의 일부에 대하여는 재의를 요구할 수 없다.
② 재의의 요구가 있을 때 국회는 재의에 붙이고, 재적의원 과반수의 출석과 출석의원 3분의 2 이상의 찬성으로 전과 같은 의결을 하면 그 법률안은 법률로서 확정된다.
③ 대통령이 15일 내에 공포나 재의의 요구를 하지 아니한 때에는 그 법률안은 법률로서 확정된다.
④ 헌법이 요구하는 국회회의 공개의 원칙은 본회의에 적용되는 것이며 위원회와 소위원회에는 원칙적으로 적용되지 아니한다.

18 **권리의 성질에 관한 설명으로 옳지 않은 것은?**

① 지배권은 타인의 행위를 개재시키지 않고 권리의 객체를 직접 지배하는 지배력을 실현시키는 권리로, 대표적으로 물권이 여기에 해당한다.
② 저당권은 피담보채권의 주된 권리이다.
③ 임금채권은 청구권으로 상대적 권리이다.
④ 부동산에 대한 소유권은 절대권이다.

19 **다음 사례에 대한 설명으로 옳은 것을 모두 고르면?**

> 甲은 자기 소유의 자전거를 乙에게 임대하였는데 임대차기간이 종료되었음에도 乙이 돌려주지 않고 있다.

<보기>

ㄱ. 甲의 임대차에 기한 반환청구권을 행사할 수 있다.
ㄴ. 甲의 소유권에 기한 반환청구권을 행사할 수 있다.
ㄷ. 甲의 임대차에 기한 반환청구권이 시효로 소멸하면, 소유권에 기한 반환청구권도 소멸한다.

① ㄱ　② ㄴ
③ ㄱ, ㄴ　④ ㄴ, ㄷ

20 **신의성실의 원칙과 권리남용 금지에 관한 설명으로 옳지 않은 것은?** (다툼이 있는 경우에는 판례에 의함)

① 법정대리인의 동의 없이 신용구매계약을 체결한 미성년자가 사후에 이를 이유로 취소하는 것은 신의칙에 반하지 않는다.
② 가족관계에서는 당사자의 진정한 의사가 중요시되므로 신의성실의 원칙이 적용되지 않는다.
③ 신의성실의 원칙은 사법영역뿐만 아니라 공법영역에서도 적용된다.
④ 강행규정에 위반하는 법률행위를 스스로 행한 사람이 강행규정위반을 이유로 행위의 무효를 주장하는 것은 특별한 사정이 없는 한 신의칙에 반하지 않는다.

21 **민법상 능력에 관한 설명으로 옳지 않은 것은?** (다툼이 있는 경우에는 판례에 의함)

① 사람은 생존한 동안 권리능력을 가진다.
② 의사능력이 없는 자의 법률행위는 무효이다.
③ 의사능력과 행위능력은 구체적인 법률행위와 관련하여 개별적으로 판단된다.
④ 성년자도 의사무능력자가 될 수 있다.

22 미성년자의 행위능력에 관한 설명으로 옳은 것은? (다툼이 있으면 판례에 따름)

① 미성년자가 법률행위를 함에 있어서 요구되는 법정대리인의 동의는 언제나 명시적이어야 한다.
② 법정대리인의 동의에 대한 증명책임은 동의가 있었음을 이유로 법률행위의 유효를 주장하는 상대방에게 있다.
③ 혼인한 미성년자라도 법정대리인의 동의가 없으면 단독으로 유효한 매매계약을 체결할 수 없다.
④ 미성년자의 법률행위에는 법정대리인의 동의를 필요로 한다는 민법규정은 임의규정이다.

23 민법상 법인의 불법행위책임에 관한 설명으로 옳은 것은? (다툼이 있는 경우에는 판례에 의함)

① 법인의 불법행위책임은 주무관청에 의한 설립허가의 취소를 성립요건으로 한다.
② 대표기관이 자신의 이익을 위하여 부정한 행위를 한 경우 그 행위가 외형상 직무 행위로 인정되고 상대방이 이를 직무 행위로 알았던 때에는 법인의 불법행위책임이 성립한다.
③ 법인의 불법행위책임은 일반불법행위 책임과 다르므로 법인의 불법행위책임이 성립하기 위해서 대표기관의 행위가 불법행위의 일반적 요건을 충족할 필요는 없다.
④ 법인의 불법행위책임이 성립하지 않으면 기관 개인은 민법 제750조에 의해 불법행위책임을 지지 않는다.

24 법인의 기관에 관한 설명으로 옳지 않은 것은? (다툼이 있으면 판례에 따름)

① 이사가 수인인 경우에는 정관에 다른 규정이 없으면 법인의 사무집행은 이사의 과반수로써 결정하며, 각자 법인을 대표한다.
② 사원총회는 법인의 의사를 결정하고, 그 결정을 집행할 권한을 가진다.
③ 정관에 다른 규정이 없으면, 재단법인은 이사의 업무를 감독하기 위하여 감사를 두어야 한다.
④ 이사는 선량한 관리자의 주의로 그 직무를 행하여야 한다.

25 법률행위에 관한 설명으로 옳지 않은 것은?

① 법률행위는 의사표시가 필수적인 요소이다.
② 청약과 승낙이라는 의사표시의 합치로 계약이 성립한다.
③ 유언은 상대방 있는 단독행위에 해당한다.
④ 당사자, 목적, 의사표시의 존재 등이 법률행위의 일반적 성립요건이다.

26 다음 <보기>에서 반사회적 법률행위에 관한 설명으로 옳지 않은 것을 모두 고르면? (다툼이 있는 경우에는 판례에 의함)

> (가) 부동산의 이중매매에 있어서 제2매수인이 매도인의 배신행위에 적극 가담한 경우에는 제2매매행위는 무효이다.
> (나) 해외파견된 근로자가 귀국일로부터 일정 기간 소속회사에 근무하여야 한다는 약정은 반사회질서 행위이다.
> (다) 수사기관의 참고인으로서 허위진술을 하고 그 대가를 받기로 하는 약정은 무효이다.
> (라) 형사사건에서의 성공보수약정은 성공보수를 지급하는 조건으로 변호사의 조력을 받을 수 있게 된다는 점에서 유효하다.

① (가), (나)　　② (가), (다)
③ (나), (라)　　④ (다), (라)

27 **진의 아닌 의사표시에 관한 설명으로 옳은 것은? (다툼이 있는 경우에는 판례에 의함)**

① 의사표시는 표의자가 진의 아님을 알고 한 것은 그 효력이 없다.
② 진의 아닌 의사표시의 무효는 선의의 제삼자에게 대항하지 못한다.
③ 혼인과 입양에도 진의 아닌 의사표시에 관한 민법 규정이 적용된다.
④ 진의란 특정한 내용의 의사표시를 하고자 하는 표의자의 생각이 아니라 표의자가 진정으로 마음속에서 바라는 사항을 의미한다.

28 **甲으로부터 乙이 대리권을 수여받지 못했음에도 甲의 대리인이라고 스스로 칭하면서 이러한 사실을 전혀 모르는 丙과 매매계약을 체결하였을 때, 이에 관한 설명으로 옳지 않은 것은?** (다툼이 있는 경우에는 판례에 의함)

① 丙이 甲에게 추인할 것인지를 최고하였으나 甲이 최고기간 내에 확답을 발하지 아니하면 추인을 거절한 것으로 본다.
② 丙이 계약을 철회한 경우 甲은 그 계약을 추인할 수 없다.
③ 乙이 대리권을 증명하지 못하거나 甲의 추인을 얻지 못하면 乙의 선택에 좇아 丙에게 계약을 이행하거나 손해배상을 하여야 한다.
④ 甲이 乙의 무권대리행위를 알고도 丙으로부터 매매대금 중 중도금을 직접 수령한 경우라면 그 매매계약은 甲에게 효력이 발생한다.

29 **취소할 수 있는 법률행위에 관한 설명으로 옳지 않은 것은?**

① 취소할 수 있는 법률행위를 추인한 후에는 취소하지 못한다.
② 법정추인이 인정되기 위해서는 추인권자에게 추인의 의사가 있을 필요는 없으나 추인권자는 취소권의 존재를 인식하여야 한다.
③ 추인은 취소의 원인이 소멸된 후에 하여야만 효력이 있고, 법정대리인 또는 후견인이 추인하는 경우에는 적용하지 아니한다.
④ 취소권자인 법정대리인이 채무자로서 담보를 제공하거나 채권자로서 담보제공을 받는 경우, 원칙적으로 추인한 것으로 본다.

30 **소멸시효와 제척기간에 관한 설명으로 옳지 않은 것은? (다툼이 있으면 판례에 따름)**

① 소멸시효가 완성되면 그 권리는 소급하여 소멸의 효과가 발생한다.
② 주채무가 시효로 소멸한 때에는 보증인은 그 시효소멸을 원용할 수 있다.
③ 취소권은 그 제척기간 내에 소를 제기하는 방법으로 재판상 행사하여야만 되는 것은 아니고, 재판외에서 의사표시를 하는 방법으로도 권리를 행사할 수 있다.
④ 소멸시효나 제척기간에는 모두 중단이 인정된다.

31 **다음 중 등기가 있어야 물권을 취득하는 경우는? (다툼이 있으면 판례에 따름)**

① 건물을 상속으로 취득하는 경우
② 주택전세권을 법정 갱신하는 경우
③ 경매로 건물을 낙찰받은 경우
④ 건물을 신축하여 소유권을 취득하는 경우

32 **다음 중 점유에 관한 설명으로 옳지 않은 것은?** (다툼이 있으면 판례에 따름)

① 점유자의 점유가 자주점유인지 타주점유인지의 여부는 점유자 내심의 의사에 의하여 결정된다.

② 공유 부동산은 공유자 한 사람이 전부를 점유하고 있다고 하여도, 다른 특별한 사정이 없는 한 권원의 성질상 다른 공유자의 지분비율의 범위 내에서는 타주점유이다.

③ 점유물이 멸실·훼손된 경우, 악의의 점유자는 그 손해의 전부를 회복자에게 배상책임을 진다.

④ 악의의 점유자는 수취한 과실을 반환하여야 하며 소비하였거나 과실로 인하여 훼손 또는 수취하지 못한 경우에는 그 과실의 대가를 보상하여야 한다.

33 **다음 중 전세권에 대한 설명으로 옳지 않은 것은?** (다툼이 있으면 판례에 따름)

① 전세권은 용익물권적 성격과 담보물권적 성격을 겸하고 있다.

② 전세금의 지급은 전세권 성립의 요소이다.

③ 건물의 일부에 대한 전세권자는 건물 전부를 경매청구할 수 없다.

④ 전세권의 존속기간을 약정하지 아니한 때에는 각 당사자는 6개월이 경과해야 상대방에 대하여 전세권의 소멸을 통고할 수 있다.

34 **다음 중 저당권에 대한 설명으로 옳지 않은 것은?** (다툼이 있으면 판례에 따름)

① 저당권은 원본, 이자, 위약금, 채무불이행으로 인한 손해배상 및 저당권의 실행비용을 담보한다.

② 토지를 목적으로 저당권을 설정한 후 그 설정자가 그 토지에 건물을 축조한 때에는 저당권자는 토지와 함께 그 건물에 대하여도 경매를 청구하여 그 건물의 경매대가에 대하여 우선변제를 받을 수 있다.

③ 지연배상에 대하여는 원본의 이행기일을 경과한 후의 1년분에 한하여 저당권을 행사할 수 있다.

④ 저당물의 경매로 인하여 토지와 그 지상 건물이 다른 소유자에 속한 경우에는 토지소유자는 건물소유자에 대하여 지상권을 설정한 것으로 본다.

35 **다음 사례는 계약의 성립에 대한 내용으로 이에 대한 설명으로 옳지 않은 것은?** (다툼이 있으면 판례에 따름)

> 甲은 승낙기간을 2020년 10월 10일로 하여 자신의 X 건물을 乙에게 10억 원에 매도하겠다고 하였다. 甲의 청약은 2020년 10월 1일에 乙에게 도달하였다.

① 甲의 청약은 乙에게 도달한 때에 그 효력이 생긴다.

② 乙이 2020년 10월 15일에 승낙한 경우 甲은 乙이 새로운 청약을 한 것으로 보고 이를 승낙함으로써 계약을 성립시킬 수 있다.

③ 甲이 청약을 발송한 후 제한능력자가 된 경우 그 청약의 효력은 상실한다.

④ 乙이 甲의 청약에 대하여 X 건물의 매매가격을 9억 원에 승낙한 때에는 그 청약의 거절과 동시에 새로 청약한 것으로 본다.

36 다음 중 동시이행항변권에 대한 설명으로 옳지 않은 것은? (다툼이 있으면 판례에 따름)

① 계약해제로 인한 당사자 상호 간의 원상회복의무는 동시이행관계에 있다.
② 당사자 일방이 상대방에게 먼저 이행하여야 할 경우에 상대방의 이행이 곤란할 현저한 사유가 있는 때에는 동시이행항변권을 행사할 수 있다.
③ 임대차 종료 후 보증금을 반환받지 못한 임차인이 동시이행항변권에 기하여 임차목적물을 점유하는 경우 불법행위에 대한 손해배상책임을 지지 않는다.
④ 동시이행의 관계에 있는 쌍방의 채무 중 어느 한 채무가 이행불능이 됨으로 인하여 발생한 손해배상채무로 바뀌는 경우 동시이행항변권은 소멸한다.

37 다음 중 죄형법정주의에 대한 설명으로 옳지 않은 것은? (다툼이 있으면 판례에 따름)

① 유추해석금지의 원칙은 모든 형벌법규의 구성요건과 가벌성에 관한 규정에 준용된다.
② 형벌법규의 해석은 엄격하여야 하고, 명문규정의 의미를 피고인에게 불리한 방향으로 지나치게 확장해석하거나 유추해석하는 것은 죄형법정주의의 원칙에 반한다.
③ 형사처벌에 관한 위임입법은 특히 긴급한 필요가 있거나 미리 법률로써 자세히 정할 수 없는 부득이한 사정이 있는 경우에 한하여 허용된다.
④ 행위 당시의 판례에 의하면 처벌대상이 아닌 것으로 해석되었던 행위를 그 후 변경된 판례에 따라 처벌하는 경우 형벌불소급원칙에 반한다.

38 다음 중 고의에 대한 설명으로 가장 옳지 않은 것은? (다툼이 있으면 판례에 따름)

① 범죄구성요건의 주관적 요소로서 미필적 고의라 함은 범죄사실의 발생 가능성을 불확실한 것으로 표상하면서 이를 용인하고 있는 경우를 말한다.
② 미필적 고의가 있었다고 하려면 범죄사실의 발생 가능성에 대한 인식이 있음은 물론 나아가 범죄사실이 발생할 위험을 용인하는 내심의 의사가 있어야 한다.
③ 방종범의 고의는 정범의 실행을 방조한다는 것에 대한 인식으로 족하며 정범의 행위가 구성요건에 해당한다는 점에 대한 인식까지 필요로 하는 것은 아니다.
④ 살인죄에 있어서의 범의는 반드시 살해의 목적이나 계획적인 살해의 의도가 있어야만 인정되는 것은 아니고 자기의 행위로 인하여 타인의 사망의 결과를 발생시킬 만한 가능 또는 위험이 있음을 인식하거나 예견하는 경우에도 인정된다.

39 다음 중 위법성 조각사유에 대한 설명으로 옳지 않은 것은? (다툼이 있으면 판례에 따름)

① 타인의 청구권을 보전하기 위한 자구행위는 인정된다.
② 위법성이 조각되면 행위의 가벌성이 탈락되므로 행위자는 형벌을 받지 않을 뿐만 아니라 보안처분의 대상도 되지 않는다.
③ 부작위에 의한 현재의 부당한 침해에 대하여 정당방위가 가능하다.
④ 정당방위의 성립요건으로서의 방어행위에는 순수한 수비적 방어뿐 아니라 적극적 반격을 포함하는 반격 방어의 형태도 포함된다.

40 다음 중 미수범에 대한 설명으로 옳지 않은 것은? (다툼이 있으면 판례에 따름)

① 기수범에 비하여 장애미수는 형을 감경할 수 있고, 중지미수는 형을 감경 또는 면제하며, 불능미수는 형을 감경 또는 면제할 수 있다.

② 범죄실행을 중지한 자에게 주관적 요건인 자의성이 인정될 때 중지미수가 성립하며, 자의성이 인정되지 않으면 기수범으로 처벌된다.

③ 불능범의 판단기준으로서 위험성 판단은 피고인이 행위 당시에 인식한 사정을 놓고 이것이 객관적으로 일반인의 판단으로 보아 결과발생의 가능성이 있느냐를 따져야 한다.

④ 불능범은 범죄행위의 성질상 결과의 발생이 불가능할 뿐만 아니라 위험성이 없기 때문에 벌할 수 없는 행위이다.

41 다음 중 교사범에 대한 설명으로 옳지 않은 것은? (다툼이 있으면 판례에 따름)

① 교사범이 그 공범 관계로부터 이탈하기 위해서는 피교사자가 범죄의 실행행위에 나아가기 전에 교사범에 의하여 형성된 피교사자의 범죄 실행의 결의를 해소하는 것이 필요하다.

② 피교사자가 이미 범죄의 결의를 가지고 있을 때에는 교사범이 성립할 여지가 없다.

③ 교사범이 성립하기 위하여는 범행의 일시, 장소, 방법 등의 세부적인 사항까지를 특정하여 교사하여야 한다.

④ 교사를 받은 자가 범죄의 실행을 승낙하고 실행의 착수에 이르지 아니한 때에는 교사자와 피교사자를 음모 또는 예비에 준하여 처벌한다.

42 다음 중 형벌에 관한 설명으로 옳지 않은 것은? (다툼이 있으면 판례에 따름)

① 유기금고에 대하여 형을 가중하는 경우 50년까지 가능하다.

② 과료는 2천 원 이상 5만 원 미만으로 한다.

③ 유기징역 또는 유기금고를 선고하는 때에 판결선고 전의 구금 일수가 있는 경우 그 전부를 형기에 산입한다.

④ 구류 25일에 대해서는 선고유예가 가능하다.

43 다음에 해당하는 범죄는? (다툼이 있으면 판례에 따름)

금융기관 직원이 전산 단말기를 이용하여 다른 공범들이 지정한 특정계좌에 돈이 입금된 것처럼 허위의 정보를 입력하는 방법으로 위 계좌로 입금되도록 하였지만, 그 후 그러한 입금이 취소되어 현실적으로 인출되지 못하였다.

① 사기 미수범

② 사기 기수범

③ 컴퓨터 등 사용 사기죄 미수범

④ 컴퓨터 등 사용 사기죄 기수범

44 구 「음반·비디오물 및 게임물에 관한 법률」상 등급 분류를 받지 아니한 게임물을 발견한 경우 관계 행정청이 관계 공무원으로 하여금 이를 수거하여 폐기한 행위를 무엇이라 하는가?

① 행정상 즉시강제
② 집행벌
③ 행정상 강제집행
④ 행정대집행

45 법치행정에 대한 설명으로 옳지 않은 것은?

① 행정권은 원칙적으로 입법권에 의한 법률의 수권이 있어야 법규를 창설할 수 있다.
② 법률 우위의 원칙은 행정의 모든 영역에서 적용된다.
③ 법치행정의 원리의 현대적 의미는 실질적 법치주의에서 형식적 법치주의로의 전환이다.
④ 법률유보원칙에 있어서 법률은 형식적 의미의 법률을 의미하므로 관습법은 포함되지 않는다.

46 다음 중 상호에 대한 설명으로 옳지 않은 것은?

① 회사는 수 개의 영업을 하더라도 오직 단일한 상호를 사용하여야 한다.
② 회사가 아니면 상호에 회사임을 표시하는 문자를 사용하지 못한다.
③ 회사는 상호나 목적 또는 상호와 목적을 변경하고자 할 때에는 본점의 소재지를 관할하는 등기소에 상호의 가등기를 신청할 수 있다.
④ 모든 상인의 상호는 등기하든 하지 않든 그 상인의 자유이다.

47 다음 중 대표이사에 대한 설명으로 옳지 않은 것은? (다툼이 있으면 판례에 따름)

① 회사를 대표하는 사원은 회사의 영업에 관하여 재판상 또는 재판 외의 모든 행위를 할 권한이 있다.
② 회사를 대표하는 사원이 그 업무집행으로 인하여 타인에게 손해를 가한 때에는 회사는 그 사원과 연대하여 배상할 책임이 있다.
③ 정관, 주주총회, 이사회의 결의에 의해 대표이사의 권한을 제한할 수 있다.
④ 대표이사가 수인일 때에는 원칙적으로 수인의 대표이사가 공동으로 대표한다.

48 다음 중 체포와 구속에 대한 설명으로 옳지 않은 것은?

① 피의자를 체포 또는 긴급체포한 후 그를 구속하고자 할 때에는 체포한 때로부터 48시간 이내에 구속영장을 발부받아야 한다.

② 체포영장을 발부받아 피의자를 체포하기 위하여는 피의자가 수사기관의 출석요구에 응하지 아니하거나 응하지 아니할 우려가 있어야 한다.

③ 검사가 동일한 범죄사실에 관하여 그 피의자에 대하여 전에 체포영장을 청구하였거나 발부받은 사실이 있는 때에는 다시 체포영장을 청구하는 취지 및 이유를 기재하여야 한다.

④ 사법경찰관이 피의자를 구속한 때에는 10일 이내에 피의자를 검사에게 인치하지 아니하면 석방하여야 한다.

49 다음 중 불이익변경금지의 원칙에 대한 설명으로 옳지 않은 것은?

① 불이익변경금지의 원칙은 피고인 또는 피고인을 위한 상소사건에 있어서 원심의 형, 즉 판결주문의 형보다 중한 형을 선고할 수 없다는 것에 불과하다.

② 자유형을 벌금형으로 변경하고 그 벌금형에 대한 환형으로 노역장의 유치기간이 길어졌을 경우 형의 불이익변경에 해당한다는 것이 판례의 입장이다.

③ 피고인이 정식재판을 청구한 사건에 대하여는 약식명령의 형보다 중한 종류의 형을 선고하지 못한다.

④ 제1심의 징역형의 선고유예 판결에 대하여 피고인만이 항소한 경우에 제2심이 벌금형을 선고한 것은 제1심 판결의 형보다 중한 형을 선고한 것에 해당된다.

50 근로기준법에 대한 설명으로 옳지 않은 것은?

① 사용자는 근로시간이 4시간인 경우에는 30분 이상, 8시간인 경우에는 1시간 이상의 휴게시간을 근로시간 도중에 주어야 한다.

② 사용자는 연장근로에 대하여는 통상임금의 100분의 50 이상을 가산하여 근로자에게 지급하여야 한다.

③ 사용자는 1년간 80퍼센트 이상 출근한 근로자에게 20일의 유급휴가를 주어야 한다.

④ 사용자는 근로자대표와의 서면 합의에 따라 연차 유급휴가일을 갈음하여 특정한 근로일에 근로자를 휴무시킬 수 있다.

정답 및 해설

제1회 | 기출동형모의고사

p.518

01	02	03	04	05	06	07	08	09	10
②	③	④	①	③	②	③	④	②	①
11	**12**	**13**	**14**	**15**	**16**	**17**	**18**	**19**	**20**
③	②	④	②	④	①	②	③	①	②
21	**22**	**23**	**24**	**25**	**26**	**27**	**28**	**29**	**30**
②	②	③	④	②	④	③	①	③	②
31	**32**	**33**	**34**	**35**	**36**	**37**	**38**	**39**	**40**
④	②	③	④	③	①	②	④	①	②
41	**42**	**43**	**44**	**45**	**46**	**47**	**48**	**49**	**50**
③	④	④	②	④	①	②	③	②	③

01 법의 목적 정답 ②

아리스토텔레스는 정의를 '일반적 정의'와 '특수적 정의'로 구분하였다. 일반적 정의(보편적 정의)는 공동생활의 일반원칙에 따라 생각하고 행동하는 것을 의미한다. 그리고 특수적 정의는 개인 생활에 관계되는 정의로서 이를 '평균적 정의'와 '배분적 정의'로 구분하였다. 평균적 정의(형식적 평등)는 절대적 평균으로서 모든 사람에게 차별 없이 평등하게 적용되는 것을 의미한다. 배분적 정의(상대적 평등)는 상대적·비례적 평등을 의미한다. 배분적 정의에서 가장 중요한 것은 주관적이고 자의적인 기준에 따라 판단하는 것이 아니라 공평무사한 기준에 따라 판단을 하는 것이다.

02 법원 정답 ③

조례란 지방자치단체가 법령의 범위 안에서 그 권한에 속하는 사무에 관해 제정한 법규이다. 조례가 법령에 반하는 경우에는 효력이 없다.

03 법의 효력 정답 ④

속지주의란 자국의 영역 내에 있는 모든 사람에 대하여 외국인을 불문하고 자국법을 적용할 수 있다는 원칙이다. 그러나 예외적으로 자국 영역 밖에서 행해진 범죄에 대해서도 자국법을 적용하는 범죄가 있다. 예를 들면, 내란죄, 외환죄, 국기에 대한 죄, 통화 및 유가증권에 관한 죄 등은 대한민국 영역 밖에서 죄를 범한 경우에도 형법을 적용한다. (형법 제5조)

04 법원 정답 ①

관습법은 관습이 법적 확신을 얻은 때에 성립하며, 판결에 의해 관습의 존재가 인정되면 그 관습은 법적 확신을 얻어서 그 사회에서 행해지고 있는 때에 소급하여 성립한다.

05 헌법총론 정답 ③

헌법은 제1조 제2항에서 국가권력, 제2조에서 국민, 제3조에서 영역을 규정함으로써 국가 3요소설에 입각하고 있다. 국가 3요소설은 옐리네크에 의해 주장된 이후의 전통적 국가 이론의 접근방법이다.

더 알아보기

- 헌법 제1조
  ① 대한민국은 민주공화국이다.
  ② 대한민국의 주권은 국민에게 있고, 모든 권력은 국민으로부터 나온다.
- 헌법 제2조
  ① 대한민국의 국민이 되는 요건은 법률로 정한다.

② 국가는 법률이 정하는 바에 의하여 재외국민을 보호할 의무를 진다.
• 헌법 제3조
대한민국의 영토는 한반도와 그 부속도서로 한다.

06 헌법총론 정답 ②

행정국가는 현대 복지국가 헌법의 특징이다.

더 알아보기

헌법의 기본원리
• 근대 입헌주의 헌법의 기본원리: 국민주권원리, 자유주의 및 기본권 보장 원리, 엄격한 권력분립, 형식적 법치주의, 성문법주의, 의회주의
• 현대 복지국가 헌법의 기본원리: 실질적 법치주의, 헌법재판제도의 강화, 행정국가의 경향, 정당제도의 법적 수용, 국제평화주의, 사회적 기본권의 보장, 재산권의 상대화, 경제적 자유에 대한 광범위한 제한

07 헌법총론 정답 ③

헌법 제129조에 따르면, 제안된 헌법개정안은 대통령이 20일 이상의 기간 이를 공고하여야 한다.

08 헌법총론 정답 ④

방어적 민주주의란 민주주의의 이름으로 민주주의 그 자체를 파괴하거나 자유의 이름으로 자유의 체계 그 자체를 말살하려는 민주적·법치국가적 헌법질서의 적으로부터 민주주의가 자신을 효과적으로 방어하고 그와 투쟁하기 위한 자기방어적 민주주의를 말한다. 정부가 제소하여 헌법재판소가 심판하는 위헌정당해산제도는 방어적 민주주의를 구현하는 제도이다. 방어적 민주주의가 논의되기 위해서는 민주주의가 몰가치적(가치중립적) 개념이 아니라 일정한 가치와 결부되어 있음이 전제되어야 한다. 즉, 방어적 민주주의는 가치지향적·가치구속적 민주주의 성격을 가진다.

09 헌법총론 정답 ②

우리나라의 헌법 기본원리로는 국민주권 원리, 자유민주주의, 사회국가 원리, 문화국가 원리, 법치국가 원리, 평화국가 원리, 사회적 시장경제주의, 복지국가 원리 등이 있다.

10 헌법총론 정답 ①

헌법 제10조의 인간의 존엄과 가치는 헌법의 최고원리로 헌법상 기본권 보장의 대전제가 되는 원칙이다.

11 헌법총론 정답 ③

국민주권원리를 구현하기 위한 제도로는 기본권보장제도(정치적 기본권), 직접민주제도(국민투표제도, 국민발안제도, 국민소환제도), 복수정당제도, 지방자치제도, 직업공무원제도가 있다.

12 통치구조 정답 ②

헌법 제111조에 따르면, 헌법재판소는 정당의 해산 심판을 관장한다.

13 기본권 정답 ④

형사보상청구권이란 형사피의자 또는 형사피고인으로서 구금되었던 자가 법률이 정하는 불기소처분을 받거나 무죄판결을 받은 때에는 법률이 정하는 바에 의하여 국가에 정당한 보상을 청구할 수 있는 권리를 말한다. 형사피고인보상, 형사피의자보상이 이에 속한다.

14 통치구조 정답 ②

입법부와 행정부의 협조에 의해 신속하고 능률적인 국정처리가 가능하다는 장점은 의원내각제의 장점이다.

15 민법총칙 정답 ④

신의성실의 원칙은 근대민법의 수정원칙이다. 근대민법의 수정원칙인 사회적 형평의 원칙은 실질적 평등을 위해 사적자치를 비롯한 3대 원리를 제약하는 원리이다. 그 예로 신의성실의 원칙, 권리남용금지, 사회질서, 폭리행위금지, 임대차에 있어서의 강행규정, 소유권 공공의 원칙, 계약공정의 원칙, 무과실책임 제도 등을 들 수 있다.

오답노트
①, ②, ③ 근대민법의 기본원칙인 사적자치의 원칙은 법이 허용하는 범위에서 개인이 자신의 의사에 의하여 법률관계를 자주적으로 형성할 수 있고, 국가는 여기에 직접적으로 개입해서는 안 된다는 원칙을 의미한다. 사적자치의 원칙으로 계약자유의 원칙, 소유권 존중의 원칙, 과실책임의 원칙(자기책임의 원칙)이 있다.

16 민법총칙 정답 ①

신의성실 원칙(이하 신의칙)의 파생원칙으로 모순행위금지의 원칙, 사정변경의 원칙, 실효의 원칙이 있다.

더 알아보기

민법 제2조(신의성실)

① 권리의 행사와 의무의 이행은 신의에 좇아 성실히 하여야 한다.

② 권리는 남용하지 못한다.

17 민법총칙 정답 ②

민법 제5조 제1항에 따르면, 미성년자가 경제적으로 유리한 계약을 하더라도 반대급부 의무를 부담하므로 법정대리인의 동의를 얻어야 한다.

오답노트

①, ③ 민법 제5조(미성년자의 능력) 제1항에 따르면, 미성년자가 법률행위를 함에는 법정대리인의 동의를 얻어야 한다. 그러나 권리만을 얻거나 의무만을 면하는 행위는 그러하지 아니한다. 또한 제2항에 따르면, 전항의 규정에 위반한 행위는 취소할 수 있다.

④ 민법 제6조(처분을 허락한 재산)에 따르면, 법정대리인이 범위를 정하여 처분을 허락한 재산은 미성년자가 임의로 처분할 수 있다.

18 민법총칙 정답 ③

법인과 이사의 이익이 상반되는 경우에 검사 또는 이해관계인의 청구에 의해 법원이 특별대리인을 선임하게 된다.

19 민법총칙 정답 ①

민법 제117조(대리인의 행위능력)에 따르면, 대리인은 행위능력자임을 요하지 아니한다. 따라서 미성년자도 대리가 가능하다. 즉, 대리행위의 법률효과는 본인에게 귀속하여 대리인에게 불이익이 없으므로 미성년자도 대리인이 가능하다.

20 물권법 정답 ②

전세권은 타인의 부동산을 점유하여 그 부동산의 용도에 좇아 사용·수익한다는 점에서 용익물권적 성격이 있고, 전세금의 우선변제를 받을 권리라는 점에서 담보물권적 성격도 있다.

더 알아보기

민법 제303조(전세권의 내용) 제1항

전세권자는 전세금을 지급하고 타인의 부동산을 점유하여 그 부동산의 용도에 좇아 사용·수익하며, 그 부동산 전부에 대하여 후순위권리자 기타 채권자보다 전세금의 우선변제를 받을 권리가 있다.

21 물권법 정답 ②

민법 제192조에 따르면, 점유권은 소유권의 유무와 상관없이 인정된다.

오답노트

① 일물일권주의 원칙상 하나의 물건에는 하나의 소유권만이 인정된다. 공유는 하나의 소유권을 여러 명이 나눈 것이다.

③ 민법 제192조(점유권의 취득과 소멸)에 따르면, 물건을 사실상 지배하는 자는 점유권이 있으며, 점유자가 물건에 대한 사실상의 지배를 상실한 때에는 점유권이 소멸한다.

④ 법정담보물권으로 유치권, 질권, 저당권이 있다.

22 물권법 정답 ②

민법 제279조(지상권의 내용)에 따르면, 지상권자는 타인의 토지에 건물 기타 공작물이나 수목을 소유하기 위하여 그 토지를 사용하는 권리가 있다.

23 채권총론 정답 ③

채무불이행으로 인한 손해배상 예정액의 청구와 채무불이행으로 인한 손해배상액의 청구는 그 청구원인을 달리하는 별개의 청구이므로 손해배상 예정액의 청구 가운데 채무불이행으로 인한 손해배상액의 청구가 포함되어 있다고 볼 수 없고, 채무불이행으로 인한 손해배상액의 청구에 있어서 손해의 발생 사실과 그 손해를 금전적으로 평가한 배상액에 관하여는 손해배상을 구하는 채권자가 주장·입증하여야 한다.
(대법원 2000. 2. 11. 선고 99다49644 판결)

오답노트

① 이행지체는 채무의 이행기가 도래했고 그 이행이 가능함에도 불구하고 채무자가 책임이 있는 사유로 이행을 하지 않고 있는 것을 말한다.

② 민법 제394조(손해배상의 방법)에 따르면, 다른 의사표시가 없으면 손해는 금전으로 배상한다.

④ 민법 제402조에 따르면, 채권자지체 중에는 이자 있는 채권이라도 채무자는 이자를 지급할 의무가 없다.

24 채권총론 정답 ④

부종성에 의하여 주채무가 소멸하면 보증채무도 소멸한다.

오답노트

① 민법 제428조(보증채무의 내용) 제1항에 따르면, 보증인은 주채무자가 이행하지 아니하는 채무를 이행할 의무가 있다.
② 민법 제429조(보증채무의 범위) 제1항에 따르면, 보증채무는 주채무의 이자, 위약금, 손해배상 기타 주채무에 종속한 채무를 포함한다.
③ 민법 제430조(목적, 형태상의 부종성)에 따르면, 보증인의 부담이 주채무의 목적이나 형태보다 중한 때에는 주채무의 한도로 감축한다.

25 채권총론 정답 ②

민법상 채권의 소멸원인은 변제, 대물변제, 공탁, 상계, 면제, 혼동, 소멸시효, 경개 등이 있다.

26 채권각론 정답 ④

사무관리는 계약 또는 법률에 의한 의무 없이 타인을 위하여 그의 사무를 관리하는 행위이다. 예를 들어 해외여행을 떠난 이웃의 가옥이 태풍으로 인해 침수될 위험에 처한 경우에 피해의 방지를 위해 필요한 조치를 취하는 것 등이다.

27 친족상속법 정답 ③

민법 제830조 제2항에 따르면, 부부의 누구에게 속한 것인지 분명하지 아니한 재산은 부부의 공유로 추정한다.

오답노트

① 민법 제807조(혼인적령)에 따르면, 만 18세가 된 사람은 혼인할 수 있다.
② 민법 제830조(특유재산과 귀속불명재산)에 따르면, 부부의 일방이 혼인 전부터 가진 고유재산과 혼인 중 자기의 명의로 취득한 재산은 그 특유재산으로 하며, 부부의 누구에게 속한 것인지 분명하지 아니한 재산은 부부의 공유로 추정한다.
④ 민법 제827조(부부간의 가사대리권) 제1항에 따르면, 부부는 일상의 가사에 관하여 서로 대리권이 있다.

28 형법총론 정답 ①

"법률 없이는 범죄도 형벌도 없다."에서 법률은 형식적 의미의 형법이 아닌, 국민의 자유와 권리를 박탈·제한하는 것을 내용으로 하는 모든 법규, 즉, 실질적 의미의 형법을 의미한다.

오답노트

④ 명확성의 원칙은 법치국가원리의 한 표현으로서 기본권을 제한하는 법규범의 내용은 명확하여야 한다는 헌법상의 원칙이며, 그 근거는 법규범의 의미내용이 불확실하면 법적 안정성과 예측 가능성을 확보할 수 없고, 법집행 당국의 자의적인 법해석과 집행을 가능하게 할 것이기 때문이다. 그러나 법규범의 문언은 어느 정도 가치개념을 포함한 일반적, 규범적 개념을 사용하지 않을 수 없는 것이기 때문에 명확성의 원칙이란 기본적으로 최대한이 아닌 최소한의 명확성을 요구하는 것으로서, 그 문언이 법관의 보충적인 가치판단을 통해서 그 의미내용을 확인할 수 있고, 그러한 보충적 해석이 해석자의 개인적인 취향에 따라 좌우될 가능성이 없다면 명확성의 원칙에 반한다고 할 수 없다. (대법원 2008. 10. 23.자 2008초기264 결정)

29 형법총론 정답 ③

범죄가 성립하기 위해서는 구성요건 해당성·위법성·책임의 세 가지 요소가 필요하다. 이 중 하나라도 갖추지 못한 경우 범죄의 성립이 불가하다.

30 형법총론 정답 ②

원인에 있어 자유로운 행위란 책임능력자의 고의 또는 과실에 의하여 스스로 일시적인 심신장애의 상태를 야기시키고, 그 상태를 이용하여 범죄를 실행하는 경우를 말한다(사람을 살해할 목적으로 자의로 음주하고 그 상태에서 사람을 살해한 경우 등). 이러한 경우 행위자는 책임이 감경 또는 조각되지 않고 완전한 책임을 부담한다.

31 형법총론 정답 ④

법관이 발부한 영장에 의하여 사법경찰관이 타인의 사무실을 압수·수색하는 행위는 위법성 조각사유 중 법령에 의한 정당행위에 해당한다.

32 형법총론 정답 ②

형법 제27조(불능범)에 따르면, 실행의 수단 또는 대상의 착오로 인하여 결과의 발생이 불가능하더라도 위험성이 있는 때에는 처벌한다. 단, 형을 감경 또는 면제할 수 있다.

오답노트

① 형법 제26조(중지범)에 따르면, 범인이 실행에 착수한 행위를 자의(自意)로 중지하거나 그 행위로 인한 결과의 발생을 자의로 방지한 경우에는 형을 감경하거나 면제한다.
③ 형법 제25조(미수범)에 따르면, 범죄의 실행에 착수하여 행위를 종료하지 못하였거나 결과가 발생하지 아니한 때에는 미수범으로 처벌하며, 미수범의 형은 기수범보다 감경할 수 있다.
④ 형법 제28조(음모, 예비)에 따르면, 범죄의 음모 또는 예비행위가 실행의 착수에 이르지 아니한 때에는 법률에 특별한 규정이 없는 한 벌하지 아니한다.

33 형법총론 정답 ③

형법상 형벌의 종류 중 재산형인 것은 벌금, 과료, 몰수이다.

오답노트

①, ②, ④는 형법상 형벌의 종류 중 자유형이다.

34 형법각론 정답 ④

국가적 법익에 관한 죄에 해당하는 것은 무고의 죄이다.

오답노트

①, ②, ③은 사회적 법익에 관한 죄에 해당한다.

더 알아보기

구분	내용
개인적 법익에 관한 죄	• 생명과 신체에 대한 죄: 살인의 죄, 상해와 폭행의 죄, 과실치사상죄, 낙태의 죄, 유기와 학대의 죄 • 자유에 대한 죄: 협박의 죄, 강요의 죄, 체포와 감금의 죄, 약취·유인 및 인신매매의 죄, 강간과 추행의 죄 • 명예와 신용에 대한 죄: 명예에 관한 죄, 신용·업무와 경매에 관한 죄 • 사생활 평온에 관한 죄: 비밀침해의 죄, 주거침입의 죄 • 재산에 대한 죄: 절도의 죄, 강도의 죄, 사기의 죄, 공갈의 죄, 횡령의 죄, 배임의 죄, 장물의 죄, 손괴의 죄, 권리행사를 방해하는 죄
사회적 법익에 관한 죄	• 공공의 안전과 평온에 대한 죄: 공안을 해하는 죄, 폭발물에 관한 죄, 방화와 실화의 죄, 일수와 수리에 관한 죄, 교통방해의 죄 • 공공의 신용에 대한 죄: 통화에 대한 죄, 유가증권·인지와 우표에 관한 죄, 문서에 관한 죄, 인장에 관한 죄 • 공중의 건강에 관한 죄: 음용수에 관한 죄, 아편에 관한 죄 • 사회의 도덕에 관한 죄: 성 풍속에 관한 죄, 도박과 복표에 관한 죄, 신앙에 관한 죄
국가적 법익에 관한 죄	• 국가의 존립과 권위에 대한 죄: 내란의 죄, 외환의 죄, 국기에 대한 죄, 국교에 관한 죄 • 국가의 기능에 관한 죄: 공무원의 직무에 대한 죄, 공무방행에 관한 죄, 도주와 범인은닉의 죄, 위증과 증거인멸죄, 무고의 죄

35 형법각론 정답 ③

외상 매매계약의 해제가 있고 동 외상 매매물품의 반환 청구권이 피고인에게 있다고 하여도 절도라 함은 타인이 점유하는 재물을 도취하는 행위, 즉, 점유자의 의사에 의하지 아니하고 그 점유를 취득하는 행위로서 절도 행위의 객체는 점유라 할 것이므로 피고인이 위 공소외인의 승낙을 받지 않고 위 물품들을 가져갔다면 그 물품에 대한 반환 청구권이 피고인에게 있었다 하여도 피고인의 그 행위는 절도행위에 해당되는 법리라 할 것임에도 불구하고 원판결이 위와 같이 반환 청구권이 있다는 이유만으로 절도죄를 구성할 여지 없다고 판단한 것은 절도행위의 객체에 관한 법리를 오해한 것이라 할 것이다. (대법원 1973. 2. 28. 선고 72도2538 판결)

36 형법각론 정답 ①

사기죄는 사람을 기망하여 자기 또는 제삼자가 재물의 교부를 받거나 재산상의 이익을 취득함으로써 성립하는 범죄이다. 따라서 甲이 처음부터 식사대금을 지불할 의사 없이 식사를 한 것은 식당 주인을 기망하여 재물의 교부(식사)를 받은 것이므로 사기죄가 성립한다.

37 형법각론 정답 ②

위계에 의한 공무집행방해죄가 성립된다. 피고인과 '甲'이 공모하고 피고인이 시험장소 내에서 시험감독관의 감시의 틈을 타서 시험답안지의 해답이 적힌 쪽지를 '甲'에게 전달한 이상 '甲'의 행위 여하에 불구하고 공무원의 시험감독에 관한 직무집행을 위계로써 방해한 경우에 해당한다 할 것이다. (대법원 1967. 5. 23. 선고 67도650 판결)

38 행정법관계와 사법관계

정답 ④

행정주체란 행정을 행하는 법 주체를 말한다. 행정주체에는 국가, 지방자치단체, 공공조합, 영조물 법인, 공법상 재단, 공무 수탁사인이 있다.

더 알아보기

행정주체

- 공공조합: 법정의 자격을 가진 조합원으로 구성된 공법상의 사단법인
- 영조물 법인: 행정법상의 영조물에 독립된 법인격이 부여된 것으로, 영조물이란 특정한 국가목적에 제공된 인적·물적 종합시설
- 공법상 재단: 국가나 지방자치단체가 공공 목적을 위하여 출연한 재산을 관리하기 위하여 설립된 공법상의 재단법인
- 공무 수탁사인: 공행정사무를 위탁(협의의 위탁)받아 자신의 이름으로 처리하는 권한을 갖고 있는 행정주체인 사인

39 행정작용

정답 ①

허가란 질서유지·위험예방 등을 위해 법률로써 개인의 자유를 일반적·잠정적으로 제한한 후 행정상 일정한 요건이 구비된 경우에 그 제한을 해제하여 본래의 자유를 회복시켜 주는 행정행위를 말한다. 허가는 원칙적으로 법령에 특별한 규정이 없는 한 기속행위로 본다. 다만, 공익상 필요가 인정되어 허가 여부에 대해 이익형량이 요구되는 경우 재량행위로 볼 수 있다.

40 행정작용

정답 ②

준법률행위적 행정행위로는 확인, 공증, 통지, 수리가 있으며, 하명은 법률행위적 행정행위 중 명령적 행정행위이다.

더 알아보기

행정행위

법률 행위적 행정행위	명령적 행정행위	• 하명: 작위·부작위·급부·수인 등의 의무를 명하는 행정행위 • 허가: 질서유지·위험예방 등을 위해 법률로써 개인의 자유를 일반적·잠정적으로 제한한 후 행정이 일정한 요건이 구비된 경우에 그 제한을 해제하여 본래의 자유를 회복시켜 주는 행정행위 • 면제: 법령에 의하여 상대방에게 부여된 작위의무나 급부의무·수인의무를 일정한 경우에 해제하는 행정행위
	형성적 행정행위	• 특허: 특정인에게 새로운 권리나 포괄적 법률관계를 설정해주는 행정행위 • 인가: 행정청이 다른 법률행위를 보충하여 그 법률상의 효력을 완성시키는 보충적 행정행위 • 대리: 체납처분 절차상 압류재산공매 처분과 같이 행정주체가 제삼자를 대신하여 행위를 한 후, 그 효과를 직접 제삼자에게 귀속하게 하는 법적 효과를 발생하는 행정행위
준법률 행위적 행정행위		• 확인: 특정한 사실 또는 법률관계의 존재 여부 또는 정당성 여부에 대해 의문이나 다툼이 있는 경우 행정청이 공적인 권위로서 행하는 판단의 표시행위 • 공증: 일정한 사실이나 법률관계의 존재 여부를 공적으로 증명하는 행정행위 • 통지: 특정인 또는 불특정 다수인에게 일정한 사실을 알리는 행정행위 • 수리: 타인의 행위를 유효한 행위로서 받아들이는 행정행위

41 행정법관계와 사법관계

정답 ③

행정개입청구권이란 개인이 자기의 이익을 위하여 타인에 대해 일정한 행위를 발동하여 줄 것을 행정청에 청구하는 권리를 말한다.

42 행정작용

정답 ④

행정절차법 제2조(정의)에 따르면, "행정지도"란 행정기관이 그 소관 사무의 범위에서 일정한 행정목적을 실현하기 위하여 특정인에게 일정한 행위를 하거나 하지 아니하도록 지도, 권고, 조언 등을 하는 행정작용을 말한다.

43 상법총론

정답 ④

제조, 가공 또는 수선에 관한 행위는 기본적 상행위로 당연상인의 상행위에 속한다.

44 회사법

정답 ②

회사는 성질상 직접 영업활동을 하여야 하는 인적 개성이 중시되는 지배인 등과 같은 상업사용인이 될 수 없다.

45 회사법

정답 ④

상법 제307조(주식인수인의 실권절차)에 따르면, 주식인수인이 제305조의 규정에 의한 납입을 하지 아니한 때에는 발기인은 일정한 기일을 정하여 그 기일 내에 납입을 하지 아니하면 그 권리를 잃는다는 뜻을 기일의 2주간 전에 그 주식인수인에게 통지하여야 한다. 또한, 전항의 통지를 받은 주식인수인이 그 기일 내에 납입의 이행을 하지 아니한 때에는 그 권리를 잃는다. 이 경우에는 발기인은 다시 그 주식에 대한 주주를 모집할 수 있다.

오답노트

③ 상법 제301조(모집설립의 경우의 주식모집)에 따르면, 발기인이 회사의 설립 시에 발행하는 주식의 총수를 인수하지 아니하는 때에는 주주를 모집하여야 한다.

46 소송심리(변론과 증거)

정답 ①

변론은 기일에 원고·피고가 수소법원의 공개 법정에서 구술로 판결의 기초가 될 소송자료, 즉, 사실과 증거를 제출하는 방법으로 소송을 심리하는 절차를 말한다. 변론주의는 사실과 증거의 수집·제출의 책임을 당사자에게 맡기고 법원은 당사자가 제출한 소송자료만을 재판의 기초로 삼아야 한다는 원칙으로 직권탐지주의와 대립된다.

47 민사소송 일반

정답 ②

이행의 소는 원고의 이행청구권에 기하여 법원이 피고에 대해 의무이행명령을 할 것을 요구하는 소로, 명령형의 소이다. 이행의 소는 원칙적으로 실체법상의 청구권이 그 바탕이 되어야 한다.

오답노트

① 공동소송은 1개의 소송절차에 수인의 원고 또는 피고가 관여하는 소송형태를 말한다.
③ 형성의 소는 판결에 의한 법률관계의 변동을 요구하는 소이다. 형성의 소는 법적 안정성을 흔들기 때문에 명문의 규정으로 허용되는 경우에만 인정하는 것이 원칙이다.
④ 확인의 소는 다툼 있는 권리·법률관계의 존재·부존재의 확정을 요구하는 소이다. 소유권 확인 등 권리관계의 존재 확정을 목적으로 하는 소를 적극적 확인의 소, 채무부존재확인 등 그 부존재의 확정을 목적으로 하는 소를 소극적 확인의 소라고 한다.

48 수사

정답 ③

형사소송법 제230조(고소기간) 제1항에 따르면, 친고죄에 대하여는 범인을 알게 된 날로부터 6월을 경과하면 고소하지 못한다.

오답노트

① 형사소송법 제223조(고소권자)에 따르면, 범죄로 인한 피해자는 고소할 수 있다.
② 형사소송법 제224조(고소의 제한)에 따르면, 자기 또는 배우자의 직계존속을 고소하지 못한다.
④ 형사소송법 제231조(수인의 고소권자)에 따르면, 고소할 수 있는 자가 수인인 경우에는 1인의 기간의 해태는 타인의 고소에 영향이 없다.

49 형사소송법 총론

정답 ②

피고인 신문제도는 직권주의 요소다.

더 알아보기

현행 형사소송법상 당사자주의와 직권주의 요소

구분	내용
당사자주의의 요소	• 피고인 신문 방법(검사와 변호인이 먼저 신문) • 증거조사(증거보전청구권, 전문법칙, 증거조사청구권 등) • 심판범위의 한정(공소사실의 특정) • 공소장변경제도 • 공소장일본주의 • 공판 준비절차 • 공판절차
직권주의의 요소	• 피고인 신문제도 • 법원(재판장)의 증인신문 • 직권에 의한 증거조사 • 소장변경 요구제도 • 증거동의 진정성 판단

50 노동법 정답 ③

근로기준법 제16조(계약기간)에 따르면, 근로계약은 기간을 정하지 아니한 것과 일정한 사업의 완료에 필요한 기간을 정한 것 외에는 그 기간은 1년을 초과하지 못한다.

오답노트

① 근로기준법 제20조(위약 예정의 금지)에 따르면, 사용자는 근로계약 불이행에 대한 위약금 또는 손해배상액을 예정하는 계약을 체결하지 못한다.

② 근로기준법 제21조(전차금 상계의 금지)에 따르면, 사용자는 전차금(前借金)이나 그 밖에 근로할 것을 조건으로 하는 전대(前貸)채권과 임금을 상계하지 못한다.

④ 근로기준법 제17조(근로조건의 명시)에 따르면, 사용자는 근로계약을 체결할 때에 근로자에게 다음 각호의 사항을 명시하여야 한다. 근로계약 체결 후 다음 각호의 사항을 변경하는 경우에도 또한 같다.

1. 임금
2. 소정근로시간
3. 제55조에 따른 휴일
4. 제60조에 따른 연차 유급휴가
5. 그 밖에 대통령령으로 정하는 근로조건

p.526

01	02	03	04	05	06	07	08	09	10
④	②	③	③	④	③	②	④	③	①
11	12	13	14	15	16	17	18	19	20
④	②	③	①	③	④	③	④	②	①
21	22	23	24	25	26	27	28	29	30
②	②	④	②	③	③	②	②	④	①
31	32	33	34	35	36	37	38	39	40
②	④	①	③	②	②	①	③	②	③
41	42	43	44	45	46	47	48	49	50
①	③	②	④	②	③	④	①	②	④

01 법의 개념 정답 ④

도덕은 의무적 측면만을 규율한다는 점에서 일면적이다.

오답노트

① 도덕은 선을 실현하고자 하는 반면 법은 정의를 실현하고자 한다.
② 법은 선험적 이성보다는 경험적 사실로 성립한다.
③ 법은 외부적 힘을 요인으로 하는 타율성을 본질로 하는 반면 도덕은 양심에 기초한 자율성을 본질로 한다.

02 법원 정답 ②

급변하는 사회에 대해 구체적 현실에 맞게 대처할 수 있는 것은 불문법주의이다.

03 법의 분류 정답 ③

헌법 제6조 제1항에 따르면, 헌법에 의하여 체결·공포된 조약과 일반적으로 승인된 국제법규는 국내법과 같은 효력을 가진다.

04 법의 분류 정답 ③

공법은 헌법, 형법, 행정법, 민사소송법, 형사소송법 등이고, 사법은 민법, 상법 등이다.

05 법의 효력 정답 ④

강행법규는 당사자의 의사와 관계없이 강제적으로 적용되는 법으로서 주로 공법 규정이고, 임의법규는 당사자의 의사로 그 적용을 배제하거나 변경할 수 있는 법으로서 주로 사법 분야이다. 선량한 풍속 기타 사회질서의 위반에 관한 민법규정도 강행법규이고 이를 위반한 행위는 무효이다.

06 헌법총론 정답 ③

헌법 제130조 제2항에 따르면, 헌법개정안은 국회가 의결한 후 30일 이내에 국민투표에 붙여 국회의원 선거권자 과반수의 투표와 투표자 과반수의 찬성을 얻어야 한다.

더 알아보기

- 헌법 제128조
  ① 헌법개정은 국회 재적의원 과반수 또는 대통령의 발의로 제안된다.
  ② 대통령의 임기연장 또는 중임변경을 위한 헌법개정은 그 헌법개정 제안 당시의 대통령에 대하여는 효력이 없다.
- 헌법 제129조
  제안된 헌법개정안은 대통령이 20일 이상의 기간 이를 공고하여야 한다.
- 헌법 제130조
  ① 국회는 헌법개정안이 공고된 날로부터 60일 이내에 의결하여야 하며, 국회의 의결은 재적의원 3분의 2 이상의 찬성을 얻어야 한다.
  ② 헌법개정안은 국회가 의결한 후 30일 이내에 국민투표에 붙여 국회의원 선거권자 과반수의 투표와 투표자 과반수의 찬성을 얻어야 한다.
  ③ 헌법개정안이 제2항의 찬성을 얻은 때에는 헌법개정은 확정되며, 대통령은 즉시 이를 공포하여야 한다.

07 헌법총론

정답 ②

헌법 전문에는 침략적 전쟁 부인이 규정되어 있지 않다.

더 알아보기

헌법전문에 규정된 사항	헌법전문에 규정되지 않은 사항
• 헌법의 인간상(대한 국민) • 대한민국의 건국이념 (3.1운동과 4.19민주이념) • 국민주권주의 • 자유민주주의 기본질서 확립 • 사회국가의 이념 • 문화국가의 이념 • 국제평화주의와 민족통일 원리 • 기타 자손의 안전과 자유와 행복 • 기본권 존중	• 권력분립의 원리 • 민주공화국, 국가형태(제1조) • 자유민주적 기본질서에 입각한 평화적 통일정책(제4조) • 국제평화의 유지에 노력, 침략적 전쟁 부인(제5조) • 전통문화계승발전, 민족문화창달의무(제9조) • 개인의 자유와 창의의 존중 (제119조 제1항)

08 기본권

정답 ④

기본권 주체의 특정한 행위가 여러 기본권의 구성요건에 해당하는 현상은 기본권 경합이라 한다.

09 기본권

정답 ③

(나) 헌법 제12조 제3항에 따르면, 체포·구속·압수 또는 수색을 할 때에는 적법한 절차에 따라 검사의 신청에 의하여 법관이 발부한 영장을 제시하여야 한다. 다만, 현행범인인 경우와 장기 3년 이상의 형에 해당하는 죄를 범하고 도피 또는 증거인멸의 염려가 있을 때에는 사후에 영장을 청구할 수 있다.

(라) 헌법 제12조 제6항에 따르면, 누구든지 체포 또는 구속을 당한 때에는 적부의 심사를 법원에 청구할 권리를 가진다.

오답노트

(가), (다) 헌법 제12조 제3항에 따르면, 체포·구속·압수 또는 수색을 할 때에는 적법한 절차에 따라 검사의 신청에 의하여 법관이 발부한 영장을 제시하여야 한다. 다만, 현행범인인 경우와 장기 3년 이상의 형에 해당하는 죄를 범하고 도피 또는 증거인멸의 염려가 있을 때에는 사후에 영장을 청구할 수 있다.

10 기본권

정답 ①

교육을 받을 권리는 사회권적 기본권이다.

11 기본권

정답 ④

헌법 제35조 제2항에 따르면, 환경권의 내용과 행사에 관하여는 법률로 정한다. 즉, 환경권이 침해된 경우 법률에 의하여 손해배상을 청구하여야 한다.

12 기본권

정답 ②

국회법 제123조(청원서의 제출) 제1항에 따르면, 국회에 청원을 하려는 자는 의원의 소개를 받거나 국회 규칙으로 정하는 기간 동안 국회 규칙으로 정하는 일정한 수 이상의 국민의 동의를 받아 청원서를 제출하여야 한다.

오답노트

④ 청원법 제9조(청원의 심사) 제1항에 따르면, 청원을 수리한 기관은 성실하고 공정하게 청원을 심사·처리하여야 한다.

13 통치구조

정답 ③

헌법 제49조에 따르면, 국회는 헌법 또는 법률에 특별한 규정이 없는 한 재적의원 과반수의 출석과 출석의원 과반수의 찬성으로 의결하며, 가부동수인 때에는 부결된 것으로 본다.

오답노트

① 헌법 제47조 제1항에 따르면, 국회의 정기회는 법률이 정하는 바에 의하여 매년 1회 집회되며, 국회의 임시회는 대통령 또는 국회 재적의원 4분의 1 이상의 요구에 의하여 집회된다.

② 헌법 제50조 제1항에 따르면, 국회의 회의는 공개한다. 다만, 출석의원 과반수의 찬성이 있거나 의장이 국가의 안전보장을 위하여 필요하다고 인정할 때에는 공개하지 아니할 수 있다.

④ 헌법 제51조에 따르면, 국회에 제출된 법률안 기타의 의안은 회기 중에 의결되지 못한 이유로 폐기되지 아니한다.

14 통치구조

정답 ①

헌법 제68조 제1항에 따르면, 대통령의 임기가 만료되는 때에는 임기만료 70일 내지 40일 전에 후임자를 선거한다.

오답노트

② 헌법 제67조 제2항에 따르면, 제1항의 선거에 있어서 최고득표자가 2인 이상인 때에는 국회의 재적의원 과반수가 출석한 공개 회의에서 다수표를 얻은 자를 당선자로 한다.

③ 헌법 제67조 제3항에 따르면, 대통령후보자가 1인일 때에는 그 득표수가 선거권자 총수의 3분의 1 이상이 아니면 대통령으로 당선될 수 없다.

④ 헌법 제67조 제4항에 따르면, 대통령으로 선거될 수 있는 자는 국회의원의 피선거권이 있고 선거일 현재 40세에 달하여야 한다.

15 통치구조 정답 ③

헌법 제105조 제3항에 따르면, 대법원장과 대법관이 아닌 법관의 임기는 10년으로 하며, 법률이 정하는 바에 의하여 연임할 수 있다.

오답노트

① 헌법 제105조 제1항에 따르면, 대법원장의 임기는 6년으로 하며, 중임할 수 없다.
② 헌법 제105조 제2항에 따르면, 대법관의 임기는 6년으로 하며, 법률이 정하는 바에 의하여 연임할 수 있다.

16 민법총칙 정답 ④

법령과 같은 효력을 갖는 관습법은 당사자의 주장 입증을 기다림이 없이 법원이 직권으로 이를 확정하여야 하고 사실인 관습은 그 존재를 당사자가 주장 입증하여야 하나, 관습은 그 존부자체도 명확하지 않을 뿐만 아니라 그 관습이 사회의 법적 확신이나 법적 인식에 의하여 법적 규범으로까지 승인되었는지의 여부를 가리기는 더욱 어려운 일이므로, 법원이 이를 알 수 없는 경우 결국은 당사자가 이를 주장·입증할 필요가 있다.
(대법원 1983. 6. 14. 선고 80다3231 판결)

오답노트

① 민법 제1조는 민사에 관하여 법률에 규정이 없으면 관습법에 의하고 관습법이 없으면 조리에 의한다고 규정하여 민법의 법원 및 그 적용순서를 정하고 있다. 즉, 민사적용법규로서 법률, 관습법 및 조리를 법원으로 인정하고 있다.
② 관습법이란 사회의 거듭된 관행으로 생성한 사회생활규범이 사회의 법적 확신과 인식에 의하여 법적 규범으로 승인·강행되기에 이른 것을 말하고, 그러한 관습법은 법원으로서 법령에 저촉되지 아니하는 한 법칙으로서의 효력이 있는 것이고, 또 사회의 거듭된 관행으로 생성한 어떤 사회생활규범이 법적 규범으로 승인되기에 이르렀다고 하기 위하여는 헌법을 최상위 규범으로 하는 전체 법질서에 반하지 아니하는 것으로서 정당성과 합리성이 있다고 인정될 수 있는 것이어야 하고, 그렇지 아니한 사회생활규범은 비록 그것이 사회의 거듭된 관행으로 생성된 것이라고 할지라도 이를 법적 규범으로 삼아 관습법으로서의 효력을 인정할 수 없다.
(대법원 2005. 7. 21. 선고 2002다1178 전원합의체 판결)
③ 사실인 관습은 사회의 관행에 의하여 발생한 사회생활규범인 점에서 관습법과 같으나 사회의 법적 확신이나 인식에 의하여 법적 규범으로서 승인된 정도에 이르지 않은 것을 말하는바, …(중략) …, 사실인 관습은 법령으로서의 효력이 없는 단순한 관행으로서 법률행위의 당사자의 의사를 보충함에 그치는 것이다.
(대법원 1983. 6. 14. 선고 80다3231 판결)

17 민법총칙 정답 ③

(나) 계약자유의 원칙이란 계약을 체결하는 당사자가 그 체결여부, 계약의 내용 결정, 계약체결형식, 계약 상대방의 선택 등을 자유롭게 할 수 있다는 것을 말하며 그 내용에는 계약을 체결하지 않을 자유도 포함된다.
(라) 과실책임의 원칙이란 타인에게 가한 손해에 대해서는 그것이 위법할 뿐만 아니라 고의나 과실 등의 귀책사유에 의한 것이어야 배상책임을 지는 것을 말하며, 자기책임의 원칙이라고도 한다. 고의와 과실을 엄격히 구별하는 형법에서와 달리 민법에서는 책임의 발생 및 범위면에서 둘의 차이를 구별하지 않는다.

오답노트

(가) 우리 민법전은 근대 민법의 기본이념인 개인주의, 자유주의를 바탕으로 사적자치의 원칙, 계약자유의 원칙, 과실책임의 원칙 등을 기본원리로 하고 있다.
(다) 사회적 형평의 원칙이란 실질적 평등을 이루기 위한 사적자치를 제한하는 원리이다. 그 예로는 신의성실의 원칙(제2조 제1항), 권리남용금지(제2조 제2항), 선량한 풍속 기타 사회질서에 위반하는 행위금지 및 불공정한 법률행위(제103조, 제104조), 차주에게 불리한 약정금지(제607조, 제608조), 임대차에 있어서의 강행규정(제652조), 정당방위·긴급피난(제761조), 유류분제도(제1112조 이하) 등을 들 수 있다.

18 민법총칙 정답 ④

인격권은 인격적 이익을 누리는 것을 내용으로 하는 권리로서, 신체권, 생명권, 명예권, 정조권, 사생활에 관한 권리 등이 있다. 명예는 생명, 신체와 함께 매우 중대한 보호법익이고 인격권으로서의 명예권은 물권의 경우와 마찬가지로 배타성을 가지는 권리이다.
(대법원 2005. 1. 17. 자 2003마1477 결정)

오답노트

①, ②, ③ 재산권은 경제적 가치가 있는 이익의 향수를 내용으로 하는 권리로서, 물권, 채권, 지식재산권 등이 이에 속한다. 물권에는 점유권, 소유권, 지상권, 지역권, 전세권, 유치권, 질권, 저당권이 있으며, 지식재산권에는 특허권, 실용신안권, 상표권, 저작권 등이 있다.

19 민법총칙 정답 ②

항변권으로서 동시이행항변권을 들 수 있고, 계약해제권은 일종의 형성권이다.

20 민법총칙 정답 ①

민법 제10조(피성년후견인의 행위와 취소) 제1항 및 제2항에 따르면, 원칙적으로 피성년후견인의 법률행위는 취소할 수 있으나 예외적으로 가정법원은 취소할 수 없는 피성년후견인의 법률행위의 범위를 정할 수 있다.

오답노트

② 민법 제13조(피한정후견인의 행위와 동의) 제4항에 따르면, 한정후견인의 동의가 필요한 법률행위를 피한정후견인이 한정후견인의 동의 없이 하였을 때에는 그 법률행위를 취소할 수 있다. 다만, 일용품의 구입 등 일상생활에 필요하고 그 대가가 과도하지 아니한 법률행위에 대하여는 그러하지 아니한다.
③ 민법 제14조(한정후견종료의 심판)에 따르면, 한정후견개시의 원인이 소멸된 경우에는 가정법원은 본인, 배우자, 4촌 이내의 친족, 한정후견인, 한정후견감독인, 검사 또는 지방자치단체의 장의 청구에 의하여 한정후견종료의 심판을 한다.
④ 특정후견은 피특정후견인의 후원만을 내용으로 하는 것이므로 피특정후견인은 특정후견의 심판이 있어도 행위능력을 갖는다. 따라서 피특정후견인이 후견인의 동의를 얻지 않고 한 법률행위를 취소할 수 없다.

21 민법총칙 정답 ②

해외파견된 근로자가 귀국일로부터 일정기간 소속회사에 근무하여야 한다는 사규나 약정은 민법 제103조 또는 제104조에 위반된다고 할 수 없고, 일정기간 근무하지 않으면 해외 파견 소요경비를 배상한다는 사규나 약정은 근로계약기간이 아니라 경비반환채무의 면제기간을 정한 것이므로 근로기준법 제21조에 위배하는 것도 아니다.
(대법원 1982. 6. 22. 선고 82다카90 판결)

22 민법총칙 정답 ②

민법 제146조(취소권의 소멸)에 따르면, 취소권은 추인할 수 있는 날로부터 3년 내에, 법률행위를 한 날로부터 10년 내에 행사하여야 한다.

오답노트

① 민법 제143조(추인의 방법, 효과) 제1항에 따르면, 취소할 수 있는 법률행위를 추인 후에는 취소하지 못한다.
③ 법정추인은 법정의 사유만 있으면 되므로 추인권자에게 추인의 의사가 있음을 요하지 않을 뿐만 아니라 취소권의 존재를 인식할 필요가 없다.
④ 민법 제145조(법정추인)에 따르면, 취소할 수 있는 법률행위에 관하여 추인할 수 있는 후에 이의를 보류하지 않고 법정대리인이 채무자로서 담보를 제공하거나 채권자로서 담보제공을 받는 경우에는 추인한 것으로 본다.

23 물권법 정답 ④

저당권은 당사자 합의로 성립하는 약정 담보물권이므로 저당권 설정계약과 설정등기로써 성립하는 것이 원칙이다.

24 물권법 정답 ②

유치권은 타인의 물건 또는 유가증권을 점유한 자는 그 물건이나 유가증권에 관하여 생긴 채권이 변제기에 있는 경우에는 변제를 받을 때까지 그 물건 또는 유가증권을 유치함으로써 채권의 변제를 간접적으로 담보하는 물권이다.

25 채권총론 정답 ③

민법 제401조(채권자 지체와 채무자의 책임)에 따르면, 채권자 지체 중에는 채무자는 고의 또는 중대한 과실이 없으면 불이행으로 인한 모든 책임이 없다.

26 채권각론 정답 ③

매매, 임대차, 고용 등은 당사자의 자유로운 의사의 합치에 의한 채권관계가 성립하는 약정채권관계이고 부당이득, 사무관리, 불법행위는 법률의 규정에 의하여 당연히 성립하는 법정채권관계이다.

27 채권각론 정답 ②

민법 제531조(격지자 간의 계약성립시기)에 따르면, 격지자 간의 계약은 승낙의 통지를 발송한 때에 성립한다.

오답노트

① 민법 제530조(연착된 승낙의 효력)에 따르면, 전2조(승낙기간을 정한 계약)의 청약의 경우에 연착된 승낙은 청약자가 이를 새 청약으로 볼 수 있다.
③ 민법 제533조(교차청약)에 따르면, 당사자 간에 동일한 내용의 청약이 상호교차된 경우에는 양 청약이 상대방에게 도달한 때에 계약이 성립한다.
④ 민법 제529조(승낙기간을 정하지 아니한 계약의 청약)에 따르면, 승낙의 기간을 정하지 아니한 계약의 청약은 청약자가 상당한 기간 내에 승낙의 통지를 받지 못한 때에는 그 효력을 잃는다.

28 형법총론 정답 ②

형법은 범죄를 전제조건으로 이에 대한 법률효과로서 형벌을 가하는 가설적 규범이며, 일정한 행위가 법적으로 무가치하다고 평가하는 평가규범으로서 인간의 공동생활에 대한 외적 규율이 된다. 또한, 일반 국민(수범자)에게 불법을 결의하여서는 안 된다는 의무를 부과하는 규범으로 일반 국민에 대하여 일정한 행위를 금지 또는 명령함으로써 행위의 준칙을 제시하는 행위규범인 동시에 법관의 재판준칙이 되어 재판규범으로서도 작용한다. 도덕규범과 종교규범은 명령적·단언적 형식을 취한다.

29 형법총론 정답 ④

피해자 기타 고소권자의 고소가 있어야만 공소 제기를 할 수 있는 범죄를 친고죄라 한다.

30 형법총론 정답 ①

형법 제10조(심신장애인) 제1항에 따르면, 심신장애로 인하여 사물을 변별할 능력이 없거나 의사를 결정할 능력이 없는 자의 행위는 벌하지 아니한다.

오답노트

② 형법 제12조(강요된 행위)에 따르면, 저항할 수 없는 폭력이나 자기 또는 친족의 생명, 신체에 대한 위해를 방어할 방법이 없는 협박에 의하여 강요된 행위는 벌하지 아니한다.
③ 형법 제9조(형사미성년자)에 따르면, 14세가 되지 아니한 자의 행위는 벌하지 아니한다.
④ 형법 제10조(심신장애인) 제1항에 따르면, 심신장애로 인하여 의사를 결정할 능력이 없는 자의 행위는 벌하지 아니한다.

31 형법총론 정답 ②

장애미수와 중지미수는 자의성 유무에 의해 구분된다. 범행을 자율적으로 중지한 경우에는 중지미수이지만 타율적 동기(아르바이트생이 창고로 다가오는 소리)에 의할 경우 장애미수가 성립한다.

더 알아보기

미수의 구분

구분	의의	처벌
장애미수	범죄의 실행에 착수(着手)는 하였지만 어떠한 외부적인 사정에 의하여 그 범죄행위의 완성에 이르지 못한 경우	임의적 감경
중지미수	범죄의 실행에 착수한 자가 그 범죄가 완성되기 전에 자의로 범행을 중단하거나 결과의 발생을 방지한 경우	필요적 감면
불능미수	결과의 발생은 사실상 불가능하나 그 위험성으로 인하여 미수범으로 처벌되는 경우	임의적 감면

32 형법총론 정답 ④

교사범이란 타인에게 범죄실행을 결의하게 하여 이를 실행하게 함으로써 성립한 범죄를 말한다. 교사범은 실행한 자(정범)와 동일하게 처벌된다.

33 형법총론 정답 ①

형법 제44조(자격정지) 제1항에 따르면, 자격의 전부 또는 일부에 대한 정지는 1년 이상 15년 이하로 한다.

오답노트

②, ③ 형법 제42조(징역 또는 금고의 기간)에 따르면, 징역 또는 금고는 무기 또는 유기로 하고 유기는 1개월 이상 30년 이하로 한다. 단, 유기징역 또는 유기금고에 대하여 형을 가중하는 때에는 50년까지로 한다.
④ 형법 제45조(벌금)에 따르면, 벌금은 5만 원 이상으로 한다. 다만, 감경하는 경우에는 5만 원 미만으로 할 수 있다.

34 형법각론 정답 ③

지배의사는 순수한 자연적·사실적인 처분의사면 충분하므로 민법상 행위능력을 요하지 않는다. 정신질환자는 제한능력자 내지 의사무능력자이므로 지배의사는 인정된다.

오답노트

④ 피고인이 피고인과 피해자의 동업자금으로 구입하여 피해자가 관리하고 있던 다이야 포크레인 1대를 그의 허락 없이 공소외인으로 하여금 운전하여 가도록 한 행위는 절도죄를 구성한다.
(대법원 1990. 9. 11. 선고 90도1021 판결)

35 형법각론 정답 ②

강요의 죄는 자유에 대한 죄이다.

36 형법각론 정답 ②

식육식당을 경영하는 자가 음식점에서 한우만을 취급한다는 취지의 상호를 사용하면서 광고 선전판, 식단표 등에도 한우만을 사용한다고 기재한 경우, '한우만을 판매한다'는 취지의 광고가 식육점 부분에만 한정하는 것이 아니라 음식점에서 조리·판매하는 쇠고기에 대한 광고로서 음식점에서 쇠고기를 먹는 사람들로 하여금 그곳에서는 한우만을 판매하는 것으로 오인시키기에 충분하므로, 이러한 광고는 진실규명이 가능한 구체적인 사실인 쇠갈비의 품질과 원산지에 관하여 기망이 이루어진 경우로서 그 사술의 정도가 사회적으로 용인될 수 있는 상술의 정도를 넘는 것이고, 따라서 피고인의 기망행위 및 편취의 범의를 인정하기에 넉넉하다고 본 사례이다. (대법원 1997. 9. 9. 선고 97도1561 판결)

37 형법각론 정답 ①

횡령죄에 있어서 타인을 위하여 재물을 보관하게 된 원인은 반드시 소유자의 위탁행위에 기인한 것임을 필요로 하지 않는다.
(대법원 1985. 9. 10. 선고 84도2644 판결)

오답노트

②, ③ 횡령죄에 있어서 보관이라 함은 재물이 사실상 지배하에 있는 경우뿐만 아니라 법률상의 지배·처분이 가능한 상태를 모두 가리키는 것으로 타인의 금전을 위탁받아 보관하는 자는 보관방법으로 이를 은행 등의 금융기관에 예치한 경우에도 보관자의 지위를 갖는 것이다.
(대법원 2000. 8. 18. 선고 2000도1856 판결)

④ 민법 제746조에 불법의 원인으로 인하여 재산을 급여하거나 노무를 제공한 때에는 그 이익의 반환을 청구하지 못한다고 규정한 뜻은 급여를 한 사람은 그 원인행위가 법률상 무효임을 내세워 상대방에게 부당이득반환청구를 할 수 없고, 또 급여한 물건의 소유권이 자기에게 있다고 하여 소유권에 기한 반환청구도 할 수 없어서 결국 급여한 물건의 소유권은 급여를 받은 상대방에게 귀속되는 것이므로, 갑이 을로부터 제삼자에 대한 뇌물공여 또는 배임증재의 목적으로 전달하여 달라고 교부받은 금전은 불법원인급여물에 해당하여 그 소유권은 갑에게 귀속되는 것으로서 갑이 위 금전을 제삼자에게 전달하지 않고 임의로 소비하였다고 하더라도 횡령죄가 성립하지 않는다.
(대법원 1999. 6. 11. 선고 99도275 판결)

38 행정기본법의 일반원칙 정답 ③

행정상 즉시강제는 권력적 사실행위로 법률의 근거가 필요하다.

오답노트

① 법률유보원칙이란 일정한 행정권의 발동에는 법률의 근거가 있어야 한다는 원칙을 의미한다. 법률유보원칙에서 말하는 법적 근거는 조직규범 외에 작용규범(근거규범, 권한규범)을 의미한다.

② 국민의 기본권은 헌법 제37조 제2항에 의하여 국가안전보장·질서유지 또는 공공복리를 위하여 필요한 경우에 한하여 이를 제한할 수 있으나, 그 제한의 방법은 원칙적으로 법률로써만 가능하고 제한의 정도도 기본권의 본질적 내용을 침해할 수 없으며 필요한 최소한도에 그쳐야 한다. 여기서 기본권 제한에 관한 법률유보원칙은 '법률에 근거한 규율'을 요청하는 것이므로, 그 형식이 반드시 법률일 필요는 없다 하더라도 법률상의 근거는 있어야 한다 할 것이다.
(헌재 2006. 5. 25. 2003헌마715)

④ 예산은 일종의 법규범이고 법률과 마찬가지로 국회의 의결을 거쳐 제정되지만 법률과 달리 국가기관만을 구속할 뿐 일반 국민을 구속하지 않는다. 국회가 의결한 예산 또는 국회의 예산안 의결은 헌법재판소법 제68조 제1항 소정의 '공권력의 행사'에 해당하지 않고 따라서 헌법소원의 대상이 되지 아니한다. (헌재 2006. 4. 25. 2006헌마409)

39 행정작용 정답 ②

일반적으로 행정상의 법률관계 있어서 행정청의 행위에 대하여 신뢰보호의 원칙이 적용되기 위하여는 행정청이 개인에 대하여 신뢰의 대상이 되는 공적인 견해표명을 하였다는 점이 전제되어야 한다(대법원 1998. 5. 8. 선고 98두4061 판결 등 참조). 그리고 평등의 원칙은 본질적으로 같은 것을 자의적으로 다르게 취급함을 금지하는 것이고, 위법한 행정처분이 수차례에 걸쳐 반복적으로 행하여졌다 하더라도 그러한 처분이 위법한 것인 때에는 행정청에 대하여 자기구속력을 갖게 된다고 할 수 없다.
(대법원 2009. 6. 25. 선고 2008두13132 판결)

오답노트

④ 행정의 자기구속의 원칙이란 행정청은 동일한 사안에 대해 제삼자에게 한 것과 동일한 결정을 상대방에게 하도록 구속을 받는다는 의미이다. 즉, 행정청은 스스로 정하여 시행하고 있는 결정기준을 합리적 이유 없이 이탈할 수 없다는 원칙이다. 따라서 사안이 다르거나 같은 행정청이 아니라면 자기구속의 원칙은 적용되지 않는다.

40 행정작용 정답 ③

행정처분에 부담인 부관을 붙인 경우 부관의 무효화에 의하여 본체인 행정처분 자체의 효력에도 영향이 있게 될 수는 있지만, 그 처분을 받은 사람이 부담의 이행으로 사법상 매매 등의 법률행위를 한 경우에는 그 부관은 특별한 사정이 없는 한 법률행위를 하게 된 동기 내지 연유로 작용하였을 뿐이므로 이는 법률행위의 취소 사유가 될 수 있음은 별론으로 하고 그 법률행위 자체를 당연히 무효화하는 것은 아니다.
(대법원 2009. 6. 25. 선고 2006다18174 판결)

오답노트

④ 예를 들어, 도로점용허가의 신청 시, 신청의 내용과 배치되는 도로의 활용에 대한 계획 등이 진행 중인 경우라면 도로점용허가를 거부할 수 있다. 그런데 이러한 경우에도 종기 등의 부관을 활용하여 일정 범위 내에서 도로점용허가를 할 수도 있는바 이처럼 행정행위의 부관은 행정의 합리성, 탄력성을 보장하는 역할을 하게 된다.

41 행정의 실효성 확보수단 정답 ①

행정대집행이란 대체적 작위의무(다른 사람이 대신하여 이행할 수 있는 작위의무)의 불이행이 있는 경우에 해당 행정청이 스스로 의무자가 행할 행위를 하거나 제삼자로 하여금 이를 행하게 하고 그 비용을 의무자로부터 징수하는 것을 말한다.

오답노트

② 즉시강제란 현재의 급박한 행정상의 장해를 제거하기 위한 경우로서 다음 각 목(가. 행정청이 미리 행정상 의무 이행을 명할 시간적 여유가 없는 경우, 나. 그 성질상 행정상 의무의 이행을 명하는 것만으로는 행정목적 달성이 곤란한 경우)의 어느 하나에 해당하는 경우에 행정청이 곧바로 국민의 신체 또는 재산에 실력을 행사하여 행정목적을 달성하는 것을 말한다.

③ 강제징수란 의무자가 행정상 의무 중 금전급부의무를 이행하지 아니하는 경우 행정청이 의무자의 재산에 실력을 행사하여 그 행정상 의무가 실현된 것과 같은 상태를 실현하는 것을 말한다.

④ 직접강제란 행정법상의 의무 불이행이 있는 경우 행정기관이 직접 의무자의 신체·재산에 실력을 가하여 의무자가 스스로 의무를 이행한 것과 같은 상태를 실현하는 것을 말한다.

42 행정쟁송 정답 ③

의무이행심판은 항고소송이 아니다. 행정소송법 제4조(항고소송)에 따르면, 항고소송은 다음과 같이 구분한다.

1. 취소소송: 행정청의 위법한 처분 등을 취소 또는 변경하는 소송
2. 무효 등 확인소송: 행정청의 처분 등의 효력 유무 또는 존재여부를 확인하는 소송
3. 부작위위법 확인소송: 행정청의 부작위가 위법하다는 것을 확인하는 소송

43 상법총론 정답 ②

상법 제5조(동전-의제상인) 제1항에 따르면, 점포 기타 유사한 설비에 의하여 상인적 방법으로 영업을 하는 자는 상행위를 하지 아니하더라도 상인으로 본다.

44 회사법 정답 ④

유한회사·유한책임회사의 해산 사유에 사원이 없게 된 때가 있다.

오답노트

①, ② 회사의 해산 사유에는 존립기간의 만료 기타 정관으로 정한 사유의 발생, 총사원의 동의, 사원이 1인으로 된 때, 합병, 파산, 법원의 명령 또는 판결이 있다.

③ 주식회사의 해산 사유에는 주주총회 특별결의가 있다.

45 회사법 정답 ②

주주총회란 회사의 기본조직과 경영에 관한 중요사항에 대하여 주주들이 의사를 표시하여 회사 내부에서 회사의 의사를 결정하는 필요적 기관이며 최고의사결정기관이다.

46 소송주체 정답 ③

형사소송법 제214조의2(체포와 구속의 적부심사) 제1항에 따르면, 체포 또는 구속된 피의자 또는 그 변호인, 법정대리인, 배우자, 직계친족, 형제자매나 가족, 동거인 또는 고용주는 관할법원에 체포 또는 구속의 적부심사를 청구할 수 있다. 즉, 구속적부심사청구권은 피고인의 권리가 아닌 피의자의 권리이다.

47 수사 정답 ④

형사소송법 제258조(고소인 등에의 처분 고지) 제2항에 따르면, 검사는 불기소 또는 제256조의 처분을 한 때에는 피의자에게 즉시 그 취지를 통지하여야 한다.

오답노트

① 형사소송법 제258조(고소인 등에의 처분 고지) 제1항에 따르면, 검사는 고소 또는 고발 있는 사건에 관하여 공소를 제기하거나 제기하지 아니하는 처분, 공소의 취소 또는 제256조의 송치를 한 때에는 그 처분한 날로부터 7일 이내에 서면으로 고소인 또는 고발인에게 그 취지를 통지하여야 한다.

② 일사부재리의 효력은 확정재판이 있을 때에 발생하는 것이므로 검사가 일차 무혐의 결정을 하였다가 다시 공소를 제기하였다 하여도 이를 두고 일사부재리의 원칙에 위배된 것이라고는 할 수 없다.
(대법원 1987. 11. 10. 선고 87도2020 판결)

③ 피의자 구속 여부와 불기소처분은 필연적 연관성이 없으므로 구속을 한 후에도 다시 그 사건에 대하여 불기소처분을 할 수 있다.

48 소송심리(변론과 증거)

정답 ①

서면심리주의는 민사소송법상 심리의 원칙이 아니다. 민사소송법상 심리의 원칙으로는 변론주의, 처분권주의(당사자주의), 구술심리주의, 직접심리주의, 공개심리주의, 쌍방심리주의, 적시제출주의, 집중심리주의가 있다.

49 소송심리(변론과 증거)

정답 ②

처분권주의란 절차의 개시, 심판의 대상, 그리고 절차의 종결에 대하여 당사자에게 주도권을 주어 그의 처분에 맡기는 원칙을 말한다(민사소송법 제203조). 사권의 발생 · 변경 · 소멸을 개인에게 맡기는 것이 민법의 사적자치의 원칙이라면, 처분권주의는 사적자치의 소송법적인 측면이라고 할 수 있다. 처분권주의는 당사자의 소송물에 대한 처분의 자유를 뜻하는 것임에 반해, 변론주의는 당사자의 소송자료에 대한 수집 · 제출책임을 뜻하는 것이므로 양자는 별개의 개념이다.

50 노동법

정답 ④

노동조합 및 노동관계조정법 제7조(노동조합의 보호요건) 제1항에 따르면, 이 법에 의하여 설립된 노동조합이 아니면 노동위원회에 노동쟁의의 조정 및 부당노동행위의 구제를 신청할 수 없다.

오답노트

① 노동조합 및 노동관계조정법 제3조(손해배상 청구의 제한)에 따르면, 사용자는 이 법에 의한 단체교섭 또는 쟁의행위로 인하여 손해를 입은 경우에 노동조합 또는 근로자에 대하여 그 배상을 청구할 수 없다.
② 노동조합 및 노동관계조정법 제9조(차별대우의 금지)에 따르면, 노동조합의 조합원은 어떠한 경우에도 인종, 종교, 성별, 연령, 신체적 조건, 고용 형태, 정당 또는 신분에 의하여 차별대우를 받지 아니한다.
③ 노동조합 및 노동관계조정법 제7조(노동조합의 보호요건) 제3항에 따르면, 이 법에 의하여 설립된 노동조합이 아니면 노동조합이라는 명칭을 사용할 수 없다.

01	02	03	04	05	06	07	08	09	10
②	①	①	④	③	④	②	④	④	②
11	12	13	14	15	16	17	18	19	20
④	②	①	④	①	②	④	②	③	②
21	22	23	24	25	26	27	28	29	30
③	②	②	②	③	③	②	③	②	④
31	32	33	34	35	36	37	38	39	40
④	①	④	②	③	④	④	③	①	②
41	42	43	44	45	46	47	48	49	50
③	④	④	①	③	④	④	①	②	③

01 법의 분류 정답 ②

강행법규와 임의법규는 당사자 의사의 효력을 얼마만큼 인정할 것인가에 의한 구별이다.

오답노트

① 사법은 사적자치의 원리에 의하고 민사소송에 의해 권리구제를 받는다.

02 법의 해석과 적용 정답 ①

간주란 법률에 의한 의제로서 법률이 그것이 사실과 다르다는 것을 알면서도 필요에 의하여 그렇게 규정한 것으로, 간주의 경우는 추정과 달리 반증을 들어도 법률이 의제한 효과를 뒤집을 수 없다. 예를 들어, 실종선고를 받은 자는 실제로 그가 살아 있다 하더라도 그 사실만으로 실종선고의 효과를 부정할 수 없고 실종선고를 취소하여야만 한다.

오답노트

② 추정이란 어떤 사실이 아직 명확하지 않은 경우 우선 사실대로 확정하여 법률효과를 발생시키는 것을 말한다. 그러나 반증을 통해 추정을 번복시킬 수 있다.
③ 입증이란 법적 분쟁이 발생한 경우 객관적 자료와 증거에 의해 사실의 존부 및 내용을 확정하는 것을 말한다. 증거에 대한 입증책임은 원칙적으로 사실의 존부를 주장하는 측에게 있다.
④ 준용이란 어떤 사항에 관한 규정을 그와 유사하지만 본질이 다른 사항에 대하여 필요한 경우 조금의 수정을 가하여 적용함으로써 법을 간결하게 기술하는 입법기술을 말한다.

03 권리와 의무 정답 ①

국가적 공권은 국가 또는 공공단체나 그로부터 수권을 받은 자가 우월한 행정권의 주체로서 국민에 대하여 가지는 공법상의 권리이고, 개인적 공권은 국민이 국가에 대하여 가지는 공법상의 권리를 말한다. 평등권·자유권·생활권·참정권 등은 국민이 국가에 요구할 수 있는 개인적 공권, 즉, 주관적 공권에 속한다.

04 권리와 의무 정답 ④

다른 사람을 위하여 법률행위를 할 수 있는 법률상의 자격은 권한이라 한다.

05 헌법총론 정답 ③

(나) 근대 입헌주의 헌법에는 재산권의 절대적 보장과 형식적 평등개념의 특징이 있다.
(다) 근대 이후 헌법에서도 조직규범의 내용은 여전히 헌법사항이다.

오답노트

(가) 고유한 의미의 헌법은 기본권에 관한 규정이 없고 국가의 조직과 통치구조에 대한 내용이며, 근대헌법에 이르러 비로소 기본권 보장이 이루어졌다.
(라) 현대적 의미의 헌법의 특징으로는 보통선거제도, 재산권의 상대화, 사회권 등장, 사회적 법치국가의 원리 및 사회적 시장경제질서체제 보장이 있다.

06 헌법총론 정답 ④

헌법 제129조에 따르면, 제안된 헌법개정안은 대통령이 20일 이상의 기간 이를 공고하여야 한다.

오답노트

① 헌법재판소 수요를 감당하고자 헌법재판관 수를 늘리기 위해서는 헌법개정이 필요하다. 헌법 제111조 제2항에 따르면, 헌법재판소는 법관의 자격을 가진 9인의 재판관으로 구성하며, 재판관은 대통령이 임명한다. 즉, 헌법재판관의 수는 헌법에 규정되어 있으므로 헌법개정이 필요하다.
② 헌법 제130조 제1항에 따르면, 국회는 헌법개정안이 공고된 날로부터 60일 이내에 의결하여야 하며, 국회의 의결은 재적의원 3분의 2 이상의 찬성을 얻어야 한다.
③ 헌법 제128조 제2항에 따르면, 대통령의 임기연장 또는 중임변경을 위한 헌법개정은 그 헌법개정 제안 당시의 대통령에 대하여는 효력이 없다.

07 헌법총론 정답 ②

저항권의 주체는 국민이며, 국가기관은 주체가 될 수 없다.

08 헌법총론 정답 ④

국가에 의해 일정 방향으로 유인된 신뢰는 일반적인 경우보다 더 강한 보호를 받는다. 그러나 언제나 보호되는 것은 아니다. 개인의 신뢰이익에 대한 보호가치는 법령에 따른 개인의 행위가 국가에 의하여 일정 방향으로 유인된 신뢰의 행사인지, 아니면 단지 법률이 부여한 기회를 활용한 것으로서 원칙적으로 사적 위험부담의 범위에 속하는 것인지 여부에 따라 달라진다. 만일 법률에 따른 개인의 행위가 단지 법률이 반사적으로 부여하는 기회의 활용을 넘어서 국가에 의하여 일정 방향으로 유인된 것이라면 특별히 보호가치가 있는 신뢰이익이 인정될 수 있고, 원칙적으로 개인의 신뢰보호가 국가의 법률개정이익에 우선된다고 볼 여지가 있다. (헌재 2007. 4. 26. 2003헌마947)

오답노트

① 법치국가 원리의 한 표현인 '명확성의 원칙'은 기본적으로 모든 기본권 제한 입법에 대하여 요구되는 것인바, 규범의 의미내용으로부터 무엇이 금지되는 행위이고 무엇이 허용되는 행위인지를 수범자가 알 수 없다면, 법적 안정성과 예측 가능성은 확보될 수 없게 되고, 또한 법 집행 당국에 의한 자의적 집행을 가능하게 할 것이기 때문이다.
(헌재 2010. 3. 25. 2009헌바121)
② 신뢰보호원칙은 법률이나 그 하위법규의 개폐뿐만 아니라 국가의 권력작용에도 적용되어야 한다. 따라서 국가관리의 입시제도와 같은 제도운영지침에도 적용된다.
③ 자기책임원리는 과실책임의 원리, 위험책임의 원리는 무과실책임의 원리이다. 과실책임의 원리는 행위자가 고의 또는 과실로 인한 자신의 행위에 대한 책임(자기책임의 원칙)이며 근대법의 기본 이념으로, 법치주의에 기본적으로 내재된 이념이다.

09 헌법총론 정답 ④

문화국가에서의 문화정책은 그 초점이 문화풍토 조성에 있어야 하지 문화 그 자체에 있어야 하는 것은 아니다.

10 헌법총론 정답 ②

헌법 제126조에 따르면, 국방상 또는 국민경제상 긴절한 필요로 인하여 법률이 정하는 경우를 제외하고는, 사영기업을 국유 또는 공유로 이전하거나 그 경영을 통제 또는 관리할 수 없다.

오답노트

① 헌법 제124조에 따르면, 국가는 건전한 소비행위를 계도하고 생산품의 품질향상을 촉구하기 위한 소비자보호운동을 법률이 정하는 바에 의하여 보장한다.
③ 헌법 제123조 제5항은 국가에게 "농·어민의 자조조직을 육성할 의무"와 "자조조직의 자율적 활동과 발전을 보장할 의무"를 아울러 규정하고 있는데, 이러한 국가의 의무는 자조조직이 제대로 활동하고 기능하는 시기에는 그 조직의 자율성을 침해하지 않도록 하는 후자의 소극적 의무를 다하면 된다고 할 수 있지만, 그 조직이 제대로 기능하지 못하고 향후의 전망도 불확실한 경우라면 단순히 그 조직의 자율성을 보장하는 것에 그쳐서는 아니 되고, 적극적으로 이를 육성하여야 할 전자의 의무까지도 수행하여야 한다. (헌재 2000. 6. 1. 99헌마553)

11 기본권 정답 ④

기본권을 국가가 확인하고 보장한다는 의미와 국가가 제정한 법률의 범위 내에서 그 효력이 인정된다는 것은 다른 의미이다. 즉, 기본권의 종류에 따라 다르게 해석된다. 자유권적 기본권은 최대한 보장이고 관련 법률은 기본권 제한적 법률유보가 되지만, 사회권적 기본권은 법률에 의해 구체화되는 면이 있다.

12 기본권 정답 ②

공법인은 원칙적으로 기본권의 주체가 아니지만 예외적으로 기본권의 주체가 되는 경우가 있다.

오답노트

① 기본권 주체이어야 헌법소원이 가능하다.
③ 정당은 권리능력 없는 사단으로 헌법소원이 가능하다.
④ 기본권 보유능력과 기본권 행위능력은 다르다. 예를 들어 미성년자는 기본권 보유능력이 있지만 선거권과 같은 기본권 행위능력은 제한된다.

13 기본권 정답 ①

과잉금지원칙에 위반된다고 해서 당연히 본질적인 내용이 침해되는 것은 아니다. 기본권의 본질적인 내용이 침해되지 않은 경우에도 과잉금지원칙에 위반될 경우 위헌이 될 수 있다.

오답노트

② 법률유보의 의미이다.
③ 기본권 제한은 원칙적으로 국회에서 제정한 형식적 의미의 법률에 의해서만 가능하다. 그러나 법률의 위임이 있으면 법규명령이나 조례에 의해서도 기본권 제한이 가능하다.
④ 국가가 어떠한 목적을 달성함에 있어서는 어떠한 조치나 수단 하나만으로서 가능하다고 판단할 경우도 있고 다른 여러 가지의 조치나 수단을 병과하여야 가능하다고 판단하는 경우도 있을 수 있으므로 과잉금지의 원칙이라는 것이 목적달성에 필요한 유일의 수단선택을 요건으로 하는 것이라고 할 수는 없는 것이다. (헌재 1989. 12. 22. 88헌가13)

14 기본권 정답 ④

시혜적 법률의 경우 수혜범위에서 제외된 자는 그 법률에 의하여 평등권이 침해되었다고 주장하는 당사자가 될 수 있다.

오답노트

① 헌법 제11조 제1항에 따르면, 모든 국민은 법 앞에 평등하다. 누구든지 성별·종교 또는 사회적 신분에 의하여 정치적·경제적·사회적·문화적 생활의 모든 영역에 있어서 차별을 받지 아니한다.
② 비교집단이 설정되지 않으면 평등심사를 할 수 없다.
③ 평등심사의 원칙적인 기준은 자의금지원칙이지만 헌법에서 특별히 평등을 요구하고 있는 경우나 차별적 취급으로 인하여 기본권에 대한 중대한 제한을 초래하는 경우에는 비례성원칙에 따른 엄격심사를 한다.

15 기본권 정답 ①

헌법재판소가 91헌마111 결정에서 미결수용자와 변호인과의 접견에 대해 어떠한 명분으로도 제한할 수 없다고 한 것은 구속된 자와 변호인 간의 접견이 실제로 이루어지는 경우에 있어서의 '자유로운 접견', 즉, '대화내용에 대하여 비밀이 완전히 보장되고 어떠한 제한, 영향, 압력 또는 부당한 간섭 없이 자유롭게 대화할 수 있는 접견'을 제한할 수 없다는 것이지, 변호인과의 접견 자체에 대해 아무런 제한도 가할 수 없다는 것을 의미하는 것이 아니므로 미결수용자의 변호인 접견권 역시 국가안전보장·질서유지 또는 공공복리를 위해 필요한 경우에는 법률로써 제한될 수 있음은 당연하다. (헌재 2011. 5. 26. 2009헌마341)

오답노트

② 변호인의 조력을 받을 권리는 변호인과의 자유로운 접견교통권에 그치지 아니하고 더 나아가 변호인을 통하여 수사서류를 포함한 소송관계 서류를 열람·등사하고 이에 대한 검토 결과를 토대로 공격과 방어의 준비를 할 수 있는 권리도 포함된다고 보아야 할 것이므로 변호인의 수사기록 열람·등사에 대한 지나친 제한은 결국 피고인에게 보장된 변호인의 조력을 받을 권리를 침해하는 것이다.
(헌재 1997. 11. 27. 94헌마60)
③ 헌법 제12조 제4항 본문의 문언 및 헌법 제12조의 조문 체계, 변호인 조력권의 속성, 헌법이 신체의 자유를 보장하는 취지를 종합하여 보면 헌법 제12조 제4항 본문에 규정된 "구속"은 사법절차에서 이루어진 구속뿐 아니라, 행정절차에서 이루어진 구속까지 포함하는 개념이다. 따라서 헌법 제12조 제4항 본문에 규정된 변호인의 조력을 받을 권리는 행정절차에서 구속을 당한 사람에게도 즉시 보장된다.
(헌재 2018. 5. 31. 2014헌마346)
④ 형사절차가 종료되어 교정시설에 수용 중인 수형자는 원칙적으로 변호인의 조력을 받을 권리의 주체가 될 수 없다.
(헌재 1998. 8. 27. 96헌마398)

16 기본권 정답 ②

우리나라는 취재원비닉권(취재원의 신분을 비공개할 권리)에 대한 명문 규정이 없다. 독일은 인정하는 입장이고, 미국은 사안에 따라 달리 판단한다.

오답노트

① 정정보도청구권, 반론보도청구권, 추후보도청구권은 명문의 규정이 있다.
③ 정보통신망을 통하여 일반에게 공개된 정보로 말미암아 사생활 침해나 명예훼손 등 타인의 권리가 침해된 경우 그 침해를 받은 자가 삭제 요청을 하면 정보통신서비스 제공자는 권리의 침해 여부를 판단하기 어렵거나 이해당사자 간에 다툼이 예상되는 경우에는 30일 이내에서 해당 정보에 대한 접근을 임시적으로 차단하는 조치를 하여야 한다고 규정하고 있는 '정보통신망 이용촉진 및 정보보호 등에 관한 법률'(2008. 6. 13. 법률 제9119호로 개정된 것) 제44조의2 제2항 중 '임시조치'에 관한 부분 및 제4항(이하 '이 사건 법률조항'이라 한다)이 과잉금지원칙에 위반되어 청구인의 표현의 자유를 침해하지 않는다. (헌재 2012. 5. 31. 2010헌마88)
④ 의료광고 금지는 표현의 자유 침해, 직업수행의 자유 침해, 시장경제 질서 위반의 이유로 위헌결정되었다. (헌재 2005. 10. 27. 2003헌가3)

17 통치구조 정답 ④

의사공개원칙의 헌법적 의미를 고려할 때, 위 헌법 조항은 단순한 행정적 회의를 제외하고 국회의 헌법적 기능과 관련된 모든 회의는 원칙적으로 국민에게 공개되어야 함을 천명한 것이다. 오늘날 국회 기능의 중점이 본회의에서 위원회로 옮겨져 위원회중심주의로 운영되고 있고, 법안 등의 의안에 대한 실질적인 심의가 위원회에서 이루어지고 있음은 주지의 사실인바, 헌법 제50조 제1항이 천명하고 있는 의사공개의 원칙은 위원회의 회의에도 당연히 적용되는 것으로 보아야 한다.
(헌재 2000. 6. 29. 98헌마443)

오답노트

① 헌법 제53조 제3항에 따르면, 대통령은 법률안의 일부에 대하여 또는 법률안을 수정하여 재의를 요구할 수 없다.
② 헌법 제53조 제4항에 따르면, 재의의 요구가 있을 때에는 국회는 재의에 붙이고, 재적의원 과반수의 출석과 출석의원 3분의 2 이상의 찬성으로 전과 같은 의결을 하면 그 법률안은 법률로서 확정된다.
③ 헌법 제53조 제1항에 따르면 국회에서 의결된 법률안은 정부에 이송되어 15일 이내에 대통령이 공포하며, 대통령이 제1항의 기간 내에 공포나 재의의 요구를 하지 아니한 때에도 그 법률안은 법률로서 확정된다.

18 민법총칙 정답 ②

저당권은 피담보채권의 종된 권리이다. 즉, 저당권(담보물권)은 피담보채권의 존재를 전제로 해서만 성립하고 존속할 수 있다(부종성).

19 민법총칙 정답 ③

임대차계약이 종료되는 경우 임대목적물의 소유자인 임대인에게는 임대차에 기한 반환청구권(민법 제654조, 제615조)과 소유권에 기한 반환청구권(민법 제213조)이 주어진다. 또한 권리의 경합관계에서 발생한 각각의 권리는 독립하여 존재하므로 각기 따로 시효 기타의 사유로 소멸할 수 있고, 소유권에 기한 물권적 청구권은 시효로 소멸하지 아니한다.

20 민법총칙 정답 ②

신의성실의 원칙은 일반적 · 추상적 규범으로서 민법(재산법, 가족법)뿐만 아니라 상법을 포함한 사법 전반에 적용되는 원칙이다.

오답노트

① 미성년자의 법률행위에 법정대리인의 동의를 요하도록 하는 것은 강행규정인데, 위 규정에 반하여 이루어진 신용구매계약을 미성년자 스스로 취소하는 것을 신의칙 위반을 이유로 배척한다면, 이는 오히려 위 규정에 의해 배제하려는 결과를 실현시키는 셈이 되어 미성년자 제도의 입법 취지를 몰각시킬 우려가 있으므로, 법정대리인의 동의 없이 신용구매계약을 체결한 미성년자가 사후에 법정대리인의 동의 없음을 사유로 들어 이를 취소하는 것이 신의칙에 위배된 것이라고 할 수 없다. (대법원 2007. 11. 16. 선고 2005다71659 판결)
③ 신의성실의 원칙은 노동법이나 경제법, 소송법에서도 적용이 되며, 행정법이나 세법 등 공법분야에도 적용된다.
④ 강행법규에 위반하여 무효인 수익보장약정이 투자신탁회사가 먼저 고객에게 제의를 함으로써 체결된 것이라고 하더라도, 이러한 경우에 강행법규를 위반한 투자신탁회사 스스로가 그 약정의 무효를 주장함이 신의칙에 위반되는 권리의 행사라는 이유로 그 주장을 배척한다면, 이는 오히려 강행법규에 의하여 배제하려는 결과를 실현시키는 셈이 되어 입법취지를 완전히 몰각하게 되므로, 달리 특별한 사정이 없는 한 위와 같은 주장이 신의성실의 원칙에 반하는 것이라고 할 수 없다.
(대법원 1999. 3. 23. 선고 99다4405 판결)

21 민법총칙 정답 ③

의사능력이란 자신의 행위의 의미나 결과를 정상적인 인식력과 예기력을 바탕으로 합리적으로 판단할 수 있는 정신적 능력 내지는 지능을 말하는 것으로서, 의사능력의 유무는 구체적인 법률행위와 관련하여 개별적으로 판단되어야 할 것이다(대법원 2002. 10. 11. 선고 2001다10113 판결). 행위능력이란 독자적으로 완전하게 유효한 법률행위를 할 수 있는 지위를 의미하는데 의사능력과 달리 거래안전을 위해 획일적으로 판단한다.

오답노트

① 민법 제3조(권리능력의 존속기간)에 따르면, 사람은 생존한 동안 권리와 의무의 주체가 된다.
② 의사능력이란 자신의 행위의 의미나 결과를 정상적인 인식력과 예기력을 바탕으로 합리적으로 판단할 수 있는 정신적 능력 내지는 지능을 말하는 것으로서, 의사능력의 유무는 구체적인 법률행위와 관련하여 개별적으로 판단되어야 할 것이다. 의사능력을 흠결한 상태에서 체결된 계약은 무효이다. (대법원 2002. 10. 11. 선고 2001다10113 판결)
④ 의사능력이란 자신의 행위의 의미나 결과를 정상적인 인식력과 예기력을 바탕으로 합리적으로 판단할 수 있는 정신적 능력 내지는 지능을 말하는바, 특히 어떤 법률행위가 그 일상적인 의미만을 이해하여서는 알기 어려운 특별한 법률적인 의미나 효과가 부여되어 있는 경우 의사능력이 인정되기 위하여는 그 행위의 일상적인 의미뿐만 아니라 법률적인 의미나 효과에 대하여도 이해할 수 있을 것을 요한다고 보아야 하고, 의사능력의 유무는 구체적인 법률행위와 관련하여 개별적으로 판단되어야 할 것이다(대법원 2006. 9. 22. 선고 2006다29358 판결). 즉, 성년자라 하더라도 정상적인 판단능력이 없다면 의사무능력자가 될 수 있는데, 예를 들어 만취자 또는 정신질환자를 들 수 있다.

22 민법총칙 정답 ②

법정대리인의 동의에 대한 증명책임은 동의가 있었음을 이유로 법률행위의 유효를 주장하는 상대방에게 있다.

오답노트

① 미성년자가 법률행위를 함에 있어서 요구되는 법정대리인의 동의는 언제나 명시적이어야 하는 것은 아니고 묵시적으로도 가능하다.
③ 혼인한 미성년자는 성년으로 의제(민법 제826조의2)가 되므로 법정대리인의 동의가 필요하지 않다.
④ 미성년자의 법률행위에는 법정대리인의 동의를 필요로 한다는 민법규정은 강행규정이다.

23 민법총칙 정답 ②

법인이 그 대표자의 불법행위로 인하여 손해배상 의무를 지는 것은 그 대표자의 직무에 관한 행위로 인하여 손해가 발생한 것임을 요한다 할 것이나, 그 직무에 관한 것이라는 의미는 행위의 외형상 법인의 대표자의 직무행위라고 인정할 수 있는 것이라면 설사 그것이 대표자 개인의 사리를 도모하기 위한 것이었거나 혹은 법령의 규정에 위배된 것이었다 하더라도 위의 직무에 관한 행위에 해당한다고 보아야 한다.
(대법원 2004. 2. 27. 선고 2003다15280 판결)

오답노트

① 민법 제35조 제1항(법인의 불법행위책임)은 민법 제750조(일반불법행위책임)에 대한 특별규정이다. 따라서 제750조의 불법행위의 일반적 성립요건을 갖추어야 한다. 그러나 법인의 불법행위책임이 성립하기 위해 주무관청에 의한 설립허가의 취소를 요하지는 않는다.
③ 민법 제35조 제1항(법인의 불법행위책임)은 민법 제750조(일반불법행위책임)에 대한 특별규정이다. 따라서 제750조의 불법행위의 일반적 성립요건을 갖추어야 한다. 즉, 대표기관의 책임능력이 있어야 하고, 고의 또는 과실로 인한 행위가 위법하여야 하고 피해자가 손해를 입어야 한다.
④ 법인의 불법행위책임이 성립하지 않더라도 기관 개인은 민법 제750조에 의해 불법행위책임을 진다.

24 민법총칙 정답 ②

법인의 의사를 결정하고, 그 결정을 집행할 권한을 가지는 기관은 이사회다.

오답노트

① 민법 제58조(이사의 사무집행) 제2항, 민법 제59조(이사의 대표권) 제1항에 따르면, 이사가 수인인 경우에는 정관에 다른 규정이 없으면 법인의 사무집행은 이사의 과반수로써 결정하며, 각자 법인을 대표한다.
③ 감사는 임의적 기관이다.
④ 민법 제61조(이사의 주의의무)에 따르면, 이사는 선량한 관리자의 주의로 그 직무를 행하여야 한다.

25 민법총칙 정답 ③

유언은 상대방 없는 단독행위로, 의사표시가 상대방에게 도달할 필요 없이 성립과 동시에 그 효력이 발생한다. 예를 들어 유언, 재단법인의 설립행위, 권리의 포기 등이 있다.

26 민법총칙 정답 ③

(나) 해외파견된 근로자가 귀국일로부터 일정 기간 소속회사에 근무하여야 한다는 사규나 약정은 민법 제103조 또는 제104조에 위반된다고 할 수 없고, 일정 기간 근무하지 않으면 해외 파견 소요경비를 배상한다는 사규나 약정은 근로계약 기간이 아니라 경비반환채무의 면제기간을 정한 것이므로 근로기준법 제21조에 위배하는 것도 아니다.
(대법원 1982. 6. 22. 선고 82다카90 판결)
(라) 형사사건에서의 성공보수약정은 수사·재판의 결과를 금전적인 대가와 결부시킴으로써, 기본적 인권의 옹호와 사회정의의 실현을 사명으로 하는 변호사 직무의 공공성을 저해하고, 의뢰인과 일반 국민의 사법제도에 대한 신뢰를 현저히 떨어뜨릴 위험이 있으므로, 선량한 풍속 기타 사회질서에 위배되는 것으로 평가할 수 있다. 또한, 민사사건은 대립하는 당사자 사이의 사법상 권리 또는 법률관계에 관한 쟁송으로서 형사사건과 달리 그 결과가 승소와 패소 등으로 나누어지므로 사적 자치의 원칙이나 계약자유의 원칙에 비추어 보더라도 성공보수약정이 허용됨에 아무런 문제가 없고, 의뢰인이 승소하면 변호사보수를 지급할 수 있는 경제적 이익을 얻을 수 있으므로, 당장 가진 돈이 없어 변호사보수를 지급할 형편이 되지 않는 사람도 성공보수를 지급하는 조건으로 변호사의 조력을 받을 수 있게 된다는 점에서 제도의 존재 이유를 찾을 수 있다.
(대법원 2015. 7. 23. 선고 2015다200111 전원합의체 판결)

오답노트

(가) 부동산의 이중매매가 반사회적 법률행위로서 무효가 되기 위하여는 매도인의 배임행위와 매수인이 매도인의 배임행위에 적극 가담한 행위로 이루어진 매매로서, 그 적극 가담하는 행위는 매수인이 다른 사람에게 매매목적물이 매도된 것을 안다는 것만으로는 부족하고, 적어도 그 매도사실을 알고도 매도를 요청하여 매매계약에 이르는 정도가 되어야 한다. (대법원 1994. 3. 11. 선고 93다55289 판결)
(다) 수사기관에서 참고인으로 진술하면서 자신이 잘 알지 못하는 내용에 대하여 허위의 진술을 하는 경우에 그 허위 진술행위가 범죄행위를 구성하지 않는다고 하여도 이러한 행위 자체는 국가사회의 일반적인 도덕관념이나 국가사회의 공공질서 이익에 반하는 행위라고 볼 것이니, 그 급부의 상당성 여부를 판단할 필요 없이 허위 진술의 대가로 작성된 각서에 기한 급부의 약정은 민법 제103조 소정의 반사회적 질서행위로 무효이다. (대법원 2001. 4. 24. 선고 2000다71999 판결)

27 민법총칙 정답 ②

민법 제107조 제2항에 따르면, 진의 아닌 의사표시의 무효는 선의의 제삼자에게 대항하지 못한다.

오답노트

① 민법 제107조 제1항에 따르면, 의사표시는 표의자가 진의 아님을 알고 한 것이라도 그 효력이 있다. 그러나 상대방이 표의자의 진의 아님을 알았거나 이를 알 수 있었을 경우에는 무효로 한다.
③ 가족법상의 행위에 대해서는 민법 제107조 비진의 의사표시가 적용되지 않는다.
④ 진의 아닌 의사표시에 있어서의 '진의'란 특정한 내용의 의사표시를 하고자 하는 표의자의 생각을 말하는 것이지 표의자가 진정으로 마음속에서 바라는 사항을 뜻하는 것은 아니므로 표의자가 의사표시의 내용을 진정으로 마음속에서 바라지는 아니하였다고 하더라도 당시의 상황에서는 그것이 최선이라고 판단하여 그 의사표시를 하였을 경우에는 이를 내심의 효과의사가 결여된 진의 아닌 의사표시라고 할 수 없다. (대법원 2003. 4. 25. 선고 2002다11458 판결)

28 민법총칙 정답 ③

민법 제135조(상대방에 대한 무권대리인의 책임)에 따르면, 다른 자의 대리인으로서 계약을 맺은 자가 그 대리권을 증명하지 못하고 또 본인의 추인을 받지 못한 경우에는 그는 상대방의 선택에 따라 계약을 이행할 책임 또는 손해를 배상할 책임이 있으므로 상대방 丙의 선택에 따라 계약이행책임 또는 손해배상책임이 있다.

오답노트

① 민법 제131조(상대방의 최고권)에 따르면, 대리권 없는 자가 타인의 대리인으로 계약을 한 경우에 상대방은 상당한 기간을 정하여 본인에게 그 추인여부의 확답을 최고할 수 있다. 본인이 그 기간 내에 확답을 발하지 아니한 때에는 추인을 거절한 것으로 본다.
② 상대방이 계약을 철회하면 확정적 무효가 되므로 상대방은 계약을 추인할 수 없다.
④ 본인이 매매계약을 체결한 무권대리인으로부터 매매대금의 전부 또는 일부를 받았다면 특단의 사유가 없는 한 무권대리인의 매매계약을 추인하였다고 봄이 타당하다(대법원 1963. 4. 11. 63다64 판결). 따라서, 甲이 중도금을 수령하였다면 그 매매계약은 甲에게 효력이 발생한다.

29 민법총칙 정답 ②

법정추인은 법정의 사유만 있으면 되므로 추인권자에게 추인의 의사가 있음을 요하지 않을 뿐만 아니라 취소권의 존재를 인식할 필요가 없다.

오답노트

① 민법 제143조 제1항에 따르면, 취소할 수 있는 법률행위를 추인 후에는 취소하지 못한다.
③ 민법 제144조에 따르면, 추인은 취소의 원인이 소멸된 후에 하여야만 효력이 있고, 법정대리인 또는 후견인이 추인하는 경우에는 적용하지 아니한다.
④ 민법 제145조에 따르면, 취소할 수 있는 법률행위에 관하여 추인할 수 있는 후에 이의를 보류하지 않고 법정대리인이 채무자로서 담보를 제공하거나 채권자로서 담보제공을 받는 경우에는 추인한 것으로 본다.

30 민법총칙 정답 ④

소멸시효에는 중단이 인정되지만 제척기간에는 중단이 인정되지 않는다.

오답노트

① 민법 제167조(소멸시효의 소급효)에 따르면, 소멸시효가 완성하면 그로 인한 권리소멸의 효과는 그 기산일에 소급한다. 그러나 제척기간은 기간이 경과한 때로부터 장래에 향하여 권리가 소멸한다.
② 민법 제433조(보증인과 주채무자항변권) 제1항에 따르면, 보증인은 주채무자의 항변으로 채권자에게 대항할 수 있으므로 주채무가 시효로 소멸한 때 보증인은 그 시효소멸을 원용할 수 있다.
③ 미성년자가 법률행위를 취소할 수 있는 권리는 형성권으로서 민법 제146조에 규정된 취소권의 존속기간은 제척기간이라고 보아야 할 것이지만, 그 제척기간 내에 소를 제기하는 방법으로 권리를 재판상 행사하여야만 되는 것은 아니고, 재판 외에서 의사표시를 하는 방법으로도 권리를 행사할 수 있다. (대판 1993. 7. 27. 92다52795 판결)

31 물권법 정답 ④

건물을 신축하여 소유권을 취득하는 경우에는 등기가 있어야 물권을 취득할 수 있다.

오답노트

①, ②, ③ 민법 제187조(등기를 요하지 아니하는 부동산물권취득)에 따르면, 상속, 공용징수, 판결, 경매 기타 법률의 규정에 의한 부동산에 관한 물권의 취득은 등기를 요하지 아니한다. 그러나 등기를 하지 아니하면 이를 처분하지 못한다.

32 물권법 정답 ①

점유자의 점유가 소유의 의사 있는 자주점유인지 아니면 소유의 의사 없는 타주점유인지의 여부는 점유자의 내심의 의사에 의하여 결정되는 것이 아니라 점유 취득의 원인이 된 권원의 성질이나 점유와 관계가 있는 모든 사정에 의하여 외형적·객관적으로 결정되어야 한다.
(대법원 1997. 8. 21. 선고 95다28625 전원합의체 판결)

오답노트

② 공유 부동산은 공유자 한 사람이 전부를 점유하고 있다고 하여도, 다른 특별한 사정이 없는 한 권원의 성질상 다른 공유자의 지분비율의 범위 내에서는 타주점유이다.
(대법원 1996. 7. 26. 선고 95다51861 판결)
③ 민법 제202조(점유자의 회복자에 대한 책임)에 따르면, 점유물이 점유자의 책임 있는 사유로 인하여 멸실 또는 훼손한 때에는 악의의 점유자는 그 손해의 전부를 배상하여야 하며 선의의 점유자는 이익이 현존하는 한도에서 배상하여야 한다. 소유의 의사가 없는 점유자는 선의인 경우에도 손해의 전부를 배상하여야 한다.
④ 민법 제201조(점유자와 과실) 제2항에 따르면, 악의의 점유자는 수취한 과실을 반환하여야 하며 소비하였거나 과실로 인하여 훼손 또는 수취하지 못한 경우에는 그 과실의 대가를 보상하여야 한다.

33 물권법

정답 ④

민법 제313조(전세권의 소멸통고)에 따르면, 전세권의 존속기간을 약정하지 아니한 때에는 각 당사자는 언제든지 상대방에 대하여 전세권의 소멸을 통고할 수 있고 상대방이 이 통고를 받은 날로부터 6월이 경과하면 전세권은 소멸한다.

오답노트

① 민법 제303조(전세권의 내용) 제1항에 따르면, 전세권자는 전세금을 지급하고 타인의 부동산을 점유하여 그 부동산의 용도에 좇아 사용·수익하며, 그 부동산 전부에 대하여 후순위권리자 기타 채권자보다 전세금의 우선변제를 받을 권리가 있다.
② 전세금의 지급은 전세권 성립의 요소가 되는 것이지만 그렇다고 하여 전세금의 지급이 반드시 현실적으로 수수되어야만 하는 것은 아니고 기존의 채권으로 전세금의 지급에 갈음할 수도 있다.
(대법원 1995. 2. 10. 선고 94다18508 판결)
③ 건물의 일부에 대하여 전세권이 설정되어 있는 경우 그 전세권자는 민법 제303조 제1항의 규정에 의하여 그 건물 전부에 대하여 후순위권리자 기타 채권자보다 전세금의 우선변제를 받을 권리가 있고, 민법 제318조의 규정에 의하여 전세권 설정자가 전세금의 반환을 지체한 때에는 전세권의 목적물의 경매를 청구할 수 있는 것이나, 전세권의 목적물이 아닌 나머지 건물 부분에 대하여는 우선변제권은 별론으로 하고 경매신청권은 없으므로, 위와 같은 경우 전세권자는 전세권의 목적이 된 부분을 초과하여 건물 전부의 경매를 청구할 수 없다고 할 것이고, 그 전세권의 목적이 된 부분이 구조상 또는 이용상 독립성이 없어 독립한 소유권의 객체로 분할할 수 없고 따라서 그 부분만의 경매신청이 불가능하다고 하여 달리 볼 것은 아니다.
(대법원 2001. 7. 2.자 2001마212 결정)

34 물권법

정답 ②

민법 제365조(저당 지상의 건물에 대한 경매청구권)에 따르면, 토지를 목적으로 저당권을 설정한 후 그 설정자가 그 토지에 건물을 축조한 때에는 저당권자는 토지와 함께 그 건물에 대하여도 경매를 청구할 수 있다. 그러나 그 건물의 경매대가에 대하여는 우선변제를 받을 권리가 없다.

오답노트

①, ③ 민법 제360조(피담보채권의 범위)에 따르면, 저당권은 원본, 이자, 위약금, 채무불이행으로 인한 손해배상 및 저당권의 실행비용을 담보한다. 그러나 지연배상에 대하여는 원본의 이행기일을 경과한 후의 1년분에 한하여 저당권을 행사할 수 있다.
④ 민법 제366조(법정지상권)에 따르면, 저당물의 경매로 인하여 토지와 그 지상 건물이 다른 소유자에 속한 경우에는 토지소유자는 건물소유자에 대하여 지상권을 설정한 것으로 본다.

35 채권각론

정답 ③

민법 제111조(의사표시의 효력발생시기) 제2항에 따르면, 의사표시자가 그 통지를 발송한 후 사망하거나 제한능력자가 되어도 의사표시의 효력에 영향을 미치지 아니한다.

오답노트

① 민법 제111조(의사표시의 효력발생시기) 제1항에 따르면, 상대방이 있는 의사표시는 상대방에게 도달한 때에 그 효력이 생긴다.
② 민법 제530조(연착된 승낙의 효력)에 따르면, 연착된 승낙은 청약자가 이를 새 청약으로 볼 수 있다.
④ 민법 제534조(변경을 가한 승낙)에 따르면, 승낙자가 청약에 대하여 조건을 붙이거나 변경을 가하여 승낙한 때에는 그 청약의 거절과 동시에 새로 청약한 것으로 본다.

36 채권각론

정답 ④

동시이행의 관계에 있는 쌍방의 채무 중 어느 한 채무가 이행불능이 됨으로 인하여 발생한 손해배상채무도 여전히 다른 채무와 동시이행의 관계에 있다. (대법원 2000. 2. 25. 선고 97다30066 판결)

오답노트

① 민법 제549조(원상회복의무와 동시이행)에 따르면, 제536조(동시이행항변권)의 규정은 전조의 경우에 준용한다.
② 민법 제536조(동시이행의 항변권) 제1항에 따르면, 쌍무계약의 당사자 일방은 상대방이 그 채무이행을 제공할 때까지 자기의 채무이행을 거절할 수 있으나 상대방의 채무가 변제기에 있지 아니하는 때에는 그러하지 아니하고, 제2항에 따르면, 당사자 일방이 상대방에게 먼저 이행하여야 할 경우에 상대방의 이행이 곤란할 현저한 사유가 있는 때에는 전항 본문과 같다.

③ 임대차 종료 후 보증금을 반환받지 못한 임차인이 동시이행항변권에 기하여 임차목적물을 점유하는 것은 위법행위가 아니므로 불법행위에 대한 손해배상책임을 지지 않는다. 다만 점유(사용)로 인해 임차인이 실질적 이익을 얻은 경우 부당이득으로 반환할 책임은 있다.

37 형법총론

정답 ④

형사처벌의 근거가 되는 것은 법률이지 판례가 아니고, 형법 조항에 관한 판례의 변경은 그 법률조항의 내용을 확인하는 것에 지나지 아니하여 이로써 그 법률조항 자체가 변경된 것이라고 볼 수는 없으므로, 행위 당시의 판례에 의하면 처벌대상이 되지 아니하는 것으로 해석되었던 행위를 판례의 변경에 따라 확인된 내용의 형법 조항에 근거하여 처벌한다고 하여 그것이 헌법상 평등의 원칙과 형벌불소급의 원칙에 반한다고 할 수는 없다. (대법원 1999. 9. 17. 선고 97도3349 판결)

오답노트

① 유추해석금지의 원칙은 형법각칙의 모든 범죄구성요건과 형법총칙의 모든 가벌성에 관한 규정에 대하여 불리한 유추적용이 금지된다.
② 형벌법규는 문언에 따라 엄격하게 해석·적용하여야 하고 피고인에게 불리한 방향으로 지나치게 확장해석하거나 유추해석하여서는 아니 되지만, 형벌법규의 해석에서도 법률 문언의 통상적인 의미를 벗어나지 않는 한 그 법률의 입법 취지와 목적, 입법연혁 등을 고려한 목적론적 해석이 배제되는 것은 아니다.
(대법원 2008. 11. 27. 선고 2008도7438 판결)
③ 사회현상의 복잡다기화와 국회의 전문적·기술적 능력의 한계 및 시간적 적응능력의 한계로 인하여 형사처벌에 관련된 모든 법규를 예외 없이 형식적 의미의 법률에 의하여 규정한다는 것은 사실상 불가능할 뿐만 아니라 실제에 적합하지도 아니하기 때문에, 특히 긴급한 필요가 있거나 미리 법률로써 자세히 정할 수 없는 부득이한 사정이 있는 경우에 한하여 수권법률(위임법률)이 구성요건의 점에서는 처벌대상인 행위가 어떠한 것인지 이를 예측할 수 있을 정도로 구체적으로 정하고, 형벌의 점에서는 형벌의 종류 및 그 상한과 폭을 명확히 규정하는 것을 전제로 위임입법이 허용되며, 이러한 위임입법은 죄형법정주의에 반하지 않는다. (대법원 2002. 11. 26. 선고 2002도2998 판결)

38 형법총론

정답 ③

방조는 정범이 범행을 한다는 것을 알면서 그 실행행위를 용이하게 하는 종범의 행위이므로 종범은 정범의 실행을 방조한다는 방조의 고의와 정범의 행위가 구성요건에 해당한다는 점에 대한 정범의 고의가 있어야 한다. (대법원 2003. 4. 8. 선고 2003도382 판결)

오답노트

①, ② 범죄구성요건의 주관적 요소로서 미필적 고의라 함은 범죄사실의 발생 가능성을 불확실한 것으로 표상하면서 이를 용인하고 있는 경우를 말하고, 미필적 고의가 있었다고 하려면 범죄사실의 발생 가능성에 대한 인식이 있음은 물론 나아가 범죄사실이 발생할 위험을 용인하는 내심의 의사가 있어야 하며, 그 행위자가 범죄사실이 발생할 가능성을 용인하고 있었는지의 여부는 행위자의 진술에 의존하지 아니하고 외부에 나타난 행위의 형태와 행위의 상황 등 구체적인 사정을 기초로 하여 일반인이라면 당해 범죄사실이 발생할 가능성을 어떻게 평가할 것인가를 고려하면서 행위자의 입장에서 그 심리상태를 추인하여야 하고, 이와 같은 경우에도 공소가 제기된 범죄사실의 주관적 요소인 미필적 고의의 존재에 대한 입증책임은 검사에게 있는 것이며, 한편, 유죄의 인정은 법관으로 하여금 합리적인 의심을 할 여지가 없을 정도로 공소사실이 진실한 것이라는 확신을 가지게 하는 증명력을 가진 증거에 의하여야 하므로, 그와 같은 증거가 없다면 설령 피고인에게 유죄의 의심이 간다고 하더라도 피고인의 이익으로 판단할 수밖에 없다.
(대법원 2004. 5. 14. 선고 2004도74 판결)
④ 살인죄에 있어서의 범의는 반드시 살해의 목적이나 계획적인 살해의 의도가 있어야만 인정되는 것은 아니고 자기의 행위로 인하여 타인의 사망의 결과를 발생시킬 만한 가능 또는 위험이 있음을 인식하거나 예견하면 족한 것이고 그 인식 또는 예견은 확정적인 것은 물론 불확정적인 것이라도 이른바 미필적 고의로도 인정되는 것인데, 피고인이 살인의 범의를 자백하지 아니하고 상해 또는 폭행의 범의만이 있었을 뿐이라고 다투고 있는 경우에 피고인에게 범행 당시 살인의 범의가 있었는지 여부는 피고인이 범행에 이르게 된 경위, 범행의 동기, 준비된 흉기의 유무·종류·용법, 공격의 부위와 반복성, 사망의 결과발생 가능성 정도, 범행 후에 있어서의 결과회피 행동의 유무 등 범행 전후의 객관적인 사정을 종합하여 판단할 수밖에 없다.
(대법원 2000. 8. 18. 선고 2000도2231 판결)

39 형법총론

정답 ①

형법 제23조(자구행위) 제1항에 따르면, 법률에서 정한 절차에 따라서는 청구권을 보전(保全)할 수 없는 경우에 그 청구권의 실행이 불가능해지거나 현저히 곤란해지는 상황을 피하기 위하여 한 행위는 상당한 이유가 있는 때에는 벌하지 아니한다. 즉, 정당방위와 긴급피난의 경우 타인의 법익(청구권)이 인정되지만 자구행위는 인정되지 않는다.

오답노트

② 위법성이 조각되면 범죄가 성립하지 않고 처벌할 수도 없다.
③ 작위의무가 인정되는 경우에는 부작위에 대한 정당방위가 가능하다.
④ 정당방위가 성립하려면 침해행위에 의하여 침해되는 법익의 종류, 정도, 침해의 방법, 침해행위의 완급과 방위행위에 의하여 침해될 법익의 종류, 정도 등 일체의 구체적 사정들을 참작하여 방위행위가 사회적으로 상당한 것이어야 하고, 정당방위의 성립요건으로서의 방어행위에는 순수한 수비적 방어뿐 아니라 적극적 반격을 포함하는 반격 방어의 형태도 포함되나, 그 방어행위는 자기 또는 타인의 법익침해를 방위하기 위한 행위로서 상당한 이유가 있어야 한다.
(대법원 1992. 12. 22. 선고 92도2540 판결)

40 형법총론 정답 ②

범죄실행을 중지한 자에게 자의성이 인정되지 않으면 장애미수가 성립한다.

오답노트

① • 형법 제25조(미수범)
① 범죄의 실행에 착수하여 행위를 종료하지 못하였거나 결과가 발생하지 아니한 때에는 미수범으로 처벌한다.
② 미수범의 형은 기수범보다 감경할 수 있다.
• 형법 제26조(중지범)
범인이 실행에 착수한 행위를 자의(自意)로 중지하거나 그 행위로 인한 결과의 발생을 자의로 방지한 경우에는 형을 감경하거나 면제한다.
• 형법 제27조(불능범)
실행의 수단 또는 대상의 착오로 인하여 결과의 발생이 불가능하더라도 위험성이 있는 때에는 처벌한다. 단, 형을 감경 또는 면제할 수 있다.

③ 불능범의 판단기준으로서 위험성 판단은 피고인이 행위 당시에 인식한 사정을 놓고 이것이 객관적으로 일반인의 판단으로 보아 결과발생의 가능성이 있느냐를 따져야 하므로 히로뽕 제조를 위하여 에페드린에 빙초산을 혼합한 행위가 불능범이 아니라고 인정하려면 위와 같은 사정을 놓고 객관적으로 제약방법을 아는 과학적 일반인의 판단으로 보아 결과발생의 가능성이 있어야 한다.
(대법원 1978. 3. 28. 선고 77도4049 판결)

④ 불능미수와 불능범은 결과발생이 처음부터 불가능한 경우라는 점에서는 동일하지만 위험성이 있는지에 따라 불능미수는 위험성이 인정되는 경우이고 불능범은 위험성이 없는 경우이다.

41 형법총론 정답 ③

막연히 "범죄를 하라"거나 "절도를 하라"고 하는 등의 행위만으로는 교사행위가 되기에 부족하다 하겠으나, 타인으로 하여금 일정한 범죄를 실행할 결의를 생기게 하는 행위를 하면 되는 것으로서 교사의 수단방법에 제한이 없다 할 것이므로, 교사범이 성립하기 위하여는 범행의 일시, 장소, 방법 등의 세부적인 사항까지를 특정하여 교사할 필요는 없는 것이고, 정범으로 하여금 일정한 범죄의 실행을 결의할 정도에 이르게 하면 교사범이 성립된다. (대법원 1991. 5. 14. 선고 91도542 판결)

오답노트

① 교사범이 피교사자로 하여금 범죄 실행을 결의하게 하였다는 데에 있다. 따라서 교사범이 그 공범 관계로부터 이탈하기 위해서는 피교사자가 범죄의 실행행위에 나아가기 전에 교사범에 의하여 형성된 피교사자의 범죄 실행의 결의를 해소하는 것이 필요하다.
(대법원 2012. 11. 15. 선고 2012도7407 판결)

② 교사범이란 타인(정범)으로 하여금 범죄를 결의하게 하여 그 죄를 범하게 한 때에 성립하는 것이고 피교사자는 교사범의 교사에 의하여 범죄실행을 결의하여야 하는 것이므로, 피교사자가 이미 범죄의 결의를 가지고 있을 때에는 교사범이 성립할 여지가 없다.
(대법원 1991. 5. 14. 선고 91도542 판결)

④ 형법 제31조(교사범) 제2항에 따르면, 교사를 받은 자가 범죄의 실행을 승낙하고 실행의 착수에 이르지 아니한 때에는 교사자와 피교사자를 음모 또는 예비에 준하여 처벌한다.

42 형법총론 정답 ④

형법 제59조(선고유예의 요건) 제1항에 따르면, 1년 이하의 징역이나 금고, 자격정지 또는 벌금의 형을 선고할 경우에 제51조(양형조건)의 사항을 참작하여 개전의 정상이 현저한 때에는 그 선고를 유예할 수 있다. 단, 자격정지 이상의 형을 받은 전과가 있는 자에 대하여는 예외로 한다.

오답노트

① 형법 제42조(징역 또는 금고의 기간)에 따르면, 징역 또는 금고는 무기 또는 유기로 하고 유기는 1개월 이상 30년 이하로 한다. 단, 유기징역 또는 유기금고에 대하여 형을 가중하는 때에는 50년까지로 한다.
② 형법 제47조(과료)에 따르면, 과료는 2천 원 이상 5만 원 미만으로 한다.
③ 형법 제57조(판결선고 전 구금 일수의 통산) 제1항에 따르면, 판결선고 전의 구금 일수는 그 전부를 유기징역, 유기금고, 벌금이나 과료에 관한 유치 또는 구류에 산입한다.

43 형법각론 정답 ④

금융기관 직원이 전산 단말기를 이용하여 다른 공범들이 지정한 특정계좌에 돈이 입금된 것처럼 허위의 정보를 입력하는 방법으로 위 계좌로 입금되도록 한 경우, 이러한 입금절차를 완료함으로써 장차 그 계좌에서 이를 인출하여 갈 수 있는 재산상 이익을 취득하였으므로 형법 제347조의2에서 정하는 컴퓨터 등 사용 사기죄는 기수에 이르렀고, 그 후 그러한 입금이 취소되어 현실적으로 인출되지 못하였다고 하더라도 이미 성립한 컴퓨터 등 사용 사기죄에 어떤 영향이 있다고 할 수는 없다.
(대법원 2006. 9. 14. 선고 2006도4127 판결)

44 행정의 실효성 확보수단 정답 ①

즉시강제란 현재의 급박한 행정상의 장해를 제거하기 위한 경우로서 다음 각 목(가. 행정청이 미리 행정상 의무 이행을 명할 시간적 여유가 없는 경우, 나. 그 성질상 행정상 의무의 이행을 명하는 것만으로는 행정목적 달성이 곤란한 경우)의 어느 하나에 해당하는 경우에 행정청이 곧바로 국민의 신체 또는 재산에 실력을 행사하여 행정목적을 달성하는 것을 말한다.

45 행정기본법의 일반원칙 정답 ③

법치행정의 원리의 현대적 의미는 실질적 법치주의이다.

46 상법총론 정답 ④

개인의 상호는 등기하든 하지 않든 자유이지만, 회사의 상호는 설립등기 시 반드시 등기하여야 한다.

오답노트

② 상법 제20조(회사상호의 부당사용의 금지)에 따르면, 회사가 아니면 상호에 회사임을 표시하는 문자를 사용하지 못한다. 회사의 영업을 양수한 경우에도 같다.
③ 상법 제22조의2(상호의 가등기) 제2항에 따르면, 회사는 상호나 목적 또는 상호와 목적을 변경하고자 할 때에는 본점의 소재지를 관할하는 등기소에 상호의 가등기를 신청할 수 있다.

47 회사법 정답 ④

상법 제207조(회사대표)에 따르면, 정관으로 업무집행사원을 정하지 아니한 때에는 각 사원은 회사를 대표한다. 수인의 업무집행사원을 정한 경우에 각 업무집행사원은 회사를 대표한다. 그러나 정관 또는 총사원의 동의로 업무집행사원 중 특히 회사를 대표할 자를 정할 수 있다.

오답노트

① 상법 제209조(대표사원의 권한) 제1항에 따르면, 회사를 대표하는 사원은 회사의 영업에 관하여 재판상 또는 재판 외의 모든 행위를 할 권한이 있다.
② 상법 제210조(손해배상책임)에 따르면, 회사를 대표하는 사원이 그 업무집행으로 인하여 타인에게 손해를 가한 때에는 회사는 그 사원과 연대하여 배상할 책임이 있다.
③ 상법 제389조(대표이사)
　① 회사는 이사회의 결의로 회사를 대표할 이사를 선정하여야 한다. 그러나 정관으로 주주총회에서 이를 선정할 것을 정할 수 있다.
　② 전항의 경우에는 수인의 대표이사가 공동으로 회사를 대표할 것을 정할 수 있다.
　③ 제208조제2항, 제209조, 제210조와 제386조의 규정은 대표이사에 준용한다.

48 수사 정답 ①

형사소송법 제200조의2(영장에 의한 체포) 제5항에 따르면, 체포한 피의자를 구속하고자 할 때에는 체포한 때부터 48시간 이내에 제201조(구속)의 규정에 의하여 구속영장을 청구하여야 하고, 그 기간 내에 구속영장을 청구하지 아니하는 때에는 피의자를 즉시 석방하여야 한다. 즉, 구속영장은 48시간 이내에 청구하면 족하고 반드시 48시간 내에 구속영장이 발부될 것을 요하는 것은 아니다.

오답노트

② 형사소송법 제200조의2(영장에 의한 체포) 제1항에 따르면, 피의자가 죄를 범하였다고 의심할 만한 상당한 이유가 있고, 정당한 이유없이 제200조의 규정에 의한 출석요구에 응하지 아니하거나 응하지 아니할 우려가 있는 때에는 검사는 관할 지방법원판사에게 청구하여 체포영장을 발부받아 피의자를 체포할 수 있고, 사법경찰관은 검사에게 신청하여 검사의 청구로 관할지방법원판사의 체포영장을 발부받아 피의자를 체포할 수 있다.
③ 형사소송법 제200조의2(영장에 의한 체포) 제4항에 따르면, 검사가 제1항의 청구를 함에 있어서 동일한 범죄사실에 관하여 그 피의자에 대하여 전에 체포영장을 청구하였거나 발부받은 사실이 있는 때에는 다시 체포영장을 청구하는 취지 및 이유를 기재하여야 한다.
④ 형사소송법 제202조(사법경찰관의 구속기간)에 따르면, 사법경찰관이 피의자를 구속한 때에는 10일 이내에 피의자를 검사에게 인치하지 아니하면 석방하여야 한다.

49 상소 및 기타절차 정답 ②

벌금형을 선고한 즉결심판에 대하여 벌금형의 환형 유치기간보다 더 긴 구류형을 선고하더라도 불이익변경금지원칙에 위배된다고 할 수 없다. (대법원 2002. 5. 28. 2001도1531 판결)

오답노트

① 불이익변경금지의 원칙이란 피고인이 항소한 사건과 피고인을 위하여 항소한 사건에 대하여는 원심판결의 형보다 중한 형을 선고하지 못한다는 것을 말한다. 피고인에게 불이익한 일체의 변경을 금지하는 것이 아니라 중한 형으로 변경을 금지한다는 점에서 중형변경금지의 원칙이라고 할 수 있다.
③ 형사소송법 제457조의2(형종 상향의 금지 등) 제1항에 따르면, 피고인이 정식재판을 청구한 사건에 대하여는 약식명령의 형보다 중한 종류의 형을 선고하지 못한다.
④ 제1심의 징역형의 선고유예의 판결에 대하여 피고인만이 항소한 경우에 제2심이 벌금형을 선고한 것은 제1심 판결의 형보다 중한 형을 선고한 것에 해당된다. (대법원 1999. 11. 26. 선고 99도3776 판결)

50 노동법 정답 ③

근로기준법 제60조(연차 유급휴가) 제1항에 따르면, 사용자는 1년간 80퍼센트 이상 출근한 근로자에게 15일의 유급휴가를 주어야 한다.

오답노트

① 근로기준법 제54조(휴게) 제1항에 따르면, 사용자는 근로시간이 4시간인 경우에는 30분 이상, 8시간인 경우에는 1시간 이상의 휴게시간을 근로시간 도중에 주어야 한다.
② 근로기준법 제56조(연장·야간 및 휴일 근로) 제1항에 따르면, 사용자는 연장근로(근로기준법 제53조·제59조 및 제69조 단서에 따라 연장된 시간의 근로를 말한다.)에 대하여는 통상임금의 100분의 50 이상을 가산하여 근로자에게 지급하여야 한다.
④ 근로기준법 제62조(유급휴가의 대체)에 따르면, 사용자는 근로자대표와의 서면 합의에 따라 근로기준법 제60조에 따른 연차 유급휴가일을 갈음하여 특정한 근로일에 근로자를 휴무시킬 수 있다.

해커스공기업 쉽게 끝내는 법학 기본서

회독용 답안지

답안지 활용 방법

1. 회독 차수에 따라 본 답안지에 문제 풀이를 진행하시기 바랍니다.
2. 채점 시 O, △, X로 구분하여 채점하시기 바랍니다. (O: 정확하게 맞음, △: 찍었는데 맞음, X: 틀림)

회독 차수: 진행 날짜:

기출동형모의고사 1회

1	①	②	③	④	11	①	②	③	④	21	①	②	③	④	31	①	②	③	④	41	①	②	③	④
2	①	②	③	④	12	①	②	③	④	22	①	②	③	④	32	①	②	③	④	42	①	②	③	④
3	①	②	③	④	13	①	②	③	④	23	①	②	③	④	33	①	②	③	④	43	①	②	③	④
4	①	②	③	④	14	①	②	③	④	24	①	②	③	④	34	①	②	③	④	44	①	②	③	④
5	①	②	③	④	15	①	②	③	④	25	①	②	③	④	35	①	②	③	④	45	①	②	③	④
6	①	②	③	④	16	①	②	③	④	26	①	②	③	④	36	①	②	③	④	46	①	②	③	④
7	①	②	③	④	17	①	②	③	④	27	①	②	③	④	37	①	②	③	④	47	①	②	③	④
8	①	②	③	④	18	①	②	③	④	28	①	②	③	④	38	①	②	③	④	48	①	②	③	④
9	①	②	③	④	19	①	②	③	④	29	①	②	③	④	39	①	②	③	④	49	①	②	③	④
10	①	②	③	④	20	①	②	③	④	30	①	②	③	④	40	①	②	③	④	50	①	②	③	④

맞힌 개수 / 전체 개수 : _____ / 50 O: _____개, △: _____개, X: _____개

기출동형모의고사 2회

1	①	②	③	④	11	①	②	③	④	21	①	②	③	④	31	①	②	③	④	41	①	②	③	④
2	①	②	③	④	12	①	②	③	④	22	①	②	③	④	32	①	②	③	④	42	①	②	③	④
3	①	②	③	④	13	①	②	③	④	23	①	②	③	④	33	①	②	③	④	43	①	②	③	④
4	①	②	③	④	14	①	②	③	④	24	①	②	③	④	34	①	②	③	④	44	①	②	③	④
5	①	②	③	④	15	①	②	③	④	25	①	②	③	④	35	①	②	③	④	45	①	②	③	④
6	①	②	③	④	16	①	②	③	④	26	①	②	③	④	36	①	②	③	④	46	①	②	③	④
7	①	②	③	④	17	①	②	③	④	27	①	②	③	④	37	①	②	③	④	47	①	②	③	④
8	①	②	③	④	18	①	②	③	④	28	①	②	③	④	38	①	②	③	④	48	①	②	③	④
9	①	②	③	④	19	①	②	③	④	29	①	②	③	④	39	①	②	③	④	49	①	②	③	④
10	①	②	③	④	20	①	②	③	④	30	①	②	③	④	40	①	②	③	④	50	①	②	③	④

맞힌 개수 / 전체 개수 : _____ / 50 O: _____개, △: _____개, X: _____개

기출동형모의고사 3회

1	①	②	③	④	11	①	②	③	④	21	①	②	③	④	31	①	②	③	④	41	①	②	③	④
2	①	②	③	④	12	①	②	③	④	22	①	②	③	④	32	①	②	③	④	42	①	②	③	④
3	①	②	③	④	13	①	②	③	④	23	①	②	③	④	33	①	②	③	④	43	①	②	③	④
4	①	②	③	④	14	①	②	③	④	24	①	②	③	④	34	①	②	③	④	44	①	②	③	④
5	①	②	③	④	15	①	②	③	④	25	①	②	③	④	35	①	②	③	④	45	①	②	③	④
6	①	②	③	④	16	①	②	③	④	26	①	②	③	④	36	①	②	③	④	46	①	②	③	④
7	①	②	③	④	17	①	②	③	④	27	①	②	③	④	37	①	②	③	④	47	①	②	③	④
8	①	②	③	④	18	①	②	③	④	28	①	②	③	④	38	①	②	③	④	48	①	②	③	④
9	①	②	③	④	19	①	②	③	④	29	①	②	③	④	39	①	②	③	④	49	①	②	③	④
10	①	②	③	④	20	①	②	③	④	30	①	②	③	④	40	①	②	③	④	50	①	②	③	④

맞힌 개수 / 전체 개수 : _____ / 50 O: _____개, △: _____개, X: _____개

자르는 선

해커스공기업 쉽게 끝내는 법학 기본서

회독용 답안지

답안지 활용 방법

1. 회독 차수에 따라 본 답안지에 문제 풀이를 진행하시기 바랍니다.
2. 채점 시 O, △, X로 구분하여 채점하시기 바랍니다. (O: 정확하게 맞음, △: 찍었는데 맞음, X: 틀림)

회독 차수: 진행 날짜:

기출동형모의고사 1회

1	①	②	③	④	11	①	②	③	④	21	①	②	③	④	31	①	②	③	④	41	①	②	③	④
2	①	②	③	④	12	①	②	③	④	22	①	②	③	④	32	①	②	③	④	42	①	②	③	④
3	①	②	③	④	13	①	②	③	④	23	①	②	③	④	33	①	②	③	④	43	①	②	③	④
4	①	②	③	④	14	①	②	③	④	24	①	②	③	④	34	①	②	③	④	44	①	②	③	④
5	①	②	③	④	15	①	②	③	④	25	①	②	③	④	35	①	②	③	④	45	①	②	③	④
6	①	②	③	④	16	①	②	③	④	26	①	②	③	④	36	①	②	③	④	46	①	②	③	④
7	①	②	③	④	17	①	②	③	④	27	①	②	③	④	37	①	②	③	④	47	①	②	③	④
8	①	②	③	④	18	①	②	③	④	28	①	②	③	④	38	①	②	③	④	48	①	②	③	④
9	①	②	③	④	19	①	②	③	④	29	①	②	③	④	39	①	②	③	④	49	①	②	③	④
10	①	②	③	④	20	①	②	③	④	30	①	②	③	④	40	①	②	③	④	50	①	②	③	④

맞힌 개수 / 전체 개수 : _____ / 50	O: _____개, △: _____개, X: _____개

기출동형모의고사 2회

1	①	②	③	④	11	①	②	③	④	21	①	②	③	④	31	①	②	③	④	41	①	②	③	④
2	①	②	③	④	12	①	②	③	④	22	①	②	③	④	32	①	②	③	④	42	①	②	③	④
3	①	②	③	④	13	①	②	③	④	23	①	②	③	④	33	①	②	③	④	43	①	②	③	④
4	①	②	③	④	14	①	②	③	④	24	①	②	③	④	34	①	②	③	④	44	①	②	③	④
5	①	②	③	④	15	①	②	③	④	25	①	②	③	④	35	①	②	③	④	45	①	②	③	④
6	①	②	③	④	16	①	②	③	④	26	①	②	③	④	36	①	②	③	④	46	①	②	③	④
7	①	②	③	④	17	①	②	③	④	27	①	②	③	④	37	①	②	③	④	47	①	②	③	④
8	①	②	③	④	18	①	②	③	④	28	①	②	③	④	38	①	②	③	④	48	①	②	③	④
9	①	②	③	④	19	①	②	③	④	29	①	②	③	④	39	①	②	③	④	49	①	②	③	④
10	①	②	③	④	20	①	②	③	④	30	①	②	③	④	40	①	②	③	④	50	①	②	③	④

맞힌 개수 / 전체 개수 : _____ / 50	O: _____개, △: _____개, X: _____개

기출동형모의고사 3회

1	①	②	③	④	11	①	②	③	④	21	①	②	③	④	31	①	②	③	④	41	①	②	③	④
2	①	②	③	④	12	①	②	③	④	22	①	②	③	④	32	①	②	③	④	42	①	②	③	④
3	①	②	③	④	13	①	②	③	④	23	①	②	③	④	33	①	②	③	④	43	①	②	③	④
4	①	②	③	④	14	①	②	③	④	24	①	②	③	④	34	①	②	③	④	44	①	②	③	④
5	①	②	③	④	15	①	②	③	④	25	①	②	③	④	35	①	②	③	④	45	①	②	③	④
6	①	②	③	④	16	①	②	③	④	26	①	②	③	④	36	①	②	③	④	46	①	②	③	④
7	①	②	③	④	17	①	②	③	④	27	①	②	③	④	37	①	②	③	④	47	①	②	③	④
8	①	②	③	④	18	①	②	③	④	28	①	②	③	④	38	①	②	③	④	48	①	②	③	④
9	①	②	③	④	19	①	②	③	④	29	①	②	③	④	39	①	②	③	④	49	①	②	③	④
10	①	②	③	④	20	①	②	③	④	30	①	②	③	④	40	①	②	③	④	50	①	②	③	④

맞힌 개수 / 전체 개수 : _____ / 50	O: _____개, △: _____개, X: _____개

자르는 선

해커스공기업 쉽게 끝내는 법학 기본서

회독용 답안지

답안지 활용 방법

1. 회독 차수에 따라 본 답안지에 문제 풀이를 진행하시기 바랍니다.
2. 채점 시 O, △, X로 구분하여 채점하시기 바랍니다. (O: 정확하게 맞음, △: 찍었는데 맞음, X: 틀림)

회독 차수: 진행 날짜:

기출동형모의고사 1회																								
1	①	②	③	④	11	①	②	③	④	21	①	②	③	④	31	①	②	③	④	41	①	②	③	④
2	①	②	③	④	12	①	②	③	④	22	①	②	③	④	32	①	②	③	④	42	①	②	③	④
3	①	②	③	④	13	①	②	③	④	23	①	②	③	④	33	①	②	③	④	43	①	②	③	④
4	①	②	③	④	14	①	②	③	④	24	①	②	③	④	34	①	②	③	④	44	①	②	③	④
5	①	②	③	④	15	①	②	③	④	25	①	②	③	④	35	①	②	③	④	45	①	②	③	④
6	①	②	③	④	16	①	②	③	④	26	①	②	③	④	36	①	②	③	④	46	①	②	③	④
7	①	②	③	④	17	①	②	③	④	27	①	②	③	④	37	①	②	③	④	47	①	②	③	④
8	①	②	③	④	18	①	②	③	④	28	①	②	③	④	38	①	②	③	④	48	①	②	③	④
9	①	②	③	④	19	①	②	③	④	29	①	②	③	④	39	①	②	③	④	49	①	②	③	④
10	①	②	③	④	20	①	②	③	④	30	①	②	③	④	40	①	②	③	④	50	①	②	③	④
맞힌 개수 / 전체 개수 : _____ / 50															O: _____개, △: _____개, X: _____개									

기출동형모의고사 2회																								
1	①	②	③	④	11	①	②	③	④	21	①	②	③	④	31	①	②	③	④	41	①	②	③	④
2	①	②	③	④	12	①	②	③	④	22	①	②	③	④	32	①	②	③	④	42	①	②	③	④
3	①	②	③	④	13	①	②	③	④	23	①	②	③	④	33	①	②	③	④	43	①	②	③	④
4	①	②	③	④	14	①	②	③	④	24	①	②	③	④	34	①	②	③	④	44	①	②	③	④
5	①	②	③	④	15	①	②	③	④	25	①	②	③	④	35	①	②	③	④	45	①	②	③	④
6	①	②	③	④	16	①	②	③	④	26	①	②	③	④	36	①	②	③	④	46	①	②	③	④
7	①	②	③	④	17	①	②	③	④	27	①	②	③	④	37	①	②	③	④	47	①	②	③	④
8	①	②	③	④	18	①	②	③	④	28	①	②	③	④	38	①	②	③	④	48	①	②	③	④
9	①	②	③	④	19	①	②	③	④	29	①	②	③	④	39	①	②	③	④	49	①	②	③	④
10	①	②	③	④	20	①	②	③	④	30	①	②	③	④	40	①	②	③	④	50	①	②	③	④
맞힌 개수 / 전체 개수 : _____ / 50															O: _____개, △: _____개, X: _____개									

기출동형모의고사 3회																								
1	①	②	③	④	11	①	②	③	④	21	①	②	③	④	31	①	②	③	④	41	①	②	③	④
2	①	②	③	④	12	①	②	③	④	22	①	②	③	④	32	①	②	③	④	42	①	②	③	④
3	①	②	③	④	13	①	②	③	④	23	①	②	③	④	33	①	②	③	④	43	①	②	③	④
4	①	②	③	④	14	①	②	③	④	24	①	②	③	④	34	①	②	③	④	44	①	②	③	④
5	①	②	③	④	15	①	②	③	④	25	①	②	③	④	35	①	②	③	④	45	①	②	③	④
6	①	②	③	④	16	①	②	③	④	26	①	②	③	④	36	①	②	③	④	46	①	②	③	④
7	①	②	③	④	17	①	②	③	④	27	①	②	③	④	37	①	②	③	④	47	①	②	③	④
8	①	②	③	④	18	①	②	③	④	28	①	②	③	④	38	①	②	③	④	48	①	②	③	④
9	①	②	③	④	19	①	②	③	④	29	①	②	③	④	39	①	②	③	④	49	①	②	③	④
10	①	②	③	④	20	①	②	③	④	30	①	②	③	④	40	①	②	③	④	50	①	②	③	④
맞힌 개수 / 전체 개수 : _____ / 50															O: _____개, △: _____개, X: _____개									

자르는 선

해커스공기업

쉽게 끝내는

법학

기본서

개정 2판 1쇄 발행 2024년 9월 10일

지은이	송민
펴낸곳	㈜챔프스터디
펴낸이	챔프스터디 출판팀
주소	서울특별시 서초구 강남대로61길 23 ㈜챔프스터디
고객센터	02-537-5000
교재 관련 문의	publishing@hackers.com 해커스잡 사이트(ejob.Hackers.com) 교재 Q&A 게시판
학원 강의 및 동영상강의	ejob.Hackers.com
ISBN	978-89-6965-500-4 (13360)
Serial Number	02-01-01